Kants Werke

V

Kants Werke

Akademie-Textausgabe

Unveränderter photomechanischer Abdruck
des Textes der von der Preußischen Akademie
der Wissenschaften 1902 begonnenen Ausgabe
von Kants gesammelten Schriften

Band V

Kritik der praktischen Vernunft

Kritik der Urtheilskraft

Walter de Gruyter & Co.

Berlin 1968

Unveränderter photomechanischer Abdruck von „Kants gesammelte Schriften. Herausgegeben von der Königlich Preußischen Akademie der Wissenschaften", Band V, Berlin 1908/13

ISBN 3 11 001438 6

Alle Rechte des Nachdrucks, der photomechanischen Wiedergabe, der Übersetzung, der Herstellung von Mikrofilmen und Photokopien, auch auszugsweise, vorbehalten.
Umschlagentwurf: Rudolf Hübler, Berlin.
Printed in Germany

Inhaltsübersicht des Bandes

1788

Kritik der praktischen Vernunft (*Paul Natorp*) . . . . 1—164

Vorrede 3
Einleitung. Von der Idee einer Kritik der praktischen Vernunft . . 15

Erster Theil. Elementarlehre der reinen praktischen Vernunft. 17

Erstes Buch. Die Analytik der reinen praktischen Vernunft . . 19

Erstes Hauptstück. Von den Grundsätzen der reinen praktischen Vernunft 19
   I. Von der Deduction der Grundsätze der reinen praktischen Vernunft 42
   II. Von der Befugniß der reinen Vernunft im praktischen Gebrauche zu einer Erweiterung, die ihr im speculativen für sich nicht möglich ist 50

Zweites Hauptstück. Von dem Begriffe eines Gegenstandes der reinen praktischen Vernunft 57
Von der Typik der reinen praktischen Urtheilskraft . . 67

Drittes Hauptstück. Von den Triebfedern der reinen praktischen Vernunft 71

Kritische Beleuchtung der Analytik der reinen praktischen Vernunft 89

Zweites Buch. Dialektik der reinen praktischen Vernunft . . . 107

Erstes Hauptstück. Von einer Dialektik der reinen praktischen Vernunft überhaupt 107
Zweites Hauptstück. Von der Dialektik der reinen Vernunft in Bestimmung des Begriffs vom höchsten Gut 110
   I. Die Antinomie der praktischen Vernunft 113
   II. Kritische Aufhebung der Antinomie der praktischen Vernunft 114

III. Von dem Primat der reinen praktischen Vernunft in
       ihrer Verbindung mit der speculativen 119
  IV. Die Unsterblichkeit der Seele, als ein Postulat der
       reinen praktischen Vernunft 122
   V. Das Dasein Gottes, als ein Postulat der reinen prak-
       tischen Vernunft 124
  VI. Über die Postulate der reinen praktischen Vernunft
       überhaupt 132
 VII. Wie eine Erweiterung der reinen Vernunft in prak-
       tischer Absicht, ohne damit ihr Erkenntniß als
       speculativ zugleich zu erweitern, zu denken mög-
       lich sei? 134
VIII. Vom Fürwahrhalten aus einem Bedürfnisse der
       reinen Vernunft 142
  IX. Von der der praktischen Bestimmung des Men-
       schen weislich angemessenen Proportion seiner
       Erkenntnißvermögen 146

Zweiter Theil. Methodenlehre der reinen praktischen Vernunft. 149

  Beschluß 161

1790

Kritik der Urtheilskraft (*Wilhelm Windelband*) . . . . . . 165—486

Vorrede 167

Einleitung 171
  I. Von der Eintheilung der Philosophie 171
  II. Vom Gebiete der Philosophie überhaupt 174
  III. Von der Kritik der Urtheilskraft, als einem Verbindungsmittel
       der zwei Theile der Philosophie zu einem Ganzen 176
  IV. Von der Urtheilskraft, als einem a priori gesetzgebenden Ver-
       mögen 179
  V. Das Princip der formalen Zweckmäßigkeit der Natur ist ein
       transscendentales Princip der Urtheilskraft 181
  VI. Von der Verbindung des Gefühls der Lust mit dem Begriffe der
       Zweckmäßigkeit der Natur 186
  VII. Von der ästhetischen Vorstellung der Zweckmäßigkeit der Natur 188
  VIII. Von der logischen Vorstellung der Zweckmäßigkeit der Natur 192
  IX. Von der Verknüpfung der Gesetzgebungen des Verstandes und
       der Vernunft durch die Urtheilskraft 195
Eintheilung des ganzen Werks 199

Erster Theil. Kritik der ästhetischen Urtheilskraft 201

Erster Abschnitt. Analytik der ästhetischen Urtheilskraft 203

Erstes Buch. Analytik des Schönen

1. Moment des Geschmacksurtheils der Qualität nach . 203
   - § 1. Das Geschmacksurtheil ist ästhetisch 203
   - § 2. Das Wohlgefallen, welches das Geschmacksurtheil bestimmt, ist ohne alles Interesse 204
   - § 3. Das Wohlgefallen am Angenehmen ist mit Interesse verbunden 205
   - § 4. Das Wohlgefallen am Guten ist mit Interesse verbunden 207
   - § 5. Vergleichung der drei specifisch verschiedenen Arten des Wohlgefallens 209
2. Moment des Geschmacksurtheils, nämlich seiner Quantität nach 211
   - § 6. Das Schöne ist das, was ohne Begriff als Object eines allgemeinen Wohlgefallens vorgestellt wird 211
   - § 7. Vergleichung des Schönen mit dem Angenehmen und Guten durch obiges Merkmal 212
   - § 8. Die Allgemeinheit des Wohlgefallens wird in einem Geschmacksurtheile nur als subjectiv vorgestellt 213
   - § 9. Untersuchung der Frage: ob im Geschmacksurtheile das Gefühl der Lust vor der Beurtheilung des Gegenstandes, oder diese vor jener vorhergehe 216
3. Moment der Geschmacksurtheile nach der Relation der Zwecke, welche in ihnen in Betrachtung gezogen wird 219
   - § 10. Von der Zweckmäßigkeit überhaupt 219
   - § 11. Das Geschmacksurtheil hat nichts als die Form der Zweckmäßigkeit eines Gegenstandes (oder der Vorstellungsart desselben) zum Grunde . . . 221
   - § 12. Das Geschmacksurtheil beruht auf Gründen a priori 221
   - § 13. Das reine Geschmacksurtheil ist von Reiz und Rührung unabhängig 223
   - § 14. Erläuterung durch Beispiele 223
   - § 15. Das Geschmacksurtheil ist von dem Begriffe der Vollkommenheit gänzlich unabhängig 226
   - § 16. Das Geschmacksurtheil, wodurch ein Gegenstand unter der Bedingung eines bestimmten Begriffs für schön erklärt wird, ist nicht rein 229
   - § 17. Vom Ideale der Schönheit 231

4. Moment des Geschmacksurtheils nach der Modalität
des Wohlgefallens an dem Gegenstande 236
§ 18. Was die Modalität eines Geschmacksurtheils sei . 236
§ 19. Die subjective Nothwendigkeit, die wir dem Geschmacksurtheile beilegen, ist bedingt 237
§ 20. Die Bedingung der Nothwendigkeit, die ein Geschmacksurtheil vorgiebt, ist die Idee eines Gemeinsinnes 237
§ 21. Ob man mit Grunde einen Gemeinsinn voraussetzen könne 238
§ 22. Die Nothwendigkeit der allgemeinen Beistimmung, die in einem Geschmacksurtheil gedacht wird, ist eine subjective Nothwendigkeit, die unter der Voraussetzung eines Gemeinsinnes als objectiv vorgestellt wird 239

Allgemeine Anmerkung zum ersten Abschnitte der Analytik 240

Zweites Buch. Analytik des Erhabenen

§ 23. Übergang von dem Beurtheilungsvermögen des Schönen zu dem des Erhabenen 244
§ 24. Von der Eintheilung einer Untersuchung des Gefühls des Erhabenen 247

A. Vom Mathematisch-Erhabenen 248
§ 25. Namenerklärung des Erhabenen 248
§ 26. Von der Größenschätzung der Naturdinge, die zur Idee des Erhabenen erforderlich ist 251
§ 27. Von der Qualität des Wohlgefallens in der Beurtheilung des Erhabenen 257

B. Vom Dynamisch-Erhabenen der Natur 260
§ 28. Von der Natur als einer Macht 260
§ 29. Von der Modalität des Urtheils über das Erhabene der Natur 264

Allgemeine Anmerkung zur Exposition der ästhetischen reflectirenden Urtheile 266

Deduction der reinen ästhetischen Urtheile . . 279

§ 30. Die Deduction der ästhetischen Urtheile über die Gegenstände der Natur darf nicht auf das, was wir in dieser erhaben nennen, sondern nur auf das Schöne gerichtet werden 279
§ 31. Von der Methode der Deduction der Geschmacksurtheile 280
§ 32. Erste Eigenthümlichkeit des Geschmacksurtheils 281

§ 33. Zweite Eigenthümlichkeit des Geschmacksurtheils 284
§ 34. Es ist kein objectives Princip des Geschmacks möglich 285
§ 35. Das Princip des Geschmacks ist das subjective Princip der Urtheilskraft überhaupt 286
§ 36. Von der Aufgabe einer Deduction der Geschmacksurtheile 287
§ 37. Was wird eigentlich in einem Geschmacksurtheile von einem Gegenstande a priori behauptet? . . 289
§ 38. Deduction der Geschmacksurtheile 289
§ 39. Von der Mittheilbarkeit einer Empfindung . . . 291
§ 40. Vom Geschmacke als einer Art von sensus communis 293
§ 41. Vom empirischen Interesse am Schönen 296
§ 42. Vom intellectuellen Interesse am Schönen . . . 298
§ 43. Von der Kunst überhaupt 303
§ 44. Von der schönen Kunst 304
§ 45. Schöne Kunst ist eine Kunst, sofern sie zugleich Natur zu sein scheint 306
§ 46. Schöne Kunst ist Kunst des Genies 307
§ 47. Erläuterung und Bestätigung obiger Erklärung vom Genie 308
§ 48. Vom Verhältnisse des Genies zum Geschmack . 311
§ 49. Von den Vermögen des Gemüths, welche das Genie ausmachen 313
§ 50. Von der Verbindung des Geschmacks mit Genie in Producten der schönen Kunst 319
§ 51. Von der Eintheilung der schönen Künste . . . 320
§ 52. Von der Verbindung der schönen Künste in einem und demselben Producte 325
§ 52. Vergleichung des ästhetischen Werths der schönen Künste untereinander 326
§ 54. Anmerkung 330

Zweiter Abschnitt. Dialektik der ästhetischen Urtheilskraft . . 337

§ 55. 337
§ 56. Vorstellung der Antinomie des Geschmacks . . 338
§ 57. Auflösung der Antinomie des Geschmacks . . . 339
§ 58. Vom Idealismus der Zweckmäßigkeit der Natur sowohl als Kunst, als dem alleinigen Princip der ästhetischen Urtheilskraft 346
§ 59. Von der Schönheit als Symbol der Sittlichkeit . 351
§ 60. Anhang. Von der Methodenlehre des Geschmacks 354

Zweiter Theil. Kritik der teleologischen Urtheilskraft ... 357
  § 61. Von der objectiven Zweckmäßigkeit der Natur . 359
  Erste Abtheilung. Analytik der teleologischen Urtheilskraft 362
   § 62. Von der objectiven Zweckmäßigkeit, die bloß formal ist, zum Unterschiede von der materialen. . 362
   § 63. Von der relativen Zweckmäßigkeit der Natur zum Unterschiede von der innern 366
   § 64. Von dem eigenthümlichen Charakter der Dinge als Naturzwecke 369
   § 65. Dinge als Naturzwecke sind organisirte Wesen . 372
   § 66. Vom Princip der Beurtheilung der innern Zweckmäßigkeit in organisirten Wesen......... 376
   § 67. Vom Princip der teleologischen Beurtheilung der Natur überhaupt als System der Zwecke 377
   § 68. Von dem Princip der Teleologie als innerem Princip der Naturwissenschaft........... 381
  Zweite Abtheilung. Dialektik der teleologischen Urtheilskraft 385
   § 69. Was eine Antinomie der Urtheilskraft sei 385
   § 70. Vorstellung dieser Antinomie 386
   § 71. Vorbereitung zur Auflösung obiger Antinomie . 388
   § 72. Von den mancherlei Systemen über die Zweckmäßigkeit der Natur.............. 389
   § 73. Keines der obigen Systeme leistet das, was es vorgiebt................... 392
   § 74. Die Ursache der Unmöglichkeit, den Begriff einer Technik der Natur dogmatisch zu behandeln, ist die Unerklärlichkeit eines Naturzwecks 395
   § 75. Der Begriff einer objectiven Zweckmäßigkeit der Natur ist ein kritisches Princip der Vernunft für die reflectirende Urtheilskraft 397
   § 76. Anmerkung.................. 401
   § 77. Von der Eigenthümlichkeit des menschlichen Verstandes, wodurch uns der Begriff eines Naturzwecks möglich wird 405
   § 78. Von der Vereinigung des Princips des allgemeinen Mechanismus der Materie mit dem teleologischen in der Technik der Natur............ 410
  Anhang. Methodenlehre der teleologischen Urtheilskraft 416
   § 79. Ob die Teleologie als zur Naturlehre gehörend abgehandelt werden müsse 416

XI

§ 80. Von der nothwendigen Unterordnung des Princips des Mechanismus unter dem teleologischen in Erklärung eines Dinges als Naturzwecks 417

§ 81. Von der Beigesellung des Mechanismus zum teleologischen Princip in der Erklärung eines Naturzwecks als Naturproducts 421

§ 82. Von dem teleologischen System in den äußern Verhältnissen organisirter Wesen 425

§ 83. Von dem letzten Zwecke der Natur als eines teleologischen Systems 429

§ 84. Von dem Endzwecke des Daseins einer Welt, d. i. der Schöpfung selbst 434

§ 85. Von der Physikotheologie 436

§ 86. Von der Ethikotheologie 442

§ 87. Von dem moralischen Beweise des Daseins Gottes 447

§ 88. Beschränkung der Gültigkeit des moralischen Beweises 453

§ 89. Von dem Nutzen des moralischen Arguments . . 459

§ 90. Von der Art des Fürwahrhaltens in einem teleologischen Beweise des Daseins Gottes 461

§ 91. Von der Art des Fürwahrhaltens durch einen praktischen Glauben 467

Allgemeine Anmerkung zur Teleologie 475

Anmerkungen 487

Nachwort 545

Kritik

der

praktischen Vernunft

von

Immanuel Kant.

Vorrede.

Warum diese Kritik nicht eine Kritik der reinen praktischen, sondern schlechthin der praktischen Vernunft überhaupt betitelt wird, obgleich der Parallelism derselben mit der speculativen das erstere zu erfordern scheint, darüber giebt diese Abhandlung hinreichenden Aufschluß. Sie soll blos darthun, daß es reine praktische Vernunft gebe, und kritisirt in dieser Absicht ihr ganzes praktisches Vermögen. Wenn es ihr hiemit gelingt, so bedarf sie das reine Vermögen selbst nicht zu kritisiren, um zu sehen, ob sich die Vernunft mit einem solchen als einer bloßen Anmaßung nicht übersteige (wie es wohl mit der speculativen geschieht). Denn wenn sie als reine Vernunft wirklich praktisch ist, so beweiset sie ihre und ihrer Begriffe Realität durch die That, und alles Vernünfteln wider die Möglichkeit, es zu sein, ist vergeblich.

Mit diesem Vermögen steht auch die transscendentale Freiheit nunmehr fest, und zwar in derjenigen absoluten Bedeutung genommen, worin die speculative Vernunft beim Gebrauche des Begriffs der Causalität sie bedurfte, um sich wider die Antinomie zu retten, darin sie unvermeidlich geräth, wenn sie in der Reihe der Causalverbindung sich das Unbedingte denken will, welchen Begriff sie aber nur problematisch, als nicht unmöglich zu denken, aufstellen konnte, ohne ihm seine objective Realität zu sichern, sondern allein um nicht durch vorgebliche Unmöglichkeit dessen, was sie doch wenigstens als denkbar gelten lassen muß, in ihrem Wesen angefochten und in einen Abgrund des Scepticisms gestürzt zu werden.

Der Begriff der Freiheit, so fern dessen Realität durch ein apodiktisches Gesetz der praktischen Vernunft bewiesen ist, macht nun den Schlußstein von dem ganzen Gebäude eines Systems der reinen, selbst der speculativen Vernunft aus, und alle andere Begriffe (die von Gott und Unsterblichkeit), welche als bloße Ideen in dieser ohne Haltung bleiben, schließen sich nun an ihn an und bekommen mit ihm und durch ihn Bestand und objective Realität, d. i. die Möglichkeit derselben wird dadurch bewiesen, daß Freiheit wirklich ist; denn diese Idee offenbart sich durchs moralische Gesetz.

Freiheit ist aber auch die einzige unter allen Ideen der speculativen Vernunft, wovon wir die Möglichkeit a priori wissen, ohne sie doch einzusehen, weil sie die Bedingung*) des moralischen Gesetzes ist, welches wir wissen. Die Ideen von Gott und Unsterblichkeit sind aber nicht Bedingungen des moralischen Gesetzes, sondern nur Bedingungen des nothwendigen Objects eines durch dieses Gesetz bestimmten Willens, d. i. des bloß praktischen Gebrauchs unserer reinen Vernunft; also können wir von jenen Ideen auch, ich will nicht bloß sagen, nicht die Wirklichkeit, sondern auch nicht einmal die Möglichkeit zu erkennen und einzusehen behaupten. Gleichwohl aber sind die Bedingungen der Anwendung des moralisch bestimmten Willens auf sein ihm a priori gegebenes Object (das höchste Gut). Folglich kann und muß ihre Möglichkeit in dieser praktischen Beziehung angenommen werden, ohne sie doch theoretisch zu erkennen und einzusehen. Für die letztere Forderung ist in praktischer Absicht genug, daß sie keine innere Unmöglichkeit (Widerspruch) enthalten. Hier ist nun ein in Vergleichung mit der speculativen Vernunft bloß subjectiver Grund des Fürwahrhaltens, der doch einer eben so reinen, aber praktischen Vernunft objectiv gültig ist, dadurch den Ideen von Gott und Unsterblichkeit vermittelst des Begriffs der Freiheit objective Realität und Befugniß, ja subjective Nothwendigkeit (Bedürfniß der reinen Vernunft) sie anzunehmen verschafft wird, ohne daß dadurch doch die Vernunft

---

*) Damit man hier nicht Inconsequenzen anzutreffen wähne, wenn ich jetzt die Freiheit die Bedingung des moralischen Gesetzes nenne und in der Abhandlung nachher behaupte, daß das moralische Gesetz die Bedingung sei, unter der wir uns allererst der Freiheit bewußt werden können, so will ich nur erinnern, daß die Freiheit allerdings die ratio essendi des moralischen Gesetzes, das moralische Gesetz aber die ratio cognoscendi der Freiheit sei. Denn wäre nicht das moralische Gesetz in unserer Vernunft eher deutlich gedacht, so würden wir uns niemals berechtigt halten, so etwas, als Freiheit ist (ob diese gleich sich nicht widerspricht), anzunehmen. Wäre aber keine Freiheit, so würde das moralische Gesetz in uns gar nicht anzutreffen sein.

im theoretischen Erkenntnisse erweitert, sondern nur die Möglichkeit, die vorher nur Problem war, hier Assertion wird, gegeben und so der praktische Gebrauch der Vernunft mit den Elementen des theoretischen verknüpft wird. Und dieses Bedürfniß ist nicht etwa ein hypothetisches einer beliebigen Absicht der Speculation, daß man etwas annehmen müsse, wenn man zur Vollendung des Vernunftgebrauchs in der Speculation hinaufsteigen will, sondern ein gesetzliches, etwas anzunehmen, ohne welches nicht geschehen kann, was man sich zur Absicht seines Thuns und Lassens unnachlaßlich setzen soll.

Es wäre allerdings befriedigender für unsere speculative Vernunft, ohne diesen Umschweif jene Aufgaben für sich aufzulösen und sie als Einsicht zum praktischen Gebrauche aufzubewahren; allein es ist einmal mit unserem Vermögen der Speculation nicht so gut bestellt. Diejenige, welche sich solcher hohen Erkenntnisse rühmen, sollten damit nicht zurückhalten, sondern sie öffentlich zur Prüfung und Hochschätzung darstellen. Sie wollen beweisen; wohlan! so mögen sie denn beweisen, und die Kritik legt ihnen als Siegern ihre ganze Rüstung zu Füßen. Quid statis? Nolint. Atqui licet esse beatis. — Da sie also in der That nicht wollen, vermuthlich weil sie nicht können, so müssen wir jene doch nur wiederum zur Hand nehmen, um die Begriffe von Gott, Freiheit und Unsterblichkeit, für welche die Speculation nicht hinreichende Gewährleistung ihrer Möglichkeit findet, in moralischem Gebrauche der Vernunft zu suchen und auf demselben zu gründen.

Hier erklärt sich auch allererst das Räthsel der Kritik, wie man dem übersinnlichen Gebrauche der Kategorien in der Speculation objective Realität absprechen und ihnen doch in Ansehung der Objecte der reinen praktischen Vernunft diese Realität zugestehen könne; denn vorher muß dieses nothwendig inconsequent aussehen, so lange man einen solchen praktischen Gebrauch nur dem Namen nach kennt. Wird man aber jetzt durch eine vollständige Zergliederung des letzteren inne, daß gedachte Realität hier gar auf keine theoretische Bestimmung der Kategorien und Erweiterung des Erkenntnisses zum Übersinnlichen hinausgehe, sondern nur hiedurch gemeint sei, daß ihnen in dieser Beziehung überall ein Object zukomme, weil sie entweder in der nothwendigen Willensbestimmung a priori enthalten, oder mit dem Gegenstande derselben unzertrennlich verbunden sind, so verschwindet jene Inconsequenz, weil man einen anderen Gebrauch von jenen Begriffen macht, als speculative Vernunft bedarf. Dagegen eröffnet sich nun eine vorher kaum zu erwartende und sehr befriedigende Bestätigung der consequenten Denkungsart der speculativen Kritik darin, daß, da diese die Gegenstände der Erfahrung als solche und darunter selbst unser eigenes Subject nur für Erscheinungen gelten zu lassen, ihnen aber gleichwohl Dinge an sich selbst zum Grunde zu legen, also nicht alles Übersinnliche für Erdichtung und dessen Begriff für leer an Inhalt zu halten einschärfte: praktische Vernunft jetzt für sich selbst, und ohne mit der speculativen Verabredung getroffen zu haben, einem übersinnlichen Gegenstande der Kategorie der Causalität, nämlich der Freiheit, Realität verschafft (obgleich als praktischem Begriffe auch nur zum praktischen Gebrauche), also dasjenige, was dort bloß gedacht werden konnte, durch ein Factum bestätigt. Hiebei erhält nun zugleich die befremdliche, obzwar unstreitige, Behauptung der speculativen Kritik, daß sogar das denkende Subject ihm selbst **in der inneren Anschauung** bloß Erscheinung sei, in der Kritik der praktischen Vernunft auch ihre volle Bestätigung, so gut, daß man auf sie kommen muß, wenn die erstere diesen Satz auch gar nicht bewiesen hätte*).

Hiedurch verstehe ich auch, warum die erheblichsten Einwürfe wider die Kritik, die mir bisher noch vorgekommen sind, sich gerade um diese zwei Angel drehen: nämlich einerseits im theoretischen Erkenntniß geleugnete und im praktischen behauptete objective Realität der auf Noumenen angewandten Kategorien, andererseits die paradoxe Forderung, sich als Subject der Freiheit zum Noumen, zugleich aber auch in Absicht auf die Natur zum Phänomen in seinem eigenen empirischen Bewußtsein zu machen. Denn so lange man sich noch keine bestimmte Begriffe von Sittlichkeit und Freiheit machte, konnte man nicht errathen, was man einerseits der vorgeblichen Erscheinung als Noumen zum Grunde legen wolle, und andererseits, ob es überall auch möglich sei, sich noch von ihm einen Begriff zu machen, wenn man vorher alle Begriffe des reinen Verstandes im theoretischen Gebrauche schon ausschließungsweise den bloßen Erscheinungen gewidmet hätte. Nur eine ausführliche Kritik der prakti-

---

*) Die Vereinigung der Causalität als Freiheit mit ihr als Naturmechanism, davon die erste durchs Sittengesetz, die zweite durchs Naturgesetz, und zwar in einem und demselben Subjecte, dem Menschen, fest steht, ist unmöglich, ohne diesen in Beziehung auf das erstere als Wesen an sich selbst, auf das zweite aber als Erscheinung, jenes im reinen, dieses im empirischen Bewußtsein vorzustellen. Ohne dieses ist der Widerspruch der Vernunft mit sich selbst unvermeidlich.

schen Vernunft kann alle diese Mißdeutung heben und die consequente Denkungsart, welche eben ihren größten Vorzug ausmacht, in ein helles Licht setzen.

So viel zur Rechtfertigung, warum in diesem Werke die Begriffe und Grundsätze der reinen speculativen Vernunft, welche doch ihre besondere Kritik schon erlitten haben, hier hin und wieder nochmals der Prüfung unterworfen werden, welches dem systematischen Gange einer zu errichtenden Wissenschaft sonst nicht wohl geziemt (da abgeurtheilte Sachen billig nur angeführt und nicht wiederum in Anregung gebracht werden müssen), doch hier erlaubt, ja nöthig war: weil die Vernunft mit jenen Begriffen im Übergange zu einem ganz anderen Gebrauche betrachtet wird, als den sie dort von ihnen machte. Ein solcher Übergang macht aber eine Vergleichung des älteren mit dem neuern Gebrauche nothwendig, um das neue Gleis von dem vorigen wohl zu unterscheiden und zugleich den Zusammenhang derselben bemerken zu lassen. Man wird also Betrachtungen dieser Art, unter andern diejenige, welche nochmals auf den Begriff der Freiheit, aber im praktischen Gebrauche der reinen Vernunft, gerichtet worden, nicht wie Einschiebsel betrachten, die etwa nur dazu dienen sollen, um Lücken des kritischen Systems der speculativen Vernunft auszufüllen (denn dieses ist in seiner Absicht vollständig) und, wie es bei einem übereilten Baue herzugehen pflegt, hintennach noch Stützen und Strebepfeiler anzubringen, sondern als wahre Glieder, die den Zusammenhang des Systems bemerklich machen, um Begriffe, die dort nur problematisch vorgestellt werden konnten, jetzt in ihrer realen Darstellung einsehen zu lassen. Diese Erinnerung geht vornehmlich den Begriff der Freiheit an, von dem man mit Befremdung bemerken muß, daß noch so viele ihn ganz wohl einzusehen und die Möglichkeit derselben erklären zu können sich rühmen, indem sie ihn bloß in psychologischer Beziehung betrachten, indessen daß, wenn sie ihn vorher in transscendentaler genau erwogen hätten, sie sowohl seine Unentbehrlichkeit als problematischen Begriffs in vollständigem Gebrauche der speculativen Vernunft, als auch die völlige Unbegreiflichkeit desselben hätten erkennen und, wenn sie nachher mit ihm zum praktischen Gebrauche gingen, gerade auf die nämliche Bestimmung des letzteren in Ansehung seiner Grundsätze von selbst hätten kommen müssen, zu welcher sie sich sonst so ungern verstehen wollen. Der Begriff der Freiheit ist der Stein des Anstoßes für alle Empiristen, aber auch der Schlüssel zu den erhabensten praktischen Grundsätzen für kritische Moralisten, die dadurch einsehen, daß sie nothwendig rational verfahren müssen. Um deswillen ersuche ich den Leser, das, was zum Schluße der Analytik über diesen Begriff gesagt wird, nicht mit flüchtigem Auge zu übersehen.

Ob ein solches System, als hier von der reinen praktischen Vernunft aus der Kritik der letzeren entwickelt wird, viel oder wenig Mühe gemacht habe, um vornehmlich den rechten Gesichtspunkt, aus dem das Ganze derselben richtig vorgezeichnet werden kann, nicht zu verfehlen, muß ich den Kennern einer dergleichen Arbeit zu beurtheilen überlaßen. Es setzt zwar die Grundlegung zur Metaphysik der Sitten voraus, aber nur in so fern, als diese mit dem Princip der Pflicht vorläufige Bekanntschaft macht und eine bestimmte Formel derselben angiebt und rechtfertigt*); sonst besteht es durch sich selbst. Daß die Eintheilung aller praktischen Wissenschaften zur Vollständigkeit nicht mit beigefügt worden, wie es die Kritik der speculativen Vernunft leistete, dazu ist auch gültiger Grund in der Beschaffenheit dieses praktischen Vernunftvermögens anzutreffen. Denn die besondere Bestimmung der Pflichten als Menschenpflichten, um sie einzutheilen, ist nur möglich, wenn vorher das Subject dieser Bestimmung (der Mensch) nach der Beschaffenheit, mit der er wirklich ist, obzwar nur so viel als in Beziehung auf Pflicht überhaupt nöthig ist, erkannt worden; diese aber gehört nicht in eine Kritik der praktischen Vernunft überhaupt, die nur die Principien ihrer Möglichkeit, ihres Umfanges und Grenzen vollständig ohne besondere Beziehung auf die menschliche Natur angeben soll. Die Eintheilung gehört also hier zum System der Wissenschaft, nicht zum System der Kritik.

Ich habe einem gewissen wahrheitliebenden und scharfen, dabei also doch immer achtungswürdigen Recensenten jener Grundlegung zur Metaphysik der Sitten auf seinen Einwurf, daß der Begriff des

---

*) Ein Recensent, der etwas zum Tadel dieser Schrift sagen wollte, hat es beßer getroffen, als er wohl selbst gemeint haben mag, indem er sagt: daß darin kein neues Princip der Moralität, sondern nur eine neue Formel aufgestellt worden. Wer wollte aber auch einen neuen Grundsatz aller Sittlichkeit einführen und diese gleichsam zuerst erfinden? gleich als ob vor ihm die Welt in dem, was Pflicht sei, unwissend oder in durchgängigem Irrthume gewesen wäre. Wer aber weiß, was dem Mathematiker eine Formel bedeutet, die das, was zu thun sei, um eine Aufgabe zu befolgen, ganz genau bestimmt und nicht verfehlen läßt, wird eine Formel, welche dieses in Ansehung aller Pflicht überhaupt thut, nicht für etwas Unbedeutendes und Entbehrliches halten.

Guten dort nicht (wie es seiner Meinung nach nöthig gewesen wäre) vor dem moralischen Princip festgesetzt worden*), in dem zweiten Hauptstücke der Analytik, wie ich hoffe, Genüge gethan; eben so auch auf manche andere Einwürfe Rücksicht genommen, die mir von Männern zu Händen gekommen sind, die den Willen blicken lassen, daß die Wahrheit auszumitteln ihnen am Herzen liegt (denn die, so nur ihr altes System vor Augen haben, und bei denen schon vorher beschlossen ist, was gebilligt oder mißbilligt werden soll, verlangen doch keine Erörterung, die ihrer

---

*) Man könnte mir noch den Einwurf machen, warum ich nicht auch den Begriff des Begehrungsvermögens, oder des Gefühls der Lust vorher erklärt habe; obgleich dieser Vorwurf unbillig sein würde, weil man diese Erklärung, als in der Psychologie gegeben, billig sollte voraussetzen können. Es könnte aber freilich die Definition daselbst so eingerichtet sein, daß das Gefühl der Lust der Bestimmung des Begehrungsvermögens zum Grunde gelegt würde (wie es auch wirklich gemeinhin so zu geschehen pflegt), dadurch aber das oberste Princip der praktischen Philosophie nothwendig empirisch ausfallen müßte, welches doch allererst auszumachen ist und in dieser Kritik gänzlich widerlegt wird. Daher will ich diese Erklärung hier so geben, wie sie sein muß, um diesen streitigen Punkt wie billig im Anfange unentschieden zu lassen. — **Leben** ist das Vermögen eines Wesens, nach Gesetzen des Begehrungsvermögens zu handeln. Das **Begehrungsvermögen** ist das Vermögen desselben, durch seine Vorstellungen Ursache von der Wirklichkeit der Gegenstände dieser Vorstellungen zu sein. **Lust** ist die Vorstellung der Übereinstimmung des Gegenstandes oder der Handlung mit den **subjectiven** Bedingungen des Lebens, d. i. mit dem Vermögen der Causalität einer Vorstellung in Ansehung der Wirklichkeit ihres Objects (oder der Bestimmung der Kräfte des Subjects zur Handlung es hervorzubringen). Mehr brauche ich nicht zum Behuf der Kritik von Begriffen, die aus der Psychologie entlehnt werden, das übrige leistet die Kritik selbst. Man wird leicht gewahr, daß die Frage, ob die Lust dem Begehrungsvermögen jederzeit zum Grunde gelegt werden müsse, oder ob sie auch unter gewissen Bedingungen nur auf die Bestimmung desselben folge, durch diese Erklärung unentschieden bleibt; denn sie ist aus lauter Merkmalen des reinen Verstandes, d. i. Kategorien, zusammengesetzt, die nichts Empirisches enthalten. Eine solche Behutsamkeit ist in der ganzen Philosophie sehr empfehlungswürdig und wird dennoch oft verabsäumt, nämlich seinen Urtheilen vor der vollständigen Zergliederung des Begriffs, die oft nur sehr spät erreicht wird, durch gewagte Definition nicht vorzugreifen. Man wird auch durch den ganzen Lauf der Kritik (der theoretischen sowohl als praktischen Vernunft) bemerken, daß sich in demselben mannigfaltige Veranlassung vorfinde, manche Mängel im alten dogmatischen Gange der Philosophie zu ergänzen und Fehler abzuändern, die nicht eher bemerkt werden, als wenn man von Begriffen einen Gebrauch der Vernunft macht, der aufs Ganze derselben geht.

Privatabsicht im Wege sein könnte); und so werde ich es auch fernerhin halten.

Wenn es um die Bestimmung eines besonderen Vermögens der menschlichen Seele nach seinen Quellen, Inhalte und Grenzen zu thun ist, so kann man zwar nach der Natur des menschlichen Erkenntnisses nicht anders als von den Theilen derselben, ihrer genauen und (so viel als nach der jetzigen Lage unserer schon erworbenen Elemente derselben möglich ist) vollständigen Darstellung anfangen. Aber es ist noch eine zweite Aufmerksamkeit, die mehr philosophisch und architektonisch ist: nämlich die Idee des Ganzen richtig zu fassen und aus derselben alle jene Theile in ihrer wechselseitigen Beziehung auf einander vermittelst der Ableitung derselben von dem Begriffe jenes Ganzen in einem reinen Vernunftvermögen ins Auge zu fassen. Diese Prüfung und Gewährleistung ist nur durch die innigste Bekanntschaft mit dem System möglich, und die, welche in Ansehung der ersteren Nachforschung verdrossen gewesen, also diese Bekanntschaft zu erwerben nicht der Mühe werth geachtet haben, gelangen nicht zur zweiten Stufe, nämlich der Übersicht, welche eine synthetische Wiederkehr zu demjenigen ist, was vorher analytisch gegeben worden, und es ist kein Wunder, wenn sie allerwärts Inconsequenzen finden, obgleich die Lücken, die diese vermuthen lassen, nicht im System selbst, sondern blos in ihrem eigenen unzusammenhängenden Gedankengange anzutreffen sind.

Ich besorge in Ansehung dieser Abhandlung nichts von dem Vorwurfe, eine neue Sprache einführen zu wollen, weil die Erkenntnißart sich hier von selbst der Popularität nähert. Dieser Vorwurf konnte auch niemanden in Ansehung der ersteren Kritik beifallen, der sie nicht blos durchgeblättert, sondern durchgedacht hatte. Neue Worte zu künsteln, wo die Sprache schon so an Ausdrücken für gegebene Begriffe keinen Mangel hat, ist eine kindische Bemühung, sich unter der Menge, wenn nicht durch neue und wahre Gedanken, doch durch einen neuen Lappen auf dem alten Kleide auszuzeichnen. Wenn daher die Leser jener Schrift populärere Ausdrücke wissen, die doch dem Gedanken eben so angemessen sind, als mir jene zu sein scheinen, oder etwa die Nichtigkeit dieser Gedanken selbst, mithin zugleich jedes Ausdrucks, der ihn bezeichnet, darzuthun sich getrauen: so würden sie mich durch das erstere sehr verbinden, denn ich will nur verstanden sein, in Ansehung des zweiten aber sich ein Verdienst um die Philosophie erwerben. So lange aber jene Gedanken noch stehen, zweifele ich sehr, daß ihnen angemessene und doch gangbarere Ausdrücke dazu aufgefunden werden dürften.*)

---

*) Mehr (als jene Unverständlichkeit) besorge ich hier hin und wieder Miß-
deutung in Ansehung einiger Ausdrücke, die ich mit größter Sorgfalt aussuchte,
um den Begriff nicht verfehlen zu lassen, darauf sie weisen. So hat in der Tafel
der Kategorien der praktischen Vernunft in dem Titel der Modalität das Erlaubte und Unerlaubte (praktisch-objectiv Mögliche und Unmögliche) mit der
nächstfolgenden Kategorie der Pflicht und des Pflichtwidrigen im gemeinen
Sprachgebrauche beinahe einerlei Sinn; hier aber soll das erstere dasjenige bedeuten, was mit einer blos möglichen praktischen Vorschrift in Einstimmung oder
Widerstreit ist (wie etwa die Auflösung aller Probleme der Geometrie und Mechanik), das zweite, was in solcher Beziehung auf ein in der Vernunft überhaupt wirklich liegendes Gesetz steht; und dieser Unterschied der Bedeutung ist
auch dem gemeinen Sprachgebrauche nicht ganz fremd, wenn gleich etwas unge-
wöhnlich. So ist es z. B. einem Redner als solchem unerlaubt, neue Worte
oder Wortfügungen zu schmieden; dem Dichter ist es in gewissem Maße erlaubt;
in keinem von beiden wird hier an Pflicht gedacht. Denn wer sich um den Ruf
eines Redners bringen will, dem kann es niemand wehren. Es ist hier nur um
den Unterschied der Imperativen unter problematischem, assertorischem
und apodiktischem Bestimmungsgrunde zu thun. Eben so habe ich in derjenigen Note, wo ich die moralischen Ideen praktischer Vollkommenheit in verschiedenen philosophischen Schulen gegen einander stellte, die Idee der Weisheit von
der der Heiligkeit unterschieden, ob ich sie gleich selbst im Grunde und objectiv
für einerlei erklärt habe. Allein ich verstehe an diesem Orte darunter nur diejenige
Weisheit, die sich der Mensch (der Stoiker) anmaßt, also subjectiv als Eigenschaft
dem Menschen angedichtet. (Vielleicht könnte der Ausdruck Tugend, womit der
Stoiker auch großen Staat trieb, besser das Charakteristische seiner Schule bezeichnen.)
Aber der Ausdruck eines Postulats der reinen praktischen Vernunft konnte noch
am meisten Mißdeutung veranlassen, wenn man damit die Bedeutung vermengte,
welche die Postulate der reinen Mathematik haben, und welche apodiktische Gewißheit bei sich führen. Aber diese postuliren die Möglichkeit einer Handlung,
deren Gegenstand man a priori theoretisch mit völliger Gewißheit als möglich
voraus erkannt hat. Jenes aber postulirt die Möglichkeit eines Gegenstandes
(Gottes und der Unsterblichkeit der Seele) selbst aus apodiktischen praktischen
Gesetzen, also nur zum Behuf einer praktischen Vernunft; da denn diese Gewißheit
der postulirten Möglichkeit gar nicht theoretisch, mithin auch nicht apodiktisch, d. i.
in Ansehung des Objects erkannte Nothwendigkeit, sondern in Ansehung des Subjects zu Befolgung ihrer objectiven, aber praktischen Gesetze nothwendige Annehmung, mithin blos nothwendige Hypothesis ist. Ich wußte für diese subjective,
aber doch wahre und unbedingte Vernunftnothwendigkeit keinen besseren Ausdruck
auszufinden.

Auf diese Weise wären denn nunmehr die Principien a priori zweier Vermögen des Gemüths, des Erkenntniß- und Begehrungsvermögens, ausgemittelt und nach den Bedingungen, dem Umfange und Grenzen ihres Gebrauchs bestimmt, hiedurch aber zu einer systematischen, theoretischen sowohl als praktischen Philosophie als Wissenschaft sicherer Grund gelegt.

Was Schlimmeres könnte aber diesen Bemühungen wohl nicht begegnen, als wenn jemand die unerwartete Entdeckung machte, daß es überall gar kein Erkenntniß a priori gebe, noch geben könne. Allein es hat hiemit keine Noth. Es wäre eben so viel, als ob jemand durch Vernunft beweisen wollte, daß es keine Vernunft gebe. Denn wir sagen nur, daß wir etwas durch Vernunft erkennen, wenn wir uns bewußt sind, daß wir es auch hätten wissen können, wenn es uns auch nicht so in der Erfahrung vorgekommen wäre; mithin ist Vernunfterkenntniß und Erkenntniß a priori einerlei. Aus einem Erfahrungssatze Nothwendigkeit (ex pumice aquam) auspressen wollen, mit dieser auch wahre Allgemeinheit (ohne welche kein Vernunftschluß, mithin auch nicht der Schluß aus der Analogie, welche eine wenigstens präsumirte Allgemeinheit und objective Nothwendigkeit ist und diese also doch immer voraussetzt) einem Urtheile verschaffen wollen, ist gerader Widerspruch. Subjective Nothwendigkeit, d. i. Gewohnheit, statt der objectiven, die nur in Urtheilen a priori stattfindet, unterschieben, heißt der Vernunft das Vermögen absprechen, über den Gegenstand zu urtheilen, d. i. ihn, und was ihm zukomme, zu erkennen, und z. B. von dem, was öfters und immer auf einen gewissen vorhergehenden Zustand folgte, nicht sagen, daß man aus diesem auf jenes schließen könne (denn das würde objective Nothwendigkeit und Begriff von einer Verbindung a priori bedeuten), sondern nur ähnliche Fälle (mit den Thieren auf ähnliche Art) erwarten dürfe, d. i. den Begriff der Ursache im Grunde als falsch und bloßen Gedankenbetrug verwerfen. Diesem Mangel der objectiven und daraus folgenden allgemeinen Gültigkeit dadurch abhelfen wollen, daß man doch keinen Grund sähe, andern vernünftigen Wesen eine andere Vorstellungsart beizulegen, wenn das einen gültigen Schluß abgäbe, so würde uns unsere Unwissenheit mehr Dienste zu Erweiterung unserer Erkenntniß leisten, als alles Nachdenken. Denn blos deswegen, weil wir andere vernünftige Wesen außer dem Menschen nicht kennen, würden wir ein Recht haben, sie als so beschaffen anzunehmen, wie wir uns erkennen, d. i. wir würden sie wirklich kennen. Ich erwähne hier nicht einmal, daß nicht die Allgemeinheit des Fürwahrhaltens die objective

Gültigkeit eines Urtheils (d. i. die Gültigkeit desselben als Erkenntnisses) beweise, sondern, wenn jene auch zufälliger Weise zuträfe, dieses doch noch nicht einen Beweis der Übereinstimmung mit dem Object abgeben könne; vielmehr die objective Gültigkeit allein den Grund einer nothwendigen allgemeinen Einstimmung ausmache.

Hume würde sich bei diesem System des **allgemeinen Empirisms** in Grundsätzen auch sehr wohl befinden; denn er verlangte, wie bekannt, nichts mehr, als daß statt aller objectiven Bedeutung der Nothwendigkeit im Begriffe der Ursache eine blos subjective, nämlich Gewohnheit, angenommen werde, um der Vernunft alles Urtheil über Gott, Freiheit und Unsterblichkeit abzusprechen; und er verstand sich gewiß sehr gut darauf, um, wenn man ihm nur die Principien zugestand, Schlüsse mit aller logischen Bündigkeit daraus zu folgern. Aber so allgemein hat selbst Hume den Empirism nicht gemacht, um auch die Mathematik darin einzuschließen. Er hielt ihre Sätze für analytisch, und wenn das seine Richtigkeit hätte, würden sie in der That auch apodiktisch sein, gleichwohl aber daraus kein Schluß auf ein Vermögen der Vernunft, auch in der Philosophie apodiktische Urtheile, nämlich solche, die synthetisch wären (wie der Satz der Causalität), zu fällen, gezogen werden können. Nähme man aber den Empirism der Principien **allgemein** an, so wäre auch Mathematik damit eingeflochten.

Wenn nun diese mit der Vernunft, die blos empirische Grundsätze zuläßt, in Widerstreit geräth, wie dieses in der Antinomie, da Mathematik die unendliche Theilbarkeit des Raumes unwidersprechlich beweiset, der Empirism aber sie nicht verstatten kann, unvermeidlich ist: so ist die größte mögliche Evidenz der Demonstration mit den vorgeblichen Schlüssen aus Erfahrungsprincipien in offenbarem Widerspruch, und nun muß man wie der Blinde des Cheselden fragen: was betrügt mich, das Gesicht oder Gefühl? (Denn der Empirism gründet sich auf einer **gefühlten**, der Rationalism aber auf einer **eingesehenen** Nothwendigkeit.) Und so offenbart sich der allgemeine Empirism als den ächten Scepticism, den man dem Hume fälschlich in so unbeschränkter Bedeutung beilegte*), da er wenigstens einen sicheren Probirstein der Erfahrung

---

*) Namen, welche einen Sectenanhang bezeichnen, haben zu aller Zeit viel Rechtsverdrehung bei sich geführt; ungefähr so, als wenn jemand sagte: N. ist ein Idealist. Denn ob er gleich durchaus nicht allein einräumt, sondern darauf bringt,

an der Mathematik übrig ließ, statt daß jener schlechterdings keinen Probir=
stein derselben (der immer nur in Principien a priori angetroffen werden
kann) verstattet, obzwar diese doch nicht aus bloßen Gefühlen, sondern
auch aus Urtheilen besteht.

Doch da es in diesem philosophischen und kritischen Zeitalter schwer=
lich mit jenem Empirism Ernst sein kann, und er vermuthlich nur zur
Übung der Urtheilskraft, und um durch den Contrast die Nothwendigkeit
rationaler Principien a priori in ein helleres Licht zu setzen, aufgestellt
wird: so kann man es denen doch Dank wissen, die sich mit dieser sonst
eben nicht belehrenden Arbeit bemühen wollen.

---

daß unseren Vorstellungen äußerer Dinge wirkliche Gegenstände äußerer Dinge
correspondiren, so will er doch, daß die Form der Anschauung derselben nicht
ihnen, sondern nur dem menschlichen Gemüthe anhänge.

Einleitung.

Von der Idee einer Kritik der praktischen Vernunft.

Der theoretische Gebrauch der Vernunft beschäftigte sich mit Gegenständen des bloßen Erkenntnißvermögens, und eine Kritik derselben in Absicht auf diesen Gebrauch betraf eigentlich nur das reine Erkenntnißvermögen, weil dieses Verdacht erregte, der sich auch hernach bestätigte, daß es sich leichtlich über seine Grenzen unter unerreichbare Gegenstände, oder gar einander widerstreitende Begriffe verlöre. Mit dem praktischen Gebrauche der Vernunft verhält es sich schon anders. In diesem beschäftigt sich die Vernunft mit Bestimmungsgründen des Willens, welcher ein Vermögen ist, den Vorstellungen entsprechende Gegenstände entweder hervorzubringen, oder doch sich selbst zu Bewirkung derselben (das physische Vermögen mag nun hinreichend sein, oder nicht), d. i. seine Causalität, zu bestimmen. Denn da kann wenigstens die Vernunft zur Willensbestimmung gelangen und hat so fern immer objective Realität, als es nur auf das Wollen ankommt. Hier ist also die erste Frage: ob reine Vernunft zur Bestimmung des Willens für sich allein zulange, oder ob sie nur als empirisch-bedingte ein Bestimmungsgrund derselben sein könne. Nun tritt hier ein durch die Kritik der reinen Vernunft gerechtfertigter, obzwar keiner empirischen Darstellung fähiger Begriff der Causalität, nämlich der der Freiheit, ein, und wenn wir anjetzt Gründe ausfindig machen können, zu beweisen, daß diese Eigenschaft dem menschlichen Willen (und so auch dem Willen aller vernünftigen Wesen) in der That zukomme, so wird dadurch nicht allein dargethan, daß reine Vernunft praktisch sein könne, sondern daß sie allein und nicht die empirisch-beschränkte unbedingterweise praktisch sei. Folglich werden wir nicht eine Kritik der reinen praktischen, sondern nur der praktischen Vernunft überhaupt zu bearbeiten haben. Denn reine Vernunft, wenn allererst dargethan worden, daß es eine solche gebe, bedarf keiner Kritik. Sie ist es, welche selbst die Richtschnur zur Kritik alles ihres Gebrauchs enthält. Die Kritik der praktischen Vernunft überhaupt hat also die Obliegenheit, die empirisch bedingte Vernunft von der Anmaßung abzuhalten, ausschließungsweise den Bestimmungsgrund des Willens allein abgeben zu wollen. Der Gebrauch der reinen Vernunft, wenn, daß es eine solche gebe, ausgemacht ist, ist allein immanent; der empirisch-bedingte, der sich die Alleinherrschaft anmaßt, ist dagegen transcendent und äußert sich in Zumuthungen und Geboten, die ganz über ihr Gebiet hinausgehen, welches gerade das umgekehrte Verhältniß von dem ist, was von der reinen Vernunft im speculativen Gebrauche gesagt werden konnte.

Indessen, da es immer noch reine Vernunft ist, deren Erkenntniß hier dem praktischen Gebrauche zum Grunde liegt, so wird doch die Eintheilung einer Kritik der praktischen Vernunft dem allgemeinen Abrisse nach der der speculativen gemäß angeordnet werden müssen. Wir werden also eine Elementarlehre und Methodenlehre derselben, in jener als dem ersten Theile eine Analytik als Regel der Wahrheit und eine Dialektik als Darstellung und Auflösung des Scheins in Urtheilen der praktischen Vernunft haben müssen. Allein die Ordnung in der Unterabtheilung der Analytik wird wiederum das Umgewandte von der in der Kritik der reinen speculativen Vernunft sein. Denn in der gegenwärtigen werden wir von Grundsätzen anfangend zu Begriffen und von diesen allererst, wo möglich, zu den Sinnen gehen; da wir hingegen bei der speculativen Vernunft von den Sinnen anfingen und bei den Grundsätzen endigen mußten. Hievon liegt der Grund nun wiederum darin: daß wir es jetzt mit einem Willen zuthun haben und die Vernunft nicht im Verhältniß auf Gegenstände, sondern auf diesen Willen und dessen Causalität zu erwägen haben, da denn die Grundsätze der empirisch unbedingten Causalität den Anfang machen müssen, nach welchem der Versuch gemacht werden kann, unsere Begriffe von dem Bestimmungsgrunde eines solchen Willens, ihrer Anwendung auf Gegenstände, zuletzt auf das Subject und dessen Sinnlichkeit, allererst festzusetzen. Das Gesetz der Causalität aus Freiheit, d. i. irgend ein reiner praktischer Grundsatz, macht hier unvermeidlich den Anfang und bestimmt die Gegenstände, worauf er allein bezogen werden kann.

Der
Kritik der praktischen Vernunft
Erster Theil.

Elementarlehre

der

reinen praktischen Vernunft.

Erstes Buch.

Die Analytik der reinen praktischen Vernunft.

Erstes Hauptstück.

Von den Grundsätzen der reinen praktischen Vernunft.

§ 1.
Erklärung.

Praktische Grundsätze sind Sätze, welche eine allgemeine Bestimmung des Willens enthalten, die mehrere praktische Regeln unter sich hat. Sie sind subjectiv oder Maximen, wenn die Bedingung nur als für den Willen des Subjects gültig von ihm angesehen wird; objectiv aber oder praktische Gesetze, wenn jene als objectiv, d. i. für den Willen jedes vernünftigen Wesens gültig, erkannt wird.

Anmerkung.

Wenn man annimmt, daß reine Vernunft einen praktisch, d. i. zur Willensbestimmung hinreichenden Grund in sich enthalten könne, so giebt es praktische Gesetze; wo aber nicht, so werden alle praktische Grundsätze bloße Maximen sein. In einem pathologisch-afficirten Willen eines vernünftigen Wesens kann ein Widerstreit der Maximen wider die von ihm selbst erkannte praktische Gesetze angetroffen werden. Z. B. es kann sich jemand zur Maxime machen, keine Beleidigung ungerächt zu erdulden, und doch zugleich einsehen, daß dieses kein praktisches Gesetz, sondern nur seine Maxime sei, dagegen als Regel für den Willen eines jeden vernünftigen Wesens in einer und derselben Maxime mit sich selbst nicht zusammen stimmen könne. In der Naturerkenntniß sind die Principien dessen, was geschieht, (z. B. das Princip der Gleichheit der Wirkung und Gegenwirkung in der Mittheilung der Bewegung) zugleich Gesetze der Natur; denn der Gebrauch der Vernunft ist dort theoretisch und durch die Beschaffenheit des Objects bestimmt. In der praktischen Erkenntniß, d. i. derjenigen, welche es blos mit Bestimmungsgründen des Willens zu thun hat, sind Grundsätze, die man sich macht, darum noch nicht Gesetze, darunter man unvermeidlich stehe, weil die Vernunft im Praktischen es mit dem Subjecte zu thun hat, nämlich dem Begehrungsvermögen, nach dessen besonderer Beschaffenheit sich die Regel vielfältig richten kann. — Die praktische Regel ist jederzeit ein Product der Vernunft, weil sie Handlung als Mittel zur Wirkung als Absicht vorschreibt. Diese Regel ist aber für ein Wesen, bei dem Vernunft nicht ganz allein Bestimmungsgrund des Willens ist, ein Imperativ, d. i. eine Regel, die durch ein Sollen, welches die objective Nöthigung der Handlung ausdrückt, bezeichnet wird, und bedeutet, daß, wenn die Vernunft den Willen gänzlich bestimmte, die Handlung unausbleiblich nach dieser Regel geschehen würde. Die Imperativen gelten also objectiv und sind von Maximen, als subjectiven Grundsätzen, gänzlich unterschieden. Jene bestimmen aber entweder die Bedingungen der Causalität des vernünftigen Wesens, als wirkender Ursache, bloß in Ansehung der Wirkung und Zulänglichkeit zu derselben, oder sie bestimmen nur den Willen, er mag zur Wirkung hinreichend sein oder nicht. Die erstere würden hypothetische Imperativen sein und bloße Vorschriften der Geschicklichkeit enthalten; die zweiten würden dagegen kategorisch und allein praktische Gesetze sein. Maximen sind also zwar Grundsätze, aber nicht Imperativen. Die Imperativen selber aber, wenn sie bedingt sind, d. i. nicht den Willen schlechthin als Willen, sondern nur in Ansehung einer begehrten Wirkung bestimmen, d. i. hypothetische Imperativen sind, sind zwar praktische Vorschriften, aber keine Gesetze. Die letzteren müssen den Willen als Willen, noch ehe ich frage, ob ich gar das zu einer begehrten Wirkung erforderliche Vermögen habe, oder was mir, um diese hervorzubringen, zu thun sei, hinreichend bestimmen, mithin kategorisch sein, sonst sind es keine Gesetze: weil ihnen die Nothwendigkeit fehlt, welche, wenn sie praktisch sein soll, von pathologischen, mithin dem Willen zufällig anklebenden Bedingungen unabhängig sein muß. Saget jemanden, z. B. daß er in der Jugend arbeiten und sparen müsse, um im Alter nicht zu darben: so ist dieses eine richtige und zugleich wichtige praktische Vorschrift des Willens. Man sieht aber leicht, daß der Wille hier auf etwas Anderes verwiesen werde, wovon man voraussetzt, daß er es begehre, und dieses Begehren muß man ihm, dem Thäter selbst, überlassen, ob er noch andere Hülfsquellen außer seinem selbst erworbenen Vermögen vorhersehe, oder ob er gar nicht hoffe alt zu werden, oder sich denkt im Falle der Noth dereinst schlecht behelfen zu können. Die Vernunft, aus der allein alle Regel, die Nothwendigkeit enthalten soll, entspringen kann, legt in diese ihre Vorschrift zwar auch Nothwendigkeit (denn ohne das wäre sie kein Imperativ), aber diese ist nur subjectiv bedingt, und man kann sie nicht in allen Subjecten in gleichem Grade voraussetzen. Zu ihrer Gesetzgebung aber wird erfordert, daß sie blos sich selbst

vorauszusetzen bedürfe, weil die Regel nur alsdann objectiv und allgemein gültig ist, wenn sie ohne zufällige, subjective Bedingungen gilt, die ein vernünftig Wesen von dem andern unterscheiden. Nun sagt jemanden, er solle niemals lügenhaft versprechen, so ist dies eine Regel, die blos seinen Willen betrifft; die Ab-
5 sichten, die der Mensch haben mag, mögen durch denselben erreicht werden können, oder nicht; das bloße Wollen ist das, was durch jene Regel völlig a priori bestimmt werden soll. Findet sich nun, daß diese Regel praktisch richtig sei, so ist sie ein Gesetz, weil sie ein kategorischer Imperativ ist. Also beziehen sich praktische Gesetze allein auf den Willen, unangesehen dessen, was durch die Causalität des-
10 selben ausgerichtet wird, und man kann von der letztern (als zur Sinnenwelt gehörig) abstrahiren um sie rein zu haben.

§ 2.
Lehrsatz I.

Alle praktische Principien, die ein Object (Materie) des Begehrungs-
15 vermögens als Bestimmungsgrund des Willens voraussetzen, sind insgesammt empirisch und können keine praktische Gesetze abgeben.

Ich verstehe unter der Materie des Begehrungsvermögens einen Gegenstand, dessen Wirklichkeit begehrt wird. Wenn die Begierde nach diesem Gegenstande nun vor der praktischen Regel vorhergeht und die Bedingung
20 ist, sie sich zum Princip zu machen, so sage ich (erstlich): dieses Princip ist alsdann jederzeit empirisch. Denn der Bestimmungsgrund der Willkür ist alsdann die Vorstellung eines Objects und dasjenige Verhältniß derselben zum Subject, wodurch das Begehrungsvermögen zur Wirklichmachung desselben bestimmt wird. Ein solches Verhältniß aber zum Subject heißt
25 die Lust an der Wirklichkeit eines Gegenstandes. Also müßte diese als Bedingung der Möglichkeit der Bestimmung der Willkür vorausgesetzt werden. Es kann aber von keiner Vorstellung irgend eines Gegenstandes, welche sie auch sei, a priori erkannt werden, ob sie mit Lust oder Unlust verbunden, oder indifferent sein werde. Also muß in solchem Falle der
30 Bestimmungsgrund der Willkür jederzeit empirisch sein, mithin auch das praktische materiale Princip, welches ihn als Bedingung voraussetzte.

Da nun (zweitens) ein Princip, das sich nur auf die subjective Bedingung der Empfänglichkeit einer Lust oder Unlust (die jederzeit nur empirisch erkannt und nicht für alle vernünftige Wesen in gleicher Art
35 gültig sein kann) gründet, zwar wohl für das Subject, das sie besitzt, zu ihrer Maxime, aber auch für diese selbst (weil es ihm an objectiver

Nothwendigkeit, die a priori erkannt werden muß, mangelt) nicht zum Gesetze dienen kann, so kann ein solches Princip niemals ein praktisches Gesetz abgeben.

§ 3.
Lehrsatz II.

Alle materiale praktische Principien sind, als solche, insgesammt von einer und derselben Art und gehören unter das allgemeine Princip der Selbstliebe oder eigenen Glückseligkeit.

Die Lust aus der Vorstellung der Existenz einer Sache, so fern sie ein Bestimmungsgrund des Begehrens dieser Sache sein soll, gründet sich auf der Empfänglichkeit des Subjects, weil sie von dem Dasein eines Gegenstandes abhängt; mithin gehört sie dem Sinne (Gefühl) und nicht dem Verstande an, der eine Beziehung der Vorstellung auf ein Object nach Begriffen, aber nicht auf das Subject nach Gefühlen ausdrückt. Sie ist also nur so fern praktisch, als die Empfindung der Annehmlichkeit, die das Subject von der Wirklichkeit des Gegenstandes erwartet, das Begehrungsvermögen bestimmt. Nun ist aber das Bewußtsein eines vernünftigen Wesens von der Annehmlichkeit des Lebens, die ununterbrochen sein ganzes Dasein begleitet, die Glückseligkeit, und das Princip, diese sich zum höchsten Bestimmungsgrunde der Willkür zu machen, das Princip der Selbstliebe. Also sind alle materiale Principien, die den Bestimmungsgrund der Willkür in der aus irgend eines Gegenstandes Wirklichkeit zu empfindenden Lust oder Unlust setzen, so fern gänzlich von einerlei Art, daß sie insgesammt zum Princip der Selbstliebe oder eigenen Glückseligkeit gehören.

Folgerung.

Alle materiale praktische Regeln setzen den Bestimmungsgrund des Willens im unteren Begehrungsvermögen, und, gäbe es gar keine blos formale Gesetze desselben, die den Willen hinreichend bestimmten, so würde auch kein oberes Begehrungsvermögen eingeräumt werden können.

Anmerkung I.

Man muß sich wundern, wie sonst scharfsinnige Männer einen Unterschied zwischen dem unteren und oberen Begehrungsvermögen darin zu finden glauben können, ob die **Vorstellungen**, die mit dem Gefühl der Lust verbunden sind, in den Sinnen, oder dem Verstande ihren Ursprung haben. Denn es kommt, wenn man nach den Bestimmungsgründen des Begehrens frägt und sie in einer von irgend etwas erwarteten Annehmlichkeit setzt, gar nicht darauf an, wo die Vorstellung dieses vergnügenden Gegenstandes herkomme, sondern nur wie sehr sie vergnügt. Wenn eine Vorstellung, sie mag immerhin im Verstande ihren Sitz und Ursprung haben, die Willkür nur dadurch bestimmen kann, daß sie ein Gefühl einer Lust im Subjecte voraussetzt, so ist, daß sie ein Bestimmungsgrund der Willkür sei, gänzlich von der Beschaffenheit des inneren Sinnes abhängig, daß dieser nämlich dadurch mit Annehmlichkeit afficirt werden kann. Die Vorstellungen der Gegenstände mögen noch so ungleichartig, sie mögen Verstandes-, selbst Vernunftvorstellungen im Gegensatze der Vorstellungen der Sinne sein, so ist doch das Gefühl der Lust, wodurch jene doch eigentlich nur den Bestimmungsgrund des Willens ausmachen, (die Annehmlichkeit, das Vergnügen, das man davon erwartet, welches die Thätigkeit zur Hervorbringung des Objects antreibt) nicht allein so fern von einerlei Art, daß es jederzeit blos empirisch erkannt werden kann, sondern auch sofern, als es eine und dieselbe Lebenskraft, die sich im Begehrungsvermögen äußert, afficirt und in dieser Beziehung von jedem anderen Bestimmungsgrunde in nichts als dem Grade verschieden sein kann. Wie würde man sonst zwischen zwei der Vorstellungsart nach gänzlich verschiedenen Bestimmungsgründen eine Vergleichung der Größe nach anstellen können, um den, der am meisten das Begehrungsvermögen afficirt, vorzuziehen? Eben derselbe Mensch kann ein ihm lehrreiches Buch, das ihm nur einmal zu Händen kommt, ungelesen zurückgeben, um die Jagd nicht zu versäumen, in der Mitte einer schönen Rede weggehen, um zur Mahlzeit nicht zu spät zu kommen, eine Unterhaltung durch vernünftige Gespräche, die er sonst sehr schätzt, verlassen, um sich an den Spieltisch zu setzen, sogar einen Armen, dem wohlzuthun ihm sonst Freude ist, abweisen, weil er jetzt eben nicht mehr Geld in der Tasche hat, als er braucht, um den Eintritt in die Komödie zu bezahlen. Beruht die Willensbestimmung auf dem Gefühle der Annehmlichkeit oder Unannehmlichkeit, die er aus irgend einer Ursache erwartet, so ist es ihm gänzlich einerlei, durch welche Vorstellungsart er afficirt werde. Nur wie stark, wie lange, wie leicht erworben und oft wiederholt diese Annehmlichkeit sei, daran liegt es ihm, um sich zur Wahl zu entschließen. So wie demjenigen, der Gold zur Ausgabe braucht, gänzlich einerlei ist, ob die Materie desselben, das Gold, aus dem Gebirge gegraben, oder aus dem Sande gewaschen ist, wenn es nur allenthalben für denselben Werth angenommen wird, so frägt kein Mensch, wenn es ihm blos an der Annehmlichkeit des Lebens gelegen ist, ob Verstandes- oder Sinnesvorstellungen, sondern nur wie viel und großes Vergnügen sie ihm auf die längste Zeit verschaffen. Nur diejenigen, welche der reinen Vernunft das Vermögen, ohne Voraussetzung irgend eines Gefühls den Willen zu bestimmen, gerne abstreiten möchten, können sich so weit von ihrer eigenen Erklärung verirren, daß, was sie selbst vorher auf ein und eben dasselbe Princip gebracht haben, dennoch hernach für ganz ungleichartig zu erklären. So findet sich z. B., daß man auch an bloßer **Kraftanwendung**, an dem Bewußtsein seiner Seelenstärke in Überwindung der Hindernisse, die sich unserem Vorsatze entgegensetzen, an der Cultur der Geistestalente u. s. w. Vergnügen finden könne, und wir nennen das mit Recht **feinere Freuden und Ergötzungen**, weil sie mehr wie andere in unserer Gewalt sind, sich nicht abnutzen, das Gefühl zu noch mehrerem Genuß derselben vielmehr stärken und, indem sie ergötzen, zugleich cultiviren. Allein sie darum für eine andere Art, den Willen zu bestimmen, als blos durch den Sinn, auszugeben, da sie doch einmal zur Möglichkeit jener Vergnügen ein darauf in uns angelegtes Gefühl als erste Bedingung dieses Wohlgefallens voraussetzen, ist gerade so, als wenn Unwissende, die gerne in der Metaphysik pfuschern möchten, sich die Materie so fein, so überfein, daß sie selbst darüber schwindlig werden möchten, denken und dann glauben, auf diese Art sich ein **geistiges** und doch ausgedehntes Wesen erdacht zu haben. Wenn wir es mit dem Epikur bei der Tugend aufs bloße Vergnügen aussetzen, das sie verspricht, um den Willen zu bestimmen: so können wir ihn hernach nicht tadeln, daß er dieses mit denen der gröbsten Sinne für ganz gleichartig hält; denn man hat gar nicht Grund ihm aufzubürden, daß er die Vorstellungen, wodurch dieses Gefühl in uns erregt würde, blos den körperlichen Sinnen beigemessen hätte. Er hat von vielen derselben den Quell, so viel man errathen kann, eben sowohl in dem Gebrauch des höheren Erkenntnißvermögens gesucht; aber das hinderte ihn nicht und konnte ihn auch nicht hindern, nach genanntem Princip das Vergnügen selbst, das uns jene allenfalls intellectuelle Vorstellungen gewähren, und wodurch sie allein Bestimmungsgründe des Willens sein können, gänzlich für gleichartig zu halten. **Consequent zu sein**, ist die größte Obliegenheit eines Philosophen und wird doch am seltensten angetroffen. Die alten griechischen Schulen geben uns davon mehr Beispiele, als wir in unserem **synkretistischen** Zeitalter antreffen, wo ein gewisses **Coalitionssystem** widersprechender Grundsätze voll Unredlichkeit und Seichtigkeit erkünstelt wird, weil es sich einem Publicum besser empfiehlt, das zufrieden ist, von allem etwas und im ganzen nichts zu wissen und dabei in allen Sätteln gerecht zu sein. Das Princip der eigenen Glückseligkeit, so viel Verstand und Vernunft bei ihm auch gebraucht werden mag, würde doch für den Willen keine andere Bestimmungsgründe, als die dem **unteren** Begehrungsvermögen angemessen sind, in sich fassen, und es giebt also entweder gar kein oberes Begehrungsvermögen, oder **reine Vernunft** muß für sich allein praktisch sein, d. i. ohne Voraussetzung irgend eines Gefühls, mithin ohne Vorstellungen des Angenehmen oder Unangenehmen als der Materie des Begehrungsvermögens, die jederzeit eine empirische Bedingung der Principien ist, durch die bloße Form der praktischen Regel den Willen bestimmen können. Alsdann allein ist Vernunft nur, so fern sie für sich selbst den Willen

Von den Grundsätzen der reinen praktischen Vernunft.

bestimmt (nicht im Dienste der Neigungen ist), ein wahres **oberes Begehrungsvermögen**, dem das pathologisch bestimmbare untergeordnet ist, und wirklich, ja specifisch von diesem unterschieden, so daß sogar die mindeste Beimischung von den Antrieben der letzteren ihrer Stärke und Vorzuge Abbruch thut, so wie das mindeste Empirische, als Bedingung in einer mathematischen Demonstration, ihre Würde und Nachdruck herabsetzt und vernichtet. Die Vernunft bestimmt in einem praktischen Gesetze unmittelbar den Willen, nicht vermittelst eines dazwischen kommenden Gefühls der Lust und Unlust, selbst nicht an diesem Gesetze, und nur, daß sie als reine Vernunft praktisch sein kann, macht es ihr möglich, **gesetzgebend** zu sein.

Anmerkung II.

Glücklich zu sein, ist nothwendig das Verlangen jedes vernünftigen, aber endlichen Wesens und also ein unvermeidlicher Bestimmungsgrund seines Begehrungsvermögens. Denn die Zufriedenheit mit seinem ganzen Dasein ist nicht etwa ein ursprünglicher Besitz und eine Seligkeit, welche ein Bewußtsein seiner unabhängigen Selbstgenugsamkeit voraussetzen würde, sondern ein durch seine endliche Natur selbst ihm aufgedrungenes Problem, weil es bedürftig ist, und dieses Bedürfniß betrifft die Materie seines Begehrungsvermögens, d. i. etwas, was sich auf ein subjectiv zum Grunde liegendes Gefühl der Lust oder Unlust bezieht, dadurch das, was es zur Zufriedenheit mit seinem Zustande bedarf, bestimmt wird. Aber eben darum, weil dieser materiale Bestimmungsgrund von dem Subjecte blos empirisch erkannt werden kann, ist es unmöglich diese Aufgabe als ein Gesetz zu betrachten, weil dieses als objectiv in allen Fällen und für alle vernünftige Wesen **eben denselben** Bestimmungsgrund des Willens enthalten müßte. Denn obgleich der Begriff der Glückseligkeit der praktischen Beziehung der Objecte aufs Begehrungsvermögen **allerwärts** zum Grunde liegt, so ist er doch nur der allgemeine Titel der subjectiven Bestimmungsgründe und bestimmt nichts specifisch, darum es doch in dieser praktischen Aufgabe allein zu thun ist, und ohne welche Bestimmung sie gar nicht aufgelöset werden kann. Worin nämlich jeder seine Glückseligkeit zu setzen habe, kommt auf jedes sein besonderes Gefühl der Lust und Unlust an, und selbst in einem und demselben Subject auf die Verschiedenheit des Bedürfnisses nach den Abänderungen dieses Gefühls, und ein **subjectiv nothwendiges** Gesetz (als Naturgesetz) ist also **objectiv** ein gar sehr **zufälliges** praktisches Princip, das in verschiedenen Subjecten sehr verschieden sein kann und muß, mithin niemals ein Gesetz abgeben kann, weil es bei der Begierde nach Glückseligkeit nicht auf die Form der Gesetzmäßigkeit, sondern lediglich auf die Materie ankommt, nämlich ob und wieviel Vergnügen ich in der Befolgung des Gesetzes zu erwarten habe. Principien der Selbstliebe können zwar allgemeine Regeln der Geschicklichkeit (Mittel zu Absichten auszufinden) enthalten, alsdann sind es aber blos theoretische Principien*) (z. B. wie derjenige, der gerne Brot essen möchte, sich eine Mühle auszudenken habe). Aber praktische Vorschriften, die sich auf sie gründen, können niemals allgemein sein, denn der Bestimmungsgrund des Begehrungsvermögens ist auf das Gefühl der Lust und Unlust, das niemals als allgemein auf dieselben Gegenstände gerichtet angenommen werden kann, gegründet.

Aber gesetzt, endliche vernünftige Wesen dächten auch in Ansehung dessen, was sie für Objecte ihrer Gefühle des Vergnügens oder Schmerzens anzunehmen hätten, imgleichen sogar in Ansehung der Mittel, deren sie sich bedienen müssen, um die erstern zu erreichen, die andern abzuhalten, durchgehends einerlei, so würde das Princip der Selbstliebe dennoch von ihnen durchaus für kein praktisches Gesetz ausgegeben werden können; denn diese Einhelligkeit wäre selbst doch nur zufällig. Der Bestimmungsgrund wäre immer doch nur subjectiv gültig und blos empirisch und hätte diejenige Nothwendigkeit nicht, die in einem jeden Gesetze gedacht wird, nämlich die objective aus Gründen a priori; man müßte denn diese Nothwendigkeit gar nicht für praktisch, sondern für blos physisch ausgeben, nämlich daß die Handlung durch unsere Neigung uns eben so unausbleiblich abgenöthigt würde, als das Gähnen, wenn wir andere gähnen sehen. Man würde eher behaupten können, daß es gar keine praktische Gesetze gebe, sondern nur Anrathungen zum Behuf unserer Begierden, als daß blos subjective Principien zum Range praktischer Gesetze erhoben würden, die durchaus objective und nicht blos subjective Nothwendigkeit haben und durch Vernunft a priori, nicht durch Erfahrung (so empirisch allgemein diese auch sein mag) erkannt sein müssen. Selbst die Regeln einstimmiger Erscheinungen werden nur Naturgesetze (z. B. die mechanischen) genannt, wenn man sie entweder wirklich a priori erkennt, oder doch (wie bei den chemischen) annimmt, sie würden a priori aus objectiven Gründen erkannt werden, wenn unsere Einsicht tiefer ginge. Allein bei blos subjectiven praktischen Principien wird das ausdrücklich zur Bedingung gemacht, daß ihnen nicht objective, sondern subjective Bedingungen der Willkür zum Grunde liegen müssen; mithin, daß sie jederzeit nur als bloße Maximen, niemals aber als praktische Gesetze vorstellig gemacht werden dürfen. Diese letztere Anmerkung scheint beim ersten Anblicke bloße Wortklauberei zu sein; allein sie ist die Wortbestimmung des allerwichtigsten Unterschiedes, der nur in praktischen Untersuchungen in Betrachtung kommen mag.

*) Sätze, welche in der Mathematik oder Naturlehre praktisch genannt werden, sollten eigentlich technisch heißen. Denn um die Willensbestimmung ist es diesen Lehren gar nicht zu thun; sie zeigen nur das Mannigfaltige der möglichen Handlung an, welches eine gewisse Wirkung hervorzubringen hinreichend ist, und sind also eben so theoretisch als alle Sätze, welche die Verknüpfung der Ursache mit einer Wirkung aussagen. Wem nun die letztere beliebt, der muß sich auch gefallen lassen, die erstere zu sein.

§ 4.
Lehrsatz III.

Wenn ein vernünftiges Wesen sich seine Maximen als praktische allgemeine Gesetze denken soll, so kann es sich dieselbe nur als solche Principien denken, die nicht der Materie, sondern blos der Form nach den Bestimmungsgrund des Willens enthalten.

Die Materie eines praktischen Princips ist der Gegenstand des Willens. Dieser ist entweder der Bestimmungsgrund des letzteren oder nicht. Ist er der Bestimmungsgrund desselben, so würde die Regel des Willens einer empirischen Bedingung (dem Verhältnisse der bestimmenden Vorstellung zum Gefühle der Lust und Unlust) unterworfen, folglich kein praktisches Gesetz sein. Nun bleibt von einem Gesetze, wenn man alle Materie, d. i. jeden Gegenstand des Willens, (als Bestimmungsgrund) davon absondert, nichts übrig, als die bloße Form einer allgemeinen Gesetzgebung. Also kann ein vernünftiges Wesen sich seine subjectiv-praktische Principien, d. i. Maximen, entweder gar nicht zugleich als allgemeine Gesetze denken, oder es muß annehmen, daß die bloße Form derselben, nach der jene sich zur allgemeinen Gesetzgebung schicken, sie für sich allein zum praktischen Gesetze mache.

Anmerkung.

Welche Form in der Maxime sich zur allgemeinen Gesetzgebung schicke, welche nicht, das kann der gemeinste Verstand ohne Unterweisung unterscheiden. Ich habe z. B. es mir zur Maxime gemacht, mein Vermögen durch alle sichere Mittel zu vergrößern. Jetzt ist ein Depositum in meinen Händen, dessen Eigenthümer verstorben ist und keine Handschrift darüber zurückgelassen hat. Natürlicherweise ist dies der Fall meiner Maxime. Jetzt will ich nur wissen, ob jene Maxime auch als allgemeines praktisches Gesetz gelten könne. Ich wende jene also auf gegenwärtigen Fall an und frage, ob sie wohl die Form eines Gesetzes annehmen, mithin ich wohl durch meine Maxime zugleich ein solches Gesetz geben könnte: daß jedermann ein Depositum ableugnen dürfe, dessen Niederlegung ihm niemand beweisen kann. Ich werde sofort gewahr, daß ein solches Princip, als Gesetz, sich selbst vernichten würde, weil es machen würde, daß es gar kein Depositum gäbe. Ein praktisches Gesetz, was ich dafür erkenne, muß sich zur allgemeinen Gesetzgebung qualificiren; dies ist ein identischer Satz und also für sich klar. Sage ich nun: mein Wille steht unter einem praktischen Gesetze, so kann ich nicht meine Neigung (z. B. im gegenwärtigen Falle meine Habsucht) als den zu einem allgemeinen praktischen Gesetze schicklichen Bestimmungsgrund desselben anführen; denn diese, weit gefehlt daß sie zu einer allgemeinen Gesetzgebung tauglich sein sollte, so muß sie vielmehr in der Form eines allgemeinen Gesetzes sich selbst aufreiben.

Es ist daher wunderlich, wie, da die Begierde zur Glückseligkeit, mithin auch die Maxime, dadurch sich jeder diese letztere zum Bestimmungsgrunde seines Willens setzt, allgemein ist, es verständigen Männern habe in den Sinn kommen können, es darum für ein allgemein praktisches Gesetz auszugeben. Denn da sonst ein allgemeines Naturgesetz alles einstimmig macht, so würde hier, wenn man der Maxime die Allgemeinheit eines Gesetzes geben wollte, grade das äußerste Widerspiel der Einstimmung, der ärgste Widerstreit und die gänzliche Vernichtung der Maxime selbst und ihrer Absicht erfolgen. Denn der Wille Aller hat alsdann nicht ein und dasselbe Object, sondern ein jeder hat das seinige (sein eigenes Wohlbefinden), welches sich zwar zufälligerweise auch mit anderer ihren Absichten, die sie gleichfalls auf sich selbst richten, vertragen kann, aber lange nicht zum Gesetze hinreichend ist, weil die Ausnahmen, die man gelegentlich zu machen befugt ist, endlos sind und gar nicht bestimmt in eine allgemeine Regel befaßt werden können. Es kommt auf diese Art eine Harmonie heraus, die derjenigen ähnlich ist, welche ein gewisses Spottgedicht auf die Seeleneintracht zweier sich zu Grunde richtenden Eheleute schildert: O wundervolle Harmonie, was er will, will auch sie ꝛc., oder was von der Anheischigmachung König Franz des Ersten gegen Kaiser Karl den Fünften erzählt wird: was mein Bruder Karl haben will (Mailand), das will ich auch haben. Empirische Bestimmungsgründe taugen zu keiner allgemeinen äußeren Gesetzgebung, aber auch eben so wenig zur innern; denn jeder legt sein Subject, ein anderer aber ein anderes Subject der Neigung zum Grunde, und in jedem Subject selber ist bald die, bald eine andere im Vorzuge des Einflusses. Ein Gesetz ausfindig zu machen, das sie insfammt unter dieser Bedingung, nämlich mit allerseitiger Einstimmung, regierte, ist schlechterdings unmöglich.

§ 5.
Aufgabe I.

Vorausgesetzt, daß die bloße gesetzgebende Form der Maximen allein der zureichende Bestimmungsgrund eines Willens sei: die Beschaffenheit desjenigen Willens zu finden, der dadurch allein bestimmbar ist.

Da die bloße Form des Gesetzes lediglich von der Vernunft vorgestellt werden kann und mithin kein Gegenstand der Sinne ist, folglich auch nicht unter die Erscheinungen gehört: so ist die Vorstellung derselben als Bestimmungsgrund des Willens von allen Bestimmungsgründen der Begebenheiten in der Natur nach dem Gesetze der Causalität unterschieden, weil bei diesen die bestimmenden Gründe selbst Erscheinungen sein müssen. Wenn aber auch kein anderer Bestimmungsgrund des Willens für diesen zum Gesetz dienen kann, als blos jene allgemeine gesetzgebende Form: so muß ein solcher Wille als gänzlich unabhängig von dem Naturgesetz der Erscheinungen, nämlich dem Gesetze der Causalität, beziehungsweise auf einander gedacht werden. Eine solche Unabhängigkeit aber heißt Freiheit im strengsten, d. i. transscendentalen, Verstande. Also ist ein Wille, dem die bloße gesetzgebende Form der Maxime allein zum Gesetze dienen kann, ein freier Wille.

§ 6.
Aufgabe II.

Vorausgesetzt, daß ein Wille frei sei, das Gesetz zu finden, welches ihn allein nothwendig zu bestimmen tauglich ist.

Da die Materie des praktischen Gesetzes, d. i. ein Object der Maxime, niemals anders als empirisch gegeben werden kann, der freie Wille aber, als von empirischen (d. i. zur Sinnenwelt gehörigen) Bedingungen unabhängig, dennoch bestimmbar sein muß: so muß ein freier Wille, unabhängig von der Materie des Gesetzes, dennoch einen Bestimmungsgrund in dem Gesetze antreffen. Es ist aber außer der Materie des Gesetzes nichts weiter in demselben als die gesetzgebende Form enthalten. Also ist die gesetzgebende Form, so fern sie in der Maxime enthalten ist, das einzige, was einen Bestimmungsgrund des Willens ausmachen kann.

Anmerkung.

Freiheit und unbedingtes praktisches Gesetz weisen also wechselsweise auf einander zurück. Ich frage hier nun nicht: ob sie auch in der That verschieden seien, und nicht vielmehr ein unbedingtes Gesetz blos das Selbstbewußtsein einer reinen praktischen Vernunft, diese aber ganz einerlei mit dem positiven Begriffe der Freiheit sei; sondern wovon unsere Erkenntniß des unbedingt Praktischen anhebe, ob von der Freiheit, oder dem praktischen Gesetze. Von der Freiheit kann es nicht anheben; denn deren können wir uns weder unmittelbar bewußt werden, weil ihr erster Begriff negativ ist, noch darauf aus der Erfahrung schließen, denn Erfahrung giebt uns nur das Gesetz der Erscheinungen, mithin den Mechanism der Natur, das gerade Widerspiel der Freiheit, zu erkennen. Also ist es das moralische Gesetz, dessen wir uns unmittelbar bewußt werden (so bald wir uns Maximen des Willens entwerfen), welches sich uns zuerst darbietet und, indem die Vernunft jenes als einen durch keine sinnliche Bedingungen zu überwiegenden, ja davon gänzlich unabhängigen Bestimmungsgrund darstellt, gerade auf den Begriff der Freiheit führt. Wie ist aber auch das Bewußtsein jenes moralischen Gesetzes möglich? Wir können uns reiner praktischer Gesetze bewußt werden, eben so wie wir uns reiner theoretischer Grundsätze bewußt sind, indem wir auf die Nothwendigkeit, womit sie uns die Vernunft vorschreibt, und auf Absonderung aller empirischen Bedingungen, dazu uns jene hinweiset, Acht haben. Der Begriff eines reinen Willens entspringt aus den ersteren, wie das Bewußtsein eines reinen Verstandes aus dem letzteren. Daß dieses die wahre Unterordnung unserer Begriffe sei, und Sittlichkeit uns zuerst den Begriff der Freiheit entdecke, mithin praktische Vernunft zuerst der speculativen das unauflöslichste Problem mit diesem Begriffe aufstelle, um sie durch denselben in die größte Verlegenheit zu setzen, erhellt schon daraus: daß, da aus dem Begriffe der Freiheit in den Erscheinungen nichts erklärt werden kann, sondern hier immer Naturmechanism den Leitfaden ausmachen muß, überdem auch die Antinomie der reinen Vernunft, wenn sie zum Unbedingten in der Reihe der Ursachen aufsteigen will, sich bei einem so sehr wie bei dem andern in Unbegreiflichkeiten verwickelt, indessen daß doch der letztere (Mechanism) wenigstens Brauchbarkeit in Erklärung der Erscheinungen hat, man niemals zu dem Wagstücke gekommen sein würde, Freiheit in die Wissenschaft einzuführen, wäre nicht das Sittengesetz und mit ihm praktische Vernunft dazu gekommen und hätte uns diesen Begriff nicht aufgedrungen. Aber auch die Erfahrung bestätigt diese Ordnung der Begriffe in uns. Setzet, daß jemand von seiner wollüstigen Neigung vorgiebt, sie sei, wenn ihm der beliebte Gegenstand und die Gelegenheit dazu vorkämen, für ihn ganz unwiderstehlich: ob, wenn ein Galgen vor dem Hause, da er diese Gelegenheit trifft, aufgerichtet wäre, um ihn sogleich nach genossener Wollust daran zu knüpfen, er alsdann nicht seine Neigung bezwingen würde. Man darf nicht lange rathen, was er antworten würde. Fragt ihn aber, ob, wenn sein Fürst ihm unter Androhung derselben unverzögerten Todesstrafe zumuthete, ein falsches Zeugniß wider einen ehrlichen Mann, den er gerne unter scheinbaren Vorwänden verderben möchte, abzulegen, ob er da, so groß auch seine Liebe zum Leben sein mag, sie wohl zu überwinden für möglich halte. Ob er es thun würde, oder nicht, wird er vielleicht sich nicht getrauen zu versichern; daß es ihm aber möglich sei, muß er ohne Bedenken einräumen. Er urtheilt also, daß er etwas kann, darum weil er sich bewußt ist, daß er es soll, und erkennt in sich die Freiheit, die ihm sonst ohne das moralische Gesetz unbekannt geblieben wäre.

§ 7.
Grundgesetz der reinen praktischen Vernunft.

Handle so, daß die Maxime deines Willens jederzeit zugleich als Princip einer allgemeinen Gesetzgebung gelten könne.

Anmerkung.

Die reine Geometrie hat Postulate als praktische Sätze, die aber nichts weiter enthalten als die Voraussetzung, daß man etwas thun könne, wenn etwa gefordert würde, man solle es thun und diese sind die einzigen Sätze derselben, die ein Dasein betreffen. Es sind also praktische Regeln unter einer problematischen Bedingung des Willens. Hier aber sagt die Regel: man solle schlechthin auf gewisse Weise verfahren. Die praktische Regel ist also unbedingt, mithin als kategorisch praktischer Satz a priori vorgestellt, wodurch der Wille schlechterdings und unmittelbar (durch die praktische Regel selbst, die also hier Gesetz ist) objectiv bestimmt wird. Denn reine, an sich praktische Vernunft ist hier unmittelbar gesetzgebend. Der Wille wird als unabhängig von empirischen Bedingungen, mithin, als reiner Wille, durch die bloße Form des Gesetzes als bestimmt gedacht und dieser Bestimmungsgrund als die oberste Bedingung aller Maximen angesehen. Die Sache ist befremdlich genug und hat ihres gleichen in der ganzen übrigen praktischen Erkenntniß nicht. Denn der Gedanke a priori von einer möglichen allgemeinen Gesetzgebung, der also blos problematisch ist, wird, ohne von der Erfahrung oder irgend einem äußeren Willen etwas zu entlehnen, als Gesetz unbedingt geboten. Es ist aber auch nicht eine Vorschrift, nach welcher eine Handlung geschehen soll, dadurch eine begehrte Wirkung möglich ist (denn da wäre die Regel immer physisch bedingt), sondern eine Regel, die blos den Willen in Ansehung der Form seiner Maximen a priori bestimmt, und da ist ein Gesetz, welches blos zum Behuf der subjectiven Form der Grundsätze dient, als Bestimmungsgrund durch die objective Form eines Gesetzes überhaupt, wenigstens zu denken nicht unmöglich. Man kann das Bewußtsein dieses Grundgesetzes ein Factum der Vernunft nennen, weil man es nicht aus vorhergehenden Datis der Vernunft, z. B. dem Bewußtsein der Freiheit (denn dieses ist uns nicht vorher gegeben), herausvernünfteln kann, sondern weil es sich für sich selbst uns aufdringt als synthetischer Satz a priori, der auf keiner, weder reinen noch empirischen, Anschauung gegründet ist, ob er gleich analytisch sein würde, wenn man die Freiheit des Willens voraussetzte, wozu aber, als positivem Begriffe, eine intellectuelle Anschauung erfordert werden würde, die man hier gar nicht annehmen darf. Doch muß man, um dieses Gesetz ohne Mißdeutung als gegeben anzusehen, wohl bemerken: daß es kein empirisches, sondern das einzige Factum der reinen Vernunft sei, die sich dadurch als ursprünglich gesetzgebend (sic volo, sic jubeo) ankündigt.

Folgerung.

Reine Vernunft ist für sich allein praktisch und giebt (dem Menschen) ein allgemeines Gesetz, welches wir das Sittengesetz nennen.

Anmerkung.

Das vorher genannte Factum ist unleugbar. Man darf nur das Urtheil zergliedern, welches die Menschen über die Gesetzmäßigkeit ihrer Handlungen fällen: so wird man jederzeit finden, daß, was auch die Neigung dazwischen sprechen mag, ihre Vernunft dennoch, unbestechlich und durch sich selbst gezwungen, die Maxime des Willens bei einer Handlung jederzeit an den reinen Willen halte, d. i. an sich selbst, indem sie sich als a priori praktisch betrachtet. Dieses Princip der Sittlichkeit nun, eben um der Allgemeinheit der Gesetzgebung willen, die es zum formalen obersten Bestimmungsgrunde des Willens unangesehen aller subjectiven Verschiedenheiten desselben macht, erklärt die Vernunft zugleich zu einem Gesetze für alle vernünftige Wesen, so fern sie überhaupt einen Willen, d. i. ein Vermögen haben, ihre Causalität durch die Vorstellung von Regeln zu bestimmen, mithin so fern sie der Handlungen nach Grundsätzen, folglich auch nach praktischen Principien a priori (denn diese haben allein diejenige Nothwendigkeit, welche die Vernunft zum Grundsatze fordert) fähig sind. Es schränkt sich also nicht blos auf Menschen ein, sondern geht auf alle endliche Wesen, die Vernunft und Willen haben, ja schließt sogar das unendliche Wesen als oberste Intelligenz mit ein. Im ersteren Falle aber hat das Gesetz die Form eines Imperativs, weil man an jenem zwar als vernünftigem Wesen einen reinen, aber als mit Bedürfnissen und sinnlichen Bewegursachen afficirtem Wesen keinen heiligen Willen, d. i. einen solchen, der keiner dem moralischen Gesetze widerstreitenden Maximen fähig wäre, voraussetzen kann. Das moralische Gesetz ist daher bei jenen ein Imperativ, der kategorisch gebietet, weil das Gesetz unbedingt ist; das Verhältniß eines solchen Willens zu diesem Gesetze ist Abhängigkeit, unter dem Namen der Verbindlichkeit, welche eine Nöthigung, obzwar durch bloße Vernunft und deren objectives Gesetz, zu einer Handlung bedeutet, die darum Pflicht heißt, weil eine pathologisch afficirte (obgleich dadurch nicht bestimmte, mithin auch immer freie) Willkür einen Wunsch bei sich führt, der aus subjectiven Ursachen entspringt, daher auch dem reinen objectiven Bestimmungsgrunde oft entgegen sein kann und also eines Widerstandes der praktischen Vernunft, der ein innerer, aber intellectueller Zwang genannt werden kann, als moralischer Nöthigung bedarf. In der allergnugsamsten Intelligenz wird die Willkür als keiner Maxime fähig, die nicht zugleich objectiv Gesetz sein könnte, mit Recht vorgestellt, und der Begriff der Heiligkeit, der ihr um deswillen zukommt, setzt sie zwar nicht über alle praktische, aber doch über alle praktisch-einschränkende Gesetze, mithin Verbindlichkeit und Pflicht weg. Diese Heiligkeit des Willens ist gleichwohl eine praktische Idee, welche nothwendig zum Urbilde dienen muß, welchem sich ins Unendliche zu nähern das einzige ist, was allen endlichen vernünftigen Wesen zusteht, und welche das reine Sittengesetz, das darum selbst heilig heißt, ihnen beständig und richtig vor Augen hält, von welchem ins Unendliche gehenden Pro-

Von den Grundsätzen der reinen praktischen Vernunft.

gressus seiner Maximen und Unwandelbarkeit derselben zum beständigen Fortschreiten sicher zu sein, d. i. Tugend, das Höchste ist, was endliche praktische Vernunft bewirken kann, die selbst wiederum wenigstens als natürlich erworbenes Vermögen nie vollendet sein kann, weil die Sicherheit in solchem Falle niemals apodiktische Gewißheit wird und als Überredung sehr gefährlich ist.

§ 8.
Lehrsatz IV.

Die Autonomie des Willens ist das alleinige Princip aller moralischen Gesetze und der ihnen gemäßen Pflichten: alle Heteronomie der Willkür gründet dagegen nicht allein gar keine Verbindlichkeit, sondern ist vielmehr dem Princip derselben und der Sittlichkeit des Willens entgegen. In der Unabhängigkeit nämlich von aller Materie des Gesetzes (nämlich einem begehrten Objecte) und zugleich doch Bestimmung der Willkür durch die bloße allgemeine gesetzgebende Form, deren eine Maxime fähig sein muß, besteht das alleinige Princip der Sittlichkeit. Jene Unabhängigkeit aber ist Freiheit im negativen, diese eigene Gesetzgebung aber der reinen und als solche praktischen Vernunft ist Freiheit im positiven Verstande. Also drückt das moralische Gesetz nichts anders aus, als die Autonomie der reinen praktischen Vernunft, d. i. der Freiheit, und diese ist selbst die formale Bedingung aller Maximen, unter der sie allein mit dem obersten praktischen Gesetze zusammenstimmen können. Wenn daher die Materie des Wollens, welche nichts anders als das Object einer Begierde sein kann, die mit dem Gesetz verbunden wird, in das praktische Gesetz **als Bedingung der Möglichkeit desselben** hineinkommt, so wird daraus Heteronomie der Willkür, nämlich Abhängigkeit vom Naturgesetze, irgend einem Antriebe oder Neigung zu folgen, und der Wille giebt sich nicht selbst das Gesetz, sondern nur die Vorschrift zur vernünftigen Befolgung pathologischer Gesetze; die Maxime aber, die auf solche Weise niemals die allgemein-gesetzgebende Form in sich enthalten kann, stiftet auf diese Weise nicht allein keine Verbindlichkeit, sondern ist selbst dem Princip einer reinen praktischen Vernunft, hiemit also auch der sittlichen Gesinnung entgegen, wenn gleich die Handlung, die daraus entspringt, gesetzmäßig sein sollte.

Anmerkung I.

Zum praktischen Gesetze muß also niemals eine praktische Vorschrift gezählt werden, die eine materiale (mithin empirische) Bedingung bei sich führt. Denn das Gesetz des reinen Willens, der frei ist, setzt diesen in eine ganz andere Sphäre als die empirische, und die Nothwendigkeit, die es ausdrückt, da sie keine Naturnothwendigkeit sein soll, kann also blos in formalen Bedingungen der Möglichkeit eines Gesetzes überhaupt bestehen. Alle Materie praktischer Regeln beruht immer auf subjectiven Bedingungen, die ihr keine Allgemeinheit für vernünftige Wesen, als lediglich die bedingte (im Falle ich dieses oder jenes begehre, was ich alsdann thun müsse, um es wirklich zu machen) verschaffen, und sie drehen sich insgesammt um das Princip der eigenen Glückseligkeit. Nun ist freilich unleugbar, daß alles Wollen auch einen Gegenstand, mithin eine Materie haben müsse; aber diese ist darum nicht eben der Bestimmungsgrund und Bedingung der Maxime; denn ist sie es, so läßt diese sich nicht in allgemein gesetzgebender Form darstellen, weil die Erwartung der Existenz des Gegenstandes alsdann die bestimmende Ursache der Willkür sein würde, und die Abhängigkeit des Begehrungsvermögens von der Existenz irgend einer Sache dem Wollen zum Grunde gelegt werden müßte, welche immer nur in empirischen Bedingungen gesucht werden und daher niemals den Grund zu einer nothwendigen und allgemeinen Regel abgeben kann. So wird fremder Wesen Glückseligkeit das Object des Willens eines vernünftigen Wesens sein können. Wäre sie aber der Bestimmungsgrund der Maxime, so müßte man voraussetzen, daß wir in dem Wohlsein anderer nicht allein ein natürliches Vergnügen, sondern auch ein Bedürfniß finden, so wie die sympathetische Sinnesart bei Menschen es mit sich bringt. Aber dieses Bedürfniß kann ich nicht bei jedem vernünftigen Wesen (bei Gott gar nicht) voraussetzen. Also kann zwar die Materie der Maxime bleiben, sie muß aber nicht die Bedingung derselben sein, denn sonst würde diese nicht zum Gesetze taugen. Also die bloße Form eines Gesetzes, welches die Materie einschränkt, muß zugleich ein Grund sein, diese Materie zum Willen hinzuzufügen, aber sie nicht vorauszusetzen. Die Materie sei z. B. meine eigene Glückseligkeit. Diese, wenn ich sie jedem beilege (wie ich es denn in der That bei endlichen Wesen thun darf), kann nur alsdann ein objectives praktisches Gesetz werden, wenn ich anderer ihre in dieselbe mit einschließe. Also entspringt das Gesetz, anderer Glückseligkeit zu befördern, nicht von der Voraussetzung, daß dieses ein Object für jedes seine Willkür sei, sondern blos daraus, daß die Form der Allgemeinheit, die die Vernunft als Bedingung bedarf, einer Maxime der Selbstliebe die objective Gültigkeit eines Gesetzes zu geben, der Bestimmungsgrund des Willens wird, und also war das Object (anderer Glückseligkeit) nicht der Bestimmungsgrund des reinen Willens, sondern die bloße gesetzliche Form war es allein, dadurch ich meine auf Neigung gegründete Maxime einschränkte, um ihr die All-

Von den Grundsätzen der reinen praktischen Vernunft.

gemeinheit eines Gesetzes zu verschaffen und sie so der reinen praktischen Vernunft angemessen zu machen, aus welcher Einschränkung, und nicht dem Zusatz einer äußeren Triebfeder, alsdann der Begriff der Verbindlichkeit, die Maxime meiner Selbstliebe auch auf die Glückseligkeit anderer zu erweitern, allein entspringen konnte.

Anmerkung II.

Das gerade Widerspiel des Princips der Sittlichkeit ist: wenn das der eigenen Glückseligkeit zum Bestimmungsgrunde des Willens gemacht wird, wozu, wie ich oben gezeigt habe, alles überhaupt gezählt werden muß, was den Bestimmungsgrund, der zum Gesetze dienen soll, irgend worin anders als in der gesetzgebenden Form der Maxime setzt. Dieser Widerstreit ist aber nicht blos logisch, wie der zwischen empirisch-bedingten Regeln, die man doch zu nothwendigen Erkenntnißprincipien erheben wollte, sondern praktisch und würde, wäre nicht die Stimme der Vernunft in Beziehung auf den Willen so deutlich, so unüberschreibar, selbst für den gemeinsten Menschen so vernehmlich, die Sittlichkeit gänzlich zu Grunde richten; so aber kann sie sich nur noch in den kopfverwirrenden Speculationen der Schulen erhalten, die dreist genug sind, sich gegen jene himmlische Stimme taub zu machen, um eine Theorie, die kein Kopfbrechen kostet, aufrecht zu erhalten.

Wenn ein dir sonst beliebter Umgangsfreund sich bei dir wegen eines falschen abgelegten Zeugnisses dadurch zu rechtfertigen vermeinte, daß er zuerst die seinem Vorgeben nach heilige Pflicht der eigenen Glückseligkeit vorschützte, alsdann die Vortheile herzählte, die er sich alle dadurch erworben, die Klugheit namhaft machte, die er beobachtet, um wider alle Entdeckung sicher zu sein, selbst wider die von Seiten deiner selbst, dem er das Geheimniß darum allein offenbart, damit er es zu aller Zeit ableugnen könne; dann aber im ganzen Ernst vorgäbe, er habe eine wahre Menschenpflicht ausgeübt: so würdest du ihm entweder gerade ins Gesicht lachen, oder mit Abscheu davon zurückbeben, ob du gleich, wenn jemand blos auf eigene Vortheile seine Grundsätze gesteuert hat, wider diese Maßregeln nicht das mindeste einzuwenden hättest. Oder setzet, es empfehle euch jemand einen Mann zum Haushalter, dem ihr alle eure Angelegenheiten blindlings anvertrauen könnet, und, um euch Zutrauen einzuflößen, rühmte er ihn als einen klugen Menschen, der sich auf seinen eigenen Vortheil meisterhaft verstehe, auch als einen rastlos wirksamen, der keine Gelegenheit dazu ungenutzt vorbeigehen ließe, endlich, damit auch ja nicht Besorgnisse wegen eines pöbelhaften Eigennutzes desselben im Wege ständen, rühmte er, wie er recht fein zu leben verstände, nicht im Geldsammeln oder brutaler Üppigkeit, sondern in der Erweiterung seiner Kenntnisse, einem wohlgewählten belehrenden Umgange, selbst im Wohlthun der Dürftigen sein Vergnügen suchte, übrigens aber wegen der Mittel (die doch ihren Werth oder Unwerth nur vom Zwecke entlehnen) nicht bedenklich wäre, und fremdes Geld und Gut ihm hiezu,

3*

so bald er nur wisse, daß er es unentdeckt und ungehindert thun könne, so gut wie sein eigenes wäre: so würdet ihr entweder glauben, der Empfehlende habe euch zum besten, oder er habe den Verstand verloren. — So deutlich und scharf sind die Grenzen der Sittlichkeit und der Selbstliebe abgeschnitten, daß selbst das gemeinste Auge den Unterschied, ob etwas zu der einen oder der andern gehöre, gar nicht verfehlen kann. Folgende wenige Bemerkungen können zwar bei einer so offenbaren Wahrheit überflüssig scheinen, allein sie dienen doch wenigstens dazu, dem Urtheile der gemeinen Menschenvernunft etwas mehr Deutlichkeit zu verschaffen.

Das Princip der Glückseligkeit kann zwar Maximen, aber niemals solche abgeben, die zu Gesetzen des Willens tauglich wären, selbst wenn man sich die all= gemeine Glückseligkeit zum Objecte machte. Denn weil dieser ihre Erkenntniß auf lauter Erfahrungsdatis beruht, weil jedes Urtheil darüber gar sehr von jedes seiner Meinung, die noch dazu selbst sehr veränderlich ist, abhängt, so kann es wohl generelle, aber niemals universelle Regeln, d. i. solche, die im Durchschnitte am öftersten zutreffen, nicht aber solche, die jederzeit und nothwendig gültig sein müssen, geben, mithin können keine praktische Gesetze darauf gegründet werden. Eben darum weil hier ein Object der Willkür der Regel derselben zum Grunde gelegt und also vor dieser vorhergehen muß, so kann diese nicht worauf anders als auf das, was man empfiehlt, und also auf Erfahrung bezogen und darauf gegründet werden, und da muß die Verschiedenheit des Urtheils endlos sein. Dieses Princip schreibt also nicht allen vernünftigen Wesen eben dieselbe praktische Regeln vor, ob sie zwar unter einem gemeinsamen Titel, nämlich dem der Glückseligkeit, stehen. Das moralische Gesetz wird aber nur darum als objectiv nothwendig gedacht, weil es für jedermann gelten soll, der Vernunft und Willen hat.

Die Maxime der Selbstliebe (Klugheit) räth blos an; das Gesetz der Sitt= lichkeit gebietet. Es ist aber doch ein großer Unterschied zwischen dem, wozu man uns anräthig ist, und dem, wozu wir verbindlich sind.

Was nach dem Princip der Autonomie der Willkür zu thun sei, ist für den gemeinsten Verstand ganz leicht und ohne Bedenken einzusehen; was unter Voraussetzung der Heteronomie derselben zu thun sei, schwer und erfordert Weltkenntniß; d. i. was Pflicht sei, bietet sich jedermann von selbst dar; was aber wahren, dauerhaften Vortheil bringe, ist allemal, wenn dieser auf das ganze Dasein erstreckt werden soll, in undurchdringliches Dunkel eingehüllt und erfordert viel Klugheit, um die praktische darauf gestimmte Regel durch geschickte Ausnahmen auch nur auf erträgliche Art den Zwecken des Lebens anzupassen. Gleichwohl gebietet das sittliche Gesetz jedermann, und zwar die pünktlichste, Befolgung. Es muß also zu der Beurtheilung dessen, was nach ihm zu thun sei, nicht so schwer sein, daß nicht der gemeinste und ungeübteste Verstand selbst ohne Weltklugheit damit umzugehen wüßte.

Dem kategorischen Gebote der Sittlichkeit Genüge zu leisten, ist in jedes Ge=

walt zu aller Zeit, der empirisch-bedingten Vorschrift der Glückseligkeit, nur selten und bei weitem nicht auch nur in Ansehung einer einzigen Absicht für jedermann möglich. Die Ursache ist, weil es bei dem ersteren nur auf die Maxime ankommt, die ächt und rein sein muß, bei der letzteren aber auch auf die Kräfte und das physische Vermögen, einen begehrten Gegenstand wirklich zu machen. Ein Gebot, daß jedermann sich glücklich zu machen suchen sollte, wäre thöricht; denn man gebietet niemals jemanden das, was er schon unausbleiblich von selbst will. Man müßte ihm blos die Maßregeln gebieten, oder vielmehr darreichen, weil er nicht alles das kann, was er will. Sittlichkeit aber gebieten unter dem Namen der Pflicht, ist ganz vernünftig; denn deren Vorschrift will erstlich eben nicht jedermann gerne gehorchen, wenn sie mit Neigungen im Widerstreite ist, und was die Maßregeln betrifft, wie er dieses Gesetz befolgen könne, so dürfen diese hier nicht gelehrt werden; denn was er in dieser Beziehung will, das kann er auch.

Der im Spiel verloren hat, kann sich wohl über sich selbst und seine Unklugheit ärgern, aber wenn er sich bewußt ist, im Spiel betrogen (obzwar dadurch gewonnen) zu haben, so muß er sich selbst verachten, so bald er sich mit dem sittlichen Gesetze vergleicht. Dieses muß also doch wohl etwas Anderes, als das Princip der eigenen Glückseligkeit sein. Denn zu sich selber sagen zu müssen: ich bin ein Nichtswürdiger, ob ich gleich meinen Beutel gefüllt habe, muß doch ein anderes Richtmaß des Urtheils haben, als sich selbst Beifall zu geben und zu sagen: ich bin ein kluger Mensch, denn ich habe meine Casse bereichert.

Endlich ist noch etwas in der Idee unserer praktischen Vernunft, welches die Übertretung eines sittlichen Gesetzes begleitet, nämlich ihre Strafwürdigkeit. Nun läßt sich mit dem Begriffe einer Strafe, als einer solchen, doch gar nicht das Theilhaftigwerden der Glückseligkeit verbinden. Denn obgleich der, so da straft, wohl zugleich die gütige Absicht haben kann, diese Strafe auch auf diesen Zweck zu richten, so muß sie doch zuvor als Strafe, d. i. als bloßes Übel, für sich selbst gerechtfertigt sein, so daß der Gestrafte, wenn es dabei bliebe, und er auch auf keine sich hinter dieser Härte verbergende Gunst hinaussähe, selbst gestehen muß, es sei ihm Recht geschehen, und sein Loos sei seinem Verhalten vollkommen angemessen. In jeder Strafe als solcher muß zuerst Gerechtigkeit sein, und diese macht das Wesentliche dieses Begriffs aus. Mit ihr kann zwar auch Gütigkeit verbunden werden, aber auf diese hat der Strafwürdige nach seiner Aufführung nicht die mindeste Ursache sich Rechnung zu machen. Also ist Strafe ein physisches Übel, welches, wenn es auch nicht als natürliche Folge mit dem moralisch Bösen verbunden wäre, doch als Folge nach Principien einer sittlichen Gesetzgebung verbunden werden müßte. Wenn nun alles Verbrechen, auch ohne auf die physischen Folgen in Ansehung des Thäters zu sehen, für sich strafbar ist, d. i. Glückseligkeit (wenigstens zum Theil) verwirkt, so wäre es offenbar ungereimt zu sagen: das Verbrechen habe darin eben bestanden, daß er sich eine Strafe zugezogen hat, indem er seiner eigenen

Glückseligkeit Abbruch that (welches nach dem Princip der Selbstliebe der eigentliche Begriff alles Verbrechens sein müßte). Die Strafe würde auf diese Art der Grund sein, etwas ein Verbrechen zu nennen, und die Gerechtigkeit müßte vielmehr darin bestehen, alle Bestrafung zu unterlassen und selbst die natürliche zu verhindern; denn alsdann wäre in der Handlung nichts Böses mehr, weil die Übel, die sonst darauf folgten, und um deren willen die Handlung allein böse hieß, nunmehr abgehalten wären. Vollends aber alles Strafen und Belohnen nur als das Maschinenwerk in der Hand einer höheren Macht anzusehen, welches vernünftige Wesen dadurch zu ihrer Endabsicht (der Glückseligkeit) in Thätigkeit zu setzen allein dienen sollte, ist gar zu sichtbar ein alle Freiheit aufhebender Mechanism ihres Willens, als daß es nöthig wäre uns hiebei aufzuhalten.

Feiner noch, obgleich eben so unwahr, ist das Vorgeben derer, die einen gewissen moralischen besondern Sinn annehmen, der, und nicht die Vernunft, das moralische Gesetz bestimmte, nach welchem das Bewußtsein der Tugend unmittelbar mit Zufriedenheit und Vergnügen, das des Lasters aber mit Seelenunruhe und Schmerz verbunden wäre, und so alles doch auf Verlangen nach eigener Glückseligkeit aussetzen. Ohne das hieher zu ziehen, was oben gesagt worden, will ich nur die Täuschung bemerken, die hiebei vorgeht. Um den Lasterhaften als durch das Bewußtsein seiner Vergehungen mit Gemüthsunruhe geplagt vorzustellen, müssen sie ihn der vornehmsten Grundlage seines Charakters nach schon zum voraus als wenigstens in einigem Grade moralisch gut, so wie den, welchen das Bewußtsein pflichtmäßiger Handlungen ergötzt, vorher schon als tugendhaft vorstellen. Also mußte doch der Begriff der Moralität und Pflicht vor aller Rücksicht auf diese Zufriedenheit vorhergehen und kann von dieser gar nicht abgeleitet werden. Nun muß man doch die Wichtigkeit dessen, was wir Pflicht nennen, das Ansehen des moralischen Gesetzes und den unmittelbaren Werth, den die Befolgung desselben der Person in ihren eigenen Augen giebt, vorher schätzen, um jene Zufriedenheit in dem Bewußtsein seiner Angemessenheit zu derselben und den bittern Verweis, wenn man sich dessen Übertretung vorwerfen kann, zu fühlen. Man kann also diese Zufriedenheit oder Seelenunruhe nicht vor der Erkenntniß der Verbindlichkeit fühlen und sie zum Grunde der letzteren machen. Man muß wenigstens auf dem halben Wege schon ein ehrlicher Mann sein, um sich von jenen Empfindungen auch nur eine Vorstellung machen zu können. Daß übrigens, so wie vermöge der Freiheit der menschliche Wille durchs moralische Gesetz unmittelbar bestimmbar ist, auch die öftere Ausübung diesem Bestimmungsgrunde gemäß subjectiv zuletzt ein Gefühl der Zufriedenheit mit sich selbst wirken könne, bin ich gar nicht in Abrede; vielmehr gehört es selbst zur Pflicht, dieses, welches eigentlich allein das moralische Gefühl genannt zu werden verdient, zu gründen und zu cultiviren; aber der Begriff der Pflicht kann davon nicht abgeleitet werden, sonst müßten wir uns ein Gefühl eines Gesetzes als eines solchen denken und das zum Gegenstande der Empfindung

Von den Grundsätzen der reinen praktischen Vernunft.

machen, was nur durch Vernunft gedacht werden kann; welches, wenn es nicht ein platter Widerspruch werden soll, allen Begriff der Pflicht ganz aufheben und an deren Statt blos ein mechanisches Spiel feinerer, mit den gröberen bisweilen in Zwist gerathender Neigungen setzen würde.

Wenn wir nun unseren formalen obersten Grundsatz der reinen praktischen Vernunft (als einer Autonomie des Willens) mit allen bisherigen materialen Principien der Sittlichkeit vergleichen, so können wir in einer Tafel alle übrige als solche, dadurch wirklich zugleich alle mögliche andere Fälle außer einem einzigen ormalen erschöpft sind, vorstellig machen und so durch den Augenschein beweisen, daß es vergeblich sei, sich nach einem andern Princip als dem jetzt vorgetragenen umzusehen. — Alle mögliche Bestimmungsgründe des Willens sind nämlich entweder blos subjectiv und also empirisch, oder auch objectiv und rational; beide aber entweder äußere oder innere.

Praktische materiale Bestimmungsgründe
im Princip der Sittlichkeit sind

	Subjective			Objective	
äußere		innere		innere	äußere
Der Erziehung (nach Montaigne)	Der bürgerlichen Verfassung (nach Mandeville)	Des physischen Gefühls (nach Epikur)	Des moralischen Gefühls (nach Hutcheson)	Der Vollkommenheit (nach Wolff und den Stoikern)	Des Willens Gottes (nach Crusius und andern theologischen Moralisten)

Die auf der linken Seite stehende sind insgesammt empirisch und taugen offenbar gar nicht zum allgemeinen Princip der Sittlichkeit. Aber die auf der rechten Seite gründen sich auf der Vernunft (denn Vollkommenheit als Beschaffenheit der Dinge und die höchste Vollkommenheit, in Substanz vorgestellt, d. i. Gott, sind beide nur durch Vernunftbegriffe zu denken). Allein der erstere Begriff, nämlich der Vollkommenheit, kann entweder in theoretischer Bedeutung genommen werden, und da bedeutet er nichts, als Vollständigkeit eines jeden Dinges in seiner Art (transscendentale), oder eines Dinges blos als Dinges überhaupt (metaphysische), und davon kann hier nicht die Rede sein. Der Begriff der Vollkommenheit in praktischer Bedeutung aber ist die Tauglichkeit oder Zulänglichkeit eines Dinges zu allerlei Zwecken. Diese Vollkommenheit als Beschaffenheit des Menschen, folglich innerliche, ist nichts anders als Talent und, was dieses stärkt oder ergänzt, Geschicklichkeit. Die höchste Vollkommenheit in Substanz, d. i. Gott, folglich äußerliche, (in praktischer Absicht betrachtet) ist die Zulänglichkeit dieses Wesens zu allen Zwecken überhaupt. Wenn nun also uns Zwecke vorher gegeben werden müssen, in Beziehung auf welche der Begriff der Vollkommenheit (einer inneren an uns selbst, oder einer äußeren an Gott) allein Bestimmungsgrund des Willens werden kann, ein Zweck aber als Object, welches vor der Willensbestimmung durch eine praktische Regel vorhergehen und den Grund der Möglichkeit einer solchen enthalten muß, mithin die Materie des Willens, als Bestimmungsgrund desselben genommen, jederzeit empirisch ist, mithin zum Epikurischen Princip der Glückseligkeitslehre, niemals aber zum reinen Vernunftprincip der Sittenlehre und der Pflicht dienen kann (wie denn Talente und ihre Beförderung nur, weil sie zu Vortheilen des Lebens beitragen, oder der Wille Gottes, wenn Einstimmung mit ihm ohne vorhergehendes, von dessen Idee unabhängiges praktisches Princip zum Objecte des Willens genommen worden, nur durch die Glückseligkeit, die wir davon erwarten, Bewegursache desselben werden können), so folgt erstlich, daß alle hier aufgestellte Principien material sind, zweitens, daß sie alle mögliche materiale Principien befassen, und daraus endlich der Schluß: daß, weil materiale Principien zum obersten Sittengesetz ganz untauglich sind (wie bewiesen worden), das formale praktische Princip der reinen Vernunft, nach welchem die bloße Form einer durch unsere Maximen möglichen allgemeinen Gesetzgebung den obersten und unmittelbaren Bestimmungsgrund des Willens ausmachen muß, das einzige mögliche sei, welches zu kategorischen Imperativen, d. i. praktischen Gesetzen (welche Handlungen zur Pflicht machen), und überhaupt zum Princip der Sittlichkeit sowohl in der Beurtheilung, als auch der Anwendung auf den menschlichen Willen in Bestimmung desselben tauglich ist.

I.

Von der Deduction der Grundsätze der reinen praktischen Vernunft.

Diese Analytik thut dar, daß reine Vernunft praktisch sein, d. i. für sich, unabhängig von allem Empirischen, den Willen bestimmen könne — und dieses zwar durch ein Factum, worin sich reine Vernunft bei uns in der That praktisch beweiset, nämlich die Autonomie in dem Grundsatze der Sittlichkeit, wodurch sie den Willen zur That bestimmt. — Sie zeigt zugleich, daß dieses Factum mit dem Bewußtsein der Freiheit des Willens unzertrennlich verbunden, ja mit ihm einerlei sei, wodurch der Wille eines vernünftigen Wesens, das, als zur Sinnenwelt gehörig, sich gleich anderen wirksamen Ursachen nothwendig den Gesetzen der Causalität unterworfen erkennt, im Praktischen doch zugleich sich auf einer andern Seite, nämlich als Wesen an sich selbst, seines in einer intelligibelen Ordnung der Dinge bestimmbaren Daseins bewußt ist, zwar nicht einer besondern Anschauung seiner selbst, sondern gewissen dynamischen Gesetzen gemäß, die die Causalität desselben in der Sinnenwelt bestimmen können; denn daß Freiheit, wenn sie uns beigelegt wird, uns in eine intelligibele Ordnung der Dinge versetze, ist anderwärts hinreichend bewiesen worden.

Wenn wir nun damit den analytischen Theil der Kritik der reinen speculativen Vernunft vergleichen, so zeigt sich ein merkwürdiger Contrast beider gegen einander. Nicht Grundsätze, sondern reine sinnliche Anschauung (Raum und Zeit) war daselbst das erste Datum, welches Erkenntniß a priori und zwar nur für Gegenstände der Sinne möglich machte. — Synthetische Grundsätze aus bloßen Begriffen ohne Anschauung waren unmöglich, vielmehr konnten diese nur in Beziehung auf jene, welche sinnlich war, mithin auch nur auf Gegenstände möglicher Erfahrung stattfinden, weil die Begriffe des Verstandes, mit dieser Anschauung verbunden, allein dasjenige Erkenntniß möglich machen, welches wir Erfahrung nennen. — Über die Erfahrungsgegenstände hinaus, also von Dingen als Noumenen, wurde der speculativen Vernunft alles Positive einer Erkenntniß mit völligem Rechte abgesprochen. — Doch leistete diese so viel, daß sie den Begriff der Noumenen, d. i. die Möglichkeit, ja Nothwendigkeit dergleichen zu denken, in Sicherheit setzte und z. B. die Freiheit, negativ betrachtet, anzunehmen als ganz verträglich mit jenen Grundsätzen und Einschränkungen der reinen theoretischen Vernunft wider alle

Einwürfe rettete, ohne doch von solchen Gegenständen irgend etwas Bestimmtes und Erweiterndes zu erkennen zu geben, indem sie vielmehr alle Aussicht dahin gänzlich abschnitt.

Dagegen giebt das moralische Gesetz, wenn gleich keine Aussicht, dennoch ein schlechterdings aus allen Datis der Sinnenwelt und dem ganzen Umfange unseres theoretischen Vernunftgebrauchs unerklärliches Factum an die Hand, das auf eine reine Verstandeswelt Anzeige giebt, ja diese sogar positiv bestimmt und uns etwas von ihr, nämlich ein Gesetz, erkennen läßt.

Dieses Gesetz soll der Sinnenwelt, als einer sinnlichen Natur, (was die vernünftigen Wesen betrifft) die Form einer Verstandeswelt, d. i. einer übersinnlichen Natur, verschaffen, ohne doch jener ihrem Mechanism Abbruch zu thun. Nun ist Natur im allgemeinsten Verstande die Existenz der Dinge unter Gesetzen. Die sinnliche Natur vernünftiger Wesen überhaupt ist die Existenz derselben unter empirisch bedingten Gesetzen, mithin für die Vernunft Heteronomie. Die übersinnliche Natur eben derselben Wesen ist dagegen ihre Existenz nach Gesetzen, die von aller empirischen Bedingung unabhängig sind, mithin zur Autonomie der reinen Vernunft gehören. Und da die Gesetze, nach welchen das Dasein der Dinge vom Erkenntniß abhängt, praktisch sind: so ist die übersinnliche Natur, so weit wir uns einen Begriff von ihr machen können, nichts anders als eine Natur unter der Autonomie der reinen praktischen Vernunft. Das Gesetz dieser Autonomie aber ist das moralische Gesetz, welches also das Grundgesetz einer übersinnlichen Natur und einer reinen Verstandeswelt ist, deren Gegenbild in der Sinnenwelt, aber doch zugleich ohne Abbruch der Gesetze derselben existiren soll. Man könnte jene die urbildliche (natura archetypa), die wir blos in der Vernunft erkennen, diese aber, weil sie die mögliche Wirkung der Idee der ersteren als Bestimmungsgrundes des Willens enthält, die nachgebildete (natura ectypa) nennen. Denn in der That versetzt uns das moralische Gesetz der Idee nach in eine Natur, in welcher reine Vernunft, wenn sie mit dem ihr angemessenen physischen Vermögen begleitet wäre, das höchste Gut hervorbringen würde, und bestimmt unseren Willen die Form der Sinnenwelt, als einem Ganzen vernünftiger Wesen, zu ertheilen.

Daß diese Idee wirklich unseren Willensbestimmungen gleichsam als Vorzeichnung zum Muster liege, bestätigt die gemeinste Aufmerksamkeit auf sich selbst.

Wenn die Maxime, nach der ich ein Zeugniß abzulegen gesonnen bin, durch die praktische Vernunft geprüft wird, so sehe ich immer darnach, wie sie sein würde, wenn sie als allgemeines Naturgesetz gölte. Es ist offenbar, in dieser Art würde es jedermann zur Wahrhaftigkeit nöthigen. Denn es kann nicht mit der Allgemeinheit eines Naturgesetzes bestehen, Aussagen für beweisend und dennoch als vorsetzlich unwahr gelten zu lassen. Eben so wird die Maxime, die ich in Ansehung der freien Disposition über mein Leben nehme, sofort bestimmt, wenn ich mich frage, wie sie sein müßte, damit sich eine Natur nach einem Gesetze derselben erhalte. Offenbar würde niemand in einer solchen Natur sein Leben willkürlich endigen können, denn eine solche Verfassung würde keine bleibende Naturordnung sein, und so in allen übrigen Fällen. Nun ist aber in der wirklichen Natur, so wie sie ein Gegenstand der Erfahrung ist, der freie Wille nicht von selbst zu solchen Maximen bestimmt, die für sich selbst eine Natur nach allgemeinen Gesetzen gründen könnten, oder auch in eine solche, die nach ihnen angeordnet wäre, von selbst paßten; vielmehr sind es Privatneigungen, die zwar ein Naturganzes nach pathologischen (physischen) Gesetzen, aber nicht eine Natur, die allein durch unsern Willen nach reinen praktischen Gesetzen möglich wäre, ausmachen. Gleichwohl sind wir uns durch die Vernunft eines Gesetzes bewußt, welchem, als ob durch unseren Willen zugleich eine Naturordnung entspringen müßte, alle unsere Maximen unterworfen sind. Also muß dieses die Idee einer nicht empirisch=gegebenen und dennoch durch Freiheit möglichen, mithin übersinnlichen Natur sein, der wir, wenigstens in praktischer Beziehung, objective Realität geben, weil wir sie als Object unseres Willens als reiner vernünftiger Wesen ansehen.

Der Unterschied also zwischen den Gesetzen einer Natur, welcher **der Wille unterworfen ist**, und einer Natur, die **einem Willen** (in Ansehung dessen, was Beziehung desselben auf seine freie Handlungen hat) unterworfen ist, beruht darauf, daß bei jener die Objecte Ursachen der Vorstellungen sein müssen, die den Willen bestimmen, bei dieser aber der Wille Ursache von den Objecten sein soll, so daß die Causalität desselben ihren Bestimmungsgrund lediglich in reinem Vernunftvermögen liegen hat, welches deshalb auch eine reine praktische Vernunft genannt werden kann.

Die zwei Aufgaben also: wie reine Vernunft **einerseits** a priori Objecte erkennen und wie sie **andererseits** unmittelbar ein Bestim=

mungsgrund des Willens, d. i. der Causalität des vernünftigen Wesens in Ansehung der Wirklichkeit der Objecte, (blos durch den Gedanken der Allgemeingültigkeit ihrer eigenen Maximen als Gesetzes) sein könne, sind sehr verschieden.

Die erste, als zur Kritik der reinen speculativen Vernunft gehörig, erfordert, daß zuvor erklärt werde, wie Anschauungen, ohne welche uns überall kein Object gegeben und also auch keines synthetisch erkannt werden kann, a priori möglich sind, und ihre Auflösung fällt dahin aus, daß sie insgesammt nur sinnlich sind, daher auch kein speculatives Erkenntniß möglich werden lassen, das weiter ginge, als mögliche Erfahrung reicht, und daß daher alle Grundsätze jener reinen speculativen Vernunft nichts weiter ausrichten, als Erfahrung entweder von gegebenen Gegenständen, oder denen, die ins Unendliche gegeben werden mögen, niemals aber vollständig gegeben sind, möglich zu machen.

Die zweite, als zur Kritik der praktischen Vernunft gehörig, fordert keine Erklärung, wie die Objecte des Begehrungsvermögens möglich sind, denn das bleibt als Aufgabe der theoretischen Naturerkenntniß der Kritik der speculativen Vernunft überlassen, sondern nur, wie Vernunft die Maxime des Willens bestimmen könne, ob es nur vermittelst empirischer Vorstellungen als Bestimmungsgründe geschehe, oder ob auch reine Vernunft praktisch und ein Gesetz einer möglichen, gar nicht empirisch erkennbaren Naturordnung sein würde. Die Möglichkeit einer solchen übersinnlichen Natur, deren Begriff zugleich der Grund der Wirklichkeit derselben durch unseren freien Willen sein könne, bedarf keiner Anschauung a priori (einer intelligibelen Welt), die in diesem Falle, als übersinnlich, für uns auch unmöglich sein müßte. Denn es kommt nur auf den Bestimmungsgrund des Wollens in den Maximen desselben an, ob jener empirisch, oder ein Begriff der reinen Vernunft (von der Gesetzmäßigkeit derselben überhaupt) sei, und wie er letzteres sein könne. Ob die Causalität des Willens zur Wirklichkeit der Objecte zulange, oder nicht, bleibt den theoretischen Principien der Vernunft zu beurtheilen überlassen, als Untersuchung der Möglichkeit der Objecte des Wollens, deren Anschauung also in der praktischen Aufgabe gar kein Moment derselben ausmacht. Nur auf die Willensbestimmung und den Bestimmungsgrund der Maxime desselben als eines freien Willens kommt es hier an, nicht auf den Erfolg. Denn wenn der Wille nur für die reine Vernunft gesetzmäßig ist, so mag es mit dem Vermögen desselben in der Ausführung stehen, wie es wolle, es mag nach diesen Maximen der Gesetzgebung einer möglichen Natur eine solche wirklich daraus entspringen, oder nicht, darum bekümmert sich die Kritik, die da untersucht, ob und wie reine Vernunft praktisch, d. i. unmittelbar willenbestimmend, sein könne, gar nicht.

In diesem Geschäfte kann sie also ohne Tadel und muß sie von reinen praktischen Gesetzen und deren Wirklichkeit anfangen. Statt der Anschauung aber legt sie denselben den Begriff ihres Daseins in der intelligibelen Welt, nämlich der Freiheit, zum Grunde. Denn dieser bedeutet nichts anders, und jene Gesetze sind nur in Beziehung auf Freiheit des Willens möglich, unter Voraussetzung derselben aber nothwendig, oder umgekehrt, diese ist nothwendig, weil jene Gesetze als praktische Postulate nothwendig sind. Wie nun dieses Bewußtsein der moralischen Gesetze oder, welches einerlei ist, das der Freiheit möglich sei, läßt sich nicht weiter erklären, nur die Zulässigkeit derselben in der theoretischen Kritik gar wohl vertheidigen.

Die Exposition des obersten Grundsatzes der praktischen Vernunft ist nun geschehen, d. i. erstlich, was er enthalte, daß er gänzlich a priori und unabhängig von empirischen Principien für sich bestehe, und dann, worin er sich von allen anderen praktischen Grundsätzen unterscheide, gezeigt worden. Mit der Deduction, d. i. der Rechtfertigung seiner objectiven und allgemeinen Gültigkeit und der Einsicht der Möglichkeit eines solchen synthetischen Satzes a priori, darf man nicht so gut fortzukommen hoffen, als es mit den Grundsätzen des reinen theoretischen Verstandes anging. Denn diese bezogen sich auf Gegenstände möglicher Erfahrung, nämlich auf Erscheinungen, und man konnte beweisen, daß nur dadurch, daß diese Erscheinungen nach Maßgabe jener Gesetze unter die Kategorien gebracht werden, diese Erscheinungen als Gegenstände der Erfahrung erkannt werden können, folglich alle mögliche Erfahrung diesen Gesetzen angemessen sein müsse. Einen solchen Gang kann ich aber mit der Deduction des moralischen Gesetzes nicht nehmen. Denn es betrifft nicht das Erkenntniß von der Beschaffenheit der Gegenstände, die der Vernunft irgend wodurch anderwärts gegeben werden mögen, sondern ein Erkenntniß, so fern es der Grund von der Existenz der Gegenstände selbst werden kann und die Vernunft durch dieselbe Causalität in einem vernünftigen Wesen hat, d. i. reine Vernunft, die als ein unmittelbar den Willen bestimmendes Vermögen angesehen werden kann.

Nun ist aber alle menschliche Einsicht zu Ende, so bald wir zu Grund=

Von den Grundsätzen der reinen praktischen Vernunft.

kräften oder Grundvermögen gelangt sind; denn deren Möglichkeit kann durch nichts begriffen, darf aber auch eben so wenig beliebig erdichtet und angenommen werden. Daher kann uns im theoretischen Gebrauche der Vernunft nur Erfahrung dazu berechtigen, sie anzunehmen. Dieses Surrogat, statt einer Deduction aus Erkenntnißquellen a priori empirische Beweise anzuführen, ist uns hier aber in Ansehung des reinen praktischen Vernunftvermögens auch benommen. Denn was den Beweisgrund seiner Wirklichkeit von der Erfahrung herzuholen bedarf, muß den Gründen seiner Möglichkeit nach von Erfahrungsprincipien abhängig sein, für dergleichen aber reine und doch praktische Vernunft schon ihres Begriffs wegen unmöglich gehalten werden kann. Auch ist das moralische Gesetz gleichsam als ein Factum der reinen Vernunft, dessen wir uns a priori bewußt sind und welches apodiktisch gewiß ist, gegeben, gesetzt daß man auch in der Erfahrung kein Beispiel, da es genau befolgt wäre, auftreiben könnte. Also kann die objective Realität des moralischen Gesetzes durch keine Deduction, durch alle Anstrengung der theoretischen, speculativen oder empirisch unterstützten Vernunft, bewiesen und also, wenn man auch auf die apodiktische Gewißheit Verzicht thun wollte, durch Erfahrung bestätigt und so a posteriori bewiesen werden, und steht dennoch für sich selbst fest.

Etwas anderes aber und ganz Widersinnisches tritt an die Stelle dieser vergeblich gesuchten Deduction des moralischen Princips, nämlich daß es umgekehrt selbst zum Princip der Deduction eines unerforschlichen Vermögens dient, welches keine Erfahrung beweisen, die speculative Vernunft aber (um unter ihren kosmologischen Ideen das Unbedingte seiner Causalität nach zu finden, damit sie sich selbst nicht widerspreche) wenigstens als möglich annehmen mußte, nämlich das der Freiheit, von der das moralische Gesetz, welches selbst keiner rechtfertigenden Gründe bedarf, nicht blos die Möglichkeit, sondern die Wirklichkeit an Wesen beweiset, die dies Gesetz als für sie verbindend erkennen. Das moralische Gesetz ist in der That ein Gesetz der Causalität durch Freiheit und also der Möglichkeit einer übersinnlichen Natur, so wie das metaphysische Gesetz der Begebenheiten in der Sinnenwelt ein Gesetz der Causalität der sinnlichen Natur war, und jenes bestimmt also das, was speculative Philosophie unbestimmt lassen mußte, nämlich das Gesetz für eine Causalität, deren Begriff in der letzteren nur negativ war, und verschafft diesem also zuerst objective Realität.

Diese Art von Creditiv des moralischen Gesetzes, da es selbst als ein Princip der Deduction der Freiheit als einer Causalität der reinen Vernunft aufgestellt wird, ist, da die theoretische Vernunft wenigstens die Möglichkeit einer Freiheit anzunehmen genöthigt war, zu Ergänzung eines Bedürfnisses derselben statt aller Rechtfertigung a priori völlig hinreichend. Denn das moralische Gesetz beweiset seine Realität dadurch auch für die Kritik der speculativen Vernunft genugthuend, daß es einer blos negativ gedachten Causalität, deren Möglichkeit jener unbegreiflich und dennoch sie anzunehmen nöthig war, positive Bestimmung, nämlich den Begriff einer den Willen unmittelbar (durch die Bedingung einer allgemeinen gesetzlichen Form seiner Maximen) bestimmenden Vernunft, hinzufügt und so der Vernunft, die mit ihren Ideen, wenn sie speculativ verfahren wollte, immer überschwenglich wurde, zum erstenmale objective, obgleich nur praktische Realität zu geben vermag und ihren transscendenten Gebrauch in einen immanenten (im Felde der Erfahrung durch Ideen selbst wirkende Ursachen zu sein) verwandelt.

Die Bestimmung der Causalität der Wesen in der Sinnenwelt als einer solchen konnte niemals unbedingt sein, und dennoch muß es zu aller Reihe der Bedingungen nothwendig etwas Unbedingtes, mithin auch eine sich gänzlich von selbst bestimmende Causalität geben. Daher war die Idee der Freiheit als eines Vermögens absoluter Spontaneität nicht ein Bedürfniß, sondern, was deren Möglichkeit betrifft, ein analytischer Grundsatz der reinen speculativen Vernunft. Allein da es schlechterdings unmöglich ist, ihr gemäß ein Beispiel in irgend einer Erfahrung zu geben, weil unter den Ursachen der Dinge als Erscheinungen keine Bestimmung der Causalität, die schlechterdings unbedingt wäre, angetroffen werden kann, so konnten wir nur den Gedanken von einer freihandelnden Ursache, wenn wir diesen auf ein Wesen in der Sinnenwelt, so fern es andererseits auch als Noumenon betrachtet wird, anwenden, vertheidigen, indem wir zeigten, daß es sich nicht widerspreche, alle seine Handlungen als physisch bedingt, so fern sie Erscheinungen sind, und doch zugleich die Causalität derselben, so fern das handelnde Wesen ein Verstandeswesen ist, als physisch unbedingt anzusehen und so den Begriff der Freiheit zum regulativen Princip der Vernunft zu machen, wodurch ich zwar den Gegenstand, dem dergleichen Causalität beigelegt wird, gar nicht erkenne, was er sei, aber doch das Hinderniß wegnehme, in dem ich einerseits in der Erklärung der Weltbegebenheiten, mithin auch der Handlungen vernünftiger Wesen, dem Mechanismus der Naturnothwendigkeit, vom Bedingten zur Bedingung ins Unendliche zurückzugehen, Gerechtigkeit widerfahren lasse, andererseits aber der speculativen Vernunft den für sie leeren Platz offen erhalte, nämlich das Intelligibele, um das Unbedingte dahin zu versetzen. Ich konnte aber diesen Gedanken nicht realisiren, d. i. ihn nicht in Erkenntniß eines so handelnden Wesens auch nur blos seiner Möglichkeit nach verwandeln. Diesen leeren Platz füllt nun reine praktische Vernunft durch ein bestimmtes Gesetz der Causalität in einer intelligibelen Welt (durch Freiheit), nämlich das moralische Gesetz, aus. Hiedurch wächst nun zwar der speculativen Vernunft in Ansehung ihrer Einsicht nichts zu, aber doch in Ansehung der Sicherung ihres problematischen Begriffs der Freiheit, welchem hier objective und, obgleich nur praktische, dennoch unbezweifelte Realität verschafft wird. Selbst den Begriff der Causalität, dessen Anwendung, mithin auch Bedeutung eigentlich nur in Beziehung auf Erscheinungen, um sie zu Erfahrungen zu verknüpfen, stattfindet (wie die Kritik der reinen Vernunft beweiset), erweitert sie nicht so, daß sie seinen Gebrauch über gedachte Grenzen ausdehne. Denn wenn sie darauf ausginge, so müßte sie zeigen wollen, wie das logische Verhältniß des Grundes und der Folge bei einer anderen Art von Anschauung, als die sinnliche ist, synthetisch gebraucht werden könne, d. i. wie causa noumenon möglich sei; welches sie gar nicht leisten kann, worauf sie aber auch als praktische Vernunft gar nicht Rücksicht nimmt, indem sie nur den Bestimmungsgrund der Causalität des Menschen als Sinnenwesens (welche gegeben ist) in der reinen Vernunft (die darum praktisch heißt) setzt und also den Begriff der Ursache selbst, von dessen Anwendung auf Objecte zum Behuf theoretischer Erkenntnisse sie hier gänzlich abstrahiren kann (weil dieser Begriff immer im Verstande, auch unabhängig von aller Anschauung, a priori angetroffen wird), nicht um Gegenstände zu erkennen, sondern die Causalität in Ansehung derselben überhaupt zu bestimmen, also in keiner andern als praktischen Absicht braucht und daher den Bestimmungsgrund des Willens in die intelligibele Ordnung der Dinge verlegen kann, indem sie zugleich gerne gesteht, das, was der Begriff der Ursache zur Erkenntniß dieser Dinge für eine Bestimmung haben möge, gar nicht zu verstehen. Die Causalität in Ansehung der Handlungen des Willens in der Sinnenwelt muß sie allerdings auf bestimmte Weise erkennen, denn sonst könnte praktische Vernunft wirklich keine That hervorbringen. Aber den Begriff, den sie von ihrer eigenen Causalität als Noumenon macht, braucht sie nicht theoretisch zum Behuf der Erkenntniß ihrer übersinnlichen Existenz zu bestimmen und also ihm so fern Bedeutung geben zu können. Denn Bedeutung bekommt er ohnedem, obgleich nur zum praktischen Gebrauche, nämlich durchs moralische Gesetz. Auch theoretisch betrachtet bleibt er immer ein reiner, a priori gegebener Verstandesbegriff, der auf Gegenstände angewandt werden kann, sie mögen sinnlich oder nicht sinnlich gegeben werden; wiewohl er im letzteren Falle keine bestimmte theoretische Bedeutung und Anwendung hat, sondern blos ein formaler, aber doch wesentlicher Gedanke des Verstandes von einem Objecte überhaupt ist. Die Bedeutung, die ihm die Vernunft durchs moralische Gesetz verschafft, ist lediglich praktisch, da nämlich die Idee des Gesetzes einer Causalität (des Willens) selbst Causalität hat, oder ihr Bestimmungsgrund ist.

II.

Von der Befugniß der reinen Vernunft im praktischen Gebrauche zu einer Erweiterung, die ihr im speculativen für sich nicht möglich ist.

An dem moralischen Princip haben wir ein Gesetz der Causalität aufgestellt, welches den Bestimmungsgrund der letzteren über alle Bedingungen der Sinnenwelt wegsetzt, und den Willen, wie er als zu einer intelligibelen Welt gehörig bestimmbar sei, mithin das Subject dieses Willens (den Menschen) nicht blos als zu einer reinen Verstandeswelt gehörig, obgleich in dieser Beziehung als uns unbekannt (wie es nach der Kritik der reinen speculativen Vernunft geschehen konnte) gedacht, sondern ihn auch in Ansehung seiner Causalität vermittelst eines Gesetzes, welches zu gar keinem Naturgesetze der Sinnenwelt gezählt werden kann, bestimmt, also unser Erkenntniß über die Grenzen der letzteren erweitert, welche Anmaßung doch die Kritik der reinen Vernunft in aller Speculation für nichtig erklärte. Wie ist nun hier praktischer Gebrauch der reinen Vernunft mit dem theoretischen eben derselben in Ansehung der Grenzbestimmung ihres Vermögens zu vereinigen?

David Hume, von dem man sagen kann, daß er alle Anfechtung der Rechte einer reinen Vernunft, welche eine gänzliche Untersuchung derselben nothwendig machten, eigentlich anfing, schloß so. Der Begriff der

Ursache ist ein Begriff, der die Nothwendigkeit der Verknüpfung der Existenz des Verschiedenen und zwar, so fern es verschieden ist, enthält, so daß, wenn A gesetzt wird, ich erkenne, daß etwas davon ganz Verschiedenes, B, nothwendig auch existiren müsse. Nothwendigkeit kann aber nur einer Verknüpfung beigelegt werden, so fern sie a priori erkannt wird; denn die Erfahrung würde von einer Verbindung nur zu erkennen geben, daß sie sei, aber nicht, daß sie so nothwendigerweise sei. Nunist es, sagt er, unmöglich, die Verbindung, die zwischen einem Dinge und einem anderen (oder einer Bestimmung und einer anderen, ganz von ihr verschiedenen), wenn sie nicht in der Wahrnehmung gegeben werden, a priori und als nothwendig zu erkennen. Also ist der Begriff einer Ursache selbst lügenhaft und betrügerisch und ist, am gelindesten davon zu reden, eine so fern noch zu entschuldigende Täuschung, da die Gewohnheit (eine subjective Nothwendigkeit), gewisse Dinge oder ihre Bestimmungen öfters neben oder nach einander ihrer Existenz nach als sich beigesellt wahrzunehmen, unvermerkt für eine objective Nothwendigkeit, in den Gegenständen selbst eine solche Verknüpfung zu setzen, genommen und so der Begriff einer Ursache erschlichen und nicht rechtmäßig erworben ist, ja auch niemals erworben oder beglaubigt werden kann, weil er eine an sich nichtige, chimärische, vor keiner Vernunft haltbare Verknüpfung fordert, der gar kein Object jemals correspondiren kann. — So ward nun zuerst in Ansehung alles Erkenntnisses, das die Existenz der Dinge betrifft (die Mathematik blieb also davon noch ausgenommen), der Empirismus als die einzige Quelle der Principien eingeführt, mit ihm aber zugleich der härteste Scepticism selbst in Ansehung der ganzen Naturwissenschaft (als Philosophie). Denn wir können nach solchen Grundsätzen niemals aus gegebenen Bestimmungen der Dinge ihrer Existenz nach auf eine Folge schließen (denn dazu würde der Begriff einer Ursache, der die Nothwendigkeit einer solchen Verknüpfung enthält, erfordert werden), sondern nur nach der Regel der Einbildungskraft ähnliche Fälle wie sonst erwarten, welche Erwartung aber niemals sicher ist, sie mag auch noch so oft eingetroffen sein. Ja bei keiner Begebenheit könnte man sagen: es müsse etwas vor ihr vorhergegangen sein, worauf sie nothwendig folgte, d. i. sie müsse eine Ursache haben, und also, wenn man auch noch so öftere Fälle kennte, wo dergleichen vorherging, so daß eine Regel davon abgezogen werden konnte, so könnte man darum es nicht als immer und nothwendig sich auf die Art zutragend annehmen, und so müsse man dem blinden Zufalle, bei welchem aller Vernunftgebrauch aufhört, auch sein Recht lassen, welches denn den Scepticism in Ansehung der von Wirkungen zu Ursachen auffsteigenden Schlüsse fest gründet und unwiderleglich macht.

Die Mathematik war so lange noch gut weggekommen, weil Hume dafür hielt, daß ihre Sätze alle analytisch wären, d. i. von einer Bestimmung zur andern um der Identität willen, mithin nach dem Satze des Widerspruchs fortschritten (welches aber falsch ist, indem sie vielmehr alle synthetisch sind, und, obgleich z. B. die Geometrie es nicht mit der Existenz der Dinge, sondern nur ihrer Bestimmung a priori in einer möglichen Anschauung zu thun hat, dennoch eben so gut wie durch Causalbegriffe von einer Bestimmung A zu einer ganz verschiedenen B, als dennoch mit jener nothwendig verknüpft, übergeht). Aber endlich muß jene wegen ihrer apodiktischen Gewißheit so hochgepriesene Wissenschaft doch dem Empirismus in Grundsätzen aus demselben Grunde, warum Hume an der Stelle der objectiven Nothwendigkeit in dem Begriffe der Ursache die Gewohnheit setzte, auch unterliegen und sich unangesehen alles ihres Stolzes gefallen lassen, ihre kühne, a priori Beistimmung gebietende Ansprüche herabzustimmen, und den Beifall für die Allgemeingültigkeit ihrer Sätze von der Gunst der Beobachter erwarten, die als Zeugen es doch nicht weigern würden zu gestehen, daß sie das, was der Geometer als Grundsätze vorträgt, jederzeit auch so wahrgenommen hätten, folglich, ob es gleich eben nicht nothwendig wäre, doch fernerhin, es so erwarten zu dürfen, erlauben würden. Auf diese Weise führt Humens Empirism in Grundsätzen auch unvermeidlich auf den Scepticism selbst in Ansehung der Mathematik, folglich in allem wissenschaftlichen theoretischen Gebrauche der Vernunft (denn dieser gehört entweder zur Philosophie, oder zur Mathematik). Ob der gemeine Vernunftgebrauch (bei einem so schrecklichen Umsturz, als man den Häuptern der Erkenntniß begegnen sieht) besser durchkommen, und nicht vielmehr noch unwiederbringlicher in eben diese Zerstörung alles Wissens werde verwickelt werden, mithin ein allgemeiner Scepticism nicht aus denselben Grundsätzen folgen müsse (der freilich aber nur die Gelehrten treffen würde), das will ich jeden selbst beurtheilen lassen.

Was nun meine Bearbeitung in der Kritik der reinen Vernunft betrifft, die zwar durch jene Humische Zweifellehre veranlaßt ward, doch viel weiter ging und das ganze Feld der reinen theoretischen Vernunft im synthetischen Gebrauche, mithin auch desjenigen, was man Metaphysik überhaupt nennt, befaßte: so verfuhr ich in Ansehung der den Begriff der Causalität betreffenden Zweifel des schottischen Philosophen auf folgende Art. Daß Hume, wenn er (wie es doch auch fast überall geschieht) die Gegenstände der Erfahrung für Dinge an sich selbst nahm, den Begriff der Ursache für trüglich und falsches Blendwerk erklärte, daran that er ganz recht; denn von Dingen an sich selbst und deren Bestimmungen als solchen kann nicht eingesehen werden, wie darum, weil etwas A gesetzt wird, etwas anderes B auch nothwendig gesetzt werden müsse, und also konnte er eine solche Erkenntniß a priori von Dingen an sich selbst gar nicht einräumen. Einen empirischen Ursprung dieses Begriffs konnte der scharfsinnige Mann noch weniger verstatten, weil dieser geradezu der Nothwendigkeit der Verknüpfung widerspricht, welche das Wesentliche des Begriffs der Causalität ausmacht; mithin ward der Begriff in die Acht erklärt, und in seine Stelle trat die Gewohnheit im Beobachten des Laufs der Wahrnehmungen.

Aus meinen Untersuchungen aber ergab es sich, daß die Gegenstände, mit denen wir es in der Erfahrung zu thun haben, keinesweges Dinge an sich selbst, sondern blos Erscheinungen sind, und daß, obgleich bei Dingen an sich selbst gar nicht abzusehen ist, ja unmöglich ist einzusehen, wie, wenn A gesetzt wird, es widersprechend sein solle, B, welches von A ganz verschieden ist, nicht zu setzen (die Nothwendigkeit der Verknüpfung zwischen A als Ursache und B als Wirkung), es sich doch ganz wohl denken lasse, daß sie als Erscheinungen in einer Erfahrung auf gewisse Weise (z. B. in Ansehung der Zeitverhältnisse) nothwendig verbunden sein müssen und nicht getrennt werden können, ohne derjenigen Verbindung zu widersprechen, vermittelst deren diese Erfahrung möglich ist, in welcher sie Gegenstände und uns allein erkennbar sind. Und so fand es sich auch in der That: so daß ich den Begriff der Ursache nicht allein nach seiner objectiven Realität in Ansehung der Gegenstände der Erfahrung beweisen, sondern ihn auch als Begriff a priori wegen der Nothwendigkeit der Verknüpfung, die er bei sich führt, deduciren, d. i. seine Möglichkeit aus reinem Verstande ohne empirische Quellen darthun, und so, nach Wegschaffung des Empirismus seines Ursprungs, die unvermeidliche Folge desselben, nämlich den Scepticism, zuerst in Ansehung der Naturwissenschaft, dann auch, wegen des ganz vollkommen aus denselben Gründen Folgenden, in Ansehung der Mathematik, beider Wissenschaften, die auf Gegenstände möglicher Erfahrung bezogen werden, und hiemit den totalen

Zweifel an allem, was theoretische Vernunft einzusehen behauptet, aus dem Grunde heben konnte.

Aber wie wird es mit der Anwendung dieser Kategorie der Causalität (und so auch aller übrigen; denn ohne sie läßt sich kein Erkenntniß des Existirenden zu Stande bringen) auf Dinge, die nicht Gegenstände möglicher Erfahrung sind, sondern über dieser ihre Grenze hinaus liegen? Denn ich habe die objective Realität dieser Begriffe nur in Ansehung der Gegenstände möglicher Erfahrung deduciren können. Aber eben dieses, daß ich sie auch nur in diesem Falle gerettet habe, daß ich gewiesen habe, es lassen sich dadurch doch Objecte denken, obgleich nicht a priori bestimmen: dieses ist es, was ihnen einen Platz im reinen Verstande giebt, von dem sie auf Objecte überhaupt (sinnliche, oder nicht sinnliche) bezogen werden. Wenn etwas noch fehlt, so ist es die Bedingung der Anwendung dieser Kategorien und namentlich der der Causalität auf Gegenstände, nämlich die Anschauung, welche, wo sie nicht gegeben ist, die Anwendung zum Behuf der theoretischen Erkenntniß des Gegenstandes als Noumenon unmöglich macht, die also, wenn es jemand darauf wagt, (wie auch in der Kritik der reinen Vernunft geschehen) gänzlich verwehrt wird, indessen daß doch immer die objective Realität des Begriffs bleibt, auch von Noumenen gebraucht werden kann, aber ohne diesen Begriff theoretisch im mindesten bestimmen und dadurch ein Erkenntniß bewirken zu können. Denn daß dieser Begriff auch in Beziehung auf ein Object nichts Unmögliches enthalte, war dadurch bewiesen, daß ihm sein Sitz im reinen Verstande bei aller Anwendung auf Gegenstände der Sinne gesichert war, und ob er gleich hernach etwa, auf Dinge an sich selbst (die nicht Gegenstände der Erfahrung sein können) bezogen, keiner Bestimmung zur Vorstellung eines bestimmten Gegenstandes zum Behuf einer theoretischen Erkenntniß fähig ist, so konnte er doch immer noch zu irgend einem anderen (vielleicht dem praktischen) Behuf einer Bestimmung zur Anwendung desselben fähig sein, welches nicht sein würde, wenn nach Hume dieser Begriff der Causalität etwas, das überall zu denken unmöglich ist, enthielte.

Um nun diese Bedingung der Anwendung des gedachten Begriffs auf Noumenen ausfindig zu machen, dürfen wir nur zurücksehen, weswegen wir nicht mit der Anwendung desselben auf Erfahrungsgegenstände zufrieden sind, sondern ihn auch gern von Dingen an sich selbst brauchen möchten. Denn da zeigt sich bald, daß es nicht eine theoretische, sondern praktische Absicht sei, welche uns dieses zur Nothwendigkeit macht.

Zur Speculation würden wir, wenn es uns damit auch gelänge, doch keinen wahren Erwerb in Naturkenntniß und überhaupt in Ansehung der Gegenstände, die uns irgend gegeben werden mögen, machen, sondern allenfalls einen weiten Schritt vom Sinnlichbedingten (bei welchem zu bleiben und die Kette der Ursachen fleißig durchzuwandern wir so schon genug zu thun haben) zum Übersinnlichen thun, um unser Erkenntniß von der Seite der Gründe zu vollenden und zu begrenzen, indessen daß immer eine unendliche Kluft zwischen jener Grenze und dem, was wir kennen, unausgefüllt übrig bliebe, und wir mehr einer eiteln Fragsucht, als einer gründlichen Wißbegierde Gehör gegeben hätten.

Außer dem Verhältnisse aber, darin der Verstand zu Gegenständen (im theoretischen Erkenntnisse) steht, hat er auch eines zum Begehrungsvermögen, das darum der Wille heißt, und der reine Wille, so fern der reine Verstand (der in solchem Falle Vernunft heißt) durch die bloße Vorstellung eines Gesetzes praktisch ist. Die objective Realität eines reinen Willens oder, welches einerlei ist, einer reinen praktischen Vernunft ist im moralischen Gesetze a priori gleichsam durch ein Factum gegeben; denn so kann man eine Willensbestimmung nennen, die unvermeidlich ist, ob sie gleich nicht auf empirischen Principien beruht. Im Begriffe eines Willens aber ist der Begriff der Causalität schon enthalten, mithin in dem eines reinen Willens der Begriff einer Causalität mit Freiheit, d. i. die nicht nach Naturgesetzen bestimmbar, folglich keiner empirischen Anschauung als Beweises seiner Realität fähig ist, dennoch aber in dem reinen praktischen Gesetze a priori seine objective Realität, doch (wie leicht einzusehen) nicht zum Behufe des theoretischen, sondern blos praktischen Gebrauchs der Vernunft, vollkommen rechtfertigt. Nun ist der Begriff eines Wesens, das freien Willen hat, der Begriff einer causa noumenon, und daß sich dieser Begriff nicht selbst widerspreche, dafür ist man schon dadurch gesichert, daß der Begriff einer Ursache als gänzlich vom reinen Verstande entsprungen, zugleich auch seiner objectiven Realität in Ansehung der Gegenstände überhaupt durch die Deduction gesichert, dabei seinem Ursprunge nach von allen sinnlichen Bedingungen unabhängig, also für sich auf Phänomene nicht eingeschränkt (es sei denn, wo ein theoretischer bestimmter Gebrauch davon gemacht werden wollte), auf Dinge als reine Verstandeswesen allerdings angewandt werden könne. Weil aber dieser Anwendung keine Anschauung, als die jederzeit nur sinnlich sein kann, untergelegt werden kann, so ist causa noumenon in Ansehung des theoretischen Gebrauchs der Vernunft, obgleich ein möglicher, denkbarer, dennoch leerer Begriff. Nun verlange ich aber auch dadurch nicht die Beschaffenheit eines Wesens, so fern es einen **reinen Willen** hat, **theoretisch** zu kennen; es ist mir genug, es dadurch nur als ein solches zu bezeichnen, mithin nur den Begriff der Causalität mit dem der Freiheit (und was davon unzertrennlich ist, mit dem moralischen Gesetze als Bestimmungsgrunde derselben) zu verbinden; welche Befugniß mir vermöge des reinen, nicht empirischen Ursprungs des Begriffs der Ursache allerdings zusteht, indem ich davon keinen anderen Gebrauch, als in Beziehung auf das moralische Gesetz, das seine Realität bestimmt, d. i. nur einen praktischen Gebrauch, zu machen mich befugt halte.

Hätte ich mit Humen dem Begriffe der Causalität die objective Realität im theoretischen Gebrauche nicht allein in Ansehung der Sachen an sich selbst (des Übersinnlichen), sondern auch in Ansehung der Gegenstände der Sinne genommen: so wäre er aller Bedeutung verlustig und als ein theoretisch unmöglicher Begriff für gänzlich unbrauchbar erklärt worden, und, da von nichts sich auch kein Gebrauch machen läßt, der praktische Gebrauch eines **theoretisch=nichtigen** Begriffs ganz ungereimt gewesen. Nun aber der Begriff einer empirisch unbedingten Causalität theoretisch zwar leer (ohne darauf sich schickende Anschauung), aber immer doch möglich ist und sich auf ein unbestimmt Object bezieht, statt dieses aber ihm doch an dem moralischen Gesetze, folglich in praktischer Beziehung, Bedeutung gegeben wird, so habe ich zwar keine Anschauung, die ihm seine objective theoretische Realität bestimmte, aber er hat nichts desto weniger wirkliche Anwendung, die sich in concreto in Gesinnungen oder Maximen darstellen läßt, d. i. praktische Realität, die angegeben werden kann; welches denn zu seiner Berechtigung selbst in Absicht auf Noumenen hinreichend ist.

Aber diese einmal eingeleitete objective Realität eines reinen Verstandesbegriffs im Felde des Übersinnlichen giebt nunmehr allen übrigen Kategorien, obgleich immer nur so fern sie mit dem Bestimmungsgrunde des reinen Willens (dem moralischen Gesetze) in **nothwendiger Verbindung** stehen, auch objective, nur keine andere als blos **praktisch=anwendbare** Realität, indessen sie auf theoretische Erkenntnisse dieser Gegenstände, als Einsicht der Natur derselben durch reine Vernunft, nicht den mindesten Einfluß hat, um dieselbe zu erweitern. Wie wir denn auch in der Folge finden werden, daß sie immer nur auf Wesen als **Intelligenzen**, und an diesen auch nur auf das Verhältniß der Vernunft zum

Willen, mithin immer nur aufs Praktische Beziehung haben und weiter hinaus sich kein Erkenntniß derselben anmaßen; was aber mit ihnen in Verbindung noch sonst für Eigenschaften, die zur theoretischen Vorstellungsart solcher übersinnlichen Dinge gehören, herbeigezogen werden möchten, diese insgesammt alsdann gar nicht zum Wissen, sondern nur zur Befugniß (in praktischer Absicht aber gar zur Nothwendigkeit) sie anzunehmen und vorauszusetzen gezählt werden, selbst da, wo man übersinnliche Wesen (als Gott) nach einer Analogie, d. i. dem reinen Vernunftverhältnisse, dessen wir in Ansehung der sinnlichen uns praktisch bedienen, und so der reinen theoretischen Vernunft durch die Anwendung aufs Übersinnliche, aber nur in praktischer Absicht, zum Schwärmen ins Überschwengliche nicht den mindesten Vorschub giebt.

Der Analytik der praktischen Vernunft

Zweites Hauptstück.

Von dem Begriffe eines Gegenstandes der reinen praktischen Vernunft.

Unter dem Begriffe eines Gegenstandes der praktischen Vernunft verstehe ich die Vorstellung eines Objects als einer möglichen Wirkung durch Freiheit. Ein Gegenstand der praktischen Erkenntniß als einer solchen zu sein, bedeutet also nur die Beziehung des Willens auf die Handlung, dadurch er oder sein Gegentheil wirklich gemacht würde, und die Beurtheilung, ob etwas ein Gegenstand der reinen praktischen Vernunft sei, oder nicht, ist nur die Unterscheidung der Möglichkeit oder Unmöglichkeit, diejenige Handlung zu wollen, wodurch, wenn wir das Vermögen dazu hätten (worüber die Erfahrung urtheilen muß), ein gewisses Object wirklich werden würde. Wenn das Object als der Bestimmungsgrund unseres Begehrungsvermögens angenommen wird, so muß die physische Möglichkeit desselben durch freien Gebrauch unserer Kräfte vor der Beurtheilung, ob es ein Gegenstand der praktischen Vernunft sei oder nicht, vorangehen. Dagegen wenn das Gesetz a priori als der Bestimmungsgrund der Handlung, mithin diese als durch reine praktische Vernunft bestimmt betrachtet werden kann, so ist das Urtheil, ob etwas ein Gegenstand der reinen praktischen Vernunft sei oder nicht, von der Vergleichung mit unserem physischen

Vermögen ganz unabhängig, und die Frage ist nur, ob wir eine Handlung, die auf die Existenz eines Objects gerichtet ist, wollen dürfen, wenn dieses in unserer Gewalt wäre, mithin muß die moralische Möglichkeit der Handlung vorangehen; denn da ist nicht der Gegenstand, sondern das Gesetz des Willens der Bestimmungsgrund derselben.

Die alleinigen Objecte einer praktischen Vernunft sind also die vom Guten und Bösen. Denn durch das erstere versteht man einen nothwendigen Gegenstand des Begehrungs-, durch das zweite des Verabscheuungsvermögens, beides aber nach einem Princip der Vernunft.

Wenn der Begriff des Guten nicht von einem vorhergehenden praktischen Gesetze abgeleitet werden, sondern diesem vielmehr zum Grunde dienen soll, so kann er nur der Begriff von etwas sein, dessen Existenz Lust verheißt und so die Causalität des Subjects zur Hervorbringung desselben, d. i. das Begehrungsvermögen, bestimmt. Weil es nun unmöglich ist a priori einzusehen, welche Vorstellung mit Lust, welche hingegen mit Unlust werde begleitet sein, so käme es lediglich auf Erfahrung an, es auszumachen, was unmittelbar gut oder böse sei. Die Eigenschaft des Subjects, worauf in Beziehung diese Erfahrung allein angestellt werden kann, ist das Gefühl der Lust und Unlust, als eine dem inneren Sinne angehörige Receptivität, und so würde der Begriff von dem, was unmittelbar gut ist, nur auf das gehen, womit die Empfindung des Vergnügens unmittelbar verbunden ist, und der von dem schlechthin Bösen auf das, was unmittelbar Schmerz erregt, allein bezogen werden müssen. Weil aber das dem Sprachgebrauche schon zuwider ist, der das Angenehme vom Guten, das Unangenehme vom Bösen unterscheidet und verlangt, daß Gutes und Böses jederzeit durch Vernunft, mithin durch Begriffe, die sich allgemein mittheilen lassen, und nicht durch bloße Empfindung, welche sich auf einzelne Subjecte und deren Empfänglichkeit einschränkt, beurtheilt werde, gleichwohl aber für sich selbst mit keiner Vorstellung eines Objects a priori eine Lust oder Unlust unmittelbar verbunden werden kann, so würde der Philosoph, der sich genöthigt glaubte, ein Gefühl der Lust seiner praktischen Beurtheilung zum Grunde zu legen, gut nennen, was ein Mittel zum Angenehmen, und Böses, was Ursache der Unannehmlichkeit und des Schmerzens ist; denn die Beurtheilung des Verhältnisses der Mittel zu Zwecken gehört allerdings zur Vernunft. Obgleich aber Vernunft allein vermögend ist, die Verknüpfung der Mittel mit ihren Absichten einzusehen (so daß man auch den Willen durch das

Vermögen der Zwecke definiren könnte, indem sie jederzeit Bestimmungs=
gründe des Begehrungsvermögens nach Principien sind), so würden doch
die praktischen Maximen, die aus dem obigen Begriffe des Guten blos
als Mittel folgten, nie etwas für sich selbst, sondern immer nur irgend
wozu Gutes zum Gegenstande des Willens enthalten: das Gute würde
jederzeit blos das Nützliche sein, und das, wozu es nutzt, müßte allemal
außerhalb dem Willen in der Empfindung liegen. Wenn diese nun, als
angenehme Empfindung, vom Begriffe des Guten unterschieden werden
müßte, so würde es überall nichts unmittelbar Gutes geben, sondern das
Gute nur in den Mitteln zu etwas anderm, nämlich irgend einer Annehm=
lichkeit, gesucht werden müssen.

Es ist eine alte Formel der Schulen: nihil appetimus, nisi sub ratione boni; nihil aversamur, nisi sub ratione mali; und sie hat einen
oft richtigen, aber auch der Philosophie oft sehr nachtheiligen Gebrauch,
weil die Ausdrücke des boni und mali eine Zweideutigkeit enthalten, daran die Einschränkung der Sprache Schuld ist, nach welcher sie eines
doppelten Sinnes fähig sind, und daher die praktischen Gesetze unvermeid=
lich auf Schrauben stellen und die Philosophie, die im Gebrauche derselb=
ben gar wohl der Verschiedenheit des Begriffs bei demselben Worte inne
werden, aber doch keine besondere Ausdrücke dafür finden kann, zu subti=
len Distinctionen nöthigen, über die man sich nachher nicht einigen kann,
indem der Unterschied durch keinen angemessenen Ausdruck unmittelbar
bezeichnet werden konnte.*)

Die deutsche Sprache hat das Glück, die Ausdrücke zu besitzen, welche
diese Verschiedenheit nicht übersehen lassen. Für das, was die Lateiner
mit einem einzigen Worte bonum benennen, hat sie zwei sehr verschiedene
Begriffe und auch eben so verschiedene Ausdrücke: für bonum das Gute
und das Wohl, für malum das Böse und das Übel (oder Weh), so

---

*) Überdem ist der Ausdruck sub ratione boni auch zweideutig. Denn er kann
so viel sagen: wir stellen uns etwas als gut vor, wenn und weil wir es begehren
(wollen); aber auch: wir begehren etwas darum, weil wir es uns als gut vor=
stellen, so daß entweder die Begierde der Bestimmungsgrund des Begriffs des
Objects als eines Guten, oder der Begriff des Guten der Bestimmungsgrund des
Begehrens (des Willens) sei; da denn das sub ratione boni im ersteren Falle be=
deuten würde, wir wollen etwas unter der Idee des Guten, im zweiten, zu
Folge dieser Idee, welche vor dem Wollen als Bestimmungsgrund desselben vor=
hergehen muß.

daß es zwei ganz verschiedene Beurtheilungen sind, ob wir bei einer Handlung das Gute und Böse derselben, oder unser Wohl und Weh (Übel) in Betrachtung ziehen. Hieraus folgt schon, daß obiger psychologischer Satz wenigstens noch sehr ungewiß sei, wenn er so übersetzt wird: wir begehren nichts, als in Rücksicht auf unser Wohl oder Weh; dagegen er, wenn man ihn so giebt: wir wollen nach Anweisung der Vernunft nichts, als nur so fern wir es für gut oder böse halten, ungezweifelt gewiß und zugleich ganz klar ausgedrückt wird.

Das Wohl oder Übel bedeutet immer nur eine Beziehung auf unseren Zustand der Annehmlichkeit oder Unannehmlichkeit, des Vergnügens und Schmerzens, und wenn wir darum ein Object begehren oder verabscheuen, so geschieht es nur, so fern es auf unsere Sinnlichkeit und das Gefühl der Lust und Unlust, das es bewirkt, bezogen wird. Das Gute oder Böse bedeutet aber jederzeit eine Beziehung auf den Willen, so fern dieser durchs Vernunftgesetz bestimmt wird, sich etwas zu seinem Objecte zu machen; wie er denn durch das Object und dessen Vorstellung niemals unmittelbar bestimmt wird, sondern ein Vermögen ist, sich eine Regel der Vernunft zur Bewegursache einer Handlung (dadurch ein Object wirklich werden kann) zu machen. Das Gute oder Böse wird also eigentlich auf Handlungen, nicht auf den Empfindungszustand der Person bezogen, und sollte etwas schlechthin (und in aller Absicht und ohne weitere Bedingung) gut oder böse sein oder dafür gehalten werden, so würde es nur die Handlungsart, die Maxime des Willens und mithin die handelnde Person selbst als guter oder böser Mensch, nicht aber eine Sache sein, die so genannt werden könnte.

Man mochte also immer den Stoiker auslachen, der in den heftigsten Gichtschmerzen ausrief: Schmerz, du magst mich noch so sehr foltern, ich werde doch nie gestehen, daß du etwas Böses (κακον, malum) seist! er hatte doch recht. Ein Übel war es, das fühlte er, und das verrieth sein Geschrei; aber daß ihm dadurch ein Böses anhinge, hatte er gar nicht Ursache einzuräumen; denn der Schmerz verringert den Werth seiner Person nicht im mindesten, sondern nur den Werth seines Zustandes. Eine einzige Lüge, deren er sich bewußt gewesen wäre, hätte seinen Muth niederschlagen müssen; aber der Schmerz diente nur zur Veranlassung, ihn zu erheben, wenn er sich bewußt war, daß er ihn durch keine unrechte Handlung verschuldet und sich dadurch strafwürdig gemacht habe.

Was wir gut nennen sollen, muß in jedes vernünftigen Menschen Urtheil ein Gegenstand des Begehrungsvermögens sein, und das Böse in den Augen von jedermann ein Gegenstand des Abscheues; mithin bedarf es außer dem Sinne zu dieser Beurtheilung noch Vernunft. So ist es mit der Wahrhaftigkeit im Gegensatze mit der Lüge, so mit der Gerechtigkeit im Gegensatz der Gewaltthätigkeit ꝛc. bewandt. Wir können aber etwas ein Übel nennen, welches doch jedermann zugleich für gut, bisweilen mittelbar, bisweilen gar unmittelbar, erklären muß. Der eine chirurgische Operation an sich verrichten läßt, fühlt sie ohne Zweifel als ein Übel; aber durch Vernunft erklärt er und jedermann sie für gut. Wenn aber jemand, der friedliebende Leute gerne neckt und beunruhigt, endlich einmal anläuft und mit einer tüchtigen Tracht Schläge abgefertigt wird: so ist dieses allerdings ein Übel, aber jedermann giebt dazu seinen Beifall und hält es an sich für gut, wenn auch nichts weiter daraus entspränge; ja selbst der, der sie empfängt, muß in seiner Vernunft erkennen, daß ihm Recht geschehe, weil er die Proportion zwischen dem Wohlbefinden und Wohlverhalten, welche die Vernunft ihm unvermeidlich vorhält, hier genau in Ausübung gebracht sieht.

Es kommt allerdings auf unser Wohl und Weh in der Beurtheilung unserer praktischen Vernunft gar sehr viel und, was unsere Natur als sinnlicher Wesen betrifft, alles auf unsere Glückseligkeit an, wenn diese, wie Vernunft es vorzüglich fordert, nicht nach der vorübergehenden Empfindung, sondern nach dem Einflusse, den diese Zufälligkeit auf unsere ganze Existenz und die Zufriedenheit mit derselben hat, beurtheilt wird; aber alles überhaupt kommt darauf doch nicht an. Der Mensch ist ein bedürftiges Wesen, so fern er zur Sinnenwelt gehört, und so fern hat seine Vernunft allerdings einen nicht abzulehnenden Auftrag von Seiten der Sinnlichkeit, sich um das Interesse derselben zu bekümmern und sich praktische Maximen, auch in Absicht auf die Glückseligkeit dieses und wo möglich auch eines zukünftigen Lebens, zu machen. Aber er ist doch nicht so ganz Thier, um gegen alles, was Vernunft für sich selbst sagt, gleichgültig zu sein und diese blos zum Werkzeuge der Befriedigung seines Bedürfnisses als Sinnenwesens zu gebrauchen. Denn im Werthe über die bloße Thierheit erhebt ihn das gar nicht, daß er Vernunft hat, wenn sie ihm nur zum Behuf desjenigen dienen soll, was bei Thieren der Instinct verrichtet; sie wäre alsdann nur eine besondere Manier, deren sich die Natur bedient hätte, um den Menschen zu demselben Zwecke, dazu sie Thiere bestimmt hat, auszurüsten, ohne ihn zu einem höheren Zwecke zu bestimmen. Er bedarf also freilich nach dieser einmal mit ihm getroffenen Naturanstalt Vernunft, um sein Wohl und Weh jederzeit in Betrachtung zu ziehen, aber er hat sie überdem noch zu einem höheren Behuf, nämlich auch das, was an sich gut oder böse ist, und worüber reine, sinnlich gar nicht interessirte Vernunft nur allein urtheilen kann, nicht allein mit in Überlegung zu nehmen, sondern diese Beurtheilung von jener gänzlich zu unterscheiden und sie zur obersten Bedingung der letzteren zu machen.

In dieser Beurtheilung des an sich Guten und Bösen, zum Unterschiede von dem, was nur beziehungsweise auf Wohl oder Übel so genannt werden kann, kommt es auf folgende Punkte an. Entweder ein Vernunftprincip wird schon an sich als der Bestimmungsgrund des Willens gedacht, ohne Rücksicht auf mögliche Objecte des Begehrungsvermögens (also blos durch die gesetzliche Form der Maxime), alsdann ist jenes Princip praktisches Gesetz a priori, und reine Vernunft wird für sich praktisch zu sein angenommen. Das Gesetz bestimmt alsdann **unmittelbar den Willen, die ihm gemäße Handlung ist an sich selbst gut, ein Wille, dessen Maxime jederzeit diesem Gesetze gemäß ist, ist schlechterdings, in aller Absicht, gut und die oberste Bedingung alles Guten**: oder es geht ein Bestimmungsgrund des Begehrungsvermögens vor der Maxime des Willens vorher, der ein Object der Lust und Unlust voraussetzt, mithin etwas, das vergnügt oder schmerzt, und die Maxime der Vernunft, jene zu befördern, diese zu vermeiden, bestimmt die Handlungen, wie sie beziehungsweise auf unsere Neigung, mithin nur mittelbar (in Rücksicht auf einen anderweitigen Zweck, als Mittel zu demselben) gut sind, und diese Maximen können alsdann niemals Gesetze, dennoch aber vernünftige praktische Vorschriften heißen. Der Zweck selbst, das Vergnügen, das wir suchen, ist im letzteren Falle nicht ein Gutes, sondern ein Wohl, nicht ein Begriff der Vernunft, sondern ein empirischer Begriff von einem Gegenstande der Empfindung; allein der Gebrauch des Mittels dazu, d. i. die Handlung (weil dazu vernünftige Überlegung erfordert wird), heißt dennoch gut, aber nicht schlechthin, sondern nur in Beziehung auf unsere Sinnlichkeit, in Ansehung ihres Gefühls der Lust und Unlust; der Wille aber, dessen Maxime dadurch afficirt wird, ist nicht ein reiner Wille, der nur auf das geht, wobei reine Vernunft für sich selbst praktisch sein kann.

Hier ist nun der Ort, das Paradoxon der Methode in einer Kritik der praktischen Vernunft zu erklären: **daß nämlich der Begriff des**

Guten und Bösen nicht vor dem moralischen Gesetze (dem er dem Anschein nach sogar zum Grunde gelegt werden müßte), sondern nur (wie hier auch geschieht) nach demselben und durch dasselbe bestimmt werden müsse. Wenn wir nämlich auch nicht wüßten, daß das Princip der Sittlichkeit ein reines, a priori den Willen bestimmendes Gesetz sei, so müßten wir doch, um nicht ganz umsonst (gratis) Grundsätze anzunehmen, es anfänglich wenigstens unausgemacht lassen, ob der Wille blos empirische, oder auch reine Bestimmungsgründe a priori habe; denn es ist wider alle Grundregeln des philosophischen Verfahrens, das, worüber man allererst entscheiden soll, schon zum voraus als entschieden anzunehmen. Gesetzt, wir wollten nun vom Begriffe des Guten anfangen, um davon die Gesetze des Willens abzuleiten, so würde dieser Begriff von einem Gegenstande (als einem guten) zugleich diesen als den einigen Bestimmungsgrund des Willens angeben. Weil nun dieser Begriff kein praktisches Gesetz a priori zu seiner Richtschnur hatte, so könnte der Probirstein des Guten oder Bösen in nichts anders, als in der Übereinstimmung des Gegenstandes mit unserem Gefühle der Lust oder Unlust gesetzt werden, und der Gebrauch der Vernunft könnte nur darin bestehen, theils diese Lust oder Unlust im ganzen Zusammenhange mit allen Empfindungen meines Daseins, theils die Mittel, mir den Gegenstand derselben zu verschaffen, zu bestimmen. Da nun, was dem Gefühle der Lust gemäß sei, nur durch Erfahrung ausgemacht werden kann, das praktische Gesetz aber der Angabe nach doch darauf als Bedingung gegründet werden soll, so würde geradezu die Möglichkeit praktischer Gesetze a priori ausgeschlossen: weil man vorher nöthig zu finden meinte, einen Gegenstand für den Willen auszufinden, davon der Begriff als eines Guten den allgemeinen, obzwar empirischen Bestimmungsgrund des Willens ausmachen müsse. Nun aber war doch vorher nöthig zu untersuchen, ob es nicht auch einen Bestimmungsgrund des Willens a priori gebe (welcher niemals irgendwo anders, als an einem reinen praktischen Gesetze, und zwar so fern dieses die bloße gesetzliche Form ohne Rücksicht auf einen Gegenstand den Maximen vorschreibt, wäre gefunden worden). Weil man aber schon einen Gegenstand nach Begriffen des Guten und Bösen zum Grunde alles praktischen Gesetzes legte, jener aber ohne vorhergehendes Gesetz nur nach empirischen Begriffen gedacht werden konnte, so hatte man sich die Möglichkeit, ein reines praktisches Gesetz auch nur zu denken, schon zum voraus benommen; da man im Gegentheil, wenn man dem letzteren vorher analytisch nachgeforscht hätte, gefunden haben würde, daß nicht der Begriff des Guten als eines Gegenstandes das moralische Gesetz, sondern umgekehrt das moralische Gesetz allererst den Begriff des Guten, so fern es diesen Namen schlechthin verdient, bestimme und möglich mache.

Diese Anmerkung, welche blos die Methode der obersten moralischen Untersuchungen betrifft, ist von Wichtigkeit. Sie erklärt auf einmal den veranlassenden Grund aller Verirrungen der Philosophen in Ansehung des obersten Princips der Moral. Denn sie suchten einen Gegenstand des Willens auf, um ihn zur Materie und dem Grunde eines Gesetzes zu machen (welches alsdann nicht unmittelbar, sondern vermittelst jenes an das Gefühl der Lust oder Unlust gebrachten Gegenstandes der Bestimmungsgrund des Willens sein sollte), anstatt daß sie zuerst nach einem Gesetze hätten forschen sollen, das a priori und unmittelbar den Willen und diesem gemäß allererst den Gegenstand bestimmte. Nun mochten sie diesen Gegenstand der Lust, der den obersten Begriff des Guten abgeben sollte, in der Glückseligkeit, in der Vollkommenheit, im moralischen Gefühle, oder im Willen Gottes setzen, so war ihr Grundsatz allemal Heteronomie, sie mußten unvermeidlich auf empirische Bedingungen zu einem moralischen Gesetze stoßen: weil sie ihren Gegenstand, als unmittelbaren Bestimmungsgrund des Willens, nur nach seinem unmittelbaren Verhalten zum Gefühl, welches allemal empirisch ist, gut oder böse nennen konnten. Nur ein formales Gesetz, d. i. ein solches, welches der Vernunft nichts weiter als die Form ihrer allgemeinen Gesetzgebung zur obersten Bedingung der Maximen vorschreibt, kann a priori ein Bestimmungsgrund der praktischen Vernunft sein. Die Alten verriethen indessen diesen Fehler dadurch unverhohlen, daß sie ihre moralische Untersuchung gänzlich auf die Bestimmung des Begriffs vom höchsten Gut, mithin eines Gegenstandes setzten, welchen sie nachher zum Bestimmungsgrunde des Willens im moralischen Gesetze zu machen gedachten: ein Object, welches weit hinterher, wenn das moralische Gesetz allererst für sich bewährt und als unmittelbarer Bestimmungsgrund des Willens gerechtfertigt ist, dem nunmehr seiner Form nach a priori bestimmten Willen als Gegenstand vorgestellt werden kann, welches wir in der Dialektik der reinen praktischen Vernunft uns unterfangen wollen. Die Neueren, bei denen die Frage über das höchste Gut außer Gebrauch gekommen, zum wenigsten nur Nebensache geworden zu sein scheint, verstecken obigen Fehler (wie in vielen andern Fällen) hinter unbestimmten Worten, indeſſen daß man ihn gleichwohl aus ihren Syſtemen hervorblicken ſieht, da er alsdann allenthalben Heteronomie der praktiſchen Vernunft verräth, daraus nimmermehr ein a priori allgemein gebietendes moraliſches Geſetz entſpringen kann.

Da nun die Begriffe des Guten und Böſen als Folgen der Willens= beſtimmung a priori auch ein reines praktiſches Princip, mithin eine Cau= ſalität der reinen Vernunft vorausſetzen: ſo beziehen ſie ſich urſprünglich nicht (etwa als Beſtimmungen der ſynthetiſchen Einheit des Mannigfal= tigen gegebener Anſchauungen in einem Bewußtſein) auf Objecte, wie die reinen Verſtandesbegriffe oder Kategorien der theoretiſch gebrauchten Ver= nunft, ſie ſetzen dieſe vielmehr als gegeben voraus; ſondern ſie ſind insge= ſammt modi einer einzigen Kategorie, nämlich der der Cauſalität, ſo fern der Beſtimmungsgrund derſelben in der Vernunftvorſtellung eines Geſetzes derſelben beſteht, welches als Geſetz der Freiheit die Vernunft ſich ſelbſt giebt und dadurch ſich a priori als praktiſch beweiſet. Da indeſſen die Hand= lungen einerſeits zwar unter einem Geſetze, das kein Naturgeſetz, ſondern ein Geſetz der Freiheit iſt, folglich zu dem Verhalten intelligibeler Weſen, andererſeits aber doch auch als Begebenheiten in der Sinnenwelt zu den Erſcheinungen gehören, ſo werden die Beſtimmungen einer praktiſchen Vernunft nur in Beziehung auf die letztere, folglich zwar den Kategorien des Verſtandes gemäß, aber nicht in der Abſicht eines theoretiſchen Ge= brauchs deſſelben, um das Mannigfaltige der (ſinnlichen) Anſchauung unter ein Bewußtſein a priori zu bringen, ſondern nur um das Mannig= faltige der Begehrungen der Einheit des Bewußtſeins einer im mora= liſchen Geſetze gebietenden praktiſchen Vernunft oder eines reinen Willens a priori zu unterwerfen, Statt haben können.

Dieſe Kategorien der Freiheit, denn ſo wollen wir ſie ſtatt jener theoretiſchen Begriffe als Kategorien der Natur benennen, haben einen augenſcheinlichen Vorzug vor den letzteren, daß, da dieſe nur Gedanken= formen ſind, welche nur unbeſtimmt Objecte überhaupt für jede uns mög= liche Anſchauung durch allgemeine Begriffe bezeichnen, dieſe hingegen, da ſie auf die Beſtimmung einer freien Willkür gehen (der zwar keine An= ſchauung völlig correſpondirend gegeben werden kann, die aber, welches bei keinen Begriffen des theoretiſchen Gebrauchs unſeres Erkenntnißver= mögens ſtattfindet, ein reines praktiſches Geſetz a priori zum Grunde lie= gen hat), als praktiſche Elementarbegriffe ſtatt der Form der Anſchauung (Raum und Zeit), die nicht in der Vernunft ſelbſt liegt, ſondern ander=

wärts, nämlich von der Sinnlichkeit, hergenommen werden muß, die Form eines reinen Willens in ihr, mithin dem Denkungsvermögen selbst, als gegeben zum Grunde liegen haben; dadurch es denn geschieht, daß, da es in allen Vorschriften der reinen praktischen Vernunft nur um die Willensbestimmung, nicht um die Naturbedingungen (des praktischen Vermögens) der Ausführung seiner Absicht zu thun ist, die praktischen Begriffe a priori in Beziehung auf das oberste Princip der Freiheit sogleich Erkenntnisse werden und nicht auf Anschauungen warten dürfen, um Bedeutung zu bekommen, und zwar aus diesem merkwürdigen Grunde, weil sie die Wirklichkeit dessen, worauf sie sich beziehen, (die Willensgesinnung) selbst hervorbringen, welches gar nicht die Sache theoretischer Begriffe ist. Nur muß man wohl bemerken, daß diese Kategorien nur die praktische Vernunft überhaupt angehen und so in ihrer Ordnung von den moralisch noch unbestimmten und sinnlich bedingten zu denen, die, sinnlich unbedingt, blos durchs moralische Gesetz bestimmt sind, fortgehen.

Tafel
der Kategorien der Freiheit in Ansehung der Begriffe des Guten und Bösen.

1.
Der Quantität
Subjectiv, nach Maximen (Willensmeinungen des Individuum)
Objectiv, nach Principien (Vorschriften)
A priori objective sowohl als subjective Principien der Freiheit (Gesetze).

2.
Der Qualität
Praktische Regeln des Begehens
(praeceptivae)
Praktische Regeln des Unterlassens
(prohibitivae)
Praktische Regeln der Ausnahmen
(exceptivae).

3.
Der Relation
Auf die Persönlichkeit
Auf den Zustand der Person
Wechselseitig einer Person auf den Zustand der anderen.

4.
Modalität
Das Erlaubte und Unerlaubte
Die Pflicht und das Pflichtwidrige
Vollkommene und unvollkommene Pflicht.

Man wird hier bald gewahr, daß in dieser Tafel die Freiheit als eine Art von Causalität, die aber empirischen Bestimmungsgründen nicht unterworfen ist, in Ansehung der durch sie möglichen Handlungen als Erscheinungen in der Sinnenwelt betrachtet werde, folglich sich auf die Kategorien ihrer Naturmöglichkeit beziehe, indessen daß doch jede Kategorie so allgemein genommen wird, daß der Bestimmungsgrund jener Causalität auch außer der Sinnenwelt in der Freiheit als Eigenschaft eines intelligibelen Wesens angenommen werden kann, bis die Kategorien der Modalität den Übergang von praktischen Principien überhaupt zu denen der Sittlichkeit, aber nur problematisch einleiten, welche nachher durchs moralische Gesetz allererst dogmatisch dargestellt werden können.

Ich füge hier nichts weiter zur Erläuterung gegenwärtiger Tafel bei, weil sie für sich verständlich genug ist. Dergleichen nach Principien abgefaßte Eintheilung ist aller Wissenschaft ihrer Gründlichkeit sowohl als Verständlichkeit halber sehr zuträglich. So weiß man z. B. aus obiger Tafel und der ersten Nummer derselben sogleich, wovon man in praktischen Erwägungen anfangen müsse: von den Maximen, die jeder auf seine Neigung gründet, den Vorschriften, die für eine Gattung vernünftiger Wesen, so fern sie in gewissen Neigungen übereinkommen, gelten, und endlich dem Gesetze, welches für alle unangesehen ihrer Neigungen gilt, u. s. w. Auf diese Weise übersieht man den ganzen Plan von dem, was man zu leisten hat, sogar jede Frage der praktischen Philosophie, die zu beantworten, und zugleich die Ordnung, die zu befolgen ist.

Von der Typik der reinen praktischen Urtheilskraft.

Die Begriffe des Guten und Bösen bestimmen dem Willen zuerst ein Object. Sie stehen selbst aber unter einer praktischen Regel der Vernunft, welche, wenn sie reine Vernunft ist, den Willen a priori in Ansehung seines Gegenstandes bestimmt. Ob nun eine uns in der Sinnlichkeit mögliche Handlung der Fall sei, der unter der Regel stehe, oder nicht, dazu gehört praktische Urtheilskraft, wodurch dasjenige, was in der Regel allgemein (in abstracto) gesagt wurde, auf eine Handlung in concreto angewandt wird. Weil aber eine praktische Regel der reinen Vernunft erstlich, als praktisch, die Existenz eines Objects betrifft und zweitens, als praktische Regel der reinen Vernunft, Nothwendigkeit in Ansehung des Daseins der Handlung bei sich führt, mithin praktisches Gesetz ist und zwar

5*

nicht Naturgesetz durch empirische Bestimmungsgründe, sondern ein Gesetz der Freiheit, nach welchem der Wille unabhängig von allem Empirischen (blos durch die Vorstellung eines Gesetzes überhaupt und dessen Form) bestimmbar sein soll, alle vorkommende Fälle zu möglichen Handlungen aber nur empirisch, d. i. zur Erfahrung und Natur gehörig, sein können: so scheint es widersinnisch, in der Sinnenwelt einen Fall antreffen zu wollen, der, da er immer so fern nur unter dem Naturgesetze steht, doch die Anwendung eines Gesetzes der Freiheit auf sich verstatte, und auf welchen die übersinnliche Idee des sittlich Guten, das darin in concreto dargestellt werden soll, angewandt werden könne. Also ist die Urtheilskraft der reinen praktischen Vernunft eben denselben Schwierigkeiten unterworfen, als die der reinen theoretischen, welche letztere gleichwohl, aus denselben zu kommen, ein Mittel zur Hand hatte: nämlich da es in Ansehung des theoretischen Gebrauchs auf Anschauungen ankam, darauf reine Verstandesbegriffe angewandt werden könnten, dergleichen Anschauungen (obzwar nur von Gegenständen der Sinne) doch a priori, mithin, was die Verknüpfung des Mannigfaltigen in denselben betrifft, den reinen Verstandesbegriffen a priori gemäß (als Schemate) gegeben werden können. Hingegen ist das sittlich Gute etwas dem Objecte nach Übersinnliches, für das also in keiner sinnlichen Anschauung etwas Correspondirendes gefunden werden kann, und die Urtheilskraft unter Gesetzen der reinen praktischen Vernunft scheint daher besonderen Schwierigkeiten unterworfen zu sein, die darauf beruhen, daß ein Gesetz der Freiheit auf Handlungen als Begebenheiten, die in der Sinnenwelt geschehen und also so fern zur Natur gehören, angewandt werden soll.

Allein hier eröffnet sich doch wieder eine günstige Aussicht für die reine praktische Urtheilskraft. Es ist bei der Subsumtion einer mir in der Sinnenwelt möglichen Handlung unter einem reinen praktischen Gesetze nicht um die Möglichkeit der Handlung als einer Begebenheit in der Sinnenwelt zu thun; denn die gehört für die Beurtheilung des theoretischen Gebrauchs der Vernunft nach dem Gesetze der Causalität, eines reinen Verstandesbegriffs, für den sie ein Schema in der sinnlichen Anschauung hat. Die physische Causalität, oder die Bedingung, unter der sie stattfindet, gehört unter die Naturbegriffe, deren Schema transscendentale Einbildungskraft entwirft. Hier aber ist es nicht um das Schema eines Falles nach Gesetzen, sondern um das Schema (wenn dieses Wort hier schicklich ist) eines Gesetzes selbst zu thun, weil die Willensbestimmung (nicht die Handlung in Beziehung auf ihren Erfolg) durchs Gesetz allein, ohne einen anderen Bestimmungsgrund, den Begriff der Causalität an ganz andere Bedingungen bindet, als diejenige sind, welche die Naturverknüpfung ausmachen.

Dem Naturgesetze als Gesetze, welchem die Gegenstände sinnlicher Anschauung als solche unterworfen sind, muß ein Schema, d. i. ein allgemeines Verfahren der Einbildungskraft (den reinen Verstandesbegriff, den das Gesetz bestimmt, den Sinnen a priori darzustellen), correspondiren. Aber dem Gesetze der Freiheit (als einer gar nicht sinnlich bedingten Causalität) mithin auch dem Begriffe des unbedingt Guten kann keine Anschauung, mithin kein Schema zum Behuf seiner Anwendung in concreto untergelegt werden. Folglich hat das Sittengesetz kein anderes die Anwendung desselben auf Gegenstände der Natur vermittelndes Erkenntnißvermögen, als den Verstand (nicht die Einbildungskraft), welcher einer Idee der Vernunft nicht ein S ch e m a der Sinnlichkeit, sondern ein Gesetz, aber doch ein solches, das an Gegenständen der Sinne in concreto dargestellt werden kann, mithin ein Naturgesetz, aber nur seiner Form nach, als Gesetz zum Behuf der Urtheilskraft unterlegen kann, und dieses können wir daher den Typus des Sittengesetzes nennen.

Die Regel der Urtheilskraft unter Gesetzen der reinen praktischen Vernunft ist diese: Frage dich selbst, ob die Handlung, die du vorhast, wenn sie nach einem Gesetze der Natur, von der du selbst ein Theil wärest, geschehen sollte, sie du wohl als durch deinen Willen möglich ansehen könntest. Nach dieser Regel beurtheilt in der That jedermann Handlungen, ob sie sittlich gut oder böse sind. So sagt man: Wie, wenn ein jeder, wo er seinen Vortheil zu schaffen glaubt, sich erlaubte, zu betrügen, oder befugt hielte, sich das Leben abzukürzen, so bald ihn ein völliger Überdruß desselben befällt, oder anderer Noth mit völliger Gleichgültigkeit ansähe, und du gehörtest mit zu einer solchen Ordnung der Dinge, würdest du darin wohl mit Einstimmung deines Willens sein? Nun weiß ein jeder wohl: daß, wenn er sich ingeheim Betrug erlaubt, darum eben nicht jedermann es auch thue, oder, wenn er unbemerkt lieblos ist, nicht sofort jedermann auch gegen ihn es sein würde; daher ist diese Vergleichung der Maxime seiner Handlungen mit einem allgemeinen Naturgesetze auch nicht der Bestimmungsgrund seines Willens. Aber das letztere ist doch ein Typus der Beurtheilung der ersteren nach sittlichen Principien. Wenn die Maxime der Handlung nicht so beschaffen ist, daß sie an der Form eines

Naturgesetzes überhaupt die Probe hält, so ist sie sittlich unmöglich. So urtheilt selbst der gemeinste Verstand; denn das Naturgesetz liegt allen seinen gewöhnlichsten, selbst den Erfahrungsurtheilen immer zum Grunde. Er hat es also jederzeit bei der Hand, nur daß er in Fällen, wo die Causalität aus Freiheit beurtheilt werden soll, jenes Naturgesetz blos zum Typus eines Gesetzes der Freiheit macht, weil er, ohne etwas, was er zum Beispiele im Erfahrungsfalle machen könnte, bei Hand zu haben, dem Gesetze einer reinen praktischen Vernunft nicht den Gebrauch in der Anwendung verschaffen könnte.

Es ist also auch erlaubt, die Natur der Sinnenwelt als Typus einer intelligibelen Natur zu brauchen, so lange ich nur nicht die Anschauungen, und was davon abhängig ist, auf diese übertrage, sondern blos die Form der Gesetzmäßigkeit überhaupt (deren Begriff auch im gemeinsten Vernunftgebrauche stattfindet, aber in keiner anderen Absicht, als blos zum reinen praktischen Gebrauche der Vernunft a priori bestimmt erkannt werden kann) darauf beziehe. Denn Gesetze als solche sind so fern einerlei, sie mögen ihre Bestimmungsgründe hernehmen, woher sie wollen.

Übrigens, da von allem Intelligibelen schlechterdings nichts als (vermittelst des moralischen Gesetzes) die Freiheit und auch diese nur, so fern sie eine von jenem unzertrennliche Voraussetzung ist, und ferner alle intelligibele Gegenstände, auf welche uns die Vernunft nach Anleitung jenes Gesetzes etwa noch führen möchte, wiederum für uns keine Realität weiter haben, als zum Behuf desselben Gesetzes und des Gebrauches der reinen praktischen Vernunft, diese aber zum Typus der Urtheilskraft die Natur (der reinen Verstandesform derselben nach) zu gebrauchen berechtigt und auch benöthigt ist: so dient die gegenwärtige Anmerkung dazu, um zu verhüten, daß, was blos zur Typik der Begriffe gehört, nicht zu den Begriffen selbst gezählt werde. Diese also als Typik der Urtheilskraft bewahrt vor dem Empirism der praktischen Vernunft, der die praktischen Begriffe des Guten und Bösen blos in Erfahrungsfolgen (der sogenannten Glückseligkeit) setzt, obzwar diese und die unendlichen nützlichen Folgen eines durch Selbstliebe bestimmten Willens, wenn dieser sich selbst zugleich zum allgemeinen Naturgesetze machte, allerdings zum ganz angemessenen Typus für das sittlich Gute dienen kann, aber mit diesem doch nicht einerlei ist. Eben dieselbe Typik bewahrt auch vor dem Mysticism der praktischen Vernunft, welcher das, was nur zum Symbol diente, zum Schema macht,

d. i. wirkliche und doch nicht sinnliche Anschauungen (eines unsichtbaren Reichs Gottes) der Anwendung der moralischen Begriffe unterlegt und ins Überschwengliche hinausschweift. Dem Gebrauche der moralischen Begriffe ist blos der Rationalism der Urtheilskraft angemessen, der von der sinnlichen Natur nichts weiter nimmt, als was auch reine Vernunft für sich denken kann, d. i. die Gesetzmäßigkeit, und in die übersinnliche nichts hinein trägt, als was umgekehrt sich durch Handlungen in der Sinnenwelt nach der formalen Regel eines Naturgesetzes überhaupt wirklich darstellen läßt. Indessen ist die Verwahrung vor dem Empirism der praktischen Vernunft viel wichtiger und anrathungswürdiger, weil der Mysticism sich doch noch mit der Reinigkeit und Erhabenheit des moralischen Gesetzes zusammen verträgt und außerdem es nicht eben natürlich und der gemeinen Denkungsart angemessen ist, seine Einbildungskraft bis zu übersinnlichen Anschauungen anzuspannen, mithin auf dieser Seite die Gefahr nicht so allgemein ist; da hingegen der Empirism die Sittlichkeit in Gesinnungen (worin doch, und nicht blos in Handlungen, der hohe Werth besteht, den sich die Menschheit durch sie verschaffen kann und soll) mit der Wurzel ausrottet und ihr ganz etwas anderes, nämlich ein empirisches Interesse, womit die Neigungen überhaupt unter sich Verkehr treiben, statt der Pflicht unterschiebt, überdem auch eben darum mit allen Neigungen, die (sie mögen einen Zuschnitt bekommen, welchen sie wollen), wenn sie zur Würde eines obersten praktischen Princips erhoben werden, die Menschheit degradiren, und da sie gleichwohl der Sinnesart aller so günstig sind, aus der Ursache weit gefährlicher ist als alle Schwärmerei, die niemals einen daurenden Zustand vieler Menschen ausmachen kann.

Drittes Hauptstück.

Von den Triebfedern der reinen praktischen Vernunft.

Das Wesentliche alles sittlichen Werths der Handlungen kommt darauf an, daß das moralische Gesetz unmittelbar den Willen bestimme. Geschieht die Willensbestimmung zwar gemäß dem moralischen Gesetze, aber nur vermittelst eines Gefühls, welcher Art es auch sei, das vorausgesetzt werden muß, damit jenes ein hinreichender Bestimmungsgrund des Willens werde, mithin nicht um des Gesetzes willen: so wird die Handlung zwar Legalität, aber nicht Moralität enthalten. Wenn nun unter **Triebfeder** (elater animi) der subjective Bestimmungsgrund des Willens eines Wesens verstanden wird, dessen Vernunft nicht schon vermöge seiner Natur dem objectiven Gesetze nothwendig gemäß ist, so wird erstlich daraus folgen: daß man dem göttlichen Willen gar keine Trieb= federn beilegen könne, die Triebfeder des menschlichen Willens aber (und des von jedem erschaffenen vernünftigen Wesen) niemals etwas anderes als das moralische Gesetz sein könne, mithin der objective Bestimmungs= grund jederzeit und ganz allein zugleich der subjectiv hinreichende Be= stimmungsgrund der Handlung sein müsse, wenn diese nicht blos den Buchstaben des Gesetzes, ohne den Geist*) desselben zu enthalten, er= füllen soll.

Da man also zum Behuf des moralischen Gesetzes, und um ihm Ein= fluß auf den Willen zu verschaffen, keine anderweitige Triebfeder, dabei die des moralischen Gesetzes entbehrt werden könnte, suchen muß, weil das alles lauter Gleißnerei ohne Bestand bewirken würde, und sogar es **bedenklich** ist, auch nur **neben** dem moralischen Gesetze noch einige andere Trieb= federn (als die des Vortheils) mitwirken zu lassen: so bleibt nichts übrig, als blos sorgfältig zu bestimmen, auf welche Art das moralische Gesetz Triebfeder werde, und was, indem sie es ist, mit dem menschlichen Be= gehrungsvermögen als Wirkung jenes Bestimmungsgrundes auf dasselbe vorgehe. Denn wie ein Gesetz für sich und unmittelbar Bestimmungsgrund des Willens sein könne (welches doch das Wesentliche aller Moralität ist), das ist ein für die menschliche Vernunft unauflösliches Problem und mit dem einerlei: wie ein freier Wille möglich sei. Also werden wir nicht den Grund, woher das moralische Gesetz in sich eine Triebfeder abgebe, sondern was, so fern es eine solche ist, sie im Gemüthe wirkt (besser zu sagen, wirken muß), a priori anzuzeigen haben.

Das Wesentliche aller Bestimmung des Willens durchs sittliche Gesetz ist: daß er als freier Wille, mithin nicht blos ohne Mitwirkung sinnlicher Antriebe, sondern selbst mit Abweisung aller derselben und mit Abbruch aller Neigungen, so fern sie jenem Gesetze zuwider sein könnten, blos durchs Gesetz bestimmt werde. So weit ist also die Wirkung des moralischen Ge= setzes als Triebfeder nur negativ, und als solche kann diese Triebfeder a pri= ori erkannt werden. Denn alle Neigung und jeder sinnliche Antrieb ist auf

---

*) Man kann von jeder gesetzmäßigen Handlung, die doch nicht um des Gesetzes willen geschehen ist, sagen: sie sei blos dem Buchstaben, aber nicht dem Geiste (der Gesinnung) nach moralisch gut.

Von den Triebfedern der reinen praktischen Vernunft.

Gefühl gegründet, und die negative Wirkung aufs Gefühl (durch den Abbruch, der den Neigungen geschieht) ist selbst Gefühl. Folglich können wir a priori einsehen, daß das moralische Gesetz als Bestimmungsgrund des Willens dadurch, daß es allen unseren Neigungen Eintrag thut, ein Gefühl bewirken müsse, welches Schmerz genannt werden kann, und hier haben wir nun den ersten, vielleicht auch einzigen Fall, da wir aus Begriffen a priori das Verhältniß eines Erkenntnisses (hier ist es einer reinen praktischen Vernunft) zum Gefühl der Lust oder Unlust bestimmen konnten. Alle Neigungen zusammen (die auch wohl in ein erträgliches System gebracht werden können, und deren Befriedigung alsdann eigene Glückseligkeit heißt) machen die Selbstsucht (solipsismus) aus. Diese ist entweder die der Selbstliebe, eines über alles gehenden Wohlwollens gegen sich selbst (Philautia), oder die des Wohlgefallens an sich selbst (Arrogantia). Jene heißt besonders Eigenliebe, diese Eigendünkel. Die reine praktische Vernunft thut der Eigenliebe blos Abbruch, indem sie solche, als natürlich und noch vor dem moralischen Gesetze in uns rege, nur auf die Bedingung der Einstimmung mit diesem Gesetze einschränkt; da sie alsdann vernünftige Selbstliebe genannt wird. Aber den Eigendünkel schlägt sie gar nieder, indem alle Ansprüche der Selbstschätzung, die vor der Übereinstimmung mit dem sittlichen Gesetze vorhergehen, nichtig und ohne alle Befugniß sind, indem eben die Gewißheit einer Gesinnung, die mit diesem Gesetze übereinstimmt, die erste Bedingung alles Werths der Person ist (wie wir bald deutlicher machen werden) und alle Anmaßung vor derselben falsch und gesetzwidrig ist. Nun gehört der Hang zur Selbstschätzung mit zu den Neigungen, denen das moralische Gesetz Abbruch thut, so fern jene blos auf der Sinnlichkeit beruht. Also schlägt das moralische Gesetz den Eigendünkel nieder. Da dieses Gesetz aber doch etwas an sich Positives ist, nämlich die Form einer intellectuellen Causalität, d. i. der Freiheit, so ist es, indem es im Gegensatze mit dem subjectiven Widerspiele, nämlich den Neigungen in uns, den Eigendünkel schwächt, zugleich ein Gegenstand der Achtung und, indem es ihn sogar niederschlägt, d. i. demüthigt, ein Gegenstand der größten Achtung, mithin auch der Grund eines positiven Gefühls, das nicht empirischen Ursprungs ist und a priori erkannt wird. Also ist Achtung fürs moralische Gesetz ein Gefühl, welches durch einen intellectuellen Grund gewirkt wird, und dieses Gefühl ist das einzige, welches wir völlig a priori erkennen, und dessen Nothwendigkeit wir einsehen können.

Wir haben im vorigen Hauptstücke gesehen: daß alles, was sich als Object des Willens vor dem moralischen Gesetze darbietet, von den Bestimmungsgründen des Willens unter dem Namen des unbedingt Guten durch dieses Gesetz selbst, als die oberste Bedingung der praktischen Vernunft, ausgeschlossen werde, und daß die bloße praktische Form, die in der Tauglichkeit der Maximen zur allgemeinen Gesetzgebung besteht, zuerst das, was an sich und schlechterdings gut ist, bestimme und die Maxime eines reinen Willens gründe, der allein in aller Absicht gut ist. Nun finden wir aber unsere Natur als sinnlicher Wesen so beschaffen, daß die Materie des Begehrungsvermögens (Gegenstände der Neigung, es sei der Hoffnung oder Furcht) sich zuerst aufbringt, und unser pathologisch bestimmbares Selbst, ob es gleich durch seine Maximen zur allgemeinen Gesetzgebung ganz untauglich ist, dennoch, gleich als ob es unser ganzes Selbst ausmachte, seine Ansprüche vorher und als die ersten und ursprünglichen geltend zu machen bestrebt sei. Man kann diesen Hang, sich selbst nach den subjectiven Bestimmungsgründen seiner Willkür zum objectiven Bestimmungsgrunde des Willens überhaupt zu machen, die Selbstliebe nennen, welche, wenn sie sich gesetzgebend und zum unbedingten praktischen Princip macht, Eigendünkel heißen kann. Nun schließt das moralische Gesetz, welches allein wahrhaftig (nämlich in aller Absicht) objectiv ist, den Einfluß der Selbstliebe auf das oberste praktische Princip gänzlich aus und thut dem Eigendünkel, der die subjectiven Bedingungen der ersteren als Gesetze vorschreibt, unendlichen Abbruch. Was nun unserem Eigendünkel in unserem eigenen Urtheil Abbruch thut, das demüthigt. Also demüthigt das moralische Gesetz unvermeidlich jeden Menschen, indem dieser mit demselben den sinnlichen Hang seiner Natur vergleicht. Dasjenige, dessen Vorstellung als Bestimmungsgrund unseres Willens uns in unserem Selbstbewußtsein demüthigt, erweckt, so fern als es positiv und Bestimmungsgrund ist, für sich Achtung. Also ist das moralische Gesetz auch subjectiv ein Grund der Achtung. Da nun alles, was in der Selbstliebe angetroffen wird, zur Neigung gehört, alle Neigung aber auf Gefühlen beruht, mithin, was allen Neigungen insgesammt in der Selbstliebe Abbruch thut, eben dadurch nothwendig auf das Gefühl Einfluß hat, so begreifen wir, wie es möglich ist, a priori einzusehen, daß das moralische Gesetz, indem es die Neigungen und den Hang, sie zur obersten praktischen Bedingung zu machen, d. i. die Selbstliebe, von allem Beitritte zur obersten Gesetzgebung ausschließt, eine Wirkung aufs Gefühl ausüben könne,

Von den Triebfedern der reinen praktischen Vernunft.

welche einerseits blos negativ ist, andererseits und zwar in Ansehung des einschränkenden Grundes der reinen praktischen Vernunft positiv ist, und wozu gar keine besondere Art von Gefühle unter dem Namen eines praktischen oder moralischen als vor dem moralischen Gesetze vorhergehend und ihm zum Grunde liegend angenommen werden darf.

Die negative Wirkung auf Gefühl (der Unannehmlichkeit) ist, so wie aller Einfluß auf dasselbe und wie jedes Gefühl überhaupt, pathologisch. Als Wirkung aber vom Bewußtsein des moralischen Gesetzes, folglich in Beziehung auf eine intelligibele Ursache, nämlich das Subject der reinen praktischen Vernunft als obersten Gesetzgeberin, heißt dieses Gefühl eines vernünftigen von Neigungen afficirten Subjects zwar Demüthigung (intellectuelle Verachtung), aber in Beziehung auf den positiven Grund derselben, das Gesetz, zugleich Achtung für dasselbe, für welches Gesetz gar kein Gefühl stattfindet, sondern im Urtheile der Vernunft, indem es den Widerstand aus dem Wege schafft, die Wegräumung eines Hindernisses einer positiven Beförderung der Causalität gleichgeschätzt wird. Darum kann dieses Gefühl nun auch ein Gefühl der Achtung fürs moralische Gesetz, aus beiden Gründen zusammen aber ein moralisches Gefühl genannt werden.

Das moralische Gesetz also, so wie es formaler Bestimmungsgrund der Handlung ist, durch praktische reine Vernunft, so wie es zwar auch materialer, aber nur objectiver Bestimmungsgrund der Gegenstände der Handlung unter dem Namen des Guten und Bösen ist, so ist es auch subjectiver Bestimmungsgrund, d. i. Triebfeder, zu dieser Handlung, indem es auf die Sinnlichkeit des Subjects Einfluß hat und ein Gefühl bewirkt, welches dem Einflusse des Gesetzes auf den Willen beförderlich ist. Hier geht kein Gefühl im Subject vorher, das auf Moralität gestimmt wäre. Denn das ist unmöglich, weil alles Gefühl sinnlich ist; die Triebfeder der sittlichen Gesinnung aber muß von aller sinnlichen Bedingung frei sein. Vielmehr ist das sinnliche Gefühl, was allen unseren Neigungen zum Grunde liegt, zwar die Bedingung derjenigen Empfindung, die wir Achtung nennen, aber die Ursache der Bestimmung desselben liegt in der reinen praktischen Vernunft, und diese Empfindung kann daher ihres Ursprunges wegen nicht pathologisch, sondern muß praktisch gewirkt heißen: indem dadurch, daß die Vorstellung des moralischen Gesetzes der Selbstliebe den Einfluß und dem Eigendünkel den Wahn benimmt, das Hinderniß der reinen praktischen Vernunft vermindert und die Vorstellung des Vorzuges ihres objectiven Gesetzes vor den Antrieben der Sinnlichkeit, mithin das Gewicht des ersteren relativ (in Ansehung eines durch die letztere afficirten Willens) durch die Wegschaffung des Gegengewichts im Urtheile der Vernunft hervorgebracht wird. Und so ist die Achtung fürs Gesetz nicht Triebfeder zur Sittlichkeit, sondern sie ist die Sittlichkeit selbst, subjectiv als Triebfeder betrachtet, indem die reine praktische Vernunft dadurch, daß sie der Selbstliebe im Gegensatze mit ihr alle Ansprüche abschlägt, dem Gesetze, das jetzt allein Einfluß hat, Ansehen verschafft. Hiebei ist nun zu bemerken: daß, so wie die Achtung eine Wirkung aufs Gefühl, mithin auf die Sinnlichkeit eines vernünftigen Wesens ist, es diese Sinnlichkeit, mithin auch die Endlichkeit solcher Wesen, denen das moralische Gesetz Achtung auferlegt, voraussetze, und daß einem höchsten, oder auch einem von aller Sinnlichkeit freien Wesen, welchem diese also auch kein Hinderniß der praktischen Vernunft sein kann, Achtung fürs Gesetz nicht beigelegt werden könne.

Dieses Gefühl (unter dem Namen des moralischen) ist also lediglich durch Vernunft bewirkt. Es dient nicht zu Beurtheilung der Handlungen, oder wohl gar zur Gründung des objectiven Sittengesetzes selbst, sondern blos zur Triebfeder, um dieses in sich zur Maxime zu machen. Mit welchem Namen aber könnte man dieses sonderbare Gefühl, welches mit keinem pathologischen in Vergleichung gezogen werden kann, schicklicher belegen? Es ist so eigenthümlicher Art, daß es lediglich der Vernunft und zwar der praktischen reinen Vernunft zu Gebote zu stehen scheint.

Achtung geht jederzeit nur auf Personen, niemals auf Sachen. Die letztere können Neigung und, wenn es Thiere sind (z. B. Pferde, Hunde ꝛc.), sogar Liebe, oder auch Furcht, wie das Meer, ein Vulcan, ein Raubthier, niemals aber Achtung in uns erwecken. Etwas, was diesem Gefühl schon näher tritt, ist Bewunderung, und diese als Affect, das Erstaunen, kann auch auf Sachen gehen, z. B. himmelhohe Berge, die Größe, Menge und Weite der Weltkörper, die Stärke und Geschwindigkeit mancher Thiere u. s. w. Aber alles dieses ist nicht Achtung. Ein Mensch kann mir auch ein Gegenstand der Liebe, der Furcht, oder der Bewunderung, sogar bis zum Erstaunen, und doch darum kein Gegenstand der Achtung sein. Seine scherzhafte Laune, sein Muth und Stärke, seine Macht, durch seinen Rang, den er unter anderen hat, können mir dergleichen Empfindungen einflößen, es fehlt aber immer noch an innerer Achtung gegen ihn. Fontenelle sagt: Vor einem Vornehmen bücke ich mich, aber mein Geist bückt sich nicht. Ich kann hinzu setzen: Vor einem niedrigen, bürgerlich gemeinen Mann, an dem ich eine Rechtschaffenheit des Charakters in einem gewissen Maße, als ich mir von mir selbst nicht bewußt bin, wahrnehme, bückt sich mein Geist, ich mag wollen oder nicht und den Kopf noch so hoch tragen, um ihn meinen Vorrang nicht übersehen zu lassen. Warum das? Sein Beispiel hält mir ein Gesetz vor, das meinen Eigendünkel niederschlägt, wenn ich es mit meinem Verhalten vergleiche, und dessen Befolgung, mithin die Thunlichkeit desselben, ich durch die That bewiesen vor mir sehe. Nun mag ich mir sogar eines gleichen Grades der Rechtschaffenheit bewußt sein, und die Achtung bleibt doch. Denn da beim Menschen immer alles Gute mangelhaft ist, so schlägt das Gesetz, durch ein Beispiel anschaulich gemacht, doch immer meinen Stolz nieder, wozu der Mann, den ich vor mir sehe, dessen Unlauterkeit, die ihm immer noch anhängen mag, mir nicht so wie mir die meinige bekannt ist, der mir also in reinerem Lichte erscheint, einen Maßstab abgiebt. Achtung ist ein Tribut, den wir dem Verdienste nicht verweigern können, wir mögen wollen oder nicht; wir mögen allenfalls äußerlich damit zurückhalten, so können wir doch nicht verhüten, sie innerlich zu empfinden.

Die Achtung ist so wenig ein Gefühl der Lust, daß man sich ihr in Ansehung eines Menschen nur ungern überläßt. Man sucht etwas ausfindig zu machen, was uns die Last derselben erleichtern könne, irgend einen Tadel, um uns wegen der Demüthigung, die uns durch ein solches Beispiel widerfährt, schadlos zu halten. Selbst Verstorbene sind, vornehmlich wenn ihr Beispiel unnachahmlich scheint, vor dieser Kritik nicht immer gesichert. Sogar das moralische Gesetz selbst in seiner feierlichen Majestät ist diesem Bestreben, sich der Achtung dagegen zu erwehren, ausgesetzt. Meint man wohl, daß es einer anderen Ursache zuzuschreiben sei, weswegen man es gern zu unserer vertraulichen Neigung herabwürdigen möchte, und sich aus anderen Ursachen alles so bemühe, um es zur beliebten Vorschrift unseres eigenen wohlverstandenen Vortheils zu machen, als daß man der abschreckenden Achtung, die uns unsere eigene Unwürdigkeit so strenge vorhält, los werden möge? Gleichwohl ist darin doch auch wiederum so wenig Unlust: daß, wenn man einmal den Eigendünkel abgelegt und jener Achtung praktischen Einfluß verstattet hat, man sich wiederum an der Herrlichkeit dieses Gesetzes nicht satt sehen kann, und die Seele sich in dem Maße selbst zu erheben glaubt, als sie das heilige Gesetz über sich und ihre gebrechliche Natur erhaben sieht. Zwar können große Talente und eine ihnen proportionirte Thätigkeit auch Achtung oder ein mit derselben analogisches Gefühl bewirken, es ist auch ganz anständig es ihnen zu widmen, und da scheint es, als ob Bewunderung mit jener Empfindung einerlei sei. Allein wenn man näher zusieht, so wird man bemerken, daß, da es immer ungewiß bleibt, wie viel das angeborne Talent und wie viel Cultur durch eigenen Fleiß an der Geschicklichkeit Theil habe, so stellt uns die Vernunft die letztere muthmaßlich als Frucht der Cultur, mithin als Verdienst vor, welches unseren Eigendünkel merklich herabstimmt und uns darüber entweder Vorwürfe macht, oder uns die Befolgung eines solchen Beispiels in der Art, wie es uns angemessen ist, auferlegt. Sie ist also nicht bloße Bewunderung, diese Achtung, die wir einer solchen Person (eigentlich dem Gesetze, was uns sein Beispiel vorhält) beweisen; welches sich auch dadurch bestätigt, daß der gemeine Haufe der Liebhaber, wenn er das Schlechte des Charakters eines solchen Mannes (wie etwa Voltaire) sonst woher erkundigt zu haben glaubt, alle Achtung gegen ihn aufgibt, der wahre Gelehrte aber sie noch immer wenigstens im Gesichtspunkte seiner Talente fühlt, weil er selbst in einem Geschäfte und Berufe verwickelt ist, welches die Nachahmung desselben ihm gewissermaßen zum Gesetze macht.

Achtung fürs moralische Gesetz ist also die einzige und zugleich unbezweifelte moralische Triebfeder, so wie dieses Gefühl auch auf kein Object anders, als lediglich aus diesem Grunde gerichtet ist. Zuerst bestimmt das moralische Gesetz objectiv und unmittelbar den Willen im Urtheile der Vernunft; Freiheit, deren Causalität blos durchs Gesetz bestimmbar ist, besteht aber eben darin, daß sie alle Neigungen, mithin die Schätzung der Person selbst auf die Bedingung der Befolgung ihres reinen Gesetzes einschränkt. Diese Einschränkung thut nun eine Wirkung aufs Gefühl und bringt Empfindung der Unlust hervor, die aus dem moralischen Gesetze a priori erkannt werden kann. Da sie aber blos so fern eine negative Wirkung ist, die, als aus dem Einflusse einer reinen praktischen Vernunft entsprungen, vornehmlich der Thätigkeit des Subjects, so fern Neigungen die Bestimmungsgründe desselben sind, mithin der Meinung seines persönlichen Werths Abbruch thut (der ohne Einstimmung mit dem moralischen Gesetze auf nichts herabgesetzt wird), so ist die Wirkung dieses Gesetzes aufs Gefühl blos Demüthigung, welche wir also zwar a priori einsehen, aber an ihr nicht die Kraft des reinen praktischen Gesetzes als Triebfeder, sondern nur den Widerstand gegen Triebfedern der Sinnlichkeit erkennen können. Weil aber daſſelbe Geſetz doch objectiv, d. i. in der Vorſtellung der reinen Vernunft, ein unmittelbarer Beſtimmungsgrund des Willens iſt, folglich dieſe Demüthigung nur relativ auf die Reinigkeit des Geſetzes ſtattfindet, ſo iſt die Herabſetzung der Anſprüche der moraliſchen Selbſtſchätzung, d. i. die Demüthigung auf der ſinnlichen Seite, eine Erhebung der moraliſchen, d. i. der praktiſchen Schätzung des Geſetzes ſelbſt, auf der intellectuellen, mit einem Worte Achtung fürs Geſetz, alſo auch ein ſeiner intellectuellen Urſache nach poſitives Gefühl, das a priori erkannt wird. Denn eine jede Verminderung der Hinderniſſe einer Thätigkeit iſt Beförderung dieſer Thätigkeit ſelbſt. Die Anerkennung des moraliſchen Geſetzes aber iſt das Bewußtſein einer Thätigkeit der praktiſchen Vernunft aus objectiven Gründen, die blos darum nicht ihre Wirkung in Handlungen äußert, weil ſubjective Urſachen (pathologiſche) ſie hindern. Alſo muß die Achtung fürs moraliſche Geſetz auch als poſitive, aber indirecte Wirkung deſſelben aufs Gefühl, ſo fern jenes den hindernden Einfluß der Neigungen durch Demüthigung des Eigendünkels ſchwächt, mithin als ſubjectiver Grund der Thätigkeit, d. i. als Triebfeder zu Befolgung deſſelben, und als Grund zu Maximen eines ihm gemäßen Lebenswandels angeſehen werden. Aus dem Begriffe einer Triebfeder entſpringt der eines Intereſſe, welches niemals einem Weſen, als was Vernunft hat, beigelegt wird und eine Triebfeder des Willens bedeutet, ſo fern ſie durch Vernunft vorgeſtellt wird. Da das Geſetz ſelbſt in einem moraliſch guten Willen die Triebfeder ſein muß, ſo iſt das moraliſche Intereſſe ein reines ſinnenfreies Intereſſe der bloßen praktiſchen Vernunft. Auf dem Begriffe eines Intereſſe gründet ſich auch der einer Maxime. Dieſe iſt alſo nur alsdann moraliſch ächt, wenn ſie auf dem bloßen Intereſſe, das man an der Befolgung des Geſetzes nimmt, beruht. Alle drei Begriffe aber, der einer Triebfeder, eines Intereſſe und einer Maxime, können nur auf endliche Weſen angewandt werden. Denn ſie ſetzen insgeſammt eine Eingeſchränktheit der Natur eines Weſens voraus, da die ſubjective Beſchaffenheit ſeiner Willkür mit dem objectiven Geſetze einer praktiſchen Vernunft nicht von ſelbſt übereinſtimmt; ein Bedürfniß, irgend wodurch zur Thätigkeit angetrieben zu werden, weil ein inneres Hinderniß derſelben entgegenſteht. Auf den göttlichen Willen können ſie alſo nicht angewandt werden.

Es liegt ſo etwas Beſonderes in der grenzenloſen Hochſchätzung des reinen, von allem Vortheil entblößten moraliſchen Geſetzes, ſo wie es praktische Vernunft uns zur Befolgung vorstellt, deren Stimme auch den kühnsten Frevler zittern macht und ihn nöthigt, sich vor seinem Anblicke zu verbergen: daß man sich nicht wundern darf, diesen Einfluß einer blos intellectuellen Idee aufs Gefühl für speculative Vernunft unergründlich zu finden und sich damit begnügen zu müssen, daß man a priori doch noch so viel einsehen kann: ein solches Gefühl sei unzertrennlich mit der Vorstellung des moralischen Gesetzes in jedem endlichen vernünftigen Wesen verbunden. Wäre dieses Gefühl der Achtung pathologisch und also ein auf dem inneren Sinne gegründetes Gefühl der Lust, so würde es vergeblich sein, eine Verbindung derselben mit irgend einer Idee a priori zu entdecken. Nun aber ist es ein Gefühl, was blos aufs Praktische geht und zwar der Vorstellung eines Gesetzes lediglich seiner Form nach, nicht irgend eines Objects desselben wegen anhängt, mithin weder zum Vergnügen, noch zum Schmerze gerechnet werden kann und dennoch ein Interesse an der Befolgung desselben hervorbringt, welches wir das moralische nennen; wie denn auch die Fähigkeit, ein solches Interesse am Gesetze zu nehmen, (oder die Achtung fürs moralische Gesetz selbst) eigentlich das moralische Gefühl ist.

Das Bewußtsein einer freien Unterwerfung des Willens unter das Gesetz doch als mit einem unvermeidlichen Zwange, der allen Neigungen, aber nur durch eigene Vernunft angethan wird, verbunden, ist nun die Achtung fürs Gesetz. Das Gesetz, was diese Achtung fordert und auch einflößt, ist, wie man sieht, kein anderes als das moralische (denn kein anderes schließt alle Neigungen von der Unmittelbarkeit ihres Einflusses auf den Willen aus). Die Handlung, die nach diesem Gesetze mit Ausschließung aller Bestimmungsgründe aus Neigung objectiv praktisch ist, heißt Pflicht, welche um dieser Ausschließung willen in ihrem Begriffe praktische Nöthigung, d. i. Bestimmung zu Handlungen so ungerne, wie sie auch geschehen mögen, enthält. Das Gefühl, das aus dem Bewußtsein dieser Nöthigung entspringt, ist nicht pathologisch, als ein solches, was von einem Gegenstande der Sinne gewirkt würde, sondern allein praktisch, d. i. durch eine vorhergehende (objective) Willensbestimmung und Causalität der Vernunft, möglich. Es enthält also, als Unterwerfung unter ein Gesetz, d. i. als Gebot (welches für das sinnlich afficirte Subject Zwang ankündigt), keine Lust, sondern so fern vielmehr Unlust an der Handlung in sich. Dagegen aber, da dieser Zwang blos durch Gesetzgebung der eigenen Vernunft ausgeübt wird, enthält es auch Erhebung, und die subjective Wirkung aufs Gefühl, so fern davon reine praktische Vernunft die alleinige Ursache ist, kann also blos **Selbstbilligung** in Ansehung der letzteren heißen, indem man sich dazu ohne alles Interesse blos durchs Gesetz bestimmt erkennt und sich nunmehr eines ganz anderen, dadurch subjectiv hervorgebrachten Interesse, welches rein praktisch und **frei** ist, bewußt wird, welches an einer pflichtmäßigen Handlung zu nehmen, nicht etwa eine Neigung anräthig ist, sondern die Vernunft durchs praktische Gesetz schlechthin gebietet und auch wirklich hervorbringt, darum aber einen ganz eigenthümlichen Namen, nämlich den der Achtung, führt.

Der Begriff der Pflicht fordert also an der Handlung **objectiv** Übereinstimmung mit dem Gesetze, an der Maxime derselben aber **subjectiv** Achtung fürs Gesetz, als die alleinige Bestimmungsart des Willens durch dasselbe. Und darauf beruht der Unterschied zwischen dem Bewußtsein, **pflichtmäßig** und **aus Pflicht**, d. i. aus Achtung fürs Gesetz, gehandelt zu haben, davon das erstere (die Legalität) auch möglich ist, wenn Neigungen blos die Bestimmungsgründe des Willens gewesen wären, das zweite aber (die Moralität), der moralische Werth, lediglich darin gesetzt werden muß, daß die Handlung aus Pflicht, d. i. blos um des Gesetzes willen, geschehe.*)

Es ist von der größten Wichtigkeit in allen moralischen Beurtheilungen auf das subjective Princip aller Maximen mit der äußersten Genauigkeit Acht zu haben, damit alle Moralität der Handlungen in der Nothwendigkeit derselben **aus Pflicht** und aus Achtung fürs Gesetz, nicht aus Liebe und Zuneigung zu dem, was die Handlungen hervorbringen sollen, gesetzt werde. Für Menschen und alle erschaffene vernünftige Wesen ist die moralische Nothwendigkeit Nöthigung, d. i. Verbindlichkeit, und jede darauf gegründete Handlung als Pflicht, nicht aber als eine uns von selbst schon beliebte, oder beliebt werden könnende Verfahrungsart vorzustellen. Gleich als ob wir es dahin jemals bringen könnten, daß ohne Achtung

---

*) Wenn man den Begriff der Achtung für Personen, so wie er vorher dargelegt worden, genau erwägt, so wird man gewahr, daß sie immer auf dem Bewußtsein einer Pflicht beruhe, die uns ein Beispiel vorhält, und daß also Achtung niemals einen andern als moralischen Grund haben könne, und es sehr gut, sogar in psychologischer Absicht zur Menschenkenntniß sehr nützlich sei, allerwärts, wo wir diesen Ausdruck brauchen, auf die geheime und wundernswürdige, dabei aber oft vorkommende Rücksicht, die der Mensch in seinen Beurtheilungen aufs moralische Gesetz nimmt, Acht zu haben.

fürs Gesetz, welches mit Furcht oder wenigstens Besorgniß vor Übertretung verbunden ist, wir wie die über alle Abhängigkeit erhabene Gottheit von selbst, gleichsam durch eine uns zur Natur gewordene, niemals zu verrückende Übereinstimmung des Willens mit dem reinen Sittengesetze (welches also, da wir niemals versucht werden könnten, ihm untreu zu werden, wohl endlich gar aufhören könnte für uns Gebot zu sein), jemals in den Besitz einer Heiligkeit des Willens kommen könnten.

Das moralische Gesetz ist nämlich für den Willen eines allervollkommensten Wesens ein Gesetz der Heiligkeit, für den Willen jedes endlichen vernünftigen Wesens aber ein Gesetz der Pflicht, der moralischen Nöthigung, und der Bestimmung der Handlungen desselben durch Achtung für dies Gesetz und aus Ehrfurcht für seine Pflicht. Ein anderes subjectives Princip muß zur Triebfeder nicht angenommen werden, denn sonst kann zwar die Handlung, wie das Gesetz sie vorschreibt, ausfallen, aber da sie zwar pflichtmäßig ist, aber nicht aus Pflicht geschieht, so ist die Gesinnung dazu nicht moralisch, auf die es doch in dieser Gesetzgebung eigentlich ankommt.

Es ist sehr schön, aus Liebe zu Menschen und theilnehmendem Wohlwollen ihnen Gutes zu thun, oder aus Liebe zur Ordnung gerecht zu sein, aber das ist noch nicht die ächte moralische Maxime unsers Verhaltens, die unserm Standpunkte unter vernünftigen Wesen als Menschen angemessen ist, wenn wir uns anmaßen, gleichsam als Volontäre uns mit stolzer Einbildung über den Gedanken von Pflicht wegzusetzen und, als vom Gebote unabhängig, blos aus eigener Lust das thun zu wollen, wozu für uns kein Gebot nöthig wäre. Wir stehen unter einer Disciplin der Vernunft und müssen in allen unseren Maximen der Unterwürfigkeit unter derselben nicht vergessen, ihr nichts zu entziehen, oder dem Ansehen des Gesetzes (ob es gleich unsere eigene Vernunft giebt) durch eigenliebigen Wahn dadurch etwas abzukürzen, daß wir den Bestimmungsgrund unseres Willens, wenn gleich dem Gesetze gemäß, doch worin anders als im Gesetze selbst und in der Achtung für dieses Gesetz setzten. Pflicht und Schuldigkeit sind die Benennungen, die wir allein unserem Verhältnisse zum moralischen Gesetze geben müssen. Wir sind zwar gesetzgebende Glieder eines durch Freiheit möglichen, durch praktische Vernunft uns zur Achtung vorgestellten Reichs der Sitten, aber doch zugleich Unterthanen, nicht das Oberhaupt desselben, und die Verkennung unserer niederen Stufe als Geschöpfe und Weigerung des Eigendünkels gegen das Ansehen des heiligen Gesetzes ist schon eine Abtrünnigkeit von demselben dem Geiste nach, wenn gleich der Buchstabe desselben erfüllt würde.

Hiemit stimmt aber die Möglichkeit eines solchen Gebots als: Liebe Gott über alles und deinen Nächsten als dich selbst*) ganz wohl zusammen. Denn es fordert doch als Gebot Achtung für ein Gesetz, das Liebe befiehlt, und überläßt es nicht der beliebigen Wahl, sich diese zum Princip zu machen. Aber Liebe zu Gott als Neigung (pathologische Liebe) ist unmöglich; denn er ist kein Gegenstand der Sinne. Eben dieselbe gegen Menschen ist zwar möglich, kann aber nicht geboten werden; denn es steht in keines Menschen Vermögen, jemanden blos auf Befehl zu lieben. Also ist es blos die praktische Liebe, die in jenem Kern aller Gesetze verstanden wird. Gott lieben, heißt in dieser Bedeutung, seine Gebote gerne thun; den Nächsten lieben, heißt, alle Pflicht gegen ihn gerne ausüben. Das Gebot aber, daß dieses zur Regel macht, kann auch nicht diese Gesinnung in pflichtmäßigen Handlungen zu haben, sondern blos darnach zu streben gebieten. Denn ein Gebot, daß man etwas gerne thun soll, ist in sich widersprechend, weil, wenn wir, was uns zu thun obliege, schon von selbst wissen, wenn wir uns überdem auch bewußt wären, es gerne zu thun, ein Gebot darüber ganz unnöthig, und, thun wir es zwar, aber eben nicht gerne, sondern nur aus Achtung fürs Gesetz, ein Gebot, welches diese Achtung eben zur Triebfeder der Maxime macht, gerade der gebotenen Gesinnung zuwider wirken würde. Jenes Gesetz aller Gesetze stellt also, wie alle moralische Vorschrift des Evangelii, die sittliche Gesinnung in ihrer ganzen Vollkommenheit dar, so wie sie als ein Ideal der Heiligkeit von keinem Geschöpfe erreichbar, dennoch das Urbild ist, welchem wir uns zu nähern und in einem ununterbrochenen, aber unendlichen Progressus gleich zu werden streben sollen. Könnte nämlich ein vernünftig Geschöpf jemals dahin kommen, alle moralische Gesetze völlig gerne zu thun, so würde das so viel bedeuten als, es fände sich in ihm auch nicht einmal die Möglichkeit einer Begierde, die ihn zur Abweichung von ihnen reizte; denn die Überwindung einer solchen kostet dem Subject immer Aufopferung, bedarf also Selbstzwang, d. i. innere Nöthigung zu dem, was man

---

*) Mit diesem Gesetze macht das Princip der eigenen Glückseligkeit, welches einige zum obersten Grundsatze der Sittlichkeit machen wollen, einen seltsamen Contrast; dieses würde so lauten: Liebe dich selbst über alles, Gott aber und deinen Nächsten um dein selbst willen.

nicht ganz gern thut. Zu dieser Stufe der moralischen Gesinnung aber kann es ein Geschöpf niemals bringen. Denn da es ein Geschöpf, mithin in Ansehung dessen, was es zur gänzlichen Zufriedenheit mit seinem Zustande fordert, immer abhängig ist, so kann es niemals von Begierden und Neigungen ganz frei sein, die, weil sie auf physischen Ursachen beruhen, mit dem moralischen Gesetze, das ganz andere Quellen hat, nicht von selbst stimmen, mithin es jederzeit nothwendig machen, in Rücksicht auf dieselbe die Gesinnung seiner Maximen auf moralische Nöthigung, nicht auf bereitwillige Ergebenheit, sondern auf Achtung, welche die Befolgung des Gesetzes, obgleich sie ungerne geschähe, fordert, nicht auf Liebe, die keine innere Weigerung des Willens gegen das Gesetz besorgt, zu gründen, gleichwohl aber diese letztere, nämlich die bloße Liebe zum Gesetze, (da es alsdann aufhören würde Gebot zu sein, und Moralität, die nun subjectiv in Heiligkeit überginge, aufhören würde Tugend zu sein) sich zum beständigen, obgleich unerreichbaren Ziele seiner Bestrebung zu machen. Denn an dem, was wir hochschätzen, aber doch (wegen des Bewußtseins unserer Schwächen) scheuen, verwandelt sich durch die mehrere Leichtigkeit ihm Gnüge zu thun die ehrfurchtsvolle Scheu in Zuneigung und Achtung in Liebe; wenigstens würde es die Vollendung einer dem Gesetze gewidmeten Gesinnung sein, wenn es jemals einem Geschöpfe möglich wäre sie zu erreichen.

Diese Betrachtung ist hier nicht sowohl dahin abgezweckt, das angeführte evangelische Gebot auf deutliche Begriffe zu bringen, um der Religionsschwärmerei in Ansehung der Liebe Gottes, sondern die sittliche Gesinnung auch unmittelbar in Ansehung der Pflichten gegen Menschen genau zu bestimmen und einer blos moralischen Schwärmerei, welche viel Köpfe ansteckt, zu steuren, oder wo möglich vorzubeugen. Die sittliche Stufe, worauf der Mensch (aller unserer Einsicht nach auch jedes vernünftige Geschöpf) steht, ist Achtung fürs moralische Gesetz. Die Gesinnung, die ihm, dieses zu befolgen, obliegt, ist, es aus Pflicht, nicht aus freiwilliger Zuneigung und auch allenfalls unbefohlener, von selbst gern unternommener Bestrebung zu befolgen, und sein moralischer Zustand, darin er jedesmal sein kann, ist Tugend, d. i. moralische Gesinnung im Kampfe, und nicht Heiligkeit im vermeintlichen Besitze einer völligen Reinigkeit der Gesinnungen des Willens. Es ist lauter moralische Schwärmerei und Steigerung des Eigendünkels, wozu man die Gemüther durch Aufmunterung zu Handlungen als edler, erhabener und großmüthiger stimmt, dadurch man sie in den Wahn versetzt, als wäre es nicht Pflicht, d. i. Achtung fürs Gesetz, dessen Joch (das gleichwohl, weil es uns Vernunft selbst auferlegt, sanft ist) sie, wenn gleich ungern, tragen müßten, was den Bestimmungsgrund ihrer Handlungen ausmachte, und welches sie immer noch demüthigt, indem sie es befolgen (ihm gehorchen); sondern als ob jene Handlungen nicht aus Pflicht, sondern als baarer Verdienst von ihnen erwartet würden. Denn nicht allein daß sie durch Nachahmung solcher Thaten, nämlich aus solchem Princip, nicht im mindesten dem Geiste des Gesetzes ein Genüge gethan hätten, welcher in der dem Gesetze sich unterwerfenden Gesinnung, nicht in der Gesetzmäßigkeit der Handlung (das Princip möge sein, welches auch wolle) besteht, und die Triebfeder pathologisch (in der Sympathie oder auch Philautie), nicht moralisch (im Gesetze) setzen, so bringen sie auf diese Art eine windige, überfliegende, phantastische Denkungsart hervor, sich mit einer freiwilligen Gutartigkeit ihres Gemüths, das weder Sporns noch Zügel bedürfe, für welches gar nicht einmal ein Gebot nöthig sei, zu schmeicheln und darüber ihrer Schuldigkeit, an welche sie doch eher denken sollten als an Verdienst, zu vergessen. Es lassen sich wohl Handlungen anderer, die mit großer Aufopferung und zwar blos um der Pflicht willen geschehen sind, unter dem Namen edler und erhabener Thaten preisen, und doch auch nur so fern Spuren da sind, welche vermuthen lassen, daß sie ganz aus Achtung für seine Pflicht, nicht aus Herzensaufwallungen geschehen sind. Will man jemanden aber sie als Beispiele der Nachfolge vorstellen, so muß durchaus die Achtung für Pflicht (als das einzige ächte moralische Gefühl) zur Triebfeder gebraucht werden: diese ernste, heilige Vorschrift, die es nicht unserer eitelen Selbstliebe überläßt, mit pathologischen Antrieben (so fern sie der Moralität analogisch sind) zu tändeln und uns auf verdienstlichen Werth was zu Gute zu thun. Wenn wir nur wohl nachsuchen, so werden wir zu allen Handlungen, die anpreisungswürdig sind, schon ein Gesetz der Pflicht finden, welches gebietet und nicht auf unser Belieben ankommen läßt, was unserem Hange gefällig sein möchte. Das ist die einzige Darstellungsart, welche die Seele moralisch bildet, weil sie allein fester und genau bestimmter Grundsätze fähig ist.

Wenn Schwärmerei in der allergemeinsten Bedeutung eine nach Grundsätzen unternommene Überschreitung der Grenzen der menschlichen Vernunft ist, so ist moralische Schwärmerei diese Überschreitung der Grenzen, die die praktische reine Vernunft der Menschheit setzt, dadurch sie verbietet den subjectiven Bestimmungsgrund pflichtmäßiger Handlungen, d. i. die moralische Triebfeder derselben, irgend worin anders als im Gesetze selbst und die Gesinnung, die dadurch in die Maximen gebracht wird, irgend anderwärts als in der Achtung für dies Gesetz zu setzen, mithin den alle Arroganz sowohl als eitele Philautie niederschlagenden Gedanken von Pflicht zum obersten Lebensprincip aller Moralität im Menschen zu machen gebietet.

Wenn dem also ist, so haben nicht allein Romanschreiber, oder empfindelnde Erzieher (ob sie gleich noch so sehr wider Empfindelei eifern), sondern bisweilen selbst Philosophen, ja die strengsten unter allen, die Stoiker, moralische Schwärmerei statt nüchterner, aber weiser Disciplin der Sitten eingeführt, wenn gleich die Schwärmerei der letzteren mehr heroisch, der ersteren von schaler und schmelzender Beschaffenheit war, und man kann es, ohne zu heucheln, der moralischen Lehre des Evangelii mit aller Wahrheit nachsagen: daß es zuerst durch die Reinigkeit des moralischen Princips, zugleich aber durch die Angemessenheit desselben mit den Schranken endlicher Wesen alles Wohlverhalten des Menschen der Zucht einer ihnen vor Augen gelegten Pflicht, die sie nicht unter moralischen geträumten Vollkommenheiten schwärmen läßt, unterworfen und dem Eigendünkel sowohl als der Eigenliebe, die beide gerne ihre Grenzen verkennen, Schranken der Demuth (d. i. der Selbsterkenntniß) gesetzt habe.

Pflicht! du erhabener, großer Name, der du nichts Beliebtes, was Einschmeichelung bei sich führt, in dir fassest, sondern Unterwerfung verlangst, doch auch nichts drohest, was natürliche Abneigung im Gemüthe erregte und schreckte, um den Willen zu bewegen, sondern blos ein Gesetz aufstellst, welches von selbst im Gemüthe Eingang findet und doch sich selbst wider Willen Verehrung (wenn gleich nicht immer Befolgung) erwirbt, vor dem alle Neigungen verstummen, wenn sie gleich ingeheim ihm entgegen wirken: welches ist der deiner würdige Ursprung, und wo findet man die Wurzel deiner edlen Abkunft, welche alle Verwandtschaft mit Neigungen stolz ausschlägt, und von welcher Wurzel abzustammen, die unnachlaßliche Bedingung desjenigen Werths ist, den sich Menschen allein selbst geben können?

Es kann nichts Minderes sein, als was den Menschen über sich selbst (als einen Theil der Sinnenwelt) erhebt, was ihn an eine Ordnung der Dinge knüpft, die nur der Verstand denken kann, und die zugleich die ganze Sinnenwelt, mit ihr das empirisch bestimmbare Dasein des Men-

Von den Triebfedern der reinen praktischen Vernunft.

schen in der Zeit und das Ganze aller Zwecke (welches allein solchen unbedingten praktischen Gesetzen als das moralische angemessen ist) unter sich hat. Es ist nichts anders als die Persönlichkeit, d. i. die Freiheit und Unabhängigkeit von dem Mechanism der ganzen Natur, doch zugleich als ein Vermögen eines Wesens betrachtet, welches eigenthümlichen, nämlich von seiner eigenen Vernunft gegebenen, reinen praktischen Gesetzen, die Person also, als zur Sinnenwelt gehörig, ihrer eigenen Persönlichkeit unterworfen ist, so fern sie zugleich zur intelligibelen Welt gehört; da es denn nicht zu verwundern ist, wenn der Mensch, als zu beiden Welten gehörig, sein eigenes Wesen in Beziehung auf seine zweite und höchste Bestimmung nicht anders als mit Verehrung und die Gesetze derselben mit der höchsten Achtung betrachten muß.

Auf diesen Ursprung gründen sich nun manche Ausdrücke, welche den Werth der Gegenstände nach moralischen Ideen bezeichnen. Das moralische Gesetz ist heilig (unverletzlich). Der Mensch ist zwar unheilig genug, aber die Menschheit in seiner Person muß ihm heilig sein. In der ganzen Schöpfung kann alles, was man will, und worüber man etwas vermag, auch blos als Mittel gebraucht werden; nur der Mensch und mit ihm jedes vernünftige Geschöpf ist Zweck an sich selbst. Er ist nämlich das Subject des moralischen Gesetzes, welches heilig ist, vermöge der Autonomie seiner Freiheit. Eben um dieser willen ist jeder Wille, selbst jeder Person ihr eigener, auf sie selbst gerichteter Wille auf die Bedingung der Einstimmung mit der Autonomie des vernünftigen Wesens eingeschränkt, es nämlich keiner Absicht zu unterwerfen, die nicht nach einem Gesetze, welches aus dem Willen des leidenden Subjects selbst entspringen könnte, möglich ist; also dieses niemals blos als Mittel, sondern zugleich selbst als Zweck zu gebrauchen. Diese Bedingung legen wir mit Recht sogar dem göttlichen Willen in Ansehung der vernünftigen Wesen in der Welt als seiner Geschöpfe bei, indem sie auf der Persönlichkeit derselben beruht, dadurch allein sie Zwecke an sich selbst sind.

Diese Achtung erweckende Idee der Persönlichkeit, welche uns die Erhabenheit unserer Natur (ihrer Bestimmung nach) vor Augen stellt, indem sie uns zugleich den Mangel der Angemessenheit unseres Verhaltens in Ansehung derselben bemerken läßt und dadurch den Eigendünkel niederschlägt, ist selbst der gemeinsten Menschenvernunft natürlich und leicht bemerklich. Hat nicht jeder auch nur mittelmäßig ehrliche Mann bisweilen gefunden, daß er eine sonst unschädliche Lüge, dadurch er sich entweder selbst aus einem verdrießlichen Handel ziehen, oder wohl gar einem geliebten und verdienstvollen Freunde Nutzen schaffen konnte, blos darum unterließ, um sich ingeheim in seinen eigenen Augen nicht verachten zu dürfen? Hält nicht einen rechtschaffenen Mann im größten Unglücke des Lebens, das er vermeiden konnte, wenn er sich nur hätte über die Pflicht wegsetzen können, noch das Bewußtsein aufrecht, daß er die Menschheit in seiner Person doch in ihrer Würde erhalten und geehrt habe, daß er sich nicht vor sich selbst zu schämen und den inneren Anblick der Selbstprüfung zu scheuen Ursache habe? Dieser Trost ist nicht Glückseligkeit, auch nicht der mindeste Theil derselben. Denn niemand wird sich die Gelegenheit dazu, auch vielleicht nicht einmal ein Leben in solchen Umständen wünschen. Aber er lebt und kann es nicht erdulden, in seinen eigenen Augen des Lebens unwürdig zu sein. Diese innere Beruhigung ist also blos negativ in Ansehung alles dessen, was das Leben angenehm machen mag; nämlich sie ist die Abhaltung der Gefahr, im persönlichen Werthe zu sinken, nachdem der seines Zustandes von ihm schon gänzlich aufgegeben worden. Sie ist die Wirkung von einer Achtung für etwas ganz anderes als das Leben, womit in Vergleichung und Entgegensetzung das Leben vielmehr mit aller seiner Annehmlichkeit gar keinen Werth hat. Er lebt nur noch aus Pflicht, nicht weil er am Leben den mindesten Geschmack findet.

So ist die ächte Triebfeder der reinen praktischen Vernunft beschaffen; sie ist keine andere als das reine moralische Gesetz selber, so fern es uns die Erhabenheit unserer eigenen übersinnlichen Existenz spüren läßt und subjectiv in Menschen, die sich zugleich ihres sinnlichen Daseins und der damit verbundenen Abhängigkeit von ihrer so fern sehr pathologisch afficirten Natur bewußt sind, Achtung für ihre höhere Bestimmung wirkt. Nun lassen sich mit dieser Triebfeder gar wohl so viele Reize und Annehmlichkeiten des Lebens verbinden, daß auch um dieser willen allein schon die klügste Wahl eines vernünftigen und über das größte Wohl des Lebens nachdenkenden Epikureers sich für das sittliche Wohlverhalten erklären würde, und es kann auch rathsam sein, diese Aussicht auf einen fröhlichen Genuß des Lebens mit jener obersten und schon für sich allein hinlänglich bestimmenden Bewegursache zu verbinden; aber nur um den Anlockungen, die das Laster auf der Gegenseite vorzuspiegeln nicht ermangelt, das Gegengewicht zu halten, nicht um hierin die eigentliche bewegende Kraft, auch nicht dem mindesten Theile nach, zu setzen, wenn von Pflicht die Rede ist. Denn das würde so viel sein, als die moralische Gesinnung in ihrer Quelle verunreinigen wollen. Die Ehrwürdigkeit der Pflicht hat nichts mit Lebensgenuß zu schaffen; sie hat ihr eigenthümliches Gesetz, auch ihr eigenthümliches Gericht, und wenn man auch beide noch so sehr zusammenschütteln wollte, um sie vermischt gleichsam als Arzenei= mittel der kranken Seele zuzureichen, so scheiden sie sich doch alsbald von selbst, und thun sie es nicht, so wirkt das erste gar nicht, wenn aber auch das physische Leben hiebei einige Kraft gewönne, so würde doch das mo= ralische ohne Rettung dahin schwinden.

Kritische Beleuchtung der Analytik der reinen praktischen Vernunft.

Ich verstehe unter der kritischen Beleuchtung einer Wissenschaft, oder eines Abschnitts derselben, der für sich ein System ausmacht, die Unter= suchung und Rechtfertigung, warum sie gerade diese und keine andere sy= stematische Form haben müsse, wenn man sie mit einem anderen System vergleicht, das ein ähnliches Erkenntnißvermögen zum Grunde hat. Nun hat praktische Vernunft mit der speculativen so fern einerlei Erkenntniß= vermögen zum Grunde, als beide reine Vernunft sind. Also wird der Unterschied der systematischen Form der einen von der anderen durch Ver= gleichung beider bestimmt und Grund davon angegeben werden müssen.

Die Analytik der reinen theoretischen Vernunft hatte es mit dem Er= kenntnisse der Gegenstände, die dem Verstande gegeben werden mögen, zu thun und mußte also von der Anschauung, mithin (weil diese jederzeit sinnlich ist) von der Sinnlichkeit anfangen, von da aber allererst zu Be= griffen (der Gegenstände dieser Anschauung) fortschreiten und durfte nur nach beider Voranschickung mit Grundsätzen endigen. Dagegen, weil praktische Vernunft es nicht mit Gegenständen, sie zu erkennen, sondern mit ihrem eigenen Vermögen, jene (der Erkenntniß derselben gemäß) wirk= lich zu machen, d. i. es mit einem Willen zu thun hat, welcher eine Causalität ist, so fern Vernunft den Bestimmungsgrund derselben enthält, da sie folglich kein Object der Anschauung, sondern (weil der Begriff der Causalität jederzeit die Beziehung auf ein Gesetz enthält, welches die Existenz des Mannigfaltigen im Verhältnisse zu einander bestimmt) als praktische Vernunft nur ein Gesetz derselben anzugeben hat: so muß eine Kritik der Analytik derselben, so fern sie eine praktische Vernunft sein soll (welches die eigentliche Aufgabe ist), von der Möglichkeit prakti=

scher Grundsätze a priori anfangen. Von da konnte sie allein zu Begriffen der Gegenstände einer praktischen Vernunft, nämlich denen des schlechthin Guten und Bösen, fortgehen, um sie jenen Grundsätzen gemäß allererst zu geben (denn diese sind vor jenen Principien als Gutes und Böses durch gar kein Erkenntnißvermögen zu geben möglich), und nur alsdann konnte allererst das letzte Hauptstück, nämlich das von dem Verhältnisse der reinen praktischen Vernunft zur Sinnlichkeit und ihrem nothwendigen, a priori zu erkennenden Einflusse auf dieselbe, d. i. vom moralischen Gefühle, den Theil beschließen. So theilte denn die Analytik der praktischen reinen Vernunft ganz analogisch mit der theoretischen den ganzen Umfang aller Bedingungen ihres Gebrauchs, aber in umgekehrter Ordnung. Die Analytik der theoretischen reinen Vernunft wurde in transcendentale Ästhetik und transcendentale Logik eingetheilt, die der praktischen umgekehrt in Logik und Ästhetik der reinen praktischen Vernunft (wenn es mir erlaubt ist, diese sonst gar nicht angemessene Benennungen blos der Analogie wegen hier zu gebrauchen), die Logik wiederum dort in die Analytik der Begriffe und die der Grundsätze, hier in die der Grundsätze und Begriffe. Die Ästhetik hatte dort noch zwei Theile wegen der doppelten Art einer sinnlichen Anschauung; hier wird die Sinnlichkeit gar nicht als Anschauungsfähigkeit, sondern blos als Gefühl (das ein subjectiver Grund des Begehrens sein kann) betrachtet, und in Ansehung dessen verstattet die reine praktische Vernunft keine weitere Eintheilung.

Auch daß diese Eintheilung in zwei Theile mit deren Unterabtheilung nicht wirklich (so wie man wohl im Anfange durch das Beispiel der ersteren verleitet werden konnte, zu versuchen) hier vorgenommen wurde, davon läßt sich auch der Grund gar wohl einsehen. Denn weil es reine Vernunft ist, die hier in ihrem praktischen Gebrauche, mithin von Grundsätzen a priori und nicht von empirischen Bestimmungsgründen ausgehend betrachtet wird: so wird die Eintheilung der Analytik der reinen praktischen Vernunft der eines Vernunftschlusses ähnlich ausfallen müssen, nämlich vom Allgemeinen im Obersatze (dem moralischen Princip) durch eine im Untersatze vorgenommene Subsumtion möglicher Handlungen (als guter oder böser) unter jenen zu dem Schlußsatze, nämlich der subjectiven Willensbestimmung (einem Interesse an dem praktisch möglichen Guten und der darauf gegründeten Maxime), fortgehend. Demjenigen, der sich von den in der Analytik vorkommenden Sätzen hat überzeugen können, werden solche Vergleichungen Vergnügen machen; denn sie veranlassen mit Recht die Erwartung, es vielleicht dereinst bis zur Einsicht der Einheit des ganzen reinen Vernunftvermögens (des theoretischen sowohl als praktischen) bringen und alles aus einem Princip ableiten zu können; welches das unvermeidliche Bedürfniß der menschlichen Vernunft ist, die nur in einer vollständig systematischen Einheit ihrer Erkenntnisse völlige Zufriedenheit findet.

Betrachten wir nun aber auch den Inhalt der Erkenntniß, die wir von einer reinen praktischen Vernunft und durch dieselbe haben können, so wie ihn die Analytik derselben darlegt, so finden sich bei einer merkwürdigen Analogie zwischen ihr und der theoretischen nicht weniger merkwürdige Unterschiede. In Ansehung der theoretischen konnte das Vermögen eines reinen Vernunfterkenntnisses a priori durch Beispiele aus Wissenschaften (bei denen man, da sie ihre Principien auf so mancherlei Art durch methodischen Gebrauch auf die Probe stellen, nicht so leicht wie im gemeinen Erkenntnisse geheime Beimischung empirischer Erkenntnißgründe zu besorgen hat) ganz leicht und evident bewiesen werden. Aber daß reine Vernunft ohne Beimischung irgend eines empirischen Bestimmungsgrundes für sich allein auch praktisch sei: das mußte man aus dem gemeinsten praktischen Vernunftgebrauche darthun können, indem man den obersten praktischen Grundsatz als einen solchen, den jede natürliche Menschenvernunft als völlig a priori, von keinen sinnlichen Datis abhängend, für das oberste Gesetz seines Willens erkennt, beglaubigte. Man mußte ihn zuerst der Reinigkeit seines Ursprungs nach selbst im Urtheile dieser gemeinen Vernunft bewähren und rechtfertigen, ehe ihn noch die Wissenschaft in die Hände nehmen konnte, um Gebrauch von ihm zu machen, gleichsam als ein Factum, das vor allem Vernünfteln über seine Möglichkeit und allen Folgerungen, die daraus zu ziehen sein möchten, vorhergeht. Aber dieser Umstand läßt sich auch aus dem kurz vorher Angeführten gar wohl erklären: weil praktische reine Vernunft nothwendig von Grundsätzen anfangen muß, die also aller Wissenschaft als erste Data zum Grunde gelegt werden müssen und nicht allererst aus ihr entspringen können. Diese Rechtfertigung der moralischen Principien als Grundsätze einer reinen Vernunft konnte aber auch darum gar wohl und mit gnugsamer Sicherheit durch bloße Berufung auf das Urtheil des gemeinen Menschenverstandes geführt werden, weil sich alles Empirische, was sich als Bestimmungsgrund des Willens in unsere

Maximen einschleichen möchte, durch das Gefühl des Vergnügens oder Schmerzens, das ihm so fern, als es Begierde erregt, nothwendig anhängt, sofort kenntlich macht, diesem aber jene reine praktische Vernunft geradezu widersteht, es in ihr Princip als Bedingung aufzunehmen. Die Ungleichartigkeit der Bestimmungsgründe (der empirischen und rationalen) wird durch diese Widerstrebung einer praktisch gesetzgebenden Vernunft wider alle sich einmengende Neigung, durch eine eigenthümliche Art von Empfindung, welche aber nicht vor der Gesetzgebung der praktischen Vernunft vorhergeht, sondern vielmehr durch dieselbe allein und zwar als ein Zwang gewirkt wird, nämlich durch das Gefühl einer Achtung, dergleichen kein Mensch für Neigungen hat, sie mögen sein, welcher Art sie wollen, wohl aber fürs Gesetz, so kenntlich gemacht und so gehoben und hervorstechend, daß keiner, auch der gemeinste Menschenverstand in einem vorgelegten Beispiele nicht den Augenblick inne werden sollte, daß durch empirische Gründe des Wollens ihm zwar ihren Anreizen zu folgen gerathen, niemals aber einem anderen als lediglich dem reinen praktischen Vernunftgesetze zu gehorchen zugemuthet werden könne.

Die Unterscheidung der Glückseligkeitslehre von der Sittenlehre, in deren ersteren empirische Principien das ganze Fundament, von der zweiten aber auch nicht den mindesten Beisatz derselben ausmachen, ist nun in der Analytik der reinen praktischen Vernunft die erste und wichtigste ihr obliegende Beschäftigung, in der sie so pünktlich, ja, wenn es auch hieße, peinlich verfahren muß, als je der Geometer in seinem Geschäfte. Es kommt aber dem Philosophen, der hier (wie jederzeit im Vernunfterkenntnisse durch bloße Begriffe, ohne Construction derselben) mit größerer Schwierigkeit zu kämpfen hat, weil er keine Anschauung (reinem Noumen) zum Grunde legen kann, doch auch zu statten: daß er beinahe wie der Chemist zu aller Zeit ein Experiment mit jedes Menschen praktischer Vernunft anstellen kann, um den moralischen (reinen) Bestimmungsgrund vom empirischen zu unterscheiden; wenn er nämlich zu dem empirisch afficirten Willen (z. B. desjenigen, der gerne lügen möchte, weil er sich dadurch was erwerben kann) das moralische Gesetz (als Bestimmungsgrund) zusetzt. Es ist, als ob der Scheidekünstler der Solution der Kalkerde in Salzgeist Alkali zusetzt; der Salzgeist verläßt sofort den Kalk, vereinigt sich mit dem Alkali, und jener wird zu Boden gestürzt. Eben so haltet dem, der sonst ein ehrlicher Mann ist (oder sich doch diesmal nur in Gedanken in die Stelle eines ehrlichen Mannes versetzt), das moralische

Gesetz vor, an dem er die Nichtswürdigkeit eines Lügners erkennt, sofort verläßt seine praktische Vernunft (im Urtheil über das, was von ihm geschehen sollte) den Vortheil, vereinigt sich mit dem, was ihm die Achtung für seine eigene Person erhält (der Wahrhaftigkeit), und der Vortheil wird nun von jedermann, nachdem er von allem Anhängsel der Vernunft (welche nur gänzlich auf der Seite der Pflicht ist) abgesondert und gewaschen worden, gewogen, um mit der Vernunft noch wohl in anderen Fällen in Verbindung zu treten, nur nicht wo er dem moralischen Gesetze, welches die Vernunft niemals verläßt, sondern sich innigst damit vereinigt, zuwider sein könnte.

Aber diese Unterscheidung des Glückseligkeitsprincips von dem der Sittlichkeit ist darum nicht sofort Entgegensetzung beider, und die reine praktische Vernunft will nicht, man solle die Ansprüche auf Glückseligkeit aufgeben, sondern nur, so bald von Pflicht die Rede ist, darauf gar nicht Rücksicht nehmen. Es kann sogar in gewissem Betracht Pflicht sein, für seine Glückseligkeit zu sorgen: theils weil sie (wozu Geschicklichkeit, Gesundheit, Reichthum gehört) Mittel zu Erfüllung seiner Pflicht enthält, theils weil der Mangel derselben (z. B. Armuth) Versuchungen enthält, seine Pflicht zu übertreten. Nur, seine Glückseligkeit zu befördern, kann unmittelbar niemals Pflicht, noch weniger ein Princip aller Pflicht sein. Da nun alle Bestimmungsgründe des Willens außer dem einigen reinen praktischen Vernunftgesetze (dem moralischen) insgesammt empirisch sind, als solche also zum Glückseligkeitsprincip gehören, so müssen sie insgesammt vom obersten sittlichen Grundsatze abgesondert und ihm nie als Bedingung einverleibt werden, weil dieses eben so sehr allen sittlichen Werth, als empirische Beimischung zu geometrischen Grundsätzen alle mathematische Evidenz, das Vortrefflichste, was (nach Platos Urtheile) die Mathematik an sich hat, und das selbst allem Nutzen derselben vorgeht, aufheben würde.

Statt der Deduction des obersten Princips der reinen praktischen Vernunft, d. i. der Erklärung der Möglichkeit einer dergleichen Erkenntniß a priori, konnte aber nichts weiter angeführt werden, als daß, wenn man die Möglichkeit der Freiheit einer wirkenden Ursache einsähe, man auch nicht etwa blos die Möglichkeit, sondern gar die Nothwendigkeit des moralischen Gesetzes als obersten praktischen Gesetzes vernünftiger Wesen, denen man Freiheit der Causalität ihres Willens beilegt, einsehen würde: weil beide Begriffe so unzertrennlich verbunden sind, daß man praktische

168 Freiheit auch durch Unabhängigkeit des Willens von jedem anderen außer allein dem moralischen Gesetze definiren könnte. Allein die Freiheit einer wirkenden Ursache, vornehmlich in der Sinnenwelt, kann ihrer Möglichkeit nach keinesweges eingesehen werden; glücklich! wenn wir nur, daß kein Beweis ihrer Unmöglichkeit stattfindet, hinreichend versichert werden können und nun, durchs moralische Gesetz, welches dieselbe postulirt, genöthigt, eben dadurch auch berechtigt werden, sie anzunehmen. Weil es indessen noch viele giebt, welche diese Freiheit noch immer glauben nach empirischen Principien wie jedes andere Naturvermögen erklären zu können und sie als psychologische Eigenschaft, deren Erklärung lediglich auf eine genauere Untersuchung der Natur der Seele und der Triebfeder des Willens ankäme, nicht als transscendentales Prädicat der Causalität eines Wesens, das zur Sinnenwelt gehört, (wie es doch hierauf wirklich allein ankommt) betrachten und so die herrliche Eröffnung, die uns durch reine praktische Vernunft vermittelst des moralischen Gesetzes widerfährt, nämlich die Eröffnung einer intelligibelen Welt durch Realisirung des sonst transscendenten Begriffs der Freiheit, und hiemit das moralische Gesetz selbst, welches durchaus keinen empirischen Bestimmungsgrund annimmt, aufheben: so wird es nöthig sein, hier noch etwas zur Verwahrung wider dieses Blendwerk und der Darstellung des Empirismus in der ganzen Blöße seiner Seichtigkeit anzuführen.

169 Der Begriff der Causalität als Naturnothwendigkeit zum Unterschiede derselben als Freiheit betrifft nur die Existenz der Dinge, so fern sie in der Zeit bestimmbar ist, folglich als Erscheinungen im Gegensatze ihrer Causalität als Dinge an sich selbst. Nimmt man nun die Bestimmungen der Existenz der Dinge in der Zeit für Bestimmungen der Dinge an sich selbst (welches die gewöhnlichste Vorstellungsart ist), so läßt sich die Nothwendigkeit im Causalverhältnisse mit der Freiheit auf keinerlei Weise vereinigen; sondern sie sind einander contradictorisch entgegengesetzt. Denn aus der ersteren folgt: daß eine jede Begebenheit, folglich auch jede Handlung, die in einem Zeitpunkte vorgeht, unter der Bedingung dessen, was in der vorhergehenden Zeit war, nothwendig sei. Da nun die vergangene Zeit nicht mehr in meiner Gewalt ist, so muß jede Handlung, die ich ausübe, durch bestimmende Gründe, die nicht in meiner Gewalt sind, nothwendig sein, d. i. ich bin in dem Zeitpunkte, darin ich handle, niemals frei. Ja, wenn ich gleich mein ganzes Dasein als unabhängig von irgend einer fremden Ursache (etwa von Gott) an=

nähme, so daß die Bestimmungsgründe meiner Causalität, sogar meiner ganzen Existenz, gar nicht außer mir wären: so würde dieses jene Naturnothwendigkeit doch nicht im mindesten in Freiheit verwandeln. Denn in jedem Zeitpunkte stehe ich doch immer unter der Nothwendigkeit, durch das zum Handeln bestimmt zu sein, was nicht in meiner Gewalt ist, und die a parte priori unendliche Reihe der Begebenheiten, die ich immer nur nach einer schon vorherbestimmten Ordnung fortsetzen, nirgend von selbst anfangen würde, wäre eine stetige Naturkette, meine Causalität also niemals Freiheit.

Will man also einem Wesen, dessen Dasein in der Zeit bestimmt ist, Freiheit beilegen, so kann man es so fern wenigstens vom Gesetze der Naturnothwendigkeit aller Begebenheiten in seiner Existenz, mithin auch seiner Handlungen nicht ausnehmen; denn das wäre so viel, als es dem blinden Ungefähr übergeben. Da dieses Gesetz aber unvermeidlich alle Causalität der Dinge, so fern ihr Dasein in der Zeit bestimmbar ist, betrifft, so würde, wenn dieses die Art wäre, wornach man sich auch das Dasein dieser Dinge an sich selbst vorzustellen hätte, die Freiheit als ein nichtiger und unmöglicher Begriff verworfen werden müssen. Folglich wenn man sie noch retten will, so bleibt kein Weg übrig, als das Dasein eines Dinges, so fern es in der Zeit bestimmbar ist, folglich auch die Causalität nach dem Gesetze der Naturnothwendigkeit blos der Erscheinung, die Freiheit aber eben demselben Wesen als Dinge an sich selbst beizulegen. So ist es allerdings unvermeidlich, wenn man beide einander widerwärtige Begriffe zugleich erhalten will; allein in der Anwendung, wenn man sie als in einer und derselben Handlung vereinigt und also diese Vereinigung selbst erklären will, thun sich doch große Schwierigkeiten hervor, die eine solche Vereinigung unthunlich zu machen scheinen.

Wenn ich von einem Menschen, der einen Diebstahl verübt, sage, diese That sei nach dem Naturgesetze der Causalität aus den Bestimmungsgründen der vorhergehenden Zeit ein nothwendiger Erfolg, so war es unmöglich, daß sie hat unterbleiben können: wie kann denn die Beurtheilung nach dem moralischen Gesetze hierin eine Änderung machen und voraussetzen, daß sie doch habe unterlassen werden können, weil das Gesetz sagt, sie hätte unterlassen werden sollen, d. i. wie kann derjenige in demselben Zeitpunkte in Absicht auf dieselbe Handlung ganz frei heißen, in welchem, und in derselben Absicht, er doch unter einer unvermeidlichen

Naturnothwendigkeit steht? Eine Ausflucht darin suchen, daß man blos die Art der Bestimmungsgründe seiner Causalität nach dem Naturgesetze einem **comparativen** Begriffe von Freiheit anpaßt (nach welchem das bisweilen freie Wirkung heißt, davon der bestimmende Naturgrund **innerlich** im wirkenden Wesen liegt, z. B. das was ein geworfener Körper verrichtet, wenn er in freier Bewegung ist, da man das Wort Freiheit braucht, weil er, während daß er im Fluge ist, nicht von außen wodurch getrieben wird, oder wie wir die Bewegung einer Uhr auch eine freie Bewegung nennen, weil sie ihren Zeiger selbst treibt, der also nicht äußerlich geschoben werden darf, eben so die Handlungen des Menschen, ob sie gleich durch ihre Bestimmungsgründe, die in der Zeit vorhergehen, nothwendig sind, dennoch frei nennen, weil es doch innere, durch unsere eigene Kräfte hervorgebrachte Vorstellungen, dadurch nach veranlassenden Umständen erzeugte Begierden und mithin nach unserem eigenen Belieben bewirkte Handlungen sind), ist ein elender Behelf, womit sich noch immer einige hinhalten lassen und so jenes schwere Problem mit einer kleinen Wortklauberei aufgelöset zu haben meinen, an dessen Auflösung Jahrtausende vergeblich gearbeitet haben, die daher wohl schwerlich so ganz auf der Oberfläche gefunden werden dürfte. Es kommt nämlich bei der Frage nach derjenigen Freiheit, die allen moralischen Gesetzen und der ihnen gemäßen Zurechnung zum Grunde gelegt werden muß, darauf gar nicht an, ob die nach einem Naturgesetze bestimmte Causalität durch Bestimmungsgründe, die im Subjecte, oder außer ihm liegen, und im ersteren Fall, ob sie durch Instinct oder mit Vernunft gedachte Bestimmungsgründe nothwendig sei; wenn diese bestimmende Vorstellungen nach dem Geständnisse eben dieser Männer selbst den Grund ihrer Existenz doch in der Zeit und zwar dem **vorigen** Zustande haben, dieser aber wieder in einem vorhergehenden ꝛc., so mögen sie, diese Bestimmungen, immer innerlich sein, sie mögen psychologische und nicht mechanische Causalität haben, d. i. durch Vorstellungen und nicht durch körperliche Bewegung Handlung hervorbringen, so sind es immer **Bestimmungsgründe der Causalität eines Wesens, so fern sein Dasein in der Zeit bestimmbar ist, mithin unter nothwendig machenden Bedingungen der vergangenen Zeit, die also, wenn das Subject handeln soll, nicht mehr in seiner Gewalt sind**, die also zwar psychologische Freiheit (wenn man ja dieses Wort von einer blos inneren Verkettung der Vorstellungen der Seele brauchen will), aber doch Naturnothwendigkeit bei sich führen, mithin keine transscendentale Freiheit übrig laſſen, welche als Unabhängigkeit von allem Empiriſchen und alſo von der Natur überhaupt gedacht werden muß, ſie mag nun als Gegenſtand des inneren Sinnes blos in der Zeit, oder auch äußeren Sinne im Raume und der Zeit zugleich betrachtet werden, ohne welche Freiheit (in der letzteren eigentlichen Bedeutung), die allein a priori praktiſch iſt, kein moraliſch Geſetz, keine Zurechnung nach demſelben möglich iſt. Eben um deswillen kann man auch alle Nothwendigkeit der Begebenheiten in der Zeit nach dem Naturgeſetze der Cauſalität den Mechanismus der Natur nennen, ob man gleich darunter nicht verſteht, daß Dinge, die ihm unterworfen ſind, wirkliche materielle Maſchinen ſein müßten. Hier wird nur auf die Nothwendigkeit der Verknüpfung der Begebenheiten in einer Zeitreihe, ſo wie ſie ſich nach dem Naturgeſetze entwickelt, geſehen, man mag nun das Subject, in welchem dieſer Ablauf geſchieht, Automaton materiale, da das Maſchinenweſen durch Materie, oder mit Leibnizen spirituale, da es durch Vorſtellungen betrieben wird, nennen, und wenn die Freiheit unſeres Willens keine andere als die letztere (etwa die pſychologiſche und comparative, nicht transſcendentale, d. i. abſolute, zugleich) wäre, ſo würde ſie im Grunde nichts beſſer, als die Freiheit eines Bratenwenders ſein, der auch, wenn er einmal aufgezogen worden, von ſelbſt ſeine Bewegungen verrichtet.

Um nun den ſcheinbaren Widerſpruch zwiſchen Naturmechanismus und Freiheit in ein und derſelben Handlung an dem vorgelegten Falle aufzuheben, muß man ſich an das erinnern, was in der Kritik der reinen Vernunft geſagt war oder daraus folgt: daß die Naturnothwendigkeit, welche mit der Freiheit des Subjects nicht zuſammen beſtehen kann, blos den Beſtimmungen desjenigen Dinges anhängt, das unter Zeitbedingungen ſteht, folglich nur denen des handelnden Subjects als Erſcheinung, daß alſo ſo fern die Beſtimmungsgründe einer jeden Handlung deſſelben in demjenigen liegen, was zur vergangenen Zeit gehört und nicht mehr in ſeiner Gewalt iſt (wozu auch ſeine ſchon begangene Thaten und der ihm dadurch beſtimmbare Charakter in ſeinen eigenen Augen, als Phänomens, gezählt werden müſſen). Aber ebendaſſelbe Subject, das ſich anderſeits auch ſeiner als Dinges an ſich ſelbſt bewußt iſt, betrachtet auch ſein Daſein, ſo fern es nicht unter Zeitbedingungen ſteht, ſich ſelbſt aber nur als beſtimmbar durch Geſetze, die es ſich durch Vernunft ſelbſt giebt, und in dieſem ſeinem Daſein iſt ihm nichts vorhergehend vor ſeiner Willensbeſtimmung, ſondern jede Handlung und überhaupt jede dem innern Sinne gemäß wechselnde Bestimmung seines Daseins, selbst die ganze Reihenfolge seiner Existenz als Sinnenwesen ist im Bewußtsein seiner intelligibelen Existenz nichts als Folge, niemals aber als Bestimmungsgrund seiner Causalität, als Noumens, anzusehen. In diesem Betracht nun kann das vernünftige Wesen von einer jeden gesetzwidrigen Handlung, die es verübt, ob sie gleich als Erscheinung in dem Vergangenen hinreichend bestimmt und so fern unausbleiblich nothwendig ist, mit Recht sagen, daß er sie hätte unterlassen können; denn sie mit allem Vergangenen, das sie bestimmt, gehört zu einem einzigen Phänomen seines Charakters, den er sich selbst verschafft, und nach welchem er sich als einer von aller Sinnlichkeit unabhängigen Ursache die Causalität jener Erscheinungen selbst zurechnet.

Hiemit stimmen auch die Richtersprüche desjenigen wundersamen Vermögens in uns, welches wir Gewissen nennen, vollkommen überein. Ein Mensch mag künsteln, so viel als er will, um ein gesetzwidriges Betragen, dessen er sich erinnert, sich als unvorsetzliches Versehen, als bloße Unbehutsamkeit, die man niemals gänzlich vermeiden kann, folglich als etwas, worin er vom Strom der Naturnothwendigkeit fortgerissen wäre, vorzumalen und sich darüber für schuldfrei zu erklären, so findet er doch, daß der Advocat, der zu seinem Vortheil spricht, den Ankläger in ihm keinesweges zum Verstummen bringen könne, wenn er sich bewußt ist, daß er zu der Zeit, als er das Unrecht verübte, nur bei Sinnen, d. i. im Gebrauche seiner Freiheit, war, und gleichwohl erklärt er sich sein Vergehen aus gewisser übeln, durch allmählige Vernachlässigung der Achtsamkeit auf sich selbst zugezogener Gewohnheit bis auf den Grad, daß er es als eine natürliche Folge derselben ansehen kann, ohne daß dieses ihn gleichwohl wider den Selbsttadel und den Verweis sichern kann, den er sich selbst macht. Darauf gründet sich denn auch die Reue über eine längst begangene That bei jeder Erinnerung derselben; eine schmerzhafte, durch moralische Gesinnung gewirkte Empfindung, die so fern praktisch leer ist, als sie nicht dazu dienen kann, das Geschehene ungeschehen zu machen, und sogar ungereimt sein würde (wie Priestley als ein ächter, consequent verfahrender Fatalist sie auch dafür erklärt, und in Ansehung welcher Offenherzigkeit er mehr Beifall verdient als diejenige, welche, indem sie den Mechanism des Willens in der That, die Freiheit desselben aber mit Worten behaupten, noch immer dafür gehalten sein wollen, daß sie jene, ohne doch die Möglichkeit einer solchen Zurechnung begreiflich zu machen,

Kritische Beleuchtung der Analytik der reinen praktischen Vernunft.

in ihrem synkretistischen System mit einschließen), aber als Schmerz doch ganz rechtmäßig ist, weil die Vernunft, wenn es auf das Gesetz unserer intelligibelen Existenz (das moralische) ankommt, keinen Zeitunterschied anerkennt und nur frägt, ob die Begebenheit mir als That angehöre, alsdann aber immer dieselbe Empfindung damit moralisch verknüpft, sie mag jetzt geschehen oder vorlängst geschehen sein. Denn das Sinnenleben hat in Ansehung des intelligibelen Bewußtseins seines Daseins (der Freiheit) absolute Einheit eines Phänomens, welches, so fern es blos Erscheinungen von der Gesinnung, die das moralische Gesetz angeht, (von dem Charakter) enthält, nicht nach der Naturnothwendigkeit, die ihm als Erscheinung zukommt, sondern nach der absoluten Spontaneität der Freiheit beurtheilt werden muß. Man kann also einräumen, daß, wenn es für uns möglich wäre, in eines Menschen Denkungsart, so wie sie sich durch innere sowohl als äußere Handlungen zeigt, so tiefe Einsicht zu haben, daß jede, auch die mindeste Triebfeder dazu uns bekannt würde, imgleichen alle auf diese wirkende äußere Veranlassungen, man eines Menschen Verhalten auf die Zukunft mit Gewißheit, so wie eine Mond- oder Sonnenfinsterniß ausrechnen könnte und dennoch dabei behaupten, daß der Mensch frei sei. Wenn wir nämlich noch eines andern Blicks (der uns aber freilich gar nicht verliehen ist, sondern an dessen Statt wir nur den Vernunftbegriff haben), nämlich einer intellectuellen Anschauung desselben Subjects, fähig wären, so würden wir doch inne werden, daß diese ganze Kette von Erscheinungen in Ansehung dessen, was nur immer das moralische Gesetz angehen kann, von der Spontaneität des Subjects als Dinges an sich selbst abhängt, von deren Bestimmung sich gar keine physische Erklärung geben läßt. In Ermangelung dieser Anschauung versichert uns das moralische Gesetz diesen Unterschied der Beziehung unserer Handlungen als Erscheinungen auf das Sinnenwesen unseres Subjects von derjenigen, dadurch dieses Sinnenwesen selbst auf das intelligibele Substrat in uns bezogen wird. — In dieser Rücksicht, die unserer Vernunft natürlich, obgleich unerklärlich ist, lassen sich auch Beurtheilungen rechtfertigen, die, mit aller Gewissenhaftigkeit gefällt, dennoch dem ersten Anscheine nach aller Billigkeit ganz zu widerstreiten scheinen. Es giebt Fälle, wo Menschen von Kindheit auf, selbst unter einer Erziehung, die mit der ihrigen zugleich andern ersprießlich war, dennoch so frühe Bosheit zeigen und so bis in ihre Mannesjahre zu steigen fortfahren, daß man sie für geborne Bösewichter und gänzlich, was die Denkungsart betrifft, für unbesserlich

7*

hält, gleichwohl aber sie wegen ihres Thuns und Lassens eben so richtet, ihnen ihre Verbrechen eben so als Schuld verweiset, ja sie (die Kinder) selbst diese Verweise so ganz gegründet finden, als ob sie ungeachtet der ihnen beigemessenen hoffnungslosen Naturbeschaffenheit ihres Gemüths eben so verantwortlich blieben, als jeder andere Mensch. Dieses würde nicht geschehen können, wenn wir nicht voraussetzten, daß alles, was aus seiner Willkür entspringt (wie ohne Zweifel jede vorsetzlich verübte Handlung), eine freie Causalität zum Grunde habe, welche von der frühen Jugend an ihren Charakter in ihren Erscheinungen (den Handlungen) ausdrückt, die wegen der Gleichförmigkeit des Verhaltens einen Naturzusammenhang kenntlich machen, der aber nicht die arge Beschaffenheit des Willens nothwendig macht, sondern vielmehr die Folge der freiwillig angenommenen bösen und unwandelbaren Grundsätze ist, welche ihn nur noch um desto verwerflicher und strafwürdiger machen.

Aber noch steht eine Schwierigkeit der Freiheit bevor, so fern sie mit dem Naturmechanism in einem Wesen, das zur Sinnenwelt gehört, vereinigt werden soll; eine Schwierigkeit, die, selbst nachdem alles bisherige eingewilligt worden, der Freiheit dennoch mit ihrem gänzlichen Untergange droht. Aber bei dieser Gefahr giebt ein Umstand doch zugleich Hoffnung zu einem für die Behauptung der Freiheit noch glücklichen Ausgange, nämlich daß dieselbe Schwierigkeit viel stärker (in der That, wie wir bald sehen werden, allein) das System drückt, in welchem die in Zeit und Raum bestimmbare Existenz für die Existenz der Dinge an sich selbst gehalten wird, sie uns also nicht nöthigt, unsere vornehmste Voraussetzung von der Idealität der Zeit als bloßer Form sinnlicher Anschauung, folglich als bloßer Vorstellungsart, die dem Subjecte als zur Sinnenwelt gehörig eigen ist, abzugehen, und also nur erfordert sie mit dieser Idee zu vereinigen.

Wenn man uns nämlich auch einräumt, daß das intelligibele Subject in Ansehung einer gegebenen Handlung noch frei sein kann, obgleich es als Subject, das auch zur Sinnenwelt gehörig, in Ansehung derselben mechanisch bedingt ist, so scheint es doch, man müsse, so bald man annimmt, Gott als allgemeines Urwesen sei die Ursache auch der Existenz der Substanz (ein Satz, der niemals aufgegeben werden darf, ohne den Begriff von Gott als Wesen aller Wesen und hiemit seine Allgenugsamkeit, auf die alles in der Theologie ankommt, zugleich mit aufzugeben), auch einräumen, die Handlungen des Menschen haben in demjenigen ihren bestimmenden Grund, was gänzlich außer ihrer Gewalt ist, nämlich in der Caufalität eines von ihm unterschiedenen höchsten Wesens, von welchem das Dasein des erstern und die ganze Bestimmung seiner Caufalität ganz und gar abhängt. In der That: wären die Handlungen des Menschen, so wie sie zu seinen Bestimmungen in der Zeit gehören, nicht bloße Bestimmungen desselben als Erscheinung, sondern als Dinges an sich selbst, so würde die Freiheit nicht zu retten sein. Der Mensch wäre Marionette, oder ein Vaucansonsches Automat, gezimmert und aufgezogen von dem obersten Meister aller Kunstwerke, und das Selbstbewußtsein würde es zwar zu einem denkenden Automate machen, in welchem aber das Bewußtsein seiner Spontaneität, wenn sie für Freiheit gehalten wird, bloße Täuschung wäre, indem sie nur comparativ so genannt zu werden verdient, weil die nächsten bestimmenden Ursachen seiner Bewegung und eine lange Reihe derselben zu ihren bestimmenden Ursachen hinauf zwar innerlich sind, die letzte und höchste aber doch gänzlich in einer fremden Hand angetroffen wird. Daher sehe ich nicht ab, wie diejenige, welche noch immer dabei beharren, Zeit und Raum für zum Dasein der Dinge an sich selbst gehörige Bestimmungen anzusehen, hier die Fatalität der Handlungen vermeiden wollen, oder, wenn sie so geradezu (wie der sonst scharfsinnige Mendelssohn that) beide nur als zur Existenz endlicher und abgeleiteter Wesen, aber nicht zu der des unendlichen Urwesens nothwendig gehörige Bedingungen einräumen, sich rechtfertigen wollen, woher sie diese Befugniß nehmen, einen solchen Unterschied zu machen, sogar wie sie auch nur dem Widerspruche ausweichen wollen, den sie begehen, wenn sie das Dasein in der Zeit als den endlichen Dingen an sich nothwendig anhängende Bestimmung ansehen, da Gott die Ursache dieses Daseins ist, er aber doch nicht die Ursache der Zeit (oder des Raums) selbst sein kann (weil diese als nothwendige Bedingung a priori dem Dasein der Dinge vorausgesetzt sein muß), seine Caufalität folglich in Ansehung der Existenz dieser Dinge selbst der Zeit nach bedingt sein muß, wobei nun alle die Widersprüche gegen die Begriffe seiner Unendlichkeit und Unabhängigkeit unvermeidlich eintreten müssen. Hingegen ist es uns ganz leicht, die Bestimmung der göttlichen Existenz als unabhängig von allen Zeitbedingungen zum Unterschiede von der eines Wesens der Sinnenwelt als die Existenz eines Wesens an sich selbst von der eines Dinges in der Erscheinung zu unterscheiden. Daher, wenn man jene Idealität der Zeit und des Raums nicht annimmt, nur allein der Spinozism übrig bleibt, in welchem Raum und Zeit wesentliche Bestimmungen des Urwesens selbst sind, die von ihm abhängige Dinge aber (also auch wir selbst) nicht Substanzen, sondern blos ihm inhärirende Accidenzen sind: weil, wenn diese Dinge blos als seine Wirkungen in der Zeit existiren, welche die Bedingung ihrer Existenz an sich wäre, auch die Handlungen dieser Wesen blos seine Handlungen sein müßten, die er irgendwo und irgendwann ausübte. Daher schließt der Spinozism unerachtet der Ungereimtheit seiner Grundidee doch weit bündiger, als es nach der Schöpfungstheorie geschehen kann, wenn die für Substanzen angenommene und an sich in der Zeit existirende Wesen als Wirkungen einer obersten Ursache und doch nicht zugleich zu ihm und seiner Handlung gehörig, sondern für sich als Substanzen angesehen werden.

Die Auflösung obgedachter Schwierigkeit geschieht kurz und einleuchtend auf folgende Art: Wenn die Existenz in der Zeit eine bloße sinnliche Vorstellungsart der denkenden Wesen in der Welt ist, folglich sie als Dinge an sich selbst nicht angeht: so ist die Schöpfung dieser Wesen eine Schöpfung der Dinge an sich selbst, weil der Begriff einer Schöpfung nicht zu der sinnlichen Vorstellungsart der Existenz und zur Causalität gehört, sondern nur auf Noumenen bezogen werden kann. Folglich, wenn ich von Wesen in der Sinnenwelt sage: sie sind erschaffen, so betrachte ich sie so fern als Noumenen. So wie es also ein Widerspruch wäre, zu sagen, Gott sei ein Schöpfer von Erscheinungen, so ist es auch ein Widerspruch, zu sagen, er sei als Schöpfer Ursache der Handlungen in der Sinnenwelt, mithin als Erscheinungen, wenn er gleich Ursache des Daseins der handelnden Wesen (als Noumenen) ist. Ist es nun möglich (wenn wir nur das Dasein in der Zeit für etwas, was blos von Erscheinungen, nicht von Dingen an sich selbst gilt, annehmen), die Freiheit unbeschadet dem Naturmechanism der Handlungen als Erscheinungen zu behaupten, so kann, daß die handelnden Wesen Geschöpfe sind, nicht die mindeste Änderung hierin machen, weil die Schöpfung ihre intelligibele, aber nicht sensibele Existenz betrifft und also nicht als Bestimmungsgrund der Erscheinungen angesehen werden kann; welches aber ganz anders ausfallen würde, wenn die Weltwesen als Dinge an sich selbst in der Zeit existirten, da der Schöpfer der Substanz zugleich der Urheber des ganzen Maschinenwesens an dieser Substanz sein würde.

Von so großer Wichtigkeit ist die in der Kritik der reinen specu=

lativen Vernunft verrichtete Absonderung der Zeit (so wie des Raums) von der Existenz der Dinge an sich selbst.

Die hier vorgetragene Auflösung der Schwierigkeit hat aber, wird man sagen, doch viel Schweres in sich und ist einer hellen Darstellung kaum empfänglich. Allein ist denn jede andere, die man versucht hat oder versuchen mag, leichter und faßlicher? Eher möchte man sagen, die dogmatischen Lehrer der Metaphysik hätten mehr ihre Verschmitztheit als Aufrichtigkeit darin bewiesen, daß sie diesen schwierigen Punkt so weit wie möglich aus den Augen brachten, in der Hoffnung, daß, wenn sie davon gar nicht sprächen, auch wohl niemand leichtlich an ihn denken würde. Wenn einer Wissenschaft geholfen werden soll, so müssen alle Schwierigkeiten aufgedeckt und sogar diejenigen aufgesucht werden, die ihr noch so ingeheim im Wege liegen; denn jede derselben ruft ein Hülfsmittel auf, welches, ohne der Wissenschaft einen Zuwachs, es sei an Umfang, oder an Bestimmtheit, zu verschaffen, nicht gefunden werden kann, wodurch also selbst die Hindernisse Beförderungsmittel der Gründlichkeit der Wissenschaft werden. Dagegen, werden die Schwierigkeiten absichtlich verdeckt, oder blos durch Palliativmittel gehoben, so brechen sie über kurz oder lang in unheilbare Übel aus, welche die Wissenschaft in einem gänzlichen Scepticism zu Grunde richten.

* * *

Da es eigentlich der Begriff der Freiheit ist, der unter allen Ideen der reinen speculativen Vernunft allein so große Erweiterung im Felde des Übersinnlichen, wenn gleich nur in Ansehung des praktischen Erkenntnisses verschafft, so frage ich mich: woher denn ihm ausschließungsweise eine so große Fruchtbarkeit zu Theil geworden sei, indessen die übrigen zwar die leere Stelle für reine mögliche Verstandeswesen bezeichnen, den Begriff von ihnen aber durch nichts bestimmen können. Ich begreife bald, daß, da ich nichts ohne Kategorie denken kann, diese auch in der Idee der Vernunft von der Freiheit, mit der ich mich beschäftige, zuerst müsse aufgesucht werden, welche hier die Kategorie der Causalität ist, und daß, wenn gleich dem Vernunftbegriffe der Freiheit als überschwenglichem Begriffe keine correspondirende Anschauung untergelegt werden kann, dennoch dem Verstandesbegriffe (der Causalität), für dessen Synthesis jener das Unbedingte fordert, zuvor eine sinnliche Anschauung gegeben werden müsse, dadurch ihm zuerst die objective Realität gesichert wird. Nun sind alle Kategorien in zwei Classen, die mathematische, welche blos auf die Einheit der Synthesis in der Vorstellung der Objecte, und die dynamische, welche auf die in der Vorstellung der Existenz der Objecte gehen, eingetheilt. Die erstere (die der Größe und der Qualität) enthalten jederzeit eine Synthesis des Gleichartigen, in welcher das Unbedingte zu dem in der sinnlichen Anschauung gegebenen Bedingten in Raum und Zeit, da es selbst wiederum zum Raume und der Zeit gehören und also immer wiederum bedingt sein müßte, gar nicht kann gefunden werden; daher auch in der Dialektik der reinen theoretischen Vernunft die einander entgegengesetzte Arten, das Unbedingte und die Totalität der Bedingungen für sie zu finden, beide falsch waren. Die Kategorien der zweiten Classe (die der Causalität und der Nothwendigkeit eines Dinges) erforderten diese Gleichartigkeit (des Bedingten und der Bedingung in der Synthesis) gar nicht, weil hier nicht die Anschauung, wie sie aus einem Mannigfaltigen in ihr zusammengesetzt, sondern nur wie die Existenz des ihr correspondirenden bedingten Gegenstandes zu der Existenz der Bedingung (im Verstande als damit verknüpft) hinzukomme, vorgestellt werden sollte, und da war es erlaubt, zu dem durchgängig Bedingten in der Sinnenwelt (sowohl in Ansehung der Causalität als des zufälligen Daseins der Dinge selbst) das Unbedingte, obzwar übrigens unbestimmt, in der intelligibelen Welt zu setzen und die Synthesis transscendent zu machen; daher denn auch in der Dialektik der reinen speculativen Vernunft sich fand, daß beide dem Scheine nach einander entgegengesetzte Arten das Unbedingte zum Bedingten zu finden, z. B. in der Synthesis der Causalität zum Bedingten in der Reihe der Ursachen und Wirkungen der Sinnenwelt der Causalität, die weiter nicht sinnlich bedingt ist, zu denken, sich in der That nicht widerspreche, und daß dieselbe Handlung, die, als zur Sinnenwelt gehörig, jederzeit sinnlich bedingt, d. i. mechanisch nothwendig ist, doch zugleich auch, als zur Causalität des handelnden Wesens, so fern es zur intelligibelen Welt gehörig ist, eine sinnlich unbedingte Causalität zum Grunde haben, mithin als frei gedacht werden könne. Nun kam es blos darauf an, daß dieses Können in ein Sein verwandelt würde, d. i., daß man in einem wirklichen Falle gleichsam durch ein Factum beweisen könne: daß gewisse Handlungen eine solche Causalität (die intellectuelle, sinnlich unbedingte) voraussetzen, sie mögen nun wirklich, oder auch nur geboten, d. i. objectiv praktisch nothwendig sein. An wirklich in der Erfahrung gegebenen Handlungen, als Begebenheiten der Sinnenwelt, konn-

Kritische Beleuchtung der Analytik der reinen praktischen Vernunft.

ten wir diese Verknüpfung nicht anzutreffen hoffen, weil die Causalität durch Freiheit immer außer der Sinnenwelt im Intelligibelen gesucht werden muß. Andere Dinge außer den Sinnenwesen sind uns aber zur Wahrnehmung und Beobachtung nicht gegeben. Also blieb nichts übrig, als daß etwa ein unwidersprechlicher und zwar objectiver Grundsatz der Causalität, welcher alle sinnliche Bedingung von ihrer Bestimmung ausschließt, d. i. ein Grundsatz, in welchem die Vernunft sich nicht weiter auf etwas Anderes als Bestimmungsgrund in Ansehung der Causalität beruft, sondern den sie durch jenen Grundsatz schon selbst enthält, und wo sie also als reine Vernunft selbst praktisch ist, gefunden werde. Dieser Grundsatz aber bedarf keines Suchens und keiner Erfindung; er ist längst in aller Menschen Vernunft gewesen und ihrem Wesen einverleibt und ist der Grundsatz der Sittlichkeit. Also ist jene unbedingte Causalität und das Vermögen derselben, die Freiheit, mit dieser aber ein Wesen (ich selber), welches zur Sinnenwelt gehört, doch zugleich als zur intelligibelen gehörig nicht blos unbestimmt und problematisch gedacht (welches schon die speculative Vernunft als thunlich ausmitteln konnte), sondern sogar in Ansehung des Gesetzes ihrer Causalität bestimmt und assertorisch erkannt und so uns die Wirklichkeit der intelligibelen Welt, und zwar in praktischer Rücksicht bestimmt, gegeben worden, und diese Bestimmung, die in theoretischer Absicht transscendent (überschwenglich) sein würde, ist in praktischer immanent. Dergleichen Schritt aber konnten wir in Ansehung der zweiten dynamischen Idee, nämlich der eines nothwendigen Wesens, nicht thun. Wir konnten zu ihm aus der Sinnenwelt ohne Vermittelung der ersteren dynamischen Idee nicht hinauf kommen. Denn wollten wir es versuchen, so müßten wir den Sprung gewagt haben, alles das, was uns gegeben ist, zu verlassen und uns zu dem hinzuschwingen, wovon uns auch nichts gegeben ist, wodurch wir die Verknüpfung eines solchen intelligibelen Wesens mit der Sinnenwelt vermitteln könnten (weil das nothwendige Wesen als außer uns gegeben erkannt werden sollte); welches dagegen in Ansehung unseres eignen Subjects, so fern es sich durchs moralische Gesetz einerseits als intelligibeles Wesen (vermöge der Freiheit) bestimmt, andererseits als nach dieser Bestimmung in der Sinnenwelt thätig selbst erkennt, wie jetzt der Augenschein darthut, ganz wohl möglich ist. Der einzige Begriff der Freiheit verstattet es, daß wir nicht außer uns hinausgehen dürfen, um das Unbedingte und Intelligibele zu dem Bedingten und Sinnlichen zu finden. Denn es ist unsere Vernunft selber, die sich durchs höchste und unbedingte praktische Gesetz und das Wesen, das sich dieses Gesetz bewußt ist, (unsere eigene Person) als zur reinen Verstandeswelt gehörig und zwar sogar mit Bestimmung der Art, wie es als ein solches thätig sein könne, erkennt. So läßt es sich begreifen, warum in dem ganzen Vernunftvermögen nur das Praktische dasjenige sein könne, welches uns über die Sinnenwelt hinaushilft und Erkenntnisse von einer übersinnlichen Ordnung und Verknüpfung verschaffe, die aber eben darum freilich nur so weit, als es gerade für die reine praktische Absicht nöthig ist, ausgedehnt werden können.

Nur auf Eines sei es mir erlaubt bei dieser Gelegenheit noch aufmerksam zu machen, nämlich daß jeder Schritt, den man mit der reinen Vernunft thut, sogar im praktischen Felde, wo man auf subtile Speculation gar nicht Rücksicht nimmt, dennoch sich so genau und zwar von selbst an alle Momente der Kritik der theoretischen Vernunft anschließe, als ob jeder mit überlegter Vorsicht, blos um dieser Bestätigung zu verschaffen, ausgedacht wäre. Eine solche auf keinerlei Weise gesuchte, sondern (wie man sich selbst davon überzeugen kann, wenn man nur die moralischen Nachforschungen bis zu ihren Principien fortsetzen will) sich von selbst findende genaue Eintreffung der wichtigsten Sätze der praktischen Vernunft mit den oft zu subtil und unnöthig scheinenden Bemerkungen der Kritik der speculativen überrascht und setzt in Verwunderung und bestärkt die schon von andern erkannte und gepriesene Maxime, in jeder wissenschaftlichen Untersuchung mit aller möglichen Genauigkeit und Offenheit seinen Gang ungestört fortzusetzen, ohne sich an das zu kehren, wowider sie außer ihrem Felde etwa verstoßen möchte, sondern sie für sich allein so viel man kann, wahr und vollständig zu vollführen. Öftere Beobachtung hat mich überzeugt, daß, wenn man dieses Geschäfte zu Ende gebracht hat, das, was in der Hälfte desselben in Betracht anderer Lehren außerhalb mir bisweilen sehr bedenklich schien, wenn ich diese Bedenklichkeit nur so lange aus den Augen ließ und blos auf mein Geschäft Acht hatte, bis es vollendet sei, endlich auf unerwartete Weise mit demjenigen vollkommen zusammenstimmte, was sich ohne die mindeste Rücksicht auf jene Lehren, ohne Parteilichkeit und Vorliebe für dieselbe von selbst gefunden hatte. Schriftsteller würden sich manche Irrthümer, manche verlorne Mühe (weil sie auf Blendwerk gestellt war) ersparen, wenn sie sich nur entschließen könnten, mit etwas mehr Offenheit zu Werke zu gehen.

Zweites Buch.
Dialektik der reinen praktischen Vernunft.

Erstes Hauptstück.
Von einer Dialektik der reinen praktischen Vernunft überhaupt.

Die reine Vernunft hat jederzeit ihre Dialektik, man mag sie in ihrem speculativen oder praktischen Gebrauche betrachten; denn sie verlangt die absolute Totalität der Bedingungen zu einem gegebenen Bedingten, und diese kann schlechterdings nur in Dingen an sich selbst angetroffen werden. Da aber alle Begriffe der Dinge auf Anschauungen bezogen werden müssen, welche bei uns Menschen niemals anders als sinnlich sein können, mithin die Gegenstände nicht als Dinge an sich selbst, sondern blos als Erscheinungen erkennen lassen, in deren Reihe des Bedingten und der Bedingungen das Unbedingte niemals angetroffen werden kann, so entspringt ein unvermeidlicher Schein aus der Anwendung dieser Vernunftidee der Totalität der Bedingungen (mithin des Unbedingten) auf Erscheinungen, als wären sie Sachen an sich selbst (denn dafür werden sie in Ermangelung einer warnenden Kritik jederzeit gehalten), der aber niemals als trüglich bemerkt werden würde, wenn er sich nicht durch einen Widerstreit der Vernunft mit sich selbst in der Anwendung ihres Grundsatzes, das Unbedingte zu allem Bedingten vorauszusetzen, auf Erscheinungen selbst verriethe. Hiedurch wird aber die Vernunft genöthigt, diesem Scheine nachzuspüren, woraus er entspringe, und wie er gehoben werden könne, welches nicht anders als durch eine vollständige Kritik des ganzen reinen Vernunftvermögens geschehen kann; so daß die Antinomie der reinen Vernunft, die in ihrer Dialektik offenbar wird, in der That die wohlthätigste Verirrung ist, in die die menschliche Vernunft je hat gerathen können, indem sie uns zuletzt antreibt, den Schlüssel zu suchen, aus diesem Labyrinthe herauszukommen, der, wenn er gefunden worden, noch das entdeckt, was man nicht suchte und doch bedarf, nämlich eine Aussicht in eine höhere, unveränderliche Ordnung der Dinge, in der wir schon jetzt sind, und in der unser Dasein der höchsten Vernunftbestimmung gemäß fortzusetzen, wir durch bestimmte Vorschriften nunmehr angewiesen werden können.

Wie im speculativen Gebrauche der reinen Vernunft jene natürliche Dialektik aufzulösen und der Irrthum aus einem übrigens natürlichen Scheine zu verhüten sei, kann man in der Kritik jenes Vermögens ausführlich antreffen. Aber der Vernunft in ihrem praktischen Gebrauche geht es um nichts besser. Sie sucht als reine praktische Vernunft zu dem praktisch Bedingten (was auf Neigungen und Naturbedürfniß beruht) ebenfalls das Unbedingte, und zwar nicht als Bestimmungsgrund des Willens, sondern, wenn dieser auch (im moralischen Gesetze) gegeben worden, die unbedingte Totalität des **Gegenstandes** der reinen praktischen Vernunft, unter dem Namen des **höchsten Guts**.

Diese Idee praktisch, d. i. für die Maxime unseres vernünftigen Verhaltens, hinreichend zu bestimmen, ist die **Weisheitslehre**, und diese wiederum als **Wissenschaft** ist Philosophie in der Bedeutung, wie die Alten das Wort verstanden, bei denen sie eine Anweisung zu dem Begriffe war, worin das höchste Gut zu setzen, und zum Verhalten, durch welches es zu erwerben sei. Es wäre gut, wenn wir dieses Wort bei seiner alten Bedeutung ließen, als eine Lehre vom höchsten Gut, so fern die Vernunft bestrebt ist, es darin zur Wissenschaft zu bringen. Denn einestheils würde die angehängte einschränkende Bedingung dem griechischen Ausdrucke (welcher Liebe zur Weisheit bedeutet) angemessen und doch zugleich hinreichend sein, die Liebe zur Wissenschaft, mithin aller speculativen Erkenntniß der Vernunft, so fern sie ihr sowohl zu jenem Begriffe, als auch dem praktischen Bestimmungsgrunde dienlich ist, unter dem Namen der Philosophie mit zu befassen, und doch den Hauptzweck, um dessentwillen sie allein Weisheitslehre genannt werden kann, nicht aus den Augen verlieren lassen. Anderen Theils würde es auch nicht übel sein, den Eigendünkel desjenigen, der es wagte sich des Titels eines Philosophen selbst anzumaßen, abzuschrecken, wenn man ihm schon durch die Definition den Maßstab der Selbstschätzung vorhielte, der seine Ansprüche sehr herabstimmen wird; denn ein Weisheitslehrer zu sein, möchte wohl etwas mehr als einen Schüler bedeuten, der noch immer nicht weit genug gekommen ist, um sich selbst, vielweniger um andere mit sicherer Erwartung eines so hohen Zwecks zu leiten; es würde einen Meister in Kenntniß der Weisheit bedeuten, welches mehr sagen will, als ein bescheidener Mann sich selber anmaßen wird, und Philosophie würde so wie die Weisheit selbst noch immer ein Ideal bleiben, welches objectiv in der Vernunft allein vollständig vorgestellt wird, subjectiv aber, für die Person, nur das Ziel seiner unaufhörlichen Bestrebung ist, und in dessen Besitz unter dem angemaßten Namen eines Philosophen zu sein, nur der vorzugeben berechtigt ist, der auch die unfehlbare Wirkung derselben (in Beherrschung seiner selbst und dem gezweifelten Interesse, das er vorzüglich am allgemeinen Guten nimmt) an seiner Person als Beispiele aufstellen kann, welches die Alten auch forderten, um jenen Ehrennamen verdienen zu können.

In Ansehung der Dialektik der reinen praktischen Vernunft, im Punkte der Bestimmung des Begriffs vom höchsten Gute (welche, wenn ihre Auflösung gelingt, eben sowohl als die der theoretischen die wohlthätigste Wirkung erwarten läßt, dadurch daß die aufrichtig angestellte und nicht verhehlte Widersprüche der reinen praktischen Vernunft mit ihr selbst zur vollständigen Kritik ihres eigenen Vermögens nöthigen), haben wir nur noch eine Erinnerung voranzuschicken.

Das moralische Gesetz ist der alleinige Bestimmungsgrund des reinen Willens. Da dieses aber blos formal ist (nämlich allein die Form der Maxime als allgemein gesetzgebend fordert), so abstrahirt es als Bestimmungsgrund von aller Materie, mithin von allem Objecte des Wollens. Mithin mag das höchste Gut immer der ganze Gegenstand einer reinen praktischen Vernunft, d. i. eines reinen Willens, sein, so ist es darum doch nicht für den Bestimmungsgrund desselben zu halten, und das moralische Gesetz muß allein als der Grund angesehen werden, jenes und dessen Bewirkung oder Beförderung sich zum Objecte zu machen. Diese Erinnerung ist in einem so delicaten Falle, als die Bestimmung sittlicher Principien ist, wo auch die kleinste Mißdeutung Gesinnungen verfälscht, von Erheblichkeit. Denn man wird aus der Analytik ersehen haben, daß, wenn man vor dem moralischen Gesetze irgend ein Object unter dem Namen eines Guten als Bestimmungsgrund des Willens annimmt und von ihm dann das oberste praktische Princip ableitet, dieses alsdann jederzeit Heteronomie herbeibringen und das moralische Princip verdrängen würde.

Es versteht sich aber von selbst, daß, wenn im Begriffe des höchsten Guts das moralische Gesetz als oberste Bedingung schon mit eingeschlossen ist, alsdann das höchste Gut nicht blos Object, sondern auch sein Begriff und die Vorstellung der durch unsere praktische Vernunft möglichen Existenz desselben zugleich der Bestimmungsgrund des reinen Willens sei: weil alsdann in der That das in diesem Begriffe schon eingeschlossene und mitgedachte moralische Gesetz und kein anderer Gegenstand nach dem Princip der Autonomie den Willen bestimmt. Diese Ordnung der Begriffe von der Willensbestimmung darf nicht aus den Augen gelassen werden: weil man sonst sich selbst mißversteht und sich zu widersprechen glaubt, wo doch alles in der vollkommensten Harmonie neben einander steht.

Zweites Hauptstück.

Von der Dialektik der reinen Vernunft in Bestimmung des Begriffs vom höchsten Gut.

Der Begriff des Höchsten enthält schon eine Zweideutigkeit, die, wenn man darauf nicht Acht hat, unnöthige Streitigkeiten veranlassen kann. Das Höchste kann das Oberste (supremum) oder auch das Vollendete (consummatum) bedeuten. Das erstere ist diejenige Bedingung, die selbst unbedingt, d. i. keiner andern untergeordnet, ist (originarium); das zweite dasjenige Ganze, das kein Theil eines noch größeren Ganzen von derselben Art ist (perfectissimum). Daß Tugend (als die Würdigkeit glücklich zu sein) die oberste Bedingung alles dessen, was uns nur wünschenswerth scheinen mag, mithin auch aller unserer Bewerbung um Glückseligkeit, mithin das oberste Gut sei, ist in der Analytik bewiesen worden. Darum ist sie aber noch nicht das ganze und vollendete Gut, als Gegenstand des Begehrungsvermögens vernünftiger endlicher Wesen; denn um das zu sein, wird auch Glückseligkeit dazu erfordert und zwar nicht blos in den parteiischen Augen der Person, die sich selbst zum Zwecke macht, sondern selbst im Urtheile einer unparteiischen Vernunft, die jene überhaupt in der Welt als Zweck an sich betrachtet. Denn der Glückseligkeit bedürftig, ihrer auch würdig, dennoch aber derselben nicht theilhaftig zu sein, kann mit dem vollkommenen Wollen eines vernünftigen Wesens, welches zugleich alle Gewalt hätte, wenn wir uns auch nur ein solches zum Versuche denken, gar nicht zusammen bestehen. So fern nun Tugend und Glückseligkeit zusammen den Besitz des höchsten Guts in einer Person, hiebei aber auch Glückseligkeit, ganz genau in Proportion der Sittlichkeit (als Werth der Person und deren Würdigkeit glücklich zu sein) ausgetheilt, das höchste Gut einer möglichen Welt ausmachen: so bedeutet dieses das

Ganze, das vollendete Gute, worin doch Tugend immer als Bedingung das oberste Gut ist, weil es weiter keine Bedingung über sich hat, Glückseligkeit immer etwas, was dem, der sie besitzt, zwar angenehm, aber nicht für sich allein schlechterdings und in aller Rücksicht gut ist, sondern jederzeit das moralische gesetzmäßige Verhalten als Bedingung voraussetzt.

Zwei in einem Begriffe nothwendig verbundene Bestimmungen müssen als Grund und Folge verknüpft sein, und zwar entweder so, daß diese Einheit als analytisch (logische Verknüpfung) oder als synthetisch (reale Verbindung), jene nach dem Gesetze der Identität, diese der Causalität betrachtet wird. Die Verknüpfung der Tugend mit der Glückseligkeit kann also entweder so verstanden werden, daß die Bestrebung tugendhaft zu sein und die vernünftige Bewerbung um Glückseligkeit nicht zwei verschiedene, sondern ganz identische Handlungen wären, da denn der ersteren keine andere Maxime, als zu der letztern zum Grunde gelegt zu werden brauchte: oder jene Verknüpfung wird darauf ausgesetzt, daß Tugend die Glückseligkeit als etwas von dem Bewußtsein der ersteren Unterschiedenes, wie die Ursache eine Wirkung, hervorbringe.

Von den alten griechischen Schulen waren eigentlich nur zwei, die in Bestimmung des Begriffs vom höchsten Gute so fern zwar einerlei Methode befolgten, daß sie Tugend und Glückseligkeit nicht als zwei verschiedene Elemente des höchsten Guts gelten ließen, mithin die Einheit des Princips nach der Regel der Identität suchten; aber darin schieden sie sich wiederum, daß sie unter beiden den Grundbegriff verschiedentlich wählten. Der Epikureer sagte: sich seiner auf Glückseligkeit führenden Maxime bewußt sein, das ist Tugend; der Stoiker: sich seiner Tugend bewußt sein, ist Glückseligkeit. Dem ersteren war Klugheit so viel als Sittlichkeit; dem zweiten, der eine höhere Benennung für die Tugend wählte, war Sittlichkeit allein wahre Weisheit.

Man muß bedauren, daß die Scharfsinnigkeit dieser Männer (die man doch zugleich darüber bewundern muß, daß sie in so frühen Zeiten schon alle erdenkliche Wege philosophischer Eroberungen versuchten) unglücklich angewandt war, zwischen äußerst ungleichartigen Begriffen, dem der Glückseligkeit und dem der Tugend, Identität zu ergrübeln. Allein es war dem dialektischen Geiste ihrer Zeiten angemessen, was auch jetzt bisweilen subtile Köpfe verleitet, wesentliche und nie zu vereinigende Unterschiede in Principien dadurch aufzuheben, daß man sie in Wortstreit zu verwandeln sucht und so dem Scheine nach Einheit des Begriffs blos unter verschiedenen Benennungen erkünstelt, und dieses trifft gemeiniglich solche Fälle, wo die Vereinigung ungleichartiger Gründe so tief oder hoch liegt, oder eine so gänzliche Umänderung der sonst im philosophischen System angenommenen Lehren erfordern würde, daß man Scheu trägt sich in den realen Unterschied tief einzulassen und ihn lieber als Uneinigkeit in bloßen Formalien behandelt.

Indem beide Schulen Einerleiheit der praktischen Principien der Tugend und Glückseligkeit zu ergrübeln suchten, so waren sie darum nicht unter sich einhellig, wie sie diese Identität herauszwingen wollten, sondern schieden sich in unendliche Weiten von einander, indem die eine ihr Princip auf der ästhetischen, die andere auf der logischen Seite, jene im Bewußtsein des sinnlichen Bedürfnisses, die andere in der Unabhängigkeit der praktischen Vernunft von allen sinnlichen Bestimmungsgründen setzte. Der Begriff der Tugend lag nach dem Epikureer schon in der Maxime seine eigene Glückseligkeit zu befördern; das Gefühl der Glückseligkeit war dagegen nach dem Stoiker schon im Bewußtsein seiner Tugend enthalten. Was aber in einem andern Begriffe enthalten ist, ist zwar mit einem Theile des Enthaltenden, aber nicht mit dem Ganzen einerlei, und zwei Ganze können überdem specifisch von einander unterschieden sein, ob sie zwar aus eben demselben Stoffe bestehen, wenn nämlich die Theile in beiden auf ganz verschiedene Art zu einem Ganzen verbunden werden. Der Stoiker behauptete, Tugend sei das ganze höchste Gut und Glückseligkeit nur das Bewußtsein des Besitzes derselben als zum Zustand des Subjects gehörig. Der Epikureer behauptete, Glückseligkeit sei das ganze höchste Gut und Tugend nur die Form der Maxime sich um sie zu bewerben, nämlich im vernünftigen Gebrauche der Mittel zu derselben.

Nun ist aber aus der Analytik klar, daß die Maximen der Tugend und die der eigenen Glückseligkeit in Ansehung ihres obersten praktischen Princips ganz ungleichartig sind und, weit gefehlt, einhellig zu sein, ob sie gleich zu einem höchsten Guten gehören, um das letztere möglich zu machen, einander in demselben Subjecte gar sehr einschränken und Abbruch thun. Also bleibt die Frage: wie ist das höchste Gut praktisch möglich? noch immer unerachtet aller bisherigen Coalitionsversuche eine unaufgelöste Aufgabe. Das aber, was sie zu einer schwer zu lösenden Aufgabe macht, ist in der Analytik gegeben, nämlich daß Glückseligkeit und Sittlichkeit zwei specifisch ganz verschiedene Elemente des höchsten Guts sind, und ihre Verbindung also nicht analytisch erkannt werden könne (daß etwa der, so seine Glückseligkeit sucht, in diesem seinem Verhalten sich durch bloße Auflösung seiner Begriffe tugendhaft, oder der, so der Tugend folgt, sich im Bewußtsein eines solchen Verhaltens schon ipso facto glücklich finden werde), sondern eine Synthesis der Begriffe sei. Weil aber diese Verbindung als a priori, mithin praktisch nothwendig, folglich nicht als aus der Erfahrung abgeleitet erkannt wird, und die Möglichkeit des höchsten Guts also auf keinen empirischen Principien beruht, so wird die Deduction dieses Begriffs transscendental sein müssen. Es ist a priori (moralisch) nothwendig, das höchste Gut durch Freiheit des Willens hervorzubringen; es muß also auch die Bedingung der Möglichkeit desselben lediglich auf Erkenntnißgründen a priori beruhen.

I.

Die Antinomie der praktischen Vernunft.

In dem höchsten für uns praktischen, d. i. durch unsern Willen wirklich zu machenden, Gute werden Tugend und Glückseligkeit als nothwendig verbunden gedacht, so daß das eine durch reine praktische Vernunft nicht angenommen werden kann, ohne daß das andere auch zu ihm gehöre. Nun ist diese Verbindung (wie eine jede überhaupt) entweder analytisch, oder synthetisch. Da diese gegebene aber nicht analytisch sein kann, wie nur eben vorher gezeigt worden, so muß sie synthetisch und zwar als Verknüpfung der Ursache mit der Wirkung gedacht werden: weil sie ein praktisches Gut, d. i. was durch Handlung möglich ist, betrifft. Es muß also entweder die Begierde nach Glückseligkeit die Bewegursache zu Maximen der Tugend, oder die Maxime der Tugend muß die wirkende Ursache der Glückseligkeit sein. Das erste ist schlechterdings unmöglich: weil (wie in der Analytik bewiesen worden) Maximen, die den Bestimmungsgrund des Willens in dem Verlangen nach seiner Glückseligkeit setzen, gar nicht moralisch sind und keine Tugend gründen können. Das zweite ist aber auch unmöglich, weil alle praktische Verknüpfung der Ursachen und der Wirkungen in der Welt als Erfolg der Willensbestimmung sich nicht nach moralischen Gesinnungen des Willens, sondern der Kenntniß der Naturgesetze und dem physischen Vermögen, sie zu seinen Absichten zu gebrauchen, richtet, folglich keine nothwendige und zum höchsten Gut zureichende Verknüpfung der Glückseligkeit mit der Tugend in der Welt durch die pünktlichste Beobachtung der moralischen Geſetze erwartet werden kann. Da nun die Beförderung des höchſten Guts, welches dieſe Verknüpfung in ſeinem Begriffe enthält, ein a priori nothwendiges Object unſeres Willens iſt und mit dem moraliſchen Geſetze unzertrennlich zuſammenhängt, ſo muß die Unmöglichkeit des erſteren auch die Falſchheit des zweiten beweiſen. Iſt alſo das höchſte Gut nach praktiſchen Regeln unmöglich, ſo muß auch das moraliſche Geſetz, welches gebietet daſſelbe zu befördern, phantaſtiſch und auf leere eingebildete Zwecke geſtellt, mithin an ſich falſch ſein.

II.
Kritiſche Aufhebung der Antinomie der praktiſchen Vernunft.

In der Antinomie der reinen ſpeculativen Vernunft findet ſich ein ähnlicher Widerſtreit zwiſchen Naturnothwendigkeit und Freiheit in der Cauſalität der Begebenheiten in der Welt. Er wurde dadurch gehoben, daß bewieſen wurde, es ſei kein wahrer Widerſtreit, wenn man die Begebenheiten und ſelbſt die Welt, darin ſie ſich ereignen, (wie man auch ſoll) nur als Erſcheinungen betrachtet; da ein und daſſelbe handelnde Weſen als Erſcheinung (ſelbſt vor ſeinem eignen innern Sinne) eine Cauſalität in der Sinnenwelt hat, die jederzeit dem Naturmechanism gemäß iſt, in Anſehung derſelben Begebenheit aber, ſo fern ſich die handelnde Perſon zugleich als Noumenon betrachtet (als reine Intelligenz, in ſeinem nicht der Zeit nach beſtimmbaren Daſein), einen Beſtimmungsgrund jener Cauſalität nach Naturgeſetzen, der ſelbſt von allem Naturgeſetze frei iſt, enthalten könne.

Mit der vorliegenden Antinomie der reinen praktiſchen Vernunft iſt es nun eben ſo bewandt. Der erſte von den zwei Sätzen, daß das Beſtreben nach Glückſeligkeit einen Grund tugendhafter Geſinnung hervorbringe, iſt ſchlechterdings falſch; der zweite aber, daß Tugendgeſinnung nothwendig Glückſeligkeit hervorbringe, iſt nicht ſchlechterdings, ſondern nur ſo fern ſie als die Form der Cauſalität in der Sinnenwelt betrachtet wird, und mithin, wenn ich das Daſein in derſelben für die einzige Art der Exiſtenz des vernünftigen Weſens annehme, alſo nur bedingter Weiſe falſch. Da ich aber nicht allein befugt bin, mein Daſein auch als Noumenon in einer Verſtandeswelt zu denken, ſondern ſogar am moralischen Gesetze einen rein intellectuellen Bestimmungsgrund meiner Causalität (in der Sinnenwelt) habe, so ist es nicht unmöglich, daß die Sittlichkeit der Gesinnung einen, wo nicht unmittelbaren, doch mittelbaren (vermittelst eines intelligibelen Urhebers der Natur) und zwar nothwendigen Zusammenhang als Ursache mit der Glückseligkeit als Wirkung in der Sinnenwelt habe, welche Verbindung in einer Natur, die blos Object der Sinne ist, niemals anders als zufällig stattfinden und zum höchsten Gut nicht zulangen kann.

Also ist unerachtet dieses scheinbaren Widerstreits einer praktischen Vernunft mit sich selbst das höchste Gut der nothwendige höchste Zweck eines moralisch bestimmten Willens, ein wahres Object derselben; denn es ist praktisch möglich, und die Maximen des letzteren, die sich darauf ihrer Materie nach beziehen, haben objective Realität, welche anfänglich durch jene Antinomie in Verbindung der Sittlichkeit mit Glückseligkeit nach einem allgemeinen Gesetze getroffen wurde, aber aus bloßem Mißverstande, weil man das Verhältniß zwischen Erscheinungen für ein Verhältniß der Dinge an sich selbst zu diesen Erscheinungen hielt.

Wenn wir uns genöthigt sehen, die Möglichkeit des höchsten Guts, dieses durch die Vernunft allen vernünftigen Wesen ausgesteckten Ziels aller ihrer moralischen Wünsche, in solcher Weite, nämlich in der Verknüpfung mit einer intelligibelen Welt, zu suchen, so muß es befremden, daß gleichwohl die Philosophen alter sowohl als neuer Zeiten die Glückseligkeit mit der Tugend in ganz geziemender Proportion schon in diesem Leben (in der Sinnenwelt) haben finden, oder sich ihrer bewußt zu sein haben überreden können. Denn Epikur sowohl, als die Stoiker erhoben die Glückseligkeit, die aus dem Bewußtsein der Tugend im Leben entspringe, über alles, und der erstere war in seinen praktischen Vorschriften nicht so niedrig gesinnt, als man aus den Principien seiner Theorie, die er zum Erklären, nicht zum Handeln brauchte, schließen möchte, oder wie sie viele, durch den Ausdruck Wollust für Zufriedenheit verleitet, ausdeuteten, sondern rechnete die uneigennützigste Ausübung des Guten mit zu den Genußarten der innigsten Freude, und die Gnügsamkeit und Bändigung der Neigungen, so wie sie immer der strengste Moralphilosoph fordern mag, gehörte mit zu seinem Plane eines Vergnügens (er verstand darunter das stets fröhliche Herz); wobei er von den Stoikern vornehmlich nur darin abwich, daß er in diesem Vergnügen den Bewegungsgrund setzte, welches die letztern, und zwar mit Recht, verweigerten. Denn eines-

theils fiel der tugendhafte Epikur, so wie noch jetzt viele moralisch wohl=
gesinnte, obgleich über ihre Principien nicht tief genug nachdenkende
Männer, in den Fehler, die **tugendhafte Gesinnung** in den Personen
schon vorauszusetzen, für die er die Triebfeder zur Tugend zuerst angeben
wollte (und in der That kann der Rechtschaffene sich nicht glücklich finden,
wenn er sich nicht zuvor seiner Rechtschaffenheit bewußt ist: weil bei jener
Gesinnung die Verweise, die er bei Übertretungen sich selbst zu machen
durch seine eigene Denkungsart genöthigt sein würde, und die moralische
Selbstverdammung ihn alles Genusses der Annehmlichkeit, die sonst sein
Zustand enthalten mag, berauben würden). Allein die Frage ist: wo=
durch wird eine solche Gesinnung und Denkungsart, den Werth seines
Daseins zu schätzen, zuerst möglich, da vor derselben noch gar kein Gefühl
für einen moralischen Werth überhaupt im Subjecte angetroffen werden
würde? Der Mensch wird, wenn er tugendhaft ist, freilich, ohne sich in
jeder Handlung seiner Rechtschaffenheit bewußt zu sein, des Lebens nicht
froh werden, so günstig ihm auch das Glück im physischen Zustande des=
selben sein mag; aber um ihn allererst tugendhaft zu machen, mithin ehe
er noch den moralischen Werth seiner Existenz so hoch anschlägt, kann man
ihm da wohl die Seelenruhe anpreisen, die aus dem Bewußtsein einer
Rechtschaffenheit entspringen werde, für die er doch keinen Sinn hat?

Andrerseits aber liegt hier immer der Grund zu einem Fehler des
Erschleichens (vitium subreptionis) und gleichsam einer optischen Illusion
in dem Selbstbewußtsein dessen, was man **thut**, zum Unterschiede dessen,
was man **empfindet**, die auch der Versuchteste nicht völlig vermeiden
kann. Die moralische Gesinnung ist mit einem Bewußtsein der Bestim=
mung des Willens **unmittelbar durchs Gesetz** nothwendig verbunden.
Nun ist das Bewußtsein einer Bestimmung des Begehrungsvermögens
immer der Grund eines Wohlgefallens an der Handlung, die dadurch her=
vorgebracht wird; aber diese Lust, dieses Wohlgefallen an sich selbst, ist
nicht der Bestimmungsgrund der Handlung, sondern die Bestimmung
des Willens unmittelbar, blos durch die Vernunft, ist der Grund des Ge=
fühls der Lust, und jene bleibt eine reine praktische, nicht ästhetische Be=
stimmung des Begehrungsvermögens. Da diese Bestimmung nun inner=
lich gerade dieselbe Wirkung eines Antriebs zur Thätigkeit thut, als ein
Gefühl der Annehmlichkeit, die aus der begehrten Handlung erwartet
wird, würde gethan haben, so sehen wir das, was wir selbst thun, leicht=
lich für etwas an, was wir blos leidentlich fühlen, und nehmen die mo=

ralische Triebfeder für sinnlichen Antrieb, wie das allemal in der sogenannten Täuschung der Sinne (hier des innern) zu geschehen pflegt. Es ist etwas sehr Erhabenes in der menschlichen Natur, unmittelbar durch ein reines Vernunftgesetz zu Handlungen bestimmt zu werden, und sogar die Täuschung, das Subjective dieser intellectuellen Bestimmbarkeit des Willens für etwas Ästhetisches und Wirkung eines besondern sinnlichen Gefühls (denn ein intellectuelles wäre ein Widerspruch) zu halten. Es ist auch von großer Wichtigkeit, auf diese Eigenschaft unserer Persönlichkeit aufmerksam zu machen und die Wirkung der Vernunft auf dieses Gefühl bestmöglichst zu cultiviren. Aber man muß sich auch in Acht nehmen, durch unächte Hochpreisungen dieses moralischen Bestimmungsgrundes als Triebfeder, indem man ihm Gefühle besonderer Freuden als Gründe (die doch nur Folgen sind) unterlegt, die eigentliche, ächte Triebfeder, das Gesetz selbst, gleichsam wie durch eine falsche Folie herabzusetzen und zu verunstalten. Achtung und nicht Vergnügen oder Genuß der Glückseligkeit ist also etwas, wofür kein der Vernunft zum Grunde gelegtes, vorhergehendes Gefühl (weil dieses jederzeit ästhetisch und pathologisch sein würde) möglich ist, als Bewußtsein der unmittelbaren Nöthigung des Willens durch Gesetz, ist kaum ein Analogon des Gefühls der Lust, indem es im Verhältnisse zum Begehrungsvermögen gerade eben dasselbe, aber aus andern Quellen thut; durch diese Vorstellungsart aber kann man allein erreichen, was man sucht, nämlich daß Handlungen nicht blos pflichtmäßig (angenehmen Gefühlen zu Folge), sondern aus Pflicht geschehen, welches der wahre Zweck aller moralischen Bildung sein muß.

Hat man aber nicht ein Wort, welches nicht einen Genuß, wie das der Glückseligkeit, bezeichnete, aber doch ein Wohlgefallen an seiner Existenz, ein Analogon der Glückseligkeit, welche das Bewußtsein der Tugend nothwendig begleiten muß, anzeigte? Ja! dieses Wort ist Selbstzufriedenheit, welches in seiner eigentlichen Bedeutung jederzeit nur ein negatives Wohlgefallen an seiner Existenz andeutet, in welchem man nichts zu bedürfen sich bewußt ist. Freiheit und das Bewußtsein derselben als eines Vermögens, mit überwiegender Gesinnung das moralische Gesetz zu befolgen, ist Unabhängigkeit von Neigungen, wenigstens als bestimmenden (wenn gleich nicht als afficirenden) Bewegursachen unseres Begehrens, und, so fern als ich mir derselben in der Befolgung meiner moralischen Maximen bewußt bin, der einzige Quell einer nothwendig damit verbundenen, auf keinem besonderen Gefühle beruhenden, unveränderlichen Zufriedenheit, und diese kann intellectuell heißen. Die ästhetische (die uneigentlich so genannt wird), welche auf der Befriedigung der Neigungen, so fein sie auch immer ausgeklügelt werden mögen, beruht, kann niemals dem, was man sich darüber denkt, adäquat sein. Denn die Neigungen wechseln, wachsen mit der Begünstigung, die man ihnen widerfahren läßt, und lassen immer ein noch größeres Leeres übrig, als man auszufüllen gedacht hat. Daher sind sie einem vernünftigen Wesen jederzeit lästig, und wenn es sie gleich nicht abzulegen vermag, so nöthigen sie ihm doch den Wunsch ab, ihrer entledigt zu sein. Selbst eine Neigung zum Pflichtmäßigen (z. B. zur Wohlthätigkeit) kann zwar die Wirksamkeit der moralischen Maximen sehr erleichtern, aber keine hervorbringen. Denn alles muß in dieser auf der Vorstellung des Gesetzes als Bestimmungsgrunde angelegt sein, wenn die Handlung nicht blos Legalität, sondern auch Moralität enthalten soll. Neigung ist blind und knechtisch, sie mag nun gutartig sein oder nicht, und die Vernunft, wo es auf Sittlichkeit ankommt, muß nicht blos den Vormund derselben vorstellen, sondern, ohne auf sie Rücksicht zu nehmen, als reine praktische Vernunft ihr eigenes Interesse ganz allein besorgen. Selbst dies Gefühl des Mitleids und der weichherzigen Theilnehmung, wenn es vor der Überlegung, was Pflicht sei, vorhergeht und Bestimmungsgrund wird, ist wohldenkenden Personen selbst lästig, bringt ihre überlegte Maximen in Verwirrung und bewirkt den Wunsch, ihrer entledigt und allein der gesetzgebenden Vernunft unterworfen zu sein.

Hieraus läßt sich verstehen: wie das Bewußtsein dieses Vermögens einer reinen praktischen Vernunft durch That (die Tugend) ein Bewußtsein der Obermacht über seine Neigungen, hiemit also der Unabhängigkeit von denselben, folglich auch der Unzufriedenheit, die diese immer begleitet, und also ein negatives Wohlgefallen mit seinem Zustande, d. i. Zufriedenheit, hervorbringen könne, welche in ihrer Quelle Zufriedenheit mit seiner Person ist. Die Freiheit selbst wird auf solche Weise (nämlich indirect) eines Genusses fähig, welcher nicht Glückseligkeit heißen kann, weil er nicht vom positiven Beitritt eines Gefühls abhängt, auch genau zu reden nicht Seligkeit, weil er nicht gänzliche Unabhängigkeit von Neigungen und Bedürfnissen enthält, der aber doch der letztern ähnlich ist, so fern nämlich wenigstens seine Willensbestimmung sich von ihrem Einflusse frei halten kann, und also wenigstens seinem Ursprunge nach der Selbstgenugsamkeit analogisch ist, die man nur dem höchsten Wesen beilegen kann.

Aus dieser Auflösung der Antinomie der praktischen reinen Vernunft folgt, daß sich in praktischen Grundsätzen eine natürliche und nothwendige Verbindung zwischen dem Bewußtsein der Sittlichkeit und der Erwartung einer ihr proportionirten Glückseligkeit, als Folge derselben, wenigstens als möglich denken (darum aber freilich noch eben nicht erkennen und einsehen) lasse; dagegen daß Grundsätze der Bewerbung um Glückseligkeit unmöglich Sittlichkeit hervorbringen können; daß also das oberste Gut (als die erste Bedingung des höchsten Guts) Sittlichkeit, Glückseligkeit dagegen zwar das zweite Element desselben ausmache, doch so, daß diese nur die moralisch bedingte, aber doch nothwendige Folge der ersteren sei. In dieser Unterordnung allein ist das höchste Gut das ganze Object der reinen praktischen Vernunft, die es sich nothwendig als möglich vorstellen muß, weil es ein Gebot derselben ist, zu dessen Hervorbringung alles Mögliche beizutragen. Weil aber die Möglichkeit einer solchen Verbindung des Bedingten mit seiner Bedingung gänzlich zum übersinnlichen Verhältnisse der Dinge gehört und nach Gesetzen der Sinnenwelt gar nicht gegeben werden kann, obzwar die praktische Folge dieser Idee, nämlich die Handlungen, die darauf abzielen, das höchste Gut wirklich zu machen, zur Sinnenwelt gehören: so werden wir die Gründe jener Möglichkeit erstlich in Ansehung dessen, was unmittelbar in unserer Gewalt ist, und dann zweitens in dem, was uns Vernunft als Ergänzung unseres Unvermögens zur Möglichkeit des höchsten Guts (nach praktischen Principien nothwendig) darbietet und nicht in unserer Gewalt ist, darzustellen suchen.

III.

Von dem Primat der reinen praktischen Vernunft in ihrer Verbindung mit der speculativen.

Unter dem Primate zwischen zwei oder mehreren durch Vernunft verbundenen Dingen verstehe ich den Vorzug des einen, der erste Bestimmungsgrund der Verbindung mit allen übrigen zu sein. In engerer, praktischer Bedeutung bedeutet es den Vorzug des Interesse des einen, so fern ihm (welches keinem andern nachgesetzt werden kann) das Interesse der andern untergeordnet ist. Einem jeden Vermögen des Gemüths kann man ein Interesse beilegen, d. i. ein Princip, welches die Bedingung enthält, unter welcher allein die Ausübung desselben befördert wird. Die Vernunft als das Vermögen der Principien bestimmt das Interesse aller

Gemüthskräfte, das ihrige aber sich selbst. Das Interesse ihres speculativen Gebrauchs besteht in der Erkenntniß des Objects bis zu den höchsten Principien a priori, das des praktischen Gebrauchs in der Bestimmung des Willens in Ansehung des letzten und vollständigen Zwecks. Das, was zur Möglichkeit eines Vernunftgebrauchs überhaupt erforderlich ist, nämlich daß die Principien und Behauptungen derselben einander nicht widersprechen müssen, macht keinen Theil ihres Interesse aus, sondern ist die Bedingung überhaupt Vernunft zu haben; nur die Erweiterung, nicht die bloße Zusammenstimmung mit sich selbst wird zum Interesse derselben gezählt.

Wenn praktische Vernunft nichts weiter annehmen und als gegeben denken darf, als was speculative Vernunft für sich ihr aus ihrer Einsicht darreichen konnte, so führt diese das Primat. Gesetzt aber, sie hätte für sich ursprüngliche Principien a priori, mit denen gewisse theoretische Positionen unzertrennlich verbunden wären, die sich gleichwohl aller möglichen Einsicht der speculativen Vernunft entzögen (ob sie zwar derselben auch nicht widersprechen müßten), so ist die Frage, welches Interesse das oberste sei (nicht, welches weichen müßte, denn eines widerstreitet dem andern nicht nothwendig): ob speculative Vernunft, die nichts von allem dem weiß, was praktische ihr anzunehmen darbietet, diese Sätze aufnehmen und sie, ob sie gleich für sie überschwenglich sind, mit ihren Begriffen als einen fremden, auf sie übertragenen Besitz zu vereinigen suchen müsse, oder ob sie berechtigt sei, ihrem eigenen, abgesonderten Interesse hartnäckig zu folgen und nach der Kanonik des Epikurs alles als leere Vernünftelei auszuschlagen, was seine objective Realität nicht durch augenscheinliche, in der Erfahrung aufzustellende Beispiele beglaubigen kann, wenn es gleich noch so sehr mit dem Interesse des praktischen (reinen) Gebrauchs verwebt, an sich auch der theoretischen nicht widersprechend wäre, blos weil es wirklich so fern dem Interesse der speculativen Vernunft Abbruch thut, daß es die Grenzen, die diese sich selbst gesetzt, aufhebt und sie allem Unsinn oder Wahnsinn der Einbildungskraft preisgiebt.

In der That, so fern praktische Vernunft als pathologisch bedingt, d. i. das Interesse der Neigungen unter dem sinnlichen Princip der Glückseligkeit blos verwaltend, zum Grunde gelegt würde, so ließe sich diese Zumuthung an die speculative Vernunft gar nicht thun. Mahomets Paradies, oder der Theosophen und Mystiker schmelzende Vereinigung mit der Gottheit, so wie jedem sein Sinn steht, würden der Vernunft ihre

Ungeheuer aufbringen, und es wäre eben so gut, gar keine zu haben, als sie auf solche Weise allen Träumereien preiszugeben. Allein wenn reine Vernunft für sich praktisch sein kann und es wirklich ist, wie das Bewußtsein des moralischen Gesetzes es ausweiset, so ist es doch immer nur eine und dieselbe Vernunft, die, es sei in theoretischer oder praktischer Absicht, nach Principien a priori urtheilt, und da ist es klar, daß, wenn ihr Vermögen in der ersteren gleich nicht zulangt, gewisse Sätze behauptend festzusehen, indessen daß sie ihr auch eben nicht widersprechen, eben diese Sätze, so bald sie unabtrennlich zum praktischen Interesse der reinen Vernunft gehören, zwar als ein ihr fremdes Angebot, das nicht auf ihrem Boden erwachsen, aber doch hinreichend beglaubigt ist, annehmen und sie mit allem, was sie als speculative Vernunft in ihrer Macht hat, zu vergleichen und zu verknüpfen suchen müsse; doch sich bescheidend, daß dieses nicht ihre Einsichten, aber doch Erweiterungen ihres Gebrauchs in irgend einer anderen, nämlich praktischen, Absicht sind, welches ihrem Interesse, das in der Einschränkung des speculativen Frevels besteht, ganz und gar nicht zuwider ist.

In der Verbindung also der reinen speculativen mit der reinen praktischen Vernunft zu einem Erkenntnisse führt die letztere das Primat, vorausgesetzt nämlich, daß diese Verbindung nicht etwa zufällig und beliebig, sondern a priori auf der Vernunft selbst gegründet, mithin nothwendig sei. Denn es würde ohne diese Unterordnung ein Widerstreit der Vernunft mit ihr selbst entstehen: weil, wenn sie einander blos beigeordnet (coordinirt) wären, die erstere für sich ihre Grenze enge verschließen und nichts von der letzteren in ihr Gebiet aufnehmen, diese aber ihre Grenzen dennoch über alles ausdehnen und, wo es ihr Bedürfniß erheischt, jene innerhalb der ihrigen mit zu befassen suchen würde. Der speculativen Vernunft aber untergeordnet zu sein und also die Ordnung umzukehren, kann man der reinen praktischen gar nicht zumuthen, weil alles Interesse zuletzt praktisch ist, und selbst das der speculativen Vernunft nur bedingt und im praktischen Gebrauche allein vollständig ist.

IV.
Die Unsterblichkeit der Seele, als ein Postulat der reinen praktischen Vernunft.

Die Bewirkung des höchsten Guts in der Welt ist das nothwendige Object eines durchs moralische Gesetz bestimmbaren Willens. In diesem aber ist die völlige Angemessenheit der Gesinnungen zum moralischen Gesetze die oberste Bedingung des höchsten Guts. Sie muß also eben so wohl möglich sein als ihr Object, weil sie in demselben Gebote dieses zu befördern enthalten ist. Die völlige Angemessenheit des Willens aber zum moralischen Gesetze ist Heiligkeit, eine Vollkommenheit, deren kein vernünftiges Wesen der Sinnenwelt in keinem Zeitpunkte seines Daseins fähig ist. Da sie indessen gleichwohl als praktisch nothwendig gefordert wird, so kann sie nur in einem ins Unendliche gehenden Progressus zu jener völligen Angemessenheit angetroffen werden, und es ist nach Principien der reinen praktischen Vernunft nothwendig, eine solche praktische Fortschreitung als das reale Object unseres Willens anzunehmen.

Dieser unendliche Progressus ist aber nur unter Voraussetzung einer ins Unendliche fortdauernden Existenz und Persönlichkeit desselben vernünftigen Wesens (welche man die Unsterblichkeit der Seele nennt) möglich. Also ist das höchste Gut praktisch nur unter der Voraussetzung der Unsterblichkeit der Seele möglich, mithin diese, als unzertrennlich mit dem moralischen Gesetz verbunden, ein **Postulat** der reinen praktischen Vernunft (worunter ich einen theoretischen, als solchen aber nicht erweislichen Satz verstehe, so fern er einem a priori unbedingt geltenden praktischen Gesetze unzertrennlich anhängt).

Der Satz von der moralischen Bestimmung unserer Natur, nur allein in einem ins Unendliche gehenden Fortschritte zur völligen Angemessenheit mit dem Sittengesetze gelangen zu können, ist von dem größten Nutzen, nicht blos in Rücksicht auf die gegenwärtige Ergänzung des Unvermögens der speculativen Vernunft, sondern auch in Ansehung der Religion. In Ermangelung desselben wird entweder das moralische Gesetz von seiner Heiligkeit gänzlich abgewürdigt, indem man es sich als nachsichtlich (indulgent) und so unserer Behaglichkeit angemessen verkünstelt, oder auch seinen Beruf und zugleich Erwartung zu einer unerreichbaren Bestimmung, nämlich einem verhofften völligen Erwerb der Heiligkeit des Willens, spannt

B. d. Dialektik d. reinen Vernunft in Bestimmung d. Begriffs v. höchst. Gut.

und sich in schwärmende, dem Selbsterkenntniß ganz widersprechende theosophische Träume verliert, durch welches beides das unaufhörliche Streben zur pünktlichen und durchgängigen Befolgung eines strengen, unnachsichtlichen, dennoch aber nicht idealischen, sondern wahren Vernunftgebots nur verhindert wird. Einem vernünftigen, aber endlichen Wesen ist nur der Progressus ins Unendliche von niederen zu den höheren Stufen der moralischen Vollkommenheit möglich. Der Unendliche, dem die Zeitbedingung Nichts ist, sieht in dieser für uns endlosen Reihe das Ganze der Angemessenheit mit dem moralischen Gesetze, und die Heiligkeit, die sein Gebot unnachlaßlich fordert, um seiner Gerechtigkeit in dem Antheil, den er jedem am höchsten Gute bestimmt, gemäß zu sein, ist in einer einzigen intellectuellen Anschauung des Daseins vernünftiger Wesen ganz anzutreffen. Was dem Geschöpfe allein in Ansehung der Hoffnung dieses Antheils zukommen kann, wäre das Bewußtsein seiner erprüften Gesinnung, um aus seinem bisherigen Fortschritte vom Schlechteren zum moralisch Besseren und dem dadurch ihm bekannt gewordenen unwandelbaren Vorsatze eine fernere ununterbrochene Fortsetzung desselben, wie weit seine Existenz auch immer reichen mag, selbst über dieses Leben hinaus zu hoffen*) und so zwar niemals hier, oder in irgend einem absehlichen künftigen Zeitpunkte seines Daseins, sondern nur in der (Gott allein übersehbaren)

---

*) Die Überzeugung von der Unwandelbarkeit seiner Gesinnung im Fortschritte zum Guten scheint gleichwohl auch einem Geschöpfe für sich unmöglich zu sein. Um deswillen läßt die christliche Religionslehre sie auch von demselben Geiste, der die Heiligung, d. i. diesen festen Vorsatz und mit ihm das Bewußtsein der Beharrlichkeit im moralischen Progressus, wirkt, allein abstammen. Aber auch natürlicher Weise darf derjenige, der sich bewußt ist, einen langen Theil seines Lebens bis zu Ende desselben im Fortschritte zum Bessern, und zwar aus ächten moralischen Bewegungsgründen, angehalten zu haben, sich wohl die tröstenden Hoffnung, wenn gleich nicht Gewißheit, machen, daß er auch in einer über dieses Leben hinaus fortgesetzten Existenz bei diesen Grundsätzen beharren werde, und wiewohl er in seinen eigenen Augen hier nie gerechtfertigt ist, noch bei dem verhofften künftigen Anwachs seiner Naturvollkommenheit, mit ihr aber auch seiner Pflichten es jemals hoffen darf, dennoch in diesem Fortschritte, der, ob er zwar ein ins Unendliche hinausgerücktes Ziel betrifft, dennoch für Gott als Besitz gilt, eine Aussicht in eine selige Zukunft haben; denn dieses ist der Ausdruck, dessen sich die Vernunft bedient, um ein von allen zufälligen Ursachen der Welt unabhängiges vollständiges Wohl zu bezeichnen, welches eben so wie Heiligkeit eine Idee ist, welche nur in einem unendlichen Progressus und dessen Totalität enthalten sein kann, mithin vom Geschöpfe niemals völlig erreicht wird.

Unendlichkeit seiner Fortdauer dem Willen desselben (ohne Nachsicht oder Erlassung, welche sich mit der Gerechtigkeit nicht zusammenreimt) völlig adäquat zu sein.

V.
Das Dasein Gottes, als ein Postulat der reinen praktischen Vernunft.

Das moralische Gesetz führte in der vorhergehenden Zergliederung zur praktischen Aufgabe, welche ohne allen Beitritt sinnlicher Triebfedern, blos durch reine Vernunft vorgeschrieben wird, nämlich der nothwendigen Vollständigkeit des ersten und vornehmsten Theils des höchsten Guts, der **Sittlichkeit,** und, da diese nur in einer Ewigkeit völlig aufgelöset werden kann, zum Postulat der Unsterblichkeit. Eben dieses Gesetz muß auch zur Möglichkeit des zweiten Elements des höchsten Guts, nämlich der jener Sittlichkeit angemessenen **Glückseligkeit,** eben so uneigennützig wie vorher, aus bloßer unparteiischer Vernunft, nämlich auf die Voraussetzung des Daseins einer dieser Wirkung adäquaten Ursache führen, d. i. die Existenz Gottes, als zur Möglichkeit des höchsten Guts (welches Object unseres Willens mit der moralischen Gesetzgebung der reinen Vernunft nothwendig verbunden ist) nothwendig gehörig, postuliren. Wir wollen diesen Zusammenhang überzeugend darstellen.

Glückseligkeit ist der Zustand eines vernünftigen Wesens in der Welt, dem es im Ganzen seiner Existenz alles nach Wunsch und Willen geht, und beruht also auf der Übereinstimmung der Natur zu seinem ganzen Zwecke, imgleichen zum wesentlichen Bestimmungsgrunde seines Willens. Nun gebietet das moralische Gesetz als ein Gesetz der Freiheit durch Bestimmungsgründe, die von der Natur und der Übereinstimmung derselben zu unserem Begehrungsvermögen (als Triebfedern) ganz unabhängig sein sollen; das handelnde vernünftige Wesen in der Welt aber ist doch nicht zugleich Ursache der Welt und der Natur selbst. Also ist in dem moralischen Gesetze nicht der mindeste Grund zu einem nothwendigen Zusammenhang zwischen Sittlichkeit und der ihr proportionirten Glückseligkeit eines zur Welt als Theil gehörigen und daher von ihr abhängigen Wesens, welches eben darum durch seinen Willen nicht Ursache dieser Natur sein und sie, was seine Glückseligkeit betrifft, mit seinen praktischen Grundsätzen aus eigenen Kräften nicht durchgängig einstimmig machen kann. Gleichwohl wird in der praktischen Aufgabe der reinen Vernunft, d. i. der nothwendigen Bearbeitung zum höchsten Gute, ein solcher Zusammenhang als nothwendig postulirt: wir sollen das höchste Gut (welches also doch möglich sein muß) zu befördern suchen. Also wird auch das Dasein einer von der Natur unterschiedenen Ursache der gesammten Natur, welche den Grund dieses Zusammenhanges, nämlich der genauen Übereinstimmung der Glückseligkeit mit der Sittlichkeit, enthalte, postulirt. Diese oberste Ursache aber soll den Grund der Übereinstimmung der Natur nicht blos mit einem Gesetze des Willens der vernünftigen Wesen, sondern mit der Vorstellung dieses Gesetzes, so fern diese es sich zum obersten Bestimmungsgrunde des Willens setzen, also nicht blos mit den Sitten der Form nach, sondern auch ihrer Sittlichkeit als dem Bewegungsgrunde derselben, d. i. mit ihrer moralischen Gesinnung, enthalten. Also ist das höchste Gut in der Welt nur möglich, so fern eine oberste Ursache der Natur angenommen wird, die eine der moralischen Gesinnung gemäße Causalität hat. Nun ist ein Wesen, das der Handlungen nach der Vorstellung von Gesetzen fähig ist, eine Intelligenz (vernünftig Wesen) und die Causalität eines solchen Wesens nach dieser Vorstellung der Gesetze ein Wille desselben. Also ist die oberste Ursache der Natur, so fern sie zum höchsten Gute vorausgesetzt werden muß, ein Wesen, das durch Verstand und Willen die Ursache (folglich der Urheber) der Natur ist, d. i. **Gott**. Folglich ist das Postulat der Möglichkeit des höchsten abgeleiteten Guts (der besten Welt) zugleich das Postulat der Wirklichkeit eines höchsten ursprünglichen Guts, nämlich der Existenz Gottes. Nun war es Pflicht für uns das höchste Gut zu befördern, mithin nicht allein Befugniß, sondern auch mit der Pflicht als Bedürfniß verbundene Nothwendigkeit, die Möglichkeit dieses höchsten Guts vorauszusetzen, welches, da es nur unter der Bedingung des Daseins Gottes stattfindet, die Voraussetzung desselben mit der Pflicht unzertrennlich verbindet, d. i. es ist moralisch nothwendig, das Dasein Gottes anzunehmen.

Hier ist nun wohl zu merken, daß diese moralische Nothwendigkeit subjectiv, d. i. Bedürfniß, und nicht objectiv, d. i. selbst Pflicht, sei; denn es kann gar keine Pflicht geben, die Existenz eines Dinges anzunehmen (weil dieses blos den theoretischen Gebrauch der Vernunft angeht). Auch wird hierunter nicht verstanden, daß die Annehmung des Daseins Gottes, als eines Grundes aller Verbindlichkeit überhaupt, nothwendig sei (denn dieser beruht, wie hinreichend bewiesen worden, lediglich auf der

Autonomie der Vernunft selbst). Zur Pflicht gehört hier nur die Bearbeitung zu Hervorbringung und Beförderung des höchsten Guts in der Welt, dessen Möglichkeit also postulirt werden kann, die aber unsere Vernunft nicht anders denkbar findet, als unter Voraussetzung einer höchsten Intelligenz, deren Dasein anzunehmen also mit dem Bewußtsein unserer Pflicht verbunden ist, obzwar diese Annehmung selbst für die theoretische Vernunft gehört, in Ansehung deren allein sie, als Erklärungsgrund betrachtet, Hypothese, in Beziehung aber auf die Verständlichkeit eines uns doch durchs moralische Gesetz aufgegebenen Objects (des höchsten Guts), mithin eines Bedürfnisses in praktischer Absicht, Glaube und zwar reiner Vernunftglaube heißen kann, weil blos reine Vernunft (sowohl ihrem theoretischen als praktischen Gebrauche nach) die Quelle ist, daraus er entspringt.

Aus dieser Deduction wird es nunmehr begreiflich, warum die griechischen Schulen zur Auflösung ihres Problems von der praktischen Möglichkeit des höchsten Guts niemals gelangen konnten: weil sie nur immer die Regel des Gebrauchs, den der Wille des Menschen von seiner Freiheit macht, zum einzigen und für sich allein zureichenden Grunde derselben machten, ohne ihrem Bedünken nach das Dasein Gottes dazu zu bedürfen. Zwar thaten sie daran recht, daß sie das Princip der Sitten unabhängig von diesem Postulat für sich selbst aus dem Verhältniß der Vernunft allein zum Willen festsetzten und es mithin zur obersten praktischen Bedingung des höchsten Guts machten; es war aber darum nicht die ganze Bedingung der Möglichkeit desselben. Die Epikureer hatten nun zwar ein ganz falsches Princip der Sitten zum obersten angenommen, nämlich das der Glückseligkeit, und eine Maxime der beliebigen Wahl nach jedes seiner Neigung für ein Gesetz untergeschoben: aber darin verfuhren sie doch consequent genug, daß sie ihr höchstes Gut eben so, nämlich der Niedrigkeit ihres Grundsatzes proportionirlich, abwürdigten und keine größere Glückseligkeit erwarteten, als die sich durch menschliche Klugheit (wozu auch Enthaltsamkeit und Mäßigung der Neigungen gehört) erwerben läßt, die, wie man weiß, kümmerlich genug und nach Umständen sehr verschiedentlich ausfallen muß; die Ausnahmen, welche ihre Maximen unaufhörlich einräumen mußten, und die sie zu Gesetzen untauglich machen, nicht einmal gerechnet. Die Stoiker hatten dagegen ihr oberstes praktisches Princip, nämlich die Tugend, als Bedingung des höchsten Guts ganz richtig gewählt, aber indem sie den Grad derselben, der für das reine

Gesetz derselben erforderlich ist, als in diesem Leben völlig erreichbar vorstellten, nicht allein das moralische Vermögen des Menschen unter dem Namen eines Weisen über alle Schranken seiner Natur hoch gespannt und etwas, das aller Menschenkenntniß widerspricht, angenommen, sondern auch vornehmlich das zweite zum höchsten Gut gehörige Bestandstück, nämlich die Glückseligkeit, gar nicht für einen besonderen Gegenstand des menschlichen Begehrungsvermögens wollen gelten lassen, sondern ihren Weisen gleich einer Gottheit im Bewußtsein der Vortrefflichkeit seiner Person von der Natur (in Absicht auf seine Zufriedenheit) ganz unabhängig gemacht, indem sie ihn zwar Übeln des Lebens aussetzten, aber nicht unterwarfen (zugleich auch als frei vom Bösen darstellten) und so wirklich das zweite Element des höchsten Guts, eigene Glückseligkeit, wegließen, indem sie es blos im Handeln und der Zufriedenheit mit seinem persönlichen Werthe setzten und also im Bewußtsein der sittlichen Denkungsart mit einschlossen, worin sie aber durch die Stimme ihrer eigenen Natur hinreichend hätten widerlegt werden können.

Die Lehre des Christenthums*), wenn man sie auch noch nicht als Religionslehre betrachtet, giebt in diesem Stücke einen Begriff des höchsten

---

*) Man hält gemeiniglich dafür, die christliche Vorschrift der Sitten habe in Ansehung ihrer Reinigkeit vor dem moralischen Begriffe der Stoiker nichts voraus; allein der Unterschied beider ist doch sehr sichtbar. Das stoische System machte das Bewußtsein der Seelenstärke zum Angel, um den sich alle sittliche Gesinnungen wenden sollten, und ob die Anhänger desselben zwar von Pflichten redeten, auch sie ganz wohl bestimmten, so setzten sie doch die Triebfeder und den eigentlichen Bestimmungsgrund des Willens in einer Erhebung der Denkungsart über die niedrige und nur durch Seelenschwäche machthabende Triebfedern der Sinne. Tugend war also bei ihnen ein gewisser Heroism des über die thierische Natur des Menschen sich erhebenden Weisen, der ihm selbst genug ist, andern zwar Pflichten vorträgt, selbst aber über sie erhaben und keiner Versuchung zu Übertretung des sittlichen Gesetzes unterworfen ist. Dieses alles aber konnten sie nicht thun, wenn sie sich dieses Gesetz in der Reinigkeit und Strenge, als es die Vorschrift des Evangelii thut, vorgestellt hätten. Wenn ich unter einer Idee eine Vollkommenheit verstehe, der nichts in der Erfahrung adäquat gegeben werden kann, so sind die moralischen Ideen darum nichts Überschwengliches, d. i. dergleichen, wovon wir auch nicht einmal den Begriff hinreichend bestimmen könnten, oder von dem es ungewiß ist, ob ihm überall ein Gegenstand correspondire, wie die Ideen der speculativen Vernunft, sondern dienen als Urbilder der praktischen Vollkommenheit zur unentbehrlichen Richtschnur des sittlichen Verhaltens und zugleich zum Maßstabe der Vergleichung. Wenn ich nun die christliche Moral von ihrer philosophischen Seite betrachte, so würde sie, mit den Ideen

Guts (des Reichs Gottes), der allein der strengsten Forderung der praktischen Vernunft ein Gnüge thut. Das moralische Gesetz ist heilig (unnachsichtlich) und fordert Heiligkeit der Sitten, obgleich alle moralische Vollkommenheit, zu welcher der Mensch gelangen kann, immer nur Tugend ist, d. i. gesetzmäßige Gesinnung aus Achtung fürs Gesetz, folglich Bewußtsein eines continuirlichen Hanges zur Übertretung, wenigstens Unlauterkeit, d. i. Beimischung vieler unächter (nicht moralischer) Bewegungsgründe zur Befolgung des Gesetzes, folglich eine mit Demuth verbundene Selbstschätzung und also in Ansehung der Heiligkeit, welche das christliche Gesetz fordert, nichts als Fortschritt ins Unendliche dem Geschöpfe übrig läßt, eben daher aber auch dasselbe zur Hoffnung seiner ins Unendliche gehenden Fortdauer berechtigt. Der Werth einer dem moralischen Gesetze völlig angemessenen Gesinnung ist unendlich: weil alle mögliche Glückseligkeit im Urtheile eines weisen und alles vermögenden Austheilers derselben keine andere Einschränkung hat, als den Mangel der Angemessenheit vernünftiger Wesen an ihrer Pflicht. Aber das moralische Gesetz für sich verheißt doch keine Glückseligkeit; denn diese ist nach Begriffen von einer Naturordnung überhaupt mit der Befolgung desselben nicht nothwendig verbunden. Die christliche Sittenlehre ergänzt nun diesen Mangel (des zweiten unentbehrlichen Bestandstücks des höchsten Guts) durch die Darstellung der Welt, darin vernünftige Wesen sich dem sittlichen Gesetze von ganzer Seele weihen, als eines Reichs Gottes, in welchem Natur und Sitten in eine jeder von beiden für sich selbst fremde Harmonie durch einen heiligen Urheber kommen, der das abgeleitete höchste Gut möglich macht. Die Heiligkeit der Sitten wird ihnen in diesem Leben schon zur

---

der griechischen Schulen verglichen, so erscheinen: Die Ideen der Cyniker, der Epikureer, der Stoiker und der Christen sind: die Natureinfalt, die Klugheit die Weisheit und die Heiligkeit. In Ansehung des Weges, dazu zu gelangen, unterschieden sich die griechischen Philosophen so von einander, daß die Cyniker dazu den gemeinen Menschenverstand, die andern nur den Weg der Wissenschaft, beide also doch bloßen Gebrauch der natürlichen Kräfte dazu hinreichend fanden. Die christliche Moral, weil sie ihre Vorschrift (wie es auch sein muß) so rein und unnachsichtlich einrichtet, benimmt dem Menschen das Zutrauen, wenigstens hier im Leben, ihr völlig adäquat zu sein, richtet es aber doch auch dadurch wiederum auf, daß, wenn wir so gut handeln, als in unserem Vermögen ist, wir hoffen können, daß, was nicht in unserm Vermögen ist, uns anderweitig werde zu statten kommen, wir mögen nun wissen, auf welche Art, oder nicht. Aristoteles und Plato unterschieden sich nur in Ansehung des Ursprungs unserer sittlichen Begriffe.

Richtschnur angewiesen, das dieser proportionirte Wohl aber, die Seligkeit, nur als in einer Ewigkeit erreichbar vorgestellt: weil jene immer das Urbild ihres Verhaltens in jedem Stande sein muß, und das Fortschreiten zu ihr schon in diesem Leben möglich und nothwendig ist, diese aber in dieser Welt unter dem Namen der Glückseligkeit gar nicht erreicht werden kann (so viel auf unser Vermögen ankommt) und daher lediglich zum Gegenstande der Hoffnung gemacht wird. Diesem ungeachtet ist das christliche Princip der Moral selbst doch nicht theologisch (mithin Heteronomie), sondern Autonomie der reinen praktischen Vernunft für sich selbst, weil sie die Erkenntniß Gottes und seines Willens nicht zum Grunde dieser Gesetze, sondern nur der Gelangung zum höchsten Gute unter der Bedingung der Befolgung derselben macht und selbst die eigentliche Triebfeder zu Befolgung der ersteren nicht in den gewünschten Folgen derselben, sondern in der Vorstellung der Pflicht allein setzt, als in deren treuer Beobachtung die Würdigkeit des Erwerbs der letztern allein besteht.

Auf solche Weise führt das moralische Gesetz durch den Begriff des höchsten Guts, als das Object und den Endzweck der reinen praktischen Vernunft, zur Religion, d. i. zur Erkenntniß aller Pflichten als göttlicher Gebote, nicht als Sanctionen, d. i. willkürliche, für sich selbst zufällige Verordnungen eines fremden Willens, sondern als wesentlicher Gesetze eines jeden freien Willens für sich selbst, die aber dennoch als Gebote des höchsten Wesens angesehen werden müssen, weil wir nur von einem moralisch vollkommenen (heiligen und gütigen), zugleich auch allgewaltigen Willen das höchste Gut, welches zum Gegenstande unserer Bestrebung zu setzen uns das moralische Gesetz zur Pflicht macht, und also durch Übereinstimmung mit diesem Willen dazu zu gelangen hoffen können. Auch hier bleibt daher alles uneigennützig und blos auf Pflicht gegründet; ohne daß Furcht oder Hoffnung als Triebfedern zum Grunde gelegt werden dürften, die, wenn sie zu Principien werden, den ganzen moralischen Werth der Handlungen vernichten. Das moralische Gesetz gebietet, das höchste mögliche Gut in einer Welt mir zum letzten Gegenstande alles Verhaltens zu machen. Dieses aber kann ich nicht zu bewirken hoffen, als nur durch die Übereinstimmung meines Willens mit dem eines heiligen und gütigen Welturhebers; und obgleich in dem Begriffe des höchsten Guts als dem eines Ganzen, worin die größte Glückseligkeit mit dem größten Maße sittlicher (in Geschöpfen möglicher) Vollkommenheit als in der genauesten Proportion verbunden vorgestellt wird, meine eigene Glückseligkeit mit enthalten ist: so ist doch nicht sie, sondern das moralische Gesetz (welches vielmehr mein unbegrenztes Verlangen darnach auf Bedingungen strenge einschränkt) der Bestimmungsgrund des Willens, der zur Beförderung des höchsten Guts angewiesen wird.

Daher ist auch die Moral nicht eigentlich die Lehre, wie wir uns glücklich machen, sondern wie wir der Glückseligkeit würdig werden sollen. Nur dann, wenn Religion dazu kommt, tritt auch die Hoffnung ein, der Glückseligkeit dereinst in dem Maße theilhaftig zu werden, als wir darauf bedacht gewesen, ihrer nicht unwürdig zu sein.

Würdig ist jemand des Besitzes einer Sache oder eines Zustandes, wenn, daß er in diesem Besitze sei, mit dem höchsten Gute zusammenstimmt. Man kann jetzt leicht einsehen, daß alle Würdigkeit auf das sittliche Verhalten ankomme, weil dieses im Begriffe des höchsten Guts die Bedingung des übrigen (was zum Zustande gehört), nämlich des Antheils an Glückseligkeit, ausmacht. Nun folgt hieraus: daß man die Moral an sich niemals als Glückseligkeitslehre behandeln müsse, d. i. als eine Anweisung der Glückseligkeit theilhaftig zu werden; denn sie hat es lediglich mit der Vernunftbedingung (conditio sine qua non) der letzteren, nicht mit einem Erwerbmittel derselben zu thun. Wenn sie aber (die blos Pflichten auferlegt, nicht eigennützigen Wünschen Maßregeln an die Hand giebt) vollständig vorgetragen worden: alsdann allererst kann, nachdem der sich auf ein Gesetz gründende moralische Wunsch das höchste Gut zu befördern (das Reich Gottes zu uns zu bringen), der vorher keiner eigennützigen Seele aufsteigen konnte, erweckt und ihm zum Behuf der Schritt zur Religion geschehen ist, diese Sittenlehre auch Glückseligkeitslehre genannt werden, weil die Hoffnung dazu nur mit der Religion allererst anhebt.

Auch kann man hieraus ersehen: daß, wenn man nach dem letzten Zwecke Gottes in Schöpfung der Welt frägt, man nicht die Glückseligkeit der vernünftigen Wesen in ihr, sondern das höchste Gut nennen müsse, welches jenem Wunsche dieser Wesen noch eine Bedingung, nämlich die der Glückseligkeit würdig zu sein, d. i. die Sittlichkeit eben derselben vernünftigen Wesen, hinzufügt, die allein den Maßstab enthält, nach welchem sie allein der ersteren durch die Hand eines weisen Urhebers theilhaftig zu werden hoffen können. Denn da Weisheit, theoretisch betrachtet, die Erkenntniß des höchsten Guts und praktisch die

Angemessenheit des Willens zum höchsten Gute bedeutet, so kann man einer höchsten selbstständigen Weisheit nicht einen Zweck beilegen, der blos auf Gütigkeit gegründet wäre. Denn dieser ihre Wirkung (in Ansehung der Glückseligkeit der vernünftigen Wesen) kann man nur unter den einschränkenden Bedingungen der Übereinstimmung mit der Heilig= keit*) seines Willens als dem höchsten ursprünglichen Gute angemessen denken. Daher diejenige, welche den Zweck der Schöpfung in die Ehre Gottes (vorausgesetzt, daß man diese nicht anthropomorphistisch, als Nei= gung gepriesen zu werden, denkt) setzten, wohl den besten Ausdruck ge= troffen haben. Denn nichts ehrt Gott mehr als das, was das Schätzbarste in der Welt ist, die Achtung für sein Gebot, die Beobachtung der heiligen Pflicht, die uns sein Gesetz auferlegt, wenn seine herrliche Anstalt dazu kommt, eine solche schöne Ordnung mit angemessener Glückseligkeit zu krönen. Wenn ihn das letztere (auf menschliche Art zu reden) liebens= würdig macht, so ist er durch das erstere ein Gegenstand der Anbetung (Adoration). Selbst Menschen können sich durch Wohlthun zwar Liebe, aber dadurch allein niemals Achtung erwerben, so daß die größte Wohl= thätigkeit ihnen nur dadurch Ehre macht, daß sie nach Würdigkeit ausge= übt wird.

Daß in der Ordnung der Zwecke der Mensch (mit ihm jedes ver= nünftige Wesen) Zweck an sich selbst sei, d. i. niemals blos als Mittel von jemanden (selbst nicht von Gott), ohne zugleich hiebei selbst Zweck zu sein, könne gebraucht werden, daß also die Menschheit in unserer Person uns selbst heilig sein müsse, folgt nunmehr von selbst, weil er das Sub= ject des moralischen Gesetzes, mithin dessen ist, was an sich heilig ist,

---

*) Hiebei, und um das Eigenthümliche dieser Begriffe kenntlich zu machen, merke ich nur noch an: daß, da man Gott verschiedene Eigenschaften beilegt, deren Qualität man auch den Geschöpfen angemessen findet, nur daß sie dort zum höchsten Grade erhoben werden, z. B. Macht, Wissenschaft, Gegenwart, Güte ꝛc. unter den Benennungen der Allmacht, der Allwissenheit, der Allgegenwart, der Allgütigkeit ꝛc., es doch drei giebt, die ausschließungsweise und doch ohne Beisatz von Größe Gott beigelegt werden, und die insgesammt moralisch sind: er ist der allein Heilige, der allein Selige, der allein Weise; weil diese Begriffe schon die Uneinge= schränktheit bei sich führen. Nach der Ordnung derselben ist er denn also auch der heilige Gesetzgeber (und Schöpfer), der gütige Regierer (und Erhalter) und der gerechte Richter: drei Eigenschaften, die alles in sich enthalten, wodurch Gott der Gegenstand der Religion wird, und denen angemessen die metaphysischen Voll= kommenheiten sich von selbst in der Vernunft hinzu fügen.

um deſſen willen und in Einſtimmung mit welchem auch überhaupt nur
etwas heilig genannt werden kann. Denn dieſes moraliſche Geſetz gründet
ſich auf der Autonomie ſeines Willens, als eines freien Willens, der nach
ſeinen allgemeinen Geſetzen nothwendig zu demjenigen zugleich muß ein=
ſtimmen können, welchem er ſich unterwerfen ſoll.

VI.
Über die Poſtulate der reinen praktiſchen Vernunft überhaupt.

Sie gehen alle vom Grundſatze der Moralität aus, der kein Poſtulat,
ſondern ein Geſetz iſt, durch welches Vernunft unmittelbar den Willen be=
ſtimmt, welcher Wille eben dadurch, daß er ſo beſtimmt iſt, als reiner
Wille, dieſe nothwendige Bedingungen der Befolgung ſeiner Vorſchrift
fordert. Dieſe Poſtulate ſind nicht theoretiſche Dogmata, ſondern Vor=
ausſetzungen in nothwendig praktiſcher Rückſicht, erweitern alſo zwar
nicht das ſpeculative Erkenntniß, geben aber den Ideen der ſpeculativen
Vernunft im Allgemeinen (vermittelſt ihrer Beziehung aufs Praktiſche)
objective Realität und berechtigen ſie zu Begriffen, deren Möglichkeit auch
nur zu behaupten ſie ſich ſonſt nicht anmaßen könnte.

Dieſe Poſtulate ſind die der Unſterblichkeit, der Freiheit, poſitiv
betrachtet (als der Cauſalität eines Weſens, ſo fern es zur intelligibelen
Welt gehört), und des Daſeins Gottes. Das erſte fließt aus der prak=
tiſch nothwendigen Bedingung der Angemeſſenheit der Dauer zur Voll=
ſtändigkeit der Erfüllung des moraliſchen Geſetzes; das zweite aus der
nothwendigen Vorausſetzung der Unabhängigkeit von der Sinnenwelt und
des Vermögens der Beſtimmung ſeines Willens nach dem Geſetze einer
intelligibelen Welt, d. i. der Freiheit; das dritte aus der Nothwendigkeit
der Bedingung zu einer ſolchen intelligibelen Welt, um das höchſte Gut
zu ſein, durch die Vorausſetzung des höchſten ſelbſtſtändigen Guts, d. i.
des Daſeins Gottes.

Die durch die Achtung fürs moraliſche Geſetz nothwendige Abſicht
aufs höchſte Gut und daraus fließende Vorausſetzung der objectiven
Realität deſſelben führt alſo durch Poſtulate der praktiſchen Vernunft zu
Begriffen, welche die ſpeculative Vernunft zwar als Aufgaben vortragen,
ſie aber nicht auflöſen konnte. Alſo 1. zu derjenigen, in deren Auflöſung

die letztere nichts als Paralogismen begehen konnte (nämlich der Unsterblichkeit), weil es ihr am Merkmale der Beharrlichkeit fehlte, um den psychologischen Begriff eines letzten Subjects, welcher der Seele im Selbstbewußtsein nothwendig beigelegt wird, zur realen Vorstellung einer Substanz zu ergänzen, welches die praktische Vernunft durch das Postulat einer zur Angemessenheit mit dem moralischen Gesetze im höchsten Gute, als dem ganzen Zwecke der praktischen Vernunft, erforderlichen Dauer ausrichtet. 2. Führt sie zu dem, wovon die speculative Vernunft nichts als Antinomie enthielt, deren Auflösung sie nur auf einem problematisch zwar denkbaren, aber seiner objectiven Realität nach für sie nicht erweislichen und bestimmbaren Begriffe gründen konnte, nämlich die kosmologische Idee einer intelligibelen Welt und das Bewußtsein unseres Daseins in derselben, vermittelst des Postulats der Freiheit (deren Realität sie durch das moralische Gesetz darlegt und mit ihm zugleich das Gesetz einer intelligibelen Welt, worauf die speculative nur hinweisen, ihren Begriff aber nicht bestimmen konnte). 3. Verschafft sie dem, was speculative Vernunft zwar denken, aber als bloßes transcendentales Ideal unbestimmt lassen mußte, dem theologischen Begriffe des Urwesens, Bedeutung (in praktischer Absicht, d. i. als einer Bedingung der Möglichkeit des Objects eines durch jenes Gesetz bestimmten Willens) als dem obersten Princip des höchsten Guts in einer intelligibelen Welt durch gewalthabende moralische Gesetzgebung in derselben.

Wird nun aber unser Erkenntniß auf solche Art durch reine praktische Vernunft wirklich erweitert, und ist das, was für die speculative transscendent war, in der praktischen immanent? Allerdings, aber nur in praktischer Absicht. Denn wir erkennen zwar dadurch weder unserer Seele Natur, noch die intelligibele Welt, noch das höchste Wesen nach dem, was sie an sich selbst sind, sondern haben nur die Begriffe von ihnen im praktischen Begriffe des höchsten Guts vereinigt, als dem Objecte unseres Willens, und völlig a priori durch reine Vernunft, aber nur vermittelst des moralischen Gesetzes und auch blos in Beziehung auf dasselbe, in Ansehung des Objects, das es gebietet. Wie aber auch nur die Freiheit möglich sei, und wie man sich diese Art von Causalität theoretisch und positiv vorzustellen habe, wird dadurch nicht eingesehen, sondern nur, daß eine solche sei, durchs moralische Gesetz und zu dessen Behuf postulirt. So ist es auch mit den übrigen Ideen bewandt, die nach ihrer Möglichkeit kein menschlicher Verstand jemals ergründen, aber auch, daß sie nicht wahre Begriffe sind, keine Sophisterei der Überzeugung selbst des gemeinsten Menschen jemals entreißen wird.

VII.
Wie eine Erweiterung der reinen Vernunft in praktischer Absicht, ohne damit ihr Erkenntniß als speculativ zugleich zu erweitern, zu denken möglich sei?

Wir wollen diese Frage, um nicht zu abstract zu werden, sofort in Anwendung auf den vorliegenden Fall beantworten. — Um ein reines Erkenntniß praktisch zu erweitern, muß eine Absicht a priori gegeben sein, d. i. ein Zweck als Object (des Willens), welches unabhängig von allen theoretischen Grundsätzen durch einen den Willen unmittelbar bestimmenden (kategorischen) Imperativ als praktisch nothwendig vorgestellt wird, und das ist hier das höchste Gut. Dieses ist aber nicht möglich, ohne drei theoretische Begriffe (für die sich, weil sie bloße reine Vernunftbegriffe sind, keine correspondirende Anschauung, mithin auf dem theoretischen Wege keine objective Realität finden läßt) vorauszusetzen: nämlich Freiheit, Unsterblichkeit und Gott. Also wird durchs praktische Gesetz, welches die Existenz des höchsten in einer Welt möglichen Guts gebietet, die Möglichkeit jener Objecte der reinen speculativen Vernunft, die objective Realität, welche diese ihnen nicht sichern konnte, postulirt; wodurch denn die theoretische Erkenntniß der reinen Vernunft allerdings einen Zuwachs bekommt, der aber blos darin besteht, daß jene für sie sonst problematische (blos denkbare) Begriffe jetzt assertorisch für solche erklärt werden, denen wirklich Objecte zukommen, weil praktische Vernunft die Existenz derselben zur Möglichkeit ihres und zwar praktisch schlechthin nothwendigen Objects, des höchsten Guts, unvermeidlich bedarf, und die theoretische dadurch berechtigt wird, sie vorauszusetzen. Diese Erweiterung der theoretischen Vernunft ist aber keine Erweiterung der Speculation, d. i. um in theoretischer Absicht nunmehr einen positiven Gebrauch davon zu machen. Denn da nichts weiter durch praktische Vernunft hiebei geleistet worden, als daß jene Begriffe real sind und wirklich ihre (mögliche) Objecte haben, dabei aber uns nichts von Anschauung derselben gegeben wird (welches auch nicht gefordert werden kann), so ist kein synthetischer Satz durch diese eingeräumte Realität derselben möglich. Folglich hilft uns diese Eröffnung nicht im mindesten in speculativer Absicht, wohl aber in

Ansehung des praktischen Gebrauchs der reinen Vernunft zur Erweiterung dieses unseres Erkenntnisses. Die obige drei Ideen der speculativen Vernunft sind an sich noch keine Erkenntnisse; doch sind es (transscendente) Gedanken, in denen nichts Unmögliches ist. Nun bekommen sie durch ein apodiktisches praktisches Gesetz, als nothwendige Bedingungen der Möglichkeit dessen, was dieses sich zum Objecte zu machen gebietet, objective Realität, d. i. wir werden durch jenes angewiesen, daß sie Objecte haben, ohne doch, wie sich ihr Begriff auf ein Object bezieht, anzeigen zu können, und das ist auch noch nicht Erkenntniß dieser Objecte; denn man kann dadurch gar nichts über sie synthetisch urtheilen, noch die Anwendung derselben theoretisch bestimmen, mithin von ihnen gar keinen theoretischen Gebrauch der Vernunft machen, als worin eigentlich alle speculative Erkenntniß derselben besteht. Aber dennoch ward das theoretische Erkenntniß zwar nicht dieser Objecte, aber der Vernunft überhaupt dadurch so fern erweitert, daß durch die praktischen Postulate jenen Ideen doch Objecte gegeben wurden, indem ein blos problematischer Gedanke dadurch allererst objective Realität bekam. Also war es keine Erweiterung der Erkenntniß von gegebenen übersinnlichen Gegenständen, aber doch eine Erweiterung der theoretischen Vernunft und der Erkenntniß derselben in Ansehung des Übersinnlichen überhaupt, so fern als sie genöthigt wurde, daß es solche Gegenstände gebe, einzuräumen, ohne sie doch näher bestimmen, mithin dieses Erkenntniß von den Objecten (die ihr nunmehr aus praktischem Grunde und auch nur zum praktischen Gebrauche gegeben worden) selbst erweitern zu können, welchen Zuwachs also die reine theoretische Vernunft, für die alle jene Ideen transscendent und ohne Object sind, lediglich ihrem reinen praktischen Vermögen zu verdanken hat. Hier werden sie immanent und constitutiv, indem sie Gründe der Möglichkeit sind, das nothwendige Object der reinen praktischen Vernunft (das höchste Gut) wirklich zu machen, da sie ohne dies transscendent und blos regulative Principien der speculativen Vernunft sind, die ihr nicht ein neues Object über die Erfahrung hinaus anzunehmen, sondern nur ihren Gebrauch in der Erfahrung der Vollständigkeit zu näheren auferlegen. Ist aber die Vernunft einmal im Besitze dieses Zuwachses, so wird sie als speculative Vernunft (eigentlich nur zur Sicherung ihres praktischen Gebrauchs) negativ, d. i. nicht erweiternd, sondern läuternd, mit jenen Ideen zu Werke gehen, um einerseits den Anthropomorphism als den Quell der Superstition, ober scheinbare Erweiterung jener Begriffe durch vermeinte Erfahrung, anderseits den Fanaticism, der sie durch übersinnliche Anschauung oder dergleichen Gefühle verspricht, abzuhalten; welches alles Hindernisse des praktischen Gebrauchs der reinen Vernunft sind, deren Abwehrung also zu der Erweiterung unserer Erkenntniß in praktischer Absicht allerdings gehört, ohne daß es dieser widerspricht, zugleich zu gestehen, daß die Vernunft in speculativer Absicht dadurch im mindesten nichts gewonnen habe.

Zu jedem Gebrauche der Vernunft in Ansehung eines Gegenstandes werden reine Verstandesbegriffe (Kategorien) erfordert, ohne die kein Gegenstand gedacht werden kann. Diese können zum theoretischen Gebrauche der Vernunft, d. i. zu dergleichen Erkenntniß, nur angewandt werden, so fern ihnen zugleich Anschauung (die jederzeit sinnlich ist) untergelegt wird, und also blos, um durch sie ein Object möglicher Erfahrung vorzustellen. Nun sind hier aber Ideen der Vernunft, die in gar keiner Erfahrung gegeben werden können, das, was ich durch Kategorien denken müßte, um es zu erkennen. Allein es ist hier auch nicht um das theoretische Erkenntniß der Objecte dieser Ideen, sondern nur darum, daß sie überhaupt Objecte haben, zu thun. Diese Realität verschafft reine praktische Vernunft, und hiebei hat die theoretische Vernunft nichts weiter zu thun, als jene Objecte durch Kategorien blos zu denken, welches, wie wir sonst deutlich gewiesen haben, ganz wohl, ohne Anschauung (weder sinnliche, noch übersinnliche) zu bedürfen, angeht, weil die Kategorien im reinen Verstande unabhängig und vor aller Anschauung, lediglich als dem Vermögen zu denken, ihren Sitz und Ursprung haben, und sie immer nur ein Object überhaupt bedeuten, auf welche Art es uns auch immer gegeben werden mag. Nun ist den Kategorien, so fern sie auf jene Ideen angewandt werden sollen, zwar kein Object in der Anschauung zu geben möglich; es ist ihnen aber doch, daß ein solches wirklich sei, mithin die Kategorie als eine bloße Gedankenform hier nicht leer sei, sondern Bedeutung habe, durch ein Object, welches die praktische Vernunft im Begriffe des höchsten Guts ungezweifelt darbietet, die Realität der Begriffe, die zum Behuf der Möglichkeit des höchsten Guts gehören, hinreichend gesichert, ohne gleichwohl durch diesen Zuwachs die mindeste Erweiterung des Erkenntnisses nach theoretischen Grundsätzen zu bewirken.

* * *

Wenn nächstdem diese Ideen von Gott, einer intelligibelen Welt (dem Reiche Gottes) und der Unsterblichkeit durch Prädicate bestimmt werden, die von unserer eigenen Natur hergenommen sind, so darf man diese Bestimmung weder als Versinnlichung jener reinen Vernunft=
ideen (Anthropomorphismen), noch als überschwengliches Erkenntniß übersinnlicher Gegenstände ansehen; denn diese Prädicate sind keine andere als Verstand und Wille, und zwar so im Verhältnisse gegen einander betrachtet, als sie im moralischen Gesetze gedacht werden müssen, also nur so weit von ihnen ein reiner praktischer Gebrauch gemacht wird.
Von allem übrigen, was diesen Begriffen psychologisch anhängt, d. i. so fern wir diese unsere Vermögen in ihrer Ausübung empirisch beob=
achten, (z. B. daß der Verstand des Menschen discursiv ist, seine Vorstel=
lungen also Gedanken, nicht Anschauungen sind, daß diese in der Zeit auf einander folgen, daß sein Wille immer mit einer Abhängigkeit der Zu=
friedenheit von der Existenz seines Gegenstandes behaftet ist u. s. w., wel=
ches im höchsten Wesen so nicht sein kann) wird alsdann abstrahirt, und so bleibt von den Begriffen, durch die wir uns ein reines Verstandeswesen denken, nichts mehr übrig, als gerade zur Möglichkeit erforderlich ist, sich ein moralisch Gesetz zu denken, mithin zwar ein Erkenntniß Gottes, aber nur in praktischer Beziehung, wodurch, wenn wir den Versuch machen, es zu einem theoretischen zu erweitern, wir einen Verstand desselben be=
kommen, der nicht denkt, sondern anschaut, einen Willen, der auf Gegen=
stände gerichtet ist, von deren Existenz seine Zufriedenheit nicht im Min=
desten abhängt (ich will nicht einmal der transscendentalen Prädicate er=
wähnen, als z. B. eine Größe der Existenz, d. i. Dauer, die aber nicht in der Zeit, als dem einzigen uns möglichen Mittel uns Dasein als Größe vor=
zustellen, stattfindet), lauter Eigenschaften, von denen wir uns gar keinen Begriff, zum Erkenntnisse des Gegenstandes tauglich, machen können, und dadurch belehrt werden, daß sie niemals zu einer Theorie von über=
sinnlichen Wesen gebraucht werden können und also auf dieser Seite ein speculatives Erkenntniß zu gründen gar nicht vermögen, sondern ihren Ge=
brauch lediglich auf die Ausübung des moralischen Gesetzes einschränken.

Dieses letztere ist so augenscheinlich und kann so klar durch die That bewiesen werden, daß man getrost alle vermeinte natürliche Gottes=
gelehrte (ein wunderlicher Name)*) auffordern kann, auch nur eine die=

---

*) Gelehrsamkeit ist eigentlich nur der Inbegriff historischer Wissen=
schaften. Folglich kann nur der Lehrer der geoffenbarten Theologie ein Gottes=

sen ihren Gegenstand (über die blos ontologischen Prädicate hinaus) bestimmende Eigenschaft, etwa des Verstandes oder des Willens, zu nennen, an der man nicht unwidersprechlich darthun könnte, daß, wenn man alles Anthropomorphistische davon absondert, uns nur das bloße Wort übrig bleibe, ohne damit den mindesten Begriff verbinden zu können, dadurch eine Erweiterung der theoretischen Erkenntniß gehofft werden dürfte. In Ansehung des Praktischen aber bleibt uns von den Eigenschaften eines Verstandes und Willens doch noch der Begriff eines Verhältnisses übrig, welchem das praktische Gesetz (das gerade dieses Verhältniß des Verstandes zum Willen a priori bestimmt) objective Realität verschafft. Ist dieses nun einmal geschehen, so wird dem Begriffe des Objects eines moralisch bestimmten Willens (dem des höchsten Guts) und mit ihm den Bedingungen seiner Möglichkeit, den Ideen von Gott, Freiheit und Unsterblichkeit, auch Realität, aber immer nur in Beziehung auf die Ausübung des moralischen Gesetzes (zu keinem speculativen Behuf) gegeben.

Nach diesen Erinnerungen ist nun auch die Beantwortung der wichtigen Frage leicht zu finden: ob der Begriff von Gott ein zur Physik (mithin auch zur Metaphysik, als die nur die reinen Principien a priori der ersteren in allgemeiner Bedeutung enthält) oder ein zur Moral gehöriger Begriff sei. Natureinrichtungen, oder deren Veränderung zu erklären, wenn man da zu Gott als dem Urheber aller Dinge seine Zuflucht nimmt, ist wenigstens keine physische Erklärung und überall ein Geständniß, man sei mit seiner Philosophie zu Ende: weil man genöthigt ist, etwas, wovon man sonst für sich keinen Begriff hat, anzunehmen, um sich von der Möglichkeit dessen, was man vor Augen sieht, einen Begriff machen zu können. Durch Metaphysik aber von der Kenntniß dieser Welt zum Begriffe von Gott und dem Beweise seiner Existenz durch sichere Schlüsse zu gelangen, ist darum unmöglich, weil wir diese Welt als das vollkommenste mögliche Ganze, mithin zu diesem Behuf alle mögliche Welten (um sie mit dieser vergleichen zu können) erkennen, mithin allwissend sein

---

gelehrter heißen. Wollte man aber auch den, der im Besitze von Vernunftwissenschaften (Mathematik und Philosophie) ist, einen Gelehrten nennen, obgleich dieses schon der Wortbedeutung (als die jederzeit nur dasjenige, was man durchaus gelehrt werden muß, und was man also nicht von selbst, durch Vernunft, erfinden kann, zur Gelehrsamkeit zählt) widerstreiten würde: so möchte wohl der Philosoph mit seiner Erkenntniß Gottes als positiver Wissenschaft eine zu schlechte Figur machen, um sich deshalb einen Gelehrten nennen zu lassen.

müßten, um zu sagen, daß sie nur durch einen Gott (wie wir uns diesen Begriff denken müssen) möglich war. Vollends aber die Existenz dieses Wesens aus bloßen Begriffen zu erkennen, ist schlechterdings unmöglich, weil ein jeder Existentialsatz, d. i. der, so von einem Wesen, von dem ich mir einen Begriff mache, sagt, daß es existire, ein synthetischer Satz ist, d. i. ein solcher, dadurch ich über jenen Begriff hinausgehe und mehr von ihm sage, als im Begriffe gedacht war: nämlich daß diesem Begriffe im Verstande noch ein Gegenstand außer dem Verstande correspondirend gesetzt sei, welches offenbar unmöglich ist durch irgend einen Schluß herauszubringen. Also bleibt nur ein einziges Verfahren für die Vernunft übrig, zu diesem Erkenntnisse zu gelangen, da sie nämlich als reine Vernunft, von dem obersten Princip ihres reinen praktischen Gebrauchs ausgehend (indem dieser ohnedem blos auf die Existenz von Etwas, als Folge der Vernunft, gerichtet ist), ihr Object bestimmt. Und da zeigt sich nicht allein in ihrer unvermeidlichen Aufgabe, nämlich der nothwendigen Richtung des Willens auf das höchste Gut, die Nothwendigkeit, ein solches Urwesen in Beziehung auf die Möglichkeit dieses Guten in der Welt anzunehmen, sondern, was das Merkwürdigste ist, etwas, was dem Fortgange der Vernunft auf dem Naturwege ganz mangelte, nämlich ein genau bestimmter Begriff dieses Urwesens. Da wir diese Welt nur zu einem kleinen Theile kennen, noch weniger sie mit allen möglichen Welten vergleichen können, so können wir von ihrer Ordnung, Zweckmäßigkeit und Größe wohl auf einen weisen, gütigen, mächtigen rc. Urheber derselben schließen, aber nicht auf seine Allwissenheit, Allgütigkeit, Allmacht u. s. w. Man kann auch gar wohl einräumen: daß man diesen unvermeidlichen Mangel durch eine erlaubte, ganz vernünftige Hypothese zu ergänzen wohl befugt sei; daß nämlich, wenn in so viel Stücken, als sich unserer näheren Kenntniß darbieten, Weisheit, Gütigkeit rc. hervorleuchtet, in allen übrigen es eben so sein werde, und es also vernünftig sei, dem Welturheber alle mögliche Vollkommenheit beizulegen; aber das sind keine Schlüsse, wodurch wir uns auf unsere Einsicht etwas dünken, sondern nur Befugnisse, die man uns nachsehen kann, und doch noch einer anderweitigen Empfehlung bedürfen, um davon Gebrauch zu machen. Der Begriff von Gott bleibt also auf dem empirischen Wege (der Physik) immer ein nicht genau bestimmter Begriff von der Vollkommenheit des ersten Wesens, um ihn dem Begriffe einer Gottheit für angemessen zu halten (mit der Metaphysik aber in ihrem transcendentalen Theile ist gar nichts auszurichten).

Ich versuche nun diesen Begriff an das Object der praktischen Vernunft zu halten, und da finde ich, daß der moralische Grundsatz ihn nur als möglich unter Voraussetzung eines Welturhebers von höchster Vollkommenheit zulasse. Er muß allwissend sein, um mein Verhalten bis zum Innersten meiner Gesinnung in allen möglichen Fällen und in alle Zukunft zu erkennen; allmächtig, um ihm die angemessenen Folgen zu ertheilen; eben so allgegenwärtig, ewig u. s. w. Mithin bestimmt das moralische Gesetz durch den Begriff des höchsten Guts, als Gegenstandes einer reinen praktischen Vernunft, den Begriff des Urwesens als höchsten Wesens, welches der physische (und höher fortgesetzt der metaphysische), mithin der ganze speculative Gang der Vernunft nicht bewirken konnte. Also ist der Begriff von Gott ein ursprünglich nicht zur Physik, d. i. für die speculative Vernunft, sondern zur Moral gehöriger Begriff, und eben das kann man auch von den übrigen Vernunftbegriffen sagen, von denen wir als Postulaten derselben in ihrem praktischen Gebrauche oben gehandelt haben.

Wenn man in der Geschichte der griechischen Philosophie über den Anaxagoras hinaus keine deutliche Spuren einer reinen Vernunfttheologie antrifft, so ist der Grund nicht darin gelegen, daß es den älteren Philosophen an Verstande und Einsicht fehlte, um durch den Weg der Speculation wenigstens mit Beihülfe einer ganz vernünftigen Hypothese sich dahin zu erheben; was konnte leichter, was natürlicher sein, als der sich von selbst jedermann darbietende Gedanke, statt unbestimmter Grade der Vollkommenheit verschiedener Welturfachen eine einzige vernünftige anzunehmen, die alle Vollkommenheit hat? Aber die Übel in der Welt schienen ihnen viel zu wichtige Einwürfe zu sein, um zu einer solchen Hypothese sich für berechtigt zu halten. Mithin zeigten sie darin eben Verstand und Einsicht, daß sie sich jene nicht erlaubten und vielmehr in den Naturursachen herum suchten, ob sie unter ihnen nicht die zu Urwesen erforderliche Beschaffenheit und Vermögen antreffen möchten. Aber nachdem dieses scharfsinnige Volk so weit in Nachforschungen fortgerückt war, selbst sittliche Gegenstände, darüber andere Völker niemals mehr als geschwatzt haben, philosophisch zu behandeln: da fanden sie allererst ein neues Bedürfniß, nämlich ein praktisches, welches nicht ermangelte ihnen den Begriff des Urwesens bestimmt anzugeben, wobei die speculative Vernunft das Zusehen hatte, höchstens noch das Verdienst, einen Begriff, der nicht auf ihrem Boden erwachsen war, auszuschmücken und mit einem Gefolge von Bestätigungen aus der Naturbetrachtung, die nun allererst hervortraten, wohl nicht das Ansehen desselben (welches schon gegründet war), sondern vielmehr nur das Gepränge mit vermeinter theoretischer Vernunfteinsicht zu befördern.

*   *   *

Aus diesen Erinnerungen wird der Leser der Kritik der reinen speculativen Vernunft sich vollkommen überzeugen: wie höchstnöthig, wie ersprießlich für Theologie und Moral jene mühsame Deduction der Kategorien war. Denn dadurch allein kann verhütet werden, sie, wenn man sie im reinen Verstande setzt, mit Plato für angeboren zu halten und darauf überschwengliche Anmaßungen mit Theorien des Übersinnlichen, wovon man kein Ende absieht, zu gründen, dadurch aber die Theologie zur Zauberlaterne von Hirngespenstern zu machen; wenn man sie aber für erworben hält, zu verhüten, daß man nicht mit Epikur allen und jeden Gebrauch derselben, selbst den in praktischer Absicht, blos auf Gegenstände und Bestimmungsgründe der Sinne einschränke. Nun aber, nachdem die Kritik in jener Deduction erstlich bewies, daß sie nicht empirischen Ursprungs sind, sondern a priori im reinen Verstande ihren Sitz und Quelle haben; zweitens auch, daß, da sie auf Gegenstände überhaupt, unabhängig von ihrer Anschauung, bezogen werden, sie zwar nur in Anwendung auf empirische Gegenstände theoretisches Erkenntniß zu Stande bringen, aber doch auch, auf einen durch reine praktische Vernunft gegebenen Gegenstand angewandt, zum bestimmten Denken des Übersinnlichen dienen, jedoch nur so fern dieses blos durch solche Prädicate bestimmt wird, die nothwendig zur reinen a priori gegebenen praktischen Absicht und deren Möglichkeit gehören. Speculative Einschränkung der reinen Vernunft und praktische Erweiterung derselben bringen dieselbe allererst in dasjenige Verhältniß der Gleichheit, worin Vernunft überhaupt zweckmäßig gebraucht werden kann, und dieses Beispiel beweiset besser als sonst eines, daß der Weg zur Weisheit, wenn er gesichert und nicht ungangbar oder irreleitend werden soll, bei uns Menschen unvermeidlich durch die Wissenschaft durchgehen müsse, wovon man aber, daß diese zu jenem Ziele führe, nur nach Vollendung derselben überzeugt werden kann.

VIII.
Vom Fürwahrhalten aus einem Bedürfnisse der reinen Vernunft.

Ein Bedürfniß der reinen Vernunft in ihrem speculativen Gebrauche führt nur auf Hypothesen, das der reinen praktischen Vernunft aber zu Postulaten; denn im ersteren Falle steige ich vom Abgeleiteten so hoch hinauf in der Reihe der Gründe, wie ich will, und bedarf eines Urgrundes, nicht um jenem Abgeleiteten (z. B. der Causalverbindung der Dinge und Veränderungen in der Welt) objective Realität zu geben, sondern nur um meine forschende Vernunft in Ansehung desselben vollständig zu befriedigen. So sehe ich Ordnung und Zweckmäßigkeit in der Natur vor mir und bedarf nicht, um mich von deren Wirklichkeit zu versichern, zur Speculation zu schreiten, sondern nur, um sie zu erklären, eine Gottheit als deren Ursache voraus zu setzen; da denn, weil von einer Wirkung der Schluß auf eine bestimmte, vornehmlich so genau und so vollständig bestimmte Ursache, als wir an Gott zu denken haben, immer unsicher und mißlich ist, eine solche Voraussetzung nicht weiter gebracht werden kann, als zu dem Grade der für uns Menschen allervernünftigsten Meinung.*) Dagegen ist ein Bedürfniß der reinen **praktischen** Vernunft auf einer **Pflicht** gegründet, etwas (das höchste Gut) zum Gegenstande meines Willens zu machen, um es nach allen meinen Kräften zu befördern; wobei ich aber die Möglichkeit desselben, mithin auch die Bedingungen dazu, nämlich Gott, Freiheit und Unsterblichkeit, voraussetzen muß, weil ich diese durch meine speculative Vernunft nicht beweisen, obgleich auch nicht widerlegen kann. Diese Pflicht gründet sich auf einem freilich von diesen letzteren Voraussetzungen ganz unabhängigen, für sich selbst apodiktisch gewissen, nämlich dem moralischen Gesetze und ist so fern keiner anderweitigen Unterstützung

---

*) Aber selbst auch hier würden wir nicht ein Bedürfniß der **Vernunft** vorschützen können, läge nicht ein problematischer, aber doch unvermeidlicher Begriff der Vernunft vor Augen, nämlich der eines schlechterdings nothwendigen Wesens. Dieser Begriff will nun bestimmt sein, und das ist, wenn der Trieb zur Erweiterung dazu kommt, der objective Grund eines Bedürfnisses der speculativen Vernunft, nämlich den Begriff eines nothwendigen Wesens, welches andern zum Urgrunde dienen soll, näher zu bestimmen und dieses letzte also wodurch kenntlich zu machen. Ohne solche vorausgehende nothwendige Probleme giebt es keine **Bedürfnisse**, wenigstens nicht der **reinen Vernunft**; die übrigen sind Bedürfnisse der **Neigung**.

durch theoretische Meinung von der innern Beschaffenheit der Dinge, der geheimen Abzweckung der Weltordnung, oder eines ihr vorstehenden Regierers bedürftig, um uns auf das vollkommenste zu unbedingt gesetzmäßigen Handlungen zu verbinden. Aber der subjective Effect dieses Gesetzes, nämlich die ihm angemessene und durch dasselbe auch nothwendige Gesinnung, das praktisch mögliche höchste Gut zu befördern, setzt doch wenigstens voraus, daß das letztere möglich sei, widrigenfalls es praktisch unmöglich wäre, dem Objecte eines Begriffes nachzustreben, welcher im Grunde leer und ohne Object wäre. Nun betreffen obige Postulate nur die physische oder metaphysische, mit einem Worte in der Natur der Dinge liegende Bedingungen der Möglichkeit des höchsten Guts, aber nicht zum Behuf einer beliebigen speculativen Absicht, sondern eines praktisch nothwendigen Zwecks des reinen Vernunftwillens, der hier nicht wählt, sondern einem unnachlaßlichen Vernunftgebote gehorcht, welches seinen Grund objectiv in der Beschaffenheit der Dinge hat, so wie sie durch reine Vernunft allgemein beurtheilt werden müssen, und gründet sich nicht etwa auf Neigung, die zum Behuf dessen, was wir aus blos subjectiven Gründen wünschen, sofort die Mittel dazu als möglich, oder den Gegenstand wohl gar als wirklich anzunehmen keinesweges berechtigt ist. Also ist dieses ein Bedürfniß in schlechterdings nothwendiger Absicht und rechtfertigt seine Voraussetzung nicht blos als erlaubte Hypothese, sondern als Postulat in praktischer Absicht; und zugestanden, daß das reine moralische Gesetz jedermann als Gebot (nicht als Klugheitsregel) unnachlaßlich verbinde, darf der Rechtschaffene wohl sagen: ich will, daß ein Gott, daß mein Dasein in dieser Welt auch außer der Naturverknüpfung noch ein Dasein in einer reinen Verstandeswelt, endlich auch daß meine Dauer endlos sei, ich beharre darauf und lasse mir diesen Glauben nicht nehmen; denn dieses ist das einzige, wo mein Interesse, weil ich von demselben nichts nachlassen darf, mein Urtheil unvermeidlich bestimmt, ohne auf Vernünfteleien zu achten, so wenig ich auch darauf zu antworten oder ihnen scheinbarere entgegen zu stellen im Stande sein möchte.*)

* * *

---

*) Im deutschen Museum, Febr. 1787, findet sich eine Abhandlung von einem sehr feinen und hellen Kopfe, dem sel. Wizenmann, dessen früher Tod zu bedauren ist, darin er die Befugniß, aus einem Bedürfnisse auf die objective Realität des Gegenstandes desselben zu schließen, bestreitet und seinen Gegenstand durch das Beispiel

Um bei dem Gebrauche eines noch so ungewohnten Begriffs, als der eines reinen praktischen Vernunftglaubens ist, Mißdeutungen zu verhüten, sei mir erlaubt noch eine Anmerkung hinzuzufügen. — Es sollte fast scheinen, als ob dieser Vernunftglaube hier selbst als Gebot angekündigt werde, nämlich das höchste Gut für möglich anzunehmen. Ein Glaube aber, der geboten wird, ist ein Unding. Man erinnere sich aber der obigen Auseinandersetzung dessen, was im Begriffe des höchsten Guts anzunehmen verlangt wird, und man wird inne werden, daß diese Möglichkeit anzunehmen gar nicht geboten werden dürfe, und keine praktische Gesinnungen fordere, sie einzuräumen, sondern daß speculative Vernunft sie ohne Gesuch zugeben müsse; denn daß eine dem moralischen Gesetze angemessene Würdigkeit der vernünftigen Wesen in der Welt, glücklich zu sein, mit einem dieser proportionirten Besitze dieser Glückseligkeit in Verbindung an sich unmöglich sei, kann doch niemand behaupten wollen. Nun giebt uns in Ansehung des ersten Stücks des höchsten Guts, nämlich was die Sittlichkeit betrifft, das moralische Gesetz blos ein Gebot, und die Möglichkeit jenes Bestandstücks zu bezweifeln, wäre eben so viel, als das moralische Gesetz selbst in Zweifel ziehen. Was aber das zweite Stück jenes Objects, nämlich die jener Würdigkeit durchgängig angemessene Glückseligkeit, betrifft, so ist zwar die Möglichkeit derselben überhaupt einzuräumen gar nicht eines Gebots bedürftig, denn die theoretische Vernunft hat selbst nichts dawider: nur die Art, wie wir uns eine solche Harmonie der Naturgesetze mit denen

---

eines Verliebten erläutert, der, indem er sich in eine Idee von Schönheit, welche blos sein Hirngespinst ist, vernarrt hätte, schließen wollte, daß ein solches Object wirklich wo existire. Ich gebe ihm hierin vollkommen recht in allen Fällen, wo das Bedürfniß auf Neigung gegründet ist, die nicht einmal nothwendig für den, der damit angefochten ist, die Existenz ihres Objects postuliren kann, viel weniger eine für jedermann gültige Forderung enthält und daher ein blos subjectiver Grund der Wünsche ist. Hier aber ist es ein Vernunftbedürfniß, aus einem objectiven Bestimmungsgrunde des Willens, nämlich dem moralischen Gesetze, entspringend, welches jedes vernünftige Wesen nothwendig verbindet, also zur Voraussetzung der ihm angemessenen Bedingungen in der Natur a priori berechtigt und die letztern von dem vollständigen praktischen Gebrauche der Vernunft unzertrennlich macht. Es ist Pflicht, das höchste Gut nach unserem größten Vermögen wirklich zu machen; daher muß es doch auch möglich sein; mithin ist es für jedes vernünftige Wesen in der Welt auch unvermeidlich, dasjenige vorauszusetzen, was zu dessen objectiver Möglichkeit nothwendig ist. Die Voraussetzung ist so nothwendig als das moralische Gesetz, in Beziehung auf welches sie auch nur gültig ist.

der Freiheit denken sollen, hat etwas an sich, in Ansehung dessen uns eine Wahl zukommt, weil theoretische Vernunft hierüber nichts mit apodiktischer Gewißheit entscheidet, und in Ansehung dieser kann es ein moralisches Interesse geben, das den Ausschlag giebt.

Oben hatte ich gesagt, daß nach einem bloßen Naturgange in der Welt die genau dem sittlichen Werthe angemessene Glückseligkeit nicht zu erwarten und für unmöglich zu halten sei, und daß also die Möglichkeit des höchsten Guts von dieser Seite nur unter Voraussetzung eines moralischen Welturhebers könne eingeräumt werden. Ich hielt mit Vorbedacht mit der Einschränkung dieses Urtheils auf die subjectiven Bedingungen unserer Vernunft zurück, um nur dann allererst, wenn die Art ihres Fürwahrhaltens näher bestimmt werden sollte, davon Gebrauch zu machen. In der That ist die genannte Unmöglichkeit blos subjectiv, d. i. unsere Vernunft findet es ihr unmöglich, sich einen so genau angemessenen und durchgängig zweckmäßigen Zusammenhang zwischen zwei nach so verschiedenen Gesetzen sich eräugnenden Weltbegebenheiten nach einem bloßen Naturlaufe begreiflich zu machen, ob sie zwar wie bei allem, was sonst in der Natur Zweckmäßiges ist, die Unmöglichkeit desselben nach allgemeinen Naturgesetzen doch auch nicht beweisen, d. i. aus objectiven Gründen hinreichend darthun kann.

Allein jetzt kommt ein Entscheidungsgrund von anderer Art ins Spiel, um im Schwanken der speculativen Vernunft den Ausschlag zu geben. Das Gebot, das höchste Gut zu befördern, ist objectiv (in der praktischen Vernunft), die Möglichkeit desselben überhaupt gleichfalls objectiv (in der theoretischen Vernunft, die nichts dawider hat) gegründet. Allein die Art, wie wir uns diese Möglichkeit vorstellen sollen, ob nach allgemeinen Naturgesetzen ohne einen der Natur vorstehenden weisen Urheber, oder nur unter dessen Voraussetzung, das kann die Vernunft objectiv nicht entscheiden. Hier tritt nun eine subjective Bedingung der Vernunft ein: die einzige ihr theoretisch mögliche, zugleich der Moralität (die unter einem objectiven Gesetze der Vernunft steht) allein zuträgliche Art, sich die genaue Zusammenstimmung des Reichs der Natur mit dem Reiche der Sitten als Bedingung der Möglichkeit des höchsten Guts zu denken. Da nun die Beförderung desselben und also die Voraussetzung seiner Möglichkeit objectiv (aber nur der praktischen Vernunft zu Folge) nothwendig ist, zugleich aber die Art, auf welche Weise wir es uns als möglich denken wollen, in unserer Wahl steht, in welcher aber ein freies Interesse der reinen praktischen Vernunft für die Annehmung eines weisen Welturhebers entscheidet: so ist das Princip, was unser Urtheil hierin bestimmt, zwar subjectiv als Bedürfniß, aber auch zugleich als Beförderungsmittel dessen, was objectiv (praktisch) nothwendig ist, der Grund einer Maxime des Fürwahrhaltens in moralischer Absicht, d. i. ein reiner praktischer Vernunftglaube. Dieser ist also nicht geboten, sondern als freiwillige, zur moralischen (gebotenen) Absicht zuträgliche, überdem noch mit dem theoretischen Bedürfnisse der Vernunft einstimmige Bestimmung unseres Urtheils, jene Existenz anzunehmen und dem Vernunftgebrauch ferner zum Grunde zu legen, selbst aus der moralischen Gesinnung entsprungen; kann also öfters selbst bei Wohlgesinnten bisweilen in Schwanken, niemals aber in Unglauben gerathen.

IX.
Von der der praktischen Bestimmung des Menschen weislich angemessenen Proportion seiner Erkenntnißvermögen.

Wenn die menschliche Natur zum höchsten Gute zu streben bestimmt ist, so muß auch das Maß ihrer Erkenntnißvermögen, vornehmlich ihr Verhältniß unter einander, als zu diesem Zwecke schicklich angenommen werden. Nun beweiset aber die Kritik der reinen speculativen Vernunft die größte Unzulänglichkeit derselben, um die wichtigsten Aufgaben, die ihr vorgelegt werden, dem Zwecke angemessen aufzulösen, ob sie zwar die natürlichen und nicht zu übersehenden Winke eben derselben Vernunft, imgleichen die großen Schritte, die sie thun kann, nicht verkennt, um sich diesem großen Ziele, das ihr ausgesteckt ist, zu näheren, aber doch, ohne es jemals für sich selbst sogar mit Beihülfe der größten Naturkenntniß zu erreichen. Also scheint die Natur hier uns nur stiefmütterlich mit einem zu unserem Zwecke benöthigten Vermögen versorgt zu haben.

Gesetzt nun, sie wäre hierin unserem Wunsche willfährig gewesen und hätte uns diejenige Einsichtsfähigkeit oder Erleuchtung ertheilt, die wir gerne besitzen möchten, oder in deren Besitz einige wohl gar wähnen sich wirklich zu befinden, was würde allem Ansehn nach wohl die Folge hievon sein? Wofern nicht zugleich unsere ganze Natur umgeändert wäre, so würden die Neigungen, die doch allemal das erste Wort haben, zuerst ihre Befriedigung und, mit vernünftiger Überlegung verbunden, ihre größtmögliche und daurende Befriedigung unter dem Namen der Glückseligkeit verlangen; das moralische Gesetz würde nachher sprechen, um jene in ihren geziemenden Schranken zu halten und sogar sie alle insgesammt einem höheren, auf keine Neigung Rücksicht nehmenden Zwecke zu unterwerfen. Aber statt des Streits, den jetzt die moralische Gesinnung mit den Neigungen zu führen hat, in welchem nach einigen Niederlagen doch allmählig moralische Stärke der Seele zu erwerben ist, würden Gott und Ewigkeit mit ihrer furchtbaren Majestät uns unabläſſig vor Augen liegen (denn was wir vollkommen beweisen können, gilt in Ansehung der Gewißheit uns so viel, als wovon wir uns durch den Augenschein versichern). Die Übertretung des Gesetzes würde freilich vermieden, das Gebotene gethan werden; weil aber die Gesinnung, aus welcher Handlungen geschehen sollen, durch kein Gebot mit eingeflößt werden kann, der Stachel der Thätigkeit hier aber sogleich bei Hand und äußerlich ist, die Vernunft also sich nicht allererst empor arbeiten darf, um Kraft zum Widerstande gegen Neigungen durch lebendige Vorstellung der Würde des Gesetzes zu sammeln, so würden die mehrsten gesetzmäßigen Handlungen aus Furcht, nur wenige aus Hoffnung und gar keine aus Pflicht geschehen, ein moralischer Werth der Handlungen aber, worauf doch allein der Werth der Person und selbst der der Welt in den Augen der höchsten Weisheit ankommt, würde gar nicht existiren. Das Verhalten der Menschen, so lange ihre Natur, wie sie jetzt ist, bliebe, würde also in einen bloßen Mechanismus verwandelt werden, wo wie im Marionettenspiel alles gut gesticuliren, aber in den Figuren doch kein Leben anzutreffen sein würde. Nun, da es mit uns ganz anders beschaffen ist, da wir mit aller Anstrengung unserer Vernunft nur eine sehr dunkele und zweideutige Aussicht in die Zukunft haben, der Weltregierer uns sein Dasein und seine Herrlichkeit nur muthmaßen, nicht erblicken, oder klar beweisen läßt, dagegen das moralische Gesetz in uns, ohne uns etwas mit Sicherheit zu verheißen, oder zu drohen, von uns uneigennützige Achtung fordert, übrigens aber, wenn diese Achtung thätig und herrschend geworden, allererst alsdann und nur dadurch Aussichten ins Reich des Übersinnlichen, aber auch nur mit schwachen Blicken erlaubt: so kann wahrhafte sittliche, dem Gesetze unmittelbar geweihte Gesinnung stattfinden und das vernünftige Geschöpf des Antheils am höchsten Gute würdig werden, das dem moralischen Werthe seiner Person und nicht blos seinen Handlungen angemessen ist. Also möchte es auch hier wohl damit seine Richtigkeit haben, was uns das Studium der Natur und des Menschen sonst hinreichend lehrt, daß die unerforschliche Weisheit, durch die wir existiren, nicht minder verehrungswürdig ist in dem, was sie uns versagte, als in dem, was sie uns zu theil werden ließ.

Der
Kritik der praktischen Vernunft
Zweiter Theil.

Methodenlehre

der

reinen praktischen Vernunft.

Unter der Methodenlehre der reinen praktischen Vernunft kann man nicht die Art (sowohl im Nachdenken als im Vortrage) mit reinen praktischen Grundsätzen in Absicht auf ein wissenschaftliches Erkenntniß derselben zu verfahren verstehen, welches man sonst im Theoretischen eigentlich allein Methode nennt (denn populäres Erkenntniß bedarf einer Manier, Wissenschaft aber einer Methode, d. i. eines Verfahrens nach Principien der Vernunft, wodurch das Mannigfaltige einer Erkenntniß allein ein System werden kann). Vielmehr wird unter dieser Methodenlehre die Art verstanden, wie man den Gesetzen der reinen praktischen Vernunft Eingang in das menschliche Gemüth, Einfluß auf die Maximen desselben verschaffen, d. i. die objectiv praktische Vernunft auch subjectiv praktisch machen könne.

Nun ist zwar klar, daß diejenigen Bestimmungsgründe des Willens, welche allein die Maximen eigentlich moralisch machen und ihnen einen sittlichen Werth geben, die unmittelbare Vorstellung des Gesetzes und die objectiv nothwendige Befolgung desselben als Pflicht, als die eigentlichen Triebfedern der Handlungen vorgestellt werden müssen, weil sonst zwar Legalität der Handlungen, aber nicht Moralität der Gesinnungen bewirkt werden würde. Allein nicht so klar, vielmehr beim ersten Anblicke ganz unwahrscheinlich muß es jedermann vorkommen, daß auch subjectiv jene Darstellung der reinen Tugend mehr Macht über das menschliche Gemüth haben und eine weit stärkere Triebfeder abgeben könne, selbst jene Legalität der Handlungen zu bewirken und kräftigere Entschließungen hervorzubringen, das Gesetz aus reiner Achtung für dasselbe jeder anderen Rücksicht vorzuziehen, als alle Anlockungen, die aus Vorspiegelungen von Vergnügen und überhaupt allem dem, was man zur Glückseligkeit zählen mag, oder auch alle Androhungen von Schmerz und Übeln jemals wirken können. Gleichwohl ist es wirklich so bewandt, und wäre es nicht so mit der menschlichen Natur beschaffen, so würde auch keine Vorstellungsart des Gesetzes durch Umschweife und empfehlende Mittel jemals Moralität der Gesinnung hervorbringen. Alles wäre lauter Gleißnerei, das Gesetz würde gehaßt, oder wohl gar verachtet, indessen doch um eigenen Vortheils willen befolgt werden. Der Buchstabe des Gesetzes (Legalität) würde in unseren Handlungen anzutreffen sein, der Geist desselben aber in unseren Gesinnungen (Moralität) gar nicht, und da wir mit aller unserer Bemühung uns doch in unserem Urtheile nicht ganz von der Vernunft los machen können, so würden wir unvermeidlich in unseren eigenen Augen als nichtswürdige, verworfene Menschen erscheinen müssen, wenn wir uns gleich für diese Kränkung vor dem inneren Richterstuhl dadurch schadlos zu halten versuchten, daß wir uns an den Vergnügen ergötzten, die ein von uns angenommenes natürliches oder göttliches Gesetz unserem Wahne nach mit dem Maschinenwesen ihrer Polizei, die sich blos nach dem richtete, was man thut, ohne sich um die Bewegungsgründe, warum man es thut, zu bekümmern, verbunden hätte.

Zwar kann man nicht in Abrede sein, daß, um ein entweder noch ungebildetes, oder auch verwildertes Gemüth zuerst ins Gleis des moralisch Guten zu bringen, es einiger vorbereitenden Anleitungen bedürfe, es durch seinen eigenen Vortheil zu locken, oder durch den Schaden zu schrecken; allein so bald dieses Maschinenwerk, dieses Gängelband nur einige Wirkung gethan hat, so muß durchaus der reine moralische Bewegungsgrund an die Seele gebracht werden, der nicht allein dadurch, daß er der einzige ist, welcher einen Charakter (praktische consequente Denkungsart nach unveränderlichen Maximen) gründet, sondern auch darum, weil er den Menschen seine eigene Würde fühlen lehrt, dem Gemüthe eine ihm selbst unerwartete Kraft giebt, sich von aller sinnlichen Anhänglichkeit, so fern sie herrschend werden will, loszureißen und in der Unabhängigkeit seiner intelligibelen Natur und der Seelengröße, dazu er sich bestimmt sieht, für die Opfer, die er darbringt, reichliche Entschädigung zu finden. Wir wollen also diese Eigenschaft unseres Gemüths, diese Empfänglichkeit eines reinen moralischen Interesse und mithin die bewegende Kraft der reinen Vorstellung der Tugend, wenn sie gehörig ans menschliche Herz gebracht wird, als die mächtigste und, wenn es auf die Dauer und Pünktlichkeit in Befolgung moralischer Maximen ankommt, einzige Triebfeder zum Guten

Methodenlehre der reinen praktischen Vernunft.

durch Beobachtungen, die ein jeder anstellen kann, beweisen; wobei doch zugleich erinnert werden muß, daß, wenn diese Beobachtungen nur die Wirklichkeit eines solchen Gefühls, nicht aber dadurch zu Stande gebrachte sittliche Besserung beweisen, dieses der einzigen Methode, die objectiv praktischen Gesetze der reinen Vernunft durch bloße reine Vorstellung der Pflicht subjectiv praktisch zu machen, keinen Abbruch thue, gleich als ob sie eine leere Phantasterei wäre. Denn da diese Methode noch niemals in Gang gebracht worden, so kann auch die Erfahrung noch nichts von ihrem Erfolg aufzeigen, sondern man kann nur Beweisthümer der Empfänglichkeit solcher Triebfedern fordern, die ich jetzt kürzlich vorlegen und darnach die Methode der Gründung und Cultur ächter moralischer Gesinnungen mit wenigem entwerfen will.

Wenn man auf den Gang der Gespräche in gemischten Gesellschaften, die nicht blos aus Gelehrten und Vernünftlern, sondern auch aus Leuten von Geschäften oder Frauenzimmer bestehen, Acht hat, so bemerkt man, daß außer dem Erzählen und Scherzen noch eine Unterhaltung, nämlich das Räsonniren, darin Platz findet: weil das erstere, wenn es Neuigkeit und mit ihr Interesse bei sich führen soll, bald erschöpft, das zweite aber leicht schal wird. Unter allem Räsonniren ist aber keines, was mehr den Beitritt der Personen, die sonst bei allem Vernünfteln bald lange Weile haben, erregt und eine gewisse Lebhaftigkeit in die Gesellschaft bringt, als das über den sittlichen Werth dieser oder jener Handlung, dadurch der Charakter irgend einer Person ausgemacht werden soll. Diejenige, welchen sonst alles Subtile und Grüblerische in theoretischen Fragen trocken und verdrießlich ist, treten bald bei, wenn es darauf ankommt, den moralischen Gehalt einer erzählten guten oder bösen Handlung auszumachen, und sind so genau, so grüblerisch, so subtil, alles, was die Reinigkeit der Absicht und mithin den Grad der Tugend in derselben vermindern, oder auch nur verdächtig machen könnte, auszusinnen, als man bei keinem Objecte der Speculation sonst von ihnen erwartet. Man kann in diesen Beurtheilungen oft den Charakter der über andere urtheilenden Personen selbst hervorschimmern sehen, deren einige vorzüglich geneigt scheinen, indem sie ihr Richteramt vornehmlich über Verstorbene ausüben, das Gute, was von dieser oder jener That derselben erzählt wird, wider alle kränkende Einwürfe der Unlauterkeit und zuletzt den ganzen sittlichen Werth der Person wider den Vorwurf der Verstellung und geheimen Bösartigkeit zu vertheidigen, andere dagegen mehr auf Anklagen und Beschuldigungen sinnen, diesen Werth anzufechten. Doch kann man den letzteren nicht immer die Absicht beimessen, Tugend aus allen Beispielen der Menschen gänzlich wegvernünfteln zu wollen, um sie dadurch zum leeren Namen zu machen, sondern es ist oft nur wohlgemeinte Strenge in Bestimmung des ächten sittlichen Gehalts nach einem unnachsichtlichen Gesetze, mit welchem und nicht mit Beispielen verglichen der Eigendünkel im Moralischen sehr sinkt, und Demuth nicht etwa blos gelehrt, sondern bei scharfer Selbstprüfung von jedem gefühlt wird. Dennoch kann man den Vertheidigern der Reinigkeit der Absicht in gegebenen Beispielen es mehrentheils ansehen, daß sie ihr da, wo sie die Vermuthung der Rechtschaffenheit für sich hat, auch den mindesten Fleck gerne abwischen möchten, aus dem Bewegungsgrunde, damit nicht, wenn allen Beispielen ihre Wahrhaftigkeit gestritten und aller menschlichen Tugend die Lauterkeit weggeleugnet würde, diese nicht endlich gar für ein bloßes Hirngespinst gehalten und so alle Bestrebung zu derselben als eitles Geziere und trüglicher Eigendünkel geringschätzig gemacht werde.

Ich weiß nicht, warum die Erzieher der Jugend von diesem Hange der Vernunft, in aufgeworfenen praktischen Fragen selbst die subtilste Prüfung mit Vergnügen einzuschlagen, nicht schon längst Gebrauch gemacht haben, und, nachdem sie einen blos moralischen Katechism zum Grunde legten, sie nicht die Biographien alter und neuer Zeiten in der Absicht durchsuchten, um Beläge zu den vorgelegten Pflichten bei der Hand zu haben, an denen sie vornehmlich durch die Vergleichung ähnlicher Handlungen unter verschiedenen Umständen die Beurtheilung ihrer Zöglinge in Thätigkeit setzten, um den mindern oder größeren moralischen Gehalt derselben zu bemerken, als worin sie selbst die frühe Jugend, die zu aller Speculation sonst noch unreif ist, bald sehr scharfsichtig und dabei, weil sie den Fortschritt ihrer Urtheilskraft fühlt, nicht wenig interessirt finden werden, was aber das Vornehmste ist, mit Sicherheit hoffen können, daß die öftere Übung, das Wohlverhalten in seiner ganzen Reinigkeit zu kennen und ihm Beifall zu geben, dagegen selbst die kleinste Abweichung von ihr mit Bedauern oder Verachtung zu bemerken, ob es zwar bis dahin nur als ein Spiel der Urtheilskraft, in welchem Kinder mit einander wetteifern können, getrieben wird, dennoch einen dauerhaften Eindruck der Hochschätzung auf der einen und des Abscheues auf der andern Seite zurücklassen werde, welche durch bloße Gewohnheit, solche Handlungen als beifalls- oder tadelswürdig öfters anzusehen, zur Rechtschaffenheit im

Methodenlehre der reinen praktischen Vernunft.

künftigen Lebenswandel eine gute Grundlage ausmachen würden. Nur wünsche ich sie mit Beispielen sogenannter edler (überverdienstlicher) Handlungen, mit welchen unsere empfindsame Schriften so viel um sich werfen, zu verschonen und alles blos auf Pflicht und den Werth, den ein Mensch sich in seinen eigenen Augen durch das Bewußtsein, sie nicht übertreten zu haben, geben kann und muß, auszusetzen, weil, was auf leere Wünsche und Sehnsuchten nach unersteiglicher Vollkommenheit hinausläuft, lauter Romanhelden hervorbringt, die, indem sie sich auf ihr Gefühl für das überschwenglich Große viel zu Gute thun, sich dafür von der Beobachtung der gemeinen und gangbaren Schuldigkeit, die alsdann ihnen nur unbedeutend klein scheint, frei sprechen.*)

Wenn man aber fragt, was denn eigentlich die reine Sittlichkeit ist, an der als dem Probemetall man jeder Handlung moralischen Gehalt prüfen müsse, so muß ich gestehen, daß nur Philosophen die Entscheidung dieser Frage zweifelhaft machen können; denn in der gemeinen Menschenvernunft ist sie, zwar nicht durch abgezogene allgemeine Formeln, aber doch durch den gewöhnlichen Gebrauch, gleichsam als der Unterschied zwischen der rechten und linken Hand, längst entschieden. Wir wollen also vorerst das Prüfungsmerkmal der reinen Tugend an einem Beispiele zeigen und, indem wir uns vorstellen, daß es etwa einem zehnjährigen Knaben zur Beurtheilung vorgelegt worden, sehen, ob er auch von selber, ohne durch den Lehrer dazu angewiesen zu sein, nothwendig so urtheilen müßte. Man erzähle die Geschichte eines redlichen Mannes, den man bewegen will, den Verleumdern einer unschuldigen, übrigens nichts vermögenden Person (wie etwa Anna von Bolen auf Anklage Heinrich VIII. von England) beizutreten. Man bietet Gewinne, d. i. große Geschenke oder hohen Rang, an, er schlägt sie aus. Dieses wird bloßen Beifall und Billigung

---

*) Handlungen, aus denen große, uneigennützige, theilnehmende Gesinnung und Menschlichkeit hervorleuchtet, zu preisen, ist ganz rathsam. Aber man muß hier nicht sowohl auf die Seelenerhebung, die sehr flüchtig und vorübergehend ist, als vielmehr auf die Herzensunterwerfung unter Pflicht, wovon ein längerer Eindruck erwartet werden kann, weil sie Grundsätze (jene aber nur Aufwallungen) mit sich führt, aufmerksam machen. Man darf nur ein wenig nachsinnen, man wird immer eine Schuld finden, die er sich irgend wodurch in Ansehung des Menschengeschlechts aufgeladen hat (sollte es auch nur die sein, daß man durch die Ungleichheit der Menschen in der bürgerlichen Verfassung Vortheile genießt, um deren willen andere desto mehr entbehren müssen), um durch die eigenliebige Einbildung des Verdienstlichen den Gedanken an Pflicht nicht zu verdrängen.

in der Seele des Zuhörers wirken, weil es Gewinn ist. Nun fängt man
es mit Androhung des Verlusts an. Es sind unter diesen Verleumdern
seine besten Freunde, die ihm jetzt ihre Freundschaft aufsagen, nahe Ver=
wandte, die ihn (der ohne Vermögen ist) zu enterben drohn, Mächtige,
die ihn in jedem Orte und Zustande verfolgen und kränken können, ein
Landesfürst, der ihn mit dem Verlust der Freiheit, ja des Lebens selbst
bedroht. Um ihn aber, damit das Maß des Leidens voll sei, auch den
Schmerz fühlen zu lassen, den nur das sittlich gute Herz recht inniglich
fühlen kann, mag man seine mit äußerster Noth und Dürftigkeit bedrohte
Familie ihn um Nachgiebigkeit anflehend, ihn selbst, obzwar recht=
schaffen, doch eben nicht von festen, unempfindlichen Organen des Gefühls
für Mitleid sowohl als eigener Noth, in einem Augenblick, darin er wünscht
den Tag nie erlebt zu haben, der ihn einem so unaussprechlichen Schmerz
aussetzte, dennoch seinem Vorsatze der Redlichkeit, ohne zu wanken oder
nur zu zweifeln, treu bleibend vorstellen: so wird mein jugendlicher Zu=
hörer stufenweise von der bloßen Billigung zur Bewunderung, von da
zum Erstaunen, endlich bis zur größten Verehrung und einem lebhaften
Wunsche, selbst ein solcher Mann sein zu können (obzwar freilich nicht in
seinem Zustande), erhoben werden; und gleichwohl ist hier die Tugend
nur darum so viel werth, weil sie so viel kostet, nicht weil sie etwas ein=
bringt. Die ganze Bewunderung und selbst Bestrebung zur Ähnlichkeit
mit diesem Charakter beruht hier gänzlich auf der Reinigkeit des sittlichen
Grundsatzes, welche nur dadurch recht in die Augen fallend vorgestellt
werden kann, daß man alles, was Menschen nur zur Glückseligkeit zählen
mögen, von den Triebfedern der Handlung wegnimmt. Also muß die
Sittlichkeit auf das menschliche Herz desto mehr Kraft haben, je reiner sie
dargestellt wird. Woraus denn folgt, daß, wenn das Gesetz der Sitten
und das Bild der Heiligkeit und Tugend auf unsere Seele überall einigen
Einfluß ausüben soll, sie diesen nur so fern ausüben könne, als sie rein,
unvermengt von Absichten auf sein Wohlbefinden, als Triebfeder ans Herz
gelegt wird, darum weil sie sich im Leiden am herrlichsten zeigt. Das=
jenige aber, dessen Wegräumung die Wirkung einer bewegenden Kraft
verstärkt, muß ein Hinderniß gewesen sein. Folglich ist alle Beimischung
der Triebfedern, die von eigener Glückseligkeit hergenommen werden, ein
Hinderniß, dem moralischen Gesetze Einfluß aufs menschliche Herz zu ver=
schaffen. — Ich behaupte ferner, daß selbst in jener bewunderten Hand=
lung, wenn der Bewegungsgrund, daraus sie geschah, die Hochschätzung

seiner Pflicht war, alsdann eben diese Achtung fürs Gesetz, nicht etwa ein Anspruch auf die innere Meinung von Großmuth und edler, verdienstlicher Denkungsart, gerade auf das Gemüth des Zuschauers die größte Kraft habe, folglich Pflicht, nicht Verdienst den nicht allein bestimmtesten, sondern, wenn sie im rechten Lichte ihrer Unverletzlichkeit vorgestellt wird, auch den eindringendsten Einfluß aufs Gemüth haben müsse.

In unsern Zeiten, wo man mehr mit schmelzenden, weichherzigen Gefühlen, oder hochfliegenden, aufblähenden und das Herz eher welk als stark machenden Anmaßungen über das Gemüth mehr auszurichten hofft, als durch die der menschlichen Unvollkommenheit und dem Fortschritte im Guten angemeßnere trockne und ernsthafte Vorstellung der Pflicht, ist die Hinweisung auf diese Methode nöthiger als jemals. Kindern Handlungen als edele, großmüthige, verdienstliche zum Muster aufzustellen, in der Meinung, sie durch Einflößung eines Enthusiasmus für dieselbe einzunehmen, ist vollends zweckwidrig. Denn da sie noch in der Beobachtung der gemeinsten Pflicht und selbst in der richtigen Beurtheilung derselben so weit zurück sind, so heißt das so viel, als sie bei Zeiten zu Phantasten zu machen. Aber auch bei dem belehrtern und erfahrnern Theil der Menschen ist diese vermeinte Triebfeder, wo nicht von nachtheiliger, wenigstens von keiner ächten moralischen Wirkung aufs Herz, die man dadurch doch hat zuwegebringen wollen.

Alle Gefühle, vornehmlich die, so ungewohnte Anstrengung bewirken sollen, müssen in dem Augenblicke, da sie in ihrer Heftigkeit sind, und ehe sie verbrausen, ihre Wirkung thun, sonst thun sie nichts: indem das Herz natürlicherweise zu seiner natürlichen, gemäßigten Lebensbewegung zurückkehrt und sonach in die Mattigkeit verfällt, die ihm vorher eigen war, weil zwar etwas, was es reizte, nichts aber, das es stärkte, an dasselbe gebracht war. Grundsätze müssen auf Begriffe errichtet werden, auf alle andere Grundlage können nur Anwandelungen zu Stande kommen, die der Person keinen moralischen Werth, ja nicht einmal eine Zuversicht auf sich selbst verschaffen können, ohne die das Bewußtsein seiner moralischen Gesinnung und eines solchen Charakters, das höchste Gut im Menschen, gar nicht stattfinden kann. Diese Begriffe nun, wenn sie subjectiv praktisch werden sollen, müssen nicht bei den objectiven Gesetzen der Sittlichkeit stehen bleiben, um sie zu bewundern und in Beziehung auf die Menschheit hochzuschätzen, sondern ihre Vorstellung in Relation auf den Menschen und auf sein Individuum betrachten; da denn jenes Gesetz in einer zwar höchst achtungswürdigen, aber nicht so gefälligen Gestalt erscheint, als ob es zu dem Elemente gehöre, daran er natürlicher Weise gewohnt ist, sondern wie es ihn nöthigt, dieses oft nicht ohne Selbstverleugnung zu verlassen und sich in ein höheres zu begeben, darin er sich mit unaufhörlicher Besorgniß des Rückfalls nur mit Mühe erhalten kann. Mit einem Worte, das moralische Gesetz verlangt Befolgung aus Pflicht, nicht aus Vorliebe, die man gar nicht voraussetzen kann und soll.

Laßt uns nun im Beispiele sehen, ob in der Vorstellung einer Handlung als edler und großmüthiger Handlung mehr subjectiv bewegende Kraft einer Triebfeder liege, als wenn diese blos als Pflicht in Verhältniß auf das ernste moralische Gesetz vorgestellt wird. Die Handlung, da jemand mit der größten Gefahr des Lebens Leute aus dem Schiffbruche zu retten sucht, wenn er zuletzt dabei selbst sein Leben einbüßt, wird zwar einerseits zur Pflicht, andererseits aber und größtentheils auch für verdienstliche Handlung angerechnet, aber unsere Hochschätzung derselben wird gar sehr durch den Begriff von Pflicht gegen sich selbst, welche hier etwas Abbruch zu leiden scheint, geschwächt. Entscheidender ist die großmüthige Aufopferung seines Lebens zur Erhaltung des Vaterlandes, und doch, ob es auch so vollkommen Pflicht sei, sich von selbst und unbefohlen dieser Absicht zu weihen, darüber bleibt einiger Scrupel übrig, und die Handlung hat nicht die ganze Kraft eines Musters und Antriebes zur Nachahmung in sich. Ist es aber unerlaßliche Pflicht, deren Übertretung das moralische Gesetz an sich und ohne Rücksicht auf Menschenwohl verletzt und dessen Heiligkeit gleichsam mit Füßen tritt (dergleichen Pflichten man Pflichten gegen Gott zu nennen pflegt, weil wir uns in ihm das Ideal der Heiligkeit in Substanz denken), so widmen wir der Befolgung desselben mit Aufopferung alles dessen, was für die innigste aller unserer Neigungen nur immer einen Werth haben mag, die allervollkommenste Hochachtung, und wir finden unsere Seele durch ein solches Beispiel gestärkt und erhoben, wenn wir an demselben uns überzeugen können, daß die menschliche Natur zu einer so großen Erhebung über alles, was Natur nur immer an Triebfedern zum Gegentheil aufbringen mag, fähig sei. Juvenal stellt ein solches Beispiel in einer Steigerung vor, die den Leser die Kraft der Triebfeder, die im reinen Gesetze der Pflicht als Pflicht steckt, lebhaft empfinden läßt:

> Esto bonus miles, tutor bonus, arbiter idem
> Integer; ambiguae si quando citabere testis

> Incertaeque rei, Phalaris licet imperet, ut sis
> Falsus, et admoto dictet periuria tauro,
> Summum crede nefas animam praeferre pudori
> Et propter vitam vivendi perdere causas.

Wenn wir irgend etwas Schmeichelhaftes vom Verdienstlichen in unsere Handlung bringen können, dann ist die Triebfeder schon mit Eigenliebe etwas vermischt, hat also einige Beihülfe von der Seite der Sinnlichkeit. Aber der Heiligkeit der Pflicht allein alles nachsetzen und sich bewußt werden, daß man es könne, weil unsere eigene Vernunft dieses als ihr Gebot anerkennt und sagt, daß man es thun solle, das heißt sich gleichsam über die Sinnenwelt selbst gänzlich erheben, und ist in demselben Bewußtsein des Gesetzes auch als Triebfeder eines die Sinnlichkeit beherrschenden Vermögens unzertrennlich, wenn gleich nicht immer mit Effect verbunden, der aber doch auch durch die öftere Beschäftigung mit derselben und die anfangs kleinern Versuche ihres Gebrauchs Hoffnung zu seiner Bewirkung giebt, um in uns nach und nach das größte, aber reine moralische Interesse daran hervorzubringen.

Die Methode nimmt also folgenden Gang. Zuerst ist es nur darum zu thun, die Beurtheilung nach moralischen Gesetzen zu einer natürlichen, alle unsere eigene sowohl als die Beobachtung fremder freier Handlungen begleitenden Beschäftigung und gleichsam zur Gewohnheit zu machen und sie zu schärfen, indem man vorerst frägt, ob die Handlung objectiv dem moralischen Gesetze, und welchem, gemäß sei; wobei man denn die Aufmerksamkeit auf dasjenige Gesetz, welches blos einen Grund zur Verbindlichkeit an die Hand giebt, von dem unterscheidet, welches in der That verbindend ist (leges obligandi a legibus obligantibus), (wie z. B. das Gesetz desjenigen, was das Bedürfniß der Menschen, im Gegensatze dessen, was das Recht derselben von mir fordert, wovon das Letztere wesentliche, das Erstere aber nur außerwesentliche Pflichten vorschreibt) und so verschiedene Pflichten, die in einer Handlung zusammenkommen, unterscheiden lehrt. Der andere Punkt, worauf die Aufmerksamkeit gerichtet werden muß, ist die Frage: ob die Handlung auch (subjectiv) um des moralischen Gesetzes willen geschehen, und also sie nicht allein sittliche Richtigkeit als That, sondern auch sittlichen Werth als Gesinnung, ihrer Maxime nach, habe. Nun ist kein Zweifel, daß diese Übung und das Bewußtsein einer daraus entspringenden Cultur unserer blos über das Praktische urtheilenden Vernunft ein gewisses Interesse selbst am Gesetze derselben, mithin an sittlich guten Handlungen nach und nach hervorbringen müsse. Denn wir gewinnen endlich das lieb, dessen Betrachtung uns den erweiterten Gebrauch unserer Erkenntnißkräfte empfinden läßt, welchen vornehmlich dasjenige befördert, worin wir moralische Richtigkeit antreffen: weil sich die Vernunft in einer solchen Ordnung der Dinge mit ihrem Vermögen, a priori nach Principien zu bestimmen, was geschehen soll, allein gut finden kann. Gewinnt doch ein Naturbeobachter Gegenstände, die seinen Sinnen anfangs anstößig sind, endlich lieb, wenn er die große Zweckmäßigkeit ihrer Organisation daran entdeckt und so seine Vernunft an ihrer Betrachtung weidet, und Leibniz brachte ein Insect, welches er durchs Mikroskop sorgfältig betrachtet hatte, schonend wiederum auf sein Blatt zurück, weil er sich durch seinen Anblick belehrt gefunden und von ihm gleichsam eine Wohltat genossen hatte.

Aber diese Beschäftigung der Urtheilskraft, welche uns unsere eigene Erkenntnißkräfte fühlen läßt, ist noch nicht das Interesse an den Handlungen und ihrer Moralität selbst. Sie macht blos, daß man sich gerne mit einer solchen Beurtheilung unterhält, und giebt der Tugend oder der Denkungsart nach moralischen Gesetzen eine Form der Schönheit, die bewundert, darum aber noch nicht gesucht wird (laudatur et alget); wie alles, dessen Betrachtung subjectiv ein Bewußtsein der Harmonie unserer Vorstellungskräfte bewirkt, und wobei wir unser ganzes Erkenntnißvermögen (Verstand und Einbildungskraft) gestärkt fühlen, ein Wohlgefallen hervorbringt, das sich auch andern mittheilen läßt, wobei gleichwohl die Existenz des Objects uns gleichgültig bleibt, indem es nur als die Veranlassung angesehen wird, der über die Thierheit erhabenen Anlage der Talente in uns inne zu werden. Nun tritt aber die zweite Übung ihr Geschäft an, nämlich in der lebendigen Darstellung der moralischen Gesinnung an Beispielen die Reinigkeit des Willens bemerklich zu machen, vorerst nur als negativer Vollkommenheit desselben, so fern in einer Handlung aus Pflicht gar keine Triebfedern der Neigungen als Bestimmungsgründe auf ihn einfließen; wodurch der Lehrling doch auf das Bewußtsein seiner Freiheit aufmerksam erhalten wird, und, obgleich diese Entsagung eine anfängliche Empfindung von Schmerz erregt, dennoch dadurch, daß sie jenen Lehrling dem Zwange selbst wahrer Bedürfnisse entzieht, ihm zugleich eine Befreiung von der mannigfaltigen Unzufriedenheit, darin ihn alle diese Bedürfnisse verflechten, angekündigt und das Gemüth für die Empfindung der Zufriedenheit aus anderen Quellen empfänglich gemacht wird. Das Herz wird doch von einer Last, die es jederzeit ingeheim drückt, befreit und erleichtert, wenn an reinen moralischen Entschließungen, davon Beispiele vorgelegt werden, dem Menschen ein inneres, ihm selbst sonst nicht einmal recht bekanntes Vermögen, die innere Freiheit, aufgedeckt wird, sich von der ungestümen Zudringlichkeit der Neigungen dermaßen loszumachen, daß gar keine, selbst die beliebteste nicht, auf eine Entschließung, zu der wir uns jetzt unserer Vernunft bedienen sollen, Einfluß habe. In einem Falle, wo ich nur allein weiß, daß das Unrecht auf meiner Seite sei, und, obgleich das freie Geständniß desselben und die Anerbietung zur Genugthuung an der Eitelkeit, dem Eigennutze, selbst dem sonst nicht unrechtmäßigen Widerwillen gegen den, dessen Recht von mir geschmälert ist, so großen Widerspruch findet, dennoch mich über alle diese Bedenklichkeiten wegsetzen kann, ist doch ein Bewußtsein einer Unabhängigkeit von Neigungen und von Glücksumständen und der Möglichkeit sich selbst genug zu sein enthalten, welche mir überall auch in anderer Absicht heilsam ist. Und nun findet das Gesetz der Pflicht durch den positiven Werth, den uns die Befolgung desselben empfinden läßt, leichteren Eingang durch die Achtung für uns selbst im Bewußtsein unserer Freiheit. Auf diese, wenn sie wohl gegründet ist, wenn der Mensch nichts stärker scheuet, als sich in der inneren Selbstprüfung in seinen eigenen Augen geringschätzig und verwerflich zu finden, kann nun jede gute sittliche Gesinnung gepfropft werden: weil dieses der beste, ja der einzige Wächter ist, das Eindringen unedler und verderbender Antriebe vom Gemüthe abzuhalten.

Ich habe hiemit nur auf die allgemeinsten Maximen der Methodenlehre einer moralischen Bildung und Übung hinweisen wollen. Da die Mannigfaltigkeit der Pflichten für jede Art derselben noch besondere Bestimmungen erforderte und so ein weitläuftiges Geschäfte ausmachen würde, so wird man mich für entschuldigt halten, wenn ich in einer Schrift wie diese, die nur Vorübung ist, es bei diesen Grundzügen bewenden lasse.

Beschluß.

Zwei Dinge erfüllen das Gemüth mit immer neuer und zunehmender Bewunderung und Ehrfurcht, je öfter und anhaltender sich das Nachdenken damit beschäftigt: der bestirnte Himmel über mir und das moralische Gesetz in mir. Beide darf ich nicht als in Dunkelheiten verhüllt, oder im Überschwenglichen, außer meinem Gesichtskreise suchen und blos vermuthen; ich sehe sie vor mir und verknüpfe sie unmittelbar mit dem Bewußtsein meiner Existenz. Das erste fängt von dem Platze an, den ich in der äußern Sinnenwelt einnehme, und erweitert die Verknüpfung, darin ich stehe, ins unabsehlich Große mit Welten über Welten und Systemen von Systemen, überdem noch in grenzenlose Zeiten ihrer periodischen Bewegung, deren Anfang und Fortdauer. Das zweite fängt von meinem unsichtbaren Selbst, meiner Persönlichkeit, an und stellt mich in einer Welt dar, die wahre Unendlichkeit hat, aber nur dem Verstande spürbar ist, und mit welcher (dadurch aber auch) zugleich mit allen jenen sichtbaren Welten) ich mich nicht wie dort in blos zufälliger, sondern allgemeiner und nothwendiger Verknüpfung erkenne. Der erstere Anblick einer zahllosen Weltenmenge vernichtet gleichsam meine Wichtigkeit, als eines thierischen Geschöpfs, das die Materie, daraus es ward, dem Planeten (einem bloßen Punkt im Weltall) wieder zurückgeben muß, nachdem es eine kurze Zeit (man weiß nicht wie) mit Lebenskraft versehen gewesen. Der zweite erhebt dagegen meinen Werth, als einer Intelligenz, unendlich durch meine Persönlichkeit, in welcher das moralische Gesetz mir ein von der Thierheit und selbst von der ganzen Sinnenwelt unabhängiges Leben offenbart, wenigstens so viel sich aus der zweckmäßigen Bestimmung meines Daseins durch dieses Gesetz, welche nicht auf Bedingungen und Grenzen dieses Lebens eingeschränkt ist, sondern ins Unendliche geht, abnehmen läßt.

Allein Bewunderung und Achtung können zwar zur Nachforschung reizen, aber den Mangel derselben nicht ersetzen. Was ist nun zu thun, um diese auf nutzbare und der Erhabenheit des Gegenstandes angemessene Art anzustellen? Beispiele mögen hiebei zur Warnung, aber auch zur Nachahmung dienen. Die Weltbetrachtung fing von dem herrlichsten Anblicke an, den menschliche Sinne nur immer vorlegen und unser Verstand in ihrem weiten Umfange zu verfolgen nur immer vertragen kann, und endigte — mit der Sterndeutung. Die Moral fing mit der edelsten Eigenschaft in der menschlichen Natur an, deren Entwickelung und Cultur auf unendlichen Nutzen hinaussieht, und endigte — mit der Schwärmerei, oder dem Aberglauben. So geht es allen noch rohen Versuchen, in denen der vornehmste Theil des Geschäftes auf den Gebrauch der Vernunft ankommt, der nicht so wie der Gebrauch der Füße sich von selbst vermittelst der öftern Ausübung findet, vornehmlich wenn er Eigenschaften betrifft, die sich nicht so unmittelbar in der gemeinen Erfahrung darstellen lassen. Nachdem aber, wiewohl spät, die Maxime in Schwang gekommen war, alle Schritte vorher wohl zu überlegen, die die Vernunft zu thun vorhat, und sie nicht anders als im Gleise einer vorher wohl überdachten Methode ihren Gang machen zu lassen, so bekam die Beurtheilung des Weltgebäudes eine ganz andere Richtung und mit dieser zugleich einen ohne Vergleichung glücklichern Ausgang. Der Fall eines Steins, die Bewegung einer Schleuder, in ihre Elemente und dabei sich äußernde Kräfte aufgelöst und mathematisch bearbeitet, brachte zuletzt diejenige klare und für alle Zukunft unveränderliche Einsicht in den Weltbau hervor, die bei fortgehender Beobachtung hoffen kann, sich immer nur zu erweitern, niemals aber zurückgehen zu müssen fürchten darf.

Diesen Weg nun in Behandlung der moralischen Anlagen unserer Natur gleichfalls einzuschlagen, kann uns jenes Beispiel anräthig sein und Hoffnung zu ähnlichem guten Erfolg geben. Wir haben doch die Beispiele der moralisch urtheilenden Vernunft bei Hand. Diese nun in ihre Elementarbegriffe zu zergliedern, in Ermangelung der Mathematik aber ein der Chemie ähnliches Verfahren der Scheidung des Empirischen vom Rationalen, das sich in ihnen vorfinden möchte, in wiederholten Versuchen am gemeinen Menschenverstande vorzunehmen, kann uns Beides rein und, was Jedes für sich allein leisten könne, mit Gewißheit kennbar machen und so theils der Verirrung einer noch rohen, ungeübten Beurtheilung, theils (welches weit nöthiger ist) den Genieschwüngen vorbeugen, durch welche, wie es von Adepten des Steins der Weisen zu geschehen pflegt, ohne alle methodische Nachforschung und Kenntniß der Natur geträumte Schätze versprochen und wahre verschleudert werden. Mit einem Worte: Wissenschaft (kritisch gesucht und methodisch eingeleitet) ist die enge Pforte, die zur Weisheitslehre führt, wenn unter dieser nicht blos verstanden wird, was man thun, sondern was Lehrern zur Richtschnur dienen soll, um den Weg zur Weisheit, den jedermann gehen soll, gut und kenntlich zu bahnen und andere vor Irrwegen zu sichern; eine Wissenschaft, deren Aufbewahrerin jederzeit die Philosophie bleiben muß, an deren subtiler Untersuchung das Publicum keinen Antheil, wohl aber an den Lehren zu nehmen hat, die ihm nach einer solchen Bearbeitung allererst recht hell einleuchten können.

Kritik

der

Urtheilskraft

von

Immanuel Kant.

Vorrede
zur ersten Auflage, 1790.

Man kann das Vermögen der Erkenntniß aus Principien a priori die reine Vernunft und die Untersuchung der Möglichkeit und Gränzen derselben überhaupt die Kritik der reinen Vernunft nennen: ob man gleich unter diesem Vermögen nur die Vernunft in ihrem theoretischen Gebrauche versteht, wie es auch in dem ersten Werke unter jener Benennung geschehen ist, ohne noch ihr Vermögen als praktische Vernunft nach ihren besonderen Principien in Untersuchung ziehen zu wollen. Jene geht alsdann bloß auf unser Vermögen, Dinge a priori zu erkennen, und beschäftigt sich also nur mit dem Erkenntnißvermögen mit Ausschließung des Gefühls der Lust und Unlust und des Begehrungsvermögens; und unter den Erkenntnißvermögen mit dem Verstande nach seinen Principien a priori mit Ausschließung der Urtheilskraft und der Vernunft (als zum theoretischen Erkenntniß gleichfalls gehöriger Vermögen), weil es sich in dem Fortgange findet, daß kein anderes Erkenntnißvermögen als der Verstand constitutive Erkenntnißprincipien a priori an die Hand geben kann. Die Kritik also, welche sie insgesammt nach dem Antheile, den jedes der anderen an dem baaren Besitz der Erkenntniß aus eigener Wurzel zu haben vorgeben möchte, sichtet, läßt nichts übrig, als was der Verstand a priori als Gesetz für die Natur, als den Inbegriff von Erscheinungen (deren Form eben sowohl a priori gegeben ist), vorschreibt; verweiset aber alle andere reine Begriffe unter die Ideen, die für unser theoretisches Erkenntnißvermögen überschwenglich, dabei aber doch nicht etwa unnütz oder entbehrlich sind, sondern als regulative Principien dienen: theils die besorglichen Anmaßungen des Verstandes, als ob er (indem er a priori die Bedingungen der Möglichkeit aller Dinge, die er erkennen kann, anzu=

geben vermag) dadurch auch die Möglichkeit aller Dinge überhaupt in diesen Gränzen beschlossen habe, zurück zu halten, theils um ihn selbst in der Betrachtung der Natur nach einem Princip der Vollständigkeit, wiewohl er sie nie erreichen kann, zu leiten und dadurch die Endabsicht alles Erkenntnisses zu befördern.

Es war also eigentlich der Verstand, der sein eigenes Gebiet und zwar im Erkenntnißvermögen hat, sofern er constitutive Erkenntnißprincipien a priori enthält, welcher durch die im Allgemeinen so benannte Kritik der reinen Vernunft gegen alle übrige Competenten in sicheren alleinigen Besitz gesetzt werden sollte. Eben so ist der Vernunft, welche nirgend als lediglich in Ansehung des Begehrungsvermögens constitutive Principien a priori enthält, in der Kritik der praktischen Vernunft ihr Besitz angewiesen worden.

Ob nun die Urtheilskraft, die in der Ordnung unserer Erkenntnißvermögen zwischen dem Verstande und der Vernunft ein Mittelglied ausmacht, auch für sich Principien a priori habe; ob diese constitutiv oder bloß regulativ sind (und also kein eigenes Gebiet beweisen), und ob sie dem Gefühle der Lust und Unlust, als dem Mittelgliede zwischen dem Erkenntnißvermögen und Begehrungsvermögen, (eben so wie der Verstand dem ersteren, die Vernunft aber dem letzteren a priori Gesetze vorschreiben) a priori die Regel gebe: das ist es, womit sich gegenwärtige Kritik der Urtheilskraft beschäftigt.

Eine Kritik der reinen Vernunft, d. i. unseres Vermögens nach Principien a priori zu urtheilen, würde unvollständig sein, wenn die der Urtheilskraft, welche für sich als Erkenntnißvermögen darauf auch Anspruch macht, nicht als ein besonderer Theil derselben abgehandelt würde; obgleich ihre Principien in einem System der reinen Philosophie keinen besonderen Theil zwischen der theoretischen und praktischen ausmachen dürfen, sondern im Nothfalle jedem von beiden gelegentlich angeschlossen werden können. Denn wenn ein solches System unter dem allgemeinen Namen der Metaphysik einmal zu Stande kommen soll (welches ganz vollständig zu bewerkstelligen, möglich und für den Gebrauch der Vernunft in aller Beziehung höchst wichtig ist): so muß die Kritik den Boden zu diesem Gebäude vorher so tief, als die erste Grundlage des Vermögens von der Erfahrung unabhängiger Principien liegt, erforscht haben, damit es nicht an irgend einem Theile sinke, welches den Einsturz des Ganzen unvermeidlich nach sich ziehen würde.

Man kann aber aus der Natur der Urtheilskraft (deren richtiger Gebrauch so nothwendig und allgemein erforderlich ist, daß daher unter dem Namen des gesunden Verstandes kein anderes, als eben dieses Vermögen gemeint wird) leicht abnehmen, daß es mit großen Schwierigkeiten begleitet sein müsse, ein eigenthümliches Princip derselben auszufinden (denn irgend eins muß sie a priori in sich enthalten, weil sie sonst nicht, als ein besonderes Erkenntnißvermögen, selbst der gemeinsten Kritik ausgesetzt sein würde), welches gleichwohl nicht aus Begriffen a priori abgeleitet sein muß; denn die gehören dem Verstande an, und die Urtheilskraft geht nur auf die Anwendung derselben. Sie soll also selbst einen Begriff angeben, durch den eigentlich kein Ding erkannt wird, sondern der nur ihr selbst zur Regel dient, aber nicht zu einer objectiven, der sie ihr Urtheil anpassen kann, weil dazu wiederum eine andere Urtheilskraft erforderlich sein würde, um unterscheiden zu können, ob es der Fall der Regel sei oder nicht.

Diese Verlegenheit wegen eines Princips (es sei nun ein subjectives oder objectives) findet sich hauptsächlich in denjenigen Beurtheilungen, die man ästhetisch nennt, die das Schöne und Erhabne der Natur oder der Kunst betreffen. Und gleichwohl ist die kritische Untersuchung eines Princips der Urtheilskraft in denselben das wichtigste Stück einer Kritik dieses Vermögens. Denn ob sie gleich für sich allein zum Erkenntniß der Dinge gar nichts beitragen, so gehören sie doch dem Erkenntnißvermögen allein an und beweisen eine unmittelbare Beziehung dieses Vermögens auf das Gefühl der Lust oder Unlust nach irgend einem Princip a priori, ohne es mit dem, was Bestimmungsgrund des Begehrungsvermögens sein kann, zu vermengen, weil dieses seine Principien a priori in Begriffen der Vernunft hat. — Was aber die logische Beurtheilung der Natur anbelangt, da, wo die Erfahrung eine Gesetzmäßigkeit an Dingen aufstellt, welche zu verstehen oder zu erklären der allgemeine Verstandesbegriff vom Sinnlichen nicht mehr zulangt, und die Urtheilskraft aus sich selbst ein Princip der Beziehung des Naturdinges auf das unerkennbare Übersinnliche nehmen kann, es auch nur in Absicht auf sich selbst zum Erkenntniß der Natur brauchen muß, da kann und muß ein solches Princip a priori zwar zum Erkenntniß der Weltwesen angewandt werden und eröffnet zugleich Aussichten, die für die praktische Vernunft vortheilhaft sind: aber es hat keine unmittelbare Beziehung auf das Gefühl der Lust und Unlust, die gerade das Räthselhafte in dem Princip der Urtheilskraft ist, welches eine besondere Abtheilung in der Kritik für dieses Vermögen nothwendig macht, da die logische Beurtheilung nach Begriffen (aus welchen niemals eine unmittelbare Folgerung auf das Gefühl der Lust und Unlust gezogen werden kann) allenfalls dem theoretischen Theile der Philosophie sammt einer kritischen Einschränkung derselben hätte angehängt werden können.

Da die Untersuchung des Geschmacksvermögens, als ästhetischer Urtheilskraft, hier nicht zur Bildung und Cultur des Geschmacks (denn diese wird auch ohne alle solche Nachforschungen, wie bisher, so fernerhin, ihren Gang nehmen), sondern bloß in transscendentaler Absicht angestellt wird: so wird sie, wie ich mir schmeichle, in Ansehung der Mangelhaftigkeit jenes Zwecks auch mit Nachsicht beurtheilt werden. Was aber die letztere Absicht betrifft, so muß sie sich auf die strengste Prüfung gefaßt machen. Aber auch da kann die große Schwierigkeit, ein Problem, welches die Natur so verwickelt hat, aufzulösen, einiger nicht ganz zu vermeidenden Dunkelheit in der Auflösung desselben, wie ich hoffe, zur Entschuldigung dienen, wenn nur, daß das Princip richtig angegeben worden, klar genug dargethan ist; gesetzt, die Art das Phänomen der Urtheilskraft davon abzuleiten habe nicht alle Deutlichkeit, die man anderwärts, nämlich von einem Erkenntniß nach Begriffen, mit Recht fordern kann, die ich auch im zweiten Theile dieses Werks erreicht zu haben glaube.

Hiemit endige ich also mein ganzes kritisches Geschäft. Ich werde ungesäumt zum doctrinalen schreiten, um wo möglich meinem zunehmenden Alter die dazu noch einigermaßen günstige Zeit noch abzugewinnen. Es versteht sich von selbst, daß für die Urtheilskraft darin kein besonderer Theil sei, weil in Ansehung derselben die Kritik statt der Theorie dient; sondern daß nach der Eintheilung der Philosophie in die theoretische und praktische und der reinen in eben solche Theile die Metaphysik der Natur und die der Sitten jenes Geschäft ausmachen werden.

Einleitung.

I.
Von der Eintheilung der Philosophie.

Wenn man die Philosophie, sofern sie Principien der Vernunft=
erkenntniß der Dinge (nicht bloß wie die Logik Principien der Form des
Denkens überhaupt ohne Unterschied der Objecte) durch Begriffe enthält,
wie gewöhnlich in die theoretische und praktische eintheilt: so verfährt
man ganz recht. Aber alsdann müssen auch die Begriffe, welche den Prin=
cipien dieser Vernunfterkenntniß ihr Object anweisen, specifisch verschie=
den sein, weil sie sonst zu keiner Eintheilung berechtigen würden, welche
jederzeit eine Entgegensetzung der Principien der zu den verschiedenen
Theilen einer Wissenschaft gehörigen Vernunfterkenntniß voraussetzt.

Es sind aber nur zweierlei Begriffe, welche eben so viel verschiedene
Principien der Möglichkeit ihrer Gegenstände zulassen: nämlich die Na=
turbegriffe und der Freiheitsbegriff. Da nun die ersteren ein
theoretisches Erkenntniß nach Principien a priori möglich machen, der
zweite aber in Ansehung derselben nur ein negatives Princip (der bloßen
Entgegensetzung) schon in seinem Begriffe bei sich führt, dagegen für
die Willensbestimmung erweiternde Grundsätze, welche darum praktisch
heißen, errichtet: so wird die Philosophie in zwei den Principien nach
ganz verschiedene Theile, in die theoretische als Naturphilosophie und
die praktische als Moralphilosophie (denn so wird die praktische Ge=
setzgebung der Vernunft nach dem Freiheitsbegriffe genannt), mit Recht
eingetheilt. Es hat aber bisher ein großer Mißbrauch mit diesen Aus=
drücken zur Eintheilung der verschiedenen Principien und mit ihnen auch
der Philosophie geherrscht: indem man das Praktische nach Naturbegriffen
mit dem Praktischen nach dem Freiheitsbegriffe für einerlei nahm und so

unter denselben Benennungen einer theoretischen und praktischen Philosophie eine Eintheilung machte, durch welche (da beide Theile einerlei Principien haben konnten) in der That nichts eingetheilt war.

Der Wille, als Begehrungsvermögen, ist nämlich eine von den mancherlei Naturursachen in der Welt, nämlich diejenige, welche nach Begriffen wirkt; und Alles, was als durch einen Willen möglich (oder nothwendig) vorgestellt wird, heißt praktisch-möglich (oder nothwendig): zum Unterschiede von der physischen Möglichkeit oder Nothwendigkeit einer Wirkung, wozu die Ursache nicht durch Begriffe (sondern wie bei der leblosen Materie durch Mechanism und bei Thieren durch Instinct) zur Causalität bestimmt wird. — Hier wird nun in Ansehung des Praktischen unbestimmt gelassen: ob der Begriff, der der Causalität des Willens die Regel giebt, ein Naturbegriff, oder ein Freiheitsbegriff sei.

Der letztere Unterschied aber ist wesentlich. Denn ist der die Causalität bestimmende Begriff ein Naturbegriff, so sind die Principien technisch-praktisch; ist er aber ein Freiheitsbegriff, so sind diese moralisch-praktisch: und weil es in der Eintheilung einer Vernunftwissenschaft gänzlich auf diejenige Verschiedenheit der Gegenstände ankommt, deren Erkenntniß verschiedener Principien bedarf, so werden die ersteren zur theoretischen Philosophie (als Naturlehre) gehören, die andern aber ganz allein den zweiten Theil, nämlich (als Sittenlehre) die praktische Philosophie, ausmachen.

Alle technisch-praktische Regeln (d. i. die der Kunst und Geschicklichkeit überhaupt, oder auch der Klugheit, als einer Geschicklichkeit auf Menschen und ihren Willen Einfluß zu haben), so fern ihre Principien auf Begriffen beruhen, müssen nur als Corollarien zur theoretischen Philosophie gezählt werden. Denn sie betreffen nur die Möglichkeit der Dinge nach Naturbegriffen, wozu nicht allein die Mittel, die in der Natur dazu anzutreffen sind, sondern selbst der Wille (als Begehrungs-, mithin als Naturvermögen) gehört, sofern er durch Triebfedern der Natur jenen Regeln gemäß bestimmt werden kann. Doch heißen dergleichen praktische Regeln nicht Gesetze (etwa so wie physische), sondern nur Vorschriften: und zwar darum, weil der Wille nicht bloß unter dem Naturbegriffe, sondern auch unter dem Freiheitsbegriffe steht, in Beziehung auf welchen die Principien desselben Gesetze heißen und mit ihren Folgerungen den zweiten Theil der Philosophie, nämlich den praktischen, allein ausmachen.

So wenig also die Auflösung der Probleme der reinen Geometrie zu einem besonderen Theile derselben gehört, oder die Feldmeßkunst den Namen einer praktischen Geometrie zum Unterschiede von der reinen als ein zweiter Theil der Geometrie überhaupt verdient: so und noch weniger darf die mechanische oder chemische Kunst der Experimente oder der Beobachtungen für einen praktischen Theil der Naturlehre, endlich die Haus=, Land=, Staatswirthschaft, die Kunst des Umganges, die Vorschrift der Diätetik, selbst nicht die allgemeine Glückseligkeitslehre, sogar nicht einmal die Bezähmung der Neigungen und Bändigung der Affecten zum Behuf der letzteren zur praktischen Philosophie gezählt werden, oder die letzteren wohl gar den zweiten Theil der Philosophie überhaupt ausmachen; weil sie insgesammt nur Regeln der Geschicklichkeit, die mithin nur technisch=praktisch sind, enthalten, um eine Wirkung hervorzubringen, die nach Naturbegriffen der Ursachen und Wirkungen möglich ist, welche, da sie zur theoretischen Philosophie gehören, jenen Vorschriften als bloßen Corollarien aus derselben (der Naturwissenschaft) unterworfen sind und also keine Stelle in einer besonderen Philosophie, die praktische genannt, verlangen können. Dagegen machen die moralisch=praktischen Vorschriften, die sich gänzlich auf dem Freiheitsbegriffe mit völliger Ausschließung der Bestimmungsgründe des Willens aus der Natur gründen, eine ganz besondere Art von Vorschriften aus: welche auch gleich den Regeln, welchen die Natur gehorcht, schlechthin Gesetze heißen, aber nicht wie diese auf sinnlichen Bedingungen, sondern auf einem übersinnlichen Princip beruhen und neben dem theoretischen Theile der Philosophie für sich ganz allein einen anderen Theil unter dem Namen der praktischen Philosophie fordern.

Man sieht hieraus, daß ein Inbegriff praktischer Vorschriften, welche die Philosophie giebt, nicht einen besonderen, dem theoretischen zur Seite gesetzten Theil derselben darum ausmache, weil sie praktisch sind; denn das könnten sie sein, wenn ihre Principien gleich gänzlich aus der theoretischen Erkenntniß der Natur hergenommen wären (als technisch=praktische Regeln); sondern, weil und wenn ihr Princip gar nicht vom Naturbegriffe, der jederzeit sinnlich bedingt ist, entlehnt ist, mithin auf dem Übersinnlichen, welches der Freiheitsbegriff allein durch formale Gesetze kennbar macht, beruht, und sie also moralisch=praktisch, d. i. nicht bloß Vorschriften und Regeln in dieser oder jener Absicht, sondern ohne vorhergehende Bezugnehmung auf Zwecke und Absichten Gesetze sind.

II.
Vom Gebiete der Philosophie überhaupt.

So weit Begriffe a priori ihre Anwendung haben, so weit reicht der Gebrauch unseres Erkenntnißvermögens nach Principien und mit ihm die Philosophie.

Der Inbegriff aller Gegenstände aber, worauf jene Begriffe bezogen werden, um wo möglich ein Erkenntniß derselben zu Stande zu bringen, kann nach der verschiedenen Zulänglichkeit oder Unzulänglichkeit unserer Vermögen zu dieser Absicht eingetheilt werden.

Begriffe, sofern sie auf Gegenstände bezogen werden, unangesehen ob ein Erkenntniß derselben möglich sei oder nicht, haben ihr Feld, welches bloß nach dem Verhältnisse, das ihr Object zu unserem Erkenntnißvermögen überhaupt hat, bestimmt wird. — Der Theil dieses Feldes, worin für uns Erkenntniß möglich ist, ist ein Boden (territorium) für diese Begriffe und das dazu erforderliche Erkenntnißvermögen. Der Theil des Bodens, worauf diese gesetzgebend sind, ist das Gebiet (ditio) dieser Begriffe und der ihnen zustehenden Erkenntnißvermögen. Erfahrungsbegriffe haben also zwar ihren Boden in der Natur, als dem Inbegriffe aller Gegenstände der Sinne, aber kein Gebiet (sondern nur ihren Aufenthalt, domicilium): weil sie zwar gesetzlich erzeugt werden, aber nicht gesetzgebend sind, sondern die auf sie gegründeten Regeln empirisch, mithin zufällig sind.

Unser gesammtes Erkenntnißvermögen hat zwei Gebiete, das der Naturbegriffe und das des Freiheitsbegriffs; denn durch beide ist es a priori gesetzgebend. Die Philosophie theilt sich nun auch diesem gemäß in die theoretische und die praktische. Aber der Boden, auf welchem ihr Gebiet errichtet und ihre Gesetzgebung ausgeübt wird, ist immer doch nur der Inbegriff der Gegenstände aller möglichen Erfahrung, sofern sie für nichts mehr als bloße Erscheinungen genommen werden; denn ohnedas würde keine Gesetzgebung des Verstandes in Ansehung derselben gedacht werden können.

Die Gesetzgebung durch Naturbegriffe geschieht durch den Verstand und ist theoretisch. Die Gesetzgebung durch den Freiheitsbegriff geschieht von der Vernunft und ist bloß praktisch. Nur allein im Praktischen kann die Vernunft gesetzgebend sein; in Ansehung des theoretischen Erkenntnisses (der Natur) kann sie nur (als gesetzkundig vermittelst des Verstandes) aus gegebenen Gesetzen durch Schlüsse Folgerungen ziehen, die doch immer nur bei der Natur stehen bleiben. Umgekehrt aber, wo Regeln praktisch sind, ist die Vernunft nicht darum sofort gesetzgebend, weil sie auch technisch-praktisch sein können.

Verstand und Vernunft haben also zwei verschiedene Gesetzgebungen auf einem und demselben Boden der Erfahrung, ohne daß eine der anderen Eintrag thun darf. Denn so wenig der Naturbegriff auf die Gesetzgebung durch den Freiheitsbegriff Einfluß hat, eben so wenig stört dieser die Gesetzgebung der Natur. — Die Möglichkeit, das Zusammenbestehen beider Gesetzgebungen und der dazu gehörigen Vermögen in demselben Subject sich wenigstens ohne Widerspruch zu denken, bewies die Kritik der reinen Vernunft, indem sie die Einwürfe dawider durch Aufdeckung des dialektischen Scheins in denselben vernichtete.

Aber daß diese zwei verschiedenen Gebiete, die sich zwar nicht in ihrer Gesetzgebung, aber doch in ihren Wirkungen in der Sinnenwelt unaufhörlich einschränken, nicht Eines ausmachen, kommt daher: daß der Naturbegriff zwar seine Gegenstände in der Anschauung, aber nicht als Dinge an sich selbst, sondern als bloße Erscheinungen, der Freiheitsbegriff dagegen in seinem Objecte zwar ein Ding an sich selbst, aber nicht in der Anschauung vorstellig machen, mithin keiner von beiden ein theoretisches Erkenntniß von seinem Objecte (und selbst dem denkenden Subjecte) als Dinge an sich verschaffen kann, welches das Übersinnliche sein würde, wovon man die Idee zwar der Möglichkeit aller jener Gegenstände der Erfahrung unterlegen muß, sie selbst aber niemals zu einem Erkenntnisse erheben und erweitern kann.

Es giebt also ein unbegränztes, aber auch unzugängliches Feld für unser gesammtes Erkenntnißvermögen, nämlich das Feld des Übersinnlichen, worin wir keinen Boden für uns finden, also auf demselben weder für die Verstandes- noch Vernunftbegriffe ein Gebiet zum theoretischen Erkenntniß haben können; ein Feld, welches wir zwar zum Behuf des theoretischen sowohl als praktischen Gebrauchs der Vernunft mit Ideen besetzen müssen, denen wir aber in Beziehung auf die Gesetze aus dem Freiheitsbegriffe keine andere als praktische Realität verschaffen können, wodurch demnach unser theoretisches Erkenntniß nicht im Mindesten zu dem Übersinnlichen erweitert wird.

Ob nun zwar eine unübersehbare Kluft zwischen dem Gebiete des Naturbegriffs, als dem Sinnlichen, und dem Gebiete des Freiheitsbegriffs, als dem Übersinnlichen, befestigt ist, so daß von dem ersteren zum anderen (also vermittelst des theoretischen Gebrauchs der Vernunft) kein Übergang möglich ist, gleich als ob es so viel verschiedene Welten wären, deren erste auf die zweite keinen Einfluß haben kann: so soll doch diese auf jene einen Einfluß haben, nämlich der Freiheitsbegriff soll den durch seine Gesetze aufgegebenen Zweck in der Sinnenwelt wirklich machen; und die Natur muß folglich auch so gedacht werden können, daß die Gesetzmäßigkeit ihrer Form wenigstens zur Möglichkeit der in ihr zu bewirkenden Zwecke nach Freiheitsgesetzen zusammenstimme. — Also muß es doch einen Grund der Einheit des Übersinnlichen, welches der Natur zum Grunde liegt, mit dem, was der Freiheitsbegriff praktisch enthält, geben, wovon der Begriff, wenn er gleich weder theoretisch noch praktisch zu einem Erkenntnisse desselben gelangt, mithin kein eigenthümliches Gebiet hat, dennoch den Übergang von der Denkungsart nach den Principien der einen zu der nach Principien der anderen möglich macht.

III.

Von der Kritik der Urtheilskraft, als einem Verbindungsmittel der zwei Theile der Philosophie zu einem Ganzen.

Die Kritik der Erkenntnißvermögen in Ansehung dessen, was sie a priori leisten können, hat eigentlich kein Gebiet in Ansehung der Objecte: weil sie keine Doctrin ist, sondern nur, ob und wie nach der Bewandtniß, die es mit unseren Vermögen hat, eine Doctrin durch sie möglich sei, zu untersuchen hat. Ihr Feld erstreckt sich auf alle Anmaßungen derselben, um sie in die Gränzen ihrer Rechtmäßigkeit zu setzen. Was aber nicht in die Eintheilung der Philosophie kommen kann, das kann doch als ein Haupttheil in die Kritik des reinen Erkenntnißvermögens überhaupt kommen, wenn es nämlich Principien enthält, die für sich weder zum theoretischen noch praktischen Gebrauche tauglich sind.

Die Naturbegriffe, welche den Grund zu allem theoretischen Erkenntniß a priori enthalten, beruhten auf der Gesetzgebung des Verstandes. — Der Freiheitsbegriff, der den Grund zu allen sinnlich-unbedingten praktischen Vorschriften a priori enthielt, beruhte auf der Gesetzgebung der Vernunft. Beide Vermögen also haben außer dem, daß sie der logischen Form nach auf Principien, welchen Ursprungs sie auch sein mögen, angewandt werden können, überdem noch jedes seine eigene Gesetzgebung

Einleitung.

dem Inhalte nach, über die es keine andere (a priori) giebt, und die daher die Eintheilung der Philosophie in die theoretische und praktische rechtfertigt.

Allein in der Familie der oberen Erkenntnißvermögen giebt es doch noch ein Mittelglied zwischen dem Verstande und der Vernunft. Dieses ist die Urtheilskraft, von welcher man Ursache hat nach der Analogie zu vermuthen, daß sie eben sowohl, wenn gleich nicht eine eigene Gesetzgebung, doch ein ihr eigenes Princip nach Gesetzen zu suchen, allenfalls ein bloß subjectives, a priori in sich enthalten dürfte: welches, wenn ihm gleich kein Feld der Gegenstände als sein Gebiet zustände, doch irgend einen Boden haben kann und eine gewisse Beschaffenheit desselben, wofür gerade nur dieses Princip geltend sein möchte.

Hierzu kommt aber noch (nach der Analogie zu urtheilen) ein neuer Grund, die Urtheilskraft mit einer anderen Ordnung unserer Vorstellungskräfte in Verknüpfung zu bringen, welche von noch größerer Wichtigkeit zu sein scheint, als die der Verwandtschaft mit der Familie der Erkenntnißvermögen. Denn alle Seelenvermögen oder Fähigkeiten können auf die drei zurück geführt werden, welche sich nicht ferner aus einem gemeinschaftlichen Grunde ableiten lassen: das Erkenntnißvermögen, das Gefühl der Lust und Unlust und das Begehrungsvermögen*).

―――――

*) Es ist von Nutzen: zu Begriffen, welche man als empirische Principien braucht, wenn man Ursache hat zu vermuthen, daß sie mit dem reinen Erkenntnißvermögen a priori in Verwandtschaft stehen, dieser Beziehung wegen eine transscendentale Definition zu versuchen: nämlich durch reine Kategorieen, sofern diese allein schon den Unterschied des vorliegenden Begriffs von anderen hinreichend angeben. Man folgt hierin dem Beispiel des Mathematikers, der die empirischen Data seiner Aufgabe unbestimmt läßt und nur ihr Verhältniß in der reinen Synthesis derselben unter die Begriffe der reinen Arithmetik bringt und sich dadurch die Auflösung derselben verallgemeinert. — Man hat mir aus einem ähnlichen Verfahren (Krit. der prakt. V., S. 16 [9] der Vorrede) einen Vorwurf gemacht und die Definition des Begehrungsvermögens, als Vermögens durch seine Vorstellungen Ursache von der Wirklichkeit der Gegenstände dieser Vorstellungen zu sein, getadelt: weil bloße Wünsche doch auch Begehrungen wären, von denen sich doch jeder bescheidet, daß er durch dieselben allein ihr Object nicht hervorbringen könne. — Dieses aber beweiset nichts weiter, als daß es auch Begehrungen im Menschen gebe, wodurch derselbe mit sich selbst im Widerspruche steht: indem er durch seine Vorstellung allein zur Hervorbringung des Objects hinwirkt, von der er doch keinen Erfolg erwarten kann, weil sich bewußt ist, daß seine mechanischen Kräfte (wenn ich die nicht psychologischen so nennen soll), die durch jene Vorstellung

XXIII Für das Erkenntnißvermögen ist allein der Verstand gesetzgebend, wenn
XXIV jenes (wie es auch geschehen muß, wenn es für sich, ohne Vermischung
mit dem Begehrungsvermögen, betrachtet wird) als Vermögen eines
theoretischen Erkenntnisses auf die Natur bezogen wird, in An=
sehung deren allein (als Erscheinung) es uns möglich ist, durch Natur=
begriffe a priori, welche eigentlich reine Verstandesbegriffe sind, Gesetze
zu geben. — Für das Begehrungsvermögen, als ein oberes Vermögen
nach dem Freiheitsbegriffe, ist allein die Vernunft (in der allein dieser
Begriff Statt hat) a priori gesetzgebend. — Nun ist zwischen dem Er=
kenntniß= und dem Begehrungsvermögen das Gefühl der Lust, so wie
zwischen dem Verstande und der Vernunft die Urtheilskraft enthalten.
Es ist also wenigstens vorläufig zu vermuthen, daß die Urtheilskraft eben
so wohl für sich ein Princip a priori enthalte und, da mit dem Begeh=
rungsvermögen nothwendig Lust oder Unlust verbunden ist (es sei, daß
XXV sie wie beim unteren vor dem Princip desselben vorhergehe, oder wie beim

bestimmt werden müßten, um das Object (mithin mittelbar) zu bewirken, entweder
nicht zulänglich sind, oder gar auf etwas Unmögliches gehen, z. B. das Geschehene
ungeschehen zu machen (O mihi praeteritos, etc.) oder im ungeduldigen Harren
die Zwischenzeit bis zum herbeigewünschten Augenblick vernichten zu können. — Ob
wir uns gleich in solchen phantastischen Begehrungen der Unzulänglichkeit unserer
Vorstellungen (oder gar ihrer Untauglichkeit), Ursache ihrer Gegenstände zu sein,
bewußt sind: so ist doch die Beziehung derselben als Ursache, mithin die Vorstellung
ihrer Causalität in jedem Wunsche enthalten und vornehmlich alsdann sichtbar,
wenn dieser ein Affect, nämlich Sehnsucht, ist. Denn diese beweisen dadurch, daß
sie das Herz ausdehnen und welk machen und so die Kräfte erschöpfen, daß die
Kräfte durch Vorstellungen wiederholentlich angespannt werden, aber das Gemüth
bei der Rücksicht auf die Unmöglichkeit unaufhörlich wiederum in Ermattung zurück
sinken lassen. Selbst die Gebete um Abwendung großer und, so viel man einsieht,
unvermeidlicher Übel und manche abergläubische Mittel zu Erreichung natürlicher=
weise unmöglicher Zwecke beweisen die Causalbeziehung der Vorstellungen auf ihre
Objecte, die sogar durch das Bewußtsein ihrer Unzulänglichkeit zum Effect von der
Bestrebung dazu nicht abgehalten werden kann. — Warum aber in unsere Natur
der Hang zu mit Bewußtsein leeren Begehrungen gelegt worden, das ist eine an=
thropologisch=teleologische Frage. Es scheint: daß, sollten wir nicht eher, als bis
wir uns von der Zulänglichkeit unseres Vermögens zu Hervorbringung eines Ob=
jects versichert hätten, zur Kraftanwendung bestimmt werden, diese großentheils un=
benutzt bleiben würde. Denn gemeiniglich lernen wir unsere Kräfte nur dadurch
allererst kennen, daß wir sie versuchen. Diese Täuschung in leeren Wünschen ist also
nur die Folge von einer wohlthätigen Anordnung in unserer Natur.

oberen nur aus der Bestimmung desselben durch das moralische Gesetz folge), eben so wohl einen Übergang vom reinen Erkenntnißvermögen, d. i. vom Gebiete der Naturbegriffe, zum Gebiete des Freiheitsbegriffs bewirken werde, als sie im logischen Gebrauche den Übergang vom Verstande zur Vernunft möglich macht.

Wenn also gleich die Philosophie nur in zwei Haupttheile, die theoretische und praktische, eingetheilt werden kann; wenn gleich alles, was wir von den eignen Principien der Urtheilskraft zu sagen haben möchten, in ihr zum theoretischen Theile, d. i. dem Vernunfterkenntniß nach Naturbegriffen, gezählt werden müßte: so besteht doch die Kritik der reinen Vernunft, die alles dieses vor der Unternehmung jenes Systems zum Behuf der Möglichkeit desselben ausmachen muß, aus drei Theilen: der Kritik des reinen Verstandes, der reinen Urtheilskraft und der reinen Vernunft, welche Vermögen darum rein genannt werden, weil sie a priori gesetzgebend sind.

IV.
Von der Urtheilskraft, als einem a priori gesetzgebenden Vermögen.

Urtheilskraft überhaupt ist das Vermögen, das Besondere als enthalten unter dem Allgemeinen zu denken. Ist das Allgemeine (die Regel, das Princip, das Gesetz) gegeben, so ist die Urtheilskraft, welche das Besondere darunter subsumirt, (auch wenn sie als transscendentale Urtheilskraft a priori die Bedingungen angiebt, welchen gemäß allein unter jenem Allgemeinen subsumirt werden kann) bestimmend. Ist aber nur das Besondere gegeben, wozu sie das Allgemeine finden soll, so ist die Urtheilskraft bloß reflectirend.

Die bestimmende Urtheilskraft unter allgemeinen transscendentalen Gesetzen, die der Verstand giebt, ist nur subsumirend; das Gesetz ist ihr a priori vorgezeichnet, und sie hat also nicht nöthig, für sich selbst auf ein Gesetz zu denken, um das Besondere in der Natur dem Allgemeinen unterordnen zu können. — Allein es sind so mannigfaltige Formen der Natur, gleichsam so viele Modificationen der allgemeinen transscendentalen Naturbegriffe, die durch jene Gesetze, welche der reine Verstand a priori giebt, weil dieselben nur auf die Möglichkeit einer Natur (als Gegenstandes der Sinne) überhaupt gehen, unbestimmt gelassen werden, daß dafür doch auch Gesetze sein müssen, die zwar als empirische nach unserer Verstandeseinsicht zufällig sein mögen, die aber doch, wenn sie Gesetze heißen sollen (wie es auch der Begriff einer Natur erfordert), aus einem, wenn gleich uns unbekannten, Princip der Einheit des Mannigfaltigen als nothwendig angesehen werden müssen. — Die reflectirende Urtheilskraft, die von dem Besondern in der Natur zum Allgemeinen aufzusteigen die Obliegenheit hat, bedarf also eines Princips, welches sie nicht von der Erfahrung entlehnen kann, weil es eben die Einheit aller empirischen Principien unter gleichfalls empirischen, aber höheren Principien und also die Möglichkeit der systematischen Unterordnung derselben unter einander begründen soll. Ein solches transscendentales Princip kann also die reflectirende Urtheilskraft sich nur selbst als Gesetz geben, nicht anderwärts hernehmen (weil sie sonst bestimmende Urtheilskraft sein würde), noch der Natur vorschreiben: weil die Reflexion über die Gesetze der Natur sich nach der Natur und diese sich nicht nach den Bedingungen richtet, nach welchen wir einen in Ansehung dieser ganz zufälligen Begriff von ihr zu erwerben trachten.

Nun kann dieses Princip kein anderes sein als: daß, da allgemeine Naturgesetze ihren Grund in unserem Verstande haben, der sie der Natur (obzwar nur nach dem allgemeinen Begriffe von ihr als Natur) vorschreibt, die besondern empirischen Gesetze in Ansehung dessen, was in ihnen durch jene unbestimmt gelassen ist, nach einer solchen Einheit betrachtet werden müssen, als ob gleichfalls ein Verstand (wenn gleich nicht der unsrige) sie zum Behuf unserer Erkenntnißvermögen, um ein System der Erfahrung nach besonderen Naturgesetzen möglich zu machen, gegeben hätte. Nicht als wenn auf diese Art wirklich ein solcher Verstand angenommen werden müßte (denn es ist nur die reflectirende Urtheilskraft, der diese Idee zum Princip dient, zum Reflectiren, nicht zum Bestimmen); sondern dieses Vermögen giebt sich dadurch nur selbst und nicht der Natur ein Gesetz.

Weil nun der Begriff von einem Object, sofern er zugleich den Grund der Wirklichkeit dieses Objects enthält, der Zweck und die Übereinstimmung eines Dinges mit derjenigen Beschaffenheit der Dinge, die nur nach Zwecken möglich ist, die Zweckmäßigkeit der Form desselben heißt: so ist das Princip der Urtheilskraft in Ansehung der Form der Dinge der Natur unter empirischen Gesetzen überhaupt die Zweckmäßigkeit der Natur in ihrer Mannigfaltigkeit. D. i. die Natur wird durch diesen Begriff so vorgestellt, als ob ein Verstand den Grund der Einheit des Mannigfaltigen ihrer empirischen Gesetze enthalte.

Die Zweckmäßigkeit der Natur ist also ein besonderer Begriff a priori, der lediglich in der reflectirenden Urtheilskraft seinen Ursprung hat. Denn den Naturproducten kann man so etwas als Beziehung der Natur an ihnen auf Zwecke nicht beilegen, sondern diesen Begriff nur brauchen, um über sie in Ansehung der Verknüpfung der Erscheinungen in ihr, die nach empirischen Gesetzen gegeben ist, zu reflectiren. Auch ist dieser Begriff von der praktischen Zweckmäßigkeit (der menschlichen Kunst oder auch der Sitten) ganz unterschieden, ob er zwar nach einer Analogie mit derselben gedacht wird.

V.

Das Princip der formalen Zweckmäßigkeit der Natur ist ein transscendentales Princip der Urtheilskraft.

Ein transscendentales Princip ist dasjenige, durch welches die allgemeine Bedingung a priori vorgestellt wird, unter der allein Dinge Objecte unserer Erkenntniß überhaupt werden können. Dagegen heißt ein Princip metaphysisch, wenn es die Bedingung a priori vorstellt, unter der allein Objecte, deren Begriff empirisch gegeben sein muß, a priori weiter bestimmt werden können. So ist das Princip der Erkenntniß der Körper als Substanzen und als veränderlicher Substanzen transscendental, wenn dadurch gesagt wird, daß ihre Veränderung eine Ursache haben müsse; es ist aber metaphysisch, wenn dadurch gesagt wird, ihre Veränderung müsse eine äußere Ursache haben: weil im ersteren Falle der Körper nur durch ontologische Prädicate (reine Verstandesbegriffe), z. B. als Substanz, gedacht werden darf, um den Satz a priori zu erkennen; im zweiten aber der empirische Begriff eines Körpers (als eines beweglichen Dinges im Raum) diesem Satze zum Grunde gelegt werden muß, alsdann aber, daß dem Körper das letztere Prädicat (der Bewegung nur durch äußere Ursache) zukomme, völlig a priori eingesehen werden kann. — So ist, wie ich sogleich zeigen werde, das Princip der Zweckmäßigkeit der Natur (in der Mannigfaltigkeit ihrer empirischen Gesetze) ein transscendentales Princip. Denn der Begriff von den Objecten, sofern sie als unter diesem Princip stehend gedacht werden, ist nur der reine Begriff von Gegenständen des möglichen Erfahrungserkenntnisses überhaupt und enthält nichts Empirisches. Dagegen wäre das Princip der praktischen Zweckmäßigkeit, die in der Idee der Bestimmung eines freien Willens gedacht werden muß, ein metaphysisches Princip: weil der Begriff eines Begehrungsvermögens als eines Willens doch empirisch gegeben werden muß (nicht zu den transscendentalen Prädicaten gehört). Beide Principien aber sind dennoch nicht empirisch, sondern Principien a priori: weil es zur Verbindung des Prädicats mit dem empirischen Begriffe des Subjects ihrer Urtheile keiner weiteren Erfahrung bedarf, sondern jene völlig a priori eingesehen werden kann.

Daß der Begriff einer Zweckmäßigkeit der Natur zu den transscendentalen Principien gehöre, kann man aus den Maximen der Urtheilskraft, die der Nachforschung der Natur a priori zum Grunde gelegt werden, und die dennoch auf nichts als die Möglichkeit der Erfahrung, mithin der Erkenntniß der Natur, aber nicht bloß als Natur überhaupt, sondern als durch eine Mannigfaltigkeit besonderer Gesetze bestimmten Natur, gehen, hinreichend ersehen. — Sie kommen, als Sentenzen der metaphysischen Weisheit, bei Gelegenheit mancher Regeln, deren Nothwendigkeit man nicht aus Begriffen darthun kann, im Laufe dieser Wissenschaft oft genug, aber nur zerstreut vor. „Die Natur nimmt den kürzesten Weg (lex parsimoniae); sie thut gleichwohl keinen Sprung, weder in der Folge ihrer Veränderungen, noch der Zusammenstellung specifisch verschiedener Formen (lex continui in natura); ihre große Mannigfaltigkeit in empirischen Gesetzen ist gleichwohl Einheit unter wenigen Principien (principia praeter necessitatem non sunt multiplicanda)"; u. d. g. m.

Wenn man aber von diesen Grundsätzen den Ursprung anzugeben denkt und es auf dem psychologischen Wege versucht, so ist dies dem Sinne derselben gänzlich zuwider. Denn sie sagen nicht, was geschieht, d. i. nach welcher Regel unsere Erkenntnißkräfte ihr Spiel wirklich treiben, und wie geurtheilt wird, sondern wie geurtheilt werden soll; und da kommt diese logische objective Nothwendigkeit nicht heraus, wenn die Principien bloß empirisch sind. Also ist die Zweckmäßigkeit der Natur für unsere Erkenntnißvermögen und ihren Gebrauch, welche offenbar aus ihnen hervorleuchtet, ein transscendentales Princip der Urtheile und bedarf also auch einer transscendentalen Deduction, vermittelst deren der Grund so zu urtheilen in den Erkenntnißquellen a priori aufgesucht werden muß.

Wir finden nämlich in den Gründen der Möglichkeit einer Er-

fahrung zuerst freilich etwas Nothwendiges, nämlich die allgemeinen XXX
Gesetze, ohne welche Natur überhaupt (als Gegenstand der Sinne) nicht
gedacht werden kann; und diese beruhen auf den Kategorieen, angewandt
auf die formalen Bedingungen aller uns möglichen Anschauung, sofern
sie gleichfalls a priori gegeben ist. Unter diesen Gesetzen nun ist die
Urtheilskraft bestimmend; denn sie hat nichts zu thun, als unter gegeb=
nen Gesetzen zu subsumiren. Z. B. der Verstand sagt: Alle Verände=
rung hat ihre Ursache (allgemeines Naturgesetz); die transscendentale
Urtheilskraft hat nun nichts weiter zu thun, als die Bedingung der
Subsumtion unter dem vorgelegten Verstandesbegriff a priori anzugeben:
und das ist die Succession der Bestimmungen eines und desselben
Dinges. Für die Natur nun überhaupt (als Gegenstand möglicher Er=
fahrung) wird jenes Gesetz als schlechterdings nothwendig erkannt. —
Nun sind aber die Gegenstände der empirischen Erkenntniß außer jener
formalen Zeitbedingung noch auf mancherlei Art bestimmt, oder, so viel
man a priori urtheilen kann, bestimmbar, so daß specifisch=verschiedene
Naturen außer dem, was sie als zur Natur überhaupt gehörig gemein
haben, noch auf unendlich mannigfaltige Weise Ursachen sein können;
und eine jede dieser Arten muß (nach dem Begriffe einer Ursache über=
haupt) ihre Regel haben, die Gesetz ist, mithin Nothwendigkeit bei sich
führt: ob wir gleich nach der Beschaffenheit und den Schranken unse=
rer Erkenntnißvermögen diese Nothwendigkeit gar nicht einsehen. Also XXX
müssen wir in der Natur in Ansehung ihrer bloß empirischen Gesetze
eine Möglichkeit unendlich mannigfaltiger empirischer Gesetze denken, die
für unsere Einsicht dennoch zufällig sind (a priori nicht erkannt werden
können); und in deren Ansehung beurtheilen wir die Natureinheit nach
empirischen Gesetzen und die Möglichkeit der Einheit der Erfahrung (als
Systems nach empirischen Gesetzen) als zufällig. Weil aber doch eine
solche Einheit nothwendig vorausgesetzt und angenommen werden muß,
da sonst kein durchgängiger Zusammenhang empirischer Erkenntnisse zu
einem Ganzen der Erfahrung Statt finden würde, indem die allgemeinen
Naturgesetze zwar einen solchen Zusammenhang unter den Dingen ihrer
Gattung nach, als Naturdingen überhaupt, aber nicht specifisch, als
solchen besonderen Naturwesen, an die Hand geben: so muß die Urtheils=
kraft für ihren eigenen Gebrauch es als Princip a priori annehmen, daß
das für die menschliche Einsicht Zufällige in den besonderen (empirischen)
Naturgesetzen dennoch eine für uns zwar nicht zu ergründende, aber doch

denkbare geſetzliche Einheit in der Verbindung ihres Mannigfaltigen zu einer an ſich möglichen Erfahrungenthalte. Folglich, weil die geſetzliche Einheit in einer Verbindung, die wir zwar einer nothwendigen Abſicht (einem Bedürfniß des Verſtandes) gemäß, aber zugleich doch als an ſich zufällig erkennen, als Zweckmäßigkeit der Objecte (hier der Natur) vorgeſtellt wird: ſo muß die Urtheilskraft, die in Anſehung der Dinge unter möglichen (noch zu entdeckenden) empiriſchen Geſetzen bloß reflectirend iſt, die Natur in Anſehung der letzteren nach einem Princip der Zweckmäßigkeit für unſer Erkenntnißvermögen denken, welches dann in obigen Maximen der Urtheilskraft ausgedrückt wird. Dieſer transſcendentale Begriff einer Zweckmäßigkeit der Natur iſt nun weder ein Naturbegriff, noch ein Freiheitsbegriff, weil er gar nichts dem Objecte (der Natur) beilegt, ſondern nur die einzige Art, wie wir in der Reflexion über die Gegenſtände der Natur in Abſicht auf eine durchgängig zuſammenhängende Erfahrung verfahren müſſen, vorſtellt, folglich ein ſubjectives Princip (Maxime) der Urtheilskraft; daher wir auch, gleich als ob es ein glücklicher unſre Abſicht begünſtigender Zufall wäre, erfreuet (eigentlich eines Bedürfniſſes entledigt) werden, wenn wir eine ſolche ſyſtematiſche Einheit unter bloß empiriſchen Geſetzen antreffen: ob wir gleich nothwendig annehmen mußten, es ſei eine ſolche Einheit, ohne daß wir ſie doch einzuſehen und zu beweiſen vermochten.

Um ſich von der Richtigkeit dieſer Deduction des vorliegenden Begriffs und der Nothwendigkeit ihn als transſcendentales Erkenntnißprincip anzunehmen zu überzeugen, bedenke man nur die Größe der Aufgabe: aus gegebenen Wahrnehmungen einer allenfalls unendliche Mannigfaltigkeit empiriſcher Geſetze enthaltenden Natur eine zuſammenhängende Erfahrung zu machen, welche Aufgabe a priori in unſerm Verſtande liegt. Der Verſtand iſt zwar a priori im Beſitze allgemeiner Geſetze der Natur, ohne welche ſie gar kein Gegenſtand einer Erfahrung ſein könnte: aber er bedarf doch auch überdem noch einer gewiſſen Ordnung der Natur in den beſonderen Regeln derſelben, die ihm nur empiriſch bekannt werden können, und die in Anſehung ſeiner zufällig ſind. Dieſe Regeln, ohne welche kein Fortgang von der allgemeinen Analogie einer möglichen Erfahrung überhaupt zur beſonderen Statt finden würde, muß er ſich als Geſetze (d. i. als nothwendig) denken: weil ſie ſonſt keine Naturordnung ausmachen würden, ob er gleich ihre Nothwendigkeit nicht erkennt, oder jemals einſehen könnte. Ob er alſo gleich in Anſehung der=

selben (Objecte) a priori nichts bestimmen kann, so muß er doch, um diesen empirischen sogenannten Gesetzen nachzugehen, ein Princip a priori, daß nämlich nach ihnen eine erkennbare Ordnung der Natur möglich sei, aller Reflexion über dieselbe zum Grunde legen, dergleichen Princip nachfolgende Sätze ausdrücken: daß es in ihr eine für uns faßliche Unterordnung von Gattungen und Arten gebe; daß jene sich einander wiederum nach einem gemeinschaftlichen Princip nähern, damit ein Übergang von einer zu der anderen und dadurch zu einer höheren Gattung möglich sei; daß, da für die specifische Verschiedenheit der Naturwirkungen eben so viel verschiedene Arten der Causalität annehmen zu müssen unserem Verstande anfänglich unvermeidlich scheint, sie dennoch unter einer geringen Zahl von Principien stehen mögen, mit deren Aufsuchung wir uns zu beschäftigen haben, u. s. w. Diese Zusammenstimmung der Natur zu unserem Erkenntnißvermögen wird von der Urtheilskraft zum Behuf ihrer Reflexion über dieselbe nach ihren empirischen Gesetzen a priori vorausgesetzt, indem sie der Verstand zugleich objectiv als zufällig anerkennt, und bloß die Urtheilskraft sie der Natur als transcendentale Zweckmäßigkeit (in Beziehung auf das Erkenntnißvermögen des Subjects) beilegt: weil wir, ohne diese vorauszusetzen, keine Ordnung der Natur nach empirischen Gesetzen, mithin keinen Leitfaden für eine mit diesen nach aller ihrer Mannigfaltigkeit anzustellende Erfahrung und Nachforschung derselben haben würden.

Denn es läßt sich wohl denken: daß ungeachtet aller der Gleichförmigkeit der Naturdinge nach den allgemeinen Gesetzen, ohne welche die Form eines Erfahrungserkenntnisses überhaupt gar nicht Statt finden würde, die specifische Verschiedenheit der empirischen Gesetze der Natur sammt ihren Wirkungen dennoch so groß sein könnte, daß es für unseren Verstand unmöglich wäre, in ihr eine faßliche Ordnung zu entdecken, ihre Producte in Gattungen und Arten einzutheilen, um die Principien der Erklärung und des Verständnisses des einen auch zur Erklärung und Begreifung des andern zu gebrauchen und aus einem für uns so verworrenen (eigentlich nur unendlich mannigfaltigen, unserer Fassungskraft nicht angemessenen) Stoffe eine zusammenhängende Erfahrung zu machen.

Die Urtheilskraft hat also auch ein Princip a priori für die Möglichkeit der Natur, aber nur in subjectiver Rücksicht in sich, wodurch sie, nicht der Natur (als Autonomie), sondern ihr selbst (als Heautonomie)

für die Reflexion über jene, ein Gesetz vorschreibt, welches man das Ge=
setz der Specification der Natur in Ansehung ihrer empirischen
Gesetze nennen könnte, das sie a priori an ihr nicht erkennt, sondern
zum Behuf einer für unseren Verstand erkennbaren Ordnung derselben
in der Eintheilung, die sie von ihren allgemeinen Gesetzen macht, an=
nimmt, wenn sie diesen eine Mannigfaltigkeit der besondern unterordnen
will. Wenn man also sagt: die Natur specificirt ihre allgemeinen Gesetze
nach dem Princip der Zweckmäßigkeit für unser Erkenntnißvermögen,
d. i. zur Angemessenheit mit dem menschlichen Verstande in seinem noth=
wendigen Geschäfte, zum Besonderen, welches ihm die Wahrnehmung
darbietet, das Allgemeine und zum Verschiedenen (für jede Species zwar
Allgemeinen) wiederum Verknüpfung in der Einheit des Princips zu
finden: so schreibt man dadurch weder der Natur ein Gesetz vor, noch
lernt man eines von ihr durch Beobachtung (obzwar jenes Princip durch
diese bestätigt werden kann). Denn es ist nicht ein Princip der bestim=
menden, sondern bloß der reflectirenden Urtheilskraft; man will nur,
daß man, die Natur mag ihren allgemeinen Gesetzen nach eingerichtet
sein, wie sie wolle, durchaus nach jenem Princip und den sich darauf
gründenden Maximen ihren empirischen Gesetzen nachspüren müsse, weil
wir, nur so weit als jenes Statt findet, mit dem Gebrauche unseres Ver=
standes in der Erfahrung fortkommen und Erkenntniß erwerben können.

VI.

Von der Verbindung des Gefühls der Lust mit dem Begriffe der Zweckmäßigkeit der Natur.

Die gedachte Übereinstimmung der Natur in der Mannigfaltigkeit
ihrer besonderen Gesetze zu unserem Bedürfnisse, Allgemeinheit der Prin=
cipien für sie aufzufinden, muß nach aller unserer Einsicht als zufällig
beurtheilt werden, gleichwohl aber doch für unser Verstandesbedürfniß
als unentbehrlich, mithin als Zweckmäßigkeit, wodurch die Natur mit
unserer, aber nur auf Erkenntniß gerichteten Absicht übereinstimmt. —
Die allgemeinen Gesetze des Verstandes, welche zugleich Gesetze der Natur
sind, sind derselben eben so nothwendig (obgleich aus Spontaneität ent=
sprungen), als die Bewegungsgesetze der Materie; und ihre Erzeugung
setzt keine Absicht mit unseren Erkenntnißvermögen voraus, weil wir nur
durch dieselben von dem, was Erkenntniß der Dinge (der Natur) sei, zu=

erst einen Begriff erhalten, und sie der Natur als Object unserer Erkenntniß überhaupt nothwendig zukommen. Allein, daß die Ordnung der Natur nach ihren besonderen Gesetzen bei aller unsere Fassungskraft übersteigenden wenigstens möglichen Mannigfaltigkeit und Ungleichartig
5 keit doch dieser wirklich angemessen sei, ist, so viel wir einsehen können, zufällig; und die Auffindung derselben ist ein Geschäft des Verstandes, welches mit Absicht zu einem nothwendigen Zwecke desselben, nämlich Einheit der Principien in sie hineinzubringen, geführt wird: welchen Zweck dann die Urtheilskraft der Natur beilegen muß, weil der Verstand
10 ihr hierüber kein Gesetz vorschreiben kann.

Die Erreichung jeder Absicht ist mit dem Gefühle der Lust verbunden; und ist die Bedingung der erstern eine Vorstellung a priori, wie hier ein Princip für die reflectirende Urtheilskraft überhaupt, so ist das Gefühl der Lust auch durch einen Grund a priori und für jedermann
15 gültig bestimmt: und zwar bloß durch die Beziehung des Objects auf das Erkenntnißvermögen, ohne daß der Begriff der Zweckmäßigkeit hier im Mindesten auf das Begehrungsvermögen Rücksicht nimmt und sich also von aller praktischen Zweckmäßigkeit der Natur gänzlich unterscheidet.

In der That, da wir von dem Zusammentreffen der Wahrnehmun
20 gen mit den Gesetzen nach allgemeinen Naturbegriffen (den Kategorieen) nicht die mindeste Wirkung auf das Gefühl der Lust in uns antreffen, XL auch nicht antreffen können, weil der Verstand damit unabsichtlich nach seiner Natur nothwendig verfährt: so ist andrerseits die entdeckte Vereinbarkeit zweier oder mehrerer empirischen heterogenen Naturgesetze unter
25 einem sie beide befassenden Princip der Grund einer sehr merklichen Lust, oft sogar einer Bewunderung, selbst einer solchen, die nicht aufhört, ob man schon mit dem Gegenstande derselben genug bekannt ist. Zwar spüren wir an der Faßlichkeit der Natur und ihrer Einheit der Abtheilung in Gattungen und Arten, wodurch allein empirische Begriffe mög
30 lich sind, durch welche wir sie nach ihren besonderen Gesetzen erkennen, keine merkliche Lust mehr: aber sie ist gewiß zu ihrer Zeit gewesen, und nur weil die gemeinste Erfahrung ohne sie nicht möglich sein würde, ist sie allmählig mit dem bloßen Erkenntnisse vermischt und nicht mehr besonders bemerkt worden. — Es gehört also etwas, das in der Beurthei
35 lung der Natur auf die Zweckmäßigkeit derselben für unsern Verstand aufmerksam macht, ein Studium ungleichartige Gesetze derselben wo möglich unter höhere, obwohl immer noch empirische, zu bringen, dazu,

um, wenn es gelingt, an dieser Einstimmung derselben für unser Erkenntnißvermögen, die wir als bloß zufällig ansehen, Lust zu empfinden. Dagegen würde uns eine Vorstellung der Natur durchaus mißfallen, durch welche man uns voraus sagte, daß bei der mindesten Nachforschung über die gemeinste Erfahrung hinaus wir auf eine Heterogeneität ihrer Gesetze stoßen würden, welche die Vereinigung ihrer besonderen Gesetze unter allgemeinen empirischen für unseren Verstand unmöglich machte: weil dies dem Princip der subjectiv-zweckmäßigen Specification der Natur in ihren Gattungen und unserer reflectirenden Urtheilskraft in der Absicht der letzteren widerstreitet.

Diese Voraussetzung der Urtheilskraft ist gleichwohl darüber so unbestimmt, wie weit jene idealische Zweckmäßigkeit der Natur für unser Erkenntnißvermögen ausgedehnt werden solle, daß, wenn man uns sagt, eine tiefere oder ausgebreitetere Kenntniß der Natur durch Beobachtung müsse zuletzt auf eine Mannigfaltigkeit von Gesetzen stoßen, die kein menschlicher Verstand auf ein Princip zurückführen kann, wir es auch zufrieden sind, ob wir es gleich lieber hören, wenn andere uns Hoffnung geben: daß, je mehr wir die Natur im Inneren kennen würden, oder mit äußeren uns für jetzt unbekannten Gliedern vergleichen könnten, wir sie in ihren Principien um desto einfacher und bei der scheinbaren Heterogeneität ihrer empirischen Gesetze einhelliger finden würden, je weiter unsere Erfahrung fortschritte. Denn es ist ein Geheiß unserer Urtheilskraft, nach dem Princip der Angemessenheit der Natur zu unserem Erkenntnißvermögen zu verfahren, so weit es reicht, ohne (weil es keine bestimmende Urtheilskraft ist, die uns diese Regel giebt) auszumachen, ob es irgendwo seine Gränzen habe, oder nicht: weil wir zwar in Ansehung des rationalen Gebrauchs unserer Erkenntnißvermögen Gränzen bestimmen können, im empirischen Felde aber keine Gränzbestimmung möglich ist.

VII.

Von der ästhetischen Vorstellung der Zweckmäßigkeit der Natur.

Was an der Vorstellung eines Objects bloß subjectiv ist, d. i. ihre Beziehung auf das Subject, nicht auf den Gegenstand ausmacht, ist die ästhetische Beschaffenheit derselben; was aber an ihr zur Bestimmung des Gegenstandes (zum Erkenntnisse) dient oder gebraucht werden kann, ist ihre logische Gültigkeit. In dem Erkenntnisse eines Gegenstandes der Sinne kommen beide Beziehungen zusammen vor. In der Sinnenvorstellung der Dinge außer mir ist die Qualität des Raums, worin wir sie anschauen, das bloß Subjective meiner Vorstellung derselben (wodurch, was sie als Objecte an sich sein mögen, unausgemacht bleibt), um welcher Beziehung willen der Gegenstand auch dadurch bloß als Erscheinung gedacht wird; der Raum ist aber seiner bloß subjectiven Qualität ungeachtet gleichwohl doch ein Erkenntnißstück der Dinge als Erscheinungen. Empfindung (hier die äußere) drückt eben sowohl das bloß Subjective unserer Vorstellungen der Dinge außer uns aus, aber eigentlich das Materielle (Reale) derselben (wodurch etwas Existirendes gegeben wird), so wie der Raum die bloße Form a priori der Möglichkeit ihrer Anschauung; und gleichwohl wird jene auch zum Erkenntniß der Objecte außer uns gebraucht.

Dasjenige Subjective aber an einer Vorstellung, was gar kein Erkenntnißstück werden kann, ist die mit ihr verbundene Lust oder Unlust; denn durch sie erkenne ich nichts an dem Gegenstande der Vorstellung, obgleich sie wohl die Wirkung irgend einer Erkenntniß sein kann. Nun ist die Zweckmäßigkeit eines Dinges, sofern sie in der Wahrnehmung vorgestellt wird, auch keine Beschaffenheit des Objects selbst (denn eine solche kann nicht wahrgenommen werden), ob sie gleich aus einem Erkenntnisse der Dinge gefolgert werden kann. Die Zweckmäßigkeit also, die vor dem Erkenntnisse eines Objects vorhergeht, ja sogar, ohne die Vorstellung desselben zu einem Erkenntniß brauchen zu wollen, gleichwohl mit ihr unmittelbar verbunden wird, ist das Subjective derselben, was gar kein Erkenntnißstück werden kann. Also wird der Gegenstand alsdann nur darum zweckmäßig genannt, weil seine Vorstellung unmittelbar mit dem Gefühle der Lust verbunden ist; und diese Vorstellung selbst ist eine ästhetische Vorstellung der Zweckmäßigkeit. — Es fragt sich nur, ob es überhaupt eine solche Vorstellung der Zweckmäßigkeit gebe.

Wenn mit der bloßen Auffassung (apprehensio) der Form eines Gegenstandes der Anschauung ohne Beziehung derselben auf einen Begriff zu einem bestimmten Erkenntniß Lust verbunden ist: so wird die Vorstellung dadurch nicht auf das Object, sondern lediglich auf das Subject bezogen; und die Lust kann nichts anders als die Angemessenheit desselben zu den Erkenntnißvermögen, die in der reflectirenden Urtheilskraft im Spiel sind, und sofern sie darin sind, also bloß eine subjective formale Zweckmäßigkeit des Objects ausdrücken. Denn jene Auffassung der Formen in die Einbildungskraft kann niemals geschehen, ohne daß die reflectirende Urtheilskraft, auch unabsichtlich, sie wenigstens mit ihrem Vermögen, Anschauungen auf Begriffe zu beziehen, vergliche. Wenn nun in dieser Vergleichung die Einbildungskraft (als Vermögen der Anschauungen a priori) zum Verstande (als Vermögen der Begriffe) durch eine gegebene Vorstellung unabsichtlich in Einstimmung versetzt und dadurch ein Gefühl der Lust erweckt wird, so muß der Gegenstand alsdann als zweckmäßig für die reflectirende Urtheilskraft angesehen werden. Ein solches Urtheil ist ein ästhetisches Urtheil über die Zweckmäßigkeit des Objects, welches sich auf keinem vorhandenen Begriffe vom Gegenstande gründet und keinen von ihm verschafft. Wessen Gegenstandes Form (nicht das Materielle seiner Vorstellung, als Empfindung) in der bloßen Reflexion über dieselbe (ohne Absicht auf einen von ihm zu erwerbenden Begriff) als der Grund einer Lust an der Vorstellung eines solchen Objects beurtheilt wird: mit dessen Vorstellung wird diese Lust auch als nothwendig verbunden geurtheilt, folglich als nicht bloß für das Subject, welches diese Form auffaßt, sondern für jeden Urtheilenden überhaupt. Der Gegenstand heißt alsdann schön; und das Vermögen, durch eine solche Lust (folglich auch allgemeingültig) zu urtheilen, der Geschmack. Denn da der Grund der Lust bloß in der Form des Gegenstandes für die Reflexion überhaupt, mithin in keiner Empfindung des Gegenstandes und auch ohne Beziehung auf einen Begriff, der irgend eine Absicht enthielte, gesetzt wird: so ist es allein die Gesetzmäßigkeit im empirischen Gebrauche der Urtheilskraft überhaupt (Einheit der Einbildungskraft mit dem Verstande) in dem Subjecte, mit der die Vorstellung des Objects in der Reflexion, deren Bedingungen a priori allgemein gelten, zusammen stimmt; und da diese Zusammenstimmung des Gegenstandes mit den Vermögen des Subjects zufällig ist, so bewirkt sie die Vorstellung einer Zweckmäßigkeit desselben in Ansehung der Erkenntnißvermögen des Subjects.

Hier ist nun eine Lust, die wie alle Lust oder Unlust, welche nicht durch den Freiheitsbegriff (d. i. durch die vorhergehende Bestimmung des oberen Begehrungsvermögens durch reine Vernunft) gewirkt wird, niemals aus Begriffen als mit der Vorstellung eines Gegenstandes nothwendig verbunden eingesehen werden kann, sondern jederzeit nur durch reflectirte Wahrnehmung als mit dieser verknüpft erkannt werden muß, folglich wie alle empirische Urtheile keine objective Nothwendigkeit ankündigen und auf Gültigkeit a priori Anspruch machen kann. Aber das Geschmacksurtheil macht auch nur Anspruch, wie jedes andere empirische Urtheil, für jedermann zu gelten, welches ungeachtet der inneren Zufälligkeit desselben immer möglich ist. Das Befremdende und Abweichende liegt nur darin: daß es nicht ein empirischer Begriff, sondern ein Gefühl der Lust (folglich gar kein Begriff) ist, welches doch durch das Geschmacksurtheil, gleich als ob es ein mit dem Erkenntnisse des Objects verbundenes Prädicat wäre, jedermann zugemuthet und mit der Vorstellung desselben verknüpft werden soll.

Ein einzelnes Erfahrungsurtheil, z. B. von dem, der in einem Bergkrystall einen beweglichen Tropfen Wasser wahrnimmt, verlangt mit Recht, daß ein jeder andere es eben so finden müsse, weil er dieses Urtheil nach den allgemeinen Bedingungen der bestimmenden Urtheilskraft unter den Gesetzen einer möglichen Erfahrung überhaupt gefällt hat. Eben so macht derjenige, welcher in der bloßen Reflexion über die Form eines Gegenstandes ohne Rücksicht auf einen Begriff Lust empfindet, obzwar dieses Urtheil empirisch und ein einzelnes Urtheil ist, mit Recht Anspruch auf Jedermanns Beistimmung: weil der Grund zu dieser Lust in der allgemeinen, obzwar subjectiven Bedingung der reflectirenden Urtheile, nämlich der zweckmäßigen Übereinstimmung eines Gegenstandes (er sei Product der Natur oder der Kunst) mit dem Verhältniß der Erkenntnißvermögen unter sich, die zu jedem empirischen Erkenntniß erfordert werden (der Einbildungskraft und des Verstandes), angetroffen wird. Die Lust ist also im Geschmacksurtheile zwar von einer empirischen Vorstellung abhängig und kann a priori mit keinem Begriffe verbunden werden (man kann a priori nicht bestimmen, welcher Gegenstand dem Geschmacke gemäß sein werde, oder nicht, man muß ihn versuchen); aber sie ist doch der Bestimmungsgrund dieses Urtheils nur dadurch, daß man sich bewußt ist, sie beruhe bloß auf der Reflexion und den allgemeinen, obwohl nur subjectiven, Bedingungen der Übereinstimmung derselben zum Erkenntniß der Objecte überhaupt, für welche die Form des Objects zweckmäßig ist.

Das ist die Ursache, warum die Urtheile des Geschmacks ihrer Möglichkeit nach, weil diese ein Princip a priori voraussetzt, auch einer Kritik unterworfen sind, obgleich dieses Princip weder ein Erkenntnißprincip

für den Verstand, noch ein praktisches für den Willen und also a priori
gar nicht bestimmend ist.

Die Empfänglichkeit einer Lust aus der Reflexion über die Formen
der Sachen (der Natur sowohl als der Kunst) bezeichnet aber nicht allein
eine Zweckmäßigkeit der Objecte in Verhältniß auf die reflectirende Ur=
theilskraft, gemäß dem Naturbegriffe, am Subject, sondern auch um=
gekehrt des Subjects in Ansehung der Gegenstände, ihrer Form, ja selbst
ihrer Unform nach, zufolge dem Freiheitsbegriffe; und dadurch geschieht
es: daß das ästhetische Urtheil nicht bloß als Geschmacksurtheil auf das
Schöne, sondern auch), als aus einem Geistesgefühl entsprungenes, auf
das Erhabene bezogen wird, und so jene Kritik der ästhetischen Ur=
theilskraft in zwei diesen gemäße Haupttheile zerfallen muß.

VIII.
Von der logischen Vorstellung der Zweckmäßigkeit
der Natur.

An einem in der Erfahrung gegebenen Gegenstande kann Zweckmäßig=
keit vorgestellt werden: entweder aus einem bloß subjectiven Grunde, als
Übereinstimmung seiner Form, in der Auffassung (apprehensio) des=
selben vor allem Begriffe, mit den Erkenntnißvermögen, um die Anschau=
ung mit Begriffen zu einem Erkenntniß überhaupt zu vereinigen; oder
aus einem objectiven, als Übereinstimmung seiner Form mit der Mög=
lichkeit des Dinges selbst, nach einem Begriffe von ihm, der vorhergeht
und den Grund dieser Form enthält. Wir haben gesehen: daß die Vor=
stellung der Zweckmäßigkeit der ersteren Art auf der unmittelbaren Lust
an der Form des Gegenstandes in der bloßen Reflexion über sie beruhe;
die also von der Zweckmäßigkeit der zweiten Art, da sie die Form des
Objects nicht auf die Erkenntnißvermögen des Subjects in der Auf=
fassung derselben, sondern auf ein bestimmtes Erkenntniß des Gegen=
standes unter einem gegebenen Begriffe bezieht, hat nichts mit einem Ge=
fühle der Lust an den Dingen, sondern mit dem Verstande in Beurthei=
lung derselben zu thun. Wenn der Begriff von einem Gegenstande ge=
geben ist, so besteht das Geschäft der Urtheilskraft im Gebrauche desselben
zum Erkenntniß in der Darstellung (exhibitio), d. i. darin, dem Be=
griffe eine correspondirende Anschauung zur Seite zu stellen: es sei, daß
dieses durch unsere eigene Einbildungskraft geschehe, wie in der Kunst,

wenn wir einen vorhergefaßten Begriff von einem Gegenstande, der für
uns Zweck ist, realisiren, oder durch die Natur in der Technik derselben (wie
bei organisirten Körpern), wenn wir ihr unseren Begriff vom Zweck zur
Beurtheilung ihres Products unterlegen; in welchem Falle nicht bloß
Zweckmäßigkeit der Natur in der Form des Dinges, sondern dieses
ihr Product als Naturzweck vorgestellt wird. — Obzwar unser Begriff
von einer subjectiven Zweckmäßigkeit der Natur in ihren Formen nach
empirischen Gesetzen gar kein Begriff vom Object ist, sondern nur ein
Princip der Urtheilskraft sich in dieser ihrer übergroßen Mannigfaltig=
keit Begriffe zu verschaffen (in ihr orientiren zu können): so legen wir
ihr doch hieburch gleichsam eine Rücksicht auf unser Erkenntnißvermögen
nach der Analogie eines Zwecks bei; und so können wir die Natur=
schönheit als Darstellung des Begriffs der formalen (bloß subjecti=
ven) und die Naturzwecke als Darstellung des Begriffs einer realen
(objectiven) Zweckmäßigkeit ansehen, deren eine wir durch Geschmack
(ästhetisch, vermittelst des Gefühls der Lust), die andere durch Verstand
und Vernunft (logisch, nach Begriffen) beurtheilen.

Hierauf gründet sich die Eintheilung der Kritik der Urtheilskraft in
die der ästhetischen und teleologischen: indem unter der ersteren das
Vermögen, die formale Zweckmäßigkeit (sonst auch subjective genannt)
durch das Gefühl der Lust oder Unlust, unter der zweiten das Vermögen,
die reale Zweckmäßigkeit (objective) der Natur durch Verstand und Ver=
nunft zu beurtheilen, verstanden wird.

In einer Kritik der Urtheilskraft ist der Theil, welcher die ästhetische
Urtheilskraft enthält, ihr wesentlich angehörig, weil diese allein ein Prin=
cip enthält, welches die Urtheilskraft völlig a priori ihrer Reflexion über
die Natur zum Grunde legt, nämlich das einer formalen Zweckmäßigkeit
der Natur nach ihren besonderen (empirischen) Gesetzen für unser Erkennt=
nißvermögen, ohne welche sich der Verstand in sie nicht finden könnte: an=
statt daß gar kein Grund a priori angegeben werden kann, ja nicht ein=
mal die Möglichkeit davon aus dem Begriffe einer Natur, als Gegen=
stande der Erfahrung im Allgemeinen sowohl als im Besonderen, erhellt,
daß es objective Zwecke der Natur, d. i. Dinge, die nur als Naturzwecke
möglich sind, geben müsse; sondern nur die Urtheilskraft, ohne ein Prin=
cip dazu a priori in sich zu enthalten, in vorkommenden Fällen (gewisser
Producte), um zum Behuf der Vernunft von dem Begriffe der Zwecke
Gebrauch zu machen, die Regel enthält, nachdem jenes transscendentale

Princip schon den Begriff eines Zwecks (wenigstens der Form nach) auf die Natur anzuwenden den Verstand vorbereitet hat.

Der transscendentale Grundsatz aber, sich eine Zweckmäßigkeit der Natur in subjectiver Beziehung auf unser Erkenntnißvermögen an der Form eines Dinges als ein Princip der Beurtheilung derselben vorzustellen, läßt es gänzlich unbestimmt, wo und in welchen Fällen ich die Beurtheilung, als die eines Products nach einem Princip der Zweckmäßigkeit und nicht vielmehr bloß nach allgemeinen Naturgesetzen, anzustellen habe, und überläßt es der ästhetischen Urtheilskraft, im Geschmacke die Angemessenheit desselben (seiner Form) zu unseren Erkenntnißvermögen (sofern diese nicht durch Übereinstimmung mit Begriffen, sondern durch das Gefühl entscheidet) auszumachen. Dagegen giebt die teleologisch-gebrauchte Urtheilskraft die Bedingungen bestimmt an, unter denen etwas (z. B. ein organisirter Körper) nach der Idee eines Zwecks der Natur zu beurtheilen sei; kann aber keinen Grundsatz aus dem Begriffe der Natur als Gegenstandes der Erfahrung für die Befugniß anführen, ihr eine Beziehung auf Zwecke a priori beizulegen und auch nur unbestimmt dergleichen von der wirklichen Erfahrung an solchen Producten anzunehmen: wovon der Grund ist, daß viele besondere Erfahrungen angestellt und unter der Einheit ihres Princips betrachtet werden müssen, um eine objective Zweckmäßigkeit an einem gewissen Gegenstande nur empirisch erkennen zu können. — Die ästhetische Urtheilskraft ist also ein besonderes Vermögen, Dinge nach einer Regel, aber nicht nach Begriffen zu beurtheilen. Die teleologische ist kein besonderes Vermögen, sondern nur die reflectirende Urtheilskraft überhaupt, sofern sie wie überall im theoretischen Erkenntnisse nach Begriffen, aber in Ansehung gewisser Gegenstände der Natur nach besonderen Principien, nämlich einer bloß reflectirenden, nicht Objecte bestimmenden Urtheilskraft, verfährt, also ihrer Anwendung nach zum theoretischen Theile der Philosophie gehört und der besonderen Principien wegen, die nicht, wie es in einer Doctrin sein muß, bestimmend sind, auch einen besonderen Theil der Kritik ausmachen muß; anstatt daß die ästhetische Urtheilskraft zum Erkenntniß ihrer Gegenstände nichts beiträgt und also nur zur Kritik des urtheilenden Subjects und der Erkenntnißvermögen desselben, sofern sie der Principien a priori fähig sind, von welchem Gebrauche (dem theoretischen oder praktischen) diese übrigens auch sein mögen, gezählt werden muß, welche die Propädeutik aller Philosophie ist.

IX.
Von der Verknüpfung der Gesetzgebungen des Verstandes und der Vernunft durch die Urtheilskraft.

Der Verstand ist a priori gesetzgebend für die Natur, als Object der Sinne, zu einem theoretischen Erkenntniß derselben in einer möglichen Erfahrung. Die Vernunft ist a priori gesetzgebend für die Freiheit und ihre eigene Causalität, als das Übersinnliche in dem Subjecte, zu einem unbedingt=praktischen Erkenntniß. Das Gebiet des Naturbegriffs unter der einen und das des Freiheitsbegriffs unter der anderen Gesetzgebung sind gegen allen wechselseitigen Einfluß, den sie für sich (ein jedes nach seinen Grundgesetzen) auf einander haben könnten, durch die große Kluft, welche das Übersinnliche von den Erscheinungen trennt, gänzlich abgesondert. Der Freiheitsbegriff bestimmt nichts in Ansehung der theoretischen Erkenntniß der Natur; der Naturbegriff eben sowohl nichts in Ansehung der praktischen Gesetze der Freiheit: und es ist in sofern nicht möglich, eine Brücke von einem Gebiete zu dem andern hinüberzuschlagen. — Allein wenn die Bestimmungsgründe der Causalität nach dem Freiheitsbegriffe (und der praktischen Regel, die er enthält) gleich nicht in der Natur belegen sind, und das Sinnliche das Übersinnliche im Subjecte nicht bestimmen kann: so ist dieses doch umgekehrt (zwar nicht in Ansehung des Erkenntnisses der Natur, aber doch der Folgen aus dem ersteren auf die letztere) möglich und schon in dem Begriffe einer Causalität durch Freiheit enthalten, deren Wirkung diesen ihren formalen Gesetzen gemäß in der Welt geschehen soll, obzwar das Wort Ursache, von dem Übersinnlichen gebraucht, nur den Grund bedeutet, die Causalität der Naturdinge zu einer Wirkung gemäß ihren eigenen Naturgesetzen, zugleich aber doch auch mit dem formalen Princip der Vernunftgesetze einhellig zu bestimmen, wovon die Möglichkeit zwar nicht eingesehen, aber der Einwurf von einem vorgeblichen Widerspruch, der sich darin fände, hinreichend widerlegt werden kann*). — Die Wirkung nach dem Freiheitsbegriffe ist der

---

*) Einer von den verschiedenen vermeinten Widersprüchen in dieser gänzlichen Unterscheidung der Naturcausalität von der durch Freiheit ist der, da man ihr den Vorwurf macht: daß, wenn ich von Hindernissen, die die Natur der Causalität nach Freiheitsgesetzen (den moralischen) legt, oder ihre Beförderung durch dieselbe rede, ich doch der ersteren auf die letztere einen Einfluß einräume. Aber wenn

Endzweck, der (oder dessen Erscheinung in der Sinnenwelt) existiren soll, wozu die Bedingung der Möglichkeit desselben in der Natur (des Subjects als Sinnenwesens, nämlich als Mensch) vorausgesetzt wird. Das, was diese a priori und ohne Rücksicht auf das Praktische voraussetzt, die Urtheilskraft, giebt den vermittelnden Begriff zwischen den Naturbegriffen und dem Freiheitsbegriffe, der den Übergang von der reinen theoretischen zur reinen praktischen, von der Gesetzmäßigkeit nach der ersten zum Endzwecke nach dem letzten möglich macht, in dem Begriffe einer **Zweckmäßigkeit der Natur** an die Hand; denn dadurch wird die Möglichkeit des Endzwecks, der allein in der Natur und mit Einstimmung ihrer Gesetze wirklich werden kann, erkannt.

Der Verstand giebt durch die Möglichkeit seiner Gesetze a priori für die Natur einen Beweis davon, daß diese von uns nur als Erscheinung erkannt werde, mithin zugleich Anzeige auf ein übersinnliches Substrat derselben, aber läßt dieses gänzlich **unbestimmt**. Die Urtheilskraft verschafft durch ihr Princip a priori der Beurtheilung der Natur nach möglichen besonderen Gesetzen derselben ihrem übersinnlichen Substrat (in uns sowohl als außer uns) **Bestimmbarkeit durch das intellectuelle Vermögen**. Die Vernunft aber giebt eben demselben durch ihr praktisches Gesetz a priori die **Bestimmung**; und so macht die Urtheilskraft den Übergang vom Gebiete des Naturbegriffs zu dem des Freiheitsbegriffs möglich.

In Ansehung der Seelenvermögen überhaupt, sofern sie als obere, d. i. als solche, die eine Autonomie enthalten, betrachtet werden, ist für das **Erkenntnißvermögen** (das theoretische der Natur) der Verstand dasjenige, welches die constitutiven Principien a priori enthält; für das **Gefühl der Lust und Unlust** ist es die Urtheilskraft unabhängig von Begriffen und Empfindungen, die sich auf Bestimmung des Begeh-

---

man das Gesagte nur verstehen will, so ist die Mißdeutung sehr leicht zu verhüten. Der Widerstand, oder die Beförderung ist nicht zwischen der Natur und der Freiheit, sondern der ersteren als Erscheinung und den Wirkungen der letztern als Erscheinungen in der Sinnenwelt; und selbst die Causalität der Freiheit (der reinen und praktischen Vernunft) ist die Causalität einer jener untergeordneten Naturursache (des Subjects, als Mensch, folglich als Erscheinung betrachtet), von deren Bestimmung das Intelligible, welches unter der Freiheit gedacht wird, auf eine übrigens (eben so wie eben dasselbe, was das übersinnliche Substrat der Natur ausmacht) unerklärliche Art den Grund enthält.

rungsvermögens beziehen und dadurch unmittelbar praktisch sein könnten; für das Begehrungsvermögen die Vernunft, welche ohne Vermittelung irgend einer Lust, woher sie auch komme, praktisch ist und demselben als oberes Vermögen den Endzweck bestimmt, der zugleich das reine intellectuelle Wohlgefallen am Objecte mit sich führt. — Der Begriff der Urtheilskraft von einer Zweckmäßigkeit der Natur ist noch zu den Naturbegriffen gehörig, aber nur als regulatives Princip des Erkenntnißvermögens, obzwar das ästhetische Urtheil über gewisse Gegenstände (der Natur oder der Kunst), welches ihn veranlaßt, in Ansehung des Gefühls der Lust oder Unlust ein constitutives Princip ist. Die Spontaneität im Spiele der Erkenntnißvermögen, deren Zusammenstimmung den Grund dieser Lust enthält, macht den gedachten Begriff zur Vermittelung der Verknüpfung der Gebiete des Naturbegriffs mit dem Freiheitsbegriffe in ihren Folgen tauglich, indem diese zugleich die Empfänglichkeit des Gemüths für das moralische Gefühl befördert. — Folgende Tafel kann die Übersicht aller oberen Vermögen ihrer systematischen Einheit nach erleichtern*).

---

*) Man hat es bedenklich gefunden, daß meine Eintheilungen in der reinen Philosophie fast immer dreitheilig ausfallen. Das liegt aber in der Natur der Sache. Soll eine Eintheilung a priori geschehen, so wird sie entweder analytisch sein nach dem Satze des Widerspruchs; und da ist sie jederzeit zweitheilig (quodlibet ens est aut A aut non A). Oder sie ist synthetisch; und wenn sie in diesem Falle aus Begriffen a priori (nicht wie in der Mathematik aus der a priori dem Begriffe correspondirenden Anschauung) soll geführt werden, so muß nach demjenigen, was zu der synthetischen Einheit überhaupt erforderlich ist, nämlich 1) Bedingung, 2) ein Bedingtes, 3) der Begriff, der aus der Vereinigung des Bedingten mit seiner Bedingung entspringt, die Eintheilung nothwendig Trichotomie sein.

LVIII

Gesammte Vermögen des Gemüths	Erkenntnißvermögen	Principien a priori	Anwendung auf
Erkenntnißvermögen	Verstand	Gesetzmäßigkeit	Natur
Gefühl der Lust und Unlust	Urtheilskraft	Zweckmäßigkeit	Kunst
Begehrungsvermögen	Vernunft	Endzweck	Freiheit.

Eintheilung
des ganzen Werks.

Erster Theil.
Kritik der ästhetischen Urtheilskraft.

Erster Abschnitt.
Analytik der ästhetischen Urtheilskraft.

Erstes Buch.
Analytik des Schönen.

Zweites Buch.
Analytik des Erhabenen.

Zweiter Abschnitt.
Dialektik der ästhetischen Urtheilskraft.

Zweiter Theil.
Kritik der teleologischen Urtheilskraft.

Erste Abtheilung.
Analytik der teleologischen Urtheilskraft.

Zweite Abtheilung.
Dialektik der teleologischen Urtheilskraft.

Anhang.
Methodenlehre der teleologischen Urtheilskraft.

Der
Kritik der Urtheilskraft
Erster Theil.

Kritik

der

ästhetischen Urtheilskraft.

Erster Abschnitt.
Analytik der ästhetischen Urtheilskraft.

Erstes Buch.
Analytik des Schönen.

Erstes Moment
des Geschmacksurtheils*) der Qualität nach.

§ 1.
Das Geschmacksurtheil ist ästhetisch.

Um zu unterscheiden, ob etwas schön sei oder nicht, beziehen wir die Vorstellung nicht durch den Verstand auf das Object zum Erkenntnisse, sondern durch die Einbildungskraft (vielleicht mit dem Verstande verbunden) auf das Subject und das Gefühl der Lust oder Unlust desselben. Das Geschmacksurtheil ist also kein Erkenntnißurtheil, mithin nicht logisch, sondern ästhetisch, worunter man dasjenige versteht, dessen Bestimmungsgrund **nicht anders als subjectiv** sein kann. Alle Beziehung der Vorstellungen, selbst die der Empfindungen aber kann objectiv sein (und da bedeutet sie das Reale einer empirischen Vorstellung); nur nicht die auf

---

*) Die Definition des Geschmacks, welche hier zum Grunde gelegt wird, ist: daß er das Vermögen der Beurtheilung des Schönen sei. Was aber dazu erfordert wird, um einen Gegenstand schön zu nennen, das muß die Analyse der Urtheile des Geschmacks entdecken. Die Momente, worauf diese Urtheilskraft in ihrer Reflexion Acht hat, habe ich nach Anleitung der logischen Functionen zu urtheilen aufgesucht (denn im Geschmacksurtheile ist immer noch eine Beziehung auf den Verstand enthalten). Die der Qualität habe ich zuerst in Betrachtung gezogen, weil das ästhetische Urtheil über das Schöne auf diese zuerst Rücksicht nimmt.

das Gefühl der Lust und Unlust, wodurch gar nichts im Objecte bezeichnet wird, sondern in der das Subject, wie es durch die Vorstellung afficirt wird, sich selbst fühlt.

Ein regelmäßiges, zweckmäßiges Gebäude mit seinem Erkenntnißvermögen (es sei in deutlicher oder verworrener Vorstellungsart) zu befassen, ist ganz etwas anders, als sich dieser Vorstellung mit der Empfindung des Wohlgefallens bewußt zu sein. Hier wird die Vorstellung gänzlich auf das Subject und zwar auf das Lebensgefühl desselben unter dem Namen des Gefühls der Lust oder Unlust bezogen: welches ein ganz besonderes Unterscheidungs= und Beurtheilungsvermögen gründet, das zum Erkenntniß nichts beiträgt, sondern nur die gegebene Vorstellung im Subjecte gegen das ganze Vermögen der Vorstellungen hält, dessen sich das Gemüth im Gefühl seines Zustandes bewußt wird. Gegebene Vorstellungen in einem Urtheile können empirisch (mithin ästhetisch) sein; das Urtheil aber, das durch sie gefällt wird, ist logisch, wenn jene nur im Urtheile auf das Object bezogen werden. Umgekehrt aber, wenn die gegebenen Vorstellungen gar rational wären, würden aber in einem Urtheile lediglich auf das Subject (sein Gefühl) bezogen, so sind sie sofern jederzeit ästhetisch.

§ 2.

Das Wohlgefallen, welches das Geschmacksurtheil bestimmt, ist ohne alles Interesse.

Interesse wird das Wohlgefallen genannt, was wir mit der Vorstellung der Existenz eines Gegenstandes verbinden. Ein solches hat daher immer zugleich Beziehung auf das Begehrungsvermögen, entweder als Bestimmungsgrund desselben, oder doch als mit dem Bestimmungsgrunde desselben nothwendig zusammenhängend. Nun will man aber, wenn die Frage ist, ob etwas schön sei, nicht wissen, ob uns oder irgend jemand an der Existenz der Sache irgend etwas gelegen sei, oder auch nur gelegen sein könne; sondern, wie wir sie in der bloßen Betrachtung (Anschauung oder Reflexion) beurtheilen. Wenn mich jemand fragt, ob ich den Palast, den ich vor mir sehe, schön finde, so mag ich zwar sagen: ich liebe dergleichen Dinge nicht, die blos für das Angaffen gemacht sind, oder, wie jener Irokesische Sachem, ihm gefalle in Paris nichts besser als die Garküchen; ich kann noch überdem auf die Eitelkeit der Großen auf gut Rousseauisch schmälen, welche den Schweiß des Volks auf so entbehrliche Dinge verwenden; ich kann mich endlich gar leicht überzeugen, daß, wenn ich mich auf einem unbewohnten Eilande ohne Hoffnung jemals wieder zu Menschen zu kommen befände, und ich durch meinen bloßen Wunsch ein solches Prachtgebäude hinzaubern könnte, ich mir auch nicht einmal diese Mühe darum geben würde, wenn ich schon eine Hütte hätte, die mir bequem genug wäre. Man kann mir alles dieses einräumen und gutheißen; nur davon ist jetzt nicht die Rede. Man will nur wissen, ob die bloße Vorstellung des Gegenstandes in mir mit Wohlgefallen begleitet sei, so gleichgültig ich auch immer in Ansehung der Existenz des Gegenstandes dieser Vorstellung sein mag. Man sieht leicht, daß es auf das, was ich aus dieser Vorstellung in mir selbst mache, nicht auf das, worin ich von der Existenz des Gegenstandes abhänge, ankomme, um zu sagen, er sei schön, und zu beweisen, ich habe Geschmack. Ein jeder muß eingestehen, daß dasjenige Urtheil über Schönheit, worin sich das mindeste Interesse mengt, sehr parteilich und kein reines Geschmacksurtheil sei. Man muß nicht im mindesten für die Existenz der Sache eingenommen, sondern in diesem Betracht ganz gleichgültig sein, um in Sachen des Geschmacks den Richter zu spielen.

Wir können aber diesen Satz, der von vorzüglicher Erheblichkeit ist, nicht besser erläutern, als wenn wir dem reinen, uninteressirten*) Wohlgefallen im Geschmacksurtheile dasjenige, was mit Interesse verbunden ist, entgegensetzen: vornehmlich wenn wir zugleich gewiß sein können, daß es nicht mehr Arten des Interesse gebe, als die eben jetzt namhaft gemacht werden sollen.

§ 3.

Das Wohlgefallen am Angenehmen ist mit Interesse verbunden.

Angenehm ist das, was den Sinnen in der Empfindung gefällt. Hier zeigt sich nun sofort die Gelegenheit, eine ganz gewöhnliche Verwechselung der doppelten Bedeutung, die das Wort Empfindung haben kann, zu rügen und darauf aufmerksam zu machen. Alles Wohlgefallen (sagt oder denkt man) ist selbst Empfindung (einer Lust). Mithin

---

*) Ein Urtheil über einen Gegenstand des Wohlgefallens kann ganz uninteressirt, aber doch sehr interessant sein, d. i. es gründet sich auf keinem Interesse, aber es bringt ein Interesse hervor; dergleichen sind alle reine moralische Urtheile. Aber die Geschmacksurtheile begründen an sich auch gar kein Interesse. Nur in der Gesellschaft wird es interessant, Geschmack zu haben, wovon der Grund in der Folge angezeigt werden wird.

8 ist alles, was gefällt, eben hierin, daß es gefällt, angenehm (und nach den verschiedenen Graden oder auch Verhältnissen zu andern angenehmen Empfindungen **anmuthig, lieblich, ergötzend, erfreulich u. s. w.**). Wird aber das eingeräumt, so sind Eindrücke der Sinne, welche die Neigung, oder Grundsätze der Vernunft, welche den Willen, oder bloße reflectirte Formen der Anschauung, welche die Urtheilskraft bestimmen, was die Wirkung auf das Gefühl der Lust betrifft, gänzlich einerlei. Denn diese wäre die Annehmlichkeit in der Empfindung seines Zustandes, und da doch endlich alle Bearbeitung unserer Vermögen aufs Praktische ausgehen und sich darin als in ihrem Ziele vereinigen muß, so könnte man ihnen keine andere Schätzung der Dinge und ihres Werths zumuthen, als die in dem Vergnügen besteht, welches sie versprechen. Auf die Art, wie sie dazu gelangen, kommt es am Ende gar nicht an; und da die Wahl der Mittel hierin allein einen Unterschied machen kann, so könnten Menschen einander wohl der Thorheit und des Unverstandes, niemals aber der Niederträchtigkeit und Bosheit beschuldigen: weil sie doch alle, ein jeder nach seiner Art die Sachen zu sehen, nach einem Ziele laufen, welches für jedermann das Vergnügen ist.

Wenn eine Bestimmung des Gefühls der Lust oder Unlust Empfindung genannt wird, so bedeutet dieser Ausdruck etwas ganz anderes, als 9 wenn ich die Vorstellung einer Sache (durch Sinne, als eine zum Erkenntnißvermögen gehörige Receptivität) Empfindung nenne. Denn im letzern Falle wird die Vorstellung auf das Object, im erstern aber lediglich auf das Subject bezogen und dient zu gar keinem Erkenntnisse, auch nicht zu demjenigen, wodurch sich das Subject selbst **erkennt**.

Wir verstehen aber in der obigen Erklärung unter dem Worte Empfindung eine **objective** Vorstellung der Sinne; und um nicht immer Gefahr zu laufen, mißgedeutet zu werden, wollen wir das, was jederzeit blos subjectiv bleiben muß und schlechterdings keine Vorstellung eines Gegenstandes ausmachen kann, mit dem sonst üblichen Namen des Gefühls benennen. Die grüne Farbe der Wiesen gehört zur **objectiven** Empfindung, als Wahrnehmung eines Gegenstandes des Sinnes; die Annehmlichkeit derselben aber zur **subjectiven** Empfindung, wodurch kein Gegenstand vorgestellt wird: d. i. zum Gefühl, wodurch der Gegenstand als Object des Wohlgefallens (welches kein Erkenntniß desselben ist) betrachtet wird.

Daß nun mein Urtheil über einen Gegenstand, wodurch ich ihn für

angenehm erkläre, ein Interesse an demselben ausdrücke, ist daraus schon
klar, daß es durch Empfindung eine Begierde nach dergleichen Gegenstande
rege macht, mithin das Wohlgefallen nicht das bloße Urtheil über ihn,
sondern die Beziehung seiner Existenz auf meinen Zustand, sofern er durch
ein solches Object afficirt wird, voraussetzt. Daher man von dem Ange=
nehmen nicht blos sagt: es **gefällt**, sondern: es **vergnügt**. Es ist nicht
ein bloßer Beifall, den ich ihm widme, sondern Neigung wird dadurch er=
zeugt; und zu dem, was auf die lebhafteste Art angenehm ist, gehört so
gar kein Urtheil über die Beschaffenheit des Objects, daß diejenigen, welche
immer nur auf das Genießen ausgehen (denn das ist das Wort, womit
man das Innige des Vergnügens bezeichnet), sich gerne alles Urtheilens
überheben.

§ 4.

Das Wohlgefallen **am Guten** ist mit Interesse verbunden.

Gut ist das, was vermittelst der Vernunft durch den bloßen Begriff
gefällt. Wir nennen einiges **wozu gut** (das Nützliche), was nur als
Mittel gefällt; ein anderes aber **an sich gut**, was für sich selbst gefällt.
In beiden ist immer der Begriff eines Zwecks, mithin das Verhältniß der
Vernunft zum (wenigstens möglichen) Wollen, folglich ein Wohlgefallen
am **Dasein** eines Objects oder einer Handlung, d. i. irgend ein Interesse,
enthalten.

Um etwas gut zu finden, muß ich jederzeit wissen, was der Gegen=
stand für ein Ding sein solle, d. i. einen Begriff von demselben haben.
Um Schönheit woran zu finden, habe ich das nicht nöthig. Blumen,
freie Zeichnungen, ohne Absicht in einander geschlungene Züge, unter dem
Namen des Laubwerks, bedeuten nichts, hängen von keinem bestimmten
Begriffe ab und gefallen doch. Das Wohlgefallen am Schönen muß von
der Reflexion über einen Gegenstand, die zu irgend einem Begriffe (unbe=
stimmt welchem) führt, abhängen und unterscheidet sich dadurch auch vom
Angenehmen, welches ganz auf der Empfindung beruht.

Zwar scheint das Angenehme mit dem Guten in vielen Fällen einer=
lei zu sein. So wird man gemeiniglich sagen: alles (vornehmlich dauer=
hafte) Vergnügen ist an sich selbst gut; welches ungefähr so viel heißt, als:
dauerhaft=angenehm oder gut sein, ist einerlei. Allein man kann bald
bemerken, daß dieses blos eine fehlerhafte Wortvertauschung sei, da die
Begriffe, welche diesen Ausdrücken eigenthümlich anhängen, keinesweges

gegen einander ausgetauscht werden können. Das Angenehme, das als ein solches den Gegenstand lediglich in Beziehung auf den Sinn vorstellt, muß allererst durch den Begriff eines Zwecks unter Principien der Vernunft gebracht werden, um es als Gegenstand des Willens gut zu nennen. Daß dieses aber alsdann eine ganz andere Beziehung auf das Wohlgefallen sei, wenn ich das, was vergnügt, zugleich gut nenne, ist daraus zu ersehen, daß beim Guten immer die Frage ist, ob es blos mittelbar-gut oder unmittelbar-gut (ob nützlich oder an sich gut) sei; da hingegen beim Angenehmen hierüber gar nicht die Frage sein kann, indem das Wort jederzeit etwas bedeutet, was unmittelbar gefällt. (Eben so ist es auch mit dem, was ich schön nenne, bewandt.)

Selbst in den gemeinsten Reden unterscheidet man das Angenehme vom Guten. Von einem durch Gewürze und andre Zusätze den Geschmack erhebenden Gerichte sagt man ohne Bedenken, es sei angenehm, und gesteht zugleich, daß es nicht gut sei: weil es zwar unmittelbar den Sinnen behagt, mittelbar aber, d. i. durch die Vernunft, die auf die Folgen hinaus sieht, betrachtet, mißfällt. Selbst in der Beurtheilung der Gesundheit kann man noch diesen Unterschied bemerken. Sie ist jedem, der sie besitzt, unmittelbar angenehm (wenigstens negativ, d. i. als Entfernung aller körperlichen Schmerzen). Aber um zu sagen, daß sie gut sei, muß man sie noch durch die Vernunft auf Zwecke richten, nämlich daß sie ein Zustand ist, der uns zu allen unsern Geschäften aufgelegt macht. In Absicht der Glückseligkeit glaubt endlich doch jedermann, die größte Summe (der Menge sowohl als Dauer nach) der Annehmlichkeiten des Lebens ein wahres, ja sogar das höchste Gut nennen zu können. Allein auch dawider sträubt sich die Vernunft. Annehmlichkeit ist Genuß. Ist es aber auf diesen allein angelegt, so wäre es thöricht, scrupulös in Ansehung der Mittel zu sein, die ihn uns verschaffen, ob er leidend, von der Freigebigkeit der Natur, oder durch Selbstthätigkeit und unser eignes Wirken erlangt wäre. Daß aber eines Menschen Existenz an sich einen Werth habe, welcher blos lebt (und in dieser Absicht noch so sehr geschäftig ist), um zu genießen, sogar wenn er dabei Andern, die alle eben so wohl nur aufs Genießen ausgehen, als Mittel dazu aufs beste beförderlich wäre und zwar darum, weil er durch Sympathie alles Vergnügen mit genösse: das wird sich die Vernunft nie überreden lassen. Nur durch das, was er thut ohne Rücksicht auf Genuß, in voller Freiheit und unabhängig von dem, was ihm die Natur auch leidend verschaffen könnte, giebt er seinem Dasein als der Existenz einer Per=

son einen absoluten Werth; und die Glückseligkeit ist mit der ganzen Fülle ihrer Annehmlichkeit bei weitem nicht ein unbedingtes Gut*).

Aber ungeachtet aller dieser Verschiedenheit zwischen dem Angenehmen und Guten kommen beide doch darin überein: daß sie jederzeit mit einem Interesse an ihrem Gegenstande verbunden sind, nicht allein das Angenehme, § 3, und das mittelbar Gute (das Nützliche), welches als Mittel zu irgend einer Annehmlichkeit gefällt, sondern auch das schlechterdings und in aller Absicht Gute, nämlich das moralische, welches das höchste Interesse bei sich führt. Denn das Gute ist das Object des Willens (d. i. eines durch Vernunft bestimmten Begehrungsvermögens). Etwas aber wollen und an dem Dasein desselben ein Wohlgefallen haben, d. i. daran ein Interesse nehmen, ist identisch.

§ 5.
Vergleichung der drei specifisch verschiedenen Arten des Wohlgefallens.

Das Angenehme und Gute haben beide eine Beziehung auf das Begehrungsvermögen und führen sofern, jenes ein pathologisch-bedingtes (durch Anreize, stimulos), dieses ein reines praktisches Wohlgefallen bei sich, welches nicht bloß durch die Vorstellung des Gegenstandes, sondern zugleich durch die vorgestellte Verknüpfung des Subjects mit der Existenz desselben bestimmt wird. Nicht bloß der Gegenstand, sondern auch die Existenz desselben gefällt. Dagegen ist das Geschmacksurtheil bloß contemplativ, d. i. ein Urtheil, welches, indifferent in Ansehung des Daseins eines Gegenstandes, nur seine Beschaffenheit mit dem Gefühl der Lust und Unlust zusammenhält. Aber diese Contemplation selbst ist auch nicht auf Begriffe gerichtet; denn das Geschmacksurtheil ist kein Erkenntnißurtheil (weder ein theoretisches noch praktisches) und daher auch nicht auf Begriffe gegründet, oder auch auf solche abgezweckt.

Das Angenehme, das Schöne, das Gute bezeichnen also drei verschiedene Verhältnisse der Vorstellungen zum Gefühl der Lust und Unlust, in

---

*) Eine Verbindlichkeit zum Genießen ist eine offenbare Ungereimtheit. Eben das muß also auch eine vorgegebene Verbindlichkeit zu allen Handlungen sein, die zu ihrem Ziele blos das Genießen haben: dieses mag nun so geistig ausgedacht (oder verbrämt) sein, wie es wolle, und wenn es auch ein mystischer, sogenannter himmlischer Genuß wäre.

Beziehung auf welches wir Gegenstände oder Vorstellungsarten von einander unterscheiden. Auch sind die jedem angemessenen Ausdrücke, womit man die Complacenz in denselben bezeichnet, nicht einerlei. **Angenehm** heißt Jemandem das, was ihn **vergnügt; schön**, was ihm blos **gefällt; gut**, was **geschätzt**, gebilligt, d. i. worin von ihm ein objectiver Werth gesetzt wird. Annehmlichkeit gilt auch für vernunftlose Thiere; Schönheit nur für Menschen, d. i. thierische, aber doch vernünftige Wesen, aber auch nicht blos als solche (z. B. Geister), sondern zugleich als thierische; das Gute aber für jedes vernünftige Wesen überhaupt; ein Satz, der nur in der Folge seine vollständige Rechtfertigung und Erklärung bekommen kann. Man kann sagen: daß unter allen diesen drei Arten des Wohlgefallens das des Geschmacks am Schönen einzig und allein ein uninteressirtes und freies Wohlgefallen sei; denn kein Interesse, weder das der Sinne, noch das der Vernunft, zwingt den Beifall ab. Daher könnte man von dem Wohlgefallen sagen: es beziehe sich in den drei genannten Fällen auf Neigung, oder Gunst, oder Achtung. Denn **Gunst** ist das einzige freie Wohlgefallen. Ein Gegenstand der Neigung und einer, welcher durch ein Vernunftgesetz uns zum Begehren auferlegt wird, lassen uns keine Freiheit, uns selbst irgend woraus einen Gegenstand der Lust zu machen. Alles Interesse setzt Bedürfniß voraus, oder bringt eines hervor; und als Bestimmungsgrund des Beifalls läßt es das Urtheil über den Gegenstand nicht mehr frei sein.

Was das Interesse der Neigung beim Angenehmen betrifft, so sagt jedermann: Hunger ist der beste Koch, und Leuten von gesundem Appetit schmeckt alles, was nur eßbar ist; mithin beweiset ein solches Wohlgefallen keine Wahl nach Geschmack. Nur wenn das Bedürfniß befriedigt ist, kann man unterscheiden, wer unter Vielen Geschmack habe, oder nicht. Eben so giebt es Sitten (Conduite) ohne Tugend, Höflichkeit ohne Wohlwollen, Anständigkeit ohne Ehrbarkeit u. s. w. Denn wo das sittliche Gesetz spricht, da giebt es objectiv weiter keine freie Wahl in Ansehung dessen, was zu thun sei; und Geschmack in seiner Aufführung (oder in Beurtheilung anderer ihrer) zeigen, ist etwas ganz anderes, als seine moralische Denkungsart äußern: denn diese enthält ein Gebot und bringt ein Bedürfniß hervor, da hingegen der sittliche Geschmack mit den Gegenständen des Wohlgefallens nur spielt, ohne sich an einen zu hängen.

Aus dem ersten Momente gefolgerte Erklärung des Schönen.

Geschmack ist das Beurtheilungsvermögen eines Gegenstandes oder einer Vorstellungsart durch ein Wohlgefallen oder Mißfallen ohne alles Interesse. Der Gegenstand eines solchen Wohlgefallens heißt schön.

Zweites Moment
des Geschmacksurtheils, nämlich seiner Quantität nach.

§ 6.
Das Schöne ist das, was ohne Begriffe als Object eines allgemeinen Wohlgefallens vorgestellt wird.

Diese Erklärung des Schönen kann aus der vorigen Erklärung desselben, als eines Gegenstandes des Wohlgefallens ohne alles Interesse, gefolgert werden. Denn das, wovon jemand sich bewußt ist, daß das Wohlgefallen an demselben bei ihm selbst ohne alles Interesse sei, das kann derselbe nicht anders als so beurtheilen, daß es einen Grund des Wohlgefallens für jedermann enthalten müsse. Denn da es sich nicht auf irgend eine Neigung des Subjects (noch auf irgend ein anderes überlegtes Interesse) gründet, sondern da der Urtheilende sich in Ansehung des Wohlgefallens, welches er dem Gegenstande widmet, völlig frei fühlt: so kann er keine Privatbedingungen als Gründe des Wohlgefallens auffinden, an die sich sein Subject allein hinge, und muß es daher als in demjenigen begründet ansehen, was er auch bei jedem andern voraussetzen kann; folglich muß er glauben Grund zu haben, jedermann ein ähnliches Wohlgefallen zuzumuthen. Er wird daher vom Schönen so sprechen, als ob Schönheit eine Beschaffenheit des Gegenstandes und das Urtheil logisch (durch Begriffe vom Objecte eine Erkenntniß desselben ausmachend) wäre; ob es gleich nur ästhetisch ist und bloß eine Beziehung der Vorstellung des Gegenstandes auf das Subject enthält: darum weil es doch mit dem logischen die Ähnlichkeit hat, daß man die Gültigkeit desselben für jedermann daran voraussetzen kann. Aber aus Begriffen kann diese Allgemeinheit auch nicht entspringen. Denn von Begriffen giebt es keinen Übergang zum Gefühle der Lust oder Unlust (ausgenommen in reinen praktischen Gesetzen, die aber ein Interesse bei sich führen, dergleichen mit dem reinen Geschmacksurtheile nicht verbunden ist). Folglich muß dem Geschmacksurtheile mit dem Bewußtsein der Absonderung in demselben von allem Interesse ein Anspruch auf Gültigkeit für jedermann ohne auf Objecte gestellte Allgemeinheit anhängen, d. i. es muß damit ein Anspruch auf subjective Allgemeinheit verbunden sein.

§ 7.
Vergleichung des Schönen mit dem Angenehmen und Guten durch obiges Merkmal.

In Ansehung des Angenehmen bescheidet sich ein jeder: daß sein Urtheil, welches er auf ein Privatgefühl gründet, und wodurch er von einem Gegenstande sagt, daß er ihm gefalle, sich auch bloß auf seine Person einschränke. Daher ist er es gern zufrieden, daß, wenn er sagt: der Canariensect ist angenehm, ihm ein anderer den Ausdruck verbessere und ihn erinnere, er solle sagen: er ist mir angenehm; und so nicht allein im Geschmack der Zunge, des Gaumens und des Schlundes, sondern auch in dem, was für Augen und Ohren jedem angenehm sein mag. Dem einen ist die violette Farbe sanft und lieblich, dem andern todt und erstorben. Einer liebt den Ton der Blasinstrumente, der andre den von den Saiteninstrumenten. Darüber in der Absicht zu streiten, um das Urtheil anderer, welches von dem unsrigen verschieden ist, gleich als ob es diesem logisch entgegen gesetzt wäre, für unrichtig zu schelten, wäre Thorheit; in Ansehung des Angenehmen gilt also der Grundsatz: ein jeder hat seinen eigenen Geschmack (der Sinne).

Mit dem Schönen ist es ganz anders bewandt. Es wäre (gerade umgekehrt) lächerlich, wenn jemand, der sich auf seinen Geschmack etwas einbildete, sich damit zu rechtfertigen gedächte: dieser Gegenstand (das Gebäude, was wir sehen, das Kleid, was jener trägt, das Concert, was wir hören, das Gedicht, welches zur Beurtheilung aufgestellt ist) ist für mich schön. Denn er muß es nicht schön nennen, wenn es bloß ihm gefällt. Reiz und Annehmlichkeit mag für ihn vieles haben, darum bekümmert sich niemand; wenn er aber etwas für schön ausgiebt, so muthet er andern eben dasselbe Wohlgefallen zu: er urtheilt nicht bloß für sich, sondern für jedermann und spricht alsdann von der Schönheit, als wäre sie eine Eigenschaft der Dinge. Er sagt daher: die Sache ist schön, und rechnet nicht etwa darum auf Anderer Einstimmung in sein Urtheil des Wohlgefallens,

weil er sie mehrmals mit dem seinigen einstimmig befunden hat, sondern
fordert es von ihnen. Er tadelt sie, wenn sie anders urtheilen, und spricht
ihnen den Geschmack ab, von dem er doch verlangt, daß sie ihn haben sollen;
und sofern kann man nicht sagen: ein jeder hat seinen besondern Ge=
schmack. Dieses würde so viel heißen, als: es giebt gar keinen Geschmack,
d. i. kein ästhetisches Urtheil, welches auf jedermanns Beistimmung recht=
mäßigen Anspruch machen könnte.

Gleichwohl findet man auch in Ansehung des Angenehmen, daß in
der Beurtheilung desselben sich Einhelligkeit unter Menschen antreffen lasse,
in Absicht auf welche man doch einigen den Geschmack abspricht, andern
ihn zugesteht und zwar nicht in der Bedeutung als Organsinn, sondern
als Beurtheilungsvermögen in Ansehung des Angenehmen überhaupt.
So sagt man von jemanden, der seine Gäste mit Annehmlichkeiten (des
Genusses durch alle Sinne) so zu unterhalten weiß, daß es ihnen insge=
sammt gefällt: er habe Geschmack. Aber hier wird die Allgemeinheit nur
comparativ genommen; und da giebt es nur generale (wie die empiri=
schen alle sind), nicht universale Regeln, welche letzteren das Geschmacks=
urtheil über das Schöne sich unternimmt oder darauf Anspruch macht. Es
ist ein Urtheil in Beziehung auf die Geselligkeit, sofern sie auf empirischen
Regeln beruht: In Ansehung des Guten machen die Urtheile zwar auch
mit Recht auf Gültigkeit für jedermann Anspruch; allein das Gute wird
nur durch einen Begriff als Object eines allgemeinen Wohlgefallens
vorgestellt, welches weder beim Angenehmen noch beim Schönen der
Fall ist.

§ 8.

Die Allgemeinheit des Wohlgefallens wird in einem Ge=
schmacksurtheile nur als subjectiv vorgestellt.

Diese besondere Bestimmung der Allgemeinheit eines ästhetischen Ur=
theils, die sich in einem Geschmacksurtheile antreffen läßt, ist eine Merk=
würdigkeit, zwar nicht für den Logiker, aber wohl für den Transscenden=
tal=Philosophen, welche seine nicht geringe Bemühung auffordert, um den
Ursprung derselben zu entdecken, dafür aber auch eine Eigenschaft unseres
Erkenntnißvermögens aufdeckt, welche ohne diese Zergliederung unbekannt
geblieben wäre.

Zuerst muß man sich davon völlig überzeugen: daß man durch das

Geschmacksurtheil (über das Schöne) das Wohlgefallen an einem Gegenstande **jedermann** ansinne, ohne sich doch auf einem Begriffe zu gründen (denn da wäre es das Gute); und daß dieser Anspruch auf Allgemeingültigkeit so wesentlich zu einem Urtheil gehöre, wodurch wir etwas für **schön** erklären, daß, ohne dieselbe dabei zu denken, es niemand in die Gedanken kommen würde, diesen Ausdruck zu gebrauchen, sondern alles, was ohne Begriff gefällt, zum Angenehmen gezählt werden würde, in Ansehung dessen man jeglichem seinen Kopf für sich haben läßt, und keiner dem andern Einstimmung zu seinem Geschmacksurtheile zumuthet, welches doch im Geschmacksurtheile über Schönheit jederzeit geschieht. Ich kann den ersten den Sinnen-Geschmack, den zweiten den Reflexions-Geschmack nennen: sofern der erstere bloß Privaturtheile, der zweite aber vorgebliche gemeingültige (publike), beiderseits aber ästhetische (nicht praktische) Urtheile über einen Gegenstand bloß in Ansehung des Verhältnisses seiner Vorstellung zum Gefühl der Lust **und** Unlust fällt. Nun ist es doch befremdlich, daß, da von dem Sinnengeschmack nicht allein die Erfahrung zeigt, daß sein Urtheil (der Lust oder Unlust an irgend etwas) nicht allgemein gelte, sondern jedermann auch von selbst so bescheiden ist, diese Einstimmung andern nicht eben anzusinnen (ob sich gleich wirklich öfter eine sehr ausgebreitete Einhelligkeit auch in diesen Urtheilen vorfindet), der Reflexions-Geschmack, der doch auch oft genug mit seinem Anspruche auf die allgemeine Gültigkeit seines Urtheils (über das Schöne) für jedermann abgewiesen wird, wie die Erfahrung lehrt, gleichwohl es möglich finden könne (welches er auch wirklich thut) sich Urtheile vorzustellen, die diese Einstimmung allgemein fordern könnten, und sie in der That für jedes seiner Geschmacksurtheile jedermann zumuthet, ohne daß die Urtheilenden wegen der Möglichkeit eines solchen Anspruchs in Streite sind, sondern sich nur in besondern Fällen wegen der richtigen Anwendung dieses Vermögens nicht einigen können.

Hier ist nun allererst zu merken, daß eine Allgemeinheit, die nicht auf Begriffen vom Objecte (wenn gleich nur empirischen) beruht, gar nicht logisch, sondern ästhetisch sei, d. i. keine objective Quantität des Urtheils, sondern nur eine subjective enthalte, für welche ich auch den Ausdruck **Gemeingültigkeit**, welcher die Gültigkeit nicht von der Beziehung einer Vorstellung auf das Erkenntnißvermögen, sondern auf das Gefühl der Lust und Unlust für jedes Subject bezeichnet, gebrauche. (Man kann sich aber auch desselben Ausdrucks für die logische Quantität des Urtheils bedienen, wenn man nur dazusetzt **objective Allgemeingültigkeit** zum Unterschiede von der bloß subjectiven, welche allemal ästhetisch ist.)

Nun ist ein objectiv allgemeingültiges Urtheil auch jederzeit subjectiv, d. i. wenn das Urtheil für alles, was unter einem gegebenen Begriffe enthalten ist, gilt, so gilt es auch für jedermann, der sich einen Gegenstand durch diesen Begriff vorstellt. Aber von einer **subjectiven Allgemeingültigkeit**, d. i. der ästhetischen, die auf keinem Begriffe beruht, läßt sich nicht auf die logische schließen: weil jene Art Urtheile gar nicht auf das Object geht. Eben darum aber muß auch die ästhetische Allgemeinheit, die einem Urtheile beigelegt wird, von besonderer Art sein, weil sie das Prädicat der Schönheit nicht mit dem Begriffe des Objects, in seiner ganzen logischen Sphäre betrachtet, verknüpft und doch eben dasselbe über die ganze **Sphäre der Urtheilenden** ausdehnt.

In Ansehung der logischen Quantität sind alle Geschmacksurtheile einzelne Urtheile. Denn weil ich den Gegenstand unmittelbar an mein Gefühl der Lust und Unlust halten muß und doch nicht durch Begriffe, so können jene nicht die Quantität objectiv-gemeingültiger Urtheile haben; obgleich, wenn die einzelne Vorstellung des Objects des Geschmacksurtheils nach den Bedingungen, die das letztere bestimmen, durch Vergleichung in einen Begriff verwandelt wird, ein logisch allgemeines Urtheil daraus werden kann: z. B. die Rose, die ich anblicke, erkläre ich durch ein Geschmacksurtheil für schön. Dagegen ist das Urtheil, welches durch Vergleichung vieler einzelnen entspringt: die Rosen überhaupt sind schön, nunmehr nicht bloß als ästhetisches, sondern als ein auf einem ästhetischen gegründetes logisches Urtheil ausgesagt. Nun ist das Urtheil: die Rose ist (im Geruche) angenehm, zwar auch ein ästhetisches und einzelnes, aber kein Geschmacks-, sondern ein Sinnenurtheil. Es unterscheidet sich nämlich vom ersteren darin: daß das Geschmacksurtheil eine **ästhetische Quantität der Allgemeinheit**, d. i. der Gültigkeit für jedermann, bei sich führt, welche im Urtheile über das Angenehme nicht angetroffen werden kann. Nur allein die Urtheile über das Gute, ob sie gleich auch das Wohlgefallen an einem Gegenstande bestimmen, haben logische, nicht bloß ästhetische Allgemeinheit; denn sie gelten vom Object, als Erkenntnisse desselben, und darum für jedermann.

Wenn man Objecte bloß nach Begriffen beurtheilt, so geht alle Vorstellung der Schönheit verloren. Also kann es auch keine Regel geben, nach der jemand genöthigt werden sollte, etwas für schön anzuerkennen. Ob ein Kleid, ein Haus, eine Blume schön sei: dazu läßt man sich sein Urtheil durch keine Gründe oder Grundsätze aufschwatzen. Man will das Object seinen eignen Augen unterwerfen, gleich als ob sein Wohlgefallen von der Empfindung abhinge; und dennoch, wenn man den Gegenstand alsdann schön nennt, glaubt man eine allgemeine Stimme für sich zu haben und macht Anspruch auf den Beitritt von jedermann, da hingegen jede Privatempfindung nur für den Betrachtenden allein und sein Wohlgefallen entscheiden würde.

Hier ist nun zu sehen, daß in dem Urtheile des Geschmacks nichts postulirt wird, als eine solche allgemeine Stimme in Ansehung des Wohlgefallens ohne Vermittelung der Begriffe; mithin die Möglichkeit eines ästhetischen Urtheils, welches zugleich als für jedermann gültig betrachtet werden könne. Das Geschmacksurtheil selber postulirt nicht jedermanns Einstimmung (denn das kann nur ein logisch allgemeines, weil es Gründe anführen kann, thun); es sinnt nur jedermann diese Einstimmung an, als einen Fall der Regel, in Ansehung dessen es die Bestätigung nicht von Begriffen, sondern von anderer Beitritt erwartet. Die allgemeine Stimme ist also nur eine Idee (worauf sie beruhe, wird hier noch nicht untersucht). Daß der, welcher ein Geschmacksurtheil zu fällen glaubt, in der That dieser Idee gemäß urtheile, kann ungewiß sein; aber daß er es doch darauf beziehe, mithin daß es ein Geschmacksurtheil sein solle, kündigt er durch den Ausdruck der Schönheit an. Für sich selbst aber kann er durch das bloße Bewußtsein der Absonderung alles dessen, was zum Angenehmen und Guten gehört, von dem Wohlgefallen, was ihm noch übrig bleibt, davon gewiß werden; und das ist alles, wozu er sich die Beistimmung von jedermann verspricht: ein Anspruch, wozu unter diesen Bedingungen er auch berechtigt sein würde, wenn er nur wider sie nicht öfter fehlte und darum ein irriges Geschmacksurtheil fällte.

§ 9.

Untersuchung der Frage: ob im Geschmacksurtheile das Gefühl der Lust vor der Beurtheilung des Gegenstandes, oder diese vor jener vorhergehe.

Die Auflösung dieser Aufgabe ist der Schlüssel zur Kritik des Geschmacks und daher aller Aufmerksamkeit würdig.

Ginge die Lust an dem gegebenen Gegenstande vorher, und nur die allgemeine Mittheilbarkeit derselben sollte im Geschmacksurtheile der Vorstellung des Gegenstandes zuerkannt werden, so würde ein solches Verfahren mit sich selbst im Widerspruche stehen. Denn dergleichen Lust würde keine andere, als die bloße Annehmlichkeit in der Sinnenempfindung sein und daher ihrer Natur nach nur Privatgültigkeit haben können, weil sie von der Vorstellung, wodurch der Gegenstand gegeben wird, unmittelbar abhinge.

Also ist es die allgemeine Mittheilungsfähigkeit des Gemüthszustandes in der gegebenen Vorstellung, welche als subjective Bedingung des Geschmacksurtheils demselben zum Grunde liegen und die Lust an dem Gegenstande zur Folge haben muß. Es kann aber nichts allgemein mitgetheilt werden als Erkenntniß und Vorstellung, sofern sie zum Erkenntniß gehört. Denn sofern ist die letztere nur allein objectiv und hat nur dadurch einen allgemeinen Beziehungspunkt, womit die Vorstellungskraft Aller zusammenzustimmen genöthigt wird. Soll nun der Bestimmungsgrund des Urtheils über diese allgemeine Mittheilbarkeit der Vorstellung bloß subjectiv, nämlich ohne einen Begriff vom Gegenstande, gedacht werden, so kann er kein anderer als der Gemüthszustand sein, der im Verhältnisse der Vorstellungskräfte zu einander angetroffen wird, sofern sie eine gegebene Vorstellung auf Erkenntniß überhaupt beziehen.

Die Erkenntnißkräfte, die durch diese Vorstellung ins Spiel gesetzt werden, sind hiebei in einem freien Spiele, weil kein bestimmter Begriff sie auf eine besondere Erkenntnißregel einschränkt. Also muß der Gemüthszustand in dieser Vorstellung der eines Gefühls des freien Spiels der Vorstellungskräfte an einer gegebenen Vorstellung zu einem Erkenntnisse überhaupt sein. Nun gehören zu einer Vorstellung, wodurch ein Gegenstand gegeben wird, damit überhaupt daraus Erkenntniß werde, Einbildungskraft für die Zusammensetzung des Mannigfaltigen der Anschauung und Verstand für die Einheit des Begriffs, der die Vorstellungen vereinigt. Dieser Zustand eines freien Spiels der Erkenntnißvermögen bei einer Vorstellung, wodurch ein Gegenstand gegeben wird, muß sich allgemein mittheilen lassen: weil Erkenntniß als Bestimmung des Objects, womit gegebene Vorstellungen (in welchem Subjecte es auch sei) zusammen stimmen sollen, die einzige Vorstellungsart ist, die für jedermann gilt.

Die subjective allgemeine Mittheilbarkeit der Vorstellungsart in einem Geschmacksurtheile, da sie, ohne einen bestimmten Begriff vorauszusetzen, Statt finden soll, kann nichts anders als der Gemüthszustand in dem

freien Spiele der Einbildungskraft und des Verstandes (sofern sie unter
einander, wie es zu einem Erkenntnisse überhaupt erforderlich ist, zu=
sammen stimmen) sein, indem wir uns bewußt sind, daß dieses zum Er=
kenntniß überhaupt schickliche subjective Verhältniß eben so wohl für jeder=
mann gelten und folglich allgemein mittheilbar sein müsse, als es eine jede
bestimmte Erkenntniß ist, die doch immer auf jenem Verhältniß als sub=
jectiver Bedingung beruht.

Diese bloß subjective (ästhetische) Beurtheilung des Gegenstandes,
oder der Vorstellung, wodurch er gegeben wird, geht nun vor der Lust an
demselben vorher und ist der Grund dieser Lust an der Harmonie der Er=
kenntnißvermögen; auf jener Allgemeinheit aber der subjectiven Bedin=
gungen der Beurtheilung der Gegenstände gründet sich allein diese allge=
meine subjective Gültigkeit des Wohlgefallens, welches wir mit der Vor=
stellung des Gegenstandes, den wir schön nennen, verbinden.

Daß, seinen Gemüthszustand, selbst auch nur in Ansehung der Er=
kenntnißvermögen, mittheilen zu können, eine Lust bei sich führe, könnte
man aus dem natürlichen Hange des Menschen zur Geselligkeit (empirisch
und psychologisch) leichtlich darthun. Das ist aber zu unserer Absicht nicht
genug. Die Lust, die wir fühlen, muthen wir jedem andern im Geschmacks=
urtheile als nothwendig zu, gleich als ob es für eine Beschaffenheit des
Gegenstandes, die an ihm nach Begriffen bestimmt ist, anzusehen wäre,
wenn wir etwas schön nennen; da doch Schönheit ohne Beziehung auf das
Gefühl des Subjects für sich nichts ist. Die Erörterung dieser Frage aber
müssen wir uns bis zur Beantwortung derjenigen: ob und wie ästhetische
Urtheile a priori möglich sind, vorbehalten.

Jetzt beschäftigen wir uns noch mit der mindern Frage: auf welche
Art wir uns einer wechselseitigen subjectiven Übereinstimmung der Er=
kenntnißkräfte unter einander im Geschmacksurtheile bewußt werden, ob
ästhetisch durch den bloßen innern Sinn und Empfindung, oder intellec=
tuell durch das Bewußtsein unserer absichtlichen Thätigkeit, womit wir jene
ins Spiel setzen.

Wäre die gegebene Vorstellung, welche das Geschmacksurtheil veran=
laßt, ein Begriff, welcher Verstand und Einbildungskraft in der Beurthei=
lung des Gegenstandes zu einem Erkenntnisse des Objects vereinigte, so
wäre das Bewußtsein dieses Verhältnisses intellectuell (wie im objectiven
Schematism der Urtheilskraft, wovon die Kritik handelt). Aber das Ur=
theil wäre auch alsdann nicht in Beziehung auf Lust und Unlust gefällt,

mithin kein Geschmacksurtheil. Nun bestimmt aber das Geschmacksurtheil unabhängig von Begriffen das Object in Ansehung des Wohlgefallens und des Prädicats der Schönheit. Also kann jene subjective Einheit des Verhältnisses sich nur durch Empfindung kenntlich machen. Die Belebung beider Vermögen (der Einbildungskraft und des Verstandes) zu unbestimmter, aber doch vermittelst des Anlasses der gegebenen Vorstellung einhelliger Thätigkeit, derjenigen nämlich, die zu einem Erkenntniß überhaupt gehört, ist die Empfindung, deren allgemeine Mittheilbarkeit das Geschmacksurtheil postulirt. Ein objectives Verhältniß kann zwar nur gedacht, aber, so fern es seinen Bedingungen nach subjectiv ist, doch in der Wirkung auf das Gemüth empfunden werden; und bei einem Verhältnisse, welches keinen Begriff zum Grunde legt (wie das der Vorstellungskräfte zu einem Erkenntnißvermögen überhaupt), ist auch kein anderes Bewußtsein desselben, als durch Empfindung der Wirkung, die im erleichterten Spiele beider durch wechselseitige Zusammenstimmung belebten Gemüthskräfte (der Einbildungskraft und des Verstandes) besteht, möglich. Eine Vorstellung, die als einzeln und ohne Vergleichung mit andern dennoch eine Zusammenstimmung zu den Bedingungen der Allgemeinheit hat, welche das Geschäft des Verstandes überhaupt ausmacht, bringt die Erkenntnißvermögen in die proportionirte Stimmung, die wir zu allem Erkenntnisse fordern und daher auch für jedermann, der durch Verstand und Sinne in Verbindung zu urtheilen bestimmt ist (für jeden Menschen), gültig halten.

Aus dem zweiten Moment gefolgerte Erklärung des Schönen.

Schön ist das, was ohne Begriff allgemein gefällt.

Drittes Moment
der Geschmacksurtheile nach der Relation der Zwecke, welche in ihnen in Betrachtung gezogen wird.

§ 10.
Von der Zweckmäßigkeit überhaupt.

Wenn man, was ein Zweck sei, nach seinen transscendentalen Bestimmungen (ohne etwas Empirisches, dergleichen das Gefühl der Lust ist, vorauszusetzen) erklären will: so ist Zweck der Gegenstand eines Begriffs, sofern dieser als die Ursache von jenem (der reale Grund seiner Möglichkeit) angesehen wird; und die Causalität eines **Begriffs** in Ansehung seines **Objects** ist die Zweckmäßigkeit (forma finalis). Wo also nicht etwa bloß die Erkenntniß von einem Gegenstande, sondern der Gegenstand selbst (die Form oder Existenz desselben) als Wirkung nur als durch einen Begriff von der letztern möglich gedacht wird, da denkt man sich einen Zweck. Die Vorstellung der Wirkung ist hier der Bestimmungsgrund ihrer Ursache und geht vor der letztern vorher. Das Bewußtsein der Causalität einer Vorstellung in Absicht auf den Zustand des Subjects, es in demselben zu **erhalten**, kann hier im Allgemeinen das bezeichnen, was man Lust nennt; wogegen Unlust diejenige Vorstellung ist, die den Zustand der Vorstellungen zu ihrem eigenen Gegentheile zu bestimmen (sie abzuhalten oder wegzuschaffen) den Grund enthält.

Das Begehrungsvermögen, sofern es nur durch Begriffe, d. i. der Vorstellung eines Zwecks gemäß zu handeln, bestimmbar ist, würde der Wille sein. Zweckmäßig aber heißt ein Object, oder Gemüthszustand, oder eine Handlung auch, wenn gleich ihre Möglichkeit die Vorstellung eines Zwecks nicht nothwendig voraussetzt, bloß darum, weil ihre Möglichkeit von uns nur erklärt und begriffen werden kann, sofern wir eine Causalität nach Zwecken, d. i. einen Willen, der sie nach der Vorstellung einer gewissen Regel so angeordnet hätte, zum Grunde derselben annehmen. Die Zweckmäßigkeit kann also ohne Zweck sein, sofern wir die Ursachen dieser Form nicht in einem Willen setzen, aber doch die Erklärung ihrer Möglichkeit nur, indem wir sie von einem Willen ableiten, uns begreiflich machen können. Nun haben wir das, was wir beobachten, nicht immer nöthig durch Vernunft (seiner Möglichkeit nach) einzusehen. Also können wir eine Zweckmäßigkeit der Form nach, auch ohne daß wir ihr einen Zweck (als die Materie des nexus finalis) zum Grunde legen, wenigstens beobachten und an Gegenständen, wiewohl nicht anders als durch Reflexion bemerken.

§ 11.

Das Geschmacksurtheil hat nichts als die Form der Zweckmäßigkeit eines Gegenstandes (oder der Vorstellungsart desselben) zum Grunde.

Aller Zweck, wenn er als Grund des Wohlgefallens angesehen wird, führt immer ein Interesse, als Bestimmungsgrund des Urtheils über den Gegenstand der Lust, bei sich. Also kann dem Geschmacksurtheil kein subjectiver Zweck zum Grunde liegen. Aber auch keine Vorstellung eines objectiven Zwecks, d. i. der Möglichkeit des Gegenstandes selbst nach Principien der Zweckverbindung, mithin kein Begriff des Guten kann das Geschmacksurtheil bestimmen: weil es ein ästhetisches und kein Erkenntnißurtheil ist, welches also keinen Begriff von der Beschaffenheit und innern oder äußern Möglichkeit des Gegenstandes durch diese oder jene Ursache, sondern bloß das Verhältniß der Vorstellungskräfte zu einander, sofern sie durch eine Vorstellung bestimmt werden, betrifft.

Nun ist dieses Verhältniß in der Bestimmung eines Gegenstandes, als eines schönen, mit dem Gefühle einer Lust verbunden, die durch das Geschmacksurtheil zugleich als für jedermann gültig erklärt wird; folglich kann eben so wenig eine die Vorstellung begleitende Annehmlichkeit als die Vorstellung von der Vollkommenheit des Gegenstandes und der Begriff des Guten den Bestimmungsgrund enthalten. Also kann nichts anders als die subjective Zweckmäßigkeit in der Vorstellung eines Gegenstandes ohne allen (weder objectiven noch subjectiven) Zweck, folglich die bloße Form der Zweckmäßigkeit in der Vorstellung, wodurch uns ein Gegenstand gegeben wird, sofern wir uns ihrer bewußt sind, das Wohlgefallen, welches wir ohne Begriff als allgemein mittheilbar beurtheilen, mithin den Bestimmungsgrund des Geschmacksurtheils ausmachen.

§ 12.

Das Geschmacksurtheil beruht auf Gründen a priori.

Die Verknüpfung des Gefühls einer Lust oder Unlust als einer Wirkung mit irgend einer Vorstellung (Empfindung oder Begriff) als ihrer Ursache a priori auszumachen, ist schlechterdings unmöglich; denn das wäre ein Causalverhältniß, welches (unter Gegenständen der Erfahrung) nur jederzeit a posteriori und vermittelst der Erfahrung selbst erkannt werden kann. Zwar haben wir in der Kritik der praktischen Vernunft wirklich das Gefühl der Achtung (als eine besondere und eigenthümliche Modification dieses Gefühls, welches weder mit der Lust noch Unlust, die wir von empirischen Gegenständen bekommen, recht übereintreffen will) von allgemeinen sittlichen Begriffen a priori abgeleitet. Aber wir konnten dort auch die Gränzen der Erfahrung überschreiten und eine Causalität, die auf einer übersinnlichen Beschaffenheit des Subjects beruhte, nämlich die der Freiheit, herbei rufen. Allein selbst da leiteten wir eigentlich nicht dieses Gefühl von der Idee des Sittlichen als Ursache her, sondern bloß die Willensbestimmung wurde davon abgeleitet. Der Gemüthszustand aber eines irgend wodurch bestimmten Willens ist an sich schon ein Gefühl der Lust und mit ihm identisch, folgt also nicht als Wirkung daraus: welches letztere nur angenommen werden müßte, wenn der Begriff des Sittlichen als eines Guts vor der Willensbestimmung durch das Gesetz vorherginge; da alsdann die Lust, die mit dem Begriffe verbunden wäre, aus diesem als einer bloßen Erkenntniß vergeblich würde abgeleitet werden.

Nun ist es auf ähnliche Weise mit der Lust im ästhetischen Urtheile bewandt: nur daß sie hier bloß contemplativ, und ohne ein Interesse am Object zu bewirken, im moralischen Urtheil hingegen praktisch ist. Das Bewußtsein der bloß formalen Zweckmäßigkeit im Spiele der Erkenntnißkräfte des Subjects bei einer Vorstellung, wodurch ein Gegenstand gegeben wird, ist die Lust selbst, weil es einen Bestimmungsgrund der Thätigkeit des Subjects in Ansehung der Belebung der Erkenntnißkräfte desselben, also eine innere Causalität (welche zweckmäßig ist) in Ansehung der Erkenntniß überhaupt, aber ohne auf eine bestimmte Erkenntniß eingeschränkt zu sein, mithin eine bloße Form der subjectiven Zweckmäßigkeit einer Vorstellung, in einem ästhetischen Urtheile enthält. Diese Lust ist auch auf keinerlei Weise praktisch, weder wie die aus dem pathologischen Grunde der Annehmlichkeit, noch die aus dem intellectuellen des vorgestellten Guten. Sie hat aber doch Causalität in sich, nämlich den Zustand der Vorstellung selbst und die Beschäftigung der Erkenntnißkräfte ohne weitere Absicht zu erhalten. Wir weilen bei der Betrachtung des Schönen, weil diese Betrachtung sich selbst stärkt und reproducirt: welches derjenigen Verweilung analogisch (aber doch mit ihr nicht einerlei) ist, da ein Reiz in der Vorstellung des Gegenstandes die Aufmerksamkeit wiederholentlich erweckt, wobei das Gemüth passiv ist.

§ 13.
Das reine Geschmacksurtheil ist von Reiz und Rührung unabhängig.

Alles Interesse verdirbt das Geschmacksurtheil und nimmt ihm seine Unpartheilichkeit, vornehmlich wenn es nicht so wie das Interesse der Vernunft die Zweckmäßigkeit vor dem Gefühle der Lust voranschickt, sondern sie auf dieses gründet; welches letztere allemal im ästhetischen Urtheile über etwas, sofern es vergnügt oder schmerzt, geschieht. Daher Urtheile, die so afficirt sind, auf allgemeingültiges Wohlgefallen entweder gar keinen, oder so viel weniger Anspruch machen können, als sich von der gedachten Art Empfindungen unter den Bestimmungsgründen des Geschmacks befinden. Der Geschmack ist jederzeit noch barbarisch, wo er die Beimischung der Reize und Rührungen zum Wohlgefallen bedarf, ja wohl gar diese zum Maßstabe seines Beifalls macht.

Indessen werden Reize doch öfter nicht allein zur Schönheit (die doch eigentlich bloß die Form betreffen sollte) als Beitrag zum ästhetischen allgemeinen Wohlgefallen gezählt, sondern sie werden wohl gar an sich selbst für Schönheiten, mithin die Materie des Wohlgefallens für die Form ausgegeben: ein Mißverstand, der sich so wie mancher andere, welcher doch noch immer etwas Wahres zum Grunde hat, durch sorgfältige Bestimmung dieser Begriffe heben läßt.

Ein Geschmacksurtheil, auf welches Reiz und Rührung keinen Einfluß haben (ob sie sich gleich mit dem Wohlgefallen am Schönen verbinden lassen), welches also bloß die Zweckmäßigkeit der Form zum Bestimmungsgrunde hat, ist ein reines Geschmacksurtheil.

§ 14.
Erläuterung durch Beispiele.

Ästhetische Urtheile können eben sowohl als theoretische (logische) in empirische und reine eingetheilt werden. Die erstern sind die, welche Annehmlichkeit oder Unannehmlichkeit, die zweiten die, welche Schönheit von einem Gegenstande, oder von der Vorstellungsart desselben aussagen; jene sind Sinnenurtheile (materiale ästhetische Urtheile), diese (als formale) allein eigentliche Geschmacksurtheile.

Ein Geschmacksurtheil ist also nur sofern rein, als kein bloß empirisches Wohlgefallen dem Bestimmungsgrunde desselben beigemischt wird. Dieses aber geschieht allemal, wenn Reiz oder Rührung einen Antheil an dem Urtheile haben, wodurch etwas für schön erklärt werden soll.

Nun thun sich wieder manche Einwürfe hervor, die zuletzt den Reiz nicht bloß zum nothwendigen Ingredienz der Schönheit, sondern wohl gar als für sich allein hinreichend, um schön genannt zu werden, vorspiegeln. Eine bloße Farbe, z. B. die grüne eines Rasenplatzes, ein bloßer Ton (zum Unterschiede vom Schalle und Geräusch), wie etwa der einer Violine, wird von den Meisten an sich für schön erklärt; obzwar beide bloß die Materie der Vorstellungen, nämlich lediglich Empfindung, zum Grunde zu haben scheinen und darum nur angenehm genannt zu werden verdienten. Allein man wird doch zugleich bemerken, daß die Empfindungen der Farbe sowohl als des Tons sich nur sofern für schön zu gelten berechtigt halten, als beide rein sind; welches eine Bestimmung ist, die schon die Form betrifft, und auch das einzige, was sich von diesen Vorstellungen mit Gewißheit allgemein mittheilen läßt: weil die Qualität der Empfindungen selbst nicht in allen Subjecten als einstimmig und die Annehmlichkeit einer Farbe, vorzüglich vor der andern, oder des Tons eines musikalischen Instruments vor dem eines andern sich schwerlich bei jedermann als auf gleiche Art beurtheilt annehmen läßt.

Nimmt man mit Eulern an, daß die Farben gleichzeitig auf einander folgende Schläge (pulsus) des Äthers, so wie Töne der im Schalle erschütterten Luft sind, und, was das Vornehmste ist, das Gemüth nicht bloß durch den Sinn die Wirkung davon auf die Belebung des Organs, sondern auch durch die Reflexion das regelmäßige Spiel der Eindrücke (mithin die Form in der Verbindung verschiedener Vorstellungen) wahrnehme (woran ich doch gar nicht zweifle): so würde Farbe und Ton nicht bloße Empfindungen, sondern schon formale Bestimmung der Einheit eines Mannigfaltigen derselben sein und alsdann auch für sich zu Schönheiten gezählt werden können.

Das Reine aber einer einfachen Empfindungsart bedeutet, daß die Gleichförmigkeit derselben durch keine fremdartige Empfindung gestört und unterbrochen wird, und gehört bloß zur Form: weil man dabei von der Qualität jener Empfindungsart (ob und welche Farbe, oder ob und welchen Ton sie vorstelle) abstrahiren kann. Daher werden alle einfache Farben, sofern sie rein sind, für schön gehalten; die gemischten haben diesen

Vorzug nicht: eben darum weil, da sie nicht einfach sind, man keinen Maßstab der Beurtheilung hat, ob man sie rein oder unrein nennen solle.

Was aber die dem Gegenstande seiner Form wegen beigelegte Schönheit, sofern sie, wie man meint, durch Reiz wohl gar könne erhöht werden, anlangt, so ist dies ein gemeiner und dem ächten, unbestochenen, gründlichen Geschmacke sehr nachtheiliger Irrthum; ob sich zwar allerdings neben der Schönheit auch noch Reize hinzufügen lassen, um das Gemüth durch die Vorstellung des Gegenstandes außer dem trockenen Wohlgefallen noch zu interessiren und so dem Geschmacke und dessen Cultur zur Anpreisung zu dienen, vornehmlich wenn er noch roh und ungeübt ist. Aber sie thun wirklich dem Geschmacksurtheile Abbruch, wenn sie die Aufmerksamkeit als Beurtheilungsgründe der Schönheit auf sich ziehen. Denn es ist so weit gefehlt, daß sie dazu beitrügen, daß sie vielmehr als Fremdlinge, nur sofern sie jene schöne Form nicht stören, wenn der Geschmack noch schwach und ungeübt ist, mit Nachsicht müssen aufgenommen werden.

In der Malerei, Bildhauerkunst, ja allen bildenden Künsten, in der Baukunst, Gartenkunst, sofern sie schöne Künste sind, ist die Zeichnung das Wesentliche, in welcher nicht, was in der Empfindung vergnügt, sondern bloß was durch seine Form gefällt, den Grund aller Anlage für den Geschmack ausmacht. Die Farben, welche den Abriß illuminiren, gehören zum Reiz; den Gegenstand an sich können sie zwar für die Empfindung belebt, aber nicht anschauungswürdig und schön machen: vielmehr werden sie durch das, was die schöne Form erfordert, mehrentheils gar sehr eingeschränkt und selbst da, wo der Reiz zugelassen wird, durch die erstere allein veredelt.

Alle Form der Gegenstände der Sinne (der äußern sowohl als mittelbar auch des innern) ist entweder Gestalt, oder Spiel; im letztern Falle entweder Spiel der Gestalten (im Raume die Mimik und der Tanz); oder bloßes Spiel der Empfindungen (in der Zeit). Der Reiz der Farben, oder angenehmer Töne des Instruments kann hinzukommen, aber die Zeichnung in der ersten und die Composition in dem letzten machen den eigentlichen Gegenstand des reinen Geschmacksurtheils aus; und daß die Reinigkeit der Farben sowohl als der Töne, oder auch die Mannigfaltigkeit derselben und ihre Abstechung zur Schönheit beizutragen scheint, will nicht so viel sagen, daß sie darum, weil sie für sich angenehm sind, gleichsam einen gleichartigen Zusatz zu dem Wohlgefallen an der Form abgeben, sondern weil sie diese letztere nur genauer, bestimmter und vollständiger anschaulich machen und überdem durch ihren Reiz die Vorstellung beleben, indem sie die Aufmerksamkeit auf den Gegenstand selbst erwecken und erhalten.

Selbst was man Zierathen (Parerga) nennt, d. i. dasjenige, was nicht in die ganze Vorstellung des Gegenstandes als Bestandstück innerlich, sondern nur äußerlich als Zuthat gehört und das Wohlgefallen des Geschmacks vergrößert, thut dieses doch auch nur durch seine Form: wie Einfassungen der Gemälde, oder Gewänder an Statuen, oder Säulengänge um Prachtgebäude. Besteht aber der Zierath nicht selbst in der schönen Form, ist er wie der goldene Rahmen bloß, um durch seinen Reiz das Gemälde dem Beifall zu empfehlen, angebracht: so heißt er alsdann Schmuck und thut der ächten Schönheit Abbruch.

Rührung, eine Empfindung, wo Annehmlichkeit nur vermittelst augenblicklicher Hemmung und darauf erfolgender stärkerer Ergießung der Lebenskraft gewirkt wird, gehört gar nicht zur Schönheit. Erhabenheit (mit welcher das Gefühl der Rührung verbunden ist) aber erfordert einen andern Maßstab der Beurtheilung, als der Geschmack sich zum Grunde legt; und so hat ein reines Geschmacksurtheil weder Reiz noch Rührung, mit einem Worte keine Empfindung, als Materie des ästhetischen Urtheils, zum Bestimmungsgrunde.

§ 15.

Das Geschmacksurtheil ist von dem Begriffe der Vollkommenheit gänzlich unabhängig.

Die objective Zweckmäßigkeit kann nur vermittelst der Beziehung des Mannigfaltigen auf einen bestimmten Zweck, also nur durch einen Begriff, erkannt werden. Hieraus allein schon erhellt: daß das Schöne, dessen Beurtheilung eine bloß formale Zweckmäßigkeit, d. i. eine Zweckmäßigkeit ohne Zweck, zum Grunde hat, von der Vorstellung des Guten ganz unabhängig sei, weil das letztere eine objective Zweckmäßigkeit, d. i. die Beziehung des Gegenstandes auf einen bestimmten Zweck, voraussetzt.

Die objective Zweckmäßigkeit ist entweder die äußere, d. i. die Nützlichkeit, oder die innere, d. i. die Vollkommenheit des Gegenstandes. Daß das Wohlgefallen an einem Gegenstande, weshalb wir ihn schön nennen, nicht auf der Vorstellung seiner Nützlichkeit beruhen könne, ist aus beiden vorigen Hauptstücken hinreichend zu ersehen: weil es alsdann nicht

ein unmittelbares Wohlgefallen an dem Gegenstande sein würde, welches
letztere die wesentliche Bedingung des Urtheils über Schönheit ist. Aber
eine objective innere Zweckmäßigkeit, d. i. Vollkommenheit, kommt dem
Prädicate der Schönheit schon näher und ist daher auch von namhaften
Philosophen, doch mit dem Beisatze, wenn sie verworren gedacht
wird, für einerlei mit der Schönheit gehalten worden. Es ist von der
größten Wichtigkeit, in einer Kritik des Geschmacks zu entscheiden, ob sich
auch die Schönheit wirklich in den Begriff der Vollkommenheit auflösen
lasse.

Die objective Zweckmäßigkeit zu beurtheilen, bedürfen wir jederzeit
den Begriff eines Zwecks und (wenn jene Zweckmäßigkeit nicht eine äußere
[Nützlichkeit], sondern eine innere sein soll) den Begriff eines innern
Zwecks, der den Grund der innern Möglichkeit des Gegenstandes enthalte.
So wie nun Zweck überhaupt dasjenige ist, dessen Begriff als der Grund
der Möglichkeit des Gegenstandes selbst angesehen werden kann: so wird,
um sich eine objective Zweckmäßigkeit an einem Dinge vorzustellen, der
Begriff von diesem, was es für ein Ding sein solle, voran gehen;
und die Zusammenstimmung des Mannigfaltigen in demselben zu diesem
Begriffe (welcher die Regel der Verbindung desselben an ihm giebt) ist
die qualitative Vollkommenheit eines Dinges. Hiervon ist die
quantitative, als die Vollständigkeit eines jeden Dinges in seiner Art,
gänzlich unterschieden und ein bloßer Größenbegriff (der Allheit), bei
welchem, was das Ding sein solle, schon zum voraus als bestimmt
gedacht und nur, ob alles dazu Erforderliche an ihm sei, gefragt wird.
Das Formale in der Vorstellung eines Dinges, d. i. die Zusammenstim=
mung des Mannigfaltigen zu Einem (unbestimmt was es sein solle), giebt
für sich ganz und gar keine objective Zweckmäßigkeit zu erkennen: weil,
da von diesem Einen als Zweck (was das Ding sein solle) abstrahirt
wird, nichts als die subjective Zweckmäßigkeit der Vorstellungen im Ge=
müthe des Anschauenden übrig bleibt, welche wohl eine gewisse Zweck=
mäßigkeit des Vorstellungszustandes im Subject und in diesem eine Be=
haglichkeit desselben eine gegebene Form in die Einbildungskraft aufzu=
fassen, aber keine Vollkommenheit irgend eines Objects, das hier durch
keinen Begriff eines Zwecks gedacht wird, angiebt. Wie z. B., wenn ich
im Walde einen Rasenplatz antreffe, um welchen die Bäume im Cirkel
stehen, und ich mir dabei nicht einen Zweck, nämlich daß er etwa zum
ländlichen Tanze dienen solle, vorstelle, nicht der mindeste Begriff von

Vollkommenheit durch die bloße Form gegeben wird. Eine formale ob=
jective Zweckmäßigkeit aber ohne Zweck, d. i. die bloße Form einer Voll=
kommenheit (ohne alle Materie und Begriff von dem, wozu zusammen=
gestimmt wird, wenn es auch bloß die Idee einer Gesetzmäßigkeit über=
haupt wäre), sich vorzustellen, ist ein wahrer Widerspruch.

Nun ist das Geschmacksurtheil ein ästhetisches Urtheil, d. i. ein sol=
ches, was auf subjectiven Gründen beruht, und dessen Bestimmungsgrund
kein Begriff, mithin auch nicht der eines bestimmten Zwecks sein kann.
Also wird durch die Schönheit, als eine formale subjective Zweckmäßig=
keit, keineswegs eine Vollkommenheit des Gegenstandes als vorgeblich
formale, gleichwohl aber doch objective Zweckmäßigkeit gedacht; und der
Unterschied zwischen den Begriffen des Schönen und Guten, als ob beide
nur der logischen Form nach unterschieden, der erste bloß ein verworrener,
der zweite ein deutlicher Begriff der Vollkommenheit, sonst aber dem In=
halte und Ursprunge nach einerlei wären, ist nichtig: weil alsdann zwischen
ihnen kein specifischer Unterschied, sondern ein Geschmacksurtheil eben
so wohl ein Erkenntnißurtheil wäre, als das Urtheil, wodurch etwas für
gut erklärt wird; so wie etwa der gemeine Mann, wenn er sagt, daß der
Betrug unrecht sei, sein Urtheil auf verworrene, der Philosoph auf deut=
liche, im Grunde aber beide auf einerlei Vernunft=Principien gründen.
Ich habe aber schon angeführt, daß ein ästhetisches Urtheil einzig in seiner
Art sei und schlechterdings kein Erkenntniß (auch nicht ein verworrenes)
vom Object gebe: welches letztere nur durch ein logisches Urtheil geschieht;
da jenes hingegen die Vorstellung, wodurch ein Object gegeben wird,
lediglich auf das Subject bezieht und keine Beschaffenheit des Gegenstan=
des, sondern nur die zweckmäßige Form in der Bestimmung der Vorstel=
lungskräfte, die sich mit jenem beschäftigen, zu bemerken giebt. Das Ur=
theil heißt auch eben darum ästhetisch, weil der Bestimmungsgrund des=
selben kein Begriff, sondern das Gefühl (des innern Sinnes) jener Ein=
helligkeit im Spiele der Gemüthskräfte ist, sofern sie nur empfunden
werden kann. Dagegen wenn man verworrene Begriffe und das objective
Urtheil, das sie zum Grunde hat, wollte ästhetisch nennen, man einen
Verstand haben würde, der sinnlich urtheilt, oder einen Sinn, der durch
Begriffe seine Objecte vorstellte, welches beides sich widerspricht. Das
Vermögen der Begriffe, sie mögen verworren oder deutlich sein, ist der
Verstand; und obgleich zum Geschmacksurtheil, als ästhetischem Urtheile,
auch (wie zu allen Urtheilen) Verstand gehört, so gehört er zu demselben

doch nicht als Vermögen der Erkenntniß eines Gegenstandes, sondern als Vermögen der Bestimmung des Urtheils und seiner Vorstellung (ohne Begriff) nach dem Verhältniß derselben auf das Subject und dessen inneres Gefühl, und zwar sofern dieses Urtheil nach einer allgemeinen Regel möglich ist.

§ 16.

Das Geschmacksurtheil, wodurch ein Gegenstand unter der Bedingung eines bestimmten Begriffs für schön erklärt wird, ist nicht rein.

Es giebt zweierlei Arten von Schönheit: freie Schönheit (pulchritudo vaga), oder die bloß anhängende Schönheit (pulchritudo adhaerens). Die erstere setzt keinen Begriff von dem voraus, was der Gegenstand sein soll; die zweite setzt einen solchen und die Vollkommenheit des Gegenstandes nach demselben voraus. Die Arten der erstern heißen (für sich bestehende) Schönheiten dieses oder jenes Dinges; die andere wird, als einem Begriffe anhängend (bedingte Schönheit), Objecten, die unter dem Begriffe eines besondern Zwecks stehen, beigelegt.

Blumen sind freie Naturschönheiten. Was eine Blume für ein Ding sein soll, weiß außer dem Botaniker schwerlich sonst jemand; und selbst dieser, der daran das Befruchtungsorgan der Pflanze erkennt, nimmt, wenn er darüber durch Geschmack urtheilt, auf diesen Naturzweck keine Rücksicht. Es wird also keine Vollkommenheit von irgend einer Art, keine innere Zweckmäßigkeit, auf welche sich die Zusammensetzung des Mannigfaltigen beziehe, diesem Urtheile zum Grunde gelegt. Viele Vögel (der Papagei, der Colibri, der Paradiesvogel), eine Menge Schaltiere des Meeres sind für sich Schönheiten, die gar keinem nach Begriffen in Ansehung seines Zwecks bestimmten Gegenstande zukommen, sondern frei und für sich gefallen. So bedeuten die Zeichnungen à la grecque, das Laubwerk zu Einfassungen oder auf Papiertapeten u. s. w. für sich nichts: sie stellen nichts vor, kein Object unter einem bestimmten Begriffe, und sind freie Schönheiten. Man kann auch das, was man in der Musik Phantasieen (ohne Thema) nennt, ja die ganze Musik ohne Text zu derselben Art zählen.

In der Beurtheilung einer freien Schönheit (der bloßen Form nach) ist das Geschmacksurtheil rein. Es ist kein Begriff von irgend einem Zwecke, wozu das Mannigfaltige dem gegebenen Objecte dienen und was dieses also vorstellen solle, vorausgesetzt, wodurch die Freiheit der Einbildungskraft, die in Beobachtung der Gestalt gleichsam spielt, nur eingeschränkt werden würde.

Allein die Schönheit eines Menschen (und unter dieser Art die eines Mannes oder Weibes oder Kindes), die Schönheit eines Pferdes, eines Gebäudes (als Kirche, Palast, Arsenal oder Gartenhaus) setzt einen Begriff vom Zwecke voraus, welcher bestimmt, was das Ding sein soll, mithin einen Begriff seiner Vollkommenheit, und ist also bloß abhärirende Schönheit. So wie nun die Verbindung des Angenehmen (der Empfindung) mit der Schönheit, die eigentlich nur die Form betrifft, die Reinigkeit des Geschmacksurtheils verhinderte: so thut die Verbindung des Guten (wozu nämlich das Mannigfaltige dem Dinge selbst nach seinem Zwecke gut ist) mit der Schönheit der Reinigkeit desselben Abbruch.

Man würde vieles unmittelbar in der Anschauung Gefallende an einem Gebäude anbringen können, wenn es nur nicht eine Kirche sein sollte; eine Gestalt mit allerlei Schnörkeln und leichten, doch regelmäßigen Zügen, wie die Neuseeländer mit ihrem Tettowiren thun, verschönern können, wenn es nur nicht ein Mensch wäre; und dieser könnte viel feinere Züge und einen gefälligeren, sanftern Umriß der Gesichtsbildung haben, wenn er nur nicht einen Mann, oder gar einen kriegerischen vorstellen sollte.

Nun ist das Wohlgefallen an dem Mannigfaltigen in einem Dinge in Beziehung auf den innern Zweck, der seine Möglichkeit bestimmt, ein auf einem Begriffe gegründetes Wohlgefallen; das an der Schönheit aber ist ein solches, welches keinen Begriff voraussetzt, sondern mit der Vorstellung, wodurch der Gegenstand gegeben (nicht wodurch er gedacht) wird, unmittelbar verbunden ist. Wenn nun das Geschmacksurtheil in Ansehung des letzteren vom Zwecke in dem ersteren, als Vernunfturtheile abhängig gemacht und dadurch eingeschränkt wird, so ist jenes nicht mehr ein freies und reines Geschmacksurtheil.

Zwar gewinnt der Geschmack durch diese Verbindung des ästhetischen Wohlgefallens mit dem intellectuellen darin, daß er fixirt wird und zwar nicht allgemein ist, ihm aber doch in Ansehung gewisser zweckmäßig bestimmten Objecte Regeln vorgeschrieben werden können. Diese sind aber alsdann auch keine Regeln des Geschmacks, sondern bloß der Vereinbarung des Geschmacks mit der Vernunft, d. i. des Schönen mit dem Guten, durch welche jenes zum Instrument der Absicht in Ansehung des letztern brauchbar wird, um diejenige Gemüthsstimmung, die sich selbst erhält und von subjectiver allgemeiner Gültigkeit ist, derjenigen Denkungsart unterzulegen, die nur durch mühsamen Vorsatz erhalten werden kann, aber objectiv allgemein gültig ist. Eigentlich aber gewinnt weder die Vollkommenheit durch die Schönheit, noch die Schönheit durch die Vollkommenheit; sondern weil es nicht vermieden werden kann, wenn wir die Vorstellung, wodurch uns ein Gegenstand gegeben wird, mit dem Objecte (in Ansehung dessen, was es sein soll) durch einen Begriff vergleichen, sie zugleich mit der Empfindung im Subjecte zusammen zu halten, so gewinnt das gesammte Vermögen der Vorstellungskraft, wenn beide Gemüthszustände zusammen stimmen.

Ein Geschmacksurtheil würde in Ansehung eines Gegenstandes von bestimmtem innern Zwecke nur alsdann rein sein, wenn der Urtheilende entweder von diesem Zwecke keinen Begriff hätte, oder in seinem Urtheile davon abstrahirte. Aber alsdann würde dieser, ob er gleich ein richtiges Geschmacksurtheil fällte, indem er den Gegenstand als freie Schönheit beurtheilte, dennoch von dem andern, welcher die Schönheit an ihm nur als anhängende Beschaffenheit betrachtet (auf den Zweck des Gegenstandes sieht), getadelt und eines falschen Geschmacks beschuldigt werden, obgleich beide in ihrer Art richtig urtheilen: der eine nach dem, was er vor den Sinnen, der andere nach dem, was er in Gedanken hat. Durch diese Unterscheidung kann man manchen Zwist der Geschmacksrichter über Schönheit beilegen, indem man ihnen zeigt, daß der eine sich an die freie, der andere an die anhängende Schönheit halte, der erstere ein reines, der zweite ein angewandtes Geschmacksurtheil fälle.

§ 17.
Vom Ideale der Schönheit.

Es kann keine objective Geschmacksregel, welche durch Begriffe bestimmte, was schön sei, geben. Denn alles Urtheil aus dieser Quelle ist ästhetisch; d. i. das Gefühl des Subjects und kein Begriff eines Objects ist sein Bestimmungsgrund. Ein Princip des Geschmacks, welches das allgemeine Kriterium des Schönen durch bestimmte Begriffe angäbe, zu suchen, ist eine fruchtlose Bemühung, weil, was gesucht wird, unmöglich und an sich selbst widersprechend ist. Die allgemeine Mittheilbarkeit der Empfindung (des Wohlgefallens oder Mißfallens) und zwar eine solche, die ohne Begriff Statt findet, die Einhelligkeit, so viel möglich, aller Zeiten und

Völker in Ansehung dieses Gefühls in der Vorstellung gewisser Gegenstände: ist das empirische, wiewohl schwache und kaum zur Vermuthung zureichende Kriterium der Abstammung eines so durch Beispiele bewährten Geschmacks von dem tief verborgenen, allen Menschen gemeinschaftlichen Grunde der Einhelligkeit in Beurtheilung der Formen, unter denen ihnen Gegenstände gegeben werden.

Daher sieht man einige Producte des Geschmacks als exemplarisch an: nicht als ob Geschmack könne erworben werden, indem er anderen nachahmt. Denn der Geschmack muß ein selbst eigenes Vermögen sein; wer aber ein Muster nachahmt, zeigt, sofern als er es trifft, zwar Geschicklichkeit, aber nur Geschmack, sofern er dieses Muster selbst beurtheilen kann.*) Hieraus folgt aber, daß das höchste Muster, das Urbild des Geschmacks, eine bloße Idee sei, die jeder in sich selbst hervorbringen muß, und wonach er alles, was Object des Geschmacks, was Beispiel der Beurtheilung durch Geschmack sei, und selbst den Geschmack von jedermann beurtheilen muß. Idee bedeutet eigentlich einen Vernunftbegriff und Ideal die Vorstellung eines einzelnen als einer Idee adäquaten Wesens. Daher kann jenes Urbild des Geschmacks, welches freilich auf der unbestimmten Idee der Vernunft von einem Maximum beruht, aber doch nicht durch Begriffe, sondern nur in einzelner Darstellung kann vorgestellt werden, besser das Ideal des Schönen genannt werden, dergleichen wir, wenn wir gleich nicht im Besitze desselben sind, doch in uns hervorzubringen streben. Es wird aber bloß ein Ideal der Einbildungskraft sein, eben darum weil es nicht auf Begriffen, sondern auf der Darstellung beruht; das Vermögen der Darstellung aber ist die Einbildungskraft. — Wie gelangen wir nun zu einem solchen Ideale der Schönheit? A priori oder empirisch? Ingleichen: welche Gattung des Schönen ist eines Ideals fähig?

Zuerst ist wohl zu bemerken, daß die Schönheit, zu welcher ein Ideal gesucht werden soll, keine vage, sondern durch einen Begriff von objectiver Zweckmäßigkeit fixirte Schönheit sein, folglich keinem Objecte eines ganz reinen, sondern dem eines zum Theil intellectuirten Geschmacksurtheils

---

*) Muster des Geschmacks in Ansehung der redenden Künste müssen in einer todten und gelehrten Sprache abgefaßt sein: das erste, um nicht die Veränderung erdulden zu müssen, welche die lebenden unvermeidlicher Weise trifft, daß edle Ausdrücke platt, gewöhnliche veraltet und neugeschaffene in einen nur kurz dauernden Umlauf gebracht werden; das zweite, damit sie eine Grammatik habe, welche keinem muthwilligen Wechsel der Mode unterworfen sei, sondern ihre unveränderliche Regel hat.

angehören müsse. D. i. in welcher Art von Gründen der Beurtheilung ein Ideal Statt finden soll, da muß irgend eine Idee der Vernunft nach bestimmten Begriffen zum Grunde liegen, die a priori den Zweck bestimmt, worauf die innere Möglichkeit des Gegenstandes beruht. Ein Ideal schöner Blumen, eines schönen Ameublements, einer schönen Aussicht läßt sich nicht denken. Aber auch von einer bestimmten Zwecken anhängenden Schönheit, z. B. einem schönen Wohnhause, einem schönen Baume, schönen Garten u. s. w., läßt sich kein Ideal vorstellen; vermuthlich weil die Zwecke durch ihren Begriff nicht genug bestimmt und fixirt sind, folglich die Zweckmäßigkeit beinahe so frei ist, als bei der vagen Schönheit. Nur das, was den Zweck seiner Existenz in sich selbst hat, der Mensch, der sich durch Vernunft seine Zwecke selbst bestimmen, oder, wo er sie von der äußern Wahrnehmung hernehmen muß, doch mit wesentlichen und allgemeinen Zwecken zusammenhalten und die Zusammenstimmung mit jenen alsdann auch ästhetisch beurtheilen kann: dieser Mensch ist also eines Ideals der Schönheit, so wie die Menschheit in seiner Person, als Intelligenz, des Ideals der Vollkommenheit unter allen Gegenständen in der Welt allein fähig.

Hiezu gehören aber zwei Stücke: erstlich die ästhetische Normalidee, welche eine einzelne Anschauung (der Einbildungskraft) ist, die das Richtmaß seiner Beurtheilung, als eines zu einer besondern Thierspecies gehörigen Dinges, vorstellt; zweitens die Vernunftidee, welche die Zwecke der Menschheit, sofern sie nicht sinnlich vorgestellt werden können, zum Princip der Beurtheilung seiner Gestalt macht, durch welche als ihre Wirkung in der Erscheinung sich jene offenbaren. Die Normalidee muß ihre Elemente zur Gestalt eines Thiers von besonderer Gattung aus der Erfahrung nehmen; aber die größte Zweckmäßigkeit in der Construction der Gestalt, die zum allgemeinen Richtmaß der ästhetischen Beurtheilung jedes Einzelnen dieser Species tauglich wäre, das Bild, was gleichsam absichtlich der Technik der Natur zum Grunde gelegen hat, dem nur die Gattung im Ganzen, aber kein Einzelnes abgesondert adäquat ist, liegt doch bloß in der Idee des Beurtheilenden, welche aber mit ihren Proportionen als ästhetische Idee in einem Musterbilde völlig in concreto dargestellt werden kann. Um, wie dieses zugehe, einigermaßen begreiflich zu machen (denn wer kann der Natur ihr Geheimniß gänzlich ablocken?), wollen wir eine psychologische Erklärung versuchen.

Es ist anzumerken: daß auf eine uns gänzlich unbegreifliche Art die

Einbildungskraft nicht allein die Zeichen für Begriffe gelegentlich, selbst von langer Zeit her, zurückzurufen; sondern auch das Bild und die Gestalt des Gegenstandes aus einer unaussprechlichen Zahl von Gegenständen verschiedener Arten oder auch einer und derselben Art zu reproduciren; ja auch, wenn das Gemüth es auf Vergleichungen anlegt, allem Vermuthen nach wirklich, wenn gleich nicht hinreichend zum Bewußtsein, ein Bild gleichsam auf das andere fallen zu lassen und durch die Congruenz der mehrern von derselben Art ein Mittleres herauszubekommen wisse, welches allen zum gemeinschaftlichen Maße dient. Jemand hat tausend erwachsene Mannspersonen gesehen. Will er nun über die vergleichungsweise zu schätzende Normalgröße urtheilen, so läßt (meiner Meinung nach) die Einbildungskraft eine große Zahl der Bilder (vielleicht alle jene tausend) auf einander fallen; und wenn es mir erlaubt ist, hiebei die Analogie der optischen Darstellung anzuwenden, in dem Raum, wo die meisten sich vereinigen, und innerhalb dem Umrisse, wo der Platz mit der am stärksten aufgetragenen Farbe illuminirt ist, da wird die mittlere Größe kenntlich, die sowohl der Höhe als Breite nach von den äußersten Gränzen der größten und kleinsten Staturen gleich weit entfernt ist; und dies ist die Statur für einen schönen Mann. (Man könnte ebendasselbe mechanisch heraus bekommen, wenn man alle tausend mäße, ihre Höhen unter sich und Breiten (und Dicken) für sich zusammen addirte und die Summe durch tausend dividirte. Allein die Einbildungskraft thut eben dieses durch einen dynamischen Effect, der aus der vielfältigen Auffassung solcher Gestalten auf das Organ des innern Sinnes entspringt.) Wenn nun auf ähnliche Art für diesen mittlern Mann der mittlere Kopf, für diesen die mittlere Nase u. s. w. gesucht wird, so liegt diese Gestalt der Normalidee des schönen Mannes in dem Lande, wo diese Vergleichung angestellt wird, zum Grunde; daher ein Neger nothwendig unter diesen empirischen Bedingungen eine andere Normalidee der Schönheit der Gestalt haben muß, als ein Weißer, der Chinese eine andere, als der Europäer. Mit dem Muster eines schönen Pferdes oder Hundes (von gewisser Race) würde es eben so gehen. — Diese Normalidee ist nicht aus von der Erfahrung hergenommenen Proportionen, als bestimmten Regeln, abgeleitet; sondern nach ihr werden allererst Regeln der Beurtheilung möglich. Sie ist das zwischen allen einzelnen, auf mancherlei Weise verschiedenen Anschauungen der Individuen schwebende Bild für die ganze Gattung, welches die Natur zum Urbilde ihren Erzeugungen in derselben Species unterlegte, aber in keinem Einzelnen völlig erreicht zu haben scheint. Sie ist keineswegs das ganze Urbild der Schönheit in dieser Gattung, sondern nur die Form, welche die unnachlaßliche Bedingung aller Schönheit ausmacht, mithin bloß die Richtigkeit in Darstellung der Gattung. Sie ist, wie man Polyklets berühmten Doryphorus nannte, die Regel (eben dazu konnte auch Myrons Kuh in ihrer Gattung gebraucht werden). Sie kann eben darum auch nichts Specifisch=Charakteristisches enthalten; denn sonst wäre sie nicht Normalidee für die Gattung. Ihre Darstellung gefällt auch nicht durch Schönheit, sondern bloß weil sie keiner Bedingung, unter welcher allein ein Ding dieser Gattung schön sein kann, widerspricht. Die Darstellung ist bloß schulgerecht.*)

Von der Normalidee des Schönen ist doch noch das Ideal desselben unterschieden, welches man lediglich an der menschlichen Gestalt aus schon angeführten Gründen erwarten darf. An dieser nun besteht das Ideal in dem Ausdrucke des Sittlichen, ohne welches der Gegenstand nicht allgemein und dazu positiv (nicht bloß negativ in einer schulgerechten Darstellung) gefallen würde. Der sichtbare Ausdruck sittlicher Ideen, die den Menschen innerlich beherrschen, kann zwar nur aus der Erfahrung genommen werden; aber ihre Verbindung mit allem dem, was unsere Vernunft mit dem Sittlich=Guten in der Idee der höchsten Zweckmäßigkeit verknüpft, die Seelengüte, oder Reinigkeit, oder Stärke oder Ruhe u. s. w. in körperlicher Äußerung (als Wirkung des Innern) gleichsam sichtbar zu machen: dazu gehören reine Ideen der Vernunft und große Macht der Einbildungskraft in demjenigen vereinigt, welcher sie nur beurtheilen, vielmehr noch wer sie darstellen will. Die Richtigkeit eines solchen Ideals

---

*) Man wird finden, daß ein vollkommen regelmäßiges Gesicht, welches der Maler ihm zum Modell zu sitzen bitten möchte, gemeiniglich nichts sagt: weil es nichts Charakteristisches enthält, also mehr die Idee der Gattung, als das Specifische einer Person ausdrückt. Das Charakteristische von dieser Art, was übertrieben ist, d. i. welches der Normalidee (der Zweckmäßigkeit der Gattung) selbst Abbruch thut, heißt Caricatur. Auch zeigt die Erfahrung, daß jene ganz regelmäßigen Gesichter im Innern gemeiniglich auch nur einen mittelmäßigen Menschen verrathen; vermuthlich (wenn angenommen werden darf, daß die Natur im Äußeren die Proportionen des Inneren ausdrücke) deswegen: weil, wenn keine von den Gemüthsanlagen über diejenige Proportion hervorstechend ist, die erfordert wird, bloß einen fehlerfreien Menschen auszumachen, nichts von dem, was man Genie nennt, erwartet werden darf, in welchem die Natur von ihren gewöhnlichen Verhältnissen der Gemüthskräfte zum Vortheil einer einzigen abzugehen scheint.

der Schönheit beweiset sich darin: daß es keinem Sinnenreiz sich in das Wohlgefallen an seinem Objecte zu mischen erlaubt und dennoch ein großes Interesse daran nehmen läßt; welches dann beweiset, daß die Beurtheilung nach einem solchen Maßstabe niemals rein ästhetisch sein könne, und die Beurtheilung nach einem Ideale der Schönheit kein bloßes Urtheil des Geschmacks sei.

Aus diesem dritten Momente geschlossene Erklärung des Schönen.

Schönheit ist Form der Zweckmäßigkeit eines Gegenstandes, sofern sie ohne Vorstellung eines Zwecks an ihm wahrgenommen wird.*)

Viertes Moment
des Geschmacksurtheils nach der Modalität des Wohlgefallens an dem Gegenstande.

§ 18.
Was die Modalität eines Geschmacksurtheils sei.

Von einer jeden Vorstellung kann ich sagen: wenigstens es sei möglich, daß sie (als Erkenntniß) mit einer Lust verbunden sei. Von dem, was ich angenehm nenne, sage ich, daß es in mir wirklich Lust bewirke. Vom Schönen aber denkt man sich, daß es eine nothwendige Beziehung auf das Wohlgefallen habe. Diese Nothwendigkeit nun ist von besonderer Art: nicht eine theoretische objective Nothwendigkeit, wo a priori

---

*) Man könnte wider diese Erklärung als Instanz anführen: daß es Dinge giebt, an denen man eine zweckmäßige Form sieht, ohne an ihnen einen Zweck zu erkennen; z. B. die öfter aus alten Grabhügeln gezogenen, mit einem Loche als zu einem Hefte versehenen steinernen Geräthe, die, ob sie zwar in ihrer Gestalt eine Zweckmäßigkeit deutlich verrathen, für die man den Zweck nicht kennt, darum gleichwohl nicht für schön erklärt werden. Allein, daß man sie für ein Kunstwerk ansieht, ist schon genug, um gestehen zu müssen, daß man ihre Figur auf irgend eine Absicht und einen bestimmten Zweck bezieht. Daher auch gar kein unmittelbares Wohlgefallen an ihrer Anschauung. Eine Blume hingegen, z. B. eine Tulpe, wird für schön gehalten, weil eine gewisse Zweckmäßigkeit, die so, wie wir sie beurtheilen, auf gar keinen Zweck bezogen wird, in ihrer Wahrnehmung angetroffen wird.

erkannt werden kann, daß jedermann dieses Wohlgefallen an dem von mir
schön genannten Gegenstande fühlen werde; auch nicht eine praktische,
wo durch Begriffe eines reinen Vernunftwillens, welcher freihandelnden
Wesen zur Regel dient, dieses Wohlgefallen die nothwendige Folge eines
objectiven Gesetzes ist und nichts anders bedeutet, als daß man schlechter=
dings (ohne weitere Absicht) auf gewisse Art handeln solle. Sondern sie
kann als Nothwendigkeit, die in einem ästhetischen Urtheile gedacht wird,
nur exemplarisch genannt werden, d. i. eine Nothwendigkeit der Bei=
stimmung aller zu einem Urtheil, was als Beispiel einer allgemeinen
Regel, die man nicht angeben kann, angesehen wird. Da ein ästhetisches
Urtheil kein objectives und Erkenntnißurtheil ist, so kann diese Nothwen=
digkeit nicht aus bestimmten Begriffen abgeleitet werden und ist also nicht
apodiktisch. Viel weniger kann sie aus der Allgemeinheit der Erfahrung
(von einer durchgängigen Einhelligkeit der Urtheile über die Schönheit
eines gewissen Gegenstandes) geschlossen werden. Denn nicht allein daß
die Erfahrung hiezu schwerlich hinreichend viele Beläge schaffen würde,
so läßt sich auf empirische Urtheile kein Begriff der Nothwendigkeit dieser
Urtheile gründen.

§ 19.

**Die subjective Nothwendigkeit, die wir dem Geschmacksurtheile
beilegen, ist bedingt.**

Das Geschmacksurtheil sinnt jedermann Beistimmung an; und wer
etwas für schön erklärt, will, daß jedermann dem vorliegenden Gegen=
stande Beifall geben und ihn gleichfalls für schön erklären solle. Das
Sollen im ästhetischen Urtheile wird also selbst nach allen Datis, die zur
Beurtheilung erfordert werden, doch nur bedingt ausgesprochen. Man
wirbt um jedes andern Beistimmung, weil man dazu einen Grund hat,
der allen gemein ist; auf welche Beistimmung man auch rechnen könnte,
wenn man nur immer sicher wäre, daß der Fall unter jenem Grunde als
Regel des Beifalls richtig subsumirt wäre.

§ 20.

**Die Bedingung der Nothwendigkeit, die ein Geschmacksurtheil
vorgiebt, ist die Idee eines Gemeinsinnes.**

Wenn Geschmacksurtheile (gleich den Erkenntnißurtheilen) ein be=
stimmtes objectives Princip hätten, so würde der, welcher sie nach dem

letztern fällt, auf unbedingte Nothwendigkeit seines Urtheils Anspruch machen. Wären sie ohne alles Princip, wie die des bloßen Sinnengeschmacks, so würde man sich gar keine Nothwendigkeit derselben in die Gedanken kommen lassen. Also müssen sie ein subjectives Princip haben, welches nur durch Gefühl und nicht durch Begriffe, doch aber allgemeingültig bestimme, was gefalle oder mißfalle. Ein solches Princip aber könnte nur als ein Gemeinsinn angesehen werden, welcher vom gemeinen Verstande, den man bisweilen auch Gemeinsinn (sensus communis) nennt, wesentlich unterschieden ist: indem letzterer nicht nach Gefühl, sondern jederzeit nach Begriffen, wiewohl gemeiniglich nur als nach dunkel vorgestellten Principien, urtheilt.

Also nur unter der Voraussetzung, daß es einen Gemeinsinn gebe (wodurch wir aber keinen äußern Sinn, sondern die Wirkung aus dem freien Spiel unserer Erkenntnißkräfte verstehen), nur unter Voraussetzung, sage ich, eines solchen Gemeinsinns kann das Geschmacksurtheil gefällt werden.

§ 21.

Ob man mit Grunde einen Gemeinsinn voraussetzen könne.

Erkenntnisse und Urtheile müssen sich sammt der Überzeugung, die sie begleitet, allgemein mittheilen lassen; denn sonst käme ihnen keine Übereinstimmung mit dem Object zu: sie wären insgesammt ein bloß subjectives Spiel der Vorstellungskräfte, gerade so wie es der Skepticism verlangt. Sollen sich aber Erkenntnisse mittheilen lassen, so muß sich auch der Gemüthszustand, d. i. die Stimmung der Erkenntnißkräfte zu einer Erkenntniß überhaupt, und zwar diejenige Proportion, welche sich für eine Vorstellung (wodurch uns ein Gegenstand gegeben wird) gebührt, um daraus Erkenntniß zu machen, allgemein mittheilen lassen: weil ohne diese als subjective Bedingung des Erkennens das Erkenntniß als Wirkung nicht entspringen könnte. Dieses geschieht auch wirklich jederzeit, wenn ein gegebener Gegenstand vermittelst der Sinne die Einbildungskraft zur Zusammensetzung des Mannigfaltigen, diese aber den Verstand zur Einheit desselben in Begriffen in Thätigkeit bringt. Aber diese Stimmung der Erkenntnißkräfte hat nach Verschiedenheit der Objecte, die gegeben werden, eine verschiedene Proportion. Gleichwohl aber muß es eine geben, in welcher dieses innere Verhältniß zur Belebung (einer durch die andere) die zuträglichste für beide Gemüthskräfte in Absicht auf Erkenntniß (gegebener Gegenstände) überhaupt ist; und diese Stimmung kann nicht anders als durch das Gefühl (nicht nach Begriffen) bestimmt werden. Da sich nun diese Stimmung selbst muß allgemein mittheilen lassen, mithin auch das Gefühl derselben (bei einer gegebenen Vorstellung); die allgemeine Mittheilbarkeit eines Gefühls aber einen Gemeinsinn voraussetzt: so wird dieser mit Grunde angenommen werden können, und zwar ohne sich desfalls auf psychologische Beobachtungen zu fußen, sondern als die nothwendige Bedingung der allgemeinen Mittheilbarkeit unserer Erkenntniß, welche in jeder Logik und jedem Princip der Erkenntnisse, das nicht skeptisch ist, vorausgesetzt werden muß.

§ 22.

Die Nothwendigkeit der allgemeinen Beistimmung, die in einem Geschmacksurtheil gedacht wird, ist eine subjective Nothwendigkeit, die unter der Voraussetzung eines Gemeinsinns als objectiv vorgestellt wird.

In allen Urtheilen, wodurch wir etwas für schön erklären, verstatten wir keinem anderer Meinung zu sein; ohne gleichwohl unser Urtheil auf Begriffe, sondern nur auf unser Gefühl zu gründen: welches wir also nicht als Privatgefühl, sondern als ein gemeinschaftliches zum Grunde legen. Nun kann dieser Gemeinsinn zu diesem Behuf nicht auf der Erfahrung gegründet werden; denn er will zu Urtheilen berechtigen, die ein Sollen enthalten: er sagt nicht, daß jedermann mit unserm Urtheile übereinstimmen werde, sondern damit zusammenstimmen solle. Also ist der Gemeinsinn, von dessen Urtheil ich mein Geschmacksurtheil hier als ein Beispiel angebe und weswegen ich ihm exemplarische Gültigkeit beilege, eine bloße idealische Norm, unter deren Voraussetzung man ein Urtheil, welches mit ihr zusammenstimmte, und das in demselben ausgedrückte Wohlgefallen an einem Object für jedermann mit Recht zur Regel machen könnte: weil das Princip, zwar nur subjectiv, dennoch aber, für subjectiv-allgemein (eine jedermann nothwendige Idee) angenommen, was die Einhelligkeit verschiedener Urtheilenden betrifft, gleich einem objectiven allgemeine Beistimmung fordern könnte; wenn man nur sicher wäre, darunter richtig subsumirt zu haben.

Diese unbestimmte Norm eines Gemeinsinns wird von uns wirklich vorausgesetzt: das beweiset unsere Anmaßung Geschmacksurtheile zu fällen.

Ob es in der That einen solchen Gemeinsinn als constitutives Princip der Möglichkeit der Erfahrung gebe, oder ein noch höheres Princip der Vernunft es uns nur zum regulativen Princip mache, allererst einen Gemeinsinn zu höhern Zwecken in uns hervorzubringen; ob also Geschmack ein ursprüngliches und natürliches, oder nur die Idee von einem noch zu erwerbenden und künstlichen Vermögen sei, so daß ein Geschmacksurtheil mit seiner Zumuthung einer allgemeinen Beistimmung in der That nur eine Vernunftforderung sei, eine solche Einhelligkeit der Sinnesart hervorzubringen, und das Sollen, d. i. die objective Nothwendigkeit des Zusammenfließens des Gefühls von jedermann mit jedes seinem besondern, nur die Möglichkeit hierin einträchtig zu werden bedeute, und das Geschmacksurtheil nur von Anwendung dieses Princips ein Beispiel aufstelle: das wollen und können wir hier noch nicht untersuchen, sondern haben für jetzt nur das Geschmacksvermögen in seine Elemente aufzulösen und sie zuletzt in der Idee eines Gemeinsinns zu vereinigen.

Aus dem vierten Moment gefolgerte Erklärung vom Schönen.

Schön ist, was ohne Begriff als Gegenstand eines nothwendigen Wohlgefallens erkannt wird.

* * *

Allgemeine Anmerkung zum ersten Abschnitte der Analytik.

Wenn man das Resultat aus den obigen Zergliederungen zieht, so findet sich, daß alles auf den Begriff des Geschmacks herauslaufe: daß er ein Beurtheilungsvermögen eines Gegenstandes in Beziehung auf die freie Gesetzmäßigkeit der Einbildungskraft sei. Wenn nun im Geschmacksurtheile die Einbildungskraft in ihrer Freiheit betrachtet werden muß, so wird sie erstlich nicht reproductiv, wie sie den Associationsgesetzen unterworfen ist, sondern als productiv und selbstthätig (als Urheberin willkürlicher Formen möglicher Anschauungen) angenommen; und ob sie zwar bei der Auffassung eines gegebenen Gegenstandes der Sinne an eine bestimmte Form dieses Objects gebunden ist und sofern kein freies Spiel (wie im Dichten) hat, so läßt sich doch noch wohl begreifen: daß der Gegenstand ihr gerade eine solche Form an die Hand geben könne, die eine

Zusammensetzung des Mannigfaltigen enthält, wie sie die Einbildungskraft, wenn sie sich selbst frei überlassen wäre, in Einstimmung mit der Verstandesgesetzmäßigkeit überhaupt entwerfen würde. Allein daß die Einbildungskraft frei und doch von selbst gesetzmäßig sei, d. i. daß sie eine Autonomie bei sich führe, ist ein Widerspruch. Der Verstand allein giebt das Gesetz. Wenn aber die Einbildungskraft nach einem bestimmten Gesetze zu verfahren genöthigt wird, so wird ihr Product der Form nach durch Begriffe bestimmt, wie es sein soll; aber alsdann ist das Wohlgefallen, wie oben gezeigt, nicht das am Schönen, sondern am Guten (der Vollkommenheit, allenfalls bloß der formalen), und das Urtheil ist kein Urtheil durch Geschmack. Es wird also eine Gesetzmäßigkeit ohne Gesetz und eine subjective Übereinstimmung der Einbildungskraft zum Verstande ohne eine objective, da die Vorstellung auf einen bestimmten Begriff von einem Gegenstande bezogen wird, mit der freien Gesetzmäßigkeit des Verstandes (welche auch Zweckmäßigkeit ohne Zweck genannt worden) und mit der Eigenthümlichkeit eines Geschmacksurtheils allein zusammen bestehen können.

Nun werden geometrisch-regelmäßige Gestalten, eine Cirkelfigur, ein Quadrat, ein Würfel u. s. w., von Kritikern des Geschmacks gemeiniglich als die einfachsten und unzweifelhaftesten Beispiele der Schönheit angeführt; und dennoch werden sie eben darum regelmäßig genannt, weil man sie nicht anders vorstellen kann als so, daß sie für bloße Darstellungen eines bestimmten Begriffs, der jener Gestalt die Regel vorschreibt (nach der sie allein möglich ist), angesehen werden. Eines von beiden muß also irrig sein: entweder jenes Urtheil der Kritiker, gedachten Gestalten Schönheit beizulegen; oder das unsrige, welches Zweckmäßigkeit ohne Begriff zur Schönheit nöthig findet.

Niemand wird leichtlich einen Menschen von Geschmack dazu nöthig finden, um an einer Cirkelgestalt mehr Wohlgefallen, als an einem kritzlichen Umrisse, an einem gleichseitigen und gleicheckigen Viereck mehr, als an einem schiefen, ungleichseitigen, gleichsam verkrüppelten zu finden; denn dazu gehört nur gemeiner Verstand und gar kein Geschmack. Wo eine Absicht, z. B. die Größe eines Platzes zu beurtheilen, oder das Verhältniß der Theile zu einander und zum Ganzen in einer Eintheilung faßlich zu machen, wahrgenommen wird: da sind regelmäßige Gestalten und zwar die von der einfachsten Art nöthig; und das Wohlgefallen ruht nicht unmittelbar auf dem Anblicke der Gestalt, sondern der Brauchbarkeit derselben zu allerlei möglicher Absicht. Ein Zimmer, dessen Wände schiefe Winkel machen, ein Gartenplatz von solcher Art, selbst alle Verletzung der Symmetrie sowohl in der Gestalt der Thiere (z. B. einäugig zu sein), als der Gebäude oder der Blumenstücke mißfällt, weil es zweckwidrig ist, nicht allein praktisch in Ansehung eines bestimmten Gebrauchs dieser Dinge, sondern auch für die Beurtheilung in allerlei möglicher Absicht; welches der Fall im Geschmacksurtheile nicht ist, welches, wenn es rein ist, Wohlgefallen oder Mißfallen ohne Rücksicht auf den Gebrauch oder einen Zweck mit der bloßen Betrachtung des Gegenstandes unmittelbar verbindet.

Die Regelmäßigkeit, die zum Begriffe von einem Gegenstande führt, ist zwar die unentbehrliche Bedingung (conditio sine qua non), den Gegenstand in eine einzige Vorstellung zu fassen und das Mannigfaltige in der Form desselben zu bestimmen. Diese Bestimmung ist ein Zweck in Ansehung der Erkenntniß; und in Beziehung auf diese ist sie auch jederzeit mit Wohlgefallen (welches die Bewirkung einer jeden auch bloß problematischen Absicht begleitet) verbunden. Es ist aber alsdann bloß die Billigung der Auflösung, die einer Aufgabe Gnüge thut, und nicht eine freie und unbestimmt=zweckmäßige Unterhaltung der Gemüthskräfte mit dem, was wir schön nennen, und wobei der Verstand der Einbildungskraft und nicht diese jenem zu Diensten ist.

An einem Dinge, das nur durch eine Absicht möglich ist, einem Gebäude, selbst einem Thier muß die Regelmäßigkeit, die in der Symmetrie besteht, die Einheit der Anschauung ausdrücken, welche den Begriff des Zwecks begleitet, und gehört mit zum Erkenntnisse. Aber wo nur ein freies Spiel der Vorstellungskräfte (doch unter der Bedingung, daß der Verstand dabei keinen Anstoß leide) unterhalten werden soll, in Lustgärten, Stubenverzierung, allerlei geschmackvollem Geräthe u. d. gl., wird die Regelmäßigkeit, die sich als Zwang ankündigt, so viel möglich vermieden; daher der englische Geschmack in Gärten, der Barockgeschmack an Möbeln die Freiheit der Einbildungskraft wohl eher bis zur Annäherung zum Grotesken treibt und in dieser Absonderung von allem Zwange der Regel eben den Fall setzt, wo der Geschmack in Entwürfen der Einbildungskraft seine größte Vollkommenheit zeigen kann.

Alles Steif=Regelmäßige (was der mathematischen Regelmäßigkeit nahe kommt) hat das Geschmackwidrige an sich: daß es keine lange Unterhaltung mit der Betrachtung desselben gewährt, sondern, sofern es nicht ausdrücklich das Erkenntniß, oder einen bestimmten praktischen Zweck zur Absicht hat, lange Weile macht. Dagegen ist das, womit Einbildungskraft ungesucht und zweckmäßig spielen kann, uns jederzeit neu, und man wird seines Anblicks nicht überdrüssig. Marsden in seiner Beschreibung von Sumatra macht die Anmerkung, daß die freien Schönheiten der Natur den Zuschauer daselbst überall umgeben und daher wenig Anziehendes mehr für ihn haben: dagegen ein Pfeffergarten, wo die Stangen, an denen sich dieses Gewächs rankt, in Parallellinien Alleen zwischen sich bilden, wenn er ihn mitten in einem Walde antraf, für ihn viel Reiz hatte; und schließt daraus, daß wilde, dem Anscheine nach regellose Schönheit nur dem zur Abwechselung gefalle, der sich an der regelmäßigen satt gesehen hat. Allein er durfte nur den Versuch machen, sich einen Tag bei seinem Pfeffergarten aufzuhalten, um inne zu werden, daß, wenn der Verstand durch die Regelmäßigkeit sich in die Stimmung zur Ordnung, die er allerwärts bedarf, versetzt hat, ihn der Gegenstand nicht länger unterhalte, vielmehr der Einbildungskraft einen lästigen Zwang anthue: wogegen die dort an Mannigfaltigkeiten bis zur Üppigkeit verschwenderische Natur, die keinem Zwange künstlicher Regeln unterworfen ist, seinem Geschmacke für beständig Nahrung geben könne. — Selbst der Gesang der Vögel, den wir unter keine musikalische Regel bringen können, scheint mehr Freiheit und darum mehr für den Geschmack zu enthalten, als selbst ein menschlicher Gesang, der nach allen Regeln der Tonkunst geführt wird: weil man des letztern, wenn er oft und lange Zeit wiederholt wird, weit eher überdrüssig wird. Allein hier vertauschen wir vermuthlich unsere Theilnehmung an der Lustigkeit eines kleinen beliebten Thierchens mit der Schönheit seines Gesanges, der, wenn er vom Menschen (wie dies mit dem Schlagen der Nachtigall bisweilen geschieht) ganz genau nachgeahmt wird, unserm Ohre ganz geschmacklos zu sein dünkt.

Noch sind schöne Gegenstände von schönen Aussichten auf Gegenstände (die öfter der Entfernung wegen nicht mehr deutlich erkannt werden können) zu unterscheiden. In den letztern scheint der Geschmack nicht sowohl an dem, was die Einbildungskraft in diesem Felde auffaßt, als vielmehr an dem, was sie hiebei zu dichten Anlaß bekommt, d. i. an den eigentlichen Phantasieen, womit sich das Gemüth unterhält, indessen daß es durch die Mannigfaltigkeit, auf die das Auge stößt, continuirlich erweckt wird, zu haften; so wie etwa bei dem Anblick der veränderlichen Gestalten eines Kaminfeuers oder eines rieselnden Baches, welche beide keine

Schönheiten sind, aber doch für die Einbildungskraft einen Reiz bei sich führen, weil sie ihr freies Spiel unterhalten.

Zweites Buch.
Analytik des Erhabenen.

§ 23.
Übergang von dem Beurtheilungsvermögen des Schönen zu dem des Erhabenen.

Das Schöne kommt darin mit dem Erhabenen überein, daß beides für sich selbst gefällt. Ferner darin, daß beides kein Sinnes- noch ein logisch-bestimmendes, sondern ein Reflexionsurtheil voraussetzt: folglich das Wohlgefallen nicht an einer Empfindung wie die des Angenehmen, noch an einem bestimmten Begriffe wie das Wohlgefallen am Guten hängt, gleichwohl aber doch auf Begriffe, obzwar unbestimmt welche, bezogen wird; mithin das Wohlgefallen an der bloßen Darstellung oder dem Vermögen derselben geknüpft ist, wodurch das Vermögen der Darstellung oder die Einbildungskraft bei einer gegebenen Anschauung mit dem Vermögen der Begriffe des Verstandes oder der Vernunft, als Beförderung der letztern, in Einstimmung betrachtet wird. Daher sind auch beiderlei Urtheile einzelne und doch sich für allgemeingültig in Ansehung jedes Subjects ankündigende Urtheile, ob sie zwar bloß auf das Gefühl der Lust und auf kein Erkenntniß des Gegenstandes Anspruch machen.

Allein es sind auch namhafte Unterschiede zwischen beiden in die Augen fallend. Das Schöne der Natur betrifft die Form des Gegenstandes, die in der Begränzung besteht; das Erhabene ist dagegen auch an einem formlosen Gegenstande zu finden, sofern Unbegränztheit an ihm oder durch dessen Veranlassung vorgestellt und doch Totalität derselben hinzugedacht wird: so daß das Schöne für die Darstellung eines unbestimmten Verstandesbegriffs, das Erhabene aber eines dergleichen Vernunftbegriffs genommen zu werden scheint. Also ist das Wohlgefallen dort mit der Vorstellung der Qualität, hier aber der Quantität verbunden. Auch ist das letztere der Art nach von dem ersteren Wohlgefallen gar sehr unterschieden: indem dieses (das Schöne) directe ein Gefühl der Beförderung des Lebens bei sich führt und daher mit Reizen und einer spielenden Einbildungskraft vereinbar ist; jenes aber (das Gefühl des Erhabenen) eine Lust ist, welche nur indirecte entspringt, nämlich so daß sie durch das Gefühl einer augenblicklichen Hemmung der Lebenskräfte und darauf sogleich folgenden desto stärkern Ergießung derselben erzeugt wird, mithin als Rührung kein Spiel, sondern Ernst in der Beschäftigung der Einbildungskraft zu sein scheint. Daher es auch mit Reizen unvereinbar ist, und, indem das Gemüth von dem Gegenstande nicht bloß angezogen, sondern wechselsweise auch immer wieder abgestoßen wird, das Wohlgefallen am Erhabenen nicht sowohl positive Lust als vielmehr Bewunderung oder Achtung enthält, d. i. negative Lust genannt zu werden verdient.

Der wichtigste und innere Unterschied aber des Erhabenen vom Schönen ist wohl dieser: daß, wenn wir wie billig hier zuvörderst nur das Erhabene an Naturobjecten in Betrachtung ziehen (das der Kunst wird nämlich immer auf die Bedingungen der Übereinstimmung mit der Natur eingeschränkt), die Naturschönheit (die selbstständige) eine Zweckmäßigkeit in ihrer Form, wodurch der Gegenstand für unsere Urtheilskraft gleichsam vorherbestimmt zu sein scheint, bei sich führt und so an sich einen Gegenstand des Wohlgefallens ausmacht; hingegen das, was in uns, ohne zu vernünfteln, bloß in der Auffassung das Gefühl des Erhabenen erregt, der Form nach zwar zweckwidrig für unsere Urtheilskraft, unangemessen unserm Darstellungsvermögen und gleichsam gewaltthätig für die Einbildungskraft erscheinen mag, aber dennoch nur um desto erhabener zu sein geurtheilt wird.

Man sieht aber hieraus sofort, daß wir uns überhaupt unrichtig ausdrücken, wenn wir irgend einen Gegenstand der Natur erhaben nennen, ob wir zwar ganz richtig sehr viele derselben schön nennen können; denn wie kann das mit einem Ausdrucke des Beifalls bezeichnet werden, was an sich als zweckwidrig aufgefaßt wird? Wir können nicht mehr sagen, als daß der Gegenstand zur Darstellung einer Erhabenheit tauglich sei, die im Gemüthe angetroffen werden kann; denn das eigentliche Erhabene kann in keiner sinnlichen Form enthalten sein, sondern trifft nur Ideen der Vernunft: welche, obgleich keine ihnen angemessene Darstellung möglich ist, eben durch diese Unangemessenheit, welche sich sinnlich darstellen läßt, rege gemacht und ins Gemüth gerufen werden. So kann der weite, durch Stürme empörte Ocean nicht erhaben genannt werden. Sein Anblick ist gräßlich; und man muß das Gemüth schon mit mancherlei Ideen angefüllt haben, wenn es durch eine solche Anschauung zu einem Gefühl gestimmt werden soll, welches selbst erhaben ist, indem das Gemüth die Sinnlichkeit zu verlassen und sich mit Ideen, die höhere Zweckmäßigkeit enthalten, zu beschäftigen angereizt wird.

Die selbstständige Naturschönheit entdeckt uns eine Technik der Natur, welche sie als ein System nach Gesetzen, deren Princip wir in unserm ganzen Verstandesvermögen nicht antreffen, vorstellig macht, nämlich dem einer Zweckmäßigkeit respectiv auf den Gebrauch der Urtheilskraft in Ansehung der Erscheinungen, so daß diese nicht bloß als zur Natur in ihrem zwecklosen Mechanism, sondern auch als zur Analogie mit der Kunst gehörig beurtheilt werden müssen. Sie erweitert also wirklich zwar nicht unsere Erkenntniß der Naturobjecte, aber doch unsern Begriff von der Natur, nämlich als bloßem Mechanism, zu dem Begriff von eben derselben als Kunst: welches zu tiefen Untersuchungen über die Möglichkeit einer solchen Form einladet. Aber in dem, was wir an ihr erhaben zu nennen pflegen, ist so gar nichts, was auf besondere objective Principien und diesen gemäße Formen der Natur führte, daß diese vielmehr in ihrem Chaos oder in ihrer wildesten, regellosesten Unordnung und Verwüstung, wenn sich nur Größe und Macht blicken läßt, die Ideen des Erhabenen am meisten erregt. Daraus sehen wir, daß der Begriff des Erhabenen der Natur bei weitem nicht so wichtig und an Folgerungen reichhaltig sei, als der des Schönen in derselben; und daß er überhaupt nichts Zweckmäßiges in der Natur selbst, sondern nur in dem möglichen Gebrauche ihrer Anschauungen, um eine von der Natur ganz unabhängige Zweckmäßigkeit in uns selbst fühlbar zu machen, anzeige. Zum Schönen der Natur müssen wir einen Grund außer uns suchen, zum Erhabenen aber bloß in uns und der Denkungsart, die in die Vorstellung der ersteren Erhabenheit hineinbringt; eine sehr nöthige vorläufige Bemerkung, welche die Ideen des Erhabenen von der einer Zweckmäßigkeit der Natur ganz abtrennt und aus der Theorie desselben einen bloßen Anhang zur ästhetischen Beurtheilung der Zweckmäßigkeit der Natur macht, weil dadurch keine besondere Form in dieser vorgestellt, sondern nur ein zweckmäßiger Gebrauch, den die Einbildungskraft von ihrer Vorstellung macht, entwickelt wird.

§ 24.
Von der Eintheilung einer Untersuchung des Gefühls des Erhabenen.

Was die Eintheilung der Momente der ästhetischen Beurtheilung der Gegenstände in Beziehung auf das Gefühl des Erhabenen betrifft, so wird die Analytik nach demselben Princip fortlaufen können, wie in der Zergliederung der Geschmacksurtheile geschehen ist. Denn als Urtheil der ästhetischen reflectirenden Urtheilskraft muß das Wohlgefallen am Erhabenen eben sowohl als am Schönen der **Quantität** nach allgemeingültig, der **Qualität** nach ohne Interesse, der **Relation** nach subjective Zweckmäßigkeit und der **Modalität** nach die letztere als nothwendig vorstellig machen. Hierin wird also die Methode von der im vorigen Abschnitte nicht abweichen: man müßte denn das für etwas rechnen, daß wir dort, wo das ästhetische Urtheil die Form des Objects betraf, von der Untersuchung der Qualität anfingen; hier aber bei der Formlosigkeit, welche dem, was wir erhaben nennen, zukommen kann, von der Quantität, als dem ersten Moment des ästhetischen Urtheils über das Erhabene, anfangen werden: wozu aber der Grund aus dem vorhergehenden § zu ersehen ist.

Aber eine Eintheilung hat die Analysis des Erhabenen nöthig, welche die des Schönen nicht bedarf, nämlich die in das **Mathematisch-** und in das **Dynamisch-Erhabene**.

Denn da das Gefühl des Erhabenen eine mit der Beurtheilung des Gegenstandes verbundene **Bewegung** des Gemüths als seinen Charakter bei sich führt, anstatt daß der Geschmack am Schönen das Gemüth in **ruhiger** Contemplation voraussetzt und erhält; diese Bewegung aber als subjectiv zweckmäßig beurtheilt werden soll (weil das Erhabene gefällt): so wird sie durch die Einbildungskraft entweder auf das Erkenntniß- oder auf das Begehrungsvermögen bezogen, in beiderlei Beziehung aber die Zweckmäßigkeit der gegebenen Vorstellung nur in Ansehung dieser Vermögen (ohne Zweck oder Interesse) beurtheilt werden: da dann die erste als eine **mathematische**, die zweite als **dynamische** Stimmung der Einbildungskraft dem Objecte beigelegt und daher dieses auf gedachte zwiefache Art als erhaben vorgestellt wird.

A.
Vom Mathematisch-Erhabenen.

§ 25.
Namenerklärung des Erhabenen.

Erhaben nennen wir das, was schlechthin groß ist. Groß sein aber und eine Größe sein, sind ganz verschiedene Begriffe (magnitudo und quantitas). Imgleichen schlechtweg (simpliciter) sagen, daß etwas groß sei, ist auch ganz was anderes als sagen, daß es schlechthin groß (absolute, non comparative magnum) sei. Das letztere ist das, was über alle Vergleichung groß ist. — Was will nun aber der Ausdruck, daß etwas groß, oder klein, oder mittelmäßig sei, sagen? Ein reiner Verstandesbegriff ist es nicht, was dadurch bezeichnet wird; noch weniger eine Sinnenanschauung; und eben so wenig ein Vernunftbegriff, weil es gar kein Princip der Erkenntniß bei sich führt. Es muß also ein Begriff der Urtheilskraft sein, oder von einem solchen abstammen und eine subjective Zweckmäßigkeit der Vorstellung in Beziehung auf die Urtheilskraft zum Grunde legen. Daß etwas eine Größe (quantum) sei, läßt sich aus dem Dinge selbst ohne alle Vergleichung mit andern erkennen: wenn nämlich Vielheit des Gleichartigen zusammen Eines ausmacht. Wie groß es aber sei, erfordert jederzeit etwas anderes, welches auch Größe ist, zu seinem Maße. Weil es aber in der Beurtheilung der Größe nicht bloß auf die Vielheit (Zahl), sondern auch auf die Größe der Einheit (des Maßes) ankommt, und die Größe dieser letztern immer wiederum etwas Anderes als Maß bedarf, womit sie verglichen werden könne: so sehen wir, daß alle Größenbestimmung der Erscheinungen schlechterdings keinen absoluten Begriff von einer Größe, sondern allemal nur einen Vergleichungsbegriff liefern könne.

Wenn ich nun schlechtweg sage, daß etwas groß sei, so scheint es, daß ich gar keine Vergleichung im Sinne habe, wenigstens mit keinem objectiven Maße, weil dadurch gar nicht bestimmt wird, wie groß der Gegenstand sei. Ob aber gleich der Maßstab der Vergleichung bloß subjectiv ist, so macht das Urtheil nichts desto weniger auf allgemeine Beistimmung Anspruch; die Urtheile: der Mann ist schön, und: er ist groß, schränken sich nicht bloß auf das urtheilende Subject ein, sondern verlangen gleich theoretischen Urtheilen jedermanns Beistimmung.

Weil aber in einem Urtheile, wodurch etwas schlechtweg als groß bezeichnet wird, nicht bloß gesagt werden will, daß der Gegenstand eine Größe habe, sondern diese ihm zugleich vorzugsweise vor vielen andern gleicher Art beigelegt wird, ohne doch diesen Vorzug bestimmt anzugeben: so wird demselben allerdings ein Maßstab zum Grunde gelegt, den man für jedermann als eben denselben annehmen zu können voraussetzt, der aber zu keiner logischen (mathematisch-bestimmten), sondern nur ästhetischen Beurtheilung der Größe brauchbar ist, weil er ein bloß subjectiv dem über Größe reflectirenden Urtheile zum Grunde liegender Maßstab ist. Er mag übrigens empirisch sein, wie etwa die mittlere Größe der uns bekannten Menschen, Thiere von gewisser Art, Bäume, Häuser, Berge u. d. gl.; oder ein a priori gegebener Maßstab, der durch die Mängel des beurtheilenden Subjects auf subjective Bedingungen der Darstellung in concreto eingeschränkt ist: als im Praktischen die Größe einer gewissen Tugend, oder der öffentlichen Freiheit und Gerechtigkeit in einem Lande; oder im Theoretischen die Größe der Richtigkeit oder Unrichtigkeit einer gemachten Observation oder Messung u. d. gl.

Hier ist nun merkwürdig: daß, wenn wir gleich am Objecte gar kein Interesse haben, d. i. die Existenz desselben uns gleichgültig ist, doch die bloße Größe desselben, selbst wenn es als formlos betrachtet wird, ein Wohlgefallen bei sich führen könne, das allgemein mittheilbar ist, mithin Bewußtsein einer subjectiven Zweckmäßigkeit im Gebrauche unsrer Erkenntnißvermögen enthält; aber nicht etwa ein Wohlgefallen am Objecte, wie beim Schönen (weil es formlos sein kann), wo die reflectirende Urtheilskraft sich in Beziehung auf das Erkenntniß überhaupt zweckmäßig gestimmt findet, sondern an der Erweiterung der Einbildungskraft an sich selbst.

Wenn wir (unter der obgenannten Einschränkung) von einem Gegenstande schlechtweg sagen, er sei groß: so ist dies kein mathematisch-bestimmendes, sondern ein bloßes Reflexionsurtheil über die Vorstellung desselben, die für einen gewissen Gebrauch unserer Erkenntnißkräfte in der Größenschätzung subjectiv zweckmäßig ist; und wir verbinden alsdann mit der Vorstellung jederzeit eine Art von Achtung, so wie mit dem, was wir schlechtweg klein nennen, eine Verachtung. Übrigens geht die Beurtheilung der Dinge als groß oder klein auf alles, selbst auf alle Beschaffenheiten derselben; daher wir selbst die Schönheit groß oder klein nennen: wovon der Grund darin zu suchen ist, daß, was wir nach Vorschrift der Urtheilskraft in der Anschauung nur immer darstellen (mithin ästhetisch vorstellen) mögen, insgesammt Erscheinung, mithin auch ein Quantum ist.

Wenn wir aber etwas nicht allein groß, sondern schlechthin, absolut, in aller Absicht (über alle Vergleichung) groß, d. i. erhaben, nennen, so sieht man bald ein: daß wir für dasselbe keinen ihm angemessenen Maßstab außer ihm, sondern bloß in ihm zu suchen verstatten. Es ist eine Größe, die bloß sich selber gleich ist. Daß das Erhabene also nicht in den Dingen der Natur, sondern allein in unsern Ideen zu suchen sei, folgt hieraus; in welchen es aber liege, muß für die Deduction aufbehalten werden.

Die obige Erklärung kann auch so ausgedrückt werden: Erhaben ist das, mit welchem in Vergleichung alles andere klein ist. Hier sieht man leicht: daß nichts in der Natur gegeben werden könne, so groß als es auch von uns beurtheilt werde, was nicht, in einem andern Verhältnisse betrachtet, bis zum Unendlich-Kleinen abgewürdigt werden könnte; und umgekehrt nichts so klein, was sich nicht in Vergleichung mit noch kleinern Maßstäben für unsere Einbildungskraft bis zu einer Weltgröße erweitern ließe. Die Teleskope haben uns die erstere, die Mikroskope die letztere Bemerkung zu machen reichlichen Stoff an die Hand gegeben. Nichts also, was Gegenstand der Sinne sein kann, ist, auf diesen Fuß betrachtet, erhaben zu nennen. Aber eben darum, daß in unserer Einbildungskraft ein Bestreben zum Fortschritte ins Unendliche, in unserer Vernunft aber ein Anspruch auf absolute Totalität als auf eine reelle Idee liegt: ist selbst jene Unangemessenheit unseres Vermögens der Größenschätzung der Dinge der Sinnenwelt für diese Idee die Erweckung des Gefühls eines übersinnlichen Vermögens in uns; und der Gebrauch, den die Urtheilskraft von gewissen Gegenständen zum Behuf des letzteren (Gefühls) natürlicher Weise macht, nicht aber der Gegenstand der Sinne ist schlechthin groß, gegen ihn aber jeder andere Gebrauch klein. Mithin ist die Geistesstimmung durch eine gewisse die reflectirende Urtheilskraft beschäftigende Vorstellung, nicht aber das Object erhaben zu nennen.

Wir können also zu den vorigen Formeln der Erklärung des Erhabenen noch diese hinzuthun: Erhaben ist, was auch nur denken zu können ein Vermögen des Gemüths beweiset, das jeden Maßstab der Sinne übertrifft.

§ 26.
Von der Größenschätzung der Naturdinge, die zur Idee des Erhabenen erforderlich ist.

Die Größenschätzung durch Zahlbegriffe (oder deren Zeichen in der Algebra) ist mathematisch, die aber in der bloßen Anschauung (nach dem Augenmaße) ist ästhetisch. Nun können wir zwar bestimmte Begriffe davon, wie groß etwas sei, nur durch Zahlen (allenfalls Annäherungen durch ins Unendliche fortgehende Zahlreihen) bekommen, deren Einheit das Maß ist; und sofern ist alle logische Größenschätzung mathematisch. Allein da die Größe des Maßes doch als bekannt angenommen werden muß, so würden, wenn diese nun wiederum nur durch Zahlen, deren Einheit ein anderes Maß sein müßte, mithin mathematisch geschätzt werden sollte, wir niemals ein erstes oder Grundmaß, mithin auch keinen bestimmten Begriff von einer gegebenen Größe haben können. Also muß die Schätzung der Größe des Grundmaßes bloß darin bestehen, daß man sie in einer Anschauung unmittelbar fassen und durch Einbildungskraft zur Darstellung der Zahlbegriffe brauchen kann: d. i. alle Größenschätzung der Gegenstände der Natur ist zuletzt ästhetisch (d. i. subjectiv und nicht objectiv bestimmt).

Nun giebt es zwar für die mathematische Größenschätzung kein Größtes (denn die Macht der Zahlen geht ins Unendliche); aber für die ästhetische Größenschätzung giebt es allerdings ein Größtes; und von diesem sage ich: daß, wenn es als absolutes Maß, über das kein größeres subjectiv (dem beurtheilenden Subject) möglich sei, beurtheilt wird, es die Idee des Erhabenen bei sich führe und diejenige Rührung, welche keine mathematische Schätzung der Größen durch Zahlen (es sei denn, so weit jenes ästhetische Grundmaß dabei in der Einbildungskraft lebendig erhalten wird) bewirken kann, hervorbringe: weil die letztere immer nur die relative Größe durch Vergleichung mit andern gleicher Art, die erstere aber die Größe schlechthin, so weit das Gemüth sie in einer Anschauung fassen kann, darstellt.

Anschaulich ein Quantum in die Einbildungskraft aufzunehmen, um es zum Maße oder als Einheit zur Größenschätzung durch Zahlen brauchen zu können, dazu gehören zwei Handlungen dieses Vermögens: **Auffassung** (apprehensio) und **Zusammenfassung** (comprehensio aesthetica). Mit der Auffassung hat es keine Noth: denn damit kann es ins

Unendliche gehen; aber die Zusammenfassung wird immer schwerer, je weiter die Auffassung fortrückt, und gelangt bald zu ihrem Maximum, nämlich dem ästhetisch-größten Grundmaße der Größenschätzung. Denn wenn die Auffassung so weit gelangt ist, daß die zuerst aufgefaßten Theilvorstellungen der Sinnenanschauung in der Einbildungskraft schon zu erlöschen anheben, indeß daß diese zu Auffassung mehrerer fortrückt: so verliert sie auf einer Seite eben so viel, als sie auf der andern gewinnt, und in der Zusammenfassung ist ein Größtes, über welches sie nicht hinauskommen kann.

Daraus läßt sich erklären, was Savary in seinen Nachrichten von Ägypten anmerkt: daß man den Pyramiden nicht sehr nahe kommen, eben so wenig als zu weit davon entfernt sein müsse, um die ganze Rührung von ihrer Größe zu bekommen. Denn ist das letztere, so sind die Theile, die aufgefaßt werden, (die Steine derselben übereinander) nur dunkel vorgestellt, und ihre Vorstellung thut keine Wirkung auf das ästhetische Urtheil des Subjects. Ist aber das erstere, so bedarf das Auge einige Zeit, um die Auffassung von der Grundfläche bis zur Spitze zu vollenden; in dieser aber erlöschen immer zum Theil die ersteren, ehe die Einbildungskraft die letzteren aufgenommen hat, und die Zusammenfassung ist nie vollständig. — Eben dasselbe kann auch hinreichen, die Bestürzung oder Art von Verlegenheit, die, wie man erzählt, den Zuschauer in der St. Peterskirche in Rom beim ersten Eintritt anwandelt, zu erklären. Denn es ist hier ein Gefühl der Unangemessenheit seiner Einbildungskraft für die Idee eines Ganzen, um sie darzustellen, worin die Einbildungskraft ihr Maximum erreicht und bei der Bestrebung es zu erweitern in sich selbst zurück sinkt, dadurch aber in ein rührendes Wohlgefallen versetzt wird.

Ich will jetzt noch nichts von dem Grunde dieses Wohlgefallens anführen, welches mit einer Vorstellung, wovon man es am wenigsten erwarten sollte, die nämlich uns die Unangemessenheit, folglich auch subjective Unzweckmäßigkeit der Vorstellung für die Urtheilskraft in der Größenschätzung merken läßt, verbunden ist; sondern bemerke nur, daß, wenn das ästhetische Urtheil rein (mit keinem teleologischen als Vernunfturtheile vermischt) und daran ein der Kritik der ästhetischen Urtheilskraft völlig anpassendes Beispiel gegeben werden soll, man nicht das Erhabene an Kunstproducten (z. B. Gebäuden, Säulen u. s. w.), wo ein menschlicher Zweck die Form sowohl als die Größe bestimmt, noch an Naturdingen, deren Begriff schon einen bestimmten Zweck bei sich führt (z. B. Thieren von bekannter Naturbestimmung), sondern an der rohen Natur (und an dieser sogar nur, sofern sie für sich keinen Reiz, oder Rührung aus wirklicher Gefahr bei sich führt), bloß sofern sie Größe enthält, aufzeigen müsse. Denn in dieser Art der Vorstellung enthält die Natur nichts, was ungeheuer (noch was prächtig oder gräßlich) wäre; die Größe, die aufgefaßt wird, mag so weit angewachsen sein, als man will, wenn sie nur durch Einbildungskraft in ein Ganzes zusammengefaßt werden kann. Ungeheuer ist ein Gegenstand, wenn er durch seine Größe den Zweck, der den Begriff desselben ausmacht, vernichtet. Kolossalisch aber wird die bloße Darstellung eines Begriffs genannt, der für alle Darstellung beinahe zu groß ist (an das relativ Ungeheure gränzt): weil der Zweck der Darstellung eines Begriffs dadurch, daß die Anschauung des Gegenstandes für unser Auffassungsvermögen beinahe zu groß ist, erschwert wird. — Ein reines Urtheil über das Erhabene aber muß gar keinen Zweck des Objects zum Bestimmungsgrunde haben, wenn es ästhetisch und nicht mit irgend einem Verstandes- oder Vernunfturtheile vermengt sein soll.

*　*　*

Weil alles, was der bloß reflectirenden Urtheilskraft ohne Interesse gefallen soll, in seiner Vorstellung subjective und als solche allgemein-gültige Zweckmäßigkeit bei sich führen muß, gleichwohl aber hier keine Zweckmäßigkeit der Form des Gegenstandes (wie beim Schönen) der Beurtheilung zum Grunde liegt, so fragt sich: welches ist diese subjective Zweckmäßigkeit? und wodurch wird sie als Norm vorgeschrieben, um in der bloßen Größenschätzung und zwar der, welche gar bis zur Unangemessenheit unseres Vermögens der Einbildungskraft in Darstellung des Begriffs von einer Größe getrieben worden, einen Grund zum allgemeingültigen Wohlgefallen abzugeben?

Die Einbildungskraft schreitet in der Zusammensetzung, die zur Größenvorstellung erforderlich ist, von selbst, ohne daß ihr etwas hinderlich wäre, ins Unendliche fort; der Verstand aber leitet sie durch Zahlbegriffe, wozu jene das Schema hergeben muß: und in diesem Verfahren, als zur logischen Größenschätzung gehörig, ist zwar etwas objectiv Zweckmäßiges nach dem Begriffe von einem Zwecke (dergleichen jede Ausmessung ist), aber nichts für die ästhetische Urtheilskraft Zweckmäßiges und Gefallendes. Es ist auch in dieser absichtlichen Zweckmäßigkeit nichts, was

die Größe des Maßes, mithin der Zusammenfassung des Vielen in
eine Anschauung bis zur Gränze des Vermögens der Einbildungskraft
und so weit, wie diese in Darstellungen nur immer reichen mag, zu trei=
ben nöthigte. Denn in der Verstandesschätzung der Größen (der Arith=
metik) kommt man eben so weit, ob man die Zusammenfassung der Ein=
heiten bis zur Zahl 10 (in der Dekadik), oder nur bis 4 (in der Tetraktik)
treibt; die weitere Größenerzeugung aber im Zusammensetzen, oder, wenn
das Quantum in der Anschauung gegeben ist, im Auffassen bloß pro=
gressiv (nicht comprehensiv) nach einem angenommenen Progressionsprin=
cip verrichtet. Der Verstand wird in dieser mathematischen Größen=
schätzung eben so gut bedient und befriedigt, ob die Einbildungskraft zur
Einheit eine Größe, die man in einem Blick fassen kann, z. B. einen
Fuß oder Ruthe, oder ob sie eine deutsche Meile, oder gar einen Erddurch=
messer, deren Auffassung zwar, aber nicht die Zusammenfassung in eine
Anschauung der Einbildungskraft (nicht durch die comprehensio aesthetica, obzwar gar wohl durch comprehensio logica in einen Zahlbegriff)
möglich ist, wähle. In beiden Fällen geht die logische Größenschätzung
ungehindert ins Unendliche.

Nun aber hört das Gemüth in sich auf die Stimme der Vernunft,
welche zu allen gegebenen Größen, selbst denen, die zwar niemals ganz
aufgefaßt werden können, gleichwohl aber (in der sinnlichen Vorstellung)
als ganz gegeben beurtheilt werden, Totalität fordert, mithin Zusammen=
fassung in eine Anschauung und für alle jene Glieder einer fortschreitend=
wachsenden Zahlreihe Darstellung verlangt und selbst das Unendliche
(Raum und verflossene Zeit) von dieser Forderung nicht ausnimmt, viel=
mehr es unvermeidlich macht, sich dasselbe (in dem Urtheile der gemeinen
Vernunft) als ganz (seiner Totalität nach) gegeben zu denken.

Das Unendliche aber ist schlechthin (nicht bloß comparativ) groß.
Mit diesem verglichen, ist alles andere (von derselben Art Größen) klein.
Aber, was das Vornehmste ist, es als ein Ganzes auch nur denken zu
können, zeigt ein Vermögen des Gemüths an, welches allen Maßstab der
Sinne übertrifft. Denn dazu würde eine Zusammenfassung erfordert
werden, welche einen Maßstab als Einheit lieferte, der zum Unendlichen
ein bestimmtes, in Zahlen angebliches Verhältniß hätte: welches unmög=
lich ist. Das gegebene Unendliche aber dennoch ohne Widerspruch auch
nur denken zu können, dazu wird ein Vermögen, das selbst übersinn=
lich ist, im menschlichen Gemüthe erfordert. Denn nur durch dieses und

dessen Idee eines Noumenons, welches selbst keine Anschauung verstattet, aber doch der Weltanschauung, als bloßer Erscheinung, zum Substrat untergelegt wird, wird das Unendliche der Sinnenwelt in der reinen intellectuellen Größenschätzung unter einem Begriffe ganz zusammengefaßt, obzwar es in der mathematischen durch Zahlenbegriffe nie ganz gedacht werden kann. Selbst ein Vermögen, sich das Unendliche der übersinnlichen Anschauung als (in seinem intelligibelen Substrat) gegeben denken zu können, übertrifft allen Maßstab der Sinnlichkeit und ist über alle Vergleichung selbst mit dem Vermögen der mathematischen Schätzung groß; freilich wohl nicht in theoretischer Absicht zum Behuf des Erkenntnißvermögens, aber doch als Erweiterung des Gemüths, welches die Schranken der Sinnlichkeit in anderer (der praktischen) Absicht zu überschreiten sich vermögend fühlt.

Erhaben ist also die Natur in derjenigen ihrer Erscheinungen, deren Anschauung die Idee ihrer Unendlichkeit bei sich führt. Dieses letztere kann nun nicht anders geschehen, als durch die Unangemessenheit selbst der größten Bestrebung unserer Einbildungskraft in der Größenschätzung eines Gegenstandes. Nun ist aber für die mathematische Größenschätzung die Einbildungskraft jedem Gegenstande gewachsen, um für dieselbe ein hinlängliches Maß zu geben, weil die Zahlbegriffe des Verstandes durch Progression jedes Maß einer jeden gegebenen Größe angemessen machen können. Also muß es die ästhetische Größenschätzung sein, in welcher die Bestrebung zur Zusammenfassung, die das Vermögen der Einbildungskraft überschreitet, die progressive Auffassung in ein Ganzes der Anschauung zu begreifen, gefühlt und dabei zugleich die Unangemessenheit dieses im Fortschreiten unbegränzten Vermögens wahrgenommen wird, ein mit dem mindesten Aufwande des Verstandes zur Größenschätzung taugliches Grundmaß zu fassen und zur Größenschätzung zu gebrauchen. Nun ist das eigentliche unveränderliche Grundmaß der Natur das absolute Ganze derselben, welches bei ihr als Erscheinung zusammengefaßte Unendlichkeit ist. Da aber dieses Grundmaß ein sich selbst widersprechender Begriff ist (wegen der Unmöglichkeit der absoluten Totalität eines Progressus ohne Ende): so muß diejenige Größe eines Naturobjects, an welcher die Einbildungskraft ihr ganzes Vermögen der Zusammenfassung fruchtlos verwendet, den Begriff der Natur auf ein übersinnliches Substrat (welches ihr und zugleich unserm Vermögen zu denken zum Grunde liegt) führen, welches über allen Maßstab der Sinne groß ist und daher nicht sowohl den Gegenstand, als vielmehr die Gemüthsstimmung in Schätzung desselben als **erhaben** beurtheilen läßt.

Also, gleichwie die ästhetische Urtheilskraft in Beurtheilung des Schönen die Einbildungskraft in ihrem freien Spiele auf den **Verstand** bezieht, um mit dessen **Begriffen** überhaupt (ohne Bestimmung derselben) zusammenzustimmen: so bezieht sie dasselbe Vermögen in Beurtheilung eines Dinges als erhabenen auf die **Vernunft**, um zu deren Ideen (unbestimmt welchen) subjectiv übereinzustimmen, d. i. eine Gemüthsstimmung hervorzubringen, welche derjenigen gemäß und mit ihr verträglich ist, die der Einfluß bestimmter Ideen (praktischer) auf das Gefühl bewirken würde.

Man sieht hieraus auch, daß die wahre Erhabenheit nur im Gemüthe des Urtheilenden, nicht in dem Naturobjecte, dessen Beurtheilung diese Stimmung desselben veranlaßt, müsse gesucht werden. Wer wollte auch ungestalte Gebirgsmassen, in wilder Unordnung über einander gethürmt, mit ihren Eispyramiden, oder die düstere tobende See u. s. w. erhaben nennen? Aber das Gemüth fühlt sich in seiner eigenen Beurtheilung gehoben, wenn es, indem es sich in der Betrachtung derselben ohne Rücksicht auf ihre Form der Einbildungskraft und einer, obschon ganz ohne bestimmten Zweck damit in Verbindung gesetzten, jene bloß erweiternden Vernunft überläßt, die ganze Macht der Einbildungskraft dennoch ihren Ideen unangemessen findet.

Beispiele vom Mathematisch-Erhabenen der Natur in der bloßen Anschauung liefern uns alle die Fälle, wo uns nicht sowohl ein größerer Zahlbegriff, als vielmehr große Einheit als Maß (zu Verkürzung der Zahlreihen) für die Einbildungskraft gegeben wird. Ein Baum, den wir nach Mannshöhe schätzen, giebt allenfalls einen Maßstab für einen Berg; und wenn dieser etwa eine Meile hoch wäre, kann er zur Einheit für die Zahl, welche den Erddurchmesser ausdrückt, dienen, um den letzteren anschaulich zu machen, der Erddurchmesser für das uns bekannte Planetensystem, dieses für das der Milchstraße; und die unermeßliche Menge solcher Milchstraßensysteme unter dem Namen der Nebelsterne, welche vermuthlich wiederum ein dergleichen System unter sich ausmachen, lassen uns hier keine Gränzen erwarten. Nun liegt das Erhabene bei der ästhetischen Beurtheilung eines so unermeßlichen Ganzen nicht sowohl in der Größe der Zahl, als darin, daß wir im Fortschritte immer auf desto größere Einheiten gelangen; wozu die systematische Abtheilung des Weltgebäudes beiträgt, die uns alles Große in der Natur immer wiederum als klein, eigentlich aber unsere Einbildungskraft in ihrer ganzen Gränzlosigkeit und mit ihr die Natur als gegen die Ideen der Vernunft, wenn sie eine ihnen angemessene Darstellung verschaffen soll, verschwindend vorstellt.

§ 27.
Von der Qualität des Wohlgefallens in der Beurtheilung des Erhabenen.

Das Gefühl der Unangemessenheit unseres Vermögens zur Erreichung einer Idee, die für uns Gesetz ist, ist **Achtung**. Nun ist die Idee der Zusammenfassung einer jeden Erscheinung, die uns gegeben werden mag, in die Anschauung eines Ganzen eine solche, welche uns durch ein Gesetz der Vernunft auferlegt ist, die kein anderes bestimmtes, für jedermann gültiges und unveränderliches Maß erkennt, als das Absolut-Ganze. Unsere Einbildungskraft aber beweiset selbst in ihrer größten Anstrengung in Ansehung der von ihr verlangten Zusammenfassung eines gegebenen Gegenstandes in ein Ganzes der Anschauung (mithin zur Darstellung der Idee der Vernunft) ihre Schranken und Unangemessenheit, doch aber zugleich ihre Bestimmung zur Bewirkung der Angemessenheit mit derselben als einem Gesetze. Also ist das Gefühl des Erhabenen in der Natur Achtung für unsere eigene Bestimmung, die wir einem Objecte der Natur durch eine gewisse Subreption (Verwechselung einer Achtung für das Object statt der für die Idee der Menschheit in unserm Subjecte) beweisen, welches uns die Überlegenheit der Vernunftbestimmung unserer Erkenntnißvermögen über das größte Vermögen der Sinnlichkeit gleichsam anschaulich macht.

Das Gefühl des Erhabenen ist also ein Gefühl der Unlust aus der Unangemessenheit der Einbildungskraft in der ästhetischen Größenschätzung zu der Schätzung durch die Vernunft und eine dabei zugleich erweckte Lust aus der Übereinstimmung eben dieses Urtheils der Unangemessenheit des größten sinnlichen Vermögens mit Vernunftideen, sofern die Bestrebung zu denselben doch für uns Gesetz ist. Es ist nämlich für uns Gesetz (der Vernunft) und gehört zu unserer Bestimmung, alles, was die Natur als Gegenstand der Sinne für uns Großes enthält, in Vergleichung mit Ideen der Vernunft für klein zu schätzen; und was das Gefühl dieser übersinnlichen Bestimmung in uns rege macht, stimmt zu jenem Gesetze zusammen.

Nun ist die größte Bestrebung der Einbildungskraft in Darstellung der Einheit für die Größenschätzung eine Beziehung auf etwas Absolut-Großes, folglich auch eine Beziehung auf das Gesetz der Vernunft, dieses allein zum obersten Maße der Größen anzunehmen. Also ist die innere Wahrnehmung der Unangemessenheit alles sinnlichen Maßstabes zur Größenschätzung der Vernunft eine Übereinstimmung mit Gesetzen derselben und eine Unlust, welche das Gefühl unserer übersinnlichen Bestimmung in uns rege macht, nach welcher es zweckmäßig ist, mithin Lust ist, jeden Maßstab der Sinnlichkeit den Ideen der Vernunft unangemessen zu finden.

Das Gemüth fühlt sich in der Vorstellung des Erhabenen in der Natur bewegt: da es in dem ästhetischen Urtheile über das Schöne derselben in ruhiger Contemplation ist. Diese Bewegung kann (vornehmlich in ihrem Anfange) mit einer Erschütterung verglichen werden, d. i. mit einem schnellwechselnden Abstoßen und Anziehen eben desselben Objects. Das Überschwengliche für die Einbildungskraft (bis zu welchem sie in der Auffassung der Anschauung getrieben wird) ist gleichsam ein Abgrund, worin sie sich selbst zu verlieren fürchtet; aber doch auch für die Idee der Vernunft vom Übersinnlichen nicht überschwenglich, sondern gesetzmäßig, eine solche Bestrebung der Einbildungskraft hervorzubringen: mithin in eben dem Maße wiederum anziehend, als es für die bloße Sinnlichkeit abstoßend war. Das Urtheil selber bleibt aber hiebei immer nur ästhetisch, weil es, ohne einen bestimmten Begriff vom Objecte zum Grunde zu haben, bloß das subjective Spiel der Gemüthskräfte (Einbildungskraft und Vernunft) selbst durch ihren Contrast als harmonisch vorstellt. Denn so wie Einbildungskraft und Verstand in der Beurtheilung des Schönen durch ihre Einhelligkeit, so bringen Einbildungskraft und Vernunft hier durch ihren Widerstreit subjective Zweckmäßigkeit der Gemüthskräfte hervor: nämlich ein Gefühl, daß wir reine, selbstständige Vernunft haben, oder ein Vermögen der Größenschätzung, dessen Vorzüglichkeit durch nichts anschaulich gemacht werden kann, als durch die Unzulänglichkeit desjenigen Vermögens, welches in Darstellung der Größen (sinnlicher Gegenstände) selbst unbegränzt ist.

Messung eines Raums (als Auffassung) ist zugleich Beschreibung desselben, mithin objective Bewegung in der Einbildung und ein Progressus; die Zusammenfassung der Vielheit in die Einheit, nicht des Gedankens, sondern der Anschauung, mithin des Successiv-Aufgefaßten in einen Augenblick, ist dagegen ein Regressus, der die Zeitbedingung im

Progressus der Einbildungskraft wieder aufhebt und das Zugleichsein anschaulich macht. Sie ist also (da die Zeitfolge eine Bedingung des innern Sinnes und einer Anschauung ist) eine subjective Bewegung der Einbildungskraft, wodurch sie dem innern Sinne Gewalt anthut, die desto merklicher sein muß, je größer das Quantum ist, welches die Einbildungskraft in eine Anschauung zusammenfaßt. Die Bestrebung also, ein Maß für Größen in eine einzelne Anschauung aufzunehmen, welches aufzufassen merkliche Zeit erfordert, ist eine Vorstellungsart, welche, subjectiv betrachtet, zweckwidrig, objectiv aber zur Größenschätzung erforderlich, mithin zweckmäßig ist: wobei aber doch eben dieselbe Gewalt, die dem Subjecte durch die Einbildungskraft widerfährt, für die ganze Bestimmung des Gemüths als zweckmäßig beurtheilt wird.

Die Qualität des Gefühls des Erhabenen ist: daß sie ein Gefühl der Unlust über das ästhetische Beurtheilungsvermögen an einem Gegenstande ist, die darin doch zugleich als zweckmäßig vorgestellt wird; welches dadurch möglich ist, daß das eigne Unvermögen das Bewußtsein eines unbeschränkten Vermögens desselben Subjects entdeckt, und das Gemüth das letztere nur durch das erstere ästhetisch beurtheilen kann.

In der logischen Größenschätzung ward die Unmöglichkeit, durch den Progressus der Messung der Dinge der Sinnenwelt in Zeit und Raum jemals zur absoluten Totalität zu gelangen, für objectiv, d. i. eine Unmöglichkeit, das Unendliche als gegeben zu denken, und nicht als bloß subjectiv, d. i. als Unvermögen es zu fassen, erkannt: weil da auf den Grad der Zusammenfassung in eine Anschauung als Maß gar nicht gesehen wird, sondern alles auf einen Zahlbegriff ankommt. Allein in einer ästhetischen Größenschätzung muß der Zahlbegriff wegfallen oder verändert werden, und die Comprehension der Einbildungskraft zur Einheit des Maßes (mithin mit Vermeidung der Begriffe von einem Gesetze der successiven Erzeugung der Größenbegriffe) ist allein für sie zweckmäßig. — Wenn nun eine Größe beinahe das Äußerste unseres Vermögens der Zusammenfassung in eine Anschauung erreicht, und die Einbildungskraft doch durch Zahlgrößen (für die wir uns unseres Vermögens als unbegränzt bewußt sind) zur ästhetischen Zusammenfassung in eine größere Einheit aufgefordert wird, so fühlen wir uns im Gemüth als ästhetisch in Gränzen eingeschlossen; aber die Unlust wird doch in Hinsicht auf die nothwendige Erweiterung der Einbildungskraft zur Angemessenheit mit dem, was in unserm Vermögen der Vernunft unbegränzt ist, nämlich der

Idee des absoluten Ganzen, mithin die Unzweckmäßigkeit des Vermögens der Einbildungskraft doch für Vernunftideen und deren Erweckung als zweckmäßig vorgestellt. Eben dadurch wird aber das ästhetische Urtheil selbst subjectiv-zweckmäßig für die Vernunft, als Quell der Ideen, d. i. einer solchen intellectuellen Zusammenfassung, für die alle ästhetische klein ist; und der Gegenstand wird als erhaben mit einer Lust aufgenommen, die nur vermittelst einer Unlust möglich ist.

B.
Vom Dynamisch-Erhabenen der Natur.

§ 28.
Von der Natur als einer Macht.

Macht ist ein Vermögen, welches großen Hindernissen überlegen ist. Eben dieselbe heißt eine Gewalt, wenn sie auch dem Widerstande dessen, was selbst Macht besitzt, überlegen ist. Die Natur, im ästhetischen Urtheile als Macht, die über uns keine Gewalt hat, betrachtet, ist dynamisch-erhaben.

Wenn von uns die Natur dynamisch als erhaben beurtheilt werden soll, so muß sie als Furcht erregend vorgestellt werden (obgleich nicht umgekehrt jeder Furcht erregende Gegenstand in unserm ästhetischen Urtheile erhaben gefunden wird). Denn in der ästhetischen Beurtheilung (ohne Begriff) kann die Überlegenheit über Hindernisse nur nach der Größe des Widerstandes beurtheilt werden. Nun ist aber das, dem wir zu widerstehen bestrebt sind, ein Übel und, wenn wir unser Vermögen demselben nicht gewachsen finden, ein Gegenstand der Furcht. Also kann für die ästhetische Urtheilskraft die Natur nur sofern als Macht, mithin dynamisch-erhaben gelten, sofern sie als Gegenstand der Furcht betrachtet wird.

Man kann aber einen Gegenstand als furchtbar betrachten, ohne sich vor ihm zu fürchten, wenn wir ihn nämlich so beurtheilen, daß wir uns bloß den Fall denken, da wir ihm etwa Widerstand thun wollten, und daß alsdann aller Widerstand bei weitem vergeblich sein würde. So fürchtet der Tugendhafte Gott, ohne sich vor ihm zu fürchten, weil er ihm und seinen Geboten widerstehen zu wollen sich als keinen von ihm besorglichen Fall denkt. Aber auf jeden solchen Fall, den er als an sich nicht unmöglich denkt, erkennt er ihn als furchtbar.

Wer sich fürchtet, kann über das Erhabene der Natur gar nicht urtheilen, so wenig als der, welcher durch Neigung und Appetit eingenommen ist, über das Schöne. Jener flieht den Anblick eines Gegenstandes, der ihm Scheu einjagt; und es ist unmöglich, an einem Schrecken, der ernstlich gemeint wäre, Wohlgefallen zu finden. Daher ist die Annehmlichkeit aus dem Aufhören einer Beschwerde das Frohsein. Dieses aber, wegen der Befreiung von einer Gefahr, ist ein Frohsein mit dem Vorsatze, sich derselben nie mehr auszusetzen; ja man mag an jene Empfindung nicht einmal gerne zurückdenken, weit gefehlt, daß man die Gelegenheit dazu selbst aufsuchen sollte.

Kühne, überhangende, gleichsam drohende Felsen, am Himmel sich aufthürmende Donnerwolken, mit Blitzen und Krachen einherziehend, Vulcane in ihrer ganzen zerstörenden Gewalt, Orkane mit ihrer zurückgelassenen Verwüstung, der gränzenlose Ocean, in Empörung gesetzt, ein hoher Wasserfall eines mächtigen Flusses u. d. gl. machen unser Vermögen zu widerstehen in Vergleichung mit ihrer Macht zur unbedeutenden Kleinigkeit. Aber ihr Anblick wird nur um desto anziehender, je furchtbarer er ist, wenn wir uns nur in Sicherheit befinden; und wir nennen diese Gegenstände gern erhaben, weil sie die Seelenstärke über ihr gewöhnliches Mittelmaß erhöhen und ein Vermögen zu widerstehen von ganz anderer Art in uns entdecken lassen, welches uns Muth macht, uns mit der scheinbaren Allgewalt der Natur messen zu können.

Denn so wie wir zwar an der Unermeßlichkeit der Natur und der Unzulänglichkeit unseres Vermögens einen der ästhetischen Größenschätzung ihres Gebiets proportionirten Maßstab zu nehmen unsere eigene Einschränkung, gleichwohl aber doch auch an unserm Vernunftvermögen zugleich einen andern, nicht=sinnlichen Maßstab, welcher jene Unendlichkeit selbst als Einheit unter sich hat, gegen den alles in der Natur klein ist, mithin in unserm Gemüthe eine Überlegenheit über die Natur selbst in ihrer Unermeßlichkeit fanden: so giebt auch die Unwiderstehlichkeit ihrer Macht uns, als Naturwesen betrachtet, zwar unsere physische Ohnmacht zu erkennen, aber entdeckt zugleich ein Vermögen, uns als von ihr unabhängig zu beurtheilen, und eine Überlegenheit über die Natur, worauf sich eine Selbsterhaltung von ganz andrer Art gründet, als diejenige ist, die von der Natur außer uns angefochten und in Gefahr gebracht werden kann, wobei die Menschheit in unserer Person unerniedrigt bleibt, obgleich der Mensch jener Gewalt unterliegen müßte. Auf solche Weise wird die Natur in unserm ästhetischen Urtheile nicht, sofern sie furchterregend ist, als erhaben beurtheilt, sondern weil sie unsere Kraft (die nicht Natur ist) in uns aufruft, um das, wofür wir besorgt sind, (Güter, Gesundheit und Leben) als klein und daher ihre Macht (der wir in Ansehung dieser Stücke allerdings unterworfen sind) für uns und unsere Persönlichkeit demungeachtet doch für keine solche Gewalt anzusehen, unter die wir uns zu beugen hätten, wenn es auf unsre höchste Grundsätze und deren Behauptung oder Verlassung ankäme. Also heißt die Natur hier erhaben, bloß weil sie die Einbildungskraft zu Darstellung derjenigen Fälle erhebt, in welchen das Gemüth die eigene Erhabenheit seiner Bestimmung selbst über die Natur sich fühlbar machen kann.

Diese Selbstschätzung verliert dadurch nichts, daß wir uns sicher sehen müssen, um dieses begeisternde Wohlgefallen zu empfinden; mithin, weil es mit der Gefahr nicht Ernst ist, es auch (wie es scheinen möchte) mit der Erhabenheit unseres Geistesvermögens eben so wenig Ernst sein möchte. Denn das Wohlgefallen betrifft hier nur die sich in solchem Falle entdeckende Bestimmung unseres Vermögens, so wie die Anlage zu demselben in unserer Natur ist; indessen daß die Entwickelung und Übung desselben uns überlassen und obliegend bleibt. Und hierin ist Wahrheit, so sehr sich auch der Mensch, wenn er seine Reflexion bis dahin erstreckt, seiner gegenwärtigen wirklichen Ohnmacht bewußt sein mag.

Dieses Princip scheint zwar zu weit hergeholt und vernünftelt, mithin für ein ästhetisches Urtheil überschwenglich zu sein: allein die Beobachtung des Menschen beweiset das Gegentheil, und daß es den gemeinsten Beurtheilungen zum Grunde liegen kann, ob man sich gleich desselben nicht immer bewußt ist. Denn was ist das, was selbst dem Wilden ein Gegenstand der größten Bewunderung ist? Ein Mensch, der nicht erschrickt, der sich nicht fürchtet, also der Gefahr nicht weicht, zugleich aber mit völliger Überlegung rüstig zu Werke geht. Auch im allergesittetsten Zustande bleibt diese vorzügliche Hochachtung für den Krieger; nur daß man noch dazu verlangt, daß er zugleich alle Tugenden des Friedens, Sanftmuth, Mitleid und selbst geziemende Sorgfalt für seine eigne Person, beweise: eben darum weil daran die Unbezwinglichkeit seines Gemüths durch Gefahr erkannt wird. Daher mag man noch so viel in der Vergleichung des Staatsmanns mit dem Feldherrn über die Vorzüglichkeit der

Achtung, die einer vor dem andern verdient, streiten; das ästhetische Urtheil entscheidet für den letztern. Selbst der Krieg, wenn er mit Ordnung und Heiligachtung der bürgerlichen Rechte geführt wird, hat etwas Erhabenes an sich und macht zugleich die Denkungsart des Volks, welches ihn auf diese Art führt, nur um desto erhabener, je mehreren Gefahren es ausgesetzt war und sich muthig darunter hat behaupten können: da hingegen ein langer Frieden den bloßen Handelsgeist, mit ihm aber den niedrigen Eigennutz, Feigheit und Weichlichkeit herrschend zu machen und die Denkungsart des Volks zu erniedrigen pflegt.

Wider diese Auflösung des Begriffs des Erhabenen, sofern dieses der Macht beigelegt wird, scheint zu streiten: daß wir Gott im Ungewitter, im Sturm, im Erdbeben u. d. gl. als im Zorn, zugleich aber auch in seiner Erhabenheit sich darstellend vorstellig zu machen pflegen, wobei doch die Einbildung einer Überlegenheit unseres Gemüths über die Wirkungen und, wie es scheint, gar über die Absichten einer solchen Macht Thorheit und Frevel zugleich sein würde. Hier scheint kein Gefühl der Erhabenheit unserer eigenen Natur, sondern vielmehr Unterwerfung, Niedergeschlagenheit und Gefühl der gänzlichen Ohnmacht die Gemüthsstimmung zu sein, die sich für die Erscheinung eines solchen Gegenstandes schickt und auch gewöhnlichermaßen mit der Idee desselben bei dergleichen Naturbegebenheit verbunden zu sein pflegt. In der Religion überhaupt scheint Niederwerfen, Anbetung mit niederhängendem Haupte, mit zerknirschten, angstvollen Geberden und Stimmen das einzig schickliche Benehmen in Gegenwart der Gottheit zu sein, welches daher auch die meisten Völker angenommen haben und noch beobachten. Allein diese Gemüthsstimmung ist auch bei weitem nicht mit der Idee der Erhabenheit einer Religion und ihres Gegenstandes an sich und nothwendig verbunden. Der Mensch, der sich wirklich fürchtet, weil er dazu in sich Ursache findet, indem er sich bewußt ist, mit seiner verwerflichen Gesinnung wider eine Macht zu verstoßen, deren Wille unwiderstehlich und zugleich gerecht ist, befindet sich gar nicht in der Gemüthsfassung, um die göttliche Größe zu bewundern, wozu eine Stimmung zur ruhigen Contemplation und ganz freies Urtheil erforderlich ist. Nur alsdann, wenn er sich seiner aufrichtigen gottgefälligen Gesinnung bewußt ist, dienen jene Wirkungen der Macht, in ihm die Idee der Erhabenheit dieses Wesens zu erwecken, sofern er eine dessen Willen gemäße Erhabenheit der Gesinnung bei sich selbst erkennt und dadurch über die Furcht vor solchen Wirkungen der Natur, die er nicht als Aus=

brüche seines Zorns ansieht, erhoben wird. Selbst die Demuth als unnachsichtliche Beurtheilung seiner Mängel, die sonst beim Bewußtsein guter Gesinnungen leicht mit der Gebrechlichkeit der menschlichen Natur bemäntelt werden könnten, ist eine erhabene Gemüthsstimmung, sich willkürlich dem Schmerze der Selbstverweise zu unterwerfen, um die Ursache dazu nach und nach zu vertilgen. Auf solche Weise allein unterscheidet sich innerlich Religion von Superstition, welche letztere nicht Ehrfurcht für das Erhabene, sondern Furcht und Angst vor dem übermächtigen Wesen, dessen Willen der erschreckte Mensch sich unterworfen sieht, ohne ihn doch hochzuschätzen, im Gemüthe gründet: woraus denn freilich nichts als Gunstbewerbung und Einschmeichelung statt einer Religion des guten Lebenswandels entspringen kann.

Also ist die Erhabenheit in keinem Dinge der Natur, sondern nur in unserm Gemüthe enthalten, sofern wir der Natur in uns und dadurch auch der Natur (sofern sie auf uns einfließt) außer uns überlegen zu sein uns bewußt werden können. Alles, was dieses Gefühl in uns erregt, wozu die **Macht** der Natur gehört, welche unsere Kräfte auffordert, heißt alsdann (obzwar uneigentlich) erhaben; und nur unter der Voraussetzung dieser Idee in uns und in Beziehung auf sie sind wir fähig, zur Idee der Erhabenheit desjenigen Wesens zu gelangen, welches nicht bloß durch seine Macht, die es in der Natur beweiset, innige Achtung in uns wirkt, sondern noch mehr durch das Vermögen, welches in uns gelegt ist, jene ohne Furcht zu beurtheilen und unsere Bestimmung als über dieselbe erhaben zu denken.

§ 29.
Von der Modalität des Urtheils über das Erhabene der Natur.

Es giebt unzählige Dinge der schönen Natur, worüber wir Einstimmigkeit des Urtheils mit dem unsrigen jedermann geradezu ansinnen und auch, ohne sonderlich zu fehlen, erwarten können; aber mit unserm Urtheile über das Erhabene in der Natur können wir uns nicht so leicht Eingang bei andern versprechen. Denn es scheint eine bei weitem größere Cultur nicht bloß der ästhetischen Urtheilskraft, sondern auch der Erkenntnißvermögen, die ihr zum Grunde liegen, erforderlich zu sein, um über diese Vorzüglichkeit der Naturgegenstände ein Urtheil fällen zu können.

Die Stimmung des Gemüths zum Gefühl des Erhabenen erfordert eine Empfänglichkeit desselben für Ideen; denn eben in der Unangemessenheit der Natur zu den letztern, mithin nur unter der Voraussetzung derselben und der Anspannung der Einbildungskraft, die Natur als ein Schema für die letztern zu behandeln, besteht das Abschreckende für die Sinnlichkeit, welches doch zugleich anziehend ist: weil es eine Gewalt ist, welche die Vernunft auf jene ausübt, nur um sie ihrem eigentlichen Gebiete (dem praktischen) angemessen zu erweitern und sie auf das Unendliche hinaussehen zu lassen, welches für jene ein Abgrund ist. In der That wird ohne Entwickelung sittlicher Ideen das, was wir, durch Cultur vorbereitet, erhaben nennen, dem rohen Menschen bloß abschreckend vorkommen. Er wird an den Beweisthümern der Gewalt der Natur in ihrer Zerstörung und dem großen Maßstabe ihrer Macht, wogegen die seinige in Nichts verschwindet, lauter Mühseligkeit, Gefahr und Noth sehen, die den Menschen umgeben würden, der dahin gebannt wäre. So nannte der gute, übrigens verständige savoyische Bauer (wie Hr. v. Saussure erzählt) alle Liebhaber der Eisgebirge ohne Bedenken Narren. Wer weiß auch, ob er so ganz Unrecht gehabt hätte, wenn jener Beobachter die Gefahren, denen er sich hier aussetzte, bloß, wie die meisten Reisende pflegen, aus Liebhaberei, oder um dereinst pathetische Beschreibungen davon geben zu können, übernommen hätte? So aber war seine Absicht Belehrung der Menschen; und die seelenerhebende Empfindung hatte und gab der vortreffliche Mann den Lesern seiner Reisen in ihrem Kauf oben ein.

Darum aber, weil das Urtheil über das Erhabene der Natur Cultur bedarf (mehr als das über das Schöne), ist es doch dadurch nicht eben von der Cultur zuerst erzeugt und etwa bloß conventionsmäßig in der Gesellschaft eingeführt; sondern es hat seine Grundlage in der menschlichen Natur und zwar demjenigen, was man mit dem gesunden Verstande zugleich jedermann ansinnen und von ihm fordern kann, nämlich in der Anlage zum Gefühl für (praktische) Ideen, d. i. zu dem moralischen.

Hierauf gründet sich nun die Nothwendigkeit der Beistimmung des Urtheils anderer vom Erhabenen zu dem unsrigen, welche wir in diesem zugleich mit einschließen. Denn so wie wir dem, der in der Beurtheilung eines Gegenstandes der Natur, welchen wir schön finden, gleichgültig ist, Mangel des Geschmacks vorwerfen: so sagen wir von dem, der bei dem, was wir erhaben zu sein urtheilen, unbewegt bleibt, er habe kein Gefühl. Beides aber fordern wir von jedem Menschen und setzen es auch, wenn er einige Cultur hat, an ihm voraus: nur mit dem Unterschiede, daß wir das erstere, weil die Urtheilskraft darin die Einbildung bloß auf den Verstand als Vermögen der Begriffe bezieht, geradezu von jedermann, das zweite aber, weil sie darin die Einbildungskraft auf Vernunft als Vermögen der Ideen bezieht, nur unter einer subjectiven Voraussetzung (die wir aber jedermann ansinnen zu dürfen uns berechtigt glauben) fordern, nämlich der des moralischen Gefühls im Menschen, und hiemit auch diesem ästhetischen Urtheile Nothwendigkeit beilegen.

In dieser Modalität der ästhetischen Urtheile, nämlich der angemaßten Nothwendigkeit derselben, liegt ein Hauptmoment für die Kritik der Urtheilskraft. Denn die macht eben an ihnen ein Princip a priori kenntlich und erhebt sie aus der empirischen Psychologie, in welcher sie sonst unter den Gefühlen des Vergnügens und Schmerzens (nur mit dem nichtssagenden Beiwort eines feinern Gefühls) begraben bleiben würden, um sie und vermittelst ihrer die Urtheilskraft in die Classe derer zu stellen, welche Principien a priori zum Grunde haben, als solche aber sie in die Transscendentalphilosophie hinüberzuziehen.

Allgemeine Anmerkung zur Exposition der ästhetischen reflectirenden Urtheile.

In Beziehung auf das Gefühl der Lust ist ein Gegenstand entweder zum Angenehmen, oder Schönen, oder Erhabenen, oder Guten (schlechthin) zu zählen (iucundum, pulchrum, sublime, honestum).

Das Angenehme ist als Triebfeder der Begierden durchgängig von einerlei Art, woher es auch kommen und wie specifisch-verschieden auch die Vorstellung (des Sinnes und der Empfindung, objectiv betrachtet) sein mag. Daher kommt es bei der Beurtheilung des Einflusses desselben auf das Gemüth nur auf die Menge der Reize (zugleich und nach einander) und gleichsam nur auf die Masse der angenehmen Empfindung an; und diese läßt sich also durch nichts als die Quantität verständlich machen. Es cultivirt auch nicht, sondern gehört zum bloßen Genusse. — Das Schöne erfordert dagegen die Vorstellung einer gewissen Qualität des Objects, die sich auch verständlich machen und auf Begriffe bringen läßt (wiewohl es im ästhetischen Urtheile darauf nicht gebracht wird); und cultivirt, indem es zugleich auf Zweckmäßigkeit im Gefühle der Lust Acht zu haben lehrt. — Das Erhabene besteht bloß in der Relation, worin das Sinnliche in der Vorstellung der Natur für einen möglichen übersinnlichen Gebrauch desselben als tauglich beurtheilt wird. — Das Schlechthin=Gute, subjectiv nach dem Gefühle, welches es einflößt, beurtheilt, (das Object des moralischen Gefühls) als die Bestimmbarkeit der Kräfte des Subjects durch die Vorstellung eines schlechthin=nöthigenden Gesetzes, unterscheidet sich vornehmlich durch die Modalität einer auf Begriffen a priori beruhenden Nothwendigkeit, die nicht bloß Anspruch, sondern auch Gebot des Beifalls für jedermann in sich enthält, und gehört an sich zwar nicht für die ästhetische, sondern die reine intellectuelle Urtheilskraft; wird auch nicht in einem bloß reflectirenden, sondern bestimmenden Urtheile, nicht der Natur, sondern der Freiheit beigelegt. Aber die Bestimmbarkeit des Subjects durch diese Idee und zwar eines Subjects, welches in sich an der Sinnlichkeit Hindernisse, zugleich aber Überlegenheit über dieselbe durch die Überwindung derselben als Modification seines Zustandes empfinden kann, d. i. das moralische Gefühl, ist doch mit der ästhetischen Urtheilskraft und deren formalen Bedingungen sofern verwandt, daß es dazu dienen kann, die Gesetzmäßigkeit der Handlung aus Pflicht zugleich als ästhetisch, d. i. als erhaben, oder auch als schön vorstellig zu machen, ohne an seiner Reinigkeit einzubüßen: welches nicht Statt findet, wenn man es mit dem Gefühl des Angenehmen in natürliche Verbindung setzen wollte.

Wenn man das Resultat aus der bisherigen Exposition beiderlei Arten ästhetischer Urtheile zieht, so würden sich daraus folgende kurze Erklärungen ergeben:

Schön ist das, was in der bloßen Beurtheilung (also nicht vermittelst der Empfindung des Sinnes nach einem Begriffe des Verstandes) gefällt. Hieraus folgt von selbst, daß es ohne alles Interesse gefallen müsse.

Erhaben ist das, was durch seinen Widerstand gegen das Interesse der Sinne unmittelbar gefällt.

Beide als Erklärungen ästhetischer allgemeingültiger Beurtheilung beziehen sich auf subjective Gründe, nämlich einerseits der Sinnlichkeit, so wie sie zu Gunsten des contemplativen Verstandes, andererseits wie sie wider dieselbe, dagegen für die Zwecke der praktischen Vernunft und doch beide in demselben Subjecte vereinigt, in Beziehung auf das moralische Gefühl zweckmäßig sind. Das Schöne bereitet uns vor, etwas, selbst die Natur ohne Interesse zu lieben; das Erhabene, es selbst wider unser (sinnliches) Interesse hochzuschätzen.

Man kann das Erhabene so beschreiben: es ist ein Gegenstand (der Natur), dessen Vorstellung das Gemüth bestimmt, sich die Unerreichbarkeit der Natur als Darstellung von Ideen zu denken

Buchstäblich genommen und logisch betrachtet, können Ideen nicht dargestellt werden. Aber wenn wir unser empirisches Vorstellungsvermögen (mathematisch, oder dynamisch) für die Anschauung der Natur erweitern: so tritt unausbleiblich die Vernunft hinzu, als Vermögen der Independenz der absoluten Totalität, und bringt die, obzwar vergebliche, Bestrebung des Gemüths hervor, die Vorstellung der Sinne dieser angemessen zu machen. Diese Bestrebung und das Gefühl der Unerreichbarkeit der Idee durch die Einbildungskraft ist selbst eine Darstellung der subjectiven Zweckmäßigkeit unseres Gemüths im Gebrauche der Einbildungskraft für dessen übersinnliche Bestimmung und nöthigt uns, subjectiv die Natur selbst in ihrer Totalität, als Darstellung von etwas Übersinnlichem, zu denken, ohne diese Darstellung objectiv zu Stande bringen zu können.

Denn das werden wir bald inne, daß der Natur im Raume und der Zeit das Unbedingte, mithin auch die absolute Größe ganz abgehe, die doch von der gemeinsten Vernunft verlangt wird. Eben dadurch werden wir auch erinnert, daß wir es nur mit einer Natur als Erscheinung zu thun haben, und diese selbst noch als bloße Darstellung einer Natur an sich (welche die Vernunft in der Idee hat) müsse angesehen werden. Diese Idee des Übersinnlichen aber, die wir zwar nicht weiter bestimmen, mithin die Natur als Darstellung derselben nicht erkennen, sondern nur denken können, wird in uns durch einen Gegenstand erweckt, dessen ästhetische Beurtheilung die Einbildungskraft bis zu ihrer Gränze, es sei der Erweiterung (mathematisch), oder ihrer Macht über das Gemüth (dynamisch), anspannt, indem sie sich auf dem Gefühle einer Bestimmung desselben gründet, welche das Gebiet der ersteren gänzlich überschreitet (dem moralischen Gefühl), in Ansehung dessen die Vorstellung des Gegenstandes als subjectiv-zweckmäßig beurtheilt wird.

In der That läßt sich ein Gefühl für das Erhabene der Natur nicht wohl denken, ohne eine Stimmung des Gemüths, die der zum moralischen ähnlich ist, damit zu verbinden; und obgleich die unmittelbare Lust am Schönen der Natur gleichfalls eine gewisse Liberalität der Denkungsart, d. i. Unabhängigkeit des Wohlgefallens vom bloßen Sinnengenusse, voraussetzt und cultivirt, so wird dadurch noch mehr die Freiheit im Spiele, als unter einem gesetzlichen Geschäfte vorgestellt: welches die ächte Beschaffenheit der Sittlichkeit des Menschen ist, wo die Vernunft der Sinnlichkeit Gewalt anthun muß, nur daß im ästhetischen Urtheile über das Erhabene diese Gewalt durch die Einbildungskraft selbst, als durch ein Werkzeug der Vernunft, ausgeübt vorgestellt wird.

Das Wohlgefallen am Erhabenen der Natur ist daher auch nur negativ (statt dessen das am Schönen positiv ist), nämlich ein Gefühl der Beraubung der Freiheit der Einbildungskraft durch sie selbst, indem sie nach einem andern Gesetze, als dem des empirischen Gebrauchs zweckmäßig bestimmt wird. Dadurch bekommt sie eine Erweiterung und Macht, welche größer ist als die, welche sie aufopfert, deren Grund aber ihr selbst verborgen ist, statt dessen sie die Aufopferung oder die Beraubung und zugleich die Ursache fühlt, der sie unterworfen wird. Die Verwunderung, die an Schreck gränzt, das Grausen und der heilige Schauer, welcher den Zuschauer bei dem Anblicke himmelansteigender Gebirgsmassen, tiefer Schlünde und darin tobender Gewässer, tiefbeschatteter, zum schwermüthigen Nachdenken einladender Einöden u. s. w. ergreift, ist bei der Sicherheit, worin er sich weiß, nicht wirkliche Furcht, sondern nur ein Versuch, uns mit der Einbildungskraft darauf einzulassen, um die Macht ebendesselben Vermögens zu fühlen, die dadurch erregte Bewegung des Gemüths mit dem Ruhestande desselben zu verbinden und so der Natur in uns selbst, mithin auch der außer uns, sofern sie auf das Gefühl unseres Wohlbefindens Einfluß haben kann, überlegen zu sein. Denn die Einbildungskraft nach dem Associationsgesetze macht unseren Zustand der Zufriedenheit physisch abhängig; aber eben dieselbe nach Principien des Schematisms der Urtheilskraft (folglich sofern der Freiheit untergeordnet) ist Werkzeug der Vernunft und ihrer Ideen, als solches aber eine Macht, unsere Unabhängigkeit gegen die Natureinflüsse zu behaupten, das, was nach der ersteren groß ist, als klein abzuwürdigen und so das Schlechthin-Große nur in seiner (des Subjects) eigenen Bestimmung zu setzen. Diese Reflexion der ästhetischen Urtheilskraft, sich zur Angemessenheit mit der Vernunft (doch ohne einen bestimmten Begriff derselben) zu erheben, stellt den Gegenstand selbst durch die objective Unangemessenheit der Einbildungskraft in ihrer größten Erweiterung für die Vernunft (als Vermögen der Ideen) doch als subjectiv-zweckmäßig vor.

Man muß hier überhaupt darauf Acht haben, was oben schon erinnert worden ist, daß in der transscendentalen Ästhetik der Urtheilskraft lediglich von reinen ästhetischen Urtheilen die Rede sein müsse, folglich die Beispiele nicht von solchen schönen oder erhabenen Gegenständen der Natur hergenommen werden dürfen, die den Begriff von einem Zwecke voraussetzen; denn alsdann würde es entweder teleologische, oder sich auf bloßen Empfindungen eines Gegenstandes (Vergnügen oder Schmerz) gründende, mithin im ersteren Falle nicht ästhetische, im zweiten nicht bloße formale Zweckmäßigkeit sein. Wenn man also den Anblick des bestirnten Himmels erhaben nennt, so muß man der Beurtheilung desselben nicht Begriffe von Welten, von vernünftigen Wesen bewohnt, und nun die hellen Punkte, womit wir den Raum über uns erfüllt sehen, als ihre Sonnen in sehr zweckmäßig für sie gestellten Kreisen bewegt, zum Grunde legen, sondern bloß, wie man ihn sieht, als ein weites Gewölbe, was alles befaßt; und bloß unter dieser Vorstellung müssen wir die Erhabenheit setzen, die ein reines ästhetisches Urtheil diesem Gegenstande beilegt. Eben so den Anblick des Oceans nicht so, wie wir, mit allerlei Kenntnissen (die aber nicht in der unmittelbaren Anschauung enthalten sind) bereichert, ihn denken; etwa als ein weites Reich von Wassergeschöpfen, als den großen Wasserschatz für die Ausdünstungen, welche die Luft mit Wolken zum Behuf der Länder beschwängern, oder auch als ein Element, das zwar Welttheile von einander trennt, gleichwohl aber die größte Gemeinschaft unter ihnen möglich macht: denn das giebt lauter teleologische Urtheile; sondern man muß den Ocean bloß, wie die Dichter es thun, nach dem, was der Augenschein zeigt, etwa, wenn er in Ruhe betrachtet wird, als einen klaren Wasserspiegel, der bloß vom Himmel begränzt ist, aber, ist er unruhig, wie einen alles zu verschlingen drohenden Abgrund, dennoch erhaben finden können. Eben das ist von dem Erhabenen und Schönen in der Menschengestalt zu sagen, wo wir nicht auf Begriffe der Zwecke, wozu alle seine Gliedmaßen da sind, als Bestimmungsgründe des Urtheils zurücksehen und die Zusammenstimmung mit ihnen auf unser (alsdann nicht mehr reines) ästhetisches Urtheil nicht einfließen lassen müssen, obgleich, daß sie jenen nicht widerstreiten, freilich eine nothwendige Bedingung auch des ästhetischen Wohlgefallens ist. Die ästhetische Zweckmäßigkeit ist die Gesetzmäßigkeit der Urtheilskraft in ihrer Freiheit. Das Wohlgefallen an dem Gegenstande hängt von der Beziehung ab, in welcher wir die Einbildungskraft setzen wollen: nur daß sie für sich selbst das Gemüth in freier Beschäftigung unterhalte. Wenn dagegen etwas anderes, es sei Sinnenempfindung oder Verstandesbegriff, das Urtheil bestimmt: so ist es zwar gesetzmäßig, aber nicht das Urtheil einer freien Urtheilskraft.

Wenn man also von intellectueller Schönheit oder Erhabenheit spricht, so sind erstlich diese Ausdrücke nicht ganz richtig, weil es ästhetische Vorstellungsarten sind, die, wenn wir bloße reine Intelligenzen wären (oder uns auch in Gedanken in diese Qualität versetzen), in uns gar nicht anzutreffen sein würden; zweitens, obgleich beide als Gegenstände eines intellectuellen (moralischen) Wohlgefallens zwar sofern mit dem ästhetischen vereinbar sind, als sie auf keinem Interesse beruhen: so sind sie doch darin wiederum mit diesem schwer zu vereinigen, weil sie ein Interesse bewirken sollen, welches, wenn die Darstellung zum Wohlgefallen in der ästhetischen Beurtheilung zusammenstimmen soll, in dieser niemals anders als durch ein Sinneninteresse, welches man damit in der Darstellung verbindet, geschehen würde, wodurch aber der intellectuellen Zweckmäßigkeit Abbruch geschieht, und sie verunreinigt wird.

Der Gegenstand eines reinen und unbedingten intellectuellen Wohlgefallens ist das moralische Gesetz in seiner Macht, die es in uns über alle und jede vor ihm vorhergehende Triebfedern des Gemüths ausübt; und da diese Macht sich eigentlich nur durch Aufopferungen ästhetisch-kenntlich macht (welches eine Beraubung, obgleich zum Behuf der innern Freiheit, ist, dagegen eine unergründliche Tiefe dieses übersinnlichen Vermögens mit ihren ins Unabsehliche sich erstreckenden Folgen in uns aufdeckt): so ist das Wohlgefallen von der ästhetischen Seite (in Beziehung auf Sinnlichkeit) negativ, d. i. wider dieses Interesse, von der intellectuellen aber betrachtet, positiv und mit einem Interesse verbunden. Hieraus folgt: daß das intellectuelle, an sich selbst zweckmäßige (das Moralisch=)Gute, ästhetisch beurtheilt, nicht sowohl schön, als vielmehr erhaben vorgestellt werden müsse, so daß es mehr das Gefühl der Achtung (welches den Reiz verschmäht), als der Liebe und vertraulichen Zuneigung erwecke; weil die menschliche Natur nicht so von selbst, sondern nur durch Gewalt, welche die Vernunft der Sinnlichkeit anthut, zu jenem Guten zusammenstimmt. Umgekehrt wird auch das, was wir in der Natur außer uns, oder auch in uns (z. B. gewisse Affecten) erhaben nennen, nur als eine Macht des Gemüths, sich über gewisse Hindernisse der Sinnlichkeit durch moralische Grundsätze zu schwingen, vorgestellt und dadurch interessant werden.

Ich will bei dem letztern etwas verweilen. Die Idee des Guten mit

Affect heißt der Enthusiasm. Dieser Gemüthszustand scheint erhaben zu sein, dermaßen daß man gemeiniglich vorgiebt: ohne ihn könne nichts Großes ausgerichtet werden. Nun ist aber jeder Affect*) blind, entweder in der Wahl seines Zwecks, oder wenn dieser auch durch Vernunft gegeben worden, in der Ausführung desselben; denn er ist diejenige Bewegung des Gemüths, welche es unvermögend macht, freie Überlegung der Grundsätze anzustellen, um sich darnach zu bestimmen. Also kann er auf keinerlei Weise ein Wohlgefallen der Vernunft verdienen. Ästhetisch gleichwohl ist der Enthusiasm erhaben, weil er eine Anspannung der Kräfte durch Ideen ist, welche dem Gemüthe einen Schwung geben, der weit mächtiger und dauerhafter wirkt, als der Antrieb durch Sinnenvorstellungen. Aber (welches befremdlich scheint) selbst Affectlosigkeit (Apatheia, Phlegma in significatu bono) eines seinen unwandelbaren Grundsätzen nachdrücklich nachgehenden Gemüths ist und zwar auf weit vorzüglichere Art erhaben, weil sie zugleich das Wohlgefallen der reinen Vernunft auf ihrer Seite hat. Eine dergleichen Gemüthsart heißt allein edel: welcher Ausdruck nachher auch auf Sachen, z. B. Gebäude, ein Kleid, Schreibart, körperlichen Anstand u. d. gl., angewandt wird, wenn diese nicht sowohl Verwunderung (Affect in der Vorstellung der Neuigkeit, welche die Erwartung übersteigt), als Bewunderung (eine Verwunderung, die beim Verlust der Neuigkeit nicht aufhört) erregt, welches geschieht, wenn Ideen in ihrer Darstellung unabsichtlich und ohne Kunst zum ästhetischen Wohlgefallen zusammenstimmen.

Ein jeder Affect von der **wackern Art** (der nämlich das Bewußtsein unserer Kräfte jeden Widerstand zu überwinden (animi strenui) rege macht) ist ästhetisch erhaben, z. B. der Zorn, sogar die Verzweiflung (nämlich die entrüstete, nicht aber die verzagte). Der Affect von der **schmelzenden** Art aber (welcher die Bestrebung zu widerstehen selbst zum Gegenstande der Unlust (animum languidum) macht) hat nichts Edeles

---

*) Affecten sind von Leidenschaften specifisch unterschieden. Jene beziehen sich bloß auf das Gefühl; diese gehören dem Begehrungsvermögen an und sind Neigungen, welche alle Bestimmbarkeit der Willkür durch Grundsätze erschweren oder unmöglich machen. Jene sind stürmisch und unvorsätzlich, diese anhaltend und überlegt: so ist der Unwille als Zorn ein Affect; aber als Haß (Rachgier) eine Leidenschaft. Die letztere kann niemals und in keinem Verhältniß erhaben genannt werden: weil im Affect die Freiheit des Gemüths zwar gehemmt, in der Leidenschaft aber aufgehoben wird.

an sich, kann aber zum Schönen der Sinnesart gezählt werden. Daher sind die Rührungen, welche bis zum Affect stark werden können, auch sehr verschieden. Man hat muthige, man hat zärtliche Rührungen. Die letztern, wenn sie bis zum Affect steigen, taugen gar nichts; der Hang dazu heißt die Empfindelei. Ein theilnehmender Schmerz, der sich nicht will trösten lassen, oder auf den wir uns, wenn er erdichtete Übel betrifft, bis zur Täuschung durch die Phantasie, als ob es wirkliche wären, vorsätzlich einlassen, beweiset und macht eine weiche, aber zugleich schwache Seele, die eine schöne Seite zeigt und zwar phantastisch, aber nicht einmal enthusiastisch genannt werden kann. Romane, weinerliche Schauspiele, schale Sittenvorschriften, die mit (obzwar fälschlich) sogenannten edlen Gesinnungen tändeln, in der That aber das Herz welk und für die strenge Vorschrift der Pflicht unempfindlich, aller Achtung für die Würde der Menschheit in unserer Person und das Recht der Menschen (welches ganz etwas anderes als ihre Glückseligkeit ist) und überhaupt aller festen Grundsätze unfähig machen; selbst ein Religionsvortrag, welcher kriechende, niedrige Gunstbewerbung und Einschmeichelung empfiehlt, die alles Vertrauen auf eigenes Vermögen zum Widerstande gegen das Böse in uns aufgibt, statt der rüstigen Entschlossenheit, die Kräfte, die uns bei aller unserer Gebrechlichkeit doch noch übrig bleiben, zu Überwindung der Neigungen zu versuchen; die falsche Demuth, welche in der Selbstverachtung, in der winselnden erheuchelten Reue und einer bloß leidenden Gemüthsfassung die Art setzt, wie man allein dem höchsten Wesen gefällig werden könne: vertragen sich nicht einmal mit dem, was zur Schönheit, weit weniger aber noch mit dem, was zur Erhabenheit der Gemüthsart gezählt werden könnte.

Aber auch stürmische Gemüthsbewegungen, sie mögen nun unter dem Namen der Erbauung mit Ideen der Religion, oder als bloß zur Cultur gehörig mit Ideen, die ein gesellschaftliches Interesse enthalten, verbunden werden, können, so sehr sie auch die Einbildungskraft spannen, keinesweges auf die Ehre einer erhabenen Darstellung Anspruch machen, wenn sie nicht eine Gemüthsstimmung zurücklassen, die, wenn gleich nur indirect, auf das Bewußtsein seiner Stärke und Entschlossenheit zu dem, was reine intellectuelle Zweckmäßigkeit bei sich führt (dem Übersinnlichen), Einfluß hat. Denn sonst gehören alle diese Rührungen nur zur Motion, welche man der Gesundheit wegen gerne hat. Die angenehme Mattigkeit, welche auf eine solche Rüttelung durch das Spiel der Affecten folgt, ist ein Genuß des Wohlbefindens aus dem hergestellten Gleichgewichte der mancherlei Lebenskräfte in uns: welcher am Ende auf dasselbe hinausläuft, als derjenige, den die Wollüstlinge des Orients so behaglich finden, wenn sie ihren Körper gleichsam durchkneten und alle ihre Muskeln und Gelenke sanft drücken und biegen lassen; nur daß dort das bewegende Princip größtentheils in uns, hier hingegen gänzlich außer uns ist. Da glaubt sich nun mancher durch eine Predigt erbaut, in dem doch nichts aufgebauet (kein System guter Maximen) ist; oder durch ein Trauerspiel gebessert, der bloß über glücklich vertriebne Langeweile froh ist. Also muß das Erhabene jederzeit Beziehung auf die Denkungsart haben, d. i. auf Maximen, dem Intellectuellen und den Vernunftideen über die Sinnlichkeit Obermacht zu verschaffen.

Man darf nicht besorgen, daß das Gefühl des Erhabenen durch eine dergleichen abgezogene Darstellungsart, die in Ansehung des Sinnlichen gänzlich negativ wird, verlieren werde; denn die Einbildungskraft, ob sie zwar über das Sinnliche hinaus nichts findet, woran sie sich halten kann, fühlt sich doch auch eben durch diese Wegschaffung der Schranken derselben unbegränzt: und jene Absonderung ist also eine Darstellung des Unendlichen, welche zwar eben darum niemals anders als bloß negative Darstellung sein kann, die aber doch die Seele erweitert. Vielleicht giebt es keine erhabenere Stelle im Gesetzbuche der Juden, als das Gebot: Du sollst dir kein Bildniß machen, noch irgend ein Gleichniß, weder dessen, was im Himmel, noch auf der Erden, noch unter der Erden ist u. s. w. Dieses Gebot allein kann den Enthusiasm erklären, den das jüdische Volk in seiner gesitteten Epoche für seine Religion fühlte, wenn es sich mit andern Völkern verglich, oder denjenigen Stolz, den der Mohammedanism einflößt. Eben dasselbe gilt auch von der Vorstellung des moralischen Gesetzes und der Anlage zur Moralität in uns. Es ist eine ganz irrige Besorgniß, daß, wenn man sie alles dessen beraubt, was sie den Sinnen empfehlen kann, sie alsdann keine andere als kalte, leblose Billigung und keine bewegende Kraft oder Rührung bei sich führen würde. Es ist gerade umgekehrt; denn da, wo nun die Sinne nichts mehr vor sich sehen, und die unverkennliche und unauslöschliche Idee der Sittlichkeit dennoch übrig bleibt, würde es eher nöthig sein, den Schwung einer unbegränzten Einbildungskraft zu mäßigen, um ihn nicht bis zum Enthusiasm steigen zu lassen, als aus Furcht vor Kraftlosigkeit dieser Ideen für sie in Bildern und kindischem Apparat Hülfe zu suchen. Daher haben auch die Regie-

rungen gerne erlaubt, die Religion mit dem letztern Zubehör reichlich ver=
sorgen zu lassen, und so dem Unterthan die Mühe, zugleich aber auch das
Vermögen zu benehmen gesucht, seine Seelenkräfte über die Schranken
auszudehnen, die man ihm willkürlich setzen und wodurch man ihn, als
bloß passiv, leichter behandeln kann.

Diese reine, seelenerhebende, bloß negative Darstellung der Sittlich=
keit bringt dagegen keine Gefahr der Schwärmerei, welche ein Wahn
ist, über alle Gränze der Sinnlichkeit hinaus etwas sehen, d. i.
nach Grundsätzen träumen (mit Vernunft rasen), zu wollen; eben darum
weil die Darstellung bei jener bloß negativ ist. Denn die Unerforsch=
lichkeit der Idee der Freiheit schneidet aller positiven Darstellung
gänzlich den Weg ab: das moralische Gesetz aber ist an sich selbst in uns
hinreichend und ursprünglich bestimmend, so daß es nicht einmal erlaubt,
uns nach einem Bestimmungsgrunde außer demselben umzusehen. Wenn
der Enthusiasm mit dem Wahnsinn, so ist die Schwärmerei mit dem
Wahnwitz zu vergleichen, wovon der letztere sich unter allen am wenig=
sten mit dem Erhabenen verträgt, weil er grüblerisch lächerlich ist. Im
Enthusiasm als Affect ist die Einbildungskraft zügellos; in der Schwär=
merei als eingewurzelter brütender Leidenschaft regellos. Der erstere ist
vorübergehender Zufall, der den gesundesten Verstand bisweilen wohl be=
trifft; der zweite eine Krankheit, die ihn zerrüttet.

Einfalt (kunstlose Zweckmäßigkeit) ist gleichsam der Stil der Natur
im Erhabenen und so auch der Sittlichkeit, welche eine zweite (übersinn=
liche) Natur ist, wovon wir nur die Gesetze kennen, ohne das übersinnliche
Vermögen in uns selbst, was den Grund dieser Gesetzgebung enthält,
durch Anschauen erreichen zu können.

Noch ist anzumerken, daß, obgleich das Wohlgefallen am Schönen
eben sowohl, als das am Erhabenen nicht allein durch allgemeine Mit=
theilbarkeit unter den andern ästhetischen Beurtheilungen kenntlich un=
terschieden ist, sondern auch durch diese Eigenschaft in Beziehung auf Ge=
sellschaft (in der es sich mittheilen läßt) ein Interesse bekommt, gleichwohl
doch auch die Absonderung von aller Gesellschaft als etwas Erha=
benes angesehen werde, wenn sie auf Ideen beruht, welche über alles sinn=
liche Interesse hinweg sehen. Sich selbst genug sein, mithin Gesellschaft
nicht bedürfen, ohne doch ungesellig zu sein, d. i. sie zu fliehen, ist etwas
dem Erhabenen sich Näherndes, so wie jede Überhebung von Bedürfnissen.
Dagegen ist Menschen zu fliehen, aus Misanthropie, weil man sie an=

feindet, oder aus **Anthropophobie** (Menschenscheu), weil man sie als seine Feinde fürchtet, theils häßlich, theils verächtlich. Gleichwohl giebt es eine (sehr uneigentlich sogenannte) Misanthrophie, wozu die Anlage sich mit dem Alter in vieler wohldenkenden Menschen Gemüth einzufinden pflegt, welche zwar, was das **Wohlwollen** betrifft, philanthropisch genug ist, aber vom Wohlgefallen an Menschen durch eine lange traurige Erfahrung weit abgebracht ist: wovon der Hang zur Eingezogenheit, der phantastische Wunsch auf einem entlegenen Landsitze, oder auch (bei jungen Personen) die erträumte Glückseligkeit auf einem der übrigen Welt unbekannten Eilande mit einer kleinen Familie seine Lebenszeit zubringen zu können, welche die Romanschreiber oder Dichter der Robinsonaden so gut zu nutzen wissen, Zeugniß giebt. Falschheit, Undankbarkeit, Ungerechtigkeit, das Kindische in den von uns selbst für wichtig und groß gehaltenen Zwecken, in deren Verfolgung sich Menschen selbst unter einander alle erdenkliche Übel anthun, stehen mit der Idee dessen, was sie sein könnten, wenn sie wollten, so im Widerspruch und sind dem lebhaften Wunsche, sie besser zu sehen, so sehr entgegen: daß, um sie nicht zu hassen, da man sie nicht lieben kann, die Verzichtthuung auf alle gesellschaftliche Freuden nur ein kleines Opfer zu sein scheint. Diese Traurigkeit, nicht über die Übel, welche das Schicksal über andere Menschen verhängt (wovon die Sympathie Ursache ist), sondern die sie sich selbst anthun (welche auf der Antipathie in Grundsätzen beruht), ist, weil sie auf Ideen beruht, erhaben, indessen daß die erstere ebenfalls nur für schön gelten kann. — Der eben so geistreiche als gründliche **Saussure** sagt in der Beschreibung seiner Alpenreisen von **Bonhomme**, einem der savoyischen Gebirge: „Es herrscht daselbst eine gewisse abgeschmackte Traurigkeit." Er kannte daher doch auch eine **interessante Traurigkeit**, welche der Anblick einer Einöde einflößt, in die sich Menschen wohl versetzen möchten, um von der Welt nichts weiter zu hören, noch zu erfahren, die denn doch nicht so ganz unwirthbar sein muß, daß sie nur einen höchst mühseligen Aufenthalt für Menschen darböte. — Ich mache diese Anmerkung nur in der Absicht, um zu erinnern, daß auch Betrübniß (nicht niedergeschlagene Traurigkeit) zu den **rüstigen** Affecten gezählt werden könne, wenn sie in moralischen Ideen ihren Grund hat; wenn sie aber auf Sympathie gegründet und als solche auch liebenswürdig ist, sie bloß zu den **schmelzenden** Affecten gehöre: um dadurch auf die Gemüthsstimmung, die nur im ersteren Falle erhaben ist, aufmerksam zu machen.

Man kann mit der jetzt durchgeführten transscendentalen Exposition der ästhetischen Urtheile nun auch die physiologische, wie sie ein Burke und viele scharfsinnige Männer unter uns bearbeitet haben, vergleichen, um zu sehen, wohin eine bloß empirische Exposition des Erhabenen und Schönen führe. Burke*), der in dieser Art der Behandlung als der vornehmste Verfasser genannt zu werden verdient, bringt auf diesem Wege (S. 223 seines Werks) heraus: „daß das Gefühl des Erhabenen sich auf dem Triebe zur Selbsterhaltung und auf Furcht, d. i. einem Schmerze, gründe, der, weil er nicht bis zur wirklichen Zerrüttung der körperlichen Theile geht, Bewegungen hervorbringt, die, da sie die feineren oder größeren Gefäße von gefährlichen und beschwerlichen Verstopfungen reinigen, im Stande sind, angenehme Empfindungen zu erregen, zwar nicht Lust, sondern eine Art von wohlgefälligem Schauer, eine gewisse Ruhe, die mit Schrecken vermischt ist." Das Schöne, welches er auf Liebe gründet (wovon er doch die Begierde abgesondert wissen will), führt er (S. 251—252) „auf die Nachlassung, Losspannung und Erschlaffung der Fibern des Körpers, mithin eine Erweichung, Auflösung, Ermattung, ein Hinsinken, Hinsterben, Wegschmelzen vor Vergnügen hinaus". Und nun bestätigt er diese Erklärungsart nicht allein durch Fälle, in denen die Einbildungskraft in Verbindung mit dem Verstande, sondern sogar mit Sinnesempfindung in uns das Gefühl des Schönen sowohl als des Erhabenen erregen könne. — Als psychologische Bemerkungen sind diese Zergliederungen der Phänomene unseres Gemüths überaus schön und geben reichen Stoff zu den beliebtesten Nachforschungen der empirischen Anthropologie. Es ist auch nicht zu läugnen, daß alle Vorstellungen in uns, sie mögen objectiv bloß sinnlich, oder ganz intellectuell sein, doch subjectiv mit Vergnügen oder Schmerz, so unmerklich beides auch sein mag, verbunden werden können (weil sie insgesammt das Gefühl des Lebens afficiren, und keine derselben, sofern als sie Modification des Subjects ist, indifferent sein kann); sogar daß, wie Epikur behauptete, immer Vergnügen und Schmerz zuletzt doch körperlich sei, es mag nun von der Einbildung, oder gar von Verstandesvorstellungen anfangen: weil das Leben ohne das

---

*) Nach der deutschen Übersetzung seiner Schrift: Philosophische Untersuchungen über den Ursprung unserer Begriffe vom Schönen und Erhabenen. Riga, bei Hartknoch 1773.

Gefühl des körperlichen Organs bloß Bewußtsein seiner Existenz, aber kein Gefühl des Wohl= oder Übelbefindens, d. i. der Beförderung oder Hemmung der Lebenskräfte, sei; weil das Gemüth für sich allein ganz Le=ben (das Lebensprincip selbst) ist, und Hindernisse oder Beförderungen außer demselben und doch im Menschen selbst, mithin in der Verbindung mit seinem Körper gesucht werden müssen.

Setzt man aber das Wohlgefallen am Gegenstande ganz und gar darin, daß dieser durch Reiz oder durch Rührung vergnügt: so muß man auch keinem andern zumuthen, zu dem ästhetischen Urtheile, was wir fällen, beizustimmen; denn darüber befragt ein jeder mit Recht nur seinen Privatsinn. Alsdann aber hört auch alle Censur des Geschmacks gänzlich auf; man müßte denn das Beispiel, welches andere durch die zufällige Übereinstimmung ihrer Urtheile geben, zum Gebot des Beifalls für uns machen, wider welches Princip wir uns doch vermuthlich sträuben und auf das natürliche Recht berufen würden, das Urtheil, welches auf dem un=mittelbaren Gefühle des eigenen Wohlbefindens beruht, seinem eigenen Sinne und nicht anderer ihrem zu unterwerfen.

Wenn also das Geschmacksurtheil nicht für egoistisch, sondern seiner innern Natur nach, d. i. um sein selbst, nicht um der Beispiele willen, die andere von ihrem Geschmack geben, nothwendig als pluralistisch gelten muß, wenn man es als ein solches würdigt, welches zugleich verlangen darf, daß jedermann ihm beipflichten soll: so muß ihm irgend ein (es sei objectives oder subjectives) Princip a priori zum Grunde liegen, zu welchem man durch Aufspähung empirischer Gesetze der Gemüthsveränderungen niemals gelangen kann: weil diese nur zu erkennen geben, wie geurtheilt wird, nicht aber gebieten, wie geurtheilt werden soll, und zwar gar so, daß das Gebot unbedingt ist; dergleichen die Geschmacksurtheile voraus=setzen, indem sie das Wohlgefallen mit einer Vorstellung unmittelbar verknüpft wissen wollen. Also mag die empirische Exposition der ästheti=schen Urtheile immer den Anfang machen, um den Stoff zu einer höhern Untersuchung herbeizuschaffen; eine transscendentale Erörterung dieses Vermögens ist doch möglich und zur Kritik des Geschmacks wesentlich ge=hörig. Denn ohne daß derselbe Principien a priori habe, könnte er un=möglich die Urtheile anderer richten und über sie auch nur mit einigem Scheine des Rechts Billigungs= oder Verwerfungsausspräche fällen.

Das übrige zur Analytik der ästhetischen Urtheilskraft Gehörige ent=hält zuvörderst die

Deduction der reinen ästhetischen Urtheile.

§ 30.

Die Deduction der ästhetischen Urtheile über die Gegenstände der Natur darf nicht auf das, was wir in dieser erhaben nennen, sondern nur auf das Schöne gerichtet werden.

Der Anspruch eines ästhetischen Urtheils auf allgemeine Gültigkeit für jedes Subject bedarf als ein Urtheil, welches sich auf irgend ein Princip a priori fußen muß, einer Deduction (d. i. Legitimation seiner Anmaßung), welche über die Exposition desselben noch hinzukommen muß, wenn es nämlich ein Wohlgefallen oder Mißfallen an der **Form des Objects** betrifft. Dergleichen sind die Geschmacksurtheile über das Schöne der Natur. Denn die Zweckmäßigkeit hat alsdann doch im Objecte und seiner Gestalt ihren Grund, wenn sie gleich nicht die Beziehung desselben auf andere Gegenstände nach Begriffen (zum Erkenntnißurtheile) anzeigt; sondern bloß die Auffassung dieser Form, sofern sie dem Vermögen sowohl der Begriffe, als dem der Darstellung derselben (welches mit dem der Auffassung eines und dasselbe ist) im Gemüth sich gemäß zeigt, überhaupt betrifft. Man kann daher auch in Ansehung des Schönen der Natur mancherlei Fragen aufwerfen, welche die Ursache dieser Zweckmäßigkeit ihrer Formen betreffen: z. B. wie man erklären wolle, warum die Natur so verschwenderisch allerwärts Schönheit verbreitet habe, selbst im Grunde des Oceans, wo nur selten das menschliche Auge (für welches jene doch allein zweckmäßig ist) hingelangt, u. d. gl. m.

Allein das Erhabene der Natur — wenn wir darüber ein reines ästhetisches Urtheil fällen, welches nicht mit Begriffen von Vollkommenheit als objectiver Zweckmäßigkeit vermengt ist; in welchem Falle es ein teleologisches Urtheil sein würde — kann ganz als formlos oder ungestalt, dennoch aber als Gegenstand eines reinen Wohlgefallens betrachtet werden und subjective Zweckmäßigkeit der gegebenen Vorstellung zeigen; und da fragt es sich nun: ob zu dem ästhetischen Urtheile dieser Art auch außer der Exposition dessen, was in ihm gedacht wird, noch eine Deduction seines Anspruchs auf irgend ein (subjectives) Princip a priori verlangt werden könne.

Hierauf dient zur Antwort: daß das Erhabene der Natur nur uneigentlich so genannt werde und eigentlich bloß der Denkungsart, oder vielmehr der Grundlage zu derselben in der menschlichen Natur beigelegt werden müsse. Dieser sich bewußt zu werden, giebt die Auffassung eines sonst formlosen und unzweckmäßigen Gegenstandes bloß die Veranlassung, welcher auf solche Weise subjectiv=zweckmäßig gebraucht, aber nicht als ein solcher für sich und seiner Form wegen beurtheilt wird (gleichsam species finalis accepta, non data). Daher war unsere Exposition der Urtheile über das Erhabene der Natur zugleich ihre Deduction. Denn wenn wir die Reflexion der Urtheilskraft in denselben zerlegten, so fanden wir in ihnen ein zweckmäßiges Verhältniß der Erkenntnißvermögen, welches dem Vermögen der Zwecke (dem Willen) a priori zum Grunde gelegt werden muß und daher selbst a priori zweckmäßig ist: welches denn sofort die Deduction, d. i. die Rechtfertigung des Anspruchs eines dergleichen Urtheils auf allgemein=nothwendige Gültigkeit, enthält.

Wir werden also nur die Deduction der Geschmacksurtheile, d. i. der Urtheile über die Schönheit der Naturdinge, zu suchen haben und so der Aufgabe für die gesammte ästhetische Urtheilskraft im Ganzen ein Genüge thun.

§ 31.

Von der Methode der Deduction der Geschmacksurtheile.

Die Obliegenheit einer Deduction, d. i. der Gewährleistung der Rechtmäßigkeit, einer Art Urtheile tritt nur ein, wenn das Urtheil Anspruch auf Nothwendigkeit macht; welches der Fall auch alsdann ist, wenn es subjective Allgemeinheit, d. i. jedermanns Beistimmung, fordert: indeß es doch kein Erkenntnißurtheil, sondern nur der Lust oder Unlust an einem gegebenen Gegenstande, d. i. Anmaßung einer durchgängig für jedermann geltenden subjectiven Zweckmäßigkeit, ist, die sich auf keine Begriffe von der Sache gründen soll, weil es Geschmacksurtheil ist.

Da wir im letztern Falle kein Erkenntnißurtheil, weder ein theoretisches, welches den Begriff einer Natur überhaupt durch den Verstand, noch ein (reines) praktisches, welches die Idee der Freiheit als a priori durch die Vernunft gegeben zum Grunde legt, vor uns haben; und also weder ein Urtheil, welches vorstellt, was eine Sache ist, noch daß ich, um sie hervorzubringen, etwas verrichten soll, nach seiner Gültigkeit a priori zu rechtfertigen haben: so wird bloß die allgemeine Gültigkeit eines

Deduction der ästhetischen Urtheile.

einzelnen Urtheils, welches die subjective Zweckmäßigkeit einer empirischen Vorstellung der Form eines Gegenstandes ausdrückt, für die Urtheilskraft überhaupt darzuthun sein, um zu erklären, wie es möglich sei, daß etwas bloß in der Beurtheilung (ohne Sinnenempfindung oder Begriff) gefallen könne, und, so wie die Beurtheilung eines Gegenstandes zum Behuf einer Erkenntniß überhaupt allgemeine Regeln hat, auch das Wohlgefallen eines Jeden für jeden andern als Regel dürfe angekündigt werden.

Wenn nun diese Allgemeingültigkeit sich nicht auf Stimmensammlung und Herumfragen bei andern wegen ihrer Art zu empfinden gründen, sondern gleichsam auf einer Autonomie des über das Gefühl der Lust (an der gegebenen Vorstellung) urtheilenden Subjects, d. i. auf seinem eigenen Geschmacke, beruhen, gleichwohl aber doch auch nicht von Begriffen abgeleitet werden soll: so hat ein solches Urtheil — wie das Geschmacksurtheil in der That ist — eine zwiefache und zwar logische Eigenthümlichkeit: nämlich erstlich die Allgemeingültigkeit a priori und doch nicht eine logische Allgemeinheit nach Begriffen, sondern die Allgemeinheit eines einzelnen Urtheils; zweitens eine Nothwendigkeit (die jederzeit auf Gründen a priori beruhen muß), die aber doch von keinen Beweisgründen a priori abhängt, durch deren Vorstellung der Beifall, den das Geschmacksurtheil jedermann ansinnt, erzwungen werden könnte.

Die Auflösung dieser logischen Eigenthümlichkeiten, worin sich ein Geschmacksurtheil von allen Erkenntnißurtheilen unterscheidet, wenn wir hier anfänglich von allem Inhalte desselben, nämlich dem Gefühle der Lust, abstrahiren und bloß die ästhetische Form mit der Form der objectiven Urtheile, wie sie die Logik vorschreibt, vergleichen, wird allein zur Deduction dieses sonderbaren Vermögens hinreichend sein. Wir wollen also diese charakteristischen Eigenschaften des Geschmacks zuvor, durch Beispiele erläutert, vorstellig machen.

§ 32.

Erste Eigenthümlichkeit des Geschmacksurtheils.

Das Geschmacksurtheil bestimmt seinen Gegenstand in Ansehung des Wohlgefallens (als Schönheit) mit einem Anspruche auf jedermanns Beistimmung, als ob es objectiv wäre.

Sagen: diese Blume ist schön, heißt eben so viel, als ihren eigenen

Anspruch auf jedermanns Wohlgefallen ihr nur nachsagen. Durch die Annehmlichkeit ihres Geruchs hat sie gar keine Ansprüche. Den einen ergötzt dieser Geruch, dem andern benimmt er den Kopf. Was sollte man nun anders daraus vermuthen, als daß die Schönheit für eine Eigenschaft der Blume selbst gehalten werden müsse, die sich nicht nach der Verschiedenheit der Köpfe und so vieler Sinne richtet, sondern wornach sich diese richten müssen, wenn sie darüber urtheilen wollen? Und doch verhält es sich nicht so. Denn darin besteht eben das Geschmacksurtheil, daß es eine Sache nur nach derjenigen Beschaffenheit schön nennt, in welcher sie sich nach unserer Art sie aufzunehmen richtet.

Überdies wird von jedem Urtheil, welches den Geschmack des Subjects beweisen soll, verlangt: daß das Subject für sich, ohne nöthig zu haben, durch Erfahrung unter den Urtheilen anderer herumzutappen und sich von ihrem Wohlgefallen oder Mißfallen an demselben Gegenstande vorher zu belehren, urtheilen, mithin sein Urtheil nicht als Nachahmung, weil ein Ding etwa wirklich allgemein gefällt, sondern a priori aussprechen solle. Man sollte aber denken, daß ein Urtheil a priori einen Begriff vom Object enthalten müsse, zu dessen Erkenntniß es das Princip enthält; das Geschmacksurtheil aber gründet sich gar nicht auf Begriffe und ist überall nicht Erkenntniß, sondern nur ein ästhetisches Urtheil.

Daher läßt sich ein junger Dichter von der Überredung, daß sein Gedicht schön sei, nicht durch das Urtheil des Publicums, noch seiner Freunde abbringen; und wenn er ihnen Gehör giebt, so geschieht es nicht darum, weil er es nun anders beurtheilt, sondern weil er, wenn gleich (wenigstens in Absicht seiner) das ganze Publicum einen falschen Geschmack hätte, sich doch (selbst wider sein Urtheil) dem gemeinen Wahne zu bequemen, in seiner Begierde nach Beifall Ursache findet. Nur späterhin, wenn seine Urtheilskraft durch Ausübung mehr geschärft worden, geht er freiwillig von seinem vorigen Urtheile ab; so wie er es auch mit seinen Urtheilen hält, die ganz auf der Vernunft beruhen. Der Geschmack macht bloß auf Autonomie Anspruch. Fremde Urtheile sich zum Bestimmungsgrunde des seinigen zu machen, wäre Heteronomie.

Daß man die Werke der Alten mit Recht zu Mustern anpreiset und die Verfasser derselben classisch nennt gleich einem gewissen Adel unter den Schriftstellern, der dem Volke durch seinen Vorgang Gesetze giebt: scheint Quellen des Geschmacks a posteriori anzuzeigen und die Autonomie desselben in jedem Subjecte zu widerlegen. Allein man könnte eben so gut

Deduction der ästhetischen Urtheile.

sagen, daß die alten Mathematiker, die bis jetzt für nicht wohl zu entbehrende Muster der höchsten Gründlichkeit und Eleganz der synthetischen Methode gehalten werden, auch eine nachahmende Vernunft auf unserer Seite bewiesen und ein Unvermögen derselben, aus sich selbst strenge Beweise mit der größten Intuition durch Construction der Begriffe hervorzubringen. Es giebt gar keinen Gebrauch unserer Kräfte, so frei er auch sein mag, und selbst der Vernunft (die alle ihre Urtheile aus der gemeinschaftlichen Quelle a priori schöpfen muß), welcher, wenn jedes Subject immer gänzlich von der rohen Anlage seines Naturells anfangen sollte, nicht in fehlerhafte Versuche gerathen würde, wenn nicht andere mit den ihrigen ihm vorgegangen wären, nicht um die Nachfolgenden zu bloßen Nachahmern zu machen, sondern durch ihr Verfahren andere auf die Spur zu bringen, um die Principien in sich selbst zu suchen und so ihren eigenen, oft besseren Gang zu nehmen. Selbst in der Religion, wo gewiß ein jeder die Regel seines Verhaltens aus sich selbst hernehmen muß, weil er dafür auch selbst verantwortlich bleibt und die Schuld seiner Vergehungen nicht auf andre als Lehrer oder Vorgänger schieben kann, wird doch nie durch allgemeine Vorschriften, die man entweder von Priestern oder Philosophen bekommen, oder auch aus sich selbst genommen haben mag, so viel ausgerichtet werden, als durch ein Beispiel der Tugend oder Heiligkeit, welches, in der Geschichte aufgestellt, die Autonomie der Tugend aus der eigenen und ursprünglichen Idee der Sittlichkeit (a priori) nicht entbehrlich macht, oder diese in einen Mechanism der Nachahmung verwandelt. Nachfolge, die sich auf einen Vorgang bezieht, nicht Nachahmung ist der rechte Ausdruck für allen Einfluß, welchen Producte eines exemplarischen Urhebers auf Andere haben können; welches nur so viel bedeutet als: aus denselben Quellen schöpfen, woraus jener selbst schöpfte, und seinem Vorgänger nur die Art, sich dabei zu benehmen, ablernen. Aber unter allen Vermögen und Talenten ist der Geschmack gerade dasjenige, welches, weil sein Urtheil nicht durch Begriffe und Vorschriften bestimmbar ist, am meisten der Beispiele dessen, was sich im Fortgange der Cultur am längsten in Beifall erhalten hat, bedürftig ist, um nicht bald wieder ungeschlacht zu werden und in die Rohigkeit der ersten Versuche zurückzufallen.

§ 33.

Zweite Eigenthümlichkeit des Geschmacksurtheils.

Das Geschmacksurtheil ist gar nicht durch Beweisgründe bestimmbar, gleich als ob es bloß **subjectiv** wäre.

Wenn jemand ein Gebäude, eine Aussicht, ein Gedicht nicht schön findet, so läßt er sich **erstlich** den Beifall nicht durch hundert Stimmen, die es alle hoch preisen, innerlich aufdringen. Er mag sich zwar stellen, als ob es ihm auch gefalle, um nicht für geschmacklos angesehen zu werden; er kann sogar zu zweifeln anfangen, ob er seinen Geschmack durch Kenntniß einer genugsamen Menge von Gegenständen einer gewissen Art auch genug gebildet habe (wie einer, der in der Entfernung etwas für einen Wald zu erkennen glaubt, was alle andere für eine Stadt ansehen, an dem Urtheile seines eigenen Gesichts zweifelt). Das sieht er aber doch klar ein: daß der Beifall anderer gar keinen für die Beurtheilung der Schönheit gültigen Beweis abgebe; daß andere allenfalls für ihn sehen und beobachten mögen, und was viele auf einerlei Art gesehen haben, als ein hinreichender Beweisgrund für ihn, der es anders gesehen zu haben glaubt, zum theoretischen, mithin logischen, niemals aber das, was andern gefallen hat, zum Grunde eines ästhetischen Urtheils dienen könne. Das uns ungünstige Urtheil anderer kann uns zwar mit Recht in Ansehung des unsrigen bedenklich machen, niemals aber von der Unrichtigkeit desselben überzeugen. Also giebt es keinen empirischen Beweisgrund, das Geschmacksurtheil jemanden abzunöthigen.

Zweitens kann noch weniger ein Beweis a priori nach bestimmten Regeln das Urtheil über Schönheit bestimmen. Wenn mir jemand sein Gedicht vorliest, oder mich in ein Schauspiel führt, welches am Ende meinem Geschmacke nicht behagen will, so mag er den Batteux oder Lessing, oder noch ältere und berühmtere Kritiker des Geschmacks und alle von ihnen aufgestellte Regeln zum Beweise anführen, daß sein Gedicht schön sei; auch mögen gewisse Stellen, die mir eben mißfallen, mit Regeln der Schönheit (so wie sie dort gegeben und allgemein anerkannt sind) gar wohl zusammenstimmen: ich stopfe mir die Ohren zu, mag keine Gründe und kein Vernünfteln hören und werde eher annehmen, daß jene Regeln der Kritiker falsch seien, oder wenigstens hier nicht der Fall ihrer Anwendung sei, als daß ich mein Urtheil durch Beweisgründe a priori sollte bestimmen lassen, da es ein Urtheil des Geschmacks und nicht des Verstandes oder der Vernunft sein soll.

Es scheint, daß dieses eine der Hauptursachen sei, weswegen man dieses ästhetische Beurtheilungsvermögen gerade mit dem Namen des Geschmacks belegt hat. Denn es mag mir jemand alle Ingredienzien eines Gerichts herzählen und von jedem bemerken, daß jedes derselben mir sonst angenehm sei, auch obenein die Gesundheit dieses Essens mit Recht rühmen; so bin ich gegen alle diese Gründe taub, versuche das Gericht an meiner Zunge und meinem Gaumen: und darnach (nicht nach allgemeinen Principien) fälle ich mein Urtheil.

In der That wird das Geschmacksurtheil durchaus immer als ein einzelnes Urtheil vom Object gefällt. Der Verstand kann durch die Vergleichung des Objects im Punkte des Wohlgefälligen mit dem Urtheile anderer ein allgemeines Urtheil machen: z. B. alle Tulpen sind schön; aber das ist alsdann kein Geschmacks-, sondern ein logisches Urtheil, welches die Beziehung eines Objects auf den Geschmack zum Prädicate der Dinge von einer gewissen Art überhaupt macht; dasjenige aber, wodurch ich eine einzelne gegebene Tulpe schön, d. i. mein Wohlgefallen an derselben allgemeingültig, finde, ist allein das Geschmacksurtheil. Dessen Eigenthümlichkeit besteht aber darin: daß, ob es gleich bloß subjective Gültigkeit hat, es dennoch alle Subjecte so in Anspruch nimmt, als es nur immer geschehen könnte, wenn es ein objectives Urtheil wäre, das auf Erkenntnißgründen beruht und durch einen Beweis könnte erzwungen werden.

§ 34.

Es ist kein objectives Princip des Geschmacks möglich.

Unter einem Princip des Geschmacks würde man einen Grundsatz verstehen, unter dessen Bedingung man den Begriff eines Gegenstandes subsumiren und alsdann durch einen Schluß herausbringen könnte, daß er schön sei. Das ist aber schlechterdings unmöglich. Denn ich muß unmittelbar an der Vorstellung desselben die Lust empfinden, und sie kann mir durch keine Beweisgründe angeschwatzt werden. Obgleich also Kritiker, wie Hume sagt, scheinbarer vernünfteln können als Köche, so haben sie doch mit diesen einerlei Schicksal. Den Bestimmungsgrund ihres Urtheils können sie nicht von der Kraft der Beweisgründe, sondern nur von der

Reflexion des Subjects über seinen eigenen Zustand (der Lust oder Unlust) mit Abweisung aller Vorschriften und Regeln erwarten.

Worüber aber Kritiker dennoch vernünfteln können und sollen, so daß es zur Berichtigung und Erweiterung unserer Geschmacksurtheile gereiche: das ist nicht, den Bestimmungsgrund dieser Art ästhetischer Urtheile in einer allgemeinen brauchbaren Formel darzulegen, welches unmöglich ist; sondern über die Erkenntnißvermögen und deren Geschäfte in diesen Urtheilen Nachforschung zu thun und die wechselseitige subjective Zweckmäßigkeit, von welcher oben gezeigt ist, daß ihre Form in einer gegebenen Vorstellung die Schönheit des Gegenstandes derselben sei, in Beispielen aus einander zu setzen. Also ist die Kritik des Geschmacks selbst nur subjectiv in Ansehung der Vorstellung, wodurch uns ein Object gegeben wird: nämlich sie ist die Kunst oder Wissenschaft, das wechselseitige Verhältniß des Verstandes und der Einbildungskraft zu einander in der gegebenen Vorstellung (ohne Beziehung auf vorhergehende Empfindung oder Begriff), mithin die Einhelligkeit oder Mißhelligkeit derselben unter Regeln zu bringen und sie in Ansehung ihrer Bedingungen zu bestimmen. Sie ist Kunst, wenn sie dieses nur an Beispielen zeigt; sie ist Wissenschaft, wenn sie die Möglichkeit einer solchen Beurtheilung von der Natur dieser Vermögen, als Erkenntnißvermögen überhaupt, ableitet. Mit der letzteren als transscendentalen Kritik haben wir es hier überall allein zu thun. Sie soll das subjective Princip des Geschmacks, als ein Princip a priori der Urtheilskraft, entwickeln und rechtfertigen. Die Kritik als Kunst sucht bloß die physiologischen (hier psychologischen), mithin empirischen Regeln, nach denen der Geschmack wirklich verfährt, (ohne über ihre Möglichkeit nachzudenken) auf die Beurtheilung seiner Gegenstände anzuwenden und kritisirt die Producte der schönen Kunst; so wie jene das Vermögen selbst, sie zu beurtheilen.

§ 35.

Das Princip des Geschmacks ist das subjective Princip der Urtheilskraft überhaupt.

Das Geschmacksurtheil unterscheidet sich darin von dem logischen: daß das letztere eine Vorstellung unter Begriffe vom Object, das erstere aber gar nicht unter einen Begriff subsumirt, weil sonst der nothwendige allgemeine Beifall durch Beweise würde erzwungen werden können. Gleichwohl aber ist es darin dem letztern ähnlich, daß es eine Allgemeinheit und

Nothwendigkeit, aber nicht nach Begriffen vom Object, folglich eine bloß subjective vorgiebt. Weil nun die Begriffe in einem Urtheile den Inhalt desselben (das zum Erkenntniß des Objects Gehörige) ausmachen, das Geschmacksurtheil aber nicht durch Begriffe bestimmbar ist, so gründet es sich nur auf der subjectiven formalen Bedingung eines Urtheils überhaupt. Die subjective Bedingung aller Urtheile ist das Vermögen zu urtheilen selbst, oder die Urtheilskraft. Diese, in Ansehung einer Vorstellung, wodurch ein Gegenstand gegeben wird, gebraucht, erfordert zweier Vorstellungskräfte Zusammenstimmung: nämlich der Einbildungskraft (für die Anschauung und die Zusammensetzung des Mannigfaltigen derselben) und des Verstandes (für den Begriff der Vorstellung der Einheit dieser Zusammensetzung). Weil nun dem Urtheile hier kein Begriff vom Objecte zum Grunde liegt, so kann es nur in der Subsumtion der Einbildungskraft selbst (bei einer Vorstellung, wodurch ein Gegenstand gegeben wird) unter die Bedingung, daß der Verstand überhaupt von der Anschauung zu Begriffen gelangt, bestehen. D. i. weil eben darin, daß die Einbildungskraft ohne Begriff schematisirt, die Freiheit derselben besteht: so muß das Geschmacksurtheil auf einer bloßen Empfindung der sich wechselseitig belebenden Einbildungskraft in ihrer Freiheit und des Verstandes mit seiner Gesetzmäßigkeit, also auf einem Gefühle beruhen, das den Gegenstand nach der Zweckmäßigkeit der Vorstellung (wodurch ein Gegenstand gegeben wird) auf die Beförderung der Erkenntnißvermögen in ihrem freien Spiele beurtheilen läßt; und der Geschmack als subjective Urtheilskraft enthält ein Princip der Subsumtion, aber nicht der Anschauungen unter Begriffe, sondern des Vermögens der Anschauungen oder Darstellungen (d. i. der Einbildungskraft) unter das Vermögen der Begriffe (d. i. den Verstand), sofern das erstere in seiner Freiheit zum letzteren in seiner Gesetzmäßigkeit zusammenstimmt.

Um diesen Rechtsgrund nun durch eine Deduction der Geschmacksurtheile ausfindig zu machen, können nur die formalen Eigenthümlichkeiten dieser Art Urtheile, mithin sofern an ihnen bloß die logische Form betrachtet wird, uns zum Leitfaden dienen.

§ 36.
Von der Aufgabe einer Deduction der Geschmacksurtheile.

Mit der Wahrnehmung eines Gegenstandes kann unmittelbar der Begriff von einem Objecte überhaupt, von welchem jene die empirischen

Prädicate enthält, zu einem Erkenntnißurtheile verbunden und dadurch ein Erfahrungsurtheil erzeugt werden. Diesem liegen nun Begriffe a priori von der synthetischen Einheit des Mannigfaltigen der Anschauung, um es als Bestimmung eines Objects zu denken, zum Grunde; und diese Begriffe (die Kategorieen) erfordern eine Deduction, die auch in der Kritik der r. V. gegeben worden, wodurch denn auch die Auflösung der Aufgabe zu Stande kommen konnte: Wie sind synthetische Erkenntnißurtheile a priori möglich? Diese Aufgabe betraf also die Principien a priori des reinen Verstandes und seiner theoretischen Urtheile.

Mit einer Wahrnehmung kann aber auch unmittelbar ein Gefühl der Lust (oder Unlust) und ein Wohlgefallen verbunden werden, welches die Vorstellung des Objects begleitet und derselben statt Prädicats dient, und so ein ästhetisches Urtheil, welches kein Erkenntnißurtheil ist, entspringen. Einem solchen, wenn es nicht bloßes Empfindungs-, sondern ein formales Reflexions-Urtheil ist, welches dieses Wohlgefallen jedermann als nothwendig ansinnt, muß etwas als Princip a priori zum Grunde liegen, welches allenfalls ein bloß subjectives sein mag (wenn ein objectives zu solcher Art Urtheile unmöglich sein sollte), aber auch als ein solches einer Deduction bedarf, damit begriffen werde, wie ein ästhetisches Urtheil auf Nothwendigkeit Anspruch machen könne. Hierauf gründet sich nun die Aufgabe, mit der wir uns jetzt beschäftigen: Wie sind Geschmacksurtheile möglich? Welche Aufgabe also die Principien a priori der reinen Urtheilskraft in ästhetischen Urtheilen betrifft, d. i. in solchen, wo sie nicht (wie in den theoretischen) unter objectiven Verstandesbegriffen bloß zu subsumiren hat und unter einem Gesetze steht, sondern wo sie sich selbst subjectiv Gegenstand sowohl als Gesetz ist.

Diese Aufgabe kann auch so vorgestellt werden: Wie ist ein Urtheil möglich, das bloß aus dem eigenen Gefühl der Lust an einem Gegenstande unabhängig von dessen Begriffe diese Lust, als der Vorstellung desselben Objects in jedem andern Subjecte anhängig, a priori, d. i. ohne fremde Beistimmung abwarten zu dürfen, beurtheilte?

Daß Geschmacksurtheile synthetische sind, ist leicht einzusehen, weil sie über den Begriff und selbst die Anschauung des Objects hinausgehen und etwas, das gar nicht einmal Erkenntniß ist, nämlich Gefühl der Lust (oder Unlust), zu jener als Prädicat hinzuthun. Daß sie aber, obgleich das Prädicat (der mit der Vorstellung verbundenen eigenen Lust) empirisch ist, gleichwohl, was die geforderte Beistimmung von jedermann betrifft, Urtheile a priori sind, oder dafür gehalten werden wollen, ist gleichfalls schon in den Ausdrücken ihres Anspruchs enthalten; und so gehört diese Aufgabe der Kritik der Urtheilskraft unter das allgemeine Problem der Transscendentalphilosophie: Wie sind synthetische Urtheile a priori möglich?

§ 37.
Was wird eigentlich in einem Geschmacksurtheile von einem Gegenstande a priori behauptet?

Daß die Vorstellung von einem Gegenstande unmittelbar mit einer Lust verbunden sei, kann nur innerlich wahrgenommen werden und würde, wenn man nichts weiter als dieses anzeigen wollte, ein bloß empirisches Urtheil geben. Denn a priori kann ich mit keiner Vorstellung ein bestimmtes Gefühl (der Lust oder Unlust) verbinden, außer wo ein den Willen bestimmendes Princip a priori in der Vernunft zum Grunde liegt; da denn die Lust (im moralischen Gefühl) die Folge davon ist, eben darum aber mit der Lust im Geschmacke gar nicht verglichen werden kann, weil sie einen bestimmten Begriff von einem Gesetze erfordert: da hingegen jene unmittelbar mit der bloßen Beurtheilung vor allem Begriffe verbunden sein soll. Daher sind auch alle Geschmacksurtheile einzelne Urtheile, weil sie ihr Prädicat des Wohlgefallens nicht mit einem Begriffe, sondern mit einer gegebenen einzelnen empirischen Vorstellung verbinden.

Also ist es nicht die Lust, sondern die Allgemeingültigkeit dieser Lust, die mit der bloßen Beurtheilung eines Gegenstandes im Gemüthe als verbunden wahrgenommen wird, welche a priori als allgemeine Regel für die Urtheilskraft, für jedermann gültig, in einem Geschmacksurtheile vorgestellt wird. Es ist ein empirisches Urtheil: daß ich einen Gegenstand mit Lust wahrnehme und beurtheile. Es ist aber ein Urtheil a priori: daß ich ihn schön finde, d. i. jenes Wohlgefallen jedermann als nothwendig ansinnen darf.

§ 38.
Deduction der Geschmacksurtheile.

Wenn eingeräumt wird, daß in einem reinen Geschmacksurtheile das Wohlgefallen an dem Gegenstande mit der bloßen Beurtheilung seiner Form verbunden sei: so ist es nichts anders, als die subjective Zweckmäßigkeit derselben für die Urtheilskraft, welche wir mit der Vorstellung des Gegenstandes im Gemüthe verbunden empfinden. Da nun die Urtheilskraft in Ansehung der formalen Regeln der Beurtheilung, ohne alle Materie (weder Sinnenempfindung noch Begriff), nur auf die subjectiven Bedingungen des Gebrauchs der Urtheilskraft überhaupt (die weder auf die besondere Sinnesart, noch einen besondern Verstandesbegriff eingeschränkt ist) gerichtet sein kann; folglich auf dasjenige Subjective, welches man in allen Menschen (als zum möglichen Erkenntnisse überhaupt erforderlich) voraussetzen kann: so muß die Übereinstimmung einer Vorstellung mit diesen Bedingungen der Urtheilskraft als für jedermann gültig a priori angenommen werden können. D. i. die Lust oder subjective Zweckmäßigkeit der Vorstellung für das Verhältniß der Erkenntnißvermögen in der Beurtheilung eines sinnlichen Gegenstandes überhaupt wird jedermann mit Recht angesonnen werden können*).

Anmerkung.

Diese Deduction ist darum so leicht, weil sie keine objective Realität eines Begriffs zu rechtfertigen nöthig hat; denn Schönheit ist kein Begriff vom Object, und das Geschmacksurtheil ist kein Erkenntnißurtheil. Es behauptet nur: daß wir berechtigt sind, dieselben subjectiven Bedingungen der Urtheilskraft allgemein bei jedem Menschen vorauszusetzen, die wir in uns antreffen; und nur noch, daß wir unter diese Bedingungen das gegebene Object richtig subsumirt haben. Obgleich nun dies letztere unvermeidliche, der logischen Urtheilskraft nicht anhängende Schwierigkeiten hat (weil man in dieser unter Begriffe, in der ästhetischen aber unter ein

---

*) Um berechtigt zu sein, auf allgemeine Beistimmung zu einem bloß auf subjectiven Gründen beruhenden Urtheile der ästhetischen Urtheilskraft Anspruch zu machen, ist genug, daß man einräume: 1) Bei allen Menschen seien die subjectiven Bedingungen dieses Vermögens, was das Verhältniß der darin in Thätigkeit gesetzten Erkenntnißkräfte zu einem Erkenntniß überhaupt betrifft, einerlei; welches wahr sein muß, weil sich sonst Menschen ihre Vorstellungen und selbst das Erkenntniß nicht mittheilen könnten. 2) Das Urtheil habe bloß auf dieses Verhältniß (mithin die formale Bedingung der Urtheilskraft) Rücksicht genommen und sei rein, d. i. weder mit Begriffen vom Object noch Empfindungen als Bestimmungsgründen, vermengt. Wenn in Ansehung dieses letztern auch gefehlt worden, so betrifft das nur die unrichtige Anwendung der Befugniß, die ein Gesetz uns giebt, auf einen besondern Fall, wodurch die Befugniß überhaupt nicht aufgehoben wird.

bloß empfindbares Verhältniß der an der vorgestellten Form des Objects wechselseitig unter einander stimmenden Einbildungskraft und des Verstandes subsumirt, wo die Subsumtion leicht trügen kann): so wird dadurch doch der Rechtmäßigkeit des Anspruchs der Urtheilskraft, auf allgemeine Beistimmung zu rechnen, nichts benommen, welcher nur darauf hinausläuft, die Richtigkeit des Princips aus subjectiven Gründen für jedermann gültig zu urtheilen. Denn was die Schwierigkeit und den Zweifel wegen der Richtigkeit der Subsumtion unter jenes Princip betrifft, so macht sie die Rechtmäßigkeit des Anspruchs auf diese Gültigkeit eines ästhetischen Urtheils überhaupt, mithin das Princip selber so wenig zweifelhaft, als die eben sowohl (obgleich nicht so oft und leicht) fehlerhafte Subsumtion der logischen Urtheilskraft unter ihr Princip das letztere, welches objectiv ist, zweifelhaft machen kann. Würde aber die Frage sein: Wie ist es möglich, die Natur als einen Inbegriff von Gegenständen des Geschmacks a priori anzunehmen? so hat diese Aufgabe Beziehung auf die Teleologie, weil es als ein Zweck der Natur angesehen werden müßte, der ihrem Begriffe wesentlich anhinge, für unsere Urtheilskraft zweckmäßige Formen aufzustellen. Aber die Richtigkeit dieser Annahme ist noch sehr zu bezweifeln, indeß die Wirklichkeit der Naturschönheiten der Erfahrung offen liegt.

§ 39.

Von der Mittheilbarkeit einer Empfindung.

Wenn Empfindung als das Reale der Wahrnehmung auf Erkenntniß bezogen wird, so heißt sie Sinnesempfindung; und das Specifische ihrer Qualität läßt sich nur als durchgängig auf gleiche Art mittheilbar vorstellen, wenn man annimmt, daß jedermann einen gleichen Sinn mit dem unsrigen habe: dieses läßt sich aber von einer Sinnesempfindung schlechterdings nicht voraussetzen. So kann dem, welchem der Sinn des Geruchs fehlt, diese Art der Empfindung nicht mitgetheilt werden; und selbst wenn er ihm nicht mangelt, kann man doch nicht sicher sein, ob er gerade die nämliche Empfindung von einer Blume habe, die wir davon haben. Noch mehr unterschieden müssen wir uns aber die Menschen in Ansehung der Annehmlichkeit oder Unannehmlichkeit bei der Empfindung eben desselben Gegenstandes der Sinne vorstellen; und es ist schlechterdings nicht zu verlangen, daß die Lust an dergleichen Gegenständen von jedermann zugestanden werde. Man kann die Lust von dieser

Art, weil sie durch den Sinn in das Gemüth kommt und wir dabei also passiv sind, die Lust des Genusses nennen.

154 Das Wohlgefallen an einer Handlung um ihrer moralischen Beschaffenheit willen ist dagegen keine Lust des Genusses, sondern der Selbstthätigkeit und deren Gemäßheit mit der Idee seiner Bestimmung. Dieses Gefühl, welches das sittliche heißt, erfordert aber Begriffe und stellt keine freie, sondern gesetzliche Zweckmäßigkeit dar, läßt sich also auch nicht anders als vermittelst der Vernunft und, soll die Lust bei jedermann gleichartig sein, durch sehr bestimmte praktische Vernunftbegriffe allgemein mittheilen.

Die Lust am Erhabenen der Natur, als Lust der vernünftelnden Contemplation, macht zwar auch auf allgemeine Theilnehmung Anspruch, setzt aber doch schon ein anderes Gefühl, nämlich das seiner übersinnlichen Bestimmung, voraus: welches, so dunkel es auch sein mag, eine moralische Grundlage hat. Daß aber andere Menschen darauf Rücksicht nehmen und in der Betrachtung der rauhen Größe der Natur ein Wohlgefallen finden werden (welches wahrhaftig dem Anblicke derselben, der eher abschreckend ist, nicht zugeschrieben werden kann), bin ich nicht schlechthin vorauszusetzen berechtigt. Dem ungeachtet kann ich doch in Betracht dessen, daß auf jene moralischen Anlagen bei jeder schicklichen Veranlassung Rücksicht genommen werden sollte, auch jenes Wohlgefallen jedermann ansinnen, aber nur vermittelst des moralischen Gesetzes, welches seinerseits wiederum auf Begriffen der Vernunft gegründet ist.

155 Dagegen ist die Lust am Schönen weder eine Lust des Genusses, noch einer gesetzlichen Thätigkeit, auch nicht der vernünftelnden Contemplation nach Ideen, sondern der bloßen Reflexion. Ohne irgend einen Zweck oder Grundsatz zur Richtschnur zu haben, begleitet diese Lust die gemeine Auffassung eines Gegenstandes durch die Einbildungskraft, als Vermögen der Anschauung, in Beziehung auf den Verstand, als Vermögen der Begriffe, vermittelst eines Verfahrens der Urtheilskraft, welches sie auch zum Behuf der gemeinsten Erfahrung ausüben muß: nur daß sie es hier, um einen empirischen objectiven Begriff, dort aber (in der ästhetischen Beurtheilung) bloß, um die Angemessenheit der Vorstellung zur harmonischen (subjectivzweckmäßigen) Beschäftigung beider Erkenntnißvermögen in ihrer Freiheit wahrzunehmen, d. i. den Vorstellungszustand mit Lust zu empfinden, zu thun genöthigt ist. Diese Lust muß nothwendig bei jedermann auf den nämlichen Bedingungen beruhen, weil sie subjective Bedingungen der Möglichkeit einer Erkenntniß überhaupt sind, und die Proportion dieser

Erkenntnißvermögen, welche zum Geschmack erfordert wird, auch, zum gemeinen und gesunden Verstande erforderlich ist, den man bei jedermann voraussetzen darf. Eben darum darf auch der mit Geschmack Urtheilende (wenn er nur in diesem Bewußtsein nicht irrt und nicht die Materie für die Form, Reiz für Schönheit nimmt) die subjective Zweckmäßigkeit, d. i. sein Wohlgefallen am Objecte, jedem andern ansinnen und sein Gefühl als allgemein mittheilbar und zwar ohne Vermittelung der Begriffe annehmen.

§ 40.

Vom Geschmacke als einer Art von sensus communis.

Man giebt oft der Urtheilskraft, wenn nicht sowohl ihre Reflexion als vielmehr bloß das Resultat derselben bemerklich ist, den Namen eines Sinnes und redet von einem Wahrheitssinne, von einem Sinne für Anständigkeit, Gerechtigkeit u. s. w.; ob man zwar weiß, wenigstens billig wissen sollte, daß es nicht ein Sinn ist, in welchem diese Begriffe ihren Sitz haben können, noch weniger, daß dieser zu einem Ausspruche allgemeiner Regeln die mindeste Fähigkeit habe: sondern daß uns von Wahrheit, Schicklichkeit, Schönheit oder Gerechtigkeit nie eine Vorstellung dieser Art in Gedanken kommen könnte, wenn wir uns nicht über die Sinne zu höhern Erkenntnißvermögen erheben könnten. Der gemeine Menschenverstand, den man als bloß gesunden (noch nicht cultivirten) Verstand für das Geringste ansieht, dessen man nur immer sich von dem, welcher auf den Namen eines Menschen Anspruch macht, gewärtigen kann, hat daher auch die kränkende Ehre, mit dem Namen des Gemeinsinnes (sensus communis) belegt zu werden; und zwar so, daß man unter dem Worte gemein (nicht bloß in unserer Sprache, die hierin wirklich eine Zweideutigkeit enthält, sondern auch in mancher andern) so viel als das vulgare, was man allenthalben antrifft, versteht, welches zu besitzen schlechterdings kein Verdienst oder Vorzug ist.

Unter dem sensus *communis* aber muß man die Idee eines gemeinschaftlichen Sinnes, d. i. eines Beurtheilungsvermögens verstehen, welches in seiner Reflexion auf die Vorstellungsart jedes andern in Gedanken (a priori) Rücksicht nimmt, um gleichsam an die gesammte Menschenvernunft sein Urtheil zu halten und dadurch der Illusion zu entgehen, die aus subjectiven Privatbedingungen, welche leicht für objectiv gehalten werden könnten, auf das Urtheil nachtheiligen Einfluß haben würde.

Dieses geschieht nun dadurch, daß man sein Urtheil an anderer nicht sowohl wirkliche als vielmehr bloß mögliche Urtheile hält und sich in die Stelle jedes andern versetzt, indem man bloß von den Beschränkungen, die unserer eigenen Beurtheilung zufälliger Weise anhängen, abstrahirt: welches wiederum dadurch bewirkt wird, daß man das, was in dem Vorstellungszustande Materie, d. i. Empfindung ist, so viel möglich wegläßt und lediglich auf die formalen Eigenthümlichkeiten seiner Vorstellung oder seines Vorstellungszustandes Acht hat. Nun scheint diese Operation der Reflexion vielleicht allzu künstlich zu sein, um sie dem Vermögen, welches wir den gemeinen Sinn nennen, beizulegen; allein sie sieht auch nur so aus, wenn man sie in abstracten Formeln ausdrückt; an sich ist nichts natürlicher, als von Reiz und Rührung zu abstrahiren, wenn man ein Urtheil sucht, welches zur allgemeinen Regel dienen soll.

Folgende Maximen des gemeinen Menschenverstandes gehören zwar nicht hieher, als Theile der Geschmackskritik, können aber doch zur Erläuterung ihrer Grundsätze dienen. Es sind folgende: 1. Selbstdenken; 2. An der Stelle jedes andern denken; 3. Jederzeit mit sich selbst einstimmig denken. Die erste ist die Maxime der **vorurtheilfreien**, die zweite der **erweiterten**, die dritte der **consequenten** Denkungsart. Die erste ist die Maxime einer niemals passiven Vernunft. Der Hang zur letztern, mithin zur Heteronomie der Vernunft heißt das **Vorurtheil**; und das größte unter allen ist, sich die Natur Regeln, welche der Verstand ihr durch sein eigenes wesentliches Gesetz zum Grunde legt, als nicht unterworfen vorzustellen: d. i. der **Aberglaube**. Befreiung vom Aberglauben heißt **Aufklärung***): weil, obschon diese Benennung auch der Befreiung von Vorurtheilen überhaupt zukommt, jener doch vorzugsweise (in sensu eminenti) ein Vorurtheil genannt zu werden verdient, indem die Blindheit, worin der Aberglaube versetzt, ja sie wohl gar als Obliegenheit fordert,

---

*) Man sieht bald, daß Aufklärung zwar in Thesi leicht, in Hypothesi aber eine schwere und langsam auszuführende Sache sei: weil mit seiner Vernunft nicht passiv, sondern jederzeit sich selbst gesetzgebend zu sein zwar etwas ganz Leichtes für den Menschen ist, der nur seinem wesentlichen Zwecke angemessen sein will und das, was über seinen Verstand ist, nicht zu wissen verlangt; aber da die Bestrebung zum letzteren kaum zu verhüten ist, und es an andern, welche diese Wißbegierde befriedigen zu können mit vieler Zuversicht versprechen, nie fehlen wird: so muß das bloß Negative (welches die eigentliche Aufklärung ausmacht) in der Denkungsart (zumal der öffentlichen) zu erhalten oder herzustellen sehr schwer sein.

das Bedürfniß von andern geleitet zu werden, mithin den Zustand einer passiven Vernunft vorzüglich kenntlich macht. Was die zweite Maxime der Denkungsart betrifft, so sind wir sonst wohl gewohnt, denjenigen eingeschränkt (bornirt, das Gegentheil von erweitert) zu nennen, dessen Talente zu keinem großen Gebrauche (vornehmlich dem intensiven) zulangen. Allein hier ist nicht die Rede vom Vermögen des Erkenntnisses, sondern von der Denkungsart, einen zweckmäßigen Gebrauch davon zu machen: welche, so klein auch der Umfang und der Grad sei, wohin die Naturgabe des Menschen reicht, dennoch einen Mann von erweiterter Denkungsart anzeigt, wenn er sich über die subjectiven Privatbedingungen des Urtheils, wozwischen so viele andere wie eingeklammert sind, wegsetzt und aus einem allgemeinen Standpunkte (den er dadurch nur bestimmen kann, daß er sich in den Standpunkt anderer versetzt) über sein eigenes Urtheil reflectirt. Die dritte Maxime, nämlich die der consequenten Denkungsart, ist am schwersten zu erreichen und kann auch nur durch die Verbindung beider ersten und nach einer zur Fertigkeit gewordenen öfteren Befolgung derselben erreicht werden. Man kann sagen: die erste dieser Maximen ist die Maxime des Verstandes, die zweite der Urtheilskraft, die dritte der Vernunft. —

Ich nehme den durch diese Episode verlassenen Faden wieder auf und sage: daß der Geschmack mit mehrerem Rechte sensus communis genannt werden könne, als der gesunde Verstand; und daß die ästhetische Urtheilskraft eher als die intellectuelle den Namen eines gemeinschaftlichen Sinnes*) führen könne, wenn man ja das Wort Sinn von einer Wirkung der bloßen Reflexion auf das Gemüth brauchen will: denn da versteht man unter Sinn das Gefühl der Lust. Man könnte sogar den Geschmack durch das Beurtheilungsvermögen desjenigen, was unser Gefühl an einer gegebenen Vorstellung ohne Vermittelung eines Begriffs allgemein mittheilbar macht, definiren.

Die Geschicklichkeit der Menschen sich ihre Gedanken mitzutheilen erfordert auch ein Verhältniß der Einbildungskraft und des Verstandes, um den Begriffen Anschauungen und diesen wiederum Begriffe zuzugesellen, die in ein Erkenntniß zusammenfließen; aber alsdann ist die Zusammenstimmung beider Gemüthskräfte gesetzlich unter dem Zwange bestimmter

---

*) Man könnte den Geschmack durch sensus communis aestheticus, den gemeinen Menschenverstand durch sensus communis logicus bezeichnen.

Begriffe. Nur da, wo Einbildungskraft in ihrer Freiheit den Verstand erweckt, und dieser ohne Begriffe die Einbildungskraft in ein regelmäßiges Spiel versetzt: da theilt sich die Vorstellung, nicht als Gedanke, sondern als inneres Gefühl eines zweckmäßigen Zustandes des Gemüths, mit.

Der Geschmack ist also das Vermögen, die Mittheilbarkeit der Gefühle, welche mit gegebener Vorstellung (ohne Vermittelung eines Begriffs) verbunden sind, a priori zu beurtheilen.

Wenn man annehmen dürfte, daß die bloße allgemeine Mittheilbarkeit seines Gefühls an sich schon ein Interesse für uns bei sich führen müsse (welches man aber aus der Beschaffenheit einer bloß reflectirenden Urtheilskraft zu schließen nicht berechtigt ist): so würde man sich erklären können, woher das Gefühl im Geschmacksurtheile gleichsam als Pflicht jedermann zugemuthet werde.

§ 41.
Vom empirischen Interesse am Schönen.

Daß das Geschmacksurtheil, wodurch etwas für schön erklärt wird, kein Interesse zum Bestimmungsgrunde haben müsse, ist oben hinreichend dargethan worden. Aber daraus folgt nicht, daß, nachdem es als reines ästhetisches Urtheil gegeben worden, kein Interesse damit verbunden werden könne. Diese Verbindung wird aber immer nur indirect sein können, d. i. der Geschmack muß allererst mit etwas anderem verbunden vorgestellt werden, um mit dem Wohlgefallen der bloßen Reflexion über einen Gegenstand noch eine Lust an der Existenz desselben (als worin alles Interesse besteht) verknüpfen zu können. Denn es gilt hier im ästhetischen Urtheile, was im Erkenntnißurtheile (von Dingen überhaupt) gesagt wird: a posse ad esse non valet consequentia. Dieses Andere kann nun etwas Empirisches sein, nämlich eine Neigung, die der menschlichen Natur eigen ist; oder etwas Intellectuelles als Eigenschaft des Willens, a priori durch Vernunft bestimmt werden zu können: welche beide ein Wohlgefallen am Dasein eines Objects enthalten und so den Grund zu einem Interesse an demjenigen legen können, was schon für sich und ohne Rücksicht auf irgend ein Interesse gefallen hat.

Empirisch interessirt das Schöne nur in der Gesellschaft; und wenn man den Trieb zur Gesellschaft als dem Menschen natürlich, die Tauglichkeit aber und den Hang dazu, d. i. die Geselligkeit, zur Erforderniß des Menschen als für die Gesellschaft bestimmten Geschöpfs, also als zur Humanität gehörige Eigenschaft, einräumt: so kann es nicht fehlen, daß man nicht auch den Geschmack als ein Beurtheilungsvermögen alles dessen, wodurch man sogar sein Gefühl jedem andern mittheilen kann, mithin als Beförderungsmittel dessen, was eines jeden natürliche Neigung verlangt, ansehen sollte.

Für sich allein würde ein verlassener Mensch auf einer wüsten Insel weder seine Hütte, noch sich selbst ausputzen, oder Blumen aufsuchen, noch weniger sie pflanzen, um sich damit auszuschmücken; sondern nur in Gesellschaft kommt es ihm ein, nicht bloß Mensch, sondern auch nach seiner Art ein feiner Mensch zu sein (der Anfang der Civilisirung): denn als einen solchen beurtheilt man denjenigen, welcher seine Lust andern mitzutheilen geneigt und geschickt ist, und den ein Object nicht befriedigt, wenn er das Wohlgefallen an demselben nicht in Gemeinschaft mit andern fühlen kann. Auch erwartet und fordert ein jeder die Rücksicht auf allgemeine Mittheilung von jedermann, gleichsam als aus einem ursprünglichen Vertrage, der durch die Menschheit selbst dictirt ist; und so werden freilich anfangs nur Reize, z. B. Farben, um sich zu bemalen (Rocou bei den Caraiben und Zinnober bei den Irokesen), oder Blumen, Muschelschalen, schönfarbige Vogelfedern, mit der Zeit aber auch schöne Formen (als an Canots, Kleidern u. s. w.), die gar kein Vergnügen, d. i. Wohlgefallen des Genusses, bei sich führen, in der Gesellschaft wichtig und mit großem Interesse verbunden: bis endlich die auf den höchsten Punkt gekommene Civilisirung daraus beinahe das Hauptwerk der verfeinerten Neigung macht, und Empfindungen nur so viel werth gehalten werden, als sie sich allgemein mittheilen lassen; wo denn, wenn gleich die Lust, die jeder an einem solchen Gegenstande hat, nur unbeträchtlich und für sich ohne merkliches Interesse ist, doch die Idee von ihrer allgemeinen Mittheilbarkeit ihren Werth beinahe unendlich vergrößert.

Dieses indirect dem Schönen durch Neigung zur Gesellschaft angehängte, mithin empirische Interesse ist aber für uns hier von keiner Wichtigkeit, die wir nur darauf zu sehen haben, was auf das Geschmacksurtheil a priori, wenn gleich nur indirect, Beziehung haben mag. Denn wenn auch in dieser Form sich ein damit verbundenes Interesse entdecken sollte, so würde Geschmack einen Übergang unseres Beurtheilungsvermögens von dem Sinnengenuß zum Sittengefühl entdecken; und nicht allein, daß man dadurch den Geschmack zweckmäßig zu beschäftigen besser geleitet werden würde, es würde auch ein Mittelglied der Kette der menschlichen Vermögen a priori, von denen alle Gesetzgebung abhängen muß, als ein solches dargestellt werden. So viel kann man von dem empirischen Interesse an Gegenständen des Geschmacks und am Geschmack selbst wohl sagen, daß es, da dieser der Neigung fröhnt, obgleich sie noch so verfeinert sein mag, sich doch auch mit allen Neigungen und Leidenschaften, die in der Gesellschaft ihre größte Mannigfaltigkeit und höchste Stufe erreichen, gern zusammenschmelzen läßt, und das Interesse am Schönen, wenn es darauf gegründet ist, einen nur sehr zweideutigen Übergang vom Angenehmen zum Guten abgeben könne. Ob aber dieser nicht etwa doch durch den Geschmack, wenn er in seiner Reinigkeit genommen wird, befördert werden könne, haben wir zu untersuchen Ursache.

§ 42.
Vom intellectuellen Interesse am Schönen.

Es geschah in gutmüthiger Absicht, daß diejenigen, welche alle Beschäftigungen der Menschen, wozu diese die innere Naturanlage antreibt, gerne auf den letzten Zweck der Menschheit, nämlich das Moralisch=Gute, richten wollten, es für ein Zeichen eines guten moralischen Charakters hielten, am Schönen überhaupt ein Interesse zu nehmen. Ihnen ist aber nicht ohne Grund von andern widersprochen worden, die sich auf die Erfahrung berufen, daß Virtuosen des Geschmacks, nicht allein öfter, sondern wohl gar gewöhnlich eitel, eigensinnig und verderblichen Leidenschaften ergeben, vielleicht noch weniger wie andere auf den Vorzug der Anhänglichkeit an sittliche Grundsätze Anspruch machen könnten; und so scheint es, daß das Gefühl für das Schöne nicht allein (wie es auch wirklich ist) vom moralischen Gefühl specifisch unterschieden, sondern auch das Interesse, welches man damit verbinden kann, mit dem moralischen schwer, keinesweges aber durch innere Affinität vereinbar sei.

Ich räume nun zwar gerne ein, daß das Interesse am Schönen der Kunst (wozu ich auch den künstlichen Gebrauch der Naturschönheiten zum Putze, mithin zur Eitelkeit rechne) gar keinen Beweis einer dem Moralisch=Guten anhänglichen, oder auch nur dazu geneigten Denkungsart abgebe. Dagegen aber behaupte ich, daß ein unmittelbares Interesse an der Schönheit der Natur zu nehmen (nicht bloß Geschmack haben, um sie zu beurtheilen) jederzeit ein Kennzeichen einer guten Seele sei; und daß, wenn dieses Interesse habituell ist, es wenigstens eine dem moralischen Gefühl günstige Gemüthsstimmung anzeige, wenn es sich mit der Beschauung der Natur gerne verbindet. Man muß sich aber wohl erinnern, daß ich hier eigentlich die schönen Formen der Natur meine, die Reize dagegen, welche sie so reichlich auch mit jenen zu verbinden pflegt, noch zur Seite setze, weil das Interesse daran zwar auch unmittelbar, aber doch empirisch ist.

Der, welcher einsam (und ohne Absicht, seine Bemerkungen andern mittheilen zu wollen) die schöne Gestalt einer wilden Blume, eines Vogels, eines Insects u. s. w. betrachtet, um sie zu bewundern, zu lieben und sie nicht gerne in der Natur überhaupt vermissen zu wollen, ob ihm gleich dadurch einiger Schaden geschähe, viel weniger ein Nutzen daraus für ihn hervorleuchtete, nimmt ein unmittelbares und zwar intellectuelles Interesse an der Schönheit der Natur. D. i. nicht allein ihr Product der Form nach, sondern auch das Dasein desselben gefällt ihm, ohne daß ein Sinnenreiz daran Antheil hätte, oder er auch irgend einen Zweck damit verbände.

Es ist aber hiebei merkwürdig, daß, wenn man diesen Liebhaber des Schönen insgeheim hintergangen und künstliche Blumen (die man den natürlichen ganz ähnlich verfertigen kann) in die Erde gesteckt, oder künstlich geschnitzte Vögel auf Zweige von Bäumen gesetzt hätte, und er darauf den Betrug entdeckte, das unmittelbare Interesse, was er vorher daran nahm, alsbald verschwinden, vielleicht aber ein anderes, nämlich das Interesse der Eitelkeit, sein Zimmer für fremde Augen damit auszuschmücken, an dessen Stelle sich einfinden würde. Daß die Natur jene Schönheit hervorgebracht hat: dieser Gedanke muß die Anschauung und Reflexion begleiten; und auf diesem gründet sich allein das unmittelbare Interesse, was man daran nimmt. Sonst bleibt entweder ein bloßes Geschmacksurtheil ohne alles Interesse, oder nur ein mit einem mittelbaren, nämlich auf die Gesellschaft bezogenen, verbundenes übrig: welches letztere keine sichere Anzeige auf moralisch-gute Denkungsart abgiebt.

Dieser Vorzug der Naturschönheit vor der Kunstschönheit, wenn jene gleich durch diese der Form nach sogar übertroffen würde, dennoch allein ein unmittelbares Interesse zu erwecken, stimmt mit der geläuterten und gründlichen Denkungsart aller Menschen überein, die ihr sittliches Gefühl cultivirt haben. Wenn ein Mann, der Geschmack genug hat, um über Producte der schönen Kunst mit der größten Richtigkeit und Feinheit zu urtheilen, das Zimmer gern verläßt, in welchem jene die Eitelkeit und allenfalls gesellschaftliche Freuden unterhaltenden Schönheiten anzutreffen sind, und sich zum Schönen der Natur wendet, um hier gleichsam Wollust für seinen Geist in einem Gedankengange zu finden, den er sich nie völlig entwickeln kann: so werden wir diese seine Wahl selber mit Hochachtung betrachten und in ihm eine schöne Seele voraussetzen, auf die kein Kunstkenner und Liebhaber um des Interesse willen, das er an seinen Gegenständen nimmt, Anspruch machen kann. — Was ist nun der Unterschied der so verschiedenen Schätzung zweierlei Objecte, die im Urtheile des bloßen Geschmacks einander kaum den Vorzug streitig machen würden?

Wir haben ein Vermögen der bloß ästhetischen Urtheilskraft, ohne Begriffe über Formen zu urtheilen und an der bloßen Beurtheilung derselben ein Wohlgefallen zu finden, welches wir zugleich jedermann zur Regel machen, ohne daß dieses Urtheil sich auf einem Interesse gründet, noch ein solches hervorbringt. — Andererseits haben wir auch ein Vermögen einer intellectuellen Urtheilskraft, für bloße Formen praktischer Maximen (sofern sie sich zur allgemeinen Gesetzgebung von selbst qualificiren) ein Wohlgefallen a priori zu bestimmen, welches wir jedermann zum Gesetze machen, ohne daß unser Urtheil sich auf irgend einem Interesse gründet, aber doch ein solches hervorbringt. Die Lust oder Unlust im ersteren Urtheile heißt die des Geschmacks, die zweite des moralischen Gefühls.

Da es aber die Vernunft auch interessirt, daß die Ideen (für die sie im moralischen Gefühle ein unmittelbares Interesse bewirkt) auch objective Realität haben, d. i. daß die Natur wenigstens eine Spur zeige, oder einen Wink gebe, sie enthalte in sich irgend einen Grund, eine gesetzmäßige Übereinstimmung ihrer Producte zu unserm von allem Interesse unabhängigen Wohlgefallen (welches wir a priori für jedermann als Gesetz erkennen, ohne dieses auf Beweisen gründen zu können) anzunehmen: so muß die Vernunft an jeder Äußerung der Natur von einer dieser ähnlichen Übereinstimmung ein Interesse nehmen; folglich kann das Gemüth über die Schönheit der Natur nicht nachdenken, ohne sich dabei zugleich interessirt zu finden. Dieses Interesse aber ist der Verwandtschaft nach moralisch; und der, welcher es am Schönen der Natur nimmt, kann es nur sofern an demselben nehmen, als er vorher schon sein Interesse am Sittlich-Guten wohlgegründet hat. Wen also die Schönheit der Natur

Deduction der ästhetischen Urtheile.

unmittelbar interessirt, bei dem hat man Ursache, wenigstens eine Anlage zu guter moralischer Gesinnung zu vermuthen.

Man wird sagen: diese Deutung ästhetischer Urtheile auf Verwandtschaft mit dem moralischen Gefühl sehe gar zu studirt aus, um sie für die wahre Auslegung der Chiffreschrift zu halten, wodurch die Natur in ihren schönen Formen figürlich zu uns spricht. Allein erstlich ist dieses unmittelbare Interesse am Schönen der Natur wirklich nicht gemein, sondern nur denen eigen, deren Denkungsart entweder zum Guten schon ausgebildet, oder dieser Ausbildung vorzüglich empfänglich ist; und dann führt die Analogie zwischen dem reinen Geschmacksurtheile, welches, ohne von irgend einem Interesse abzuhängen, ein Wohlgefallen fühlen läßt und es zugleich a priori als der Menschheit überhaupt anständig vorstellt, und dem moralischen Urtheile, welches eben dasselbe aus Begriffen thut, auch ohne deutliches, subtiles und vorsätzliches Nachdenken auf ein gleichmäßiges unmittelbares Interesse an dem Gegenstande des ersteren, so wie an dem des letzteren: nur daß jenes ein freies, dieses ein auf objective Gesetze gegründetes Interesse ist. Dazu kommt noch die Bewunderung der Natur, die sich an ihren schönen Producten als Kunst, nicht bloß durch Zufall, sondern gleichsam absichtlich, nach gesetzmäßiger Anordnung und als Zweckmäßigkeit ohne Zweck, zeigt: welchen letzteren, da wir ihn äußerlich nirgend antreffen, wir natürlicher Weise in uns selbst und zwar in demjenigen, was den letzten Zweck unseres Daseins ausmacht, nämlich der moralischen Bestimmung, suchen (von welcher Nachfrage nach dem Grunde der Möglichkeit einer solchen Naturzweckmäßigkeit aber allererst in der Teleologie die Rede sein wird).

Daß das Wohlgefallen an der schönen Kunst im reinen Geschmacksurtheile nicht eben so mit einem unmittelbaren Interesse verbunden ist, als das an der schönen Natur, ist auch leicht zu erklären. Denn jene ist entweder eine solche Nachahmung von dieser, die bis zur Täuschung geht: und alsdann thut sie die Wirkung als (dafür gehaltene) Naturschönheit; oder sie ist eine absichtlich auf unser Wohlgefallen sichtbarlich gerichtete Kunst: alsdann aber würde das Wohlgefallen an diesem Producte zwar unmittelbar durch Geschmack Statt finden, aber kein anderes als mittelbares Interesse an der zum Grunde liegenden Ursache erwecken, nämlich einer Kunst, welche nur durch ihren Zweck, niemals an sich selbst interessiren kann. Man wird vielleicht sagen, daß dieses auch der Fall sei, wenn ein Object der Natur durch seine Schönheit nur in sofern interessirt, als ihr eine moralische Idee beigesellt wird; aber nicht dieses, sondern die Beschaffenheit derselben an sich selbst, daß sie sich zu einer solchen Beigesellung qualificirt, die ihr also innerlich zukommt, interessirt unmittelbar.

Die Reize in der schönen Natur, welche so häufig mit der schönen Form gleichsam zusammenschmelzend angetroffen werden, sind entweder zu den Modificationen des Lichts (in der Farbengebung) oder des Schalles (in Tönen) gehörig. Denn diese sind die einzigen Empfindungen, welche nicht bloß Sinnengefühl, sondern auch Reflexion über die Form dieser Modificationen der Sinne verstatten und so gleichsam eine Sprache, die die Natur zu uns führt, und die einen höhern Sinn zu haben scheint, in sich enthalten. So scheint die weiße Farbe der Lilie das Gemüth zu Ideen der Unschuld und nach der Ordnung der sieben Farben von der rothen an bis zur violetten 1) zur Idee der Erhabenheit, 2) der Kühnheit, 3) der Freimüthigkeit, 4) der Freundlichkeit, 5) der Bescheidenheit, 6) der Standhaftigkeit und 7) der Zärtlichkeit zu stimmen. Der Gesang der Vögel verkündigt Fröhlichkeit und Zufriedenheit mit seiner Existenz. Wenigstens so deuten wir die Natur aus, es mag dergleichen ihre Absicht sein oder nicht. Aber dieses Interesse, welches wir hier an Schönheit nehmen, bedarf durchaus, daß es Schönheit der Natur sei; und es verschwindet ganz, sobald man bemerkt, man sei getäuscht, und es sei nur Kunst: so gar, daß auch der Geschmack alsdann nichts Schönes, oder das Gesicht etwas Reizendes mehr daran finden kann. Was wird von Dichtern höher gepriesen, als der bezaubernd schöne Schlag der Nachtigall in einsamen Gebüschen an einem stillen Sommerabende bei dem sanften Lichte des Mondes? Indessen hat man Beispiele, daß, wo kein solcher Sänger angetroffen wird, irgend ein lustiger Wirth seine zum Genuß der Landluft bei ihm eingekehrten Gäste dadurch zu ihrer größten Zufriedenheit hintergangen hatte, daß er einen muthwilligen Burschen, welcher diesen Schlag (mit Schilf oder Rohr im Munde) ganz der Natur ähnlich nachzumachen wußte, in einem Gebüsche verbarg. Sobald man aber inne wird, daß es Betrug sei, so wird niemand es lange aushalten, diesem vorher für so reizend gehaltenen Gesange zuzuhören; und so ist es mit jedem anderen Singvogel beschaffen. Es muß Natur sein, oder von uns dafür gehalten werden, damit wir an dem Schönen als einem solchen ein unmittelbares Interesse nehmen können; noch mehr aber, wenn mir gar andern zumuthen dürfen, daß sie es daran nehmen sollen: welches in der That ge=

schieht, indem wir die Denkungsart derer für grob und unedel halten, die kein Gefühl für die schöne Natur haben (denn so nennen wir die Empfänglichkeit eines Interesse an ihrer Betrachtung) und sich bei der Mahlzeit oder der Bouteille am Genusse bloßer Sinnesempfindungen halten.

§ 43.
Von der Kunst überhaupt.

1) Kunst wird von der Natur, wie Thun (facere) vom Handeln oder Wirken überhaupt (agere) und das Product, oder die Folge der erstern, als Werk (opus) von der letztern als Wirkung (effectus) unterschieden.

Von Rechtswegen sollte man nur die Hervorbringung durch Freiheit, d. i. durch eine Willkür, die ihren Handlungen Vernunft zum Grunde legt, Kunst nennen. Denn ob man gleich das Product der Bienen (die regelmäßig gebauten Wachsscheiben) ein Kunstwerk zu nennen beliebt, so geschieht dieses doch nur wegen der Analogie mit der letzteren; sobald man sich nämlich besinnt, daß sie ihre Arbeit auf keine eigene Vernunftüberlegung gründen, so sagt man alsbald, es ist ein Product ihrer Natur (des Instincts), und als Kunst wird es nur ihrem Schöpfer zugeschrieben.

Wenn man bei Durchsuchung eines Moorbruches, wie es bisweilen geschehen ist, ein Stück behauenes Holz antrifft, so sagt man nicht, es ist ein Product der Natur, sondern der Kunst; die hervorbringende Ursache desselben hat sich einen Zweck gedacht, dem dieses seine Form zu danken hat. Sonst sieht man wohl auch an allem eine Kunst, was so beschaffen ist, daß eine Vorstellung desselben in seiner Ursache vor seiner Wirklichkeit vorhergegangen sein muß (wie selbst bei Bienen), ohne daß doch die Wirkung von ihr eben gedacht sein dürfe; wenn man aber etwas schlechthin ein Kunstwerk nennt, um es von einer Naturwirkung zu unterscheiden, so versteht man allemal darunter ein Werk der Menschen.

2) Kunst als Geschicklichkeit des Menschen wird auch von der Wissenschaft unterschieden (Können vom Wissen), als praktisches vom theoretischen Vermögen, als Technik von der Theorie (wie die Feldmeßkunst von der Geometrie). Und da wird auch das, was man kann, sobald man nur weiß, was gethan werden soll, und also nur die begehrte Wirkung genugsam kennt, nicht eben Kunst genannt. Nur das, was man, wenn man es auch auf das vollständigste kennt, dennoch darum zu machen

noch nicht sofort die Geschicklichkeit hat, gehört in so weit zur Kunst. Camper beschreibt sehr genau, wie der beste Schuh beschaffen sein müßte, aber er konnte gewiß keinen machen*).

3) Wird auch Kunst vom Handwerke unterschieden; die erste heißt freie, die andere kann auch Lohnkunst heißen. Man sieht die erste so an, als ob sie nur als Spiel, d. i. Beschäftigung, die für sich selbst angenehm ist, zweckmäßig ausfallen (gelingen) könne; die zweite so, daß sie als Arbeit, d. i. Beschäftigung, die für sich selbst unangenehm (beschwerlich) und nur durch ihre Wirkung (z. B. den Lohn) anlockend ist, mithin zwangsmäßig auferlegt werden kann. Ob in der Rangliste der Zünfte Uhrmacher für Künstler, dagegen Schmiede für Handwerker gelten sollen: das bedarf eines andern Gesichtspunkts der Beurtheilung, als derjenige ist, den wir hier nehmen; nämlich die Proportion der Talente, die dem einen oder anderen dieser Geschäfte zum Grunde liegen müssen. Ob auch unter den sogenannten sieben freien Künsten nicht einige, die den Wissenschaften beizuzählen, manche auch, die mit Handwerken zu vergleichen sind, aufgeführt worden sein möchten: davon will ich hier nicht reden. Daß aber in allen freien Künsten dennoch etwas Zwangsmäßiges, oder, wie man es nennt, ein Mechanismus erforderlich sei, ohne welchen der Geist, der in der Kunst frei sein muß und allein das Werk belebt, gar keinen Körper haben und gänzlich verdunsten würde: ist nicht unrathsam zu erinnern (z. B. in der Dichtkunst die Sprachrichtigkeit und der Sprachreichthum, imgleichen die Prosodie und das Sylbenmaß), da manche neuere Erzieher eine freie Kunst am besten zu befördern glauben, wenn sie allen Zwang von ihr wegnehmen und sie aus Arbeit in bloßes Spiel verwandeln.

§ 44.
Von der schönen Kunst.

Es giebt weder eine Wissenschaft des Schönen, sondern nur Kritik, noch schöne Wissenschaft, sondern nur schöne Kunst. Denn was die erstere betrifft, so würde in ihr wissenschaftlich, d. i. durch Beweisgründe, ausge-

---

*) In meinen Gegenden sagt der gemeine Mann, wenn man ihm etwa eine solche Aufgabe vorlegt, wie Columbus mit seinem Ei: das ist keine Kunst, es ist nur eine Wissenschaft. D. i. wenn man es weiß, so kann man es; und eben dieses sagt er von allen vorgeblichen Künsten des Taschenspielers. Die des Seiltänzers dagegen wird er gar nicht in Abrede sein, Kunst zu nennen.

Deduction der ästhetischen Urtheile.

macht werden sollen, ob etwas für schön zu halten sei oder nicht; das Urtheil über Schönheit würde also, wenn es zur Wissenschaft gehörte, kein Geschmacksurtheil sein. Was das zweite anlangt, so ist eine Wissenschaft, die als solche schön sein soll, ein Unding. Denn wenn man in ihr als Wissenschaft nach Gründen und Beweisen fragte, so würde man durch geschmackvolle Aussprüche (Bonmots) abgefertigt. — Was den gewöhnlichen Ausdruck schöne Wissenschaften veranlaßt hat, ist ohne Zweifel nichts anders, als daß man ganz richtig bemerkt hat, es werde zur schönen Kunst in ihrer ganzen Vollkommenheit viel Wissenschaft, als z. B. Kenntniß alter Sprachen, Belesenheit der Autoren, die für Classiker gelten, Geschichte, Kenntniß der Alterthümer u. s. w., erfordert, und deshalb diese historischen Wissenschaften, weil sie zur schönen Kunst die nothwendige Vorbereitung und Grundlage ausmachen, zum Theil auch weil darunter selbst die Kenntniß der Producte der schönen Kunst (Beredsamkeit und Dichtkunst) begriffen worden, durch eine Wortverwechselung selbst schöne Wissenschaften genannt hat.

Wenn die Kunst, dem Erkenntnisse eines möglichen Gegenstandes angemessen, bloß ihn wirklich zu machen die dazu erforderlichen Handlungen verrichtet, so ist sie mechanische; hat sie aber das Gefühl der Lust zur unmittelbaren Absicht, so heißt sie ästhetische Kunst. Diese ist entweder angenehme oder schöne Kunst. Das erste ist sie, wenn der Zweck derselben ist, daß die Lust die Vorstellungen als bloße Empfindungen, das zweite, daß sie dieselben als Erkenntnißarten begleite.

Angenehme Künste sind die, welche bloß zum Genusse abgezweckt werden; dergleichen alle die Reize sind, welche die Gesellschaft an einer Tafel vergnügen können: als unterhaltend zu erzählen, die Gesellschaft in freimüthige und lebhafte Gesprächigkeit zu versetzen, durch Scherz und Lachen sie zu einem gewissen Tone der Lustigkeit zu stimmen, wo, wie man sagt, manches ins Gelag hinein geschwatzt werden kann, und niemand über das, was er spricht, verantwortlich sein will, weil es nur auf die augenblickliche Unterhaltung, nicht auf einen bleibenden Stoff zum Nachdenken oder Nachsagen angelegt ist. (Hiezu gehört denn auch die Art, wie der Tisch zum Genusse ausgerüstet ist, oder wohl gar bei großen Gelagen die Tafelmusik: ein wunderliches Ding, welches nur als ein angenehmes Geräusch die Stimmung der Gemüther zur Fröhlichkeit unterhalten soll und, ohne daß jemand auf die Composition derselben die mindeste Aufmerksamkeit verwendet, die freie Gesprächigkeit eines Nachbars mit dem andern begünstigt.) Dazu gehören ferner alle Spiele, die weiter kein Interesse bei sich führen, als die Zeit unvermerkt verlaufen zu machen.

Schöne Kunst dagegen ist eine Vorstellungsart, die für sich selbst zweckmäßig ist und, obgleich ohne Zweck, dennoch die Cultur der Gemüths=kräfte zur geselligen Mittheilung befördert.

Die allgemeine Mittheilbarkeit einer Lust führt es schon in ihrem Begriffe mit sich, daß diese nicht eine Lust des Genusses aus bloßer Empfindung, sondern der Reflexion sein müsse; und so ist ästhetische Kunst als schöne Kunst eine solche, die die reflectirende Urtheilskraft und nicht die Sinnenempfindung zum Richtmaße hat.

§ 45.
Schöne Kunst ist eine Kunst, sofern sie zugleich Natur zu sein scheint.

An einem Producte der schönen Kunst muß man sich bewußt werden, daß es Kunst sei und nicht Natur; aber doch muß die Zweckmäßigkeit in der Form desselben von allem Zwange willkürlicher Regeln so frei scheinen, als ob es ein Product der bloßen Natur sei. Auf diesem Gefühle der Freiheit im Spiele unserer Erkenntnißvermögen, welches doch zugleich zweck=mäßig sein muß, beruht diejenige Lust, welche allein allgemein mittheilbar ist, ohne sich doch auf Begriffe zu gründen. Die Natur war schön, wenn sie zugleich als Kunst aussah; und die Kunst kann nur schön genannt werden, wenn wir uns bewußt sind, sie sei Kunst, und sie uns doch als Natur aussieht.

Denn wir können allgemein sagen, es mag die Natur= oder die Kunst=schönheit betreffen: schön ist das, was in der bloßen Beurtheilung (nicht in der Sinnenempfindung, noch durch einen Begriff) gefällt. Nun hat Kunst jederzeit eine bestimmte Absicht etwas hervorzubringen. Wenn dieses aber bloße Empfindung (etwas bloß Subjectives) wäre, die mit Lust begleitet sein sollte, so würde dies Product in der Beurtheilung nur vermittelst des Sinnengefühls gefallen. Wäre die Absicht auf die Hervorbringung eines bestimmten Objects gerichtet, so würde, wenn sie durch die Kunst erreicht wird, das Object nur durch Begriffe gefallen. In beiden Fällen aber würde die Kunst nicht in der bloßen Beurthei=lung, d. i. nicht als schöne, sondern mechanische Kunst, gefallen.

Also muß die Zweckmäßigkeit im Producte der schönen Kunst, ob sie zwar absichtlich ist, doch nicht absichtlich scheinen; d. i. schöne Kunst muß als Natur anzusehen sein, ob man sich ihrer zwar als Kunst bewußt ist. Als Natur aber erscheint ein Product der Kunst dadurch, daß zwar alle Pünktlichkeit in der Übereinkunft mit Regeln, nach denen allein das Product das werden kann, was es sein soll, angetroffen wird; aber ohne Peinlichkeit, ohne daß die Schulform durchblickt, d. i. ohne eine Spur zu zeigen, daß die Regel dem Künstler vor Augen geschwebt und seinen Gemüthskräften Fesseln angelegt habe.

§ 46.
Schöne Kunst ist Kunst des Genies.

Genie ist das Talent (Naturgabe), welches der Kunst die Regel giebt. Da das Talent als angebornes productives Vermögen des Künstlers selbst zur Natur gehört, so könnte man sich auch so ausdrücken: Genie ist die angeborne Gemüthsanlage (ingenium), durch welche die Natur der Kunst die Regel giebt.

Was es auch mit dieser Definition für eine Bewandtniß habe, und ob sie bloß willkürlich, oder dem Begriffe, welchen man mit dem Worte Genie zu verbinden gewohnt ist, angemessen sei, oder nicht (welches in dem folgenden § erörtert werden soll): so kann man doch schon zum Voraus beweisen, daß nach der hier angenommenen Bedeutung des Worts schöne Künste nothwendig als Künste des Genies betrachtet werden müssen.

Denn eine jede Kunst setzt Regeln voraus, durch deren Grundlegung allererst ein Product, wenn es künstlich heißen soll, als möglich vorgestellt wird. Der Begriff der schönen Kunst aber verstattet nicht, daß das Urtheil über die Schönheit ihres Products von irgend einer Regel abgeleitet werde, die einen Begriff zum Bestimmungsgrunde habe, mithin einen Begriff von der Art, wie es möglich sei, zum Grunde lege. Also kann die schöne Kunst sich selbst nicht die Regel ausdenken, nach der sie ihr Product zu Stande bringen soll. Da nun gleichwohl ohne vorhergehende Regel ein Product niemals Kunst heißen kann, so muß die Natur im Subjecte (und durch die Stimmung der Vermögen desselben) der Kunst die Regel geben, d. i. die schöne Kunst ist nur als Product des Genies möglich.

Man sieht hieraus, daß Genie 1) ein Talent sei, dasjenige, wozu sich keine bestimmte Regel geben läßt, hervorzubringen: nicht Geschicklichkeitsanlage zu dem, was nach irgend einer Regel gelernt werden kann;

folglich daß Originalität seine erste Eigenschaft sein müsse. 2) Daß, da es auch originalen Unsinn geben kann, seine Producte zugleich Muster, d. i. exemplarisch, sein müssen; mithin, selbst nicht durch Nachahmung entsprungen, anderen doch dazu, d. i. zum Richtmaße oder Regel der Beurtheilung, dienen müssen. 3) Daß es, wie es sein Product zu Stande bringe, selbst nicht beschreiben, oder wissenschaftlich anzeigen könne, sondern daß es als Natur die Regel gebe; und daher der Urheber eines Products, welches er seinem Genie verdankt, selbst nicht weiß, wie sich in ihm die Ideen dazu herbei finden, auch es nicht in seiner Gewalt hat, dergleichen nach Belieben oder planmäßig auszudenken und anderen in solchen Vorschriften mitzutheilen, die sie in Stand setzen, gleichmäßige Producte hervorzubringen. (Daher denn auch vermuthlich das Wort Genie von genius, dem eigenthümlichen, einem Menschen bei der Geburt mitgegebenen, schützenden und leitenden Geist, von dessen Eingebung jene originale Ideen herrührten, abgeleitet ist.) 4) Daß die Natur durch das Genie nicht der Wissenschaft, sondern der Kunst die Regel vorschreibe und auch dieses nur, in sofern diese letztere schöne Kunst sein soll.

§ 47.

Erläuterung und Bestätigung obiger Erklärung vom Genie.

Darin ist jedermann einig, daß Genie dem Nachahmungsgeiste gänzlich entgegen zu setzen sei. Da nun Lernen nichts als Nachahmen ist, so kann die größte Fähigkeit, Gelehrigkeit (Capacität) als Gelehrigkeit, doch nicht für Genie gelten. Wenn man aber auch selbst denkt oder dichtet und nicht bloß, was andere gedacht haben, auffaßt, ja sogar für Kunst und Wissenschaft manches erfindet: so ist doch dieses auch noch nicht der rechte Grund, um einen solchen (oftmals großen) Kopf (im Gegensatze mit dem, welcher, weil er niemals etwas mehr als bloß lernen und nachahmen kann, ein Pinsel heißt) ein Genie zu nennen: weil eben das auch hätte können gelernt werden, also doch auf dem natürlichen Wege des Forschens und Nachdenkens nach Regeln liegt und von dem, was durch Fleiß vermittelst der Nachahmung erworben werden kann, nicht specifisch unterschieden ist. So kann man alles, was Newton in seinem unsterblichen Werke der Principien der Naturphilosophie, so ein großer Kopf auch erforderlich war, dergleichen zu erfinden, vorgetragen hat, gar wohl lernen; aber man kann nicht geistreich dichten lernen, so ausführlich auch

Deduction der ästhetischen Urtheile.

alle Vorschriften für die Dichtkunst und so vortrefflich auch die Muster derselben sein mögen. Die Ursache ist, daß Newton alle seine Schritte, die er von den ersten Elementen der Geometrie an bis zu seinen großen und tiefen Erfindungen zu thun hatte, nicht allein sich selbst, sondern jedem andern ganz anschaulich und zur Nachfolge bestimmt vormachen könnte; kein Homer aber oder Wieland anzeigen kann, wie sich seine phantasiereichen und doch zugleich gedankenvollen Ideen in seinem Kopfe hervor und zusammen finden, darum weil er es selbst nicht weiß und es also auch keinen andern lehren kann. Im Wissenschaftlichen also ist der größte Erfinder vom mühseligsten Nachahmer und Lehrlinge nur dem Grade nach, dagegen von dem, welchen die Natur für die schöne Kunst begabt hat, specifisch unterschieden. Indeß liegt hierin keine Herabsetzung jener großen Männer, denen das menschliche Geschlecht so viel zu verdanken hat, gegen die Günstlinge der Natur in Ansehung ihres Talents für die schöne Kunst. Eben darin, daß jener Talent zur immer fortschreitenden größeren Vollkommenheit der Erkenntnisse und alles Nutzens, der davon abhängig ist, imgleichen zur Belehrung anderer in eben denselben Kenntnissen gemacht ist, besteht ein großer Vorzug derselben vor denen, welche die Ehre verdienen, Genies zu heißen: weil für diese die Kunst irgendwo still steht, indem ihr eine Gränze gesetzt ist, über die sie nicht weiter gehen kann, die vermuthlich auch schon seit lange her erreicht ist und nicht mehr erweitert werden kann; und überdem eine solche Geschicklichkeit sich auch nicht mittheilen läßt, sondern jedem unmittelbar von der Hand der Natur ertheilt sein will, mit ihm also stirbt, bis die Natur einmal einen andern wiederum eben so begabt, der nichts weiter als eines Beispiels bedarf, um das Talent, dessen er sich bewußt ist, auf ähnliche Art wirken zu lassen.

Da die Naturgabe der Kunst (als schönen Kunst) die Regel geben muß, welcherlei Art ist denn diese Regel? Sie kann in keiner Formel abgefaßt zur Vorschrift dienen; denn sonst würde das Urtheil über das Schöne nach Begriffen bestimmbar sein: sondern die Regel muß von der That, d. i. vom Product, abstrahirt werden, an welchem andere ihr eigenes Talent prüfen mögen, um sich jenes zum Muster nicht der Nachmachung, sondern der Nachahmung dienen zu lassen. Wie dieses möglich sei, ist schwer zu erklären. Die Ideen des Künstlers erregen ähnliche Ideen seines Lehrlings, wenn ihn die Natur mit einer ähnlichen Proportion der Gemüthskräfte versehen hat. Die Muster der schönen Kunst sind daher die einzigen Leitungsmittel, diese auf die Nachkommenschaft zu bringen: welches durch bloße Beschreibungen nicht geschehen könnte (vornehmlich nicht im Fache der redenden Künste); und auch in diesen können nur die in alten, todten und jetzt nur als gelehrte aufbehaltenen Sprachen classisch werden.

Obzwar mechanische und schöne Kunst, die erste als bloße Kunst des Fleißes und der Erlernung, die zweite als die des Genies, sehr von einander unterschieden sind: so giebt es doch keine schöne Kunst, in welcher nicht etwas Mechanisches, welches nach Regeln gefaßt und befolgt werden kann, und also etwas Schulgerechtes die wesentliche Bedingung der Kunst ausmachte. Denn etwas muß dabei als Zweck gedacht werden, sonst kann man ihr Product gar keiner Kunst zuschreiben; es wäre ein bloßes Product des Zufalls. Um aber einen Zweck ins Werk zu richten, dazu werden bestimmte Regeln erfordert, von denen man sich nicht frei sprechen darf. Da nun die Originalität des Talents ein (aber nicht das einzige) wesentliches Stück vom Charakter des Genies ausmacht: so glauben seichte Köpfe, daß sie nicht besser zeigen können, sie wären aufblühende Genies, als wenn sie sich vom Schulzwange aller Regeln lossagen, und glauben, man paradire besser auf einem kollerichten Pferde, als auf einem Schulpferde. Das Genie kann nur reichen Stoff zu Producten der schönen Kunst hergeben; die Verarbeitung desselben und die Form erfordert ein durch die Schule gebildetes Talent, um einen Gebrauch davon zu machen, der vor der Urtheilskraft bestehen kann. Wenn aber jemand sogar in Sachen der sorgfältigsten Vernunftuntersuchung wie ein Genie spricht und entscheidet, so ist es vollends lächerlich; man weiß nicht recht, ob man mehr über den Gaukler, der um sich so viel Dunst verbreitet, wobei man nichts deutlich beurtheilen, aber desto mehr sich einbilden kann, oder mehr über das Publicum lachen soll, welches sich treuherzig einbildet, daß sein Unvermögen, das Meisterstück der Einsicht deutlich erkennen und fassen zu können, daher komme, weil ihm neue Wahrheiten in ganzen Massen zugeworfen werden, wogegen ihm das Detail (durch abgemessene Erklärungen und schulgerechte Prüfung der Grundsätze) nur Stümperwerk zu sein scheint.

§ 48.

Vom Verhältnisse des Genies zum Geschmack.

Zur Beurtheilung schöner Gegenstände als solcher wird Geschmack, zur schönen Kunst selbst aber, d. i. der Hervorbringung solcher Gegenstände, wird Genie erfordert.

Wenn man das Genie als Talent zur schönen Kunst betrachtet (welches die eigenthümliche Bedeutung des Worts mit sich bringt) und es in dieser Absicht in die Vermögen zergliedern will, die ein solches Talent auszumachen zusammen kommen müssen: so ist nöthig, zuvor den Unterschied zwischen der Naturschönheit, deren Beurtheilung nur Geschmack, und der Kunstschönheit, deren Möglichkeit (worauf in der Beurtheilung eines dergleichen Gegenstandes auch Rücksicht genommen werden muß) Genie erfordert, genau zu bestimmen.

Eine Naturschönheit ist ein schönes Ding; die Kunstschönheit ist eine schöne Vorstellung von einem Dinge.

Um eine Naturschönheit als eine solche zu beurtheilen, brauche ich nicht vorher einen Begriff davon zu haben, was der Gegenstand für ein Ding sein solle; d. i. ich habe nicht nöthig, die materiale Zweckmäßigkeit (den Zweck) zu kennen, sondern die bloße Form ohne Kenntniß des Zwecks gefällt in der Beurtheilung für sich selbst. Wenn aber der Gegenstand für ein Product der Kunst gegeben ist und als solches für schön erklärt werden soll: so muß, weil Kunst immer einen Zweck in der Ursache (und deren Causalität) voraussetzt, zuerst ein Begriff von dem zum Grunde gelegt werden, was das Ding sein soll; und da die Zusammenstimmung des Mannigfaltigen in einem Dinge zu einer innern Bestimmung desselben als Zweck die Vollkommenheit des Dinges ist, so wird in der Beurtheilung der Kunstschönheit zugleich die Vollkommenheit des Dinges in Anschlag gebracht werden müssen, wornach in der Beurtheilung einer Naturschönheit (als einer solchen) gar nicht die Frage ist. — Zwar wird in der Beurtheilung vornehmlich der belebten Gegenstände der Natur, z. B. des Menschen oder eines Pferdes, auch die objective Zweckmäßigkeit gemeiniglich mit in Betracht gezogen, um über die Schönheit derselben zu urtheilen; alsdann ist aber auch das Urtheil nicht mehr rein-ästhetisch, d. i. bloßes Geschmacksurtheil. Die Natur wird nicht mehr beurtheilt, wie sie als Kunst erscheint, sondern sofern sie wirklich (obzwar übermenschliche) Kunst ist; und das teleologische Urtheil dient dem ästhetischen zur

Grundlage und Bedingung, worauf dieses Rückſicht nehmen muß. In einem ſolchen Falle denkt man auch, wenn z. B. geſagt wird: das iſt ein ſchönes Weib, in der That nichts anders als: die Natur ſtellt in ihrer Geſtalt die Zwecke im weiblichen Baue ſchön vor; denn man muß noch über die bloße Form auf einen Begriff hinausſehen, damit der Gegenſtand auf ſolche Art durch ein logiſch-bedingtes äſthetiſches Urtheil gedacht werde.

Die ſchöne Kunſt zeigt darin eben ihre Vorzüglichkeit, daß ſie Dinge, die in der Natur häßlich oder mißfällig ſein würden, ſchön beſchreibt. Die Furien, Krankheiten, Verwüſtungen des Krieges u. d. gl. können als Schädlichkeiten ſehr ſchön beſchrieben, ja ſogar im Gemälde vorgeſtellt werden; nur eine Art Häßlichkeit kann nicht der Natur gemäß vorgeſtellt werden, ohne alles äſthetiſche Wohlgefallen, mithin die Kunſtſchönheit zu Grunde zu richten: nämlich diejenige, welche Ekel erweckt. Denn weil in dieſer ſonderbaren, auf lauter Einbildung beruhenden Empfindung der Gegenſtand gleichſam, als ob er ſich zum Genuſſe aufdränge, wider den wir doch mit Gewalt ſtreben, vorgeſtellt wird: ſo wird die künſtliche Vorſtellung des Gegenſtandes von der Natur dieſes Gegenſtandes ſelbſt in unſerer Empfindung nicht mehr unterſchieden, und jene kann alsdann unmöglich für ſchön gehalten werden. Auch hat die Bildhauerkunſt, weil an ihren Producten die Kunſt mit der Natur beinahe verwechſelt wird, die unmittelbare Vorſtellung häßlicher Gegenſtände von ihren Bildungen ausgeſchloſſen und dafür z. B. den Tod (in einem ſchönen Genius), den Kriegsmuth (am Mars) durch eine Allegorie oder Attribute, die ſich gefällig ausnehmen, mithin nur indirect vermittelſt einer Auslegung der Vernunft und nicht für bloß äſthetiſche Urtheilskraft vorzuſtellen erlaubt.

So viel von der ſchönen Vorſtellung eines Gegenſtandes, die eigentlich nur die Form der Darſtellung eines Begriffs iſt, durch welche dieſer allgemein mitgetheilt wird. — Dieſe Form aber dem Producte der ſchönen Kunſt zu geben, dazu wird bloß Geſchmack erfordert, an welchem der Künſtler, nachdem er ihn durch mancherlei Beiſpiele der Kunſt oder der Natur geübt und berichtigt hat, ſein Werk hält und nach manchen oft mühſamen Verſuchen denſelben zu befriedigen diejenige Form findet, die ihm Genüge thut: daher dieſe nicht gleichſam eine Sache der Eingebung, oder eines freien Schwunges der Gemüthskräfte, ſondern einer langſamen und gar peinlichen Nachbeſſerung iſt, um ſie dem Gedanken angemeſſen und doch der Freiheit im Spiele derselben nicht nachtheilig werden zu lassen.

Geschmack ist aber bloß ein Beurtheilungs=, nicht ein productives Vermögen; und was ihm gemäß ist, ist darum eben nicht ein Werk der schönen Kunst: es kann ein zur nützlichen und mechanischen Kunst, oder gar zur Wissenschaft gehöriges Product nach bestimmten Regeln sein, die gelernt werden können und genau befolgt werden müssen. Die gefällige Form aber, die man ihm giebt, ist nur das Vehikel der Mittheilung und eine Manier gleichsam des Vortrages, in Ansehung dessen man noch in gewissem Maße frei bleibt, wenn er doch übrigens an einen bestimmten Zweck gebunden ist. So verlangt man, daß das Tischgeräth, oder auch eine moralische Abhandlung, sogar eine Predigt diese Form der schönen Kunst, ohne doch gesucht zu scheinen, an sich haben müsse; man wird sie aber darum nicht Werke der schönen Kunst nennen. Zu der letzteren aber wird ein Gedicht, eine Musik, eine Bildergallerie u. d. gl. gezählt; und da kann man an einem feinsollenden Werke der schönen Kunst oftmals Genie ohne Geschmack, an einem andern Geschmack ohne Genie wahrnehmen.

§ 49.

Von den Vermögen des Gemüths, welche das Genie ausmachen.

Man sagt von gewissen Producten, von welchen man erwartet, daß sie sich, zum Theil wenigstens, als schöne Kunst zeigen sollten: sie sind ohne Geist; ob man gleich an ihnen, was den Geschmack betrifft, nichts zu tadeln findet. Ein Gedicht kann recht nett und elegant sein, aber es ist ohne Geist. Eine Geschichte ist genau und ordentlich, aber ohne Geist. Eine feierliche Rede ist gründlich und zugleich zierlich, aber ohne Geist. Manche Conversation ist nicht ohne Unterhaltung, aber doch ohne Geist; selbst von einem Frauenzimmer sagt man wohl: sie ist hübsch, gesprächig und artig, aber ohne Geist. Was ist denn das, was man hier unter Geist versteht?

Geist in ästhetischer Bedeutung heißt das belebende Princip im Gemüthe. Dasjenige aber, wodurch dieses Princip die Seele belebt, der Stoff, den es dazu anwendet, ist das, was die Gemüthskräfte zweckmäßig in Schwung versetzt, d. i. in ein solches Spiel, welches sich von selbst erhält und selbst die Kräfte dazu stärkt.

Nun behaupte ich, dieses Princip sei nichts anders, als das Ver=

mögen der Darstellung ästhetischer Ideen; unter einer ästhetischen Idee aber verstehe ich diejenige Vorstellung der Einbildungskraft, die viel zu denken veranlaßt, ohne daß ihr doch irgend ein bestimmter Gedanke, d. i. Begriff, adäquat sein kann, die folglich keine Sprache völlig erreicht und verständlich machen kann. — Man sieht leicht, daß sie das Gegenstück (Pendant) von einer Vernunftidee sei, welche umgekehrt ein Begriff ist, dem keine Anschauung (Vorstellung der Einbildungskraft) adäquat sein kann.

Die Einbildungskraft (als productives Erkenntnißvermögen) ist nämlich sehr mächtig in Schaffung gleichsam einer andern Natur aus dem Stoffe, den ihr die wirkliche giebt. Wir unterhalten uns mit ihr, wo uns die Erfahrung zu alltäglich vorkommt; bilden diese auch wohl um: zwar noch immer nach analogischen Gesetzen, aber doch auch nach Principien, die höher hinauf in der Vernunft liegen (und die uns eben sowohl natürlich sind als die, nach welchen der Verstand die empirische Natur auffaßt); wobei wir unsere Freiheit vom Gesetze der Association (welches dem empirischen Gebrauche jenes Vermögens anhängt) fühlen, nach welchem uns von der Natur zwar Stoff geliehen, dieser aber von uns zu etwas ganz anderem, nämlich dem, was die Natur übertrifft, verarbeitet werden kann.

Man kann dergleichen Vorstellungen der Einbildungskraft Ideen nennen: eines Theils darum, weil sie zu etwas über die Erfahrungsgränze hinaus Liegendem wenigstens streben und so einer Darstellung der Vernunftbegriffe (der intellectuellen Ideen) nahe zu kommen suchen, welches ihnen den Anschein einer objectiven Realität giebt; andrerseits und zwar hauptsächlich, weil ihnen als innern Anschauungen kein Begriff völlig adäquat sein kann. Der Dichter wagt es, Vernunftideen von unsichtbaren Wesen, das Reich der Seligen, das Höllenreich, die Ewigkeit, die Schöpfung u. d. gl., zu versinnlichen; oder auch das, was zwar Beispiele in der Erfahrung findet, z. B. den Tod, den Neid und alle Laster, imgleichen die Liebe, den Ruhm u. d. gl., über die Schranken der Erfahrung hinaus vermittelst einer Einbildungskraft, die dem Vernunft-Vorspiele in Erreichung eines Größten nacheifert, in einer Vollständigkeit sinnlich zu machen, für die sich in der Natur kein Beispiel findet; und es ist eigentlich die Dichtkunst, in welcher sich das Vermögen ästhetischer Ideen in seinem ganzen Maße zeigen kann. Dieses Vermögen aber, für sich allein betrachtet, ist eigentlich nur ein Talent (der Einbildungskraft).

Wenn nun einem Begriffe eine Vorstellung der Einbildungskraft

Deduction der ästhetischen Urtheile.

untergelegt wird, die zu seiner Darstellung gehört, aber für sich allein so viel zu denken veranlaßt, als sich niemals in einem bestimmten Begriff zusammenfassen läßt, mithin den Begriff selbst auf unbegränzte Art ästhetisch erweitert: so ist die Einbildungskraft hiebei schöpferisch und bringt das Vermögen intellectueller Ideen (die Vernunft) in Bewegung, mehr nämlich bei Veranlassung einer Vorstellung zu denken (was zwar zu dem Begriffe des Gegenstandes gehört), als in ihr aufgefaßt und deutlich gemacht werden kann.

Man nennt diejenigen Formen, welche nicht die Darstellung eines gegebenen Begriffs selber ausmachen, sondern nur als Nebenvorstellungen der Einbildungskraft die damit verknüpften Folgen und die Verwandtschaft desselben mit andern ausdrücken, Attribute (ästhetische) eines Gegenstandes, dessen Begriff als Vernunftidee nicht adäquat dargestellt werden kann. So ist der Adler Jupiters mit dem Blitze in den Klauen ein Attribut des mächtigen Himmelskönigs und der Pfau der prächtigen Himmelskönigin. Sie stellen nicht wie die logischen Attribute das, was in unsern Begriffen von der Erhabenheit und Majestät der Schöpfung liegt, sondern etwas anderes vor, was der Einbildungskraft Anlaß giebt, sich über eine Menge von verwandten Vorstellungen zu verbreiten, die mehr denken lassen, als man in einem durch Worte bestimmten Begriff ausdrücken kann; und geben eine ästhetische Idee, die jener Vernunftidee statt logischer Darstellung dient, eigentlich aber um das Gemüth zu beleben, indem sie ihm die Aussicht in ein unabsehliches Feld verwandter Vorstellungen eröffnet. Die schöne Kunst aber thut dieses nicht allein in der Malerei oder Bildhauerkunst (wo der Namen der Attribute gewöhnlich gebraucht wird); sondern die Dichtkunst und Beredsamkeit nehmen den Geist, der ihre Werke belebt, auch lediglich von den ästhetischen Attributen der Gegenstände her, welche den logischen zu Seite gehen und der Einbildungskraft einen Schwung geben, mehr dabei, obzwar auf unentwickelte Art, zu denken, als sich in einem Begriffe, mithin in einem bestimmten Sprachausdrucke zusammenfassen läßt. — Ich muß mich der Kürze wegen nur auf wenige Beispiele einschränken.

Wenn der große König sich in einem seiner Gedichte so ausdrückt: „Laßt uns aus dem Leben ohne Murren weichen und ohne etwas zu bedauern, indem wir die Welt noch alsdann mit Wohlthaten überhäuft zurücklassen. So verbreitet die Sonne, nachdem sie ihren Tageslauf vollendet hat, noch ein mildes Licht am Himmel; und die letzten Strahlen, die sie in die Lüfte schickt, sind ihre letzten Seufzer für das Wohl der Welt": so belebt er seine Vernunftidee von weltbürgerlicher Gesinnung noch am Ende des Lebens durch ein Attribut, welches die Einbildungskraft (in der Erinnerung an alle Annehmlichkeiten eines vollbrachten schönen Sommertages, die uns ein heiterer Abend ins Gemüth ruft) jener Vorstellung beigesellt, und welches eine Menge von Empfindungen und Nebenvorstellungen rege macht, für die sich kein Ausdruck findet. Andererseits kann sogar ein intellectueller Begriff umgekehrt zum Attribut einer Vorstellung der Sinne dienen und so diese letztere durch die Idee des Übersinnlichen beleben; aber nur indem das Ästhetische, was dem Bewußtsein des letztern subjectiv anhänglich ist, hiezu gebraucht wird. So sagt z. B. ein gewisser Dichter in der Beschreibung eines schönen Morgens: „Die Sonne quoll hervor, wie Ruh aus Tugend quillt." Das Bewußtsein der Tugend, wenn man sich auch nur in Gedanken in die Stelle eines Tugendhaften versetzt, verbreitet im Gemüthe eine Menge erhabener und beruhigender Gefühle und eine gränzenlose Aussicht in eine frohe Zukunft, die kein Ausdruck, welcher einem bestimmten Begriffe angemessen ist, völlig erreicht.*)

Mit einem Worte, die ästhetische Idee ist eine einem gegebenen Begriffe beigesellte Vorstellung der Einbildungskraft, welche mit einer solchen Mannigfaltigkeit der Theilvorstellungen in dem freien Gebrauche derselben verbunden ist, daß für sie kein Ausdruck, der einen bestimmten Begriff bezeichnet, gefunden werden kann, die also zu einem Begriffe viel Unnennbares hinzu denken läßt, dessen Gefühl die Erkenntnißvermögen belebt und mit der Sprache, als bloßem Buchstaben, Geist verbindet.

Die Gemüthskräfte also, deren Vereinigung (in gewissem Verhältnisse) das Genie ausmacht, sind Einbildungskraft und Verstand. Nur, da im Gebrauch der Einbildungskraft zum Erkenntnisse die Einbildungskraft unter dem Zwange des Verstandes und der Beschränkung unterworfen ist, dem Begriffe desselben angemessen zu sein; in ästhetischer Ab-

---

*) Vielleicht ist nie etwas Erhabeneres gesagt, oder ein Gedanke erhabener ausgedrückt worden, als in jener Aufschrift über dem Tempel der Isis (der Mutter Natur): „Ich bin alles, was da ist, was da war, und was da sein wird, und meinen Schleier hat kein Sterblicher aufgedeckt." Segner benutzte diese Idee durch eine sinnreiche seiner Naturlehre vorgesetzte Vignette, um seinen Lehrling, den er in diesen Tempel zu führen bereit war, vorher mit dem heiligen Schauer zu erfüllen, der das Gemüth zu feierlicher Aufmerksamkeit stimmen soll.

Deduction der ästhetischen Urtheile.

sicht aber die Einbildungskraft frei ist, um noch über jene Einstimmung zum Begriffe, doch ungesucht reichhaltigen unentwickelten Stoff für den Verstand, worauf dieser in seinem Begriffe nicht Rücksicht nahm, zu liefern, welchen dieser aber nicht sowohl objectiv zum Erkenntnisse, als subjectiv zur Belebung der Erkenntnißkräfte, indirect also doch auch zu Erkenntnissen anwendet: so besteht das Genie eigentlich in dem glücklichen Verhältnisse, welches keine Wissenschaft lehren und kein Fleiß erlernen kann, zu einem gegebenen Begriffe Ideen aufzufinden und andrerseits zu diesen den Ausdruck zu treffen, durch den die dadurch bewirkte subjective Gemüthsstimmung, als Begleitung eines Begriffs, anderen mitgetheilt werden kann. Das letztere Talent ist eigentlich dasjenige, was man Geist nennt; denn das Unnennbare in dem Gemüthszustande bei einer gewissen Vorstellung auszudrücken und allgemein mittheilbar zu machen, der Ausdruck mag nun in Sprache, oder Malerei, oder Plastik bestehen: das erfordert ein Vermögen, das schnell vorübergehende Spiel der Einbildungskraft aufzufassen und in einen Begriff (der eben darum original ist und zugleich eine neue Regel eröffnet, die aus keinen vorhergehenden Principien oder Beispielen hat gefolgert werden können) zu vereinigen, der sich ohne Zwang der Regeln mittheilen läßt.

* * *

Wenn wir nach diesen Zergliederungen auf die oben gegebene Erklärung dessen, was man Genie nennt, zurücksehen, so finden wir: erstlich, daß es ein Talent zur Kunst sei, nicht zur Wissenschaft, in welcher deutlich gekannte Regeln vorangehen und das Verfahren in derselben bestimmen müssen; zweitens, daß es als Kunsttalent einen bestimmten Begriff von dem Producte als Zweck, mithin Verstand, aber auch eine (wenn gleich unbestimmte) Vorstellung von dem Stoff, d. i. der Anschauung, zur Darstellung dieses Begriffs, mithin ein Verhältniß der Einbildungskraft zum Verstande voraussetze; daß es sich drittens nicht sowohl in der Ausführung des vorgesetzten Zwecks in Darstellung eines bestimmten Begriffs, als vielmehr im Vortrage, oder dem Ausdrucke ästhetischer Ideen, welche zu jener Absicht reichen Stoff enthalten, zeige, mithin die Einbildungskraft in ihrer Freiheit von aller Anleitung der Regeln dennoch als zweckmäßig zur Darstellung des gegebenen Begriffs vorstellig mache; daß endlich viertens die ungesuchte, unabsichtliche subjective Zweckmäßigkeit in der freien Übereinstimmung der Einbildungskraft zur Gesetzlichkeit des Verstandes eine solche Proportion und Stimmung dieser Vermögen voraussetze, als keine Befolgung von Regeln, es sei der Wissenschaft oder mechanischen Nachahmung, bewirken, sondern bloß die Natur des Subjects hervorbringen kann.

Nach diesen Voraussetzungen ist Genie: die musterhafte Originalität der Naturgabe eines Subjects im freien Gebrauche seiner Erkenntnißvermögen. Auf solche Weise ist das Product eines Genies (nach demjenigen, was in demselben dem Genie, nicht der möglichen Erlernung oder der Schule zuzuschreiben ist) ein Beispiel nicht der Nachahmung (denn da würde das, was daran Genie ist und den Geist des Werks ausmacht, verloren gehen), sondern der Nachfolge für ein anderes Genie, welches dadurch zum Gefühl seiner eigenen Originalität aufgeweckt wird, Zwangsfreiheit von Regeln so in der Kunst auszuüben, daß diese dadurch selbst eine neue Regel bekommt, wodurch das Talent sich als musterhaft zeigt. Weil aber das Genie ein Günstling der Natur ist, dergleichen man nur als seltene Erscheinung anzusehen hat: so bringt sein Beispiel für andere gute Köpfe eine Schule hervor, d. i. eine methodische Unterweisung nach Regeln, soweit man sie aus jenen Geistesproducten und ihrer Eigenthümlichkeit hat ziehen können; und für diese ist die schöne Kunst sofern Nachahmung, der die Natur durch ein Genie die Regel gab.

Aber diese Nachahmung wird Nachäffung, wenn der Schüler alles nachmacht bis auf das, was das Genie als Mißgestalt nur hat zulassen müssen, weil es sich, ohne die Idee zu schwächen, nicht wohl wegschaffen ließ. Dieser Muth ist an einem Genie allein Verdienst; und eine gewisse Kühnheit im Ausdrucke und überhaupt manche Abweichung von der gemeinen Regel steht demselben wohl an, ist aber keinesweges nachahmungswürdig, sondern bleibt immer an sich ein Fehler, den man wegzuschaffen suchen muß, für welchen aber das Genie gleichsam privilegirt ist, da das Unnachahmliche seines Geistesschwunges durch ängstliche Behutsamkeit leiden würde. Das Maniriren ist eine andere Art von Nachäffung, nämlich der bloßen Eigenthümlichkeit (Originalität) überhaupt, um sich ja von Nachahmern so weit als möglich zu entfernen, ohne doch das Talent zu besitzen, dabei zugleich musterhaft zu sein. — Zwar giebt es zweierlei Art (modus) überhaupt der Zusammenstellung seiner Gedanken des Vortrages, deren die eine Manier (modus aestheticus), die andere Methode (modus logicus) heißt, die sich darin von einander unterscheiden: daß die erstere kein anderes Richtmaß hat, als das Gefühl der Einheit in der Darstellung, die andere aber hierin bestimmte Principien befolgt; für die schöne Kunst gilt also nur die erstere. Allein manierirt heißt ein Kunstproduct nur alsdann, wenn der Vortrag seiner Idee in demselben auf die Sonderbarkeit angelegt und nicht der Idee angemessen gemacht wird. Das Prangende (Preciöse), das Geschrobene und Affectirte, um sich nur vom Gemeinen (aber ohne Geist) zu unterscheiden, sind dem Benehmen desjenigen ähnlich, von dem man sagt, daß er sich sprechen höre, oder welcher steht und geht, als ob er auf einer Bühne wäre, um angegafft zu werden, welches jederzeit einen Stümper verräth.

§ 50.
Von der Verbindung des Geschmacks mit Genie in Producten der schönen Kunst.

Wenn die Frage ist, woran in Sachen der schönen Kunst mehr gelegen sei, ob daran, daß sich an ihnen Genie, oder ob daß sich Geschmack zeige, so ist das eben so viel, als wenn gefragt würde, ob es darin mehr auf Einbildung, als auf Urtheilskraft ankomme. Da nun eine Kunst in Ansehung des ersteren eher eine geistreiche, in Ansehung des zweiten aber allein eine schöne Kunst genannt zu werden verdient: so ist das letztere wenigstens als unumgängliche Bedingung (conditio sine qua non) das Vornehmste, worauf man in Beurtheilung der Kunst als schöne Kunst zu sehen hat. Reich und original an Ideen zu sein, bedarf es nicht so nothwendig zum Behuf der Schönheit, aber wohl der Angemessenheit jener Einbildungskraft in ihrer Freiheit zu der Gesetzmäßigkeit des Verstandes. Denn aller Reichthum der ersteren bringt in ihrer gesetzlosen Freiheit nichts als Unsinn hervor; die Urtheilskraft ist hingegen das Vermögen, sie dem Verstande anzupassen.

Der Geschmack ist so wie die Urtheilskraft überhaupt die Disciplin (oder Zucht) des Genies, beschneidet diesem sehr die Flügel und macht es gesittet oder geschliffen; zugleich aber giebt er diesem eine Leitung, worüber und bis wie weit es sich verbreiten soll, um zweckmäßig zu bleiben; und indem er Klarheit und Ordnung in die Gedankenfülle hineinbringt, macht er die Ideen haltbar, eines daurenden, zugleich auch allgemeinen Beifalls, der Nachfolge anderer und einer immer fortschreitenden Cultur fähig. Wenn also im Widerstreite beiderlei Eigenschaften an einem Producte

etwas aufgeopfert werden soll, so müßte es eher auf der Seite des Genies
geschehen: und die Urtheilskraft, welche in Sachen der schönen Kunst aus
eigenen Principien den Ausspruch thut, wird eher der Freiheit und dem
Reichthum der Einbildungskraft, als dem Verstande Abbruch zu thun er=
lauben.

Zur schönen Kunst würden also **Einbildungskraft, Verstand,
Geist** und **Geschmack** erforderlich sein*).

§ 51.
Von der Eintheilung der schönen Künste.

Man kann überhaupt Schönheit (sie mag Natur= oder Kunstschönheit
sein) den **Ausdruck** ästhetischer Ideen nennen: nur daß in der schönen
Kunst diese Idee durch einen Begriff vom Object veranlaßt werden muß,
in der schönen Natur aber die bloße Reflexion über eine gegebene An=
schauung ohne Begriff von dem, was der Gegenstand sein soll, zur Er=
weckung und Mittheilung der Idee, von welcher jenes Object als der
Ausdruck betrachtet wird, hinreichend ist.

Wenn wir also die schönen Künste eintheilen wollen, so können wir,
wenigstens zum Versuche, kein bequemeres Princip dazu wählen, als die
Analogie der Kunst mit der Art des Ausdrucks, dessen sich Menschen im
Sprechen bedienen, um sich so vollkommen, als möglich ist, einander, d. i.
nicht bloß ihren Begriffen, sondern auch Empfindungen nach, mitzuthei=
len**). — Dieser besteht in dem **Worte,** der **Geberdung** und dem **Tone**
(Articulation, Gesticulation und Modulation). Nur die Verbindung dieser
drei Arten des Ausdrucks macht die vollständige Mittheilung des Sprechen=
den aus. Denn Gedanke, Anschauung und Empfindung werden dadurch
zugleich und vereinigt auf den andern übergetragen.

Es giebt also nur dreierlei Arten schöner Künste: die **redende,** die

---

*) Die drei ersteren Vermögen bekommen durch das vierte allererst ihre Ver=
einigung. Hume giebt in seiner Geschichte den Engländern zu verstehen, daß,
obzwar sie in ihren Werken keinem Volke in der Welt in Ansehung der Beweisthümer
der drei ersteren Eigenschaften, abgesondert betrachtet, etwas nachgäben, sie doch
in der, welche sie vereinigt, ihren Nachbaren, den Franzosen, nachstehen müßten.

**) Der Leser wird diesen Entwurf zu einer möglichen Eintheilung der schönen
Künste nicht als beabsichtigte Theorie beurtheilen. Es ist nur einer von den mancherlei
Versuchen, die man noch anstellen kann und soll.

Deduction der ästhetischen Urtheile.

bildende und die Kunst des Spiels der Empfindungen (als äußerer Sinneneindrücke). Man könnte diese Eintheilung auch dichotomisch einrichten, so daß die schöne Kunst in die des Ausdrucks der Gedanken, oder der Anschauungen und diese wiederum bloß nach ihrer Form, oder ihrer Materie (der Empfindung) eingetheilt würde. Allein sie würde alsdann zu abstract und nicht so angemessen den gemeinen Begriffen aussehen.

1) Die **redenden** Künste sind Beredsamkeit und Dichtkunst. Beredsamkeit ist die Kunst, ein Geschäft des Verstandes als ein freies Spiel der Einbildungskraft zu betreiben; Dichtkunst, ein freies Spiel der Einbildungskraft als ein Geschäft des Verstandes auszuführen.

Der Redner also kündigt ein Geschäft an und führt es so aus, als ob es bloß ein Spiel mit Ideen sei, um die Zuhörer zu unterhalten. Der Dichter kündigt bloß ein unterhaltendes Spiel mit Ideen an, und es kommt doch so viel für den Verstand heraus, als ob er bloß dessen Geschäft zu treiben die Absicht gehabt hätte. Die Verbindung und Harmonie beider Erkenntnißvermögen, der Sinnlichkeit und des Verstandes, die einander zwar nicht entbehren können, aber doch auch ohne Zwang und wechselseitigen Abbruch sich nicht wohl vereinigen lassen, muß unabsichtlich zu sein und sich von selbst so zu fügen scheinen; sonst ist es nicht schöne Kunst. Daher alles Gesuchte und Peinliche darin vermieden werden muß; denn schöne Kunst muß in doppelter Bedeutung freie Kunst sein: sowohl daß sie nicht als Lohngeschäft eine Arbeit sei, deren Größe sich nach einem bestimmten Maßstabe beurtheilen, erzwingen oder bezahlen läßt; als auch, daß das Gemüth sich zwar beschäftigt, aber dabei doch, ohne auf einen andern Zweck hinauszusehen, (unabhängig vom Lohne) befriedigt und erweckt fühlt.

Der Redner giebt also zwar etwas, was er nicht verspricht, nämlich ein unterhaltendes Spiel der Einbildungskraft; aber er bricht auch dem etwas ab, was er verspricht, und was doch sein angekündigtes Geschäft ist, nämlich den Verstand zweckmäßig zu beschäftigen. Der Dichter dagegen verspricht wenig und kündigt ein bloßes Spiel mit Ideen an, leistet aber etwas, was eines Geschäftes würdig ist, nämlich dem Verstande spielend Nahrung zu verschaffen und seinen Begriffen durch Einbildungskraft Leben zu geben: mithin jener im Grunde weniger, dieser mehr, als er verspricht.

2) Die **bildenden** Künste oder die des Ausdrucks für Ideen in der Sinnenanschauung (nicht durch Vorstellungen der bloßen Ein-

bildungskraft, die durch Worte aufgeregt werden) sind entweder die der Sinnenwahrheit oder des Sinnenscheins. Die erste heißt die Plastik, die zweite die Malerei. Beide machen Gestalten im Raume zum Ausdrucke für Ideen: jene macht Gestalten für zwei Sinne kennbar, dem Gesichte und Gefühl (obzwar dem letzteren nicht in Absicht auf Schönheit), diese nur für den erstern. Die ästhetische Idee (Archetypon, Urbild) liegt zu beiden in der Einbildungskraft zum Grunde: die Gestalt aber, welche den Ausdruck derselben ausmacht (Ektypon, Nachbild), wird entweder in ihrer körperlichen Ausdehnung (wie der Gegenstand selbst existirt) oder nach der Art, wie diese sich im Auge malt (nach ihrer Apparenz in einer Fläche), gegeben; oder, was auch das erstere ist, entweder die Beziehung auf einen wirklichen Zweck, oder nur der Anschein desselben der Reflexion zur Bedingung gemacht.

Zur Plastik, als der ersten Art schöner bildender Künste, gehört die Bildhauerkunst und Baukunst. Die erste ist diejenige, welche Begriffe von Dingen, so wie sie in der Natur existiren könnten, körperlich darstellt (doch als schöne Kunst mit Rücksicht auf ästhetische Zweckmäßigkeit); die zweite ist die Kunst, Begriffe von Dingen, die nur durch Kunst möglich sind, und deren Form nicht die Natur, sondern einen willkürlichen Zweck zum Bestimmungsgrunde hat, zu dieser Absicht, doch auch zugleich ästhetisch zweckmäßig darzustellen. Bei der letzteren ist ein gewisser Gebrauch des künstlichen Gegenstandes die Hauptsache, worauf als Bedingung die ästhetischen Ideen eingeschränkt werden. Bei der ersteren ist der bloße Ausdruck ästhetischer Ideen die Hauptabsicht. So sind Bildsäulen von Menschen, Göttern, Thieren u. d. gl. von der erstern Art; aber Tempel, oder Prachtgebäude zum Behuf öffentlicher Versammlungen, oder auch Wohnungen, Ehrenbogen, Säulen, Cenotaphien u. d. gl., zum Ehrengedächtniß errichtet, zur Baukunst gehörig. Ja alle Hausgeräthe (die Arbeit des Tischlers u. d. gl. Dinge zum Gebrauche) können dazu gezählt werden: weil die Angemessenheit des Products zu einem gewissen Gebrauche das Wesentliche eines Bauwerks ausmacht; dagegen ein bloßes Bildwerk, das lediglich zum Anschauen gemacht ist und für sich selbst gefallen soll, als körperliche Darstellung bloße Nachahmung der Natur ist, doch mit Rücksicht auf ästhetische Ideen: wobei denn die Sinnenwahrheit nicht so weit gehen darf, daß es aufhöre als Kunst und Product der Willkür zu erscheinen.

Die Malerkunst, als die zweite Art bildender Künste, welche den

Sinnenschein künstlich mit Ideen verbunden darstellt, würde ich in die der schönen Schilderung der Natur und in die der schönen Zusammenstellung ihrer Producte eintheilen. Die erste wäre die eigentliche Malerei, die zweite die Lustgärtnerei. Denn die erste giebt nur den Schein der körperlichen Ausdehnung; die zweite zwar diese nach der Wahrheit, aber nur den Schein von Benutzung und Gebrauch zu anderen Zwecken, als bloß für das Spiel der Einbildung in Beschauung ihrer Formen*). Die letztere ist nichts anders, als die Schmückung des Bodens mit derselben Mannigfaltigkeit (Gräsern, Blumen, Sträuchen und Bäumen, selbst Gewässern, Hügeln und Thälern), womit ihn die Natur dem Anschauen darstellt, nur anders und angemessen gewissen Ideen zusammengestellt. Die schöne Zusammenstellung aber körperlicher Dinge ist auch nur für das Auge gegeben, wie die Malerei; der Sinn des Gefühls kann keine anschauliche Vorstellung von einer solchen Form verschaffen. Zu der Malerei im weiten Sinne würde ich noch die Verzierung der Zimmer durch Tapeten, Aufsätze und alles schöne Amöblement, welches bloß zur Ansicht dient, zählen; imgleichen die Kunst der Kleidung nach Geschmack (Ringe, Dosen u. s. w.). Denn ein Parterre von allerlei Blumen, ein Zimmer mit allerlei Zierathen (selbst den Putz der Damen darunter begriffen) machen an einem Prachtfeste eine Art von Gemälde aus, welches, so wie die eigentlich sogenannten (die nicht etwa Geschichte, oder Naturkenntniß zu lehren die Absicht haben) bloß zum Ansehen da ist, um die Einbildungskraft im freien Spiele mit Ideen zu unterhalten und ohne bestimmten Zweck die ästhetische Urtheilskraft zu beschäftigen. Das Machwerk an allem diesem Schmucke mag immer mechanisch sehr unterschie-

---

*) Daß die Lustgärtnerei als eine Art von Malerkunst betrachtet werden könne, ob sie zwar ihre Formen körperlich darstellt, scheint befremdlich; da sie aber ihre Formen wirklich aus der Natur nimmt (die Bäume, Gesträuche, Gräser und Blumen aus Wald und Feld, wenigstens uranfänglich) und sofern nicht etwa wie die Plastik Kunst ist, auch keinen Begriff von dem Gegenstande und seinem Zwecke (wie etwa die Baukunst) zur Bedingung ihrer Zusammenstellung hat, sondern bloß das freie Spiel der Einbildungskraft in der Beschauung: so kommt sie mit der bloß ästhetischen Malerei, die kein bestimmtes Thema hat (Luft, Land und Wasser durch Licht und Schatten unterhaltend zusammen stellt), sofern überein. — Überhaupt wird der Leser dieses nur als einen Versuch von der Verbindung der schönen Künste unter einem Princip, welches diesmal das des Ausdrucks ästhetischer Ideen (nach der Analogie einer Sprache) sein soll, beurtheilen und nicht als für entschieden gehaltene Ableitung derselben ansehen.

den sein und ganz verschiedene Künstler erfordern; das Geschmacks=
urtheil ist doch über das, was in dieser Kunst schön ist, sofern auf
einerlei Art bestimmt: nämlich nur die Formen (ohne Rücksicht auf einen
Zweck) so, wie sie sich dem Auge darbieten, einzeln oder in ihrer Zusam=
mensetzung nach der Wirkung, die sie auf die Einbildungskraft thun, zu
beurtheilen. — Wie aber bildende Kunst zur Geberdung in einer Sprache
(der Analogie nach) gezählt werden könne, wird dadurch gerechtfertigt,
daß der Geist des Künstlers durch diese Gestalten von dem, was und wie
er gedacht hat, einen körperlichen Ausdruck giebt und die Sache selbst
gleichsam mimisch sprechen macht: ein sehr gewöhnliches Spiel unserer
Phantasie, welche leblosen Dingen ihrer Form gemäß einen Geist unter=
legt, der aus ihnen spricht.

3) Die Kunst des **schönen Spiels der Empfindungen** (die von
außen erzeugt werden und das sich gleichwohl doch muß allgemein mit=
theilen lassen) kann nichts anders als die Proportion der verschiedenen
Grade der Stimmung (Spannung) des Sinns, dem die Empfindung an=
gehört, d. i. den Ton desselben, betreffen; und in dieser weitläuftigen Be=
deutung des Worts kann sie in das künstliche Spiel der Empfindungen
des Gehörs und der des Gesichts, mithin in **Musik** und **Farbenkunst**
eingetheilt werden. — Es ist merkwürdig: daß diese zwei Sinne außer
der Empfänglichkeit für Eindrücke, so viel davon erforderlich ist, um von
äußern Gegenständen vermittelst ihrer Begriffe zu bekommen, noch einer
besondern damit verbundenen Empfindung fähig sind, von welcher man
nicht recht ausmachen kann, ob sie den Sinn, oder die Reflexion zum
Grunde habe; und daß diese Affectibilität doch bisweilen mangeln kann,
obgleich der Sinn übrigens, was seinen Gebrauch zum Erkenntniß der
Objecte betrifft, gar nicht mangelhaft, sondern wohl gar vorzüglich fein
ist. Das heißt, man kann nicht mit Gewißheit sagen: ob eine Farbe oder
ein Ton (Klang) bloß angenehme Empfindungen, oder an sich schon ein
schönes Spiel von Empfindungen sei und als ein solches ein Wohlgefallen
an der Form in der ästhetischen Beurtheilung bei sich führe. Wenn man
die Schnelligkeit der Licht= oder, in der zweiten Art, der Luftbebungen,
die alles unser Vermögen, die Proportion der Zeiteintheilung durch die=
selben unmittelbar bei der Wahrnehmung zu beurtheilen, wahrscheinlicher=
weise bei weitem übertrifft, bedenkt: so sollte man glauben, nur die Wir=
kung dieser Zitterungen auf die elastischen Theile unsers Körpers werde
empfunden, die Zeiteintheilung durch dieselben aber nicht bemerkt und

in Beurtheilung gezogen, mithin mit Farben und Tönen nur Annehmlich=
keit, nicht Schönheit ihrer Composition verbunden. Bedenkt man aber
dagegen erstlich das Mathematische, welches sich über die Proportion
dieser Schwingungen in der Musik und ihre Beurtheilung sagen läßt, und
beurtheilt die Farbenabstechung, wie billig, nach der Analogie mit der
letztern; zieht man zweitens die, obzwar seltenen Beispiele von Menschen,
die mit dem besten Gesichte von der Welt nicht haben Farben und mit dem
schärfsten Gehöre nicht Töne unterscheiden können, zu Rath, imgleichen
für die, welche dieses können, die Wahrnehmung einer veränderten Qua=
lität (nicht bloß des Grades der Empfindung) bei den verschiedenen An=
spannungen auf der Farben= oder Tonleiter, imgleichen daß die Zahl der=
selben für begreifliche Unterschiede bestimmt ist: so möchte man sich
genöthigt sehen, die Empfindungen von beiden nicht als bloßen Sinnen=
eindruck, sondern als die Wirkung einer Beurtheilung der Form im Spiele
vieler Empfindungen anzusehen. Der Unterschied, den die eine oder die
andere Meinung in der Beurtheilung des Grundes der Musik giebt, würde
aber nur die Definition dahin verändern, daß man sie entweder, wie wir
gethan haben, für das schöne Spiel der Empfindungen (durch das Gehör),
oder angenehmer Empfindungen erklärte. Nur nach der erstern Er=
klärungsart wird Musik gänzlich als schöne, nach der zweiten aber als
angenehme Kunst (wenigstens zum Theil) vorgestellt werden.

§ 52.
Von der Verbindung der schönen Künste in einem und demselben Producte.

Die Beredsamkeit kann mit einer malerischen Darstellung ihrer Sub=
jecte sowohl als Gegenstände in einem Schauspiele, die Poesie mit Mu=
sik im Gesange, dieser aber zugleich mit malerischer (theatralischer) Dar=
stellung in einer Oper, das Spiel der Empfindungen in einer Musik mit
dem Spiele der Gestalten im Tanz u. s. w. verbunden werden. Auch
kann die Darstellung des Erhabenen, sofern sie zur schönen Kunst gehört,
in einem gereimten Trauerspiele, einem Lehrgedichte, einem Ora=
torium sich mit der Schönheit vereinigen; und in diesen Verbindungen
ist die schöne Kunst noch künstlicher: ob aber auch schöner (da sich so man=
nigfaltige verschiedene Arten des Wohlgefallens einander durchkreuzen),
kann in einigen dieser Fälle bezweifelt werden. Doch in aller schönen

Kunst besteht das Wesentliche in der Form, welche für die Beobachtung und Beurtheilung zweckmäßig ist, wo die Lust zugleich Cultur ist und den Geist zu Ideen stimmt, mithin ihn mehrerer solcher Lust und Unterhaltung empfänglich macht; nicht in der Materie der Empfindung (dem Reize oder der Rührung), wo es bloß auf Genuß angelegt ist, welcher nichts in der Idee zurückläßt, den Geist stumpf, den Gegenstand nach und nach anekelnd und das Gemüth durch das Bewußtsein seiner im Urtheile der Vernunft zweckwidrigen Stimmung mit sich selbst unzufrieden und launisch macht.

Wenn die schönen Künste nicht nahe oder fern mit moralischen Ideen in Verbindung gebracht werden, die allein ein selbstständiges Wohlgefallen bei sich führen, so ist das letztere ihr endliches Schicksal. Sie dienen alsdann nur zur Zerstreuung, deren man immer desto mehr bedürftig wird, als man sich ihrer bedient, um die Unzufriedenheit des Gemüths mit sich selbst dadurch zu vertreiben, daß man sich immer noch unnützlicher und mit sich selbst unzufriedener macht. Überhaupt sind die Schönheiten der Natur zu der ersteren Absicht am zuträglichsten, wenn man früh dazu gewöhnt wird, sie zu beobachten, zu beurtheilen und zu bewundern.

§ 53.

Vergleichung des ästhetischen Werths der schönen Künste untereinander.

Unter allen behauptet die Dichtkunst (die fast gänzlich dem Genie ihren Ursprung verdankt und am wenigsten durch Vorschrift, oder durch Beispiele geleitet sein will) den obersten Rang. Sie erweitert das Gemüth dadurch, daß sie die Einbildungskraft in Freiheit setzt und innerhalb den Schranken eines gegebenen Begriffs unter der unbegränzten Mannigfaltigkeit möglicher damit zusammenstimmender Formen diejenige darbietet, welche die Darstellung desselben mit einer Gedankenfülle verknüpft, der kein Sprachausdruck völlig adäquat ist, und sich also ästhetisch zu Ideen erhebt. Sie stärkt das Gemüth, indem sie es sein freies, selbstthätiges und von der Naturbestimmung unabhängiges Vermögen fühlen läßt, die Natur als Erscheinung nach Ansichten zu betrachten und zu beurtheilen, die sie nicht von selbst weder für den Sinn noch den Verstand in der Erfahrung darbietet, und sie also zum Behuf und gleichsam zum Schema des Übersinnlichen zu gebrauchen. Sie spielt mit dem Schein, den sie nach Belieben bewirkt, ohne doch dadurch zu betrügen; denn sie erklärt ihre Beschäftigung selbst für bloßes Spiel, welches gleichwohl vom Verstande und zu dessen Geschäfte zweckmäßig gebraucht werden kann. — Die Beredsamkeit, sofern darunter die Kunst zu überreden, d. i. durch den schönen Schein zu hintergehen (als ars oratoria), und nicht bloße Wohlredenheit (Eloquenz und Stil) verstanden wird, ist eine Dialektik, die von der Dichtkunst nur so viel entlehnt, als nöthig ist, die Gemüther vor der Beurtheilung für den Redner zu dessen Vortheil zu gewinnen und dieser die Freiheit zu benehmen; kann also weder für die Gerichtsschranken, noch für die Kanzeln angerathen werden. Denn wenn es um bürgerliche Gesetze, um das Recht einzelner Personen, oder um dauerhafte Belehrung und Bestimmung der Gemüther zur richtigen Kenntniß und gewissenhaften Beobachtung ihrer Pflicht zu thun ist: so ist es unter der Würde eines so wichtigen Geschäftes, auch nur eine Spur von Üppigkeit des Witzes und der Einbildungskraft, noch mehr aber von der Kunst zu überreden und zu irgend jemandes Vortheil einzunehmen blicken zu lassen. Denn wenn sie gleich bisweilen zu an sich rechtmäßigen und lobenswürdigen Absichten angewandt werden kann, so wird sie doch dadurch verwerflich, daß auf diese Art die Maximen und Gesinnungen subjectiv verderbt werden, wenn gleich die That objectiv gesetzmäßig ist: indem es nicht genug ist, das, was Recht ist, zu thun, sondern es auch aus dem Grunde allein, weil es Recht ist, auszuüben. Auch hat der bloße deutliche Begriff dieser Arten von menschlicher Angelegenheit, mit einer lebhaften Darstellung in Beispielen verbunden und ohne Verstoß wider die Regeln des Wohllauts der Sprache, oder der Wohlanständigkeit des Ausdrucks für Ideen der Vernunft (die zusammen die Wohlredenheit ausmachen), schon an sich hinreichenden Einfluß auf menschliche Gemüther, als daß es nöthig wäre noch die Maschinen der Überredung hiebei anzulegen; welche, da sie eben sowohl auch zur Beschönigung oder Verdeckung des Lasters und Irrthums gebraucht werden können, den geheimen Verdacht wegen einer künstlichen Überlistung nicht ganz vertilgen können. In der Dichtkunst geht alles ehrlich und aufrichtig zu. Sie erklärt sich, ein bloßes unterhaltendes Spiel mit der Einbildungskraft und zwar der Form nach einstimmig mit Verstandesgesetzen treiben zu wollen; und verlangt nicht den Verstand durch sinnliche Darstellung zu überschleichen und zu verstricken.*)

*) Ich muß gestehen: daß ein schönes Gedicht mir immer ein reines Vergnügen gemacht hat, anstatt daß die Lesung der besten Rede eines römischen Volks-

218 Nach der Dichtkunst würde ich, wenn es um Reiz und Bewegung des Gemüths zu thun ist, diejenige, welche ihr unter den redenden am nächsten kommt und sich damit auch sehr natürlich vereinigen läßt, nämlich die Tonkunst, setzen. Denn ob sie zwar durch lauter Empfindungen ohne Begriffe spricht, mithin nicht wie die Poesie etwas zum Nachdenken übrig bleiben läßt, so bewegt sie doch das Gemüth mannigfaltiger und, obgleich bloß vorübergehend, doch inniglicher; ist aber freilich mehr Genuß als Cultur (das Gedankenspiel, was nebenbei dadurch erregt wird, ist bloß die Wirkung einer gleichsam mechanischen Association); und hat, durch Vernunft beurtheilt, weniger Werth, als jede andere der schönen Künste. Daher verlangt sie wie jeder Genuß öftern Wechsel und hält die mehrmalige Wiederholung nicht aus, ohne Überdruß zu erzeugen.

219 Der Reiz derselben, der sich so allgemein mittheilen läßt, scheint darauf zu beruhen: daß jeder Ausdruck der Sprache im Zusammenhange einen Ton hat, der dem Sinne desselben angemessen ist; daß dieser Ton mehr oder weniger einen Affect des Sprechenden bezeichnet und gegenseitig auch im Hörenden hervorbringt, der denn in diesem umgekehrt auch die Idee erregt, die in der Sprache mit solchem Tone ausgedrückt wird; und daß, so wie die Modulation gleichsam eine allgemeine jedem Menschen verständliche Sprache der Empfindungen ist, die Tonkunst diese für sich allein in ihrem ganzen Nachdrucke, nämlich als Sprache der Affecten, ausübt und so nach dem Gesetze der Association die damit natürlicher Weise verbundenen ästhetischen Ideen allgemein mittheilt; daß aber, weil jene

---

oder jetzigen Parlaments- oder Kanzelredners jederzeit mit dem unangenehmen Gefühl der Mißbilligung einer hinterlistigen Kunst vermengt war, welche die Menschen als Maschinen in wichtigen Dingen zu einem Urtheile zu bewegen versteht, das im ruhigen Nachdenken alles Gewicht bei ihnen verlieren muß. Beredtheit und Wohlredenheit (zusammen Rhetorik) gehören zur schönen Kunst; aber Rednerkunst (ars oratoria) ist, als Kunst sich der Schwächen der Menschen zu seinen Absichten zu bedienen (diese mögen immer so gut gemeint, oder auch wirklich gut sein, als sie wollen), gar keiner Achtung würdig. Auch erhob sie sich nur sowohl in Athen als in Rom zur höchsten Stufe zu einer Zeit, da der Staat seinem Verderben zueilte und wahre patriotische Denkungsart erloschen war. Wer bei klarer Einsicht in Sachen die Sprache nach deren Reichthum und Reinigkeit in seiner Gewalt hat und bei einer fruchtbaren, zur Darstellung seiner Ideen tüchtigen Einbildungskraft lebhaften Herzensantheil am wahren Guten nimmt, ist der vir bonus dicendi peritus, der Redner ohne Kunst, aber voll Nachdruck, wie ihn Cicero haben will, ohne doch diesem Ideal selbst immer treu geblieben zu sein.

Deduction der ästhetischen Urtheile.

ästhetischen Ideen keine Begriffe und bestimmte Gedanken sind, die Form der Zusammensetzung dieser Empfindungen (Harmonie und Melodie) nur statt der Form einer Sprache dazu dient, vermittelst einer proportionirten Stimmung derselben (welche, weil sie bei Tönen auf dem Verhältniß der Zahl der Luftbebungen in derselben Zeit, sofern die Töne zugleich oder auch nach einander verbunden werden, beruht, mathematisch unter gewisse Regeln gebracht werden kann) die ästhetische Idee eines zusammenhängenden Ganzen einer unnennbaren Gedankenfülle einem gewissen Thema gemäß, welches den in dem Stücke herrschenden Affect ausmacht, auszudrücken. An dieser mathematischen Form, obgleich nicht durch bestimmte Begriffe vorgestellt, hängt allein das Wohlgefallen, welches die bloße Reflexion über eine solche Menge einander begleitender oder folgender Empfindungen mit diesem Spiele derselben als für jedermann gültige Bedingung seiner Schönheit verknüpft; und sie ist es allein, nach welcher der Geschmack sich ein Recht über das Urtheil von jedermann zum voraus auszusprechen anmaßen darf.

Aber an dem Reize und der Gemüthsbewegung, welche die Musik hervorbringt, hat die Mathematik sicherlich nicht den mindesten Antheil; sondern sie ist nur die unumgängliche Bedingung (conditio sine qua non) derjenigen Proportion der Eindrücke in ihrer Verbindung sowohl als ihrem Wechsel, wodurch es möglich wird sie zusammen zu fassen und zu verhindern, daß diese einander nicht zerstören, sondern zu einer continuirlichen Bewegung und Belebung des Gemüths durch damit consonirende Affecten und hiemit zu einem behaglichen Selbstgenusse zusammenstimmen.

Wenn man dagegen den Werth der schönen Künste nach der Cultur schätzt, die sie dem Gemüth verschaffen, und die Erweiterung der Vermögen, welche in der Urtheilskraft zum Erkenntnisse zusammen kommen müssen, zum Maßstabe nimmt: so hat Musik unter den schönen Künsten sofern den untersten (so wie unter denen, die zugleich nach ihrer Annehmlichkeit geschätzt werden, vielleicht den obersten) Platz, weil sie bloß mit Empfindungen spielt. Die bildenden Künste gehen ihr also in diesem Betracht weit vor; denn indem sie die Einbildungskraft in ein freies und doch zugleich dem Verstande angemessenes Spiel versetzen, so treiben sie zugleich ein Geschäft, indem sie ein Product zu Stande bringen, welches den Verstandesbegriffen zu einem dauerhaften und für sie selbst sich empfehlenden Behikel dient, die Vereinigung derselben mit der Sinnlichkeit und so gleichsam die Urbanität der obern Erkenntnißkräfte zu befördern.

Beiderlei Art Künste nehmen einen ganz verschiedenen Gang: die erstere von Empfindungen zu unbestimmten Ideen; die zweite Art aber von bestimmten Ideen zu Empfindungen. Die letztern sind von bleibendem, die erstern nur von transitorischem Eindrucke. Die Einbildungskraft kann jene zurückrufen und sich damit angenehm unterhalten; diese aber erlöschen entweder gänzlich, oder wenn sie unwillkürlich von der Einbildungskraft wiederholt werden, sind sie uns eher lästig als angenehm. Außerdem hängt der Musik ein gewisser Mangel der Urbanität an, daß sie vornehmlich nach Beschaffenheit ihrer Instrumente ihren Einfluß weiter, als man ihn verlangt, (auf die Nachbarschaft) ausbreitet und so sich gleichsam aufbringt, mithin der Freiheit andrer außer der musikalischen Gesellschaft Abbruch thut; welches die Künste, die zu den Augen reden, nicht thun, indem man seine Augen nur wegwenden darf, wenn man ihren Eindruck nicht einlassen will. Es ist hiemit fast so, wie mit der Ergötzung durch einen sich weit ausbreitenden Geruch bewandt. Der, welcher sein parfümirtes Schnupftuch aus der Tasche zieht, tractirt alle um und neben sich wider ihren Willen und nöthigt sie, wenn sie athmen wollen, zugleich zu genießen; daher es auch aus der Mode gekommen ist.*) — Unter den bildenden Künsten würde ich der Malerei den Vorzug geben: theils weil sie als Zeichnungskunst allen übrigen bildenden zum Grunde liegt; theils weil sie weit mehr in die Region der Ideen eindringen und auch das Feld der Anschauung diesen gemäß mehr erweitern kann, als es den übrigen verstattet ist.

§ 54.

Anmerkung.

Zwischen dem, was bloß in der Beurtheilung gefällt, und dem, was vergnügt (in der Empfindung gefällt), ist, wie wir oft gezeigt haben, ein wesentlicher Unterschied. Das letztere ist etwas, welches man nicht so, wie das erstere jedermann ansinnen kann. Vergnügen (die Ursache desselben mag immerhin auch in Ideen liegen) scheint jederzeit in

---

*) Diejenigen, welche zu den häuslichen Andachtsübungen auch das Singen geistlicher Lieder empfohlen haben, bedachten nicht, daß sie dem Publicum durch eine solche lärmende (eben dadurch gemeiniglich pharisäische) Andacht eine große Beschwerde auflegen, indem sie die Nachbarschaft entweder mit zu singen oder ihr Gedankengeschäft niederzulegen nöthigen.

Deduction der ästhetischen Urtheile.

einem Gefühl der Beförderung des gesammten Lebens des Menschen, mithin auch des körperlichen Wohlbefindens, d. i. der Gesundheit, zu bestehen; so daß Epikur, der alles Vergnügen im Grunde für körperliche Empfindung ausgab, sofern vielleicht nicht Unrecht haben mag und sich nur selbst mißverstand, wenn er das intellectuelle und selbst praktische Wohlgefallen zu den Vergnügen zählte. Wenn man den letztern Unterschied vor Augen hat, so kann man sich erklären, wie ein Vergnügen dem, der es empfindet, selbst mißfallen könne (wie die Freude eines dürftigen, aber wohldenkenden Menschen über die Erbschaft von seinem ihn liebenden, aber kargen Vater), oder wie ein tiefer Schmerz dem, der ihn leidet, doch gefallen könne (die Traurigkeit einer Wittwe über ihres verdienstvollen Mannes Tod), oder wie ein Vergnügen obenein noch gefallen könne (wie das an Wissenschaften, die wir treiben), oder ein Schmerz (z. B. Haß, Neid und Rachgierde) uns noch dazu mißfallen könne. Das Wohlgefallen oder Mißfallen beruht hier auf der Vernunft und ist mit der Billigung oder Mißbilligung einerlei; Vergnügen und Schmerz aber können nur auf dem Gefühl oder der Aussicht auf ein (aus welchem Grunde es auch sei) mögliches Wohl- oder Übelbefinden beruhen.

Alles wechselnde freie Spiel der Empfindungen (die keine Absicht zum Grunde haben) vergnügt, weil es das Gefühl der Gesundheit befördert: wir mögen nun in der Vernunftbeurtheilung an seinem Gegenstande und selbst an diesem Vergnügen ein Wohlgefallen haben oder nicht; und dieses Vergnügen kann bis zum Affect steigen, obgleich wir an dem Gegenstande selbst kein Interesse, wenigstens kein solches nehmen, was dem Grad des letztern proportionirt wäre. Wir können sie ins Glücksspiel, Tonspiel und Gedankenspiel eintheilen. Das erste fordert ein Interesse, es sei der Eitelkeit oder des Eigennutzes, welches aber bei weitem nicht so groß ist, als das Interesse an der Art, wie wir es uns zu verschaffen suchen; das zweite bloß den Wechsel der Empfindungen, deren jede ihre Beziehung auf Affect, aber ohne den Grad eines Affects hat und ästhetische Ideen rege macht; das dritte entspringt bloß aus dem Wechsel der Vorstellungen in der Urtheilskraft, wodurch zwar kein Gedanke, der irgend ein Interesse bei sich führte, erzeugt, das Gemüth aber doch belebt wird.

Wie vergnügend die Spiele sein müssen, ohne daß man nöthig hätte interessirte Absicht dabei zum Grunde zu legen, zeigen alle unsere Abendgesellschaften; denn ohne Spiel kann sich beinahe keine unterhalten. Aber die Affecten der Hoffnung, der Furcht, der Freude, des Zorns, des Hohns spielen dabei, indem sie jeden Augenblick ihre Rolle wechseln, und sind so lebhaft, daß dadurch als eine innere Motion das ganze Lebensgeschäft im Körper befördert zu sein scheint, wie eine dadurch erzeugte Munterkeit des Gemüths es beweist, obgleich weder etwas gewonnen noch gelernt worden. Aber da das Glücksspiel kein schönes Spiel ist, so wollen wir es hier bei Seite setzen. Hingegen Musik und Stoff zum Lachen sind zweierlei Arten des Spiels mit ästhetischen Ideen, oder auch Verstandesvorstellungen, wodurch am Ende nichts gedacht wird, und die bloß durch ihren Wechsel und dennoch lebhaft vergnügen können; wodurch sie ziemlich klar zu erkennen geben, daß die Belebung in beiden bloß körperlich sei, ob sie gleich von Ideen des Gemüths erregt wird, und daß das Gefühl der Gesundheit durch eine jenem Spiele correspondirende Bewegung der Eingeweide das ganze, für so fein und geistvoll gepriesene Vergnügen einer aufgeweckten Gesellschaft ausmacht. Nicht die Beurtheilung der Harmonie in Tönen oder Witzeinfällen, die mit ihrer Schönheit nur zum nothwendigen Vehikel dient, sondern das beförderte Lebensgeschäft im Körper, der Affect, der die Eingeweide und das Zwerchfell bewegt, mit einem Worte das Gefühl der Gesundheit (welche sich ohne solche Veranlassung sonst nicht fühlen läßt), machen das Vergnügen aus, welches man daran findet, daß man dem Körper auch durch die Seele beikommen und diese zum Arzt von jenem brauchen kann.

In der Musik geht dieses Spiel von der Empfindung des Körpers zu ästhetischen Ideen (der Objecte für Affecten), von diesen alsdann wieder zurück, aber mit vereinigter Kraft auf den Körper. Im Scherze (der eben sowohl wie jene eher zur angenehmen, als schönen Kunst gezählt zu werden verdient) hebt das Spiel von Gedanken an, die insgesammt, sofern sie sich sinnlich ausdrücken wollen, auch den Körper beschäftigen; und indem der Verstand in dieser Darstellung, worin er das Erwartete nicht findet, plötzlich nachläßt, so fühlt man die Wirkung dieser Nachlassung im Körper durch die Schwingung der Organen, welche die Herstellung ihres Gleichgewichts befördert und auf die Gesundheit einen wohlthätigen Einfluß hat.

Es muß in allem, was ein lebhaftes, erschütterndes Lachen erregen soll, etwas Widersinniges sein (woran also der Verstand an sich kein Wohlgefallen finden kann). **Das Lachen ist ein Affect aus der plötzlichen Verwandlung einer gespannten Erwartung in nichts.** Eben diese Verwandlung, die für den Verstand gewiß nicht erfreulich ist, erfreuet doch indirect auf einen Augenblick sehr lebhaft. Also muß die

Ursache in dem Einflusse der Vorstellung auf den Körper und dessen Wechselwirkung auf das Gemüth bestehen; und zwar nicht, sofern die Vorstellung objectiv ein Gegenstand des Vergnügens ist (denn wie kann eine getäuschte Erwartung vergnügen?), sondern lediglich dadurch, daß sie als bloßes Spiel der Vorstellungen ein Gleichgewicht der Lebenskräfte im Körper hervorbringt.

Wenn jemand erzählt: daß ein Indianer, der an der Tafel eines Engländers in Surate eine Bouteille mit Ale öffnen und alles dies Bier, in Schaum verwandelt, herausdringen sah, mit vielen Ausrufungen seine große Verwunderung anzeigte und auf die Frage des Engländers: Was ist denn hier sich so sehr zu verwundern? antwortete: Ich wundere mich auch nicht darüber, daß es herausgeht, sondern wie ihrs habt herein kriegen können, so lachen wir, und es macht uns eine herzliche Lust: nicht weil wir uns etwa klüger finden als diesen Unwissenden, oder sonst über etwas, was uns der Verstand hierin Wohlgefälliges bemerken ließe; sondern unsre Erwartung war gespannt und verschwindet plötzlich in Nichts. Oder wenn der Erbe eines reichen Verwandten diesem sein Leichenbegängniß recht feierlich veranstalten will, aber klagt, daß es im hiemit nicht recht gelingen wolle; denn (sagt er): je mehr ich meinen Trauerleuten Geld gebe, betrübt auszusehen, desto lustiger sehen sie aus, so lachen wir laut, und der Grund liegt darin, daß eine Erwartung sich plötzlich in Nichts verwandelt. Man muß wohl bemerken: daß sie sich nicht in das positive Gegentheil eines erwarteten Gegenstandes — denn das ist immer Etwas und kann oft betrüben, — sondern in Nichts verwandeln müsse. Denn wenn jemand uns mit der Erzählung einer Geschichte große Erwartung erregt, und wir beim Schlusse die Unwahrheit derselben sofort einsehen, so macht es uns Mißfallen; wie z. B. die von Leuten, welche vor großem Gram in einer Nacht graue Haare bekommen haben sollen. Dagegen wenn auf eine dergleichen Erzählung zur Erwiderung ein anderer Schalk sehr umständlich den Gram eines Kaufmanns erzählt, der, aus Indien mit allem seinem Vermögen in Waaren nach Europa zurückkehrend, in einem schweren Sturm alles über Bord zu werfen genöthigt wurde und sich dermaßen grämte, daß ihm darüber in derselben Nacht die Perrüke grau ward: so lachen wir, und es macht uns Vergnügen, weil wir unsern eignen Mißgriff nach einem für uns übrigens gleichgültigen Gegenstande, oder vielmehr unsere verfolgte Idee wie einen Ball noch eine Zeit lang hin- und herschlagen, indem wir bloß gemeint sind ihn zu greifen und fest zu halten. Es ist hier nicht die Abfertigung eines Lügners oder Dummkopfs, welche das Vergnügen erweckt: denn auch für sich würde die letztere mit angenommenem Ernst erzählte Geschichte eine Gesellschaft in ein helles Lachen versetzen; und jenes wäre gewöhnlichermaßen auch der Aufmerksamkeit nicht werth.

Merkwürdig ist: daß in allen solchen Fällen der Spaß immer etwas in sich enthalten muß, welches auf einen Augenblick täuschen kann; daher wenn der Schein in Nichts verschwindet, das Gemüth wieder zurücksieht, um es mit ihm noch einmal zu versuchen, und so durch schnell hinter einander folgende Anspannung und Abspannung hin= und zurückgeschnellt und in Schwankung gesetzt wird: die, weil der Absprung von dem, was gleichsam die Saite anzog, plötzlich (nicht durch ein allmähliges Nachlassen) geschah, eine Gemüthsbewegung und mit ihr harmonirende inwendige körperliche Bewegung verursachen muß, die unwillkürlich fortdauert und Ermüdung, dabei aber auch Aufheiterung (die Wirkungen einer zur Gesundheit gereichenden Motion) hervorbringt.

Denn wenn man annimmt, daß mit allen unsern Gedanken zugleich irgend eine Bewegung in den Organen des Körpers harmonisch verbunden sei: so wird man so ziemlich begreifen, wie jener plötzlichen Versetzung des Gemüths bald in einen, bald in den andern Standpunkt, um seinen Gegenstand zu betrachten, eine wechselseitige Anspannung und Loslassung der elastischen Theile unserer Eingeweide, die sich dem Zwerchfell mittheilt, correspondiren könne (gleich derjenigen, welche kitzliche Leute fühlen): wobei die Lunge die Luft mit schnell einander folgenden Absätzen ausstößt und so eine der Gesundheit zuträgliche Bewegung bewirkt, welche allein und nicht das, was im Gemüthe vorgeht, die eigentliche Ursache des Vergnügens an einem Gedanken ist, der im Grunde nichts vorstellt. — Voltaire sagte, der Himmel habe uns zum Gegengewicht gegen die vielen Mühseligkeiten des Lebens zwei Dinge gegeben: die **Hoffnung** und den **Schlaf**. Er hätte noch das **Lachen** dazu rechnen können; wenn die Mittel es bei Vernünftigen zu erregen nur so leicht bei der Hand wären, und der Witz oder die Originalität der Laune, die dazu erforderlich sind, nicht eben so selten wären, als häufig das Talent ist, **kopfbrechend** wie mystische Grübler, **halsbrechend** wie Genies, oder **herzbrechend** wie empfindsame Romanschreiber (auch wohl dergleichen Moralisten) zu dichten.

Man kann also, wie mich dünkt, dem Epikur wohl einräumen: daß alles Vergnügen, wenn es gleich durch Begriffe veranlaßt wird, welche ästhetische Ideen erwecken, animalische, d. i. körperliche, Empfindung sei; ohne dadurch dem geistigen Gefühl der Achtung für moralische Ideen, welches kein Vergnügen ist, sondern eine Selbstschätzung (der Menschheit in uns), die uns über das Bedürfniß desselben erhebt, ja selbst nicht einmal dem minder edlen des Geschmacks im mindesten Abbruch zu thun.

Etwas aus beiden Zusammengesetztes findet sich in der Naivität, die der Ausbruch der der Menschheit ursprünglich natürlichen Aufrichtigkeit wider die zur andern Natur gewordene Verstellungskunst ist. Man lacht über die Einfalt, die es noch nicht versteht sich zu verstellen; und erfreut sich doch auch über die Einfalt der Natur, die jener Kunst hier einen Querstrich spielt. Man erwartete die alltägliche Sitte der gekünstelten und auf den schönen Schein vorsichtig angelegten Äußerung; und siehe! es ist die unverdorbne, schuldlose Natur, die man anzutreffen gar nicht gewärtig und die der, welcher sie blicken ließ, zu entblößen auch nicht gemeint war. Daß der schöne, aber falsche Schein, der gewöhnlich in unserm Urtheile sehr viel bedeutet, hier plötzlich in Nichts verwandelt, daß gleichsam der Schalk in uns selbst bloßgestellt wird, bringt die Bewegung des Gemüths nach zwei entgegengesetzten Richtungen nach einander hervor, die zugleich den Körper heilsam schüttelt. Daß aber etwas, was unendlich besser als alle angenommene Sitte ist, die Lauterkeit der Denkungsart (wenigstens die Anlage dazu), doch nicht ganz in der menschlichen Natur erloschen ist, mischt Ernst und Hochschätzung in dieses Spiel der Urtheilskraft. Weil es aber nur eine auf kurze Zeit sich hervorthuende Erscheinung ist, und die Decke der Verstellungskunst bald wieder vorgezogen wird: so mengt sich zugleich ein Bedauren darunter, welches eine Rührung der Zärtlichkeit ist, die sich als Spiel mit einem solchen gutherzigen Lachen sehr wohl verbinden läßt und auch wirklich damit gewöhnlich verbindet, zugleich auch demjenigen, der den Stoff dazu hergiebt, die Verlegenheit darüber, daß er noch nicht nach Menschenweise gewitzigt ist, zu vergüten pflegt. — Eine Kunst, naiv zu sein, ist daher ein Widerspruch; allein die Naivität in einer erdichteten Person vorzustellen, ist wohl möglich und schöne, obzwar auch seltene Kunst. Mit der Naivität muß offenherzige Einfalt, welche die Natur nur darum nicht verkünstelt, weil sie sich darauf nicht versteht, was Kunst des Umganges sei, nicht verwechselt werden.

Zu dem, was aufmunternd, mit dem Vergnügen aus dem Lachen nahe verwandt und zur Originalität des Geistes, aber eben nicht zum Talent der schönen Kunst gehörig ist, kann auch die launichte Manier gezählt werden. Laune im guten Verstande bedeutet nämlich das Talent, sich willkürlich in eine gewisse Gemüthsdisposition versetzen zu können, in der alle Dinge ganz anders als gewöhnlich (sogar umgekehrt) und doch gewissen Vernunftprincipien in einer solchen Gemüthsstimmung gemäß beurtheilt werden. Wer solchen Veränderungen unwillkürlich unterworfen ist, ist **launisch**; wer sie aber willkürlich und zweckmäßig (zum Behuf einer lebhaften Darstellung vermittelst eines Lachen erregenden Contrastes) anzunehmen vermag, der und sein Vortrag heißt **launicht**. Diese Manier gehört indeß mehr zur angenehmen als schönen Kunst, weil der Gegenstand der letztern immer einige Würde an sich zeigen muß und daher einen gewissen Ernst in der Darstellung, so wie der Geschmack in der Beurtheilung erfordert.

Der Kritik der äſthetiſchen Urtheilskraft
Zweiter Abſchnitt.
Die Dialektik der äſthetiſchen Urtheilskraft.

§ 55.

Eine Urtheilskraft, die dialektiſch ſein ſoll, muß zuvörderſt vernünf=
telnd ſein; d. i. die Urtheile derſelben müſſen auf Allgemeinheit und zwar
a priori Anſpruch machen*): denn in ſolcher Urtheile Entgegenſetzung
beſteht die Dialektik. Daher iſt die Unvereinbarkeit äſthetiſcher Sinnes=
urtheile (über das Angenehme und Unangenehme) nicht dialektiſch. Auch
der Widerſtreit der Geſchmacksurtheile, ſofern ſich ein jeder bloß auf ſeinen
eignen Geſchmack beruft, macht keine Dialektik des Geſchmacks aus: weil
niemand ſein Urtheil zur allgemeinen Regel zu machen gedenkt. Es bleibt
alſo kein Begriff von einer Dialektik übrig, welche den Geſchmack angehen
könnte, als der einer Dialektik der Kritik des Geſchmacks (nicht des Ge=
ſchmacks ſelbſt) in Anſehung ihrer Principien: da nämlich über den
Grund der Möglichkeit der Geſchmacksurtheile überhaupt einander wider=
ſtreitende Begriffe natürlicher und unvermeidlicher Weiſe auftreten. Trans=
ſcendentale Kritik des Geſchmacks wird alſo nur ſofern einen Theil ent=
halten, der den Namen einer Dialektik der äſthetiſchen Urtheilskraft führen
kann, wenn ſich eine Antinomie der Principien dieſes Vermögens findet,
welche die Geſetzmäßigkeit deſſelben, mithin auch ſeine innere Möglichkeit
zweifelhaft macht.

---

*) Ein vernünftelndes Urtheil (iudicium ratiocinans) kann ein jedes heißen, das
ſich als allgemein ankündigt; denn ſofern kann es zum Oberſatze in einem Vernunft=
ſchluſſe dienen. Ein Vernunfturtheil (iudicium ratiocinatum) kann dagegen nur ein
ſolches genannt werden, welches als der Schlußſatz von einem Vernunftſchluſſe, folg=
lich als a priori gegründet gedacht wird.

§ 56.
Vorstellung der Antinomie des Geschmacks.

Der erste Gemeinort des Geschmacks ist in dem Satze, womit sich jeder Geschmacklose gegen Tadel zu verwahren denkt, enthalten: **ein jeder hat seinen eignen Geschmack.** Das heißt so viel als: der Bestimmungsgrund dieses Urtheils ist bloß subjectiv (Vergnügen oder Schmerz); und das Urtheil hat kein Recht auf die nothwendige Beistimmung anderer.

Der zweite Gemeinort desselben, der auch von denen sogar gebraucht wird, die dem Geschmacksurtheile das Recht einräumen, für jedermann gültig auszusprechen, ist: **über den Geschmack läßt sich nicht disputiren.** Das heißt so viel als: der Bestimmungsgrund eines Geschmacksurtheils mag zwar auch objectiv sein, aber er läßt sich nicht auf bestimmte Begriffe bringen; mithin kann über das Urtheil selbst durch Beweise nichts entschieden werden, obgleich darüber gar wohl und mit Recht gestritten werden kann. Denn Streiten und Disputiren sind zwar darin einerlei, daß sie durch wechselseitigen Widerstand der Urtheile Einhelligkeit derselben hervorzubringen suchen, darin aber verschieden, daß das letztere dieses nach bestimmten Begriffen als Beweisgründen zu bewirken hofft, mithin **objective Begriffe** als Gründe des Urtheils annimmt. Wo dieses aber als unthunlich betrachtet wird, da wird das Disputiren eben sowohl als unthunlich beurtheilt.

Man sieht leicht, daß zwischen diesen zwei Gemeinörtern ein Satz fehlt, der zwar nicht sprichwörtlich im Umlaufe, aber doch in jedermanns Sinne enthalten ist, nämlich: **über den Geschmack läßt sich streiten** (obgleich nicht disputiren). Dieser Satz aber enthält das Gegentheil des obersten Satzes. Denn worüber es erlaubt sein soll zu streiten, da muß Hoffnung sein unter einander überein zu kommen; mithin muß man auf Gründe des Urtheils, die nicht bloß Privatgültigkeit haben und also nicht bloß subjectiv sind, rechnen können; welchem gleichwohl jener Grundsatz: ein jeder hat seinen eignen Geschmack, gerade entgegen ist.

Es zeigt sich also in Ansehung des Princips des Geschmacks folgende Antinomie:

1) **Thesis.** Das Geschmacksurtheil gründet sich nicht auf Begriffen; denn sonst ließe sich darüber disputiren (durch Beweise entscheiden).

2) **Antithesis.** Das Geschmacksurtheil gründet sich auf Begriffen; denn sonst ließe sich ungeachtet der Verschiedenheit desselben darüber auch

Dialektik der ästhetischen Urtheilskraft.

nicht einmal streiten (auf die nothwendige Einstimmung anderer mit diesem Urtheile Anspruch machen).

§ 57.
Auflösung der Antinomie des Geschmacks.

Es ist keine Möglichkeit, den Widerstreit jener jedem Geschmacksurtheile untergelegten Principien (welche nichts anders sind, als die oben in der Analytik vorgestellten zwei Eigenthümlichkeiten des Geschmacksurtheils) zu heben, als daß man zeigt: der Begriff, worauf man das Object in dieser Art Urtheile bezieht, werde in beiden Maximen der ästhetischen Urtheilskraft nicht in einerlei Sinn genommen; dieser zwiefache Sinn oder Gesichtspunkt der Beurtheilung sei unserer transscendentalen Urtheilskraft nothwendig; aber auch der Schein in der Vermengung des einen mit dem andern, als natürliche Illusion, unvermeidlich.

Auf irgend einen Begriff muß sich das Geschmacksurtheil beziehen; denn sonst könnte es schlechterdings nicht auf nothwendige Gültigkeit für jedermann Anspruch machen. Aber aus einem Begriffe darf es darum eben nicht erweislich sein, weil ein Begriff entweder bestimmbar, oder auch an sich unbestimmt und zugleich unbestimmbar sein kann. Von der erstern Art ist der Verstandesbegriff, der durch Prädicate der sinnlichen Anschauung, die ihm correspondiren kann, bestimmbar ist; von der zweiten aber der transscendentale Vernunftbegriff von dem Übersinnlichen, was aller jener Anschauung zum Grunde liegt, der also weiter nicht theoretisch bestimmt werden kann.

Nun geht das Geschmacksurtheil auf Gegenstände der Sinne, aber nicht um einen Begriff derselben für den Verstand zu bestimmen; denn es ist kein Erkenntnißurtheil. Es ist daher, als auf das Gefühl der Lust bezogene anschauliche einzelne Vorstellung, nur ein Privaturtheil: und sofern würde es seiner Gültigkeit nach auf das urtheilende Individuum allein beschränkt sein: der Gegenstand ist für mich ein Gegenstand des Wohlgefallens, für andre mag es sich anders verhalten; — ein jeder hat seinen Geschmack.

Gleichwohl ist ohne Zweifel im Geschmacksurtheile eine erweiterte Beziehung der Vorstellung des Objects (zugleich auch des Subjects) enthalten, worauf wir eine Ausdehnung dieser Art Urtheile als nothwendig für jedermann gründen: welcher daher nothwendig irgend ein Begriff zum

Grunde liegen muß; aber ein Begriff, der sich gar nicht durch Anschauung bestimmen, durch den sich nichts erkennen, mithin auch kein Beweis für das Geschmacksurtheil führen läßt. Ein dergleichen Begriff aber ist der bloße reine Vernunftbegriff von dem Übersinnlichen, was dem Gegenstande (und auch dem urtheilenden Subjecte) als Sinnenobjecte, mithin als Erscheinung zum Grunde liegt. Denn nähme man eine solche Rücksicht nicht an, so wäre der Anspruch des Geschmacksurtheils auf allgemeine Gültigkeit nicht zu retten; wäre der Begriff, worauf es sich gründet, ein nur bloß verworrener Verstandesbegriff etwa von Vollkommenheit, dem man correspondirend die sinnliche Anschauung des Schönen beigeben könnte: so würde es wenigstens an sich möglich sein, das Geschmacksurtheil auf Beweise zu gründen, welches der Thesis widerspricht.

Nun fällt aber aller Widerspruch weg, wenn ich sage: das Geschmacksurtheil gründet sich auf einem Begriffe (eines Grundes überhaupt von der subjectiven Zweckmäßigkeit der Natur für die Urtheilskraft), aus dem aber nichts in Ansehung des Objects erkannt und bewiesen werden kann, weil er an sich unbestimmbar und zum Erkenntniß untauglich ist; es bekommt aber durch eben denselben doch zugleich Gültigkeit für jedermann (bei jedem zwar als einzelnes, die Anschauung unmittelbar begleitendes Urtheil): weil der Bestimmungsgrund desselben vielleicht im Begriffe von demjenigen liegt, was als das übersinnliche Substrat der Menschheit angesehen werden kann.

Es kommt bei der Auflösung einer Antinomie nur auf die Möglichkeit an, daß zwei einander dem Scheine nach widerstreitende Sätze einander in der That nicht widersprechen, sondern neben einander bestehen können, wenn gleich die Erklärung der Möglichkeit ihres Begriffs unser Erkenntnißvermögen übersteigt. Daß dieser Schein auch natürlich und der menschlichen Vernunft unvermeidlich sei, imgleichen warum er es sei und bleibe, ob er gleich nach der Auflösung des Scheinwiderspruchs nicht betrügt, kann hieraus auch begreiflich gemacht werden.

Wir nehmen nämlich den Begriff, worauf die Allgemeingültigkeit eines Urtheils sich gründen muß, in beiden widerstreitenden Urtheilen in einerlei Bedeutung und sagen doch von ihm zwei entgegengesetzte Prädicate aus. In der Thesis sollte es daher heißen: Das Geschmacksurtheil gründet sich nicht auf bestimmten Begriffen; in der Antithesis aber: Das Geschmacksurtheil gründet sich doch auf einem, obzwar unbestimmten, Begriffe (nämlich vom übersinnlichen Substrat der Erscheinungen); und alsdann wäre zwischen ihnen kein Widerstreit.

Mehr, als diesen Widerstreit in den Ansprüchen und Gegenansprüchen des Geschmacks zu heben, können wir nicht leisten. Ein bestimmtes objectives Princip des Geschmacks, wornach die Urtheile desselben geleitet, geprüft und bewiesen werden könnten, zu geben, ist schlechterdings unmöglich; denn es wäre alsdann kein Geschmacksurtheil. Das subjective Princip, nämlich die unbestimmte Idee des Übersinnlichen in uns, kann nur als der einzige Schlüssel der Enträthselung dieses uns selbst seinen Quellen nach verborgenen Vermögens angezeigt, aber durch nichts weiter begreiflich gemacht werden.

Der hier aufgestellten und ausgeglichenen Antinomie liegt der richtige Begriff des Geschmacks, nämlich als einer bloß reflectirenden ästhetischen Urtheilskraft, zum Grunde; und da wurden beide dem Scheine nach widerstreitende Grundsätze mit einander vereinigt, indem beide wahr sein können, welches auch genug ist. Würde dagegen zum Bestimmungsgrunde des Geschmacks (wegen der Einzelnheit der Vorstellung, die dem Geschmacksurtheil zum Grunde liegt), wie von Einigen geschieht, die Annehmlichkeit, oder, wie Andere (wegen der Allgemeingültigkeit desselben) wollen, das Princip der Vollkommenheit angenommen und die Definition des Geschmacks darnach eingerichtet: so entspringt daraus eine Antinomie, die schlechterdings nicht auszugleichen ist, als so, daß man zeigt, daß beide einander (aber nicht bloß contradictorisch) entgegenstehende Sätze falsch sind: welches dann beweiset, daß der Begriff, worauf ein jeder gegründet ist, sich selbst widerspreche. Man sieht also, daß die Hebung der Antinomie der ästhetischen Urtheilskraft einen ähnlichen Gang nehme mit dem, welchen die Kritik in Auflösung der Antinomieen der reinen theoretischen Vernunft befolgte; und daß eben so hier und auch in der Kritik der praktischen Vernunft die Antinomieen wider Willen nöthigen, über das Sinnliche hinaus zu sehen und im Übersinnlichen den Vereinigungspunkt aller unserer Vermögen a priori zu suchen: weil kein anderer Ausweg übrig bleibt, die Vernunft mit sich selbst einstimmig zu machen.

Anmerkung I.

Da wir in der Transcendental-Philosophie so oft Veranlassung finden, Ideen von Verstandesbegriffen zu unterscheiden, so kann es von

Nutzen sein, ihrem Unterschiede angemessene Kunstausdrücke einzuführen. Ich glaube, man werde nichts dawider haben, wenn ich einige in Vorschlag bringe. — Ideen in der allgemeinsten Bedeutung sind nach einem gewissen (subjectiven oder objectiven) Princip auf einen Gegenstand bezogene Vorstellungen, sofern sie doch nie eine Erkenntniß desselben werden können. Sie sind entweder nach einem bloß subjectiven Princip der Übereinstimmung der Erkenntnißvermögen unter einander (der Einbildungskraft und des Verstandes) auf eine Anschauung bezogen: und heißen alsdann ästhetische; oder nach einem objectiven Princip auf einen Begriff bezogen, können aber doch nie eine Erkenntniß des Gegenstandes abgeben: und heißen Vernunftideen; in welchem Falle der Begriff ein transscendenter Begriff ist, welcher vom Verstandesbegriffe, dem jederzeit eine adäquat correspondirende Erfahrung untergelegt werden kann, und der darum immanent heißt, unterschieden ist.

Eine ästhetische Idee kann keine Erkenntniß werden, weil sie eine Anschauung (der Einbildungskraft) ist, der niemals ein Begriff adäquat gefunden werden kann. Eine Vernunftidee kann nie Erkenntniß werden, weil sie einen Begriff (vom Übersinnlichen) enthält, dem niemals eine Anschauung angemessen gegeben werden kann.

Nun glaube ich, man könne die ästhetische Idee eine inexponible Vorstellung der Einbildungskraft, die Vernunftidee aber einen indemonstrabeln Begriff der Vernunft nennen. Von beiden wird vorausgesetzt, daß sie nicht etwa gar grundlos, sondern (nach der obigen Erklärung einer Idee überhaupt) gewissen Principien der Erkenntnißvermögen, wozu sie gehören (jene den subjectiven, diese objectiven Principien), gemäß erzeugt seien.

Verstandesbegriffe müssen als solche jederzeit demonstrabel sein (wenn unter demonstriren wie in der Anatomie bloß das Darstellen verstanden wird); d. i. der ihnen correspondirende Gegenstand muß jederzeit in der Anschauung (reinen oder empirischen) gegeben werden können: denn dadurch allein können sie Erkenntnisse werden. Der Begriff der Größe kann in der Raumesanschauung a priori, z. B. einer geraden Linie u. s. w., gegeben werden; der Begriff der Ursache an der Undurchdringlichkeit, dem Stoße der Körper u. s. w. Mithin können beide durch eine empirische Anschauung belegt, d. i. der Gedanke davon an einem Beispiele gewiesen (demonstrirt, aufgezeigt) werden; und dieses muß gesche-

Dialektik der ästhetischen Urtheilskraft.

hen können: widrigenfalls man nicht gewiß ist, ob der Gedanke nicht leer, d. i. ohne alles Object sei.

Man bedient sich in der Logik der Ausdrücke des Demonstrabeln oder Indemonstrabeln gemeiniglich nur in Ansehung der Sätze: da die ersteren besser durch die Benennung der nur mittelbar, die zweiten der unmittelbar-gewissen Sätze könnten bezeichnet werden; denn die reine Philosophie hat auch Sätze von beiden Arten, wenn darunter beweisfähige und beweisunfähige wahre Sätze verstanden werden. Allein aus Gründen a priori kann sie als Philosophie zwar beweisen, aber nicht demonstriren; wenn man nicht ganz und gar von der Wortbedeutung abgehen will, nach welcher demonstriren (ostendere, exhibere) so viel heißt, als (es sei im Beweisen oder auch bloß im Definiren) seinen Begriff zugleich in der Anschauung darstellen: welche, wenn sie Anschauung a priori ist, das Construiren desselben heißt, wenn sie aber auch empirisch ist, gleichwohl die Vorzeigung des Objects bleibt, durch welche dem Begriffe die objective Realität gesichert wird. So sagt man von einem Anatomiker: er demonstrire das menschliche Auge, wenn er den Begriff, den er vorher discursiv vorgetragen hat, vermittelst der Zergliederung dieses Organs anschaulich macht.

Diesem zufolge ist der Vernunftbegriff vom übersinnlichen Substrat aller Erscheinungen überhaupt, oder auch von dem, was unserer Willkür in Beziehung auf moralische Gesetze zum Grunde gelegt werden muß, nämlich von der transscendentalen Freiheit, schon der Species nach ein indemonstrabler Begriff und Vernunftidee, Tugend aber ist dies dem Grade nach: weil dem ersteren an sich gar nichts der Qualität nach in der Erfahrung Correspondirendes gegeben werden kann, in der zweiten aber kein Erfahrungsproduct jener Causalität den Grad erreicht, den die Vernunftidee zur Regel vorschreibt.

So wie an einer Vernunftidee die Einbildungskraft mit ihren Anschauungen den gegebenen Begriff nicht erreicht: so erreicht bei einer ästhetischen Idee der Verstand durch seine Begriffe nie die ganze innere Anschauung der Einbildungskraft, welche sie mit einer gegebenen Vorstellung verbindet. Da nun eine Vorstellung der Einbildungskraft auf Begriffe bringen so viel heißt, als sie exponiren: so kann die ästhetische Idee eine inexponible Vorstellung derselben (in ihrem freien Spiele) genannt werden. Ich werde von dieser Art Ideen in der Folge noch einiges auszuführen Gelegenheit haben; jetzt bemerke ich nur: daß beide Arten von Ideen, die Vernunftideen sowohl als die ästhetischen, ihre Principien haben müssen; und zwar beide in der Vernunft, jene in den objectiven, diese in den subjectiven Principien ihres Gebrauchs.

Man kann diesem zufolge **Genie** auch durch das Vermögen **ästhetischer Ideen** erklären: wodurch zugleich der Grund angezeigt wird, warum in Producten des Genies die Natur (des Subjects), nicht ein überlegter Zweck der Kunst (der Hervorbringung des Schönen) die Regel giebt. Denn da das Schöne nicht nach Begriffen beurtheilt werden muß, sondern nach der zweckmäßigen Stimmung der Einbildungskraft zur Übereinstimmung mit dem Vermögen der Begriffe überhaupt: so kann nicht Regel und Vorschrift, sondern nur das, was bloß Natur im Subjecte ist, aber nicht unter Regeln oder Begriffe gefaßt werden kann, d. i. das übersinnliche Substrat aller seiner Vermögen (welches kein Verstandesbegriff erreicht), folglich das, auf welches in Beziehung alle unsere Erkenntnißvermögen zusammenstimmend zu machen, der letzte durch das Intelligible unserer Natur gegebene Zweck ist, jener ästhetischen, aber unbedingten Zweckmäßigkeit in der schönen Kunst, die jedermann gefallen zu müssen rechtmäßigen Anspruch machen soll, zum subjectiven Richtmaße dienen. So ist es auch allein möglich, daß dieser, der man kein objectives Princip vorschreiben kann, ein subjectives und doch allgemeingültiges Princip a priori zum Grunde liege.

Anmerkung II.

Folgende wichtige Bemerkung bietet sich hier von selbst dar: daß es nämlich **dreierlei Arten der Antinomie der reinen Vernunft** gebe, die aber alle darin übereinkommen, daß sie dieselbe zwingen, von der sonst sehr natürlichen Voraussetzung, die Gegenstände der Sinne für die Dinge an sich selbst zu halten, abzugehen, sie vielmehr bloß für Erscheinungen gelten zu lassen und ihnen ein intelligibles Substrat (etwas Übersinnliches, wovon der Begriff nur Idee ist und keine eigentliche Erkenntniß zuläßt) unterzulegen. Ohne eine solche Antinomie würde die Vernunft sich niemals zu Annehmung eines solchen das Feld ihrer Speculation so sehr verengenden Princips und zu Aufopferungen, wobei so viele sonst sehr schimmernde Hoffnungen gänzlich verschwinden müssen, entschließen können; denn selbst jetzt, da sich ihr zur Vergütung dieser Einbuße ein um desto größerer Gebrauch in praktischer Rücksicht eröffnet, scheint sie sich nicht ohne Schmerz von jenen Hoffnungen trennen und von der alten Anhänglichkeit losmachen können.

Daß es drei Arten der Antinomie giebt, hat seinen Grund darin, daß es drei Erkenntnißvermögen: Verstand, Urtheilskraft und Vernunft, giebt, deren jedes (als oberes Erkenntnißvermögen) seine Principien a priori haben muß; da denn die Vernunft, sofern sie über diese Principien selbst und ihren Gebrauch urtheilt, in Ansehung ihrer aller zu dem gegebenen Bedingten unnachlaßlich das Unbedingte fordert, welches sich doch nie finden läßt, wenn man das Sinnliche als zu den Dingen an sich selbst gehörig betrachtet und ihm nicht vielmehr, als bloßer Erscheinung, etwas Übersinnliches (das intelligible Substrat der Natur außer uns und in uns) als Sache an sich selbst unterlegt. Da giebt es dann 1) eine Antinomie der Vernunft in Ansehung des theoretischen Gebrauchs des Verstandes bis zum Unbedingten hinauf **für das Erkenntnißvermögen**; 2) eine Antinomie der Vernunft in Ansehung des ästhetischen Gebrauchs der Urtheilskraft **für das Gefühl der Lust und Unlust**; 3) eine Antinomie in Ansehung des praktischen Gebrauchs der an sich selbst gesetzgebenden Vernunft **für das Begehrungsvermögen**: sofern alle diese Vermögen ihre obere Principien a priori haben und gemäß einer unumgänglichen Forderung der Vernunft nach diesen Principien auch **unbedingt** müssen urtheilen und ihr Object bestimmen können.

In Ansehung zweier Antinomieen, der des theoretischen und der des praktischen Gebrauchs, jener obern Erkenntnißvermögen haben wir die **Unvermeidlichkeit** derselben, wenn dergleichen Urtheile nicht auf ein übersinnliches Substrat der gegebenen Objecte als Erscheinungen zurücksehen, dagegen aber auch die **Auflöslichkeit** derselben, sobald das letztere geschieht, schon anderwärts gezeigt. Was nun die Antinomie im Gebrauch der Urtheilskraft gemäß der Forderung der Vernunft und deren hier gegebene Auflösung betrifft: so giebt es kein anderes Mittel, derselben auszuweichen, als **entweder zu läugnen**, daß dem ästhetischen Geschmacksurtheile irgend ein Princip a priori zum Grunde liege, so daß aller Anspruch auf Nothwendigkeit allgemeiner Beistimmung grundloser, leerer Wahn sei, und ein Geschmacksurtheil nur sofern für richtig gehalten zu werden verdiene, weil es **sich trifft**, daß viele in Ansehung desselben übereinkommen, und auch dieses eigentlich nicht um deswillen, weil man hinter dieser Einstimmung ein Princip a priori **vermuthet**, sondern (wie im Gaumengeschmack) weil die Subjecte zufälliger Weise gleichförmig organisirt seien; oder man müßte annehmen, daß das Geschmacksurtheil eigentlich ein verstecktes Vernunfturtheil über die an einem Dinge und die Beziehung des Mannigfaltigen in ihm zu einem Zwecke entdeckte Vollkommenheit sei, mithin nur um der Verworrenheit willen, die dieser unserer Reflexion anhängt, ästhetisch genannt werde, ob es gleich im Grunde teleologisch sei: in welchem Falle man die Auflösung der Antinomie durch transscendentale Ideen für unnöthig und nichtig erklären und so mit den Objecten der Sinne nicht als bloßen Erscheinungen, sondern auch als Dingen an sich selbst jene Geschmacksgesetze vereinigen könnte. Wie wenig aber die eine sowohl als die andere Ausflucht verschlage, ist an mehrern Orten in der Exposition der Geschmacksurtheile gezeigt worden.

Räumt man aber unserer Deduction wenigstens so viel ein, daß sie auf dem rechten Wege geschehe, wenn gleich noch nicht in allen Stücken hell genug gemacht sei, so zeigen sich drei Ideen: erstlich des Übersinnlichen überhaupt ohne weitere Bestimmung als Substrats der Natur; zweitens eben desselben, als Princips der subjectiven Zweckmäßigkeit der Natur für unser Erkenntnißvermögen; drittens eben desselben, als Princips der Zwecke der Freiheit und Princips der Übereinstimmung derselben mit jener im Sittlichen.

§ 58.
Vom Idealismus der Zweckmäßigkeit der Natur sowohl als Kunst, als dem alleinigen Princip der ästhetischen Urtheilskraft.

Man kann zuvörderst das Princip des Geschmacks entweder darin setzen, daß dieser jederzeit nach empirischen Bestimmungsgründen und also nach solchen, die nur a posteriori durch Sinne gegeben werden, oder man kann einräumen, daß er aus einem Grunde a priori urtheile. Das erstere wäre der Empirism der Kritik des Geschmacks, das zweite der Rationalism derselben. Nach dem ersten wäre das Object unseres Wohlgefallens nicht vom Angenehmen, nach dem zweiten, wenn das Urtheil auf bestimmten Begriffen beruhte, nicht vom Guten unterschieden; und so würde alle Schönheit aus der Welt weggeläugnet und nur ein besonderer Namen, vielleicht für eine gewisse Mischung von beiden vorgenannten Arten des Wohlgefallens, an dessen Statt übrig bleiben. Allein

Dialektik der ästhetischen Urtheilskraft.

wir haben gezeigt, daß es auch Gründe des Wohlgefallens a priori gebe, die also mit dem Princip des Rationalisms zusammen bestehen können, ungeachtet sie nicht in bestimmte Begriffe gefaßt werden können.

Der Rationalism des Princips des Geschmacks ist dagegen entweder der des Realisms der Zweckmäßigkeit, oder des Idealisms derselben. Weil nun ein Geschmacksurtheil kein Erkenntnißurtheil und Schönheit keine Beschaffenheit des Objects, für sich betrachtet, ist: so kann der Rationalism des Princips des Geschmacks niemals darin gesetzt werden, daß die Zweckmäßigkeit in diesem Urtheile als objectiv gedacht werde, d. i. daß das Urtheil theoretisch, mithin auch logisch (wenn gleich nur in einer verworrenen Beurtheilung) auf die Vollkommenheit des Objects, sondern nur ästhetisch, auf die Übereinstimmung seiner Vorstellung in der Einbildungskraft mit den wesentlichen Principien der Urtheilskraft überhaupt, im Subjecte gehe. Folglich kann selbst nach dem Princip des Rationalisms das Geschmacksurtheil und der Unterschied des Realisms und Idealisms desselben nur darin gesetzt werden, daß entweder jene subjective Zweckmäßigkeit im erstern Falle als wirklicher (absichtlicher) Zweck der Natur (oder der Kunst) mit unserer Urtheilskraft übereinzustimmen, oder im zweiten Falle nur als eine ohne Zweck von selbst und zufälliger Weise sich hervorthuende zweckmäßige Übereinstimmung zu dem Bedürfniß der Urtheilskraft in Ansehung der Natur und ihrer nach besondern Gesetzen erzeugten Formen angenommen werde.

Dem Realism der ästhetischen Zweckmäßigkeit der Natur, da man nämlich annehmen möchte, daß der Hervorbringung des Schönen eine Idee desselben in der hervorbringenden Ursache, nämlich ein Zweck zu Gunsten unserer Einbildungskraft, zum Grunde gelegen habe, reden die schönen Bildungen im Reiche der organisirten Natur gar sehr das Wort. Die Blumen, Blüthen, ja die Gestalten ganzer Gewächse, die für ihren eigenen Gebrauch unnöthige, aber für unsern Geschmack gleichsam ausgewählte Zierlichkeit der thierischen Bildungen von allerlei Gattungen; vornehmlich die unsern Augen so wohlgefällige und reizende Mannigfaltigkeit und harmonische Zusammensetzung der Farben (am Fasan, an Schalthieren, Insecten, bis zu den gemeinsten Blumen), die, indem sie bloß die Oberfläche und auch an dieser nicht einmal die Figur der Geschöpfe, welche doch noch zu den innern Zwecken derselben erforderlich sein könnte, betreffen, gänzlich auf äußere Beschauung abgezweckt zu sein scheinen: geben der Erklärungsart durch Annehmung wirklicher Zwecke der Natur für unsere ästhetische Urtheilskraft ein großes Gewicht.

Dagegen widersetzt sich dieser Annahme nicht allein die Vernunft durch ihre Maximen, allerwärts die unnöthige Vervielfältigung der Principien nach aller Möglichkeit zu verhüten; sondern die Natur zeigt in ihren freien Bildungen überall so viel mechanischen Hang zu Erzeugung von Formen, die für den ästhetischen Gebrauch unserer Urtheilskraft gleichsam gemacht zu sein scheinen, ohne den geringsten Grund zur Vermuthung an die Hand zu geben, daß es dazu noch etwas mehr als ihres Mechanisms, bloß als Natur, bedürfe, wornach sie auch ohne alle ihnen zum Grunde liegende Idee für unsere Beurtheilung zweckmäßig sein können. Ich verstehe aber unter einer freien Bildung der Natur diejenige, wodurch aus einem Flüssigen in Ruhe durch Verflüchtigung oder Absonderung eines Theils desselben (bisweilen bloß der Wärmmaterie) das Übrige bei dem Festwerden eine bestimmte Gestalt oder Gewebe (Figur oder Textur) annimmt, die nach der specifischen Verschiedenheit der Materien verschieden, in eben derselben aber genau dieselbe ist. Hiezu aber wird, was man unter einer wahren Flüssigkeit jederzeit versteht, nämlich daß die Materie in ihr völlig aufgelöset, d. i. nicht als ein bloßes Gemenge fester und darin bloß schwebender Theile anzusehen sei, vorausgesetzt.

Die Bildung geschieht alsdann durch Anschießen, d. i. durch ein plötzliches Festwerden, nicht durch einen allmähligen Übergang aus dem flüssigen in den festen Zustand, sondern gleichsam durch einen Sprung, welcher Übergang auch das Krystallisiren genannt wird. Das gemeinste Beispiel von dieser Art Bildung ist das gefrierende Wasser, in welchem sich zuerst gerade Eistrählchen erzeugen, die in Winkeln von 60 Grad sich zusammenfügen, indeß sich andere an jedem Punkt derselben eben so ansetzen, bis alles zu Eis geworden ist: so daß während dieser Zeit das Wasser zwischen den Eistrählchen nicht allmählig zäher wird, sondern so vollkommen flüssig ist, als es bei weit größerer Wärme sein würde, und doch die völlige Eiskälte hat. Die sich absondernde Materie, die im Augenblicke des Festwerdens plötzlich entwischt, ist ein ansehnliches Quantum von Wärmestoff, dessen Abgang, da es bloß zum Flüssigsein erfordert ward, dieses nunmehrige Eis nicht im mindesten kälter, als das kurz vorher in ihm flüssige Wasser zurückläßt.

Viele Salze, imgleichen Steine, die eine krystallinische Figur haben, werden eben so von einer im Wasser, wer weiß durch was für Vermitte-

Dialektik der ästhetischen Urtheilskraft.

lung aufgelöseten Erdart erzeugt. Eben so bilden sich die drusichten Configurationen vieler Minern, des würflichten Bleiglanzes, des Rothgüldenerzes u. d. gl., allem Vermuthen nach auch im Wasser und durch Anschießen der Theile: indem sie durch irgend eine Ursache genöthigt werden, dieses Vehikel zu verlassen und sich unter einander in bestimmte äußere Gestalten zu vereinigen.

Aber auch innerlich zeigen alle Materien, welche bloß durch Hitze flüssig waren und durch Erkalten Festigkeit angenommen haben, im Bruche eine bestimmte Textur und lassen daraus urtheilen, daß, wenn nicht ihr eigenes Gewicht oder die Luftberührung es gehindert hätte, sie auch äußerlich ihre specifisch eigenthümliche Gestalt würden gewiesen haben: dergleichen man an einigen Metallen, die nach der Schmelzung äußerlich erhärtet, inwendig aber noch flüssig waren, durch Abzapfen des innern, noch flüssigen Theils und nunmehriges ruhiges Anschießen des übrigen inwendig zurückgebliebenen beobachtet hat. Viele von jenen mineralischen Krystallisationen, als die Spatdrusen, der Glaskopf, die Eisenblüthe, geben oft überaus schöne Gestalten, wie sie die Kunst nur immer ausdenken möchte; und die Glorie in der Höhle von Antiparos ist bloß das Product eines sich durch Gipslager durchsickernden Wassers.

Das Flüssige ist allem Ansehen nach überhaupt älter als das Feste, und sowohl die Pflanzen als thierische Körper werden aus flüssiger Nahrungsmaterie gebildet, sofern sie sich in Ruhe formt: freilich zwar in der letztern zuvörderst nach einer gewissen ursprünglichen auf Zwecke gerichteten Anlage (die, wie im zweiten Theile gewiesen werden wird, nicht ästhetisch, sondern teleologisch nach dem Princip des Realisms beurtheilt werden muß); aber nebenbei doch auch vielleicht als dem allgemeinen Gesetze der Verwandtschaft der Materien gemäß anschießend und sich in Freiheit bildend. So wie nun die in einer Atmosphäre, welche ein Gemisch verschiedener Luftarten ist, aufgelöseten wäßrigen Flüssigkeiten, wenn sich die letzteren durch Abgang der Wärme von jener scheiden, Schneefiguren erzeugen, die nach Verschiedenheit der dermaligen Luftmischung von oft sehr künstlich scheinender und überaus schöner Figur sind: so läßt sich, ohne dem teleologischen Princip der Beurtheilung der Organisation etwas zu entziehen, wohl denken: daß, was die Schönheit der Blumen, der Vogelfedern, der Muscheln ihrer Gestalt sowohl als Farbe nach betrifft, diese der Natur und ihrem Vermögen, sich in ihrer Freiheit ohne besondere darauf gerichtete Zwecke nach chemischen Gesetzen durch Absetzung der zur

Organisation erforderlichen Materie auch ästhetisch=zweckmäßig zu bilden, zugeschrieben werden könne.

Was aber das Princip der Idealität der Zweckmäßigkeit im Schönen der Natur, als dasjenige, welches wir im ästhetischen Urtheile selbstjederzeit zum Grunde legen, und welches uns keinen Realism eines Zwecks derselben für unsere Vorstellungskraft zum Erklärungsgrunde zu brauchen erlaubt, geradezu beweiset: ist, daß wir in der Beurtheilung der Schönheit überhaupt das Richtmaß derselben a priori in uns selbst suchen, und die ästhetische Urtheilskraft in Ansehung des Urtheils, ob etwas schön sei oder nicht, selbst gesetzgebend ist, welches bei Annehmung des Realisms der Zweckmäßigkeit der Natur nicht Statt finden kann, weil wir da von der Natur lernen müßten, was wir schön zu finden hätten, und das Geschmacksurtheil empirischen Principien unterworfen sein würde. Denn in einer solchen Beurtheilung kommt es nicht darauf an, was die Natur ist, oder auch für uns als Zweck ist, sondern wie wir sie aufnehmen. Es würde immer eine objective Zweckmäßigkeit der Natur sein, wenn sie für unser Wohlgefallen ihre Formen gebildet hätte; und nicht eine subjective Zweckmäßigkeit, welche auf dem Spiele der Einbildungskraft in ihrer Freiheit beruhte, wo es Gunst ist, womit wir die Natur aufnehmen, nicht Gunst, die sie uns erzeigt. Die Eigenschaft der Natur, daß sie für uns Gelegenheit enthält, die innere Zweckmäßigkeit in dem Verhältnisse unserer Gemüthskräfte in Beurtheilung gewisser Producte derselben wahrzunehmen, und zwar als eine solche, die aus einem übersinnlichen Grunde für nothwendig und allgemeingültig erklärt werden soll, kann nicht Naturzweck sein, oder vielmehr von uns als ein solcher beurtheilt werden: weil sonst das Urtheil, das dadurch bestimmt würde, Heteronomie, aber nicht, wie es einem Geschmacksurtheile geziemt, frei sein und Autonomie zum Grunde haben würde.

In der schönen Kunst ist das Princip des Idealisms der Zweckmäßigkeit noch deutlicher zu erkennen. Denn daß hier nicht ein ästhetischer Realism derselben durch Empfindungen (wobei sie statt schöner bloß angenehme Kunst sein würde) angenommen werden könne: das hat sie mit der schönen Natur gemein. Allein daß das Wohlgefallen durch ästhetische Ideen nicht von der Erreichung bestimmter Zwecke (als mechanisch absichtliche Kunst) abhängen müsse, folglich selbst im Rationalism des Princips Idealität der Zwecke, nicht Realität derselben zum Grunde liege: leuchtet auch schon dadurch ein, daß schöne Kunst als solche nicht als ein

Product des Verstandes und der Wissenschaft, sondern des Genies betrachtet werden muß und also durch ästhetische Ideen, welche von Vernunftideen bestimmter Zwecke wesentlich unterschieden sind, ihre Regel bekomme.

So wie die Idealität der Gegenstände der Sinne als Erscheinungen die einzige Art ist, die Möglichkeit zu erklären, daß ihre Formen a priori bestimmt werden können: so ist auch der Idealism der Zweckmäßigkeit in Beurtheilung des Schönen der Natur und der Kunst die einzige Voraussetzung, unter der allein die Kritik die Möglichkeit eines Geschmacksurtheils, welches a priori Gültigkeit für jedermann fordert (ohne doch die Zweckmäßigkeit, die am Objecte vorgestellt wird, auf Begriffe zu gründen), erklären kann.

§ 59.
Von der Schönheit als Symbol der Sittlichkeit.

Die Realität unserer Begriffe darzuthun, werden immer Anschauungen erfordert. Sind es empirische Begriffe, so heißen die letzteren Beispiele. Sind jene reine Verstandesbegriffe, so werden die letzteren Schemate genannt. Verlangt man gar, daß die objective Realität der Vernunftbegriffe, d. i. der Ideen, und zwar zum Behuf des theoretischen Erkenntnisses derselben dargethan werde, so begehrt man etwas Unmögliches, weil ihnen schlechterdings keine Anschauung angemessen gegeben werden kann.

Alle Hypotypose (Darstellung, subiectio sub adspectum) als Versinnlichung ist zwiefach: entweder schematisch, da einem Begriffe, den der Verstand faßt, die correspondirende Anschauung a priori gegeben wird; oder symbolisch, da einem Begriffe, den nur die Vernunft denken und dem keine sinnliche Anschauung angemessen sein kann, eine solche untergelegt wird, mit welcher das Verfahren der Urtheilskraft demjenigen, was sie im Schematisiren beobachtet, bloß analogisch ist, d. i. mit ihm bloß der Regel dieses Verfahrens, nicht der Anschauung selbst, mithin bloß der Form der Reflexion, nicht dem Inhalte nach übereinkommt.

Es ist ein von den neuern Logikern zwar angenommener, aber sinnverkehrender, unrechter Gebrauch des Worts symbolisch, wenn man es der intuitiven Vorstellungsart entgegensetzt; denn die symbolische ist nur eine Art der intuitiven. Die letztere (die intuitive) kann nämlich in die schematische und in die symbolische Vorstellungsart eingetheilt werden. Beide sind Hypotyposen, d. i. Darstellungen (exhibitiones): nicht bloße Charakterismen, d. i. Bezeichnungen der Begriffe durch begleitende sinnliche Zeichen, die gar nichts zu der Anschauung des Objects Gehöriges enthalten, sondern nur jenen nach dem Gesetze der Association der Einbildungskraft, mithin in subjectiver Absicht zum Mittel der Reproduction dienen; dergleichen sind entweder Worte, oder sichtbare (algebraische, selbst mimische) Zeichen, als bloße Ausdrücke für Begriffe*).

Alle Anschauungen, die man Begriffen a priori unterlegt, sind also entweder Schemate oder Symbole, wovon die erstern directe, die zweiten indirecte Darstellungen des Begriffs enthalten. Die erstern thun dieses demonstrativ, die zweiten vermittelst einer Analogie (zu welcher man sich auch empirischer Anschauungen bedient), in welcher die Urtheilskraft ein doppeltes Geschäft verrichtet, erstlich den Begriff auf den Gegenstand einer sinnlichen Anschauung und dann zweitens die bloße Regel der Reflexion über jene Anschauung auf einen ganz andern Gegenstand, von dem der erstere nur das Symbol ist, anzuwenden. So wird ein monarchischer Staat durch einen beseelten Körper, wenn er nach inneren Volksgesetzen, durch eine bloße Maschine aber (wie etwa eine Handmühle), wenn er durch einen einzelnen absoluten Willen beherrscht wird, in beiden Fällen aber nur symbolisch vorgestellt. Denn zwischen einem despotischen Staate und einer Handmühle ist zwar keine Ähnlichkeit, wohl aber zwischen den Regeln, über beide und ihre Causalität zu reflectiren. Dies Geschäft ist bis jetzt noch wenig auseinander gesetzt worden, so sehr es auch eine tiefere Untersuchung verdient; allein hier ist nicht der Ort, sich dabei aufzuhalten. Unsere Sprache ist voll von dergleichen indirecten Darstellungen nach einer Analogie, wodurch der Ausdruck nicht das eigentliche Schema für den Begriff, sondern bloß ein Symbol für die Reflexion enthält. So sind die Wörter Grund (Stütze, Basis), Abhängen (von oben Gehalten werden), woraus Fließen (statt Folgen), Substanz (wie Locke sich ausdrückt: der Träger der Accidenzen) und unzählige andere nicht schematische, sondern symbolische Hypotyposen und Ausdrücke für Begriffe nicht vermittelst einer directen Anschauung, sondern nur nach einer Analogie mit derselben, d. i. der Übertragung der Reflexion über

---

*) Das Intuitive der Erkenntniß muß dem Discursiven (nicht dem Symbolischen) entgegen gesetzt werden. Das erstere ist nun entweder schematisch durch Demonstration; oder symbolisch als Vorstellung nach einer bloßen Analogie.

einen Gegenstand der Anschauung auf einen ganz andern Begriff, dem vielleicht nie eine Anschauung direct correspondiren kann. Wenn man eine bloße Vorstellungsart schon Erkenntniß nennen darf (welches, wenn sie ein Princip nicht der theoretischen Bestimmung des Gegenstandes ist, was er an sich sei, sondern der praktischen, was die Idee von ihm für uns und den zweckmäßigen Gebrauch derselben werden soll, wohl erlaubt ist): so ist alle unsere Erkenntniß von Gott bloß symbolisch; und der, welcher sie mit den Eigenschaften Verstand, Wille u. s. w., die allein an Weltwesen ihre objective Realität beweisen, für schematisch nimmt, geräth in den Anthropomorphism, so wie, wenn er alles Intuitive wegläßt, in den Deism, wodurch überall nichts, auch nicht in praktischer Absicht, erkannt wird.

Nun sage ich: das Schöne ist das Symbol des Sittlich=Guten; und auch nur in dieser Rücksicht (einer Beziehung, die jedermann natürlich ist, und die auch jedermann andern als Pflicht zumuthet) gefällt es mit einem Anspruche auf jedes andern Beistimmung, wobei sich das Gemüth zugleich einer gewissen Veredlung und Erhebung über die bloße Empfänglichkeit einer Lust durch Sinneneindrücke bewußt ist und anderer Werth auch nach einer ähnlichen Maxime ihrer Urtheilskraft schätzt. Das ist das Intelligibele, worauf, wie der vorige Paragraph Anzeige that, der Geschmack hinaussieht, wozu nämlich selbst unsere oberen Erkenntnißvermögen zusammenstimmen, und ohne welches zwischen ihrer Natur, verglichen mit den Ansprüchen, die der Geschmack macht, lauter Widersprüche erwachsen würden. In diesem Vermögen sieht sich die Urtheilskraft nicht, wie sonst in empirischer Beurtheilung einer Heteronomie der Erfahrungsgesetze unterworfen: sie giebt in Ansehung der Gegenstände eines so reinen Wohlgefallens ihr selbst das Gesetz, so wie die Vernunft es in Ansehung des Begehrungsvermögens thut; und sieht sich sowohl wegen dieser innern Möglichkeit im Subjecte, als wegen der äußern Möglichkeit einer damit übereinstimmenden Natur auf etwas im Subjecte selbst und außer ihm, was nicht Natur, auch nicht Freiheit, doch aber mit dem Grunde der letzteren, nämlich dem Übersinnlichen, verknüpft ist, bezogen, in welchem das theoretische Vermögen mit dem praktischen auf gemeinschaftliche und unbekannte Art zur Einheit verbunden wird. Wir wollen einige Stücke dieser Analogie anführen, indem wir zugleich die Verschiedenheit derselben nicht unbemerkt lassen.

1) Das Schöne gefällt unmittelbar (aber nur in der reflectirenden

Anschauung, nicht wie Sittlichkeit im Begriffe). 2) Es gefällt ohne alles Interesse (das Sittlich-Gute zwar nothwendig mit einem Interesse, aber nicht einem solchen, was vor dem Urtheile über das Wohlgefallen vorhergeht, verbunden, sondern was dadurch allererst bewirkt wird). 3) Die Freiheit der Einbildungskraft (also der Sinnlichkeit unseres Vermögens) wird in der Beurtheilung des Schönen mit der Gesetzmäßigkeit des Verstandes als einstimmig vorgestellt (im moralischen Urtheile wird die Freiheit des Willens als Zusammenstimmung des letzteren mit sich selbst nach allgemeinen Vernunftgesetzen gedacht). 4) Das subjective Princip der Beurtheilung des Schönen wird als allgemein, d. i. für jedermann gültig, aber durch keinen allgemeinen Begriff kenntlich vorgestellt (das objective Princip der Moralität wird auch für allgemein, d. i. für alle Subjecte, zugleich auch für alle Handlungen desselben Subjects, und dabei durch einen allgemeinen Begriff kenntlich erklärt). Daher ist das moralische Urtheil nicht allein bestimmter constitutiver Principien fähig, sondern ist nur durch Gründung der Maximen auf dieselben und ihre Allgemeinheit möglich.

Die Rücksicht auf diese Analogie ist auch dem gemeinen Verstande gewöhnlich; und wir benennen schöne Gegenstände der Natur oder der Kunst oft mit Namen, die eine sittliche Beurtheilung zum Grunde zu legen scheinen. Wir nennen Gebäude oder Bäume majestätisch und prächtig, oder Gefilde lachend und fröhlich; selbst Farben werden unschuldig, bescheiden, zärtlich genannt, weil sie Empfindungen erregen, die etwas mit dem Bewußtsein eines durch moralische Urtheile bewirkten Gemüthszustandes Analogisches enthalten. Der Geschmack macht gleichsam den Übergang vom Sinnenreiz zum habituellen moralischen Interesse ohne einen zu gewaltsamen Sprung möglich, indem er die Einbildungskraft auch in ihrer Freiheit als zweckmäßig für den Verstand bestimmbar vorstellt und sogar an Gegenständen der Sinne auch ohne Sinnenreiz ein freies Wohlgefallen finden lehrt.

§ 60.

Anhang.

Von der Methodenlehre des Geschmacks.

Die Eintheilung einer Kritik in Elementarlehre und Methodenlehre, welche vor der Wissenschaft vorhergeht, läßt sich auf die Geschmackskritik

Dialektik der ästhetischen Urtheilskraft.

nicht anwenden: weil es keine Wissenschaft des Schönen giebt noch geben kann, und das Urtheil des Geschmacks nicht durch Principien bestimmbar ist. Denn was das Wissenschaftliche in jeder Kunst anlangt, welches auf Wahrheit in der Darstellung ihres Objects geht, so ist dieses zwar die unumgängliche Bedingung (conditio sine qua non) der schönen Kunst, aber diese nicht selber. Es giebt also für die schöne Kunst nur eine Manier (modus), nicht Lehrart (methodus). Der Meister muß es vormachen, was und wie es der Schüler zu Stande bringen soll; und die allgemeinen Regeln, worunter er zuletzt sein Verfahren bringt, können eher dienen, die Hauptmomente desselben gelegentlich in Erinnerung zu bringen, als sie ihm vorzuschreiben. Hiebei muß dennoch auf ein gewisses Ideal Rücksicht genommen werden, welches die Kunst vor Augen haben muß, ob sie es gleich in ihrer Ausübung nie völlig erreicht. Nur durch die Aufweckung der Einbildungskraft des Schülers zur Angemessenheit mit einem gegebenen Begriffe, durch die angemerkte Unzulänglichkeit des Ausdrucks für die Idee, welche der Begriff selbst nicht erreicht, weil sie ästhetisch ist, und durch scharfe Kritik kann verhütet werden, daß die Beispiele, die ihm vorgelegt werden, von ihm nicht sofort für Urbilder und etwa keiner noch höhern Norm und eigener Beurtheilung unterworfene Muster der Nachahmung gehalten und so das Genie, mit ihm aber auch die Freiheit der Einbildungskraft selbst in ihrer Gesetzmäßigkeit erstickt werde, ohne welche keine schöne Kunst, selbst nicht einmal ein richtiger sie beurtheilender eigener Geschmack möglich ist.

Die Propädeutik zu aller schönen Kunst, sofern es auf den höchsten Grad ihrer Vollkommenheit angelegt ist, scheint nicht in Vorschriften, sondern in der Cultur der Gemüthskräfte durch diejenigen Vorkenntnisse zu liegen, welche man humaniora nennt: vermuthlich weil Humanität einerseits das allgemeine Theilnehmungsgefühl, andererseits das Vermögen sich innigst und allgemein mittheilen zu können bedeutet; welche Eigenschaften, zusammen verbunden, die der Menschheit angemessene Geselligkeit ausmachen, wodurch sie sich von der thierischen Eingeschränktheit unterscheidet. Das Zeitalter sowohl als die Völker, in welchen der rege Trieb zur gesetzlichen Geselligkeit, wodurch ein Volk ein dauerndes gemeines Wesen ausmacht, mit den großen Schwierigkeiten rang, welche die schwere Aufgabe, Freiheit (und also auch Gleichheit) mit einem Zwange (mehr der Achtung und Unterwerfung aus Pflicht als Furcht) zu vereinigen, umgeben; ein solches Zeitalter und ein solches Volk mußte die Kunst der wechselseitigen Mittheilung der Ideen des ausgebildetsten Theils mit dem roheren, die Abstimmung der Erweiterung und Verfeinerung der ersteren zur natürlichen Einfalt und Originalität des letzteren und auf diese Art dasjenige Mittel zwischen der höheren Cultur und der genügsamen Natur zuerst erfinden, welches den richtigen, nach keinen allgemeinen Regeln anzugebenden Maßstab auch für den Geschmack, als allgemeinen Menschensinn, ausmacht.

Schwerlich wird ein späteres Zeitalter jene Muster entbehrlich machen: weil es der Natur immer weniger nahe sein wird und sich zuletzt, ohne bleibende Beispiele von ihr zu haben, kaum einen Begriff von der glücklichen Vereinigung des gesetzlichen Zwanges der höchsten Cultur mit der Kraft und Richtigkeit der ihren eigenen Werth fühlenden freien Natur in einem und demselben Volke zu machen im Stande sein möchte.

Da aber der Geschmack im Grunde ein Beurtheilungsvermögen der Versinnlichung sittlicher Ideen (vermittelst einer gewissen Analogie der Reflexion über beide) ist, wovon auch und von der darauf zu gründenden größeren Empfänglichkeit für das Gefühl aus den letzteren (welches das moralische heißt) diejenige Lust sich ableitet, welche der Geschmack als für die Menschheit überhaupt, nicht bloß für eines Jeden Privatgefühl gültig erklärt: so leuchtet ein, daß die wahre Propädeutik zur Gründung des Geschmacks die Entwickelung sittlicher Ideen und die Cultur des moralischen Gefühls sei; da, nur wenn mit diesem die Sinnlichkeit in Einstimmung gebracht wird, der ächte Geschmack eine bestimmte, unveränderliche Form annehmen kann.

Der
Kritik der Urtheilskraft
Zweiter Theil.

Kritik

der

teleologischen Urtheilskraft.

§ 61.

Von der objectiven Zweckmäßigkeit der Natur.

Man hat nach transscendentalen Principien guten Grund, eine subjec=
tive Zweckmäßigkeit der Natur in ihren besondern Gesetzen zu der Faßlich=
keit für die menschliche Urtheilskraft und der Möglichkeit der Verknüpfung
der besondern Erfahrungen in ein System derselben anzunehmen; wo dann
unter den vielen Producten derselben auch solche als möglich erwartet
werden können, die, als ob sie ganz eigentlich für unsere Urtheilskraft an=
gelegt wären, solche specifische ihr angemessene Formen enthalten, welche
durch ihre Mannigfaltigkeit und Einheit die Gemüthskräfte (die im Ge=
brauche dieses Vermögens im Spiele sind) gleichsam zu stärken und zu
unterhalten dienen, und denen man daher den Namen schöner Formen
beilegt.

Daß aber Dinge der Natur einander als Mittel zu Zwecken dienen,
und ihre Möglichkeit selbst nur durch diese Art von Causalität hinreichend
verständlich sei, dazu haben wir gar keinen Grund in der allgemeinen Idee
der Natur, als Inbegriffs der Gegenstände der Sinne. Denn im obigen
Falle konnte die Vorstellung der Dinge, weil sie etwas in uns ist, als zu
der innerlich zweckmäßigen Stimmung unserer Erkenntnißvermögen ge=
schickt und tauglich, ganz wohl auch a priori gedacht werden; wie aber
Zwecke, die nicht die unsrigen sind, und die auch der Natur (welche wir
nicht als intelligentes Wesen annehmen) nicht zukommen, doch eine be=
sondere Art der Causalität, wenigstens eine ganz eigne Gesetzmäßigkeit
derselben ausmachen können oder sollen, läßt sich a priori gar nicht mit
einigem Grunde präsumiren. Was aber noch mehr ist, so kann uns selbst
die Erfahrung die Wirklichkeit derselben nicht beweisen; es müßte denn
eine Vernünftelei vorhergegangen sein, die nur den Begriff des Zwecks in

die Natur der Dinge hineinspielt, aber ihn nicht von den Objecten und ihrer Erfahrungserkenntniß hernimmt, denselben also mehr braucht, die Natur nach der Analogie mit einem subjectiven Grunde der Verknüpfung der Vorstellungen in uns begreiflich zu machen, als sie aus objectiven Gründen zu erkennen.

Überdem ist die objective Zweckmäßigkeit, als Princip der Möglichkeit der Dinge der Natur, so weit davon entfernt, mit dem Begriffe derselben nothwendig zusammenzuhängen: daß sie vielmehr gerade das ist, worauf man sich vorzüglich beruft, um die Zufälligkeit derselben (der Natur) und ihrer Form daraus zu beweisen. Denn wenn man z. B. den Bau eines Vogels, die Höhlung in seinen Knochen, die Lage seiner Flügel zur Bewegung und des Schwanzes zum Steuern u. s. w. anführt: so sagt man, daß dieses alles nach dem bloßen nexus effectivus in der Natur, ohne noch eine besondere Art der Causalität, nämlich die der Zwecke (nexus finalis), zu Hülfe zu nehmen, im höchsten Grade zufällig sei; d. i. daß sich die Natur, als bloßer Mechanism betrachtet, auf tausendfache Art habe anders bilden können, ohne gerade auf die Einheit nach einem solchen Princip zu stoßen, und man also außer dem Begriffe der Natur, nicht in demselben den mindesten Grund dazu a priori allein anzutreffen hoffen dürfe.

Gleichwohl wird die teleologische Beurtheilung, wenigstens problematisch, mit Recht zur Naturforschung gezogen; aber nur um sie nach der Analogie mit der Causalität nach Zwecken unter Principien der Beobachtung und Nachforschung zu bringen, ohne sich anzumaßen sie darnach zu erklären. Sie gehört also zur reflectirenden, nicht der bestimmenden Urtheilskraft. Der Begriff von Verbindungen und Formen der Natur nach Zwecken ist doch wenigstens ein Princip mehr, die Erscheinungen derselben unter Regeln zu bringen, wo die Gesetze der Causalität nach dem bloßen Mechanism derselben nicht zulangen. Denn wir führen einen teleologischen Grund an, wo wir einem Begriffe vom Objecte, als ob er in der Natur (nicht in uns) befindlich wäre, Causalität in Ansehung eines Objects zueignen, oder vielmehr nach der Analogie einer solchen Causalität (dergleichen wir in uns antreffen) uns die Möglichkeit des Gegenstandes vorstellen, mithin die Natur als durch eignes Vermögen technisch denken; wogegen, wenn wir ihr nicht eine solche Wirkungsart beilegen, ihre Causalität als blinder Mechanism vorgestellt werden müßte. Würden wir dagegen der Natur absichtlich-wirkende Ursachen unterlegen, mithin der

Teleologie nicht bloß ein regulatives Princip für die bloße Beurtheilung der Erscheinungen, denen die Natur nach ihren besondern Gesetzen als unterworfen gedacht werden könne, sondern dadurch auch ein constitutives Princip der Ableitung ihrer Producte von ihren Ursachen zum Grunde legen: so würde der Begriff eines Naturzwecks nicht mehr für die reflectirende, sondern die bestimmende Urtheilskraft gehören; alsdann aber in der That gar nicht der Urtheilskraft eigenthümlich angehören (wie der Begriff der Schönheit als formaler subjectiver Zweckmäßigkeit), sondern als Vernunftbegriff eine neue Causalität in der Naturwissenschaft einführen, die wir doch nur von uns selbst entlehnen und andern Wesen beilegen, ohne sie gleichwohl mit uns als gleichartig annehmen zu wollen.

Erste Abtheilung.

Analytik der teleologischen Urtheilskraft.

§ 62.

Von der objectiven Zweckmäßigkeit, die bloß formal ist, zum Unterschiede von der materialen.

Alle geometrische Figuren, die nach einem Princip gezeichnet werden, zeigen eine mannigfaltige, oft bewunderte objective Zweckmäßigkeit, nämlich der Tauglichkeit zur Auflösung vieler Probleme nach einem einzigen Princip und auch wohl eines jeden derselben auf unendlich verschiedene Art, an sich. Die Zweckmäßigkeit ist hier offenbar objectiv und intellectuell, nicht aber bloß subjectiv und ästhetisch. Denn sie drückt die Angemessenheit der Figur zur Erzeugung vieler abgezweckten Gestalten aus und wird durch Vernunft erkannt. Allein die Zweckmäßigkeit macht doch den Begriff von dem Gegenstande selbst nicht möglich, d. i. er wird nicht bloß in Rücksicht auf diesen Gebrauch als möglich angesehen.

In einer so einfachen Figur, als der Cirkel ist, liegt der Grund zu einer Auflösung einer Menge von Problemen, deren jedes für sich mancherlei Zurüstung erfordern würde, und die als eine von den unendlich vielen vortrefflichen Eigenschaften dieser Figur sich gleichsam von selbst ergiebt. Ist es z. B. darum zu thun, aus der gegebenen Grundlinie und dem ihr gegenüberstehenden Winkel einen Triangel zu construiren, so ist die Aufgabe unbestimmt, d. i. sie läßt sich auf unendlich mannigfaltige Art auflösen. Allein der Cirkel befaßt sie doch alle insgesammt, als der geometrische Ort für alle Dreiecke, die dieser Bedingung gemäß sind. Oder zwei Linien sollen sich einander so schneiden, daß das Rechteck aus den zwei Theilen der einen dem Rechteck aus den zwei Theilen der andern gleich sei: so hat die Auflösung der Aufgabe dem Ansehen nach viele Schwierigkeit. Aber alle Linien, die sich innerhalb dem Cirkel, dessen

1. Abtheilung. Analytik der teleologischen Urtheilskraft. 363

Umkreis jede derselben begränzt, schneiden, theilen sich von selbst in dieser Proportion. Die andern krummen Linien geben wiederum andere zweckmäßige Auflösungen an die Hand, an die in der Regel, die ihre Construction ausmacht, gar nicht gedacht war. Alle Kegelschnitte für sich und in Ver-
5 gleichung mit einander sind fruchtbar an Principien zur Auflösung einer Menge möglicher Probleme, so einfach auch ihre Erklärung ist, welche ihren Begriff bestimmt. — Es ist eine wahre Freude, den Eifer der alten Geometer anzusehen, mit dem sie diesen Eigenschaften der Linien dieser Art nachforschten, ohne sich durch die Frage eingeschränkter Köpfe irre
10 machen zu lassen, wozu denn diese Kenntniß nützen sollte; z. B. die der Parabel, ohne das Gesetz der Schwere auf der Erde zu kennen, welches ihnen die Anwendung derselben auf die Wurfslinie schwerer Körper (deren Richtung der Schwere in ihrer Bewegung als parallel angesehen werden kann) würde an die Hand gegeben haben; oder der Ellipse, ohne zu ahnen,
15 daß auch eine Schwere an Himmelskörpern zu finden sei, und ohne ihr Gesetz in verschiedenen Entfernungen vom Anziehungspunkte zu kennen, welches macht, daß sie diese Linie in freier Bewegung beschreiben. Während dessen, daß sie hierin, ihnen selbst unbewußt, für die Nachkommenschaft arbeiteten, ergötzten sie sich an einer Zweckmäßigkeit in dem Wesen der
20 Dinge, die sie doch völlig a priori in ihrer Nothwendigkeit darstellen konnten. Plato, selbst Meister in dieser Wissenschaft, gerieth über eine solche ursprüngliche Beschaffenheit der Dinge, welche zu entdecken wir aller Erfahrung entbehren können, und über das Vermögen des Gemüths, die Harmonie der Wesen aus ihrem übersinnlichen Princip schöpfen zu können
25 (wozu noch die Eigenschaften der Zahlen kommen, mit denen das Gemüth in der Musik spielt), in die Begeisterung, welche ihn über die Erfahrungsbegriffe zu Ideen erhob, die ihm nur durch eine intellectuelle Gemeinschaft mit dem Ursprunge aller Wesen erklärlich zu sein schienen. Kein Wunder, daß er den der Meßkunst Unkundigen aus seiner Schule verwies, indem
30 er das, was Anaxagoras aus Erfahrungsgegenständen und ihrer Zweckverbindung schloß, aus der reinen, dem menschlichen Geiste innerlich beiwohnenden Anschauung abzuleiten dachte. Denn in der Nothwendigkeit dessen, was zweckmäßig ist und so beschaffen ist, als ob es für unsern Gebrauch absichtlich so eingerichtet wäre, gleichwohl aber dem Wesen der
35 Dinge ursprünglich zuzukommen scheint, ohne auf unsern Gebrauch Rücksicht zu nehmen, liegt eben der Grund der großen Bewunderung der Natur, nicht sowohl außer uns, als in unserer eigenen Vernunft; wobei es wohl

verzeihlich ist, daß diese Bewunderung durch Mißverstand nach und nach bis zur Schwärmerei steigen mochte.

Diese intellectuelle Zweckmäßigkeit aber, ob sie gleich objectiv ist (nicht wie die ästhetische subjectiv), läßt sich gleichwohl ihrer Möglichkeit nach als bloß formale (nicht reale), d. i. als Zweckmäßigkeit, ohne daß doch ein Zweck ihr zum Grunde zu legen, mithin Teleologie dazu nöthig wäre, gar wohl, aber nur im Allgemeinen begreifen. Die Cirkelfigur ist eine Anschauung, die durch den Verstand nach einem Princip bestimmt worden: die Einheit dieses Princips, welches ich willkürlich annehme und als Begriff zum Grunde lege, angewandt auf eine Form der Anschauung (den Raum), die gleichfalls bloß als Vorstellung und zwar a priori in mir angetroffen wird, macht die Einheit vieler sich aus der Construction jenes Begriffs ergebender Regeln, die in mancherlei möglicher Absicht zweckmäßig sind, begreiflich, ohne dieser Zweckmäßigkeit einen Zweck, oder irgend einen andern Grund derselben unterlegen zu dürfen. Es ist hiemit nicht so bewandt, als wenn ich in einem in gewisse Gränzen eingeschlossenen Inbegriffe von Dingen außer mir, z. B. einem Garten, Ordnung und Regelmäßigkeit der Bäume, Blumenbeete, Gänge u. s. w. anträfe, welche ich a priori aus meiner nach einer beliebigen Regel gemachten Umgränzung eines Raums zu folgern nicht hoffen kann: weil es existirende Dinge sind, die empirisch gegeben sein müssen, um erkannt werden zu können, und nicht eine bloße nach einem Princip a priori bestimmte Vorstellung in mir. Daher die letztere (empirische) Zweckmäßigkeit, als real, von dem Begriffe eines Zwecks abhängig ist.

Aber auch der Grund der Bewunderung einer, obzwar in dem Wesen der Dinge (sofern ihre Begriffe construirt werden können) wahrgenommenen Zweckmäßigkeit läßt sich sehr wohl und zwar als rechtmäßig einsehen. Die mannigfaltigen Regeln, deren Einheit (aus einem Princip) diese Bewunderung erregt, sind insgesammt synthetisch und folgen nicht aus einem Begriffe des Objects, z. B. des Cirkels, sondern bedürfen es, daß dieses Object in der Anschauung gegeben sei. Dadurch aber bekommt diese Einheit das Ansehen, als ob sie empirisch einen von unserer Vorstellungskraft unterschiedenen äußern Grund der Regeln habe, und also die Übereinstimmung des Objects zu dem Bedürfniß der Regeln, welches dem Verstande eigen ist, an sich zufällig, mithin nur durch einen ausdrücklich darauf gerichteten Zweck möglich sei. Nun sollte uns zwar

1. Abtheilung. Analytik der teleologischen Urtheilskraft.

eben diese Harmonie, weil sie aller dieser Zweckmäßigkeit ungeachtet dennoch nicht empirisch, sondern a priori erkannt wird, von selbst darauf bringen, daß der Raum, durch dessen Bestimmung (vermittelst der Einbildungskraft gemäß einem Begriffe) das Object allein möglich war, nicht eine Beschaffenheit der Dinge außer mir, sondern eine bloße Vorstellungsart in mir sei, und ich also in die Figur, die ich einem Begriffe angemessen zeichne, d. i. in meine eigene Vorstellungsart von dem, was mir äußerlich, es sei an sich, was es wolle, gegeben wird, die Zweckmäßigkeit hineinbringe, nicht von diesem über dieselbe empirisch belehrt werde, folglich zu jener keinen besondern Zweck außer mir am Objecte bedürfe. Weil aber diese Überlegung schon einen kritischen Gebrauch der Vernunft erfordert, mithin in der Beurtheilung des Gegenstandes nach seinen Eigenschaften nicht sofort mit enthalten sein kann: so giebt mir die letztere unmittelbar nichts als Vereinigung heterogener Regeln (sogar nach dem, was sie Ungleichartiges an sich haben) in einem Princip an die Hand, welches, ohne einen außer meinem Begriffe und überhaupt meiner Vorstellung a priori liegenden besondern Grund dazu zu fordern, dennoch von mir a priori als wahrhaft erkannt wird. Nun ist die Verwunderung ein Anstoß des Gemüths an der Unvereinbarkeit einer Vorstellung und der durch sie gegebenen Regel mit den schon in ihm zum Grunde liegenden Principien, welcher also einen Zweifel, ob man auch recht gesehen oder geurtheilt habe, hervorbringt; Bewunderung aber eine immer wiederkommende Verwunderung ungeachtet der Verschwindung dieses Zweifels. Folglich ist die letzte eine ganz natürliche Wirkung jener beobachteten Zweckmäßigkeit in dem Wesen der Dinge (als Erscheinungen), die auch sofern nicht getadelt werden kann, indem die Vereinbarung jener Form der sinnlichen Anschauung (welche der Raum heißt) mit dem Vermögen der Begriffe (dem Verstande) nicht allein deswegen, daß sie gerade diese und keine andere ist, uns unerklärlich, sondern überdem noch für das Gemüth erweiternd ist, noch etwas über jene sinnliche Vorstellungen Hinausliegendes gleichsam zu ahnen, worin, obzwar uns unbekannt, der letzte Grund jener Einstimmung angetroffen werden mag. Diesen zu kennen, haben wir zwar auch nicht nöthig, wenn es bloß um formale Zweckmäßigkeit unserer Vorstellungen a priori zu thun ist; aber auch nur da hinaussehen zu müssen, flößt für den Gegenstand, der uns dazu nöthigt, zugleich Bewunderung ein.

Man ist gewohnt, die erwähnten Eigenschaften sowohl der geometrischen Gestalten, als auch wohl der Zahlen wegen einer gewissen aus der Einfachheit ihrer Construction nicht erwarteten Zweckmäßigkeit derselben a priori zu allerlei Erkenntnißgebrauch Schönheit zu nennen; und spricht z. B. von dieser oder jener schönen Eigenschaft des Cirkels, welche auf diese oder jene Art entdeckt wäre. Allein es ist keine ästhetische Beurtheilung, durch die wir sie zweckmäßig finden; keine Beurtheilung ohne Begriff, die eine bloße subjective Zweckmäßigkeit im freien Spiele unserer Erkenntnißvermögen bemerklich machte: sondern eine intellectuelle nach Begriffen, welche eine objective Zweckmäßigkeit, d. i. Tauglichkeit zu allerlei (ins Unendliche mannigfaltigen) Zwecken, deutlich zu erkennen giebt. Man müßte sie eher eine relative Vollkommenheit, als eine Schönheit der mathematischen Figur nennen. Die Benennung einer intellectuellen Schönheit kann auch überhaupt nicht füglich erlaubt werden: weil sonst das Wort Schönheit alle bestimmte Bedeutung, oder das intellectuelle Wohlgefallen allen Vorzug vor dem sinnlichen verlieren müßte. Eher würde man eine Demonstration solcher Eigenschaften, weil durch diese der Verstand als Vermögen der Begriffe und die Einbildungskraft als Vermögen der Darstellung derselben a priori sich gestärkt fühlen (welches mit der Präcision, die die Vernunft hineinbringt, zusammen die Eleganz derselben genannt wird), schön nennen können: indem hier doch wenigstens das Wohlgefallen, obgleich der Grund desselben in Begriffen liegt, subjectiv ist, da die Vollkommenheit ein objectives Wohlgefallen bei sich führt.

§ 63.

Von der relativen Zweckmäßigkeit der Natur zum Unterschiede von der innern.

Die Erfahrung leitet unsere Urtheilskraft auf den Begriff einer objectiven und materialen Zweckmäßigkeit, d. i. auf den Begriff eines Zwecks der Natur nur alsdann, wenn ein Verhältniß der Ursache zur Wirkung zu beurtheilen ist*), welches wir als gesetzlich einzusehen uns nur dadurch

---

*) Weil in der reinen Mathematik nicht von der Existenz, sondern nur der Möglichkeit der Dinge, nämlich einer ihrem Begriffe correspondirenden Anschauung, mithin gar nicht von Ursache und Wirkung die Rede sein kann: so muß folglich alle daselbst angemerkte Zweckmäßigkeit bloß als formal, niemals als Naturzweck betrachtet werden.

1. Abtheilung. Analytik der teleologischen Urtheilskraft. 367

vermögend finden, daß wir die Idee der Wirkung der Causalität ihrer Ursache, als die dieser selbst zum Grunde liegende Bedingung der Möglichkeit der ersteren, unterlegen. Dieses kann aber auf zwiefache Weise geschehen: entweder indem wir die Wirkung unmittelbar als Kunstproduct, oder nur als Material für die Kunst anderer möglicher Naturwesen, also entweder als Zweck, oder als Mittel zum zweckmäßigen Gebrauche anderer Ursachen, ansehen. Die letztere Zweckmäßigkeit heißt die Nutzbarkeit (für Menschen), oder auch Zuträglichkeit (für jedes andere Geschöpf) und ist bloß relativ, indeß die erstere eine innere Zweckmäßigkeit des Naturwesens ist.

Die Flüsse führen z. B. allerlei zum Wachsthum der Pflanzen dienliche Erde mit sich fort, die sie bisweilen mitten im Lande, oft auch an ihren Mündungen absetzen. Die Fluth führt diesen Schlich an manchen Küsten über das Land, oder setzt ihn an dessen Ufer ab; und wenn vornehmlich Menschen dazu helfen, damit die Ebbe ihn nicht wieder wegführe, so nimmt das fruchtbare Land zu, und das Gewächsreich gewinnt da Platz, wo vorher Fische und Schalthiere ihren Aufenthalt gehabt hatten. Die meisten Landeserweiterungen auf diese Art hat wohl die Natur selbst verrichtet und fährt damit auch noch, obzwar langsam, fort. — Nun fragt sich, ob dies als ein Zweck der Natur zu beurtheilen sei, weil es eine Nutzbarkeit für Menschen enthält; denn die für das Gewächsreich selber kann man nicht in Anschlag bringen, weil dagegen eben so viel den Meergeschöpfen entzogen wird, als dem Lande Vortheil zuwächst.

Oder, um ein Beispiel von der Zuträglichkeit gewisser Naturdinge als Mittel für andere Geschöpfe (wenn man sie als Zwecke voraussetzt) zu geben: so ist kein Boden den Fichten gedeihlicher, als ein Sandboden. Nun hat das alte Meer, ehe es sich vom Lande zurückzog, so viele Sandstriche in unsern nordlichen Gegenden zurückgelassen, daß auf diesem für alle Cultur sonst so unbrauchbaren Boden weitläuftige Fichtenwälder haben aufschlagen können, wegen deren unvernünftiger Ausrottung wir häufig unsere Vorfahren anklagen; und da kann man fragen, ob diese uralte Absetzung der Sandschichten ein Zweck der Natur war zum Behuf der darauf möglichen Fichtenwälder. So viel ist klar: daß, wenn man diese als Zweck der Natur annimmt, man jenen Sand auch, aber nur als relativen Zweck einräumen müsse, wozu wiederum der alte Meeresstrand und dessen Zurückziehen das Mittel war; denn in der Reihe der einander subordinirten Glieder einer Zweckverbindung muß ein jedes Mittelglied als

Zweck (obgleich eben nicht als Endzweck) betrachtet werden, wozu seine nächste Ursache das Mittel ist. Eben so, wenn einmal Rindvieh, Schafe, Pferde u. s. w. in der Welt sein sollten, so mußte Gras auf Erden, aber es mußten auch Salzkräuter in Sandwüsten wachsen, wenn Kameele gedeihen sollten, oder auch diese und andere grasfressende Thierarten in Menge anzutreffen sein, wenn es Wölfe, Tiger und Löwen geben sollte. Mithin ist die objective Zweckmäßigkeit, die sich auf Zuträglichkeit gründet, nicht eine objective Zweckmäßigkeit der Dinge an sich selbst, als ob der Sand für sich als Wirkung aus seiner Ursache, dem Meere, nicht könnte begriffen werden, ohne dem letztern einen Zweck unterzulegen und ohne die Wirkung, nämlich den Sand, als Kunstwerk zu betrachten. Sie ist eine bloß relative, dem Dinge selbst, dem sie beigelegt wird, bloß zufällige Zweckmäßigkeit; und obgleich unter den angeführten Beispielen die Grasarten für sich als organisirte Producte der Natur, mithin als kunstreich zu beurtheilen sind, so werden sie doch in Beziehung auf Thiere, die sich davon nähren, als bloße rohe Materie angesehen.

Wenn aber vollends der Mensch durch Freiheit seiner Causalität die Naturdinge seinen oft thörichten Absichten (die bunten Vogelfedern zum Putzwerk seiner Bekleidung, farbige Erden oder Pflanzensäfte zur Schminke), manchmal auch aus vernünftiger Absicht das Pferd zum Reiten, den Stier und in Minorca sogar den Esel und das Schwein zum Pflügen zuträglich findet: so kann man hier auch nicht einmal einen relativen Naturzweck (auf diesen Gebrauch) annehmen. Denn seine Vernunft weiß den Dingen eine Übereinstimmung mit seinen willkürlichen Einfällen, wozu er selbst nicht einmal von der Natur prädestinirt war, zu geben. Nur wenn man annimmt, Menschen haben auf Erden leben sollen, so müssen doch wenigstens die Mittel, ohne die sie als Thiere und selbst als vernünftige Thiere (in wie niedrigem Grade es auch sei) nicht bestehen konnten, auch nicht fehlen; alsdann aber würden diejenigen Naturdinge, die zu diesem Behuf unentbehrlich sind, auch als Naturzwecke angesehen werden müssen.

Man sieht hieraus leicht ein, daß die äußere Zweckmäßigkeit (Zuträglichkeit eines Dinges für andere) nur unter der Bedingung, daß die Existenz desjenigen, dem es zunächst oder auf entfernte Weise zuträglich ist, für sich selbst Zweck der Natur sei, für einen äußern Naturzweck angesehen werden könne. Da jenes aber durch bloße Naturbetrachtung nimmermehr auszumachen ist: so folgt, daß die relative Zweckmäßigkeit, ob sie gleich hypothetisch auf Naturzwecke Anzeige giebt, dennoch zu keinem absoluten teleologischen Urtheile berechtige.

Der Schnee sichert die Saaten in kalten Ländern wider den Frost; er erleichtert die Gemeinschaft der Menschen (durch Schlitten); der Lappländer findet dort Thiere, die diese Gemeinschaft bewirken (Rennthiere), die an einem dürren Moose, welches sie sich selbst unter dem Schnee hervorscharren müssen, hinreichende Nahrung finden und gleichwohl sich leicht zähmen und der Freiheit, in der sie sich gar wohl erhalten könnten, willig berauben lassen. Für andere Völker in derselben Eiszone enthält das Meer reichen Vorrath an Thieren, die außer der Nahrung und Kleidung, die sie liefern, und dem Holze, welches ihnen das Meer zu Wohnungen gleichsam hinflößt, ihnen noch Brennmaterien zur Erwärmung ihrer Hütten liefern. Hier ist nun eine bewundernswürdige Zusammenkunft von so viel Beziehungen der Natur auf einen Zweck; und dieser ist der Grönländer, der Lappe, der Samojede, der Jakute u. s. w. Aber man sieht nicht, warum überhaupt Menschen dort leben müssen. Also sagen: daß darum Dünste aus der Luft in der Form des Schnees herunterfallen, das Meer seine Ströme habe, welche das in wärmern Ländern gewachsene Holz dahin schwemmen, und große mit Öl angefüllte Seethiere da sind, weil der Ursache, die alle die Naturproducte herbeischafft, die Idee eines Vortheils für gewisse armselige Geschöpfe zum Grunde liege: wäre ein sehr gewagtes und willkürliches Urtheil. Denn wenn alle diese Naturnützlichkeit auch nicht wäre, so würden wir nichts an der Zulänglichkeit der Naturursachen zu dieser Beschaffenheit vermissen; vielmehr eine solche Anlage auch nur zu verlangen und der Natur einen solchen Zweck zuzumuthen (da ohnedas nur die größte Unverträglichkeit der Menschen unter einander sie bis in so unwirthbare Gegenden hat versprengen können), würde uns selbst vermessen und unüberlegt zu sein dünken.

§ 64.

Von dem eigenthümlichen Charakter der Dinge als Naturzwecke.

Um einzusehen, daß ein Ding nur als Zweck möglich sei, d. h. die Causalität seines Ursprungs nicht im Mechanism der Natur, sondern in einer Ursache, deren Vermögen zu wirken durch Begriffe bestimmt wird, suchen zu müssen, dazu wird erfordert: daß seine Form nicht nach bloßen Naturgesetzen möglich sei, d. i. solchen, welche von uns durch den Verstand allein, auf Gegenstände der Sinne angewandt, erkannt werden können; sondern daß selbst ihr empirisches Erkenntniß ihrer Ursache und Wirkung nach Begriffe der Vernunft voraussetze. Diese Zufälligkeit seiner Form bei allen empirischen Naturgesetzen in Beziehung auf die Vernunft, da die Vernunft, welcher an einer jeden Form eines Naturproducts auch die Nothwendigkeit derselben erkennen muß, wenn sie auch nur die mit seiner Erzeugung verknüpften Bedingungen einsehen will, gleichwohl an jener gegebenen Form diese Nothwendigkeit nicht annehmen kann, ist selbst ein Grund, die Causalität desselben so anzunehmen, als ob sie eben darum nur durch Vernunft möglich sei; diese aber ist alsdann das Vermögen, nach Zwecken zu handeln (ein Wille); und das Object, welches nur als aus diesem möglich vorgestellt wird, würde nur als Zweck für möglich vorgestellt werden.

Wenn jemand in einem ihm unbewohnt scheinenden Lande eine geometrische Figur, allenfalls ein reguläres Sechseck, im Sande gezeichnet wahrnähme: so würde seine Reflexion, indem sie an einem Begriffe derselben arbeitet, der Einheit des Princips der Erzeugung desselben, wenn gleich dunkel, vermittelst der Vernunft inne werden und so dieser gemäß den Sand, das benachbarte Meer, die Winde, oder auch Thiere mit ihren Fußtritten, die er kennt, oder jede andere vernunftlose Ursache nicht als einen Grund der Möglichkeit einer solchen Gestalt beurtheilen: weil ihm die Zufälligkeit, mit einem solchen Begriffe, der nur in der Vernunft möglich ist, zusammen zu treffen, so unendlich groß scheinen würde, daß es eben so gut wäre, als ob es dazu gar kein Naturgesetz gebe, daß folglich auch keine Ursache in der bloß mechanisch wirkenden Natur, sondern nur der Begriff von einem solchen Object als Begriff, den nur Vernunft geben und mit demselben den Gegenstand vergleichen kann, auch die Causalität zu einer solchen Wirkung enthalten, folglich diese durchaus als Zweck, aber nicht Naturzweck, d. i. als Product der Kunst, angesehen werden könne (vestigium hominis video).

Um aber etwas, das man als Naturproduct erkennt, gleichwohl doch auch als Zweck, mithin als Naturzweck zu beurtheilen: dazu, wenn nicht etwa hierin gar ein Widerspruch liegt, wird schon mehr erfordert. Ich würde vorläufig sagen: ein Ding existirt als Naturzweck, **wenn es von sich selbst** (obgleich in zwiefachem Sinne) **Ursache und Wirkung ist**;

denn hierin liegt eine Caufalität, dergleichen mit dem bloßen Begriffe einer Natur, ohne ihr einen Zweck unterzulegen, nicht verbunden, aber auch alsdann zwar ohne Widerspruch gedacht, aber nicht begriffen werden kann. Wir wollen die Bestimmung dieser Idee von einem Naturzwecke zuvörderst durch ein Beispiel erläutern, ehe wir sie völlig auseinander setzen.

Ein Baum zeugt erstlich einen andern Baum nach einem bekannten Naturgesetze. Der Baum aber, den er erzeugt, ist von derselben Gattung; und so erzeugt er sich selbst der Gattung nach, in der er einerseits als Wirkung, andrerseits als Ursache, von sich selbst unaufhörlich hervorgebracht und eben so sich selbst oft hervorbringend, sich als Gattung beständig erhält.

Zweitens erzeugt ein Baum sich auch selbst als Individuum. Diese Art von Wirkung nennen wir zwar nur das Wachsthum; aber dieses ist in solchem Sinne zu nehmen, daß es von jeder andern Größenzunahme nach mechanischen Gesetzen gänzlich unterschieden und einer Zeugung, wiewohl unter einem andern Namen, gleich zu achten ist. Die Materie, die er zu sich hinzusetzt, verarbeitet dieses Gewächs vorher zu specifisch-eigenthümlicher Qualität, welche der Naturmechanism außer ihm nicht liefern kann, und bildet sich selbst weiter aus vermittelst eines Stoffes, der seiner Mischung nach sein eignes Product ist. Denn ob er zwar, was die Bestandtheile betrifft, die er von der Natur außer ihm erhält, nur als Educt angesehen werden muß: so ist doch in der Scheidung und neuen Zusammensetzung dieses rohen Stoffs eine solche Originalität des Scheidungs- und Bildungsvermögens dieser Art Naturwesen anzutreffen, daß alle Kunst davon unendlich weit entfernt bleibt, wenn sie es versucht, aus den Elementen, die sie durch Zergliederung derselben erhält, oder auch dem Stoff, den die Natur zur Nahrung derselben liefert, jene Producte des Gewächsreichs wieder herzustellen.

Drittens erzeugt ein Theil dieses Geschöpfs auch sich selbst so: daß die Erhaltung des einen von der Erhaltung der andern wechselsweise abhängt. Das Auge an einem Baumblatt, dem Zweige eines andern eingeimpft, bringt an einem fremdartigen Stocke ein Gewächs von seiner eignen Art hervor und eben so das Pfropfreis auf einem andern Stamme. Daher kann man auch an demselben Baume jeden Zweig oder Blatt als bloß auf diesem gepfropft oder oculirt, mithin als einen für sich selbst bestehenden Baum, der sich nur an einen andern anhängt und parasitisch nährt, ansehen. Zugleich sind die Blätter zwar Producte des Baums, erhalten aber diesen doch auch gegenseitig; denn die wiederholte Entblätterung würde ihn tödten, und sein Wachsthum hängt von ihrer Wirkung auf den Stamm ab. Der Selbsthülfe der Natur in diesen Geschöpfen bei ihrer Verletzung, wo der Mangel eines Theils, der zur Erhaltung der benachbarten gehörte, von den übrigen ergänzt wird; der Mißgeburten oder Mißgestalten im Wachsthum, da gewisse Theile wegen vorkommender Mängel oder Hindernisse sich auf ganz neue Art formen, um das, was da ist, zu erhalten und ein anomalisches Geschöpf hervorzubringen: will ich hier nur im Vorbeigehen erwähnen, ungeachtet sie unter die wundersamsten Eigenschaften organisirter Geschöpfe gehören.

§ 65.
Dinge als Naturzwecke sind organisirte Wesen.

Nach dem im vorigen § angeführten Charakter muß ein Ding, welches als Naturproduct doch zugleich nur als Naturzweck möglich erkannt werden soll, sich zu sich selbst wechselseitig als Ursache und Wirkung verhalten, welches ein etwas uneigentlicher und unbestimmter Ausdruck ist, der einer Ableitung von einem bestimmten Begriffe bedarf.

Die Causalverbindung, sofern sie bloß durch den Verstand gedacht wird, ist eine Verknüpfung, die eine Reihe (von Ursachen und Wirkungen) ausmacht, welche immer abwärts geht; und die Dinge selbst, welche als Wirkungen andere als Ursache voraussetzen, können von diesen nicht gegenseitig zugleich Ursache sein. Diese Causalverbindung nennt man die der wirkenden Ursachen (nexus effectivus). Dagegen aber kann doch auch eine Causalverbindung nach einem Vernunftbegriffe (von Zwecken) gedacht werden, welche, wenn man sie als Reihe betrachtete, sowohl abwärts als aufwärts Abhängigkeit bei sich führen würde, in der das Ding, welches einmal als Wirkung bezeichnet ist, dennoch aufwärts den Namen einer Ursache desjenigen Dinges verdient, wovon es die Wirkung ist. Im Praktischen (nämlich der Kunst) findet man leicht dergleichen Verknüpfung, wie z. B. das Haus zwar die Ursache der Gelder ist, die für Miethe eingenommen werden, aber doch auch umgekehrt die Vorstellung von diesem möglichen Einkommen die Ursache der Erbauung des Hauses war. Eine solche Causalverknüpfung wird die der Endursachen (nexus finalis) genannt. Man könnte die erstere vielleicht schicklicher die Verknüpfnng der

1. Abtheilung. Analytik der teleologischen Urtheilskraft.

realen, die zweite der idealen Ursachen nennen, weil bei dieser Benennung zugleich begriffen wird, daß es nicht mehr als diese zwei Arten der Causalität geben könne.

Zu einem Dinge als Naturzwecke wird nun erstlich erfordert, daß die Theile (ihrem Dasein und der Form nach) nur durch ihre Beziehung auf das Ganze möglich sind. Denn das Ding selbst ist ein Zweck, folglich unter einem Begriffe oder einer Idee befaßt, die alles, was in ihm enthalten sein soll, a priori bestimmen muß. Sofern aber ein Ding nur auf diese Art als möglich gedacht wird, ist es bloß ein Kunstwerk, d. i. das Product einer von der Materie (den Theilen) desselben unterschiedenen vernünftigen Ursache, deren Causalität (in Herbeischaffung und Verbindung der Theile) durch ihre Idee von einem dadurch möglichen Ganzen (mithin nicht durch die Natur außer ihm) bestimmt wird.

Soll aber ein Ding als Naturproduct in sich selbst und seiner innern Möglichkeit doch eine Beziehung auf Zwecke enthalten, d. i. nur als Naturzweck und ohne die Causalität der Begriffe von vernünftigen Wesen außer ihm möglich sein: so wird zweitens dazu erfordert: daß die Theile desselben sich dadurch zur Einheit eines Ganzen verbinden, daß sie von einander wechselseitig Ursache und Wirkung ihrer Form sind. Denn auf solche Weise ist es allein möglich, daß umgekehrt (wechselseitig) die Idee des Ganzen wiederum die Form und Verbindung aller Theile bestimme: nicht als Ursache — denn da wäre es ein Kunstproduct —, sondern als Erkenntnißgrund der systematischen Einheit der Form und Verbindung alles Mannigfaltigen, was in der gegebenen Materie enthalten ist, für den, der es beurtheilt.

Zu einem Körper also, der an sich und seiner innern Möglichkeit nach als Naturzweck beurtheilt werden soll, wird erfordert, daß die Theile desselben einander insgesammt ihrer Form sowohl als Verbindung nach wechselseitig und so ein Ganzes aus eigener Causalität hervorbringen, dessen Begriff wiederum umgekehrt (in einem Wesen, welches die einem solchen Product angemessene Causalität nach Begriffen besäße) Ursache von demselben nach einem Princip sein, folglich die Verknüpfung der wirkenden Ursachen zugleich als Wirkung durch Endursachen beurtheilt werden könnte.

In einem solchen Producte der Natur wird ein jeder Theil so, wie er nur durch alle übrige da ist, auch als um der andern und des Ganzen willen existirend, d. i. als Werkzeug (Organ) gedacht: welches aber nicht genug ist (denn er könnte auch Werkzeug der Kunst sein und so nur als Zweck überhaupt möglich vorgestellt werden); sondern als ein die andern Theile (folglich jeder den andern wechselseitig) hervorbringendes Organ, dergleichen kein Werkzeug der Kunst, sondern nur der allen Stoff zu Werkzeugen (selbst denen der Kunst) liefernden Natur sein kann: und nur dann und darum wird ein solches Product, als organisirtes und sich selbst organisirendes Wesen, ein Naturzweck genannt werden können.

In einer Uhr ist ein Theil das Werkzeug der Bewegung der andern, aber nicht ein Rad die wirkende Ursache der Hervorbringung des andern; ein Theil ist zwar um des andern willen, aber nicht durch denselben da. Daher ist auch die hervorbringende Ursache derselben und ihrer Form nicht in der Natur (dieser Materie), sondern außer ihr in einem Wesen, welches nach Ideen eines durch seine Causalität möglichen Ganzen wirken kann, enthalten. Daher bringt auch nicht ein Rad in der Uhr das andere, noch weniger eine Uhr andere Uhren hervor, so daß sie andere Materie dazu benutzte (sie organisirte); daher ersetzt sie auch nicht von selbst die ihr entwandten Theile, oder vergütet ihren Mangel in der ersten Bildung durch den Beitritt der übrigen, oder bessert sich etwa selbst aus, wenn sie in Unordnung gerathen ist: welches alles wir dagegen von der organisirten Natur erwarten können. — Ein organisirtes Wesen ist also nicht bloß Maschine: denn die hat lediglich bewegende Kraft; sondern es besitzt in sich bildende Kraft und zwar eine solche, die es den Materien mittheilt, welche sie nicht haben (sie organisirt): also eine sich fortpflanzende bildende Kraft, welche durch das Bewegungsvermögen allein (den Mechanism) nicht erklärt werden kann.

Man sagt von der Natur und ihrem Vermögen in organisirten Producten bei weitem zu wenig, wenn man dieses ein Analogon der Kunst nennt; denn da denkt man sich den Künstler (ein vernünftiges Wesen) außer ihr. Sie organisirt sich vielmehr selbst und in jeder Species ihrer organisirten Producte, zwar nach einerlei Exemplar im Ganzen, aber doch auch mit schicklichen Abweichungen, die die Selbsterhaltung nach den Umständen erfordert. Näher tritt man vielleicht dieser unerforschlichen Eigenschaft, wenn man sie ein Analogon des Lebens nennt: aber da muß man entweder die Materie als bloße Materie mit einer Eigenschaft (Hylozoism) begaben, die ihrem Wesen widerstreitet; oder ihr ein fremdartiges mit ihr in Gemeinschaft stehendes Princip (eine Seele) beigesellen: wozu man aber, wenn ein solches Product ein Naturproduct sein soll, organisirte Materie als Werkzeug jener Seele entweder schon voraussetzt und jene also nicht im mindesten begreiflicher macht, oder die Seele zur Künstlerin dieses Bauwerks machen und so das Product der Natur (der körperlichen) entziehen muß. Genau zu reden, hat also die Organisation der Natur nichts Analogisches mit irgend einer Causalität, die wir kennen*). Schönheit der Natur, weil sie den Gegenständen nur in Beziehung auf die Reflexion über die äußere Anschauung derselben, mithin nur der Form der Oberfläche wegen beigelegt wird, kann mit Recht ein Analogon der Kunst genannt werden. Aber innere Naturvollkommenheit, wie sie diejenigen Dinge besitzen, welche nur als Naturzwecke möglich sind und darum organisirte Wesen heißen, ist nach keiner Analogie irgend eines uns bekannten physischen, d. i. Naturvermögens, ja, da wir selbst zur Natur im weitesten Verstande gehören, selbst nicht einmal durch eine genau angemessene Analogie mit menschlicher Kunst denkbar und erklärlich.

Der Begriff eines Dinges, als an sich Naturzwecks, ist also kein constitutiver Begriff des Verstandes oder der Vernunft, kann aber doch ein regulativer Begriff für die reflectirende Urtheilskraft sein, nach einer entfernten Analogie mit unserer Causalität nach Zwecken überhaupt die Nachforschung über Gegenstände dieser Art zu leiten und über ihren obersten Grund nachzudenken; das letztere zwar nicht zum Behuf der Kenntniß der Natur, oder jenes Urgrundes derselben, sondern vielmehr eben desselben praktischen Vernunftvermögens in uns, mit welchem wir die Ursache jener Zweckmäßigkeit in Analogie betrachteten.

Organisirte Wesen sind also die einzigen in der Natur, welche, wenn man sie auch für sich und ohne ein Verhältniß auf andere Dinge betrachtet, doch nur als Zwecke derselben möglich gedacht werden müssen, und

---

*) Man kann umgekehrt einer gewissen Verbindung, die aber auch mehr in der Idee als in der Wirklichkeit angetroffen wird, durch eine Analogie mit den genannten unmittelbaren Naturzwecken Licht geben. So hat man sich bei einer neuerlich unternommenen gänzlichen Umbildung eines großen Volks zu einem Staat des Worts Organisation häufig für Einrichtung der Magistraturen usw. und selbst des ganzen Staatskörpers sehr schicklich bedient. Denn jedes Glied soll freilich in einem solchen Ganzen nicht bloß Mittel, sondern zugleich auch Zweck und, indem es zu der Möglichkeit des Ganzen mitwirkt, durch die Idee des Ganzen wiederum seiner Stelle und Function nach bestimmt sein.

die also zuerst dem Begriffe eines Zwecks, der nicht ein praktischer, sondern Zweck der Natur ist, objective Realität und dadurch für die Naturwissenschaft den Grund zu einer Teleologie, d. i. einer Beurtheilungsart ihrer Objecte nach einem besondern Princip, verschaffen, dergleichen man in sie einzuführen (weil man die Möglichkeit einer solchen Art Causalität gar nicht a priori einsehen kann) sonst schlechterdings nicht berechtigt sein würde.

§ 66.
Vom Princip der Beurtheilung der innern Zweckmäßigkeit in organisirten Wesen.

Dieses Princip, zugleich die Definition derselben, heißt: Ein organisirtes Product der Natur ist das, in welchem alles Zweck und wechselseitig auch Mittel ist. Nichts in ihm ist umsonst, zwecklos, oder einem blinden Naturmechanism zuzuschreiben.

Dieses Princip ist zwar seiner Veranlassung nach von Erfahrung abzuleiten, nämlich derjenigen, welche methodisch angestellt wird und Beobachtung heißt; der Allgemeinheit und Nothwendigkeit wegen aber, die es von einer solchen Zweckmäßigkeit aussagt, kann es nicht bloß auf Erfahrungsgründen beruhen, sondern muß irgend ein Princip a priori, wenn es gleich bloß regulativ wäre, und jene Zwecke allein in der Idee des Beurtheilenden und nirgend in einer wirkenden Ursache lägen, zum Grunde haben. Man kann daher obgenanntes Princip eine Maxime der Beurtheilung der innern Zweckmäßigkeit organisirter Wesen nennen.

Daß die Zergliederer der Gewächse und Thiere, um ihre Structur zu erforschen und die Gründe einsehen zu können, warum und zu welchem Ende solche Theile, warum eine solche Lage und Verbindung der Theile und gerade diese innere Form ihnen gegeben worden, jene Maxime: daß nichts in einem solchen Geschöpf umsonst sei, als unumgänglich nothwendig annehmen und sie eben so, als den Grundsatz der allgemeinen Naturlehre: daß nichts von ungefähr geschehe, geltend machen, ist bekannt. In der That können sie sich auch von diesem teleologischen Grundsatze eben so wenig lossagen, als von dem allgemeinen physischen, weil, so wie bei Verlassung des letzteren gar keine Erfahrung überhaupt, so bei der des ersteren Grundsatzes kein Leitfaden für die Beobachtung einer Art von Naturdingen, die wir einmal teleologisch unter dem Begriffe der Naturzwecke gedacht haben, übrig bleiben würde.

Denn dieser Begriff führt die Vernunft in eine ganz andere Ordnung der Dinge, als die eines bloßen Mechanisms der Natur, der uns hier nicht mehr genug thun will. Eine Idee soll der Möglichkeit des Naturproducts zum Grunde liegen. Weil diese aber eine absolute Einheit der Vorstellung ist, statt daß die Materie eine Vielheit der Dinge ist, die für sich keine bestimmte Einheit der Zusammensetzung an die Hand geben kann: so muß, wenn jene Einheit der Idee sogar als Bestimmungsgrund a priori eines Naturgesetzes der Causalität einer solchen Form des Zusammengesetzten dienen soll, der Zweck der Natur auf Alles, was in ihrem Producte liegt, erstreckt werden. Denn wenn wir einmal dergleichen Wirkung im Ganzen auf einen übersinnlichen Bestimmungsgrund über den blinden Mechanism der Natur hinaus beziehen, müssen wir sie auch ganz nach diesem Princip beurtheilen; und es ist kein Grund da, die Form eines solchen Dinges noch zum Theil vom letzteren als abhängig anzunehmen, da alsdann bei der Vermischung ungleichartiger Principien gar keine sichere Regel der Beurtheilung übrig bleiben würde.

Es mag immer sein, daß z. B. in einem thierischen Körper manche Theile als Concretionen nach bloß mechanischen Gesetzen begriffen werden könnten (als Häute, Knochen, Haare). Doch muß die Ursache, welche die dazu schickliche Materie herbeischafft, diese so modificirt, formt und an ihren gehörigen Stellen absetzt, immer teleologisch beurtheilt werden, so daß alles in ihm als organisirt betrachtet werden muß, und alles auch in gewisser Beziehung auf das Ding selbst wiederum Organ ist.

§ 67.

Vom Princip der teleologischen Beurtheilung der Natur überhaupt als System der Zwecke.

Wir haben oben von der äußeren Zweckmäßigkeit der Naturdinge gesagt: daß sie keine hinreichende Berechtigung gebe, sie zugleich als Zwecke der Natur zu Erklärungsgründen ihres Daseins und die zufällig zweckmäßigen Wirkungen derselben in der Idee zu Gründen ihres Daseins nach dem Princip der Endursachen zu brauchen. So kann man die Flüsse, weil sie die Gemeinschaft im Innern der Länder unter Völkern befördern, die Gebirge, weil sie zu diesen die Quellen und zur Erhaltung derselben den Schneevorrath für regenlose Zeiten enthalten, imgleichen den Abhang der Länder, der diese Gewässer abführt und das Land trocken werden läßt, darum nicht sofort für Naturzwecke halten: weil, obzwar diese Gestalt der Oberfläche der Erde zur Entstehung und Erhaltung des Gewächs- und Thierreichs sehr nöthig war, sie doch nichts an sich hat, zu dessen Möglichkeit man sich genöthigt sähe eine Causalität nach Zwecken anzunehmen. Eben das gilt von Gewächsen, die der Mensch zu seiner Nothdurft oder Ergötzlichkeit nutzt: von Thieren, dem Kameele, dem Rinde, dem Pferde, Hunde u. s. w., die er theils zu seiner Nahrung, theils seinem Dienste so vielfältig gebrauchen und großentheils gar nicht entbehren kann. Von Dingen, deren keines für sich als Zweck anzusehen man Ursache hat, kann das äußere Verhältniß nur hypothetisch für zweckmäßig beurtheilt werden.

Ein Ding seiner innern Form halber als Naturzweck beurtheilen, ist ganz etwas anderes, als die Existenz dieses Dinges für Zweck der Natur halten. Zu der letztern Behauptung bedürfen wir nicht bloß den Begriff von einem möglichen Zweck, sondern die Erkenntniß des Endzwecks (scopus) der Natur, welches eine Beziehung derselben auf etwas Übersinnliches bedarf, die alle unsere teleologische Naturerkenntniß weit übersteigt; denn der Zweck der Existenz der Natur selbst muß über die Natur hinaus gesucht werden. Die innere Form eines bloßen Grashalms kann seinen bloß nach der Regel der Zwecke möglichen Ursprung für unser menschliches Beurtheilungsvermögen hinreichend beweisen. Geht man aber davon ab und sieht nur auf den Gebrauch, den andere Naturwesen davon machen, verläßt also die Betrachtung der innern Organisation und sieht nur auf äußere zweckmäßige Beziehungen, wie das Gras dem Vieh, wie dieses dem Menschen als Mittel zu seiner Existenz nöthig sei; und man sieht nicht, warum es denn nöthig sei, daß Menschen existiren (welches, wenn man etwa die Neuholländer oder Feuerländer in Gedanken hat, so leicht nicht zu beantworten sein möchte): so gelangt man zu keinem kategorischen Zwecke, sondern alle diese zweckmäßige Beziehung beruht auf einer immer weiter hinauszusetzenden Bedingung, die als unbedingt (das Dasein eines Dinges als Endzweck) ganz außerhalb der physisch-teleologischen Weltbetrachtung liegt. Alsdann aber ist ein solches Ding auch nicht Naturzweck; denn es ist (oder seine ganze Gattung) nicht als Naturproduct anzusehen.

Es ist also nur die Materie, sofern sie organisirt ist, welche den Begriff von ihr als einem Naturzwecke nothwendig bei sich führt, weil diese ihre specifische Form zugleich Product der Natur ist. Aber dieser Begriff führt nun nothwendig auf die Idee der gesammten Natur als eines Systems nach der Regel der Zwecke, welcher Idee nun aller Mechanism der Natur nach Principien der Vernunft (wenigstens um daran die Naturerscheinung zu versuchen) untergeordnet werden muß. Das Princip der Vernunft ist ihr als nur subjectiv, d. i. als Maxime, zuständig: Alles in der Welt ist irgend wozu gut; nichts ist in ihr umsonst; und man ist durch das Beispiel, das die Natur an ihren organischen Producten giebt, berechtigt, ja berufen, von ihr und ihren Gesetzen nichts, als was im Ganzen zweckmäßig ist, zu erwarten.

Es versteht sich, daß dieses nicht ein Princip für die bestimmende, sondern nur für die reflectirende Urtheilskraft sei, daß es regulativ und nicht constitutiv sei, und wir dadurch nur einen Leitfaden bekommen, die Naturdinge in Beziehung auf einen Bestimmungsgrund, der schon gegeben ist, nach einer neuen gesetzlichen Ordnung zu betrachten und die Naturkunde nach einem andern Princip, nämlich dem der Endursachen, doch unbeschadet dem des Mechanisms ihrer Causalität zu erweitern. Übrigens wird dadurch keinesweges ausgemacht, ob irgend etwas, das wir nach diesem Princip beurtheilen, absichtlich Zweck der Natur sei: ob die Gräser für das Rind oder Schaf und ob dieses und die übrigen Naturdinge für den Menschen da sind. Es ist gut, selbst die uns unangenehmen und in besondern Beziehungen zweckwidrigen Dinge auch von dieser Seite zu betrachten. So könnte man z. B. sagen: das Ungeziefer, welches die Menschen in ihren Kleidern, Haaren oder Bettstellen plagt, sei nach einer weisen Naturanstalt ein Antrieb zur Reinlichkeit, die für sich schon ein wichtiges Mittel der Erhaltung der Gesundheit ist. Oder die Mosquitomücken und andere stechende Insecten, welche die Wüsten von Amerika den Wilden so beschwerlich machen, seien so viel Stacheln der Thätigkeit für diese angehende Menschen, um die Moräste abzuleiten und die dichten den Luftzug abhaltenden Wälder licht zu machen und dadurch, imgleichen durch den Anbau des Bodens ihren Aufenthalt zugleich gesünder zu machen. Selbst was dem Menschen in seiner innern Organisation widernatürlich zu sein scheint, wenn es auf diese Weise behandelt wird, giebt eine unterhaltende, bisweilen auch belehrende Aussicht in eine teleologische Ordnung der Dinge, auf die uns ohne ein solches Princip die bloß physische Betrachtung allein nicht führen würde. So wie einige den Bandwurm dem Menschen oder Thiere, dem er beiwohnt, gleichsam zum Ersatz eines gewissen Mangels seiner Lebensorganen beigegeben zu sein urtheilen: so würde ich fragen, ob nicht die Träume (ohne die niemals der Schlaf ist, ob man sich gleich nur selten derselben erinnert) eine zweckmäßige Anordnung der Natur sein mögen, indem sie nämlich bei dem Abspannen aller körperlichen bewegenden Kräfte dazu dienen, vermittelst der Einbildungskraft und der großen Geschäftigkeit derselben (die in diesem Zustande mehrentheils bis zum Affecte steigt) die Lebensorganen innigst zu bewegen; so wie sie auch bei überfülltem Magen, wo diese Bewegung um desto nöthiger ist, im Nachtschlafe gemeiniglich mit desto mehr Lebhaftigkeit spielt; daß folglich ohne diese innerlich bewegende Kraft und ermüdende Unruhe, worüber wir die Träume anklagen (die doch in der That vielleicht Heilmittel sind), der Schlaf selbst im gesunden Zustande wohl gar ein völliges Erlöschen des Lebens sein würde.

Auch Schönheit der Natur, d. i. ihre Zusammenstimmung mit dem freien Spiele unserer Erkenntnißvermögen in der Auffassung und Beurtheilung ihrer Erscheinung, kann auf die Art als objective Zweckmäßigkeit der Natur in ihrem Ganzen, als System, worin der Mensch ein Glied ist, betrachtet werden: wenn einmal die teleologische Beurtheilung derselben durch die Naturzwecke, welche uns die organisirten Wesen an die Hand geben, zu der Idee eines großen Systems der Zwecke der Natur uns berechtigt hat. Wir können es als eine Gunst*), die die Natur für uns gehabt hat, betrachten, daß sie über das Nützliche noch Schönheit und Reize so reichlich austheilte, und sie deshalb lieben, so wie ihrer Unermeßlichkeit wegen mit Achtung betrachten und uns selbst in dieser Betrachtung veredelt fühlen: gerade als ob die Natur ganz eigentlich in dieser Absicht ihre herrliche Bühne aufgeschlagen und ausgeschmückt habe.

Wir wollen in diesem § nichts anders sagen, als daß, wenn wir einmal an der Natur ein Vermögen entdeckt haben, Producte hervorzubringen, die nur nach dem Begriffe der Endursachen von uns gedacht werden können, wir weiter gehen und auch die, welche (oder ihr, obgleich zweckmäßiges,

---

*) In dem ästhetischen Theile wurde gesagt: wir sähen die schöne Natur mit Gunst an, indem wir an ihrer Form ein ganz freies (uninteressirtes) Wohlgefallen haben. Denn in diesem bloßen Geschmacksurtheile wird gar nicht darauf Rücksicht genommen, zu welchem Zwecke diese Naturschönheiten existiren: ob um uns eine Lust zu erwecken, oder ohne alle Beziehung auf uns als Zwecke. In einem teleologischen Urtheile aber geben wir auch auf diese Beziehung Acht; und da können wir es als Gunst der Natur ansehen, daß sie uns durch Aufstellung so vieler schönen Gestalten zur Cultur hat beförderlich sein wollen.

Verhältniß) es eben nicht nothwendig machen, über den Mechanism der blind wirkenden Ursachen hinaus ein ander Princip für ihre Möglichkeit aufzusuchen, dennoch als zu einem System der Zwecke gehörig beurtheilen dürfen: weil uns die erstere Idee schon, was ihren Grund betrifft, über die Sinnenwelt hinausführt; da denn die Einheit des übersinnlichen Princips nicht bloß für gewisse Species der Naturwesen, sondern für das Naturganze als System auf dieselbe Art als gültig betrachtet werden muß.

§ 68.
Von dem Princip der Teleologie als innerem Princip der Naturwissenschaft.

Die Principien einer Wissenschaft sind derselben entweder innerlich und werden einheimisch genannt (principia domestica); oder sie sind auf Begriffe, die nur außer ihr Platz finden können, gegründet und sind auswärtige Principien (peregrina). Wissenschaften, welche die letzteren enthalten, legen ihren Lehren Lehnsätze (Lemmata) zum Grunde; d. i. sie borgen irgend einen Begriff und mit ihm einen Grund der Anordnung von einer anderen Wissenschaft.

Eine jede Wissenschaft ist für sich ein System; und es ist nicht genug, in ihr nach Principien zu bauen und also technisch zu verfahren, sondern man muß mit ihr, als einem für sich bestehenden Gebäude, auch architektonisch zu Werke gehen und sie nicht wie einen Anbau und als einen Theil eines andern Gebäudes, sondern als ein Ganzes für sich behandeln, ob man gleich nachher einen Übergang aus diesem in jenes oder wechselseitig errichten kann.

Wenn man also für die Naturwissenschaft und in ihren Context den Begriff von Gott hereinbringt, um sich die Zweckmäßigkeit in der Natur erklärlich zu machen, und hernach diese Zweckmäßigkeit wiederum braucht, um zu beweisen, daß ein Gott sei: so ist in keiner von beiden Wissenschaften innerer Bestand; und ein täuschendes Diallele bringt jede in Unsicherheit, dadurch daß sie ihre Gränzen in einander laufen lassen.

Der Ausdruck eines Zwecks der Natur beugt dieser Verwirrung schon genugsam vor, um Naturwissenschaft und die Veranlassung, die sie zur teleologischen Beurtheilung ihrer Gegenstände giebt, nicht mit der Gottesbetrachtung und also einer theologischen Ableitung zu vermengen; und man muß es nicht als unbedeutend ansehen, ob man jenen Ausdruck mit dem eines göttlichen Zwecks in der Anordnung der Natur verwechsele, oder wohl gar den letztern für schicklicher und einer frommen Seele angemessener ausgebe, weil es doch am Ende dahin kommen müsse, jene zweckmäßige Formen in der Natur von einem weisen Welturheber abzuleiten; sondern sich sorgfältig und bescheiden auf den Ausdruck, der gerade nur so viel sagt, als wir wissen, nämlich eines Zwecks der Natur, einschränken. Denn ehe wir noch nach der Ursache der Natur selbst fragen, finden wir in der Natur und dem Laufe ihrer Erzeugung dergleichen Producte, die nach bekannten Erfahrungsgesetzen in ihr erzeugt werden, nach welchen die Naturwissenschaft ihre Gegenstände beurtheilen, mithin auch deren Causalität nach der Regel der Zwecke in ihr selbst suchen muß. Daher muß sie ihre Gränze nicht überspringen, um das, dessen Begriffe gar keine Erfahrung angemessen sein kann, und woran man sich allererst nach Vollendung der Naturwissenschaft zu wagen befugt ist, in sie selbst als einheimisches Princip hinein zu ziehen.

Naturbeschaffenheiten, die sich a priori demonstriren und also ihrer Möglichkeit nach aus allgemeinen Principien ohne allen Beitritt der Erfahrung einsehen lassen, können, ob sie gleich eine technische Zweckmäßigkeit bei sich führen, dennoch, weil sie schlechterdings nothwendig sind, gar nicht zur Teleologie der Natur, als einer in die Physik gehörigen Methode die Fragen derselben aufzulösen, gezählt werden. Arithmetische, geometrische Analogieen, imgleichen allgemeine mechanische Gesetze, so sehr uns auch die Vereinigung verschiedener dem Anschein nach von einander ganz unabhängiger Regeln in einem Princip an ihnen befremdend und bewundernswürdig vorkommen mag, enthalten deswegen keinen Anspruch darauf, teleologische Erklärungsgründe in der Physik zu sein; und wenn sie gleich in der allgemeinen Theorie der Zweckmäßigkeit der Dinge der Natur überhaupt mit in Betrachtung gezogen zu werden verdienen, so würde diese doch anderwärts hin, nämlich in die Metaphysik, gehören und kein inneres Princip der Naturwissenschaft ausmachen: wie es wohl mit den empirischen Gesetzen der Naturzwecke an organisirten Wesen nicht allein erlaubt, sondern auch unvermeidlich ist, die teleologische Beurtheilungsart zum Princip der Naturlehre in Ansehung einer eigenen Classe ihrer Gegenstände zu gebrauchen.

Damit nun Physik sich genau in ihren Gränzen halte, so abstrahirt sie von der Frage, ob die Naturzwecke es absichtlich oder unabsichtlich sind, gänzlich; denn das würde Einmengung in ein fremdes Geschäft

1. Abtheilung. Analytik der teleologischen Urtheilskraft.

(nämlich das der Metaphysik) sein. Genug, es sind nach Naturgesetzen, die wir uns nur unter der Idee der Zwecke als Princip denken können, einzig und allein erklärbare und bloß auf diese Weise ihrer innern Form nach, sogar auch nur innerlich erkennbare Gegenstände. Um sich also auch nicht der mindesten Anmaßung, als wollte man etwas, was gar nicht in die Physik gehört, nämlich eine übernatürliche Ursache, unter unsere Erkenntnißgründe mischen, verdächtig zu machen: spricht man in der Teleologie zwar von der Natur, als ob die Zweckmäßigkeit in ihr absichtlich sei, aber doch zugleich so, daß man der Natur, d. i. der Materie, diese Absicht beilegt; wodurch man (weil hierüber kein Mißverstand Statt finden kann, indem von selbst schon keiner einem leblosen Stoffe Absicht in eigentlicher Bedeutung des Worts beilegen wird) anzeigen will, daß dieses Wort hier nur ein Princip der reflectirenden, nicht der bestimmenden Urtheilskraft bedeute und also keinen besondern Grund der Causalität einführen solle, sondern auch nur zum Gebrauche der Vernunft eine andere Art der Nachforschung, als die nach mechanischen Gesetzen ist, hinzufüge, um die Unzulänglichkeit der letzteren selbst zur empirischen Aufsuchung aller besondern Gesetze der Natur zu ergänzen. Daher spricht man in der Teleologie, so fern sie zur Physik gezogen wird, ganz recht von der Weisheit, der Sparsamkeit, der Vorsorge, der Wohlthätigkeit der Natur, ohne dadurch aus ihr ein verständiges Wesen zu machen (weil das ungereimt wäre); aber auch ohne sich zu erkühnen, ein anderes, verständiges Wesen über sie als Werkmeister setzen zu wollen, weil dieses vermessen*) sein würde: sondern es soll dadurch nur eine Art der Causalität der Natur nach einer Analogie mit der unsrigen im technischen Gebrauche der Vernunft bezeichnet werden, um die Regel, wornach gewissen Producten der Natur nachgeforscht werden muß, vor Augen zu haben.

Warum aber macht doch die Teleologie gewöhnlich keinen eigenen Theil der theoretischen Naturwissenschaft aus, sondern wird zur Theologie als Propädeutik oder Übergang gezogen? Dieses geschieht, um das

---

*) Das deutsche Wort vermessen ist ein gutes, bedeutungsvolles Wort. Ein Urtheil, bei welchem man das Längenmaß seiner Kräfte (des Verstandes) zu überschlagen vergißt, kann bisweilen sehr demüthig klingen und macht doch große Ansprüche und ist doch sehr vermessen. Von der Art sind die meisten, wodurch man die göttliche Weisheit zu erheben vorgiebt, indem man ihr in den Werken der Schöpfung und der Erhaltung Absichten unterlegt, die eigentlich der eigenen Weisheit des Vernünftlers Ehre machen sollen.

Studium der Natur nach ihrem Mechanism an demjenigen fest zu halten, was wir unserer Beobachtung oder den Experimenten so unterwerfen können, daß wir es gleich der Natur wenigstens der Ähnlichkeit der Gesetze nach selbst hervorbringen könnten; denn nur soviel sieht man vollständig ein, als man nach Begriffen selbst machen und zu Stande bringen kann. Organisation aber als innerer Zweck der Natur übersteigt unendlich alles Vermögen einer ähnlichen Darstellung durch Kunst: und was äußere für zweckmäßig gehaltene Natureinrichtungen betrifft (z. B. Winde, Regen u. d. gl.), so betrachtet die Physik wohl den Mechanism derselben; aber ihre Beziehung auf Zwecke, so fern diese eine zur Ursache nothwendig gehörige Bedingung sein soll, kann sie gar nicht darstellen, weil diese Nothwendigkeit der Verknüpfung gänzlich die Verbindung unserer Begriffe und nicht die Beschaffenheit der Dinge angeht.

Zweite Abtheilung.

Dialektik der teleologischen Urtheilskraft.

§ 69.
Was eine Antinomie der Urtheilskraft sei.

Die bestimmende Urtheilskraft hat für sich keine Principien, welche Begriffe von Objecten gründen. Sie ist keine Autonomie; denn sie subsumirt nur unter gegebenen Gesetzen, oder Begriffen, als Principien. Eben darum ist sie auch keiner Gefahr ihrer eigenen Antinomie und keinem Widerstreit ihrer Principien ausgesetzt. So war die transscendentale Urtheilskraft, welche die Bedingungen unter Kategorieen zu subsumiren enthielt, für sich nicht nomothetisch; sondern nannte nur die Bedingungen der sinnlichen Anschauung, unter welchen einem gegebenen Begriffe, als Gesetze des Verstandes, Realität (Anwendung) gegeben werden kann: worüber sie niemals mit sich selbst in Uneinigkeit (wenigstens den Principien nach) gerathen konnte.

Allein die reflectirende Urtheilskraft soll unter einem Gesetze subsumiren, welches noch nicht gegeben und also in der That nur ein Princip der Reflexion über Gegenstände ist, für die es uns objectiv gänzlich an einem Gesetze mangelt, oder an einem Begriffe vom Object, der zum Princip für vorkommende Fälle hinreichend wäre. Da nun kein Gebrauch der Erkenntnißvermögen ohne Principien verstattet werden darf, so wird die reflectirende Urtheilskraft in solchen Fällen ihr selbst zum Princip dienen müssen: welches, weil es nicht objectiv ist und keinen für die Absicht hinreichenden Erkenntnißgrund des Objects unterlegen kann, als bloß subjectives Princip zum zweckmäßigen Gebrauche der Erkenntnißvermögen, nämlich über eine Art Gegenstände zu reflectiren, dienen soll. Also hat in Beziehung auf solche Fälle die reflectirende Urtheilskraft ihre Maximen und zwar nothwendige zum Behuf der Erkenntniß der Natur-

geſetze in der Erfahrung, um vermittelſt derſelben zu Begriffen zu ge=
langen, ſollten dieſe auch Vernunftbegriffe ſein; wenn ſie ſolcher durchaus
bedarf, um die Natur nach ihren empiriſchen Geſetzen bloß kennen zu
lernen. — Zwiſchen dieſen nothwendigen Maximen der reflectirenden
Urtheilskraft kann nun ein Widerſtreit, mithin eine Antinomie Statt
finden, worauf ſich eine Dialektik gründet, die, wenn jede von zwei ein=
ander widerſtreitenden Maximen in der Natur der Erkenntnißvermögen
ihren Grund hat, eine natürliche Dialektik genannt werden kann und ein
unvermeidlicher Schein, den man in der Kritik entblößen und auflöſen
muß, damit er nicht betrüge.

§ 70.
Vorſtellung dieſer Antinomie.

So fern die Vernunft es mit der Natur als Inbegriff der Gegen=
ſtände äußerer Sinne zu thun hat, kann ſie ſich auf Geſetze gründen, die
der Verſtand theils ſelbſt a priori der Natur vorſchreibt, theils durch die
in der Erfahrung vorkommenden empiriſchen Beſtimmungen ins Unab=
ſehliche erweitern kann. Zur Anwendung der erſtern Art von Geſetzen,
nämlich der allgemeinen der materiellen Natur überhaupt, braucht die
Urtheilskraft kein beſonderes Princip der Reflexion; denn da iſt ſie be=
ſtimmend, weil ihr ein objectives Princip durch den Verſtand gegeben
iſt. Aber was die beſondern Geſetze betrifft, die uns nur durch Erfahrung
kund werden können, ſo kann unter ihnen eine ſo große Mannigfaltigkeit
und Ungleichartigkeit ſein, daß die Urtheilskraft ſich ſelbſt zum Princip
dienen muß, um auch nur in den Erſcheinungen der Natur nach einem
Geſetze zu forſchen und es auszuſpähen, indem ſie ein ſolches zum Leit=
faden bedarf, wenn ſie ein zuſammenhängendes Erfahrungserkenntniß
nach einer durchgängigen Geſetzmäßigkeit der Natur, die Einheit der=
ſelben nach empiriſchen Geſetzen, auch nur hoffen ſoll. Bei dieſer zu=
fälligen Einheit der beſonderen Geſetze kann es ſich nun zutragen: daß
die Urtheilskraft in ihrer Reflexion von zwei Maximen ausgeht, deren
eine ihr der bloße Verſtand a priori an die Hand giebt; die andere aber
durch beſondere Erfahrungen veranlaßt wird, welche die Vernunft ins
Spiel bringen, um nach einem beſondern Princip die Beurtheilung der
körperlichen Natur und ihrer Geſetze anzuſtellen. Da trifft es ſich dann,
daß dieſe zweierlei Maximen nicht wohl neben einander beſtehen zu

2. Abtheilung. Dialektik der teleologischen Urtheilskraft.

können den Anschein haben, mithin sich eine Dialektik hervorthut, welche die Urtheilskraft in dem Princip ihrer Reflexion irre macht.

Die erste Maxime derselben ist der Satz: Alle Erzeugung materieller Dinge und ihrer Formen muß als nach bloß mechanischen Gesetzen möglich beurtheilt werden.

Die zweite Maxime ist der Gegensatz: Einige Producte der materiellen Natur können nicht als nach bloß mechanischen Gesetzen möglich beurtheilt werden (ihre Beurtheilung erfordert ein ganz anderes Gesetz der Causalität, nämlich das der Endursachen).

Wenn man diese regulativen Grundsätze für die Nachforschung nun in constitutive der Möglichkeit der Objecte selbst verwandelte, so würden sie so lauten:

Satz: Alle Erzeugung materieller Dinge ist nach bloß mechanischen Gesetzen möglich.

Gegensatz: Einige Erzeugung derselben ist nach bloß mechanischen Gesetzen nicht möglich.

In dieser letzteren Qualität, als objective Principien für die bestimmende Urtheilskraft, würden sie einander widersprechen, mithin einer von beiden Sätzen nothwendig falsch sein; aber das wäre alsdann zwar eine Antinomie, doch nicht der Urtheilskraft, sondern ein Widerstreit in der Gesetzgebung der Vernunft. Die Vernunft kann aber weder den einen noch den andern dieser Grundsätze beweisen: weil wir von Möglichkeit der Dinge nach bloß empirischen Gesetzen der Natur kein bestimmendes Princip a priori haben können.

Was dagegen die zuerst vorgetragene Maxime einer reflectirenden Urtheilskraft betrifft, so enthält sie in der That gar keinen Widerspruch. Denn wenn ich sage: ich muß alle Ereignisse in der materiellen Natur, mithin auch alle Formen als Producte derselben ihrer Möglichkeit nach nach bloß mechanischen Gesetzen beurtheilen, so sage ich damit nicht: sie sind darnach allein (ausschließungsweise von jeder andern Art Causalität) möglich; sondern das will nur anzeigen: ich soll jederzeit über dieselben nach dem Princip des bloßen Mechanisms der Natur reflectiren und mithin diesem, soweit ich kann, nachforschen, weil, ohne ihn zum Grunde der Nachforschung zu legen, es gar keine eigentliche Naturerkenntniß geben kann. Dieses hindert nun die zweite Maxime bei gelegentlicher Veranlassung nicht, nämlich bei einigen Naturformen (und auf deren Veranlassung sogar der ganzen Natur), nach einem Princip zu

25*

spüren und über sie zu reflectiren, welches von der Erklärung nach dem Mechanism der Natur ganz verschieden ist, nämlich dem Princip der Endursachen. Denn die Reflexion nach der ersten Maxime wird dadurch nicht aufgehoben, vielmehr wird es geboten, sie, so weit man kann, zu verfolgen; auch wird dadurch nicht gesagt, daß nach dem Mechanism der Natur jene Formen nicht möglich wären. Nur wird behauptet, daß die menschliche Vernunft in Befolgung derselben und auf diese Art niemals von dem, was das Specifische eines Naturzwecks ausmacht, den mindesten Grund, wohl aber andere Erkenntnisse von Naturgesetzen wird auffinden können; wobei es als unausgemacht dahin gestellt wird, ob nicht in dem uns unbekannten inneren Grunde der Natur selbst die physisch-mechanische und die Zweckverbindung an denselben Dingen in einem Princip zusammen hängen mögen: nur daß unsere Vernunft sie in einem solchen nicht zu vereinigen im Stande ist, und die Urtheilskraft also als (aus einem subjectiven Grunde) reflectirende, nicht als (einem objectiven Princip der Möglichkeit der Dinge an sich zufolge) bestimmende Urtheilskraft genöthigt ist, für gewisse Formen in der Natur ein anderes Princip, als das des Naturmechanisms zum Grunde ihrer Möglichkeit zu denken.

§ 71.

Vorbereitung zur Auflösung obiger Antinomie.

Wir können die Unmöglichkeit der Erzeugung der organisirten Naturproducte durch den bloßen Mechanism der Natur keinesweges beweisen, weil wir die unendliche Mannigfaltigkeit der besondern Naturgesetze, die für uns zufällig sind, da sie nur empirisch erkannt werden, ihrem ersten innern Grunde nach nicht einsehen und so das innere, durchgängig zureichende Princip der Möglichkeit einer Natur (welches im Übersinnlichen liegt) schlechterdings nicht erreichen können. Ob also das productive Vermögen der Natur auch für dasjenige, was wir als nach der Idee von Zwecken geformt oder verbunden beurtheilen, nicht eben so gut als für das, wozu wi bloß ein Maschinenwesen der Natur zu bedürfen glauben, zulange; und ob in der That für Dinge als eigentliche Naturzwecke (wie wir sie nothwendig beurtheilen müssen) eine ganz andere Art von ursprünglicher Causalität, die gar nicht in der materiellen Natur oder ihrem intelligibelen Substrat enthalten sein kann, nämlich ein architektonischer Verstand, zum

Grunde liege: darüber kann unsere in Ansehung des Begriffs der Causalität, wenn er a priori specificirt werden soll, sehr enge eingeschränkte Vernunft schlechterdings keine Auskunft geben. — Aber daß respectiv auf unser Erkenntnißvermögen der bloße Mechanism der Natur für die Erzeugung organisirter Wesen auch keinen Erklärungsgrund abgeben könne, ist eben so ungezweifelt gewiß. Für die reflectirende Urtheilskraft ist also das ein ganz richtiger Grundsatz: daß für die so offenbare Verknüpfung der Dinge nach Endursachen eine vom Mechanism unterschiedene Causalität, nämlich einer nach Zwecken handelnden (verständigen) Welturfache, gedacht werden müsse; so übereilt und unerweislich er auch für die bestimmende sein würde. In dem ersteren Falle ist er bloße Maxime der Urtheilskraft, wobei der Begriff jener Causalität eine bloße Idee ist, der man keinesweges Realität zuzugestehen unternimmt, sondern sie nur zum Leitfaden der Reflexion braucht, die dabei für alle mechanische Erklärungsgründe immer offen bleibt und sich nicht aus der Sinnenwelt verliert; im zweiten Falle würde der Grundsatz ein objectives Princip sein, das die Vernunft vorschriebe und dem die Urtheilskraft sich bestimmend unterwerfen müßte, wobei sie aber über die Sinnenwelt hinaus sich ins Überschwengliche verliert und vielleicht irre geführt wird.

Aller Anschein einer Antinomie zwischen den Maximen der eigentlich physischen (mechanischen) und der teleologischen (technischen) Erklärungsart beruht also darauf: daß man einen Grundsatz der reflectirenden Urtheilskraft mit dem der bestimmenden und die Autonomie der ersteren (die bloß subjectiv für unsern Vernunftgebrauch in Ansehung der besonderen Erfahrungsgesetze gilt) mit der Heteronomie der anderen, welche sich nach den von dem Verstande gegebenen (allgemeinen oder besondern) Gesetzen richten muß, verwechselt.

§ 72.

Von den mancherlei Systemen über die Zweckmäßigkeit der Natur.

Die Richtigkeit des Grundsatzes, daß über gewisse Dinge der Natur (organisirte Wesen) und ihre Möglichkeit nach dem Begriffe von Endursachen geurtheilt werden müsse, selbst auch nur wenn man, um ihre Beschaffenheit durch Beobachtung kennen zu lernen, einen Leitfaden verlangt, ohne sich bis zur Untersuchung über ihren ersten Ursprung zu versteigen, hat noch niemand bezweifelt. Die Frage kann also nur sein: ob dieser Grundsatz bloß subjectiv gültig, d. i. bloß Maxime unserer Urtheilskraft, oder ein objectives Princip der Natur sei, nach welchem ihr außer ihrem Mechanism (nach bloßen Bewegungsgesetzen) noch eine andere Art von Causalität zukomme, nämlich die der Endursachen, unter denen jene (die bewegenden Kräfte) nur als Mittelursachen ständen.

Nun könnte man diese Frage oder Aufgabe für die Speculation gänzlich unausgemacht und unaufgelöset lassen: weil, wenn wir uns mit der letzteren innerhalb den Gränzen der bloßen Naturerkenntniß begnügen, wir an jenen Maximen genug haben, um die Natur, so weit als menschliche Kräfte reichen, zu studiren und ihren verborgensten Geheimnissen nachzuspüren. Es ist also wohl eine gewisse Ahnung unserer Vernunft, oder ein von der Natur uns gleichsam gegebener Wink, daß wir vermittelst jenes Begriffs von Endursachen wohl gar über die Natur hinauslangen und sie selbst an den höchsten Punkt in der Reihe der Ursachen knüpfen könnten, wenn wir die Nachforschung der Natur (ob wir gleich darin noch nicht weit gekommen sind) verließen, oder wenigstens einige Zeit aussetzten und vorher, worauf jener Fremdling in der Naturwissenschaft, nämlich der Begriff der Naturzwecke, führe, zu erkunden versuchten.

Hier müßte nun freilich jene unbestrittene Maxime in die ein weites Feld zu Streitigkeiten eröffnende Aufgabe übergehen: ob die Zweckverknüpfung in der Natur eine besondere Art der Causalität für dieselbe beweise; oder ob sie, an sich und nach objectiven Principien betrachtet, nicht vielmehr mit dem Mechanism der Natur einerlei sei, oder auf einem und demselben Grunde beruhe: nur daß wir, da dieser für unsere Nachforschung in manchen Naturproducten oft zu tief versteckt ist, es mit einem subjectiven Princip, nämlich dem der Kunst, d. i. der Causalität nach Ideen, versuchen, um sie der Natur der Analogie nach unterzulegen; welche Nothülfe uns auch in vielen Fällen gelingt, in einigen zwar zu mißlingen scheint, auf alle Fälle aber nicht berechtigt, eine besondere, von der Causalität nach bloß mechanischen Gesetzen der Natur selbst unterschiedene Wirkungsart in die Naturwissenschaft einzuführen. Wir wollen, indem wir das Verfahren (die Causalität) der Natur wegen des Zweckähnlichen, welches wir in ihren Producten finden, Technik nennen, diese in die absichtliche (technica intentionalis) und in die unabsichtliche (technica naturalis) eintheilen. Die erste soll bedeuten: daß das productive Vermögen der Natur nach Endursachen für eine besondere Art von Causalität gehalten werden müsse; die zweite: daß sie mit dem Mechanism der Natur im Grunde ganz einerlei sei, und das zufällige Zusammentreffen mit unseren Kunstbegriffen und ihren Regeln, als bloß subjective Bedingung sie zu beurtheilen, fälschlich für eine besondere Art der Naturerzeugung ausgedeutet werde.

Wenn wir jetzt von den Systemen der Naturerklärung in Ansehung der Endursachen reden, so muß man wohl bemerken: daß sie insgesammt dogmatisch, d. i. über objective Principien der Möglichkeit der Dinge, es sei durch absichtlich oder lauter unabsichtlich wirkende Ursachen, unter einander streitig sind, nicht aber etwa über die subjective Maxime, über die Ursache solcher zweckmäßigen Producte bloß zu urtheilen: in welchem letztern Falle disparate Principien noch wohl vereinigt werden könnten, anstatt daß im ersteren contradictorisch-entgegengesetzte einander aufheben und neben sich nicht bestehen können.

Die Systeme in Ansehung der Technik der Natur, d. i. ihrer productiven Kraft nach der Regel der Zwecke, sind zwiefach: des Idealismus, oder des Realismus der Naturzwecke. Der erstere ist die Behauptung: daß alle Zweckmäßigkeit der Natur unabsichtlich; der zweite: daß einige derselben (in organisirten Wesen) absichtlich sei; woraus denn auch die als Hypothese gegründete Folge gezogen werden könnte, daß die Technik der Natur, auch was alle andere Producte derselben in Beziehung auf das Naturganze betrifft, absichtlich, d. i. Zweck, sei.

1) Der Idealism der Zweckmäßigkeit (ich verstehe hier immer die objective) ist nun entweder der der Casualität, oder der Fatalität der Naturbestimmung in der zweckmäßigen Form ihrer Producte. Das erstere Princip betrifft die Beziehung der Materie auf den physischen Grund ihrer Form, nämlich die Bewegungsgesetze; das zweite auf ihren und der ganzen Natur hyperphysischen Grund. Das System der Casualität, welches dem Epikur oder Demokritus beigelegt wird, ist, nach dem Buchstaben genommen, so offenbar ungereimt, daß es uns nicht aufhalten darf; dagegen ist das System der Fatalität (wovon man den Spinoza zum Urheber macht, ob es gleich allem Ansehen nach viel älter ist), welches sich auf etwas Übersinnliches beruft, wohin also unsere Einsicht nicht reicht, so leicht nicht zu widerlegen: darum weil sein Begriff von dem Urwesen gar nicht zu verstehen ist. So viel ist aber klar: daß die Zweckverbindung in der Welt in demselben als unabsichtlich ange-

nommen werden muß (weil sie von einem Urwesen, aber nicht von seinem Verstande, mithin keiner Absicht desselben, sondern aus der Nothwendigkeit seiner Natur und der davon abstammenden Welteinheit abgeleitet wird), mithin der Fatalismus der Zweckmäßigkeit zugleich ein Idealism derselben ist.

2) Der **Realism** der Zweckmäßigkeit der Natur ist auch entweder **physisch** oder **hyperphysisch**. Der **erste** gründet die Zwecke in der Natur auf dem Analogon eines nach Absicht handelnden Vermögens, dem **Leben der Materie** (in ihr, oder auch durch ein belebendes inneres Princip, eine Weltseele) und heißt der **Hylozoism**. Der **zweite** leitet sie von dem Urgrunde des Weltalls, als einem mit Absicht hervorbringenden (ursprünglich lebenden) verständigen Wesen ab und ist der **Theism**.*)

§ 73.

Keines der obigen Systeme leistet das, was es vorgiebt.

Was wollen alle jene Systeme? Sie wollen unsere teleologischen Urtheile über die Natur erklären und gehen damit so zu Werke, daß ein Theil die Wahrheit derselben läugnet, mithin sie für einen Idealism der Natur (als Kunst vorgestellt) erklärt; der andere Theil sie als wahr anerkennt und die Möglichkeit einer Natur nach der Idee der Endursachen darzuthun verspricht.

1) Die für den Idealism der Endursachen in der Natur streitenden Systeme lassen nun einerseits zwar an dem Princip derselben eine Causalität nach Bewegungsgesetzen zu (durch welche die Naturdinge zweckmäßig existiren); aber sie läugnen an ihr die **Intentionalität**, d. i.

---

*) Man sieht hieraus: daß in den meisten speculativen Dingen der reinen Vernunft, was die dogmatischen Behauptungen betrifft, die philosophischen Schulen gemeiniglich alle Auflösungen, die über eine gewisse Frage möglich sind, versucht haben. So hat man über die Zweckmäßigkeit der Natur bald entweder die **leblose Materie**, oder einen **leblosen Gott**, bald eine **lebende Materie**, oder auch einen **lebendigen Gott** zu diesem Behufe versucht. Für uns bleibt nichts übrig, als, wenn es Noth thun sollte, von allen diesen objectiven Behauptungen abzugehen und unser Urtheil bloß in Beziehung auf unsere Erkenntnißvermögen kritisch zu erwägen, um ihrem Princip eine, wo nicht dogmatische, doch zum sichern Vernunftgebrauch hinreichende Gültigkeit einer Maxime zu verschaffen.

daß sie absichtlich zu dieser ihrer zweckmäßigen Hervorbringung bestimmt, oder mit anderen Worten ein Zweck die Ursache sei. Dieses ist die Erklärungsart Epikurs, nach welcher der Unterschied einer Technik der Natur von der bloßen Mechanik gänzlich abgeläugnet wird, und nicht allein für die Übereinstimmung der erzeugten Producte mit unsern Begriffen vom Zwecke, mithin für die Technik, sondern selbst für die Bestimmung der Ursachen dieser Erzeugung nach Bewegungsgesetzen, mithin ihre Mechanik der blinde Zufall zum Erklärungsgrunde angenommen, also nichts, auch nicht einmal der Schein in unserm teleologischen Urtheile erklärt, mithin der vorgebliche Idealism in demselben keineswegs dargethan wird.

Andererseits will Spinoza uns aller Nachfrage nach dem Grunde der Möglichkeit der Zwecke der Natur dadurch überheben und dieser Idee alle Realität nehmen, daß er sie überhaupt nicht für Producte, sondern für einem Urwesen inhärirende Accidenzen gelten läßt und diesem Wesen, als Substrat jener Naturdinge, in Ansehung derselben nicht Causalität, sondern bloß Subsistenz beilegt und (wegen der unbedingten Nothwendigkeit desselben sammt allen Naturdingen, als ihm inhärirenden Accidenzen) den Naturformen zwar die Einheit des Grundes, die zu aller Zweckmäßigkeit erforderlich ist, sichert, aber zugleich die Zufälligkeit derselben, ohne die keine Zweckeinheit gedacht werden kann, entreißt und mit ihr alles Absichtliche, so wie dem Urgrunde der Naturdinge allen Verstand wegnimmt.

Der Spinozism leistet aber das nicht, was er will. Er will einen Erklärungsgrund der Zweckverknüpfung (die er nicht läugnet) der Dinge der Natur angeben und nennt bloß die Einheit des Subjects, dem sie alle inhäriren. Aber wenn man ihm auch diese Art zu existiren für die Weltwesen einräumt, so ist doch jene ontologische Einheit darum noch nicht sofort Zweckeinheit und macht diese keineswegs begreiflich. Die letztere ist nämlich eine ganz besondere Art derselben, die aus der Verknüpfung der Dinge (Weltwesen) in einem Subjecte (dem Urwesen) gar nicht folgt, sondern durchaus die Beziehung auf eine Ursache, die Verstand hat, bei sich führt und selbst, wenn man alle diese Dinge in einem einfachen Subjecte vereinigte, doch niemals eine Zweckbeziehung darstellt: wofern man unter ihnen nicht erstlich innere Wirkungen der Substanz als einer Ursache, zweitens eben derselben als Ursache durch ihren Verstand denkt. Ohne diese formalen Bedingungen ist alle Einheit bloße Naturnothwendigkeit und, wird sie gleichwohl Dingen beigelegt, die wir als außer einander vorstellen, blinde Nothwendigkeit. Will man aber das, was die Schule die transscendentale Vollkommenheit der Dinge (in Beziehung auf ihr eigenes Wesen) nennt, nach welcher alle Dinge alles an sich haben, was erfordert wird, um so ein Ding und kein anderes zu sein, Zweckmäßigkeit der Natur nennen: so ist das ein kindisches Spielwerk mit Worten statt Begriffen. Denn wenn alle Dinge als Zwecke gedacht werden müssen, also ein Ding sein und Zweck sein einerlei ist, so giebt es im Grunde nichts, was besonders als Zweck vorgestellt zu werden verdiente.

Man sieht hieraus wohl: daß Spinoza dadurch, daß er unsere Begriffe von dem Zweckmäßigen in der Natur auf das Bewußtsein unserer selbst in einem allbefassenden (doch zugleich einfachen) Wesen zurückführte und jene Form bloß in der Einheit des letztern suchte, nicht den Realism, sondern bloß den Idealism der Zweckmäßigkeit derselben zu behaupten die Absicht haben mußte, diese aber selbst doch nicht bewerkstelligen konnte, weil die bloße Vorstellung der Einheit des Substrats auch nicht einmal die Idee von einer auch nur unabsichtlichen Zweckmäßigkeit bewirken kann.

2) Die, welche den Realism der Naturzwecke nicht bloß behaupten, sondern ihn auch zu erklären vermeinen, glauben eine besondere Art der Causalität, nämlich absichtlich wirkender Ursachen, wenigstens ihrer Möglichkeit nach einsehen zu können; sonst könnten sie es nicht unternehmen jene erklären zu wollen. Denn zur Befugniß selbst der gewagtesten Hypothese muß wenigstens die Möglichkeit dessen, was man als Grund annimmt, gewiß sein, und man muß dem Begriffe desselben seine objective Realität sichern können.

Aber die Möglichkeit einer lebenden Materie (deren Begriff einen Widerspruch enthält, weil Leblosigkeit, inertia, den wesentlichen Charakter derselben ausmacht) läßt sich nicht einmal denken; die einer belebten Materie und der gesammten Natur, als eines Thiers, kann nur sofern (zum Behuf einer Hypothese der Zweckmäßigkeit im Großen der Natur) dürftiger Weise gebraucht werden, als sie uns an der Organisation derselben im Kleinen in der Erfahrung offenbart wird, keinesweges aber a priori ihrer Möglichkeit nach eingesehen werden. Es muß also ein Cirkel im Erklären begangen werden, wenn man die Zweckmäßigkeit der Natur an organisirten Wesen aus dem Leben der Materie ableiten will und dieses Leben wiederum nicht anders als in organisirten Wesen kennt, also ohne dergleichen Erfahrung sich keinen Begriff von der Möglichkeit derselben machen kann. Der Hylozoism leistet also das nicht, was er verspricht.

Der Theism kann endlich die Möglichkeit der Naturzwecke als einen Schlüssel zur Teleologie eben so wenig dogmatisch begründen; ob er zwar vor allen Erklärungsgründen derselben darin den Vorzug hat, daß er durch einen Verstand, den er dem Urwesen beilegt, die Zweckmäßigkeit der Natur dem Idealism am besten entreißt und eine absichtliche Causalität für die Erzeugung derselben einführt.

Denn da müßte allererst, für die bestimmende Urtheilskraft hinreichend, die Unmöglichkeit der Zweckeinheit in der Materie durch den bloßen Mechanism derselben bewiesen werden, um berechtigt zu sein den Grund derselben über die Natur hinaus auf bestimmte Weise zu setzen. Wir können aber nichts weiter herausbringen, als daß nach der Beschaffenheit und den Schranken unserer Erkenntnißvermögen (indem wir den ersten, inneren Grund selbst dieses Mechanisms nicht einsehen) wir auf keinerlei Weise in der Materie ein Princip bestimmter Zweckbeziehungen suchen müssen, sondern für uns keine andere Beurtheilungsart der Erzeugung ihrer Producte als Naturzwecke übrig bleibe, als die durch einen obersten Verstand als Welturſache. Das ist aber nur ein Grund für die reflectirende, nicht für die bestimmende Urtheilskraft und kann schlechterdings zu keiner objectiven Behauptung berechtigen.

§ 74.

Die Ursache der Unmöglichkeit, den Begriff einer Technik der Natur dogmatisch zu behandeln, ist die Unerklärlichkeit eines Naturzwecks.

Wir verfahren mit einem Begriffe (wenn er gleich empirisch bedingt sein sollte) dogmatisch, wenn wir ihn als unter einem anderen Begriffe des Objects, der ein Princip der Vernunft ausmacht, enthalten betrachten und ihn diesem gemäß bestimmen. Wir verfahren aber mit ihm bloß kritisch, wenn wir ihn nur in Beziehung auf unser Erkenntnißvermögen, mithin auf die subjectiven Bedingungen ihn zu denken betrachten, ohne es zu unternehmen über sein Object etwas zu entscheiden. Das dogmatische Verfahren mit einem Begriffe ist also dasjenige, welches für die bestimmende, das kritische das, welches bloß für die reflectirende Urtheilskraft gesetzmäßig ist.

330 Nun ist der Begriff von einem Dinge als Naturzwecke ein Begriff, der die Natur unter eine Causalität, die nur durch Vernunft denkbar ist, subsumirt, um nach diesem Princip über das, was vom Objecte in der Erfahrung gegeben ist, zu urtheilen. Um ihn aber dogmatisch für die bestimmende Urtheilskraft zu gebrauchen, müßten wir der objectiven Realität dieses Begriffs zuvor versichert sein, weil wir sonst kein Naturding unter ihm subsumiren könnten. Der Begriff eines Dinges als Naturzwecks ist aber zwar ein empirisch bedingter, d. i. nur unter gewissen in der Erfahrung gegebenen Bedingungen möglicher, aber doch von derselben nicht zu abstrahirender, sondern nur nach einem Vernunftprincip in der Beurtheilung des Gegenstandes möglicher Begriff. Er kann also als ein solches Princip seiner objectiven Realität nach (d. i. daß ihm gemäß ein Object möglich sei) gar nicht eingesehen und dogmatisch begründet werden; und wir wissen nicht, ob er bloß ein vernünftelnder und objectiv leerer (conceptus ratiocinans), oder ein Vernunftbegriff, ein Erkenntniß gründender, von der Vernunft bestätigter (conceptus ratiocinatus), sei. Also kann er nicht dogmatisch für die bestimmende Urtheilskraft behandelt werden: d. i. es kann nicht allein nicht ausgemacht werden, ob Dinge der Natur, als Naturzwecke betrachtet, für ihre Erzeugung eine Causalität von ganz besonderer Art (die nach Absichten) erfordern, oder nicht; sondern
331 es kann auch nicht einmal darnach gefragt werden, weil der Begriff eines Naturzwecks seiner objectiven Realität nach durch die Vernunft gar nicht erweislich ist (d. i. er ist nicht für die bestimmende Urtheilskraft constitutiv, sondern für die reflectirende bloß regulativ).

Daß er es aber nicht sei, ist daraus klar, weil er als Begriff von einem Naturproduct Naturnothwendigkeit und doch zugleich eine Zufälligkeit der Form des Objects (in Beziehung auf bloße Gesetze der Natur) an eben demselben Dinge als Zweck in sich faßt; folglich, wenn hierin kein Widerspruch sein soll, einen Grund für die Möglichkeit des Dinges in der Natur und doch auch einen Grund der Möglichkeit dieser Natur selbst und ihrer Beziehung auf etwas, das nicht empirisch erkennbare Natur (übersinnlich), mithin für uns gar nicht erkennbar ist, enthalten muß, um nach einer andern Art Causalität als der des Naturmechanisms beurtheilt zu werden, wenn man seine Möglichkeit ausmachen will. Da also der Begriff eines Dinges als Naturzwecks für die bestimmende Urtheilskraft überschwenglich ist, wenn man das Object durch die Vernunft betrachtet (ob er zwar für die reflectirende Urtheilskraft in Ansetzung der Gegenstände der Erfahrung immanent sein mag), mithin ihm für bestimmende Urtheile die objective Realität nicht verschafft werden kann: so ist hieraus begreiflich, wie alle Systeme, die man für die dogmatische Behandlung des Begriffs der Naturzwecke und der Natur, als eines durch Endursachen zusammenhängenden Ganzen, nur immer entwerfen mag, weder objectiv bejahend, noch objectiv verneinend irgend etwas entscheiden können; weil, wenn Dinge unter einem Begriffe, der bloß problematisch ist, subsumirt werden, die synthetischen Prädicate desselben (z. B. hier: ob der Zweck der Natur, den wir uns zu der Erzeugung der Dinge denken, absichtlich oder unabsichtlich sei) eben solche (problematische) Urtheile, sie mögen nun bejahend oder verneinend sein, vom Object abgeben müssen, indem man nicht weiß, ob man über Etwas oder Nichts urtheilt. Der Begriff einer Causalität durch Zwecke (der Kunst) hat allerdings objective Realität, der einer Causalität nach dem Mechanism der Natur eben sowohl. Aber der Begriff einer Causalität der Natur nach der Regel der Zwecke, noch mehr aber eines Wesens, dergleichen uns gar nicht in der Erfahrung gegeben werden kann, nämlich eines solchen als Urgrundes der Natur, kann zwar ohne Widerspruch gedacht werden, aber zu dogmatischen Bestimmungen doch nicht taugen: weil ihm, da er nicht aus der Erfahrung gezogen werden kann, auch zur Möglichkeit derselben nicht erforderlich ist, seine objective Realität durch nichts gesichert werden kann. Geschähe dieses aber auch, wie kann ich Dinge, die für Producte göttlicher Kunst bestimmt angegeben werden, noch unter Producte der Natur zählen, deren Unfähigkeit, dergleichen nach ihren Gesetzen hervorzubringen, eben die Berufung auf eine von ihr unterschiedene Ursache nothwendig machte?

§ 75.

Der Begriff einer objectiven Zweckmäßigkeit der Natur ist ein kritisches Princip der Vernunft für die reflectirende Urtheilskraft.

Es ist doch etwas ganz Anderes, ob ich sage: die Erzeugung gewisser Dinge der Natur, oder auch der gesammten Natur ist nur durch eine Ursache, die sich nach Absichten zum Handeln bestimmt, möglich; oder ich kann nach der eigenthümlichen Beschaffenheit meiner Erkenntnißvermögen über die Möglichkeit jener Dinge und ihre

Erzeugung nicht anders urtheilen, als wenn ich mir zu dieser eine Ursache, die nach Absichten wirkt, mithin ein Wesen denke, welches nach der Analogie mit der Causalität eines Verstandes productiv ist. Im ersteren Falle will ich etwas über das Object ausmachen und bin verbunden, die objective Realität eines angenommenen Begriffs darzuthun; im zweiten bestimmt die Vernunft nur den Gebrauch meiner Erkenntnißvermögen angemessen ihrer Eigenthümlichkeit und den wesentlichen Bedingungen ihres Umfanges sowohl, als ihrer Schranken. Also ist das erste Princip ein **objectiver** Grundsatz für die bestimmende, das zweite ein subjectiver Grundsatz bloß für die reflectirende Urtheilskraft, mithin eine Maxime derselben, die ihr die Vernunft auferlegt.

Wir haben nämlich unentbehrlich nöthig, der Natur den Begriff einer Absicht unterzulegen, wenn wir ihr auch nur in ihren organisirten Producten durch fortgesetzte Beobachtung nachforschen wollen; und dieser Begriff ist also schon für den Erfahrungsgebrauch unserer Vernunft eine schlechterdings nothwendige Maxime. Es ist offenbar: daß, da einmal ein solcher Leitfaden die Natur zu studiren aufgenommen und bewährt gefunden ist, wir die gedachte Maxime der Urtheilskraft auch am Ganzen der Natur wenigstens versuchen müssen, weil sich nach derselben noch manche Gesetze derselben dürften auffinden lassen, die uns nach der Beschränkung unserer Einsichten in das Innere des Mechanisms derselben sonst verborgen bleiben würden. Aber in Ansehung des letztern Gebrauchs ist jene Maxime der Urtheilskraft zwar nützlich, aber nicht unentbehrlich, weil uns die Natur im Ganzen als organisirt (in der oben angeführten engsten Bedeutung des Worts) nicht gegeben ist. Hingegen in Ansehung der Producte derselben, welche nur als absichtlich so und nicht anders geformt müssen beurtheilt werden, um auch nur eine Erfahrungserkenntniß ihrer innern Beschaffenheit zu bekommen, ist jene Maxime der reflectirenden Urtheilskraft wesentlich nothwendig: weil selbst der Gedanke von ihnen als organisirten Dingen, ohne den Gedanken einer Erzeugung mit Absicht damit zu verbinden, unmöglich ist.

Nun ist der Begriff eines Dinges, dessen Existenz oder Form wir uns unter der Bedingung eines Zwecks als möglich vorstellen, mit dem Begriffe einer Zufälligkeit desselben (nach Naturgesetzen) unzertrennlich verbunden. Daher machen auch die Naturdinge, welche wir nur als Zwecke möglich finden, den vornehmsten Beweis für die Zufälligkeit des Weltganzen aus und sind der einzige für den gemeinen Verstand eben sowohl als den Philosophen geltende Beweisgrund der Abhängigkeit und des Ursprungs desselben von einem außer der Welt existirenden und zwar (um jener zweckmäßigen Form willen) verständigen Wesen: daß also die Teleologie keine Vollendung des Aufschlusses für ihre Nachforschungen, als in einer Theologie findet.

Was beweiset nun aber am Ende auch die allervollständigste Teleologie? Beweiset sie etwa, daß ein solches verständiges Wesen da sei? Nein; nichts weiter, als daß wir nach Beschaffenheit unserer Erkenntnißvermögen, also in Verbindung der Erfahrung mit den obersten Principien der Vernunft, uns schlechterdings keinen Begriff von der Möglichkeit einer solchen Welt machen können, als so, daß wir uns eine absichtlich=wirkende oberste Ursache derselben denken. Objectiv können wir also nicht den Satz darthun: es ist ein verständiges Urwesen; sondern nur subjectiv für den Gebrauch unserer Urtheilskraft in ihrer Reflexion über die Zwecke in der Natur, die nach keinem anderen Princip als dem einer absichtlichen Causalität einer höchsten Ursache gedacht werden können.

Wollten wir den obersten Satz dogmatisch, aus teleologischen Gründen, darthun: so würden wir von Schwierigkeiten befangen werden, aus denen wir uns nicht herauswickeln könnten. Denn da würde diesen Schlüssen der Satz zum Grunde gelegt werden müssen: die organisirten Wesen in der Welt sind nicht anders, als durch eine absichtlich=wirkende Ursache möglich. Daß aber, weil wir diese Dinge nur unter der Idee der Zwecke in ihrer Causalverbindung verfolgen und diese nach ihrer Gesetzmäßigkeit erkennen können, wir auch berechtigt wären, eben dieses auch für jedes denkende und erkennende Wesen als nothwendige, mithin dem Objecte und nicht bloß unserm Subjecte anhängende Bedingung vorauszusetzen: das müßten wir hiebei unvermeidlich behaupten wollen. Aber mit einer solchen Behauptung kommen wir nicht durch. Denn da wir die Zwecke in der Natur als absichtliche eigentlich nicht beobachten, sondern nur in der Reflexion über ihre Producte diesen Begriff als einen Leitfaden der Urtheilskraft hinzu denken: so sind sie uns nicht durch das Object gegeben. A priori ist es sogar für uns unmöglich, einen solchen Begriff seiner objectiven Realität nach als annehmungsfähig zu rechtfertigen. Es bleibt also schlechterdings ein nur auf subjectiven Bedingungen, nämlich der unseren Erkenntnißvermögen angemessen reflectirenden Urtheilskraft, beruhender Satz, der, wenn man ihn als objectiv=dogmatisch geltend ausdrückte, heißen würde: Es ist ein Gott; nun aber für uns Menschen nur die eingeschränkte Formel erlaubt: Wir können uns die Zweckmäßigkeit, die selbst unserer Erkenntniß der inneren Möglichkeit vieler Naturdinge zum Grunde gelegt werden muß, gar nicht anders denken und begreiflich machen, als indem wir sie und überhaupt die Welt uns als ein Product einer verständigen Ursache (eines Gottes) vorstellen.

Wenn nun dieser auf einer unumgänglich nothwendigen Maxime unserer Urtheilskraft gegründete Satz allem sowohl speculativen als praktischen Gebrauche unserer Vernunft in jeder menschlichen Absicht vollkommen genugthuend ist: so möchte ich wohl wissen, was uns dann darunter abgehe, daß wir ihn nicht auch für höhere Wesen gültig, nämlich aus reinen objectiven Gründen (die leider unser Vermögen übersteigen), beweisen können. Es ist nämlich ganz gewiß, daß wir die organisirten Wesen und deren innere Möglichkeit nach bloß mechanischen Principien der Natur nicht einmal zureichend kennen lernen, viel weniger uns erklären können; und zwar so gewiß, daß man dreist sagen kann: es ist für Menschen ungereimt, auch nur einen solchen Anschlag zu fassen, oder zu hoffen, daß noch etwa dereinst ein Newton aufstehen könne, der auch nur die Erzeugung eines Grashalms nach Naturgesetzen, die keine Absicht geordnet hat, begreiflich machen werde; sondern man muß diese Einsicht den Menschen schlechterdings absprechen. Daß dann aber auch in der Natur, wenn wir bis zum Princip derselben in der Specification ihrer allgemeinen uns bekannten Gesetze durchdringen könnten, ein hinreichender Grund der Möglichkeit organisirten Wesen, ohne ihrer Erzeugung eine Absicht unterzulegen (also im bloßen Mechanism derselben), gar nicht verborgen liegen könne, das wäre wiederum von uns zu vermessen geurtheilt; denn woher wollen wir das wissen? Wahrscheinlichkeiten fallen hier gar weg, wo es auf Urtheile der reinen Vernunft ankommt. — Also können wir über den Satz: ob ein nach Absichten handelndes Wesen als Welturbache (mithin als Urheber) dem, was wir mit Recht Naturzwecke nennen, zum Grunde liege, objectiv gar nicht, weder bejahend noch verneinend, urtheilen; nur so viel ist sicher, daß, wenn wir doch wenigstens nach dem, was uns einzusehen durch unsere eigene Natur vergönnt ist (nach den Bedingungen und Schranken unserer Vernunft), urtheilen sollen, wir schlechterdings nichts anders als ein verständiges Wesen der Möglichkeit jener Naturzwecke zum Grunde legen können: welches der Maxime unserer reflectirenden Urtheilskraft, folglich einem subjectiven, aber dem menschlichen Geschlecht unnachlaßlich anhängenden Grunde allein gemäß ist.

§ 76.
Anmerkung.

Diese Betrachtung, welche es gar sehr verdient in der Transscendentalphilosophie umständlich ausgeführt zu werden, mag hier nur episodisch zur Erläuterung (nicht zum Beweise des hier Vorgetragenen) eintreten.

Die Vernunft ist ein Vermögen der Principien und geht in ihrer äußersten Forderung auf das Unbedingte; da hingegen der Verstand ihr immer nur unter einer gewissen Bedingung, die gegeben werden muß, zu Diensten steht. Ohne Begriffe des Verstandes aber, welchen objective Realität gegeben werden muß, kann die Vernunft gar nicht objectiv (synthetisch) urtheilen und enthält als theoretische Vernunft für sich schlechterdings keine constitutive, sondern bloß regulative Principien. Man wird bald inne: daß, wo der Verstand nicht folgen kann, die Vernunft überschwenglich wird und in zwar gegründeten Ideen (als regulativen Principien), aber nicht objectiv gültigen Begriffen sich hervorthut; der Verstand aber, der mit ihr nicht Schritt halten kann, aber doch zur Gültigkeit für Objecte nöthig sein würde, die Gültigkeit jener Ideen der Vernunft nur auf das Subject, aber doch allgemein für alle von dieser Gattung, d. i. auf die Bedingung einschränke, daß nach der Natur unseres (menschlichen) Erkenntnißvermögens oder gar überhaupt nach dem Begriffe, den wir uns von dem Vermögen eines endlichen vernünftigen Wesens überhaupt machen können, nicht anders als so könne und müsse gedacht werden: ohne doch zu behaupten, daß der Grund eines solchen Urtheils im Objecte liege. Wir wollen Beispiele anführen, die zwar zu viel Wichtigkeit und auch Schwierigkeit haben, um sie hier sofort als erwiesene Sätze dem Leser aufzudringen, die ihm aber Stoff zum Nachdenken geben und dem, was hier unser eigenthümliches Geschäft ist, zur Erläuterung dienen können.

Es ist dem menschlichen Verstande unumgänglich nothwendig, Möglichkeit und Wirklichkeit der Dinge zu unterscheiden. Der Grund davon liegt im Subjecte und der Natur seiner Erkenntnißvermögen. Denn wären zu dieser ihrer Ausübung nicht zwei ganz heterogene Stücke, Verstand für Begriffe und sinnliche Anschauung für Objecte, die ihnen correspondiren, erforderlich: so würde es keine solche Unterscheidung (zwischen dem Möglichen und Wirklichen) geben. Wäre nämlich unser Verstand anschauend, so hätte er keine Gegenstände als das Wirkliche. Begriffe (die bloß auf die Möglichkeit eines Gegenstandes gehen) und sinnliche Anschauungen (welche uns etwas geben, ohne es dadurch doch als Gegenstand erkennen zu lassen) würden beide wegfallen. Nun beruht aber alle unsere Unterscheidung des bloß Möglichen vom Wirklichen darauf, daß das erstere nur die Position der Vorstellung eines Dinges respectiv auf unsern Begriff und überhaupt das Vermögen zu denken, das letztere aber die Setzung des Dinges an sich selbst (außer diesem Begriffe) bedeutet. Also ist die Unterscheidung möglicher Dinge von wirklichen eine solche, die bloß subjectiv für den menschlichen Verstand gilt, da wir nämlich etwas immer noch in Gedanken haben können, ob es gleich nicht ist, oder etwas als gegeben uns vorstellen, ob wir gleich noch keinen Begriff davon haben. Die Sätze also: daß Dinge möglich sein können, ohne wirklich zu sein, daß also aus der bloßen Möglichkeit auf die Wirklichkeit gar nicht geschlossen werden könne, gelten ganz richtig für die menschliche Vernunft, ohne darum zu beweisen, daß dieser Unterschied in den Dingen selbst liege. Denn daß dieses nicht daraus gefolgert werden könne, mithin jene Sätze zwar allerdings auch von Objecten gelten, so fern unser Erkenntnißvermögen als sinnlich-bedingt sich auch mit Objecten der Sinne beschäftigt, aber nicht von Dingen überhaupt: leuchtet aus der unablaßlichen Forderung der Vernunft ein, irgend ein Etwas (den Urgrund) als unbedingt nothwendig existirend anzunehmen, an welchem Möglichkeit und Wirklichkeit gar nicht mehr unterschieden werden sollen, und für welche Idee unser Verstand schlechterdings keinen Begriff hat, d. i. keine Art ausfinden kann, wie er ein solches Ding und seine Art zu existiren sich vorstellen solle. Denn wenn er es denkt (er mag es denken, wie er will), so ist es bloß als möglich vorgestellt. Ist er sich dessen als in der Anschauung gegeben bewußt, so ist es wirklich, ohne sich hiebei irgend etwas von Möglichkeit zu denken. Daher ist der Begriff eines absolut-nothwendigen Wesens zwar eine unentbehrliche Vernunftidee, aber ein für den menschlichen Verstand unerreichbarer problematischer Begriff. Er gilt aber doch für den Gebrauch unserer Erkenntnißvermögen nach der eigenthümlichen Beschaffenheit derselben, mithin nicht vom Objecte und hiemit für jedes erkennende Wesen: weil ich nicht bei jedem das Denken und die Anschauung, als zwei verschiedene Bedingungen der Ausübung seiner Erkenntnißvermögen, mithin der Möglichkeit und Wirklichkeit der Dinge,

2. Abtheilung. Dialektik der teleologischen Urtheilskraft.

voraussetzen kann. Für einen Verstand, bei dem dieser Unterschied nicht einträte, würde es heißen: alle Objecte, die ich erkenne, sind (existiren); und die Möglichkeit einiger, die doch nicht existirten, d. i. Zufälligkeit derselben, wenn sie existiren, also auch die davon zu unterscheidende Nothwendigkeit würde in die Vorstellung eines solchen Wesens gar nicht kommen können. Was unserm Verstande aber so beschwerlich fällt, der Vernunft hier mit seinen Begriffen es gleich zu thun, ist bloß: daß für ihn als menschlichen Verstand dasjenige überschwenglich (d. i. den subjectiven Bedingungen seines Erkenntnisses unmöglich) ist, was doch die Vernunft als zum Object gehörig zum Princip macht. — Hierbei gilt nun immer die Maxime, daß wir alle Objecte da, wo ihr Erkenntniß das Vermögen des Verstandes übersteigt, nach den subjectiven, unserer (d. i. der menschlichen) Natur nothwendig anhängenden Bedingungen der Ausübung ihrer Vermögen denken; und wenn die auf diese Art gefällten Urtheile (wie es auch in Ansehung der überschwenglichen Begriffe nicht anders sein kann) nicht constitutive Principien, die das Object, wie es beschaffen ist, bestimmen, sein können, so werden es doch regulative, in der Ausübung immanente und sichere, der menschlichen Absicht angemessene Principien bleiben.

So wie die Vernunft in theoretischer Betrachtung der Natur die Idee einer unbedingten Nothwendigkeit ihres Urgrundes annehmen muß: so setzt sie auch in praktischer ihre eigene (in Ansehung der Natur) unbedingte Causalität, d. i. Freiheit, voraus, indem sie sich ihres moralischen Gebots bewußt ist. Weil nun aber hier die objective Nothwendigkeit der Handlung als Pflicht derjenigen, die sie als Begebenheit haben würde, wenn ihr Grund in der Natur und nicht in der Freiheit (d. i. der Vernunftcausalität) läge, entgegengesetzt und die moralisch-schlechthin-nothwendige Handlung physisch als ganz zufällig angesehen wird (d. i. daß das, was nothwendig geschehen sollte, doch öfter nicht geschieht): so ist klar, daß es nur von der subjectiven Beschaffenheit unsers praktischen Vermögens herrührt, daß die moralischen Gesetze als Gebote (und die ihnen gemäße Handlungen als Pflichten) vorgestellt werden müssen, und die Vernunft diese Nothwendigkeit nicht durch ein Sein (Geschehen), sondern Sein-Sollen ausdrückt: welches nicht Statt finden würde, wenn die Vernunft ohne Sinnlichkeit (als subjective Bedingung ihrer Anwendung auf Gegenstände der Natur) ihrer Causalität nach, mithin als Ursache in einer intelligibelen, mit dem moralischen Gesetze durchgängig übereinstimmen-

26*

den Welt betrachtet würde, wo zwischen Sollen und Thun, zwischen einem praktischen Gesetze von dem, was durch uns möglich ist, und dem theoretischen von dem, was durch uns wirklich ist, kein Unterschied sein würde. Ob nun aber gleich eine intelligibele Welt, in welcher alles darum wirklich sein würde, bloß nur weil es (als etwas Gutes) möglich ist, und selbst die Freiheit als formale Bedingung derselben für uns ein überschwenglicher Begriff ist, der zu keinem constitutiven Princip, ein Object und dessen objective Realität zu bestimmen, tauglich ist: so dient die letztere doch nach der Beschaffenheit unserer (zum Theil sinnlichen) Natur und Vermögens für uns und alle vernünftige mit der Sinnenwelt in Verbindung stehende Wesen, so weit wir sie uns nach der Beschaffenheit unserer Vernunft vorstellen können, zu einem allgemeinen regulativen Princip, welches die Beschaffenheit der Freiheit als Form der Causalität nicht objectiv bestimmt, sondern und zwar mit nicht minderer Gültigkeit, als ob dieses geschähe, die Regel der Handlungen nach jener Idee für jedermann zu Geboten macht.

Eben so kann man auch, was unsern vorhabenden Fall betrifft, einräumen: wir würden zwischen Naturmechanism und Technik der Natur, d. i. Zweckverknüpfung in derselben, keinen Unterschied finden, wäre unser Verstand nicht von der Art, daß er vom Allgemeinen zum Besondern gehen muß, und die Urtheilskraft also in Ansehung des Besondern keine Zweckmäßigkeit erkennen, mithin keine bestimmende Urtheile fällen kann, ohne ein allgemeines Gesetz zu haben, worunter sie jenes subsumiren könne. Da nun aber das Besondere als ein solches in Ansehung des Allgemeinen etwas Zufälliges enthält, gleichwohl aber die Vernunft in der Verbindung besonderer Gesetze der Natur doch auch Einheit, mithin Gesetzlichkeit erfordert (welche Gesetzlichkeit des Zufälligen Zweckmäßigkeit heißt), und die Ableitung der besonderen Gesetze aus den allgemeinen in Ansehung dessen, was jene Zufälliges in sich enthalten, a priori durch Bestimmung des Begriffs vom Objecte unmöglich ist: so wird der Begriff der Zweckmäßigkeit der Natur in ihren Producten ein für die menschliche Urtheilskraft in Ansehung der Natur nothwendiger, aber nicht die Bestimmung der Objecte selbst angehender Begriff sein, also ein subjectives Princip der Vernunft für die Urtheilskraft, welches als regulativ (nicht constitutiv) für unsere menschliche Urtheilskraft eben so nothwendig gilt, als ob es ein objectives Princip wäre.

§ 77.

Von der Eigenthümlichkeit des menschlichen Verstandes, wodurch uns der Begriff eines Naturzwecks möglich wird.

Wir haben in der Anmerkung Eigenthümlichkeiten unseres (selbst des oberen) Erkenntnißvermögens, welche wir leichtlich als objective Prädicate auf die Sachen selbst überzutragen verleitet werden, angeführt; aber sie betreffen Ideen, denen angemessen kein Gegenstand in der Erfahrung gegeben werden kann, und die alsdann nur zu regulativen Principien in Verfolgung der letzteren dienen konnten. Mit dem Begriffe eines Naturzwecks verhält es sich zwar eben so, was die Ursache der Möglichkeit eines solchen Prädicats betrifft, die nur in der Idee liegen kann; aber die ihr gemäße Folge (das Product selbst) ist doch in der Natur gegeben, und der Begriff einer Causalität der letzteren, als eines nach Zwecken handelnden Wesens, scheint die Idee eines Naturzwecks zu einem constitutiven Princip desselben zu machen: und darin hat sie etwas von allen andern Ideen Unterscheidendes.

Dieses Unterscheidende besteht aber darin: daß gedachte Idee nicht ein Vernunftprincip für den Verstand, sondern für die Urtheilskraft, mithin lediglich die Anwendung eines Verstandes überhaupt auf mögliche Gegenstände der Erfahrung ist; und zwar da, wo das Urtheil nicht bestimmend, sondern bloß reflectirend sein kann, mithin der Gegenstand zwar in der Erfahrung gegeben, aber darüber der Idee gemäß gar nicht einmal **bestimmt** (geschweige völlig angemessen) **geurtheilt**, sondern nur über ihn reflectirt werden kann.

Es betrifft also eine Eigenthümlichkeit **unseres** (menschlichen) Verstandes in Ansehung der Urtheilskraft in der Reflexion derselben über Dinge der Natur. Wenn das aber ist, so muß hier die Idee von einem andern möglichen Verstande, als dem menschlichen zum Grunde liegen (so wie wir in der Kritik der r. V. eine andere mögliche Anschauung in Gedanken haben mußten, wenn die unsrige als eine besondere Art, nämlich die, für welche Gegenstände nur als Erscheinungen gelten, gehalten werden sollte), damit man sagen könne: gewisse Naturproducte **müssen** nach der besonderen Beschaffenheit unseres Verstandes von uns ihrer Möglichkeit nach als absichtlich und als Zwecke erzeugt **betrachtet werden**, ohne doch darum zu verlangen, daß es wirklich eine besondere

Ursache, welche die Vorstellung eines Zwecks zu ihrem Bestimmungsgrunde hat, gebe, mithin ohne in Abrede zu ziehen, daß nicht ein anderer (höherer) Verstand, als der menschliche auch im Mechanism der Natur, d. i. einer Causalverbindung, zu der nicht ausschließungsweise ein Verstand als Ursache angenommen wird, den Grund der Möglichkeit solcher Producte der Natur antreffen könne.

Es kommt hier also auf das Verhalten unseres Verstandes zur Urtheilskraft an, daß wir nämlich darin eine gewisse Zufälligkeit der Beschaffenheit des unsrigen aufsuchen, um diese Eigenthümlichkeit unseres Verstandes zum Unterschiede von anderen möglichen anzumerken.

Diese Zufälligkeit findet sich ganz natürlich in dem Besondern, welches die Urtheilskraft unter das Allgemeine der Verstandesbegriffe bringen soll; denn durch das Allgemeine unseres (menschlichen) Verstandes ist das Besondere nicht bestimmt; und es ist zufällig, auf wie vielerlei Art unterschiedene Dinge, die doch in einem gemeinsamen Merkmale übereinkommen, unserer Wahrnehmung vorkommen können. Unser Verstand ist ein Vermögen der Begriffe, d. i. ein discursiver Verstand, für den es freilich zufällig sein muß, welcherlei und wie sehr verschieden das Besondere sein mag, das ihm in der Natur gegeben werden und das unter seine Begriffe gebracht werden kann. Weil aber zum Erkenntniß doch auch Anschauung gehört, und ein Vermögen einer völligen Spontaneität der Anschauung ein von der Sinnlichkeit unterschiedenes und davon ganz unabhängiges Erkenntnißvermögen, mithin Verstand in der allgemeinsten Bedeutung sein würde: so kann man sich auch einen intuitiven Verstand (negativ, nämlich bloß als nicht discursiven) denken, welcher nicht vom Allgemeinen zum Besonderen und so zum Einzelnen (durch Begriffe) geht, und für welchen jene Zufälligkeit der Zusammenstimmung der Natur in ihren Producten nach besondern Gesetzen zum Verstande nicht angetroffen wird, welche dem unsrigen es so schwer macht, das Mannigfaltige derselben zur Einheit des Erkenntnisses zu bringen; ein Geschäft, das der unsrige nur durch Übereinstimmung der Naturmerkmale zu unserm Vermögen der Begriffe, welche sehr zufällig ist, zu Stande bringen kann, dessen ein anschauender Verstand aber nicht bedarf.

Unser Verstand hat also das Eigene für die Urtheilskraft, daß im Erkenntniß durch denselben durch das Allgemeine das Besondere nicht bestimmt wird, und dieses also von jenem allein nicht abgeleitet werden kann; gleichwohl aber dieses Besondere in der Mannigfaltigkeit der Natur zum Allgemeinen (durch Begriffe und Gesetze) zusammenstimmen soll, um darunter subsumirt werden zu können, welche Zusammenstimmung unter solchen Umständen sehr zufällig und für die Urtheilskraft ohne bestimmtes Princip sein muß.

Um nun gleichwohl die Möglichkeit einer solchen Zusammenstimmung der Dinge der Natur zur Urtheilskraft (welche wir als zufällig, mithin nur durch einen darauf gerichteten Zweck als möglich vorstellen) wenigstens denken zu können, müssen wir uns zugleich einen andern Verstand denken, in Beziehung auf welchen und zwar vor allem ihm beigelegten Zweck wir jene Zusammenstimmung der Naturgesetze mit unserer Urtheilskraft, die für unsern Verstand nur durch das Verbindungsmittel der Zwecke denkbar ist, als nothwendig vorstellen können.

Unser Verstand nämlich hat die Eigenschaft, daß er in seinem Erkenntnisse, z. B. der Ursache eines Products, vom Analytisch-Allgemeinen (von Begriffen) zum Besondern (der gegebenen empirischen Anschauung) gehen muß; wobei er also in Ansehung der Mannigfaltigkeit des letztern nichts bestimmt, sondern diese Bestimmung für die Urtheilskraft von der Subsumtion der empirischen Anschauung (wenn der Gegenstand ein Naturproduct ist) unter dem Begriff erwarten muß. Nun können wir uns aber auch einen Verstand denken, der, weil er nicht wie der unsrige discursiv, sondern intuitiv ist, vom Synthetisch-Allgemeinen (der Anschauung eines Ganzen als eines solchen) zum Besondern geht, d. i. vom Ganzen zu den Theilen; der also und dessen Vorstellung des Ganzen die Zufälligkeit der Verbindung der Theile nicht in sich enthält, um eine bestimmte Form des Ganzen möglich zu machen, die unser Verstand bedarf, welcher von den Theilen als allgemeingedachten Gründen zu verschiedenen darunter zu subsumirenden möglichen Formen als Folgen fortgehen muß. Nach der Beschaffenheit unseres Verstandes ist hingegen ein reales Ganze der Natur nur als Wirkung der concurrirenden bewegenden Kräfte der Theile anzusehen. Wollen wir uns also nicht die Möglichkeit des Ganzen als von den Theilen, wie es unserm discursiven Verstande gemäß ist, sondern nach Maßgabe des intuitiven (urbildlichen) die Möglichkeit der Theile (ihrer Beschaffenheit und Verbindung nach) als vom Ganzen abhängend vorstellen: so kann dieses nach eben derselben Eigenthümlichkeit unseres Verstandes nicht so geschehen, daß das Ganze den Grund der Möglichkeit der Verknüpfung der Theile (welches in der discursiven Erkenntnißart Widerspruch sein würde), sondern nur daß die

350 Vorstellung eines Ganzen den Grund der Möglichkeit der Form desselben und der dazu gehörigen Verknüpfung der Theile enthalte. Da das Ganze nun aber alsdann eine Wirkung, Product, sein würde, dessen Vorstellung als die Ursache seiner Möglichkeit angesehen wird, das Product aber einer Ursache, deren Bestimmungsgrund bloß die Vorstellung ihrer Wirkung ist, ein Zweck heißt: so folgt daraus, daß es bloß eine Folge aus der besondern Beschaffenheit unseres Verstandes sei, wenn wir Produkte der Natur nach einer andern Art der Causalität, als der der Naturgesetze der Materie, nämlich nur nach der der Zwecke und Endursachen, uns als möglich vorstellen, und daß dieses Princip nicht die Möglichkeit solcher Dinge selbst (selbst als Phänomene betrachtet) nach dieser Erzeugungsart, sondern nur die unserem Verstande mögliche Beurtheilung derselben angehe. Wobei wir zugleich einsehen, warum wir in der Naturkunde mit einer Erklärung der Producte der Natur durch Causalität nach Zwecken lange nicht zufrieden sind, weil wir nämlich in derselben die Naturerzeugung bloß unserm Vermögen sie zu beurtheilen, d. i. der reflectirenden Urtheilskraft und nicht den Dingen selbst zum Behuf der bestimmenden Urtheilskraft angemessen zu beurtheilen verlangen. Es ist hiebei auch gar nicht nöthig zu beweisen, daß ein solcher intellectus archetypus möglich sei, sondern nur daß wir in der Dagegenhaltung unseres discur-
351 siven, der Bilder bedürftigen Verstandes (intellectus ectypus) und der Zufälligkeit einer solchen Beschaffenheit auf jene Idee (eines intellectus archetypus) geführt werden, diese auch keinen Widerspruch enthalte.

Wenn wir nun ein Ganzes der Materie seiner Form nach als ein Product der Theile und ihrer Kräfte und Vermögen sich von selbst zu verbinden (andere Materien, die diese einander zuführen, hinzugedacht) betrachten: so stellen wir uns eine mechanische Erzeugungsart desselben vor. Aber es kommt auf solche Art kein Begriff von einem Ganzen als Zweck heraus, dessen innere Möglichkeit durchaus die Idee von einem Ganzen voraussetzt, von der selbst die Beschaffenheit und Wirkungsart der Theile abhängt, wie wir uns doch einen organisirten Körper vorstellen müssen. Hieraus folgt aber, wie eben gewiesen worden, nicht, daß die mechanische Erzeugung eines solchen Körpers unmöglich sei; denn das würde soviel sagen, als, es sei eine solche Einheit in der Verknüpfung des Mannigfaltigen für jeden Verstand unmöglich (d. i. widersprechend) sich vorzustellen, ohne daß die Idee derselben zugleich die erzeugende Ursache derselben sei, d. i. ohne absichtliche Hervorbringung. Gleichwohl würde dieses in der That folgen, wenn wir materielle Wesen als Dinge an sich selbst anzusehen berechtigt wären. Denn alsdann würde die Einheit, welche den Grund der Möglichkeit der Naturbildungen ausmacht, lediglich die Einheit des Raums sein, welcher aber kein Realgrund der Erzeugungen, sondern nur die formale Bedingung derselben ist; obwohl er mit dem Realgrunde, welchen wir suchen, darin einige Ähnlichkeit hat, daß in ihm kein Theil ohne in Verhältniß auf das Ganze (dessen Vorstellung also der Möglichkeit der Theile zum Grunde liegt) bestimmt werden kann. Da es aber doch wenigstens möglich ist, die materielle Welt als bloße Erscheinung zu betrachten und etwas als Ding an sich selbst (welches nicht Erscheinung ist), als Substrat, zu denken, diesem aber eine correspondirende intellectuelle Anschauung (wenn sie gleich nicht die unsrige ist) unterzulegen: so würde ein, obzwar für uns unerkennbarer, übersinnlicher Realgrund für die Natur Statt finden, zu der wir selbst mitgehören, in welcher wir also das, was in ihr als Gegenstand der Sinne nothwendig ist, nach mechanischen Gesetzen, die Zusammenstimmung und Einheit aber der besonderen Gesetze und der Formen nach denselben, die wir in Ansehung jener als zufällig beurtheilen müssen, in ihr als Gegenstande der Vernunft (ja das Naturganze als System) zugleich nach teleologischen Gesetzen betrachten und sie nach zweierlei Principien beurtheilen würden, ohne daß die mechanische Erklärungsart durch die teleologische, als ob sie einander widersprächen, ausgeschlossen wird.

Hieraus läßt sich auch das, was man sonst zwar leicht vermuthen, aber schwerlich mit Gewißheit behaupten und beweisen konnte, einsehen, daß zwar das Princip einer mechanischen Ableitung zweckmäßiger Naturproducte neben dem teleologischen bestehen, dieses letztere aber keinesweges entbehrlich machen könnte: d. i. man kann an einem Dinge, welches wir als Naturzweck beurtheilen müssen (einem organisirten Wesen), zwar alle bekannte und noch zu entdeckende Gesetze der mechanischen Erzeugung versuchen und auch hoffen dürfen damit guten Fortgang zu haben, niemals aber der Berufung auf einen davon ganz unterschiedenen Erzeugungsgrund, nämlich der Causalität durch Zwecke, für die Möglichkeit eines solchen Products überhoben sein; und schlechterdings kann keine menschliche Vernunft (auch keine endliche, die der Qualität nach der unsrigen ähnlich wäre, sie aber dem Grade nach noch so sehr überstiege) die Erzeugung auch nur eines Gräschens aus bloß mechanischen Ursachen zu verstehen hoffen. Denn wenn die teleologische Verknüpfung der Ursachen und

Wirkungen zur Möglichkeit eines solchen Gegenstandes für die Urtheilskraft ganz unentbehrlich ist, selbst um diese nur am Leitfaden der Erfahrung zu studieren; wenn für äußere Gegenstände als Erscheinungen ein sich auf Zwecke beziehender hinreichender Grund gar nicht angetroffen werden kann, sondern dieser, der auch in der Natur liegt, doch nur im übersinnlichen Substrat derselben gesucht werden muß, von welchem uns aber alle mögliche Einsicht abgeschnitten ist: so ist es uns schlechterdings unmöglich, aus der Natur selbst hergenommene Erklärungsgründe für Zweckverbindungen zu schöpfen, und es ist nach der Beschaffenheit des menschlichen Erkenntnißvermögens nothwendig, den obersten Grund dazu in einem ursprünglichen Verstande als Welturfache zu suchen.

§ 78.
Von der Vereinigung des Princips des allgemeinen Mechanismus der Materie mit dem teleologischen in der Technik der Natur.

Es liegt der Vernunft unendlich viel daran, den Mechanism der Natur in ihren Erzeugungen nicht fallen zu lassen und in der Erklärung derselben nicht vorbei zu gehen: weil ohne diesen keine Einsicht in die Natur der Dinge erlangt werden kann. Wenn man uns gleich einräumt: daß ein höchster Architekt die Formen der Natur, so wie sie von je her da sind, unmittelbar geschaffen, oder die, welche sich in ihrem Laufe continuirlich nach eben demselben Muster bilden, prädeterminirt habe: so ist doch dadurch unsere Erkenntniß der Natur nicht im mindesten gefördert: weil wir jenes Wesens Handlungsart und die Ideen desselben, welche die Principien der Möglichkeit der Naturwesen enthalten sollen, gar nicht kennen und von demselben als von oben herab (a priori) die Natur nicht erklären können. Wollen wir aber von den Formen der Gegenstände der Erfahrung, also von unten hinauf (a posteriori), weil wir in diesen Zweckmäßigkeit anzutreffen glauben, um diese zu erklären, uns auf eine nach Zwecken wirkende Ursache berufen: so würden wir ganz tautologisch erklären und die Vernunft mit Worten täuschen, ohne noch zu erwähnen: daß da, wo wir uns mit dieser Erklärungsart ins Überschwengliche verlieren, wohin uns die Naturerkenntniß nicht folgen kann, die Vernunft dichterisch zu schwärmen verleitet wird, welches zu verhüten eben ihre vorzüglichste Bestimmung ist.

Von der andern Seite ist es eine eben sowohl nothwendige Maxime der Vernunft, das Princip der Zwecke an den Producten der Natur nicht vorbei zu gehen: weil es, wenn es gleich die Entstehungsart derselben uns eben nicht begreiflicher macht, doch ein heuristisches Princip ist, den besondern Gesetzen der Natur nachzuforschen; gesetzt auch, daß man davon keinen Gebrauch machen wollte, um die Natur selbst darnach zu erklären, indem man sie so lange, ob sie gleich absichtliche Zweckeinheit augenscheinlich darlegen, noch immer nur Naturzwecke nennt, d. i. ohne über die Natur hinaus den Grund der Möglichkeit derselben zu suchen. Weil es aber doch am Ende zur Frage wegen der letzteren kommen muß: so ist es eben so nothwendig für sie, eine besondere Art der Causalität, die sich nicht in der Natur vorfindet, zu denken, als die Mechanik der Naturursachen die ihrige hat, indem zu der Receptivität mehrerer und anderer Formen, als deren die Materie nach der letzteren fähig ist, noch eine Spontaneität einer Ursache (die also nicht Materie sein kann) hinzukommen muß, ohne welche von jenen Formen kein Grund angegeben werden kann. Zwar muß die Vernunft, ehe sie diesen Schritt thut, behutsam verfahren und nicht jede Technik der Natur, d. i. ein productives Vermögen derselben, welches Zweckmäßigkeit der Gestalt für unsere bloße Apprehension an sich zeigt (wie bei regulären Körpern), für teleologisch zu erklären suchen, sondern immer so lange für bloß mechanisch=möglich ansehen; allein darüber das teleologische Princip gar ausschließen und, wo die Zweckmäßigkeit für die Vernunftuntersuchung der Möglichkeit der Naturformen durch ihre Ursachen sich ganz unläugbar als Beziehung auf eine andere Art der Causalität zeigt, doch immer den bloßen Mechanism befolgen wollen, muß die Vernunft eben so phantastisch und unter Hirngespinsten von Naturvermögen, die sich gar nicht denken lassen, herumschweifend machen, als eine bloß teleologische Erklärungsart, die gar keine Rücksicht auf den Naturmechanism nimmt, sie schwärmerisch machte.

An einem und eben demselben Dinge der Natur lassen sich nicht beide Principien, als Grundsätze der Erklärung (Deduction) eines von dem andern, verknüpfen, d. i. als dogmatische und constitutive Principien der Natureinsicht für die bestimmende Urtheilskraft vereinigen. Wenn ich z. B. von einer Made annehme, sie sei als Product des bloßen Mechanismus der Materie (der neuen Bildung, die sie für sich selbst bewerkstelligt, wenn ihre Elemente durch Fäulniß in Freiheit gesetzt werden) anzusehen: so kann ich nun nicht von eben derselben Materie, als einer Causalität nach Zwecken zu handeln, eben dasselbe Product ableiten. Umgekehrt, wenn ich dasselbe Product als Naturzweck annehme, kann ich nicht auf eine mechanische Erzeugungsart desselben rechnen und solche als constitutives Princip zur Beurtheilung desselben seiner Möglichkeit nach annehmen und so beide Principien vereinigen. Denn eine Erklärungsart schließt die andere aus; gesetzt auch, daß objectiv beide Gründe der Möglichkeit eines solchen Products auf einem einzigen beruhten, wir aber auf diesen nicht Rücksicht nähmen. Das Princip, welches die Vereinbarkeit beider in Beurtheilung der Natur nach denselben möglich machen soll, muß in dem, was außerhalb beiden (mithin auch außer der möglichen empirischen Naturvorstellung) liegt, von dieser aber doch den Grund enthält, d. i. im Übersinnlichen, gesetzt und eine jede beider Erklärungsarten darauf bezogen werden. Da wir nun von diesem nichts als den unbestimmten Begriff eines Grundes haben können, der die Beurtheilung der Natur nach empirischen Gesetzen möglich macht, übrigens aber ihn durch kein Prädicat näher bestimmen können: so folgt, daß die Vereinigung beider Principien nicht auf einem Grunde der Erklärung (Explication) der Möglichkeit eines Products nach gegebenen Gesetzen für die bestimmende, sondern nur auf einem Grunde der Erörterung (Exposition) derselben für die reflectirende Urtheilskraft beruhen könne. — Denn Erklären heißt von einem Princip ableiten, welches man also deutlich muß erkennen und angeben können. Nun müssen zwar das Princip des Mechanisms der Natur und das der Causalität derselben nach Zwecken an einem und eben demselben Naturproducte in einem einzigen oberen Princip zusammenhängen und daraus gemeinschaftlich abfließen, weil sie sonst in der Naturbetrachtung nicht neben einander bestehen könnten. Wenn aber dieses objectivgemeinschaftliche und also auch die Gemeinschaft der davon abhängenden Maxime der Naturforschung berechtigende Princip von der Art ist, daß es zwar angezeigt, nie aber bestimmt erkannt und für den Gebrauch in vorkommenden Fällen deutlich angegeben werden kann: so läßt sich aus einem solchen Princip keine Erklärung, d. i. deutliche und bestimmte Ableitung, der Möglichkeit eines nach jenen zwei heterogenen Principien möglichen Naturproducts ziehen. Nun ist aber das gemeinschaftliche Princip der mechanischen einerseits und der teleologischen Ableitung andrerseits das Übersinnliche, welches wir der Natur als Phänomen unterlegen müssen. Von diesem aber können wir uns in theoretischer Absicht nicht den mindesten bejahend bestimmten Begriff machen. Wie also nach

2. Abtheilung. Dialektik der teleologischen Urtheilskraft. 413

demselben, als Princip, die Natur (nach ihren besondern Gesetzen) für uns ein System ausmache, welches sowohl nach dem Princip der Erzeugung von physischen als dem der Endursachen als möglich erkannt werden könne: läßt sich keinesweges erklären; sondern nur, wenn es sich zuträgt, daß Gegenstände der Natur vorkommen, die nach dem Princip des Mechanisms (welches jederzeit an einem Naturwesen Anspruch hat) ihrer Möglichkeit nach, ohne uns auf teleologische Grundsätze zu stützen, von uns nicht können gedacht werden, voraussetzen, daß man nur getrost beiden gemäß den Naturgesetzen nachforschen dürfe (nachdem die Möglichkeit ihres Products aus einem oder dem andern Princip unserm Verstande erkennbar ist), ohne sich an den scheinbaren Widerstreit zu stoßen, der sich zwischen den Principien der Beurtheilung desselben hervorthut: weil wenigstens die Möglichkeit, daß beide auch objectiv in einem Princip vereinbar sein möchten (da sie Erscheinungen betreffen, die einen übersinnlichen Grund voraussetzen), gesichert ist.

Ob also gleich sowohl der Mechanism als der teleologische (absichtliche) Technicism der Natur in Ansehung ebendesselben Products und seiner Möglichkeit unter einem gemeinschaftlichen obern Princip der Natur nach besondern Gesetzen stehen mögen: so können wir doch, da dieses Princip transscendent ist, nach der Eingeschränktheit unseres Verstandes beide Principien in der Erklärung eben derselben Naturerzeugung alsdann nicht vereinigen, wenn selbst die innere Möglichkeit dieses Products nur durch eine Causalität nach Zwecken verständlich ist (wie organisirte Materien von der Art sind). Es bleibt also bei dem obigen Grundsatze der Teleologie: daß nach der Beschaffenheit des menschlichen Verstandes für die Möglichkeit organischer Wesen in der Natur keine andere als absichtlich wirkende Ursache könne angenommen werden, und der bloße Mechanism der Natur zur Erklärung dieser ihrer Producte gar nicht hinlänglich sein könne; ohne doch dadurch in Ansehung der Möglichkeit solcher Dinge selbst durch diesen Grundsatz entscheiden zu wollen.

Da nämlich dieser nur eine Maxime der reflectirenden, nicht der bestimmenden Urtheilskraft ist, daher nur subjectiv für uns, nicht objectiv für die Möglichkeit dieser Art Dinge selbst gilt (wo beiderlei Erzeugungsarten wohl in einem und demselben Grunde zusammenhängen könnten); da ferner ohne allen zu der teleologisch=gedachten Erzeugungsart hinzukommenden Begriff von einem dabei zugleich anzutreffenden Mechanism der Natur dergleichen Erzeugung gar nicht als Naturproduct beurtheilt werden könnte: so führt obige Maxime zugleich die Nothwendigkeit einer Vereinigung beider Principien in der Beurtheilung der Dinge als Naturzwecke bei sich, aber nicht um eine ganz, oder in gewissen Stücken an die Stelle der andern zu setzen. Denn an die Stelle dessen, was (von uns wenigstens) nur als nach Absicht möglich gedacht wird, läßt sich kein Mechanism; und an die Stelle dessen, was nach diesem als nothwendig erkannt wird, läßt sich keine Zufälligkeit, die eines Zwecks zum Bestimmungsgrunde bedürfe, annehmen: sondern nur die eine (der Mechanism) der andern (dem absichtlichen Technicism) unterordnen, welches nach dem transscendentalen Princip der Zweckmäßigkeit der Natur ganz wohl geschehen darf.

Denn wo Zwecke als Gründe der Möglichkeit gewisser Dinge gedacht werden, da muß man auch Mittel annehmen, deren Wirkungsgesetz für sich nichts einen Zweck Voraussetzendes bedarf, mithin mechanisch und doch eine untergeordnete Ursache absichtlicher Wirkungen sein kann. Daher läßt sich selbst in organischen Producten der Natur, noch mehr aber, wenn wir, durch die unendliche Menge derselben veranlaßt, das Absichtliche in der Verbindung der Naturursachen nach besondern Gesetzen nun auch (wenigstens durch erlaubte Hypothese) zum allgemeinen Princip der reflectirenden Urtheilskraft für das Naturganze (die Welt) annehmen, eine große und sogar allgemeine Verbindung der mechanischen Gesetze mit den teleologischen in den Erzeugungen der Natur denken, ohne die Principien der Beurtheilung derselben zu verwechseln und eines an die Stelle des andern zu setzen: weil in einer teleologischen Beurtheilung die Materie, selbst wenn die Form, welche sie annimmt, nur als nach Absicht möglich beurtheilt wird, doch ihrer Natur nach mechanischen Gesetzen gemäß jenem vorgestellten Zwecke auch zum Mittel untergeordnet sein kann; wiewohl, da der Grund dieser Vereinbarkeit in demjenigen liegt, was weder das eine noch das andere (weder Mechanism, noch Zweckverbindung), sondern das übersinnliche Substrat der Natur ist, von dem wir nichts erkennen, für unsere (die menschliche) Vernunft beide Vorstellungsarten der Möglichkeit solcher Objecte nicht zusammenzuschmelzen sind, sondern wir sie nicht anders als nach der Verknüpfung der Endursachen auf einem obersten Verstande gegründet beurtheilen können, wodurch also der teleologischen Erklärungsart nichts benommen wird.

Weil nun aber ganz unbestimmt und für unsere Vernunft auch auf immer unbestimmbar ist, wieviel der Mechanism der Natur als Mittel zu jeder Endabsicht in derselben thue; und wegen des oberwähnten intelligibelen Princips der Möglichkeit einer Natur überhaupt gar angenommen werden kann, daß sie durchgängig nach beiderlei allgemein zusammenstimmenden Gesetzen (den physischen und den der Endursachen) möglich sei, wiewohl wir die Art, wie dieses zugehe, gar nicht einsehen können: so wissen wir auch nicht, wie weit die für uns mögliche mechanische Erklärungsart gehe, sondern nur so viel gewiß: daß, so weit wir nur immer darin kommen mögen, sie doch allemal für Dinge, die wir einmal als Naturzwecke anerkennen, unzureichend sein und wir also nach der Beschaffenheit unseres Verstandes jene Gründe insgesammt einem teleologischen Princip unterordnen müssen.

Hierauf gründet sich nun die Befugniß und wegen der Wichtigkeit, welche das Naturstudium nach dem Princip des Mechanisms für unsern theoretischen Vernunftgebrauch hat, auch der Beruf: alle Producte und Ereignisse der Natur, selbst die zweckmäßigsten so weit mechanisch zu erklären, als es immer in unserm Vermögen (dessen Schranken wir innerhalb dieser Untersuchungsart nicht angeben können) steht, dabei aber niemals aus den Augen zu verlieren, daß wir die, welche wir allein unter dem Begriffe vom Zwecke der Vernunft zur Untersuchung selbst auch) nur aufstellen können, der wesentlichen Beschaffenheit unserer Vernunft gemäß, jene mechanischen Ursachen ungeachtet, doch zuletzt der Causalität nach Zwecken unterordnen müssen.

Anhang.

Methodenlehre der teleologischen Urtheilskraft.

§ 79.

Ob die Teleologie als zur Naturlehre gehörend abgehandelt werden müsse.

Eine jede Wissenschaft muß in der Encyklopädie aller Wissenschaften ihre bestimmte Stelle haben. Ist es eine philosophische Wissenschaft, so muß ihr ihre Stelle in dem theoretischen oder praktischen Theil derselben und, hat sie ihren Platz im ersteren, entweder in der Naturlehre, so fern sie das, was Gegenstand der Erfahrung sein kann, erwägt (folglich der Körperlehre, der Seelenlehre und allgemeinen Weltwissenschaft), oder in der Gotteslehre (von dem Urgrunde der Welt als Inbegriff aller Gegenstände der Erfahrung) angewiesen werden.

Nun fragt sich: Welche Stelle gebührt der Teleologie? Gehört sie zur (eigentlich sogenannten) Naturwissenschaft, oder zur Theologie? Eins von beiden muß sein; denn zum Übergange aus einer in die andere kann gar keine Wissenschaft gehören, weil dieser nur die Articulation oder Organisation des Systems und keinen Platz in demselben bedeutet.

Daß sie in die Theologie als ein Theil derselben nicht gehöre, obgleich in derselben von ihr der wichtigste Gebrauch gemacht werden kann, ist für sich selbst klar. Denn sie hat Naturerzeugungen und die Ursache derselben zu ihrem Gegenstande; und ob sie gleich auf die letztere, als einen außer und über die Natur belegenen Grund (göttlichen Urheber) hinausweiset, so thut sie dieses doch nicht für die bestimmende, sondern nur (um die Beurtheilung der Dinge in der Welt durch eine solche Idee dem menschlichen Verstande angemessen als regulatives Princip zu leiten) bloß für die reflectirende Urtheilskraft in der Naturbetrachtung.

Anhang. Methodenlehre der teleologischen Urtheilskraft.

Eben so wenig scheint sie aber auch in die Naturwissenschaft zu gehören, welche bestimmender und nicht bloß reflectirender Principien bedarf, um von Naturwirkungen objective Gründe anzugeben. In der That ist auch für die Theorie der Natur, oder die mechanische Erklärung der Phänomene derselben durch ihre wirkenden Ursachen dadurch nichts gewonnen, daß man sie nach dem Verhältnisse der Zwecke zu einander betrachtet. Die Aufstellung der Zwecke der Natur an ihren Producten, so fern sie ein System nach teleologischen Begriffen ausmachen, ist eigentlich nur zur Naturbeschreibung gehörig, welche nach einem besondern Leitfaden abgefaßt ist: wo die Vernunft zwar ein herrliches unterrichtendes und praktisch in mancherlei Absicht zweckmäßiges Geschäft verrichtet, aber über das Entstehen und die innere Möglichkeit dieser Formen gar keinen Aufschluß giebt, worum es doch der theoretischen Naturwissenschaft eigentlich zu thun ist.

Die Teleologie als Wissenschaft gehört also zu gar keiner Doctrin, sondern nur zur Kritik und zwar eines besondern Erkenntnißvermögens, nämlich der Urtheilskraft. Aber so fern sie Principien a priori enthält, kann und muß sie die Methode, wie über die Natur nach dem Princip der Endursachen geurtheilt werden müsse, angeben; und so hat ihre Methodenlehre wenigstens negativen Einfluß auf das Verfahren in der theoretischen Naturwissenschaft und auch auf das Verhältniß, welches diese in der Metaphysik zur Theologie als Propädeutik derselben haben kann.

§ 80.

Von der nothwendigen Unterordnung des Princips des Mechanisms unter dem teleologischen in Erklärung eines Dinges als Naturzwecks.

Die Befugniß auf eine bloß mechanische Erklärungsart aller Naturproducte auszugehen ist an sich ganz unbeschränkt; aber das Vermögen damit allein auszulangen ist nach der Beschaffenheit unseres Verstandes, sofern er es mit Dingen als Naturzwecken zu thun hat, nicht allein sehr beschränkt, sondern auch deutlich begränzt: nämlich so, daß nach einem Princip der Urtheilskraft durch das erstere Verfahren allein zur Erklärung der letzeren gar nichts ausgerichtet werden könne, mithin die Beurtheilung solcher Producte jederzeit von uns zugleich einem teleologischen Princip untergeordnet werden müsse.

Es ist daher vernünftig, ja verdienstlich, dem Naturmechanism zum Behuf einer Erklärung der Naturproducte soweit nachzugehen, als es mit Wahrscheinlichkeit geschehen kann, ja diesen Versuch nicht darum aufzugeben, weil es an sich unmöglich sei auf seinem Wege mit der Zweckmäßigkeit der Natur zusammenzutreffen, sondern nur darum, weil es für uns als Menschen unmöglich ist; indem dazu eine andere als sinnliche Anschauung und ein bestimmtes Erkenntniß des intelligibelen Substrats der Natur, woraus selbst von dem Mechanism der Erscheinungen nach besondern Gesetzen Grund angegeben werden könne, erforderlich sein würde, welches alles unser Vermögen gänzlich übersteigt.

Damit also der Naturforscher nicht auf reinen Verlust arbeite, so muß er in Beurtheilung der Dinge, deren Begriff als Naturzwecke unbezweifelt gegründet ist (organisirter Wesen), immer irgend eine ursprüngliche Organisation zum Grunde legen, welche jenen Mechanism selbst benutzt, um andere organisirte Formen hervorzubringen, oder die seinige zu neuen Gestalten (die doch aber immer aus jenem Zwecke und ihm gemäß erfolgen) zu entwickeln.

Es ist rühmlich, vermittelst einer comparativen Anatomie die große Schöpfung organisirter Naturen durchzugehen, um zu sehen: ob sich daran nicht etwas einem System Ähnliches und zwar dem Erzeugungsprincip nach vorfinde; ohne daß wir nöthig haben, beim bloßen Beurtheilungsprincip (welches für die Einsicht ihrer Erzeugung keinen Aufschluß giebt) stehen zu bleiben und muthlos allen Anspruch auf Natureinsicht in diesem Felde aufzugeben. Die Übereinkunft so vieler Thiergattungen in einem gewissen gemeinsamen Schema, das nicht allein in ihrem Knochenbau, sondern auch in der Anordnung der übrigen Theile zum Grunde zu liegen scheint, wo bewundrungswürdige Einfalt des Grundrisses durch Verkürzung einer und Verlängerung anderer, durch Einwickelung dieser und Auswickelung jener Theile eine so große Mannigfaltigkeit von Species hat hervorbringen können, läßt einen obgleich schwachen Strahl von Hoffnung in das Gemüth fallen, daß hier wohl etwas mit dem Princip des Mechanismus der Natur, ohne welches es überhaupt keine Naturwissenschaft geben kann, auszurichten sein möchte. Diese Analogie der Formen, sofern sie bei aller Verschiedenheit einem gemeinschaftlichen Urbilde gemäß erzeugt zu sein scheinen, verstärkt die Vermuthung einer wirklichen Verwandtschaft derselben in der Erzeugung von einer gemeinschaftlichen Urmutter durch die stufenartige Annäherung einer Thiergattung zur andern, von derjenigen an, in welcher das Princip der Zwecke am meisten bewährt zu sein scheint, nämlich dem Menschen, bis zum Polyp, von diesem sogar bis zu Moosen und Flechten und endlich zu der niedrigsten uns merklichen Stufe der Natur, zur rohen Materie: aus welcher und ihren Kräften nach mechanischen Gesetzen (gleich denen, wornach sie in Kryftallerzeugungen wirkt) die ganze Technik der Natur, die uns in organisirten Wesen so unbegreiflich ist, daß wir uns dazu ein anderes Princip zu denken genöthigt glauben, abzustammen scheint.

Hier steht es nun dem Archäologen der Natur frei, aus den übriggebliebenen Spuren ihrer ältesten Revolutionen nach allem ihm bekannten oder gemuthmaßten Mechanism derselben jene große Familie von Geschöpfen (denn so müßte man sie sich vorstellen, wenn die genannte durchgängig zusammenhängende Verwandtschaft einen Grund haben soll) entspringen zu lassen. Er kann den Mutterschooß der Erde, die eben aus ihrem chaotischen Zustande herausging (gleichsam als ein großes Thier), anfänglich Geschöpfe von minder-zweckmäßiger Form, diese wiederum andere, welche angemessener ihrem Zeugungsplatze und ihrem Verhältnisse unter einander sich ausbildeten, gebären lassen; bis diese Gebärmutter selbst, erstarrt, sich verknöchert, ihre Geburten auf bestimmte, fernerhin nicht ausartende Species eingeschränkt hätte, und die Mannigfaltigkeit so bliebe, wie sie am Ende der Operation jener fruchtbaren Bildungskraft ausgefallen war. — Allein er muß gleichwohl zu dem Ende dieser allgemeinen Mutter eine auf alle diese Geschöpfe zweckmäßig gestellte Organisation beilegen, widrigenfalls die Zweckform der Producte des Thier- und Pflanzenreichs ihrer Möglichkeit nach gar nicht zu denken ist.*) Alsdann

---

*) Eine Hypothese von solcher Art kann man ein gewagtes Abenteuer der Vernunft nennen; und es mögen wenige selbst von den scharfsinnigsten Naturforschern sein, denen es nicht bisweilen durch den Kopf gegangen wäre. Denn ungereimt ist es eben nicht, wie die generatio aequivoca, worunter man die Erzeugung eines organisirten Wesens durch die Mechanik der rohen unorganisirten Materie versteht. Sie wäre immer noch generatio univoca in der allgemeinsten Bedeutung des Worts, sofern nur etwas Organisches aus einem andern Organischen, obzwar unter dieser Art Wesen specifisch von ihm Unterschiedenen, erzeugt würde; z. B. wenn gewisse Wasserthiere sich nach und nach zu Sumpfthieren und aus diesen nach einigen Zeugungen zu Landthieren ausbildeten. A priori, im Urtheile der bloßen Vernunft, widerstreitet sich das nicht. Allein die Erfahrung zeigt davon kein Beispiel, nach der vielmehr alle Zeugung, die wir kennen, generatio homonyma ist, nicht bloß univoca im Gegensatz mit der Zeugung aus unorganisirtem Stoffe, sondern auch

aber hat er den Erklärungsgrund nur weiter aufgeschoben und kann sich nicht anmaßen, die Erzeugung jener zwei Reiche von der Bedinguug der Endursachen unabhängig gemacht zu haben.

Selbst, was die Veränderung betrifft, welcher gewisse Individuen der organisirten Gattungen zufälligerweise unterworfen werden, wenn man findet, daß ihr so abgeänderter Charakter erblich und in die Zeugungskraft aufgenommen wird, so kann sie nicht füglich anders denn als gelegentliche Entwickelung einer in der Species ursprünglich vorhandenen zweckmäßigen Anlage zur Selbsterhaltung der Art beurtheilt werden: weil das Zeugen seines gleichen bei der durchgängigen innern Zweckmäßigkeit eines organisirten Wesens mit der Bedingung nichts in die Zeugungskraft aufzunehmen, was nicht auch in einem solchen System von Zwecken zu einer der unentwickelten ursprünglichen Anlagen gehört, so nahe verbunden ist. Denn wenn man von diesem Princip abgeht, so kann man mit Sicherheit nicht wissen, ob nicht mehrere Stücke der jetzt an einer Species anzutreffenden Form eben so zufälligen zwecklosen Ursprungs sein mögen; und das Princip der Teleologie: in einem organisirten Wesen nichts von dem, was sich in der Fortpflanzung desselben erhält, als unzweckmäßig zu beurtheilen, müßte dadurch in der Anwendung sehr unzuverlässig werden und lediglich für den Urstamm (den wir aber nicht mehr kennen) gültig sein.

Hume macht wider diejenigen, welche für alle solche Naturzwecke ein teleologisches Princip der Beurtheilung, d. i. einen architektonischen Verstand, anzunehmen nöthig finden, die Einwendung: daß man mit eben dem Rechte fragen könnte, wie denn ein solcher Verstand möglich sei, d. i. wie die mancherlei Vermögen und Eigenschaften, welche die Möglichkeit eines Verstandes, der zugleich ausführende Macht hat, ausmachen, sich so zweckmäßig in einem Wesen haben zusammen finden können. Allein dieser Einwurf ist nichtig. Denn die ganze Schwierigkeit, welche die Frage wegen der ersten Erzeugung eines in sich selbst Zwecke enthaltenden und durch sie allein begreiflichen Dinges umgiebt, beruht auf der Nachfrage nach Einheit des Grundes der Verbindung des Mannigfaltigen außer einander in diesem Producte; da denn, wenn dieser Grund in

---

ein in der Organisation selbst mit dem Erzeugenden gleichartiges Product hervorbringt, und die generatio heteronyma, so weit unsere Erfahrungskenntniß der Natur reicht, nirgend angetroffen wird.

dem Verstande einer hervorbringenden Ursache als einfacher Substanz gesetzt wird, jene Frage, sofern sie teleologisch ist, hinreichend beantwortet wird, wenn aber die Ursache bloß in der Materie, als einem Aggregat vieler Substanzen außer einander, gesucht wird, die Einheit des Princips für die innerlich zweckmäßige Form ihrer Bildung gänzlich ermangelt; und die Autokratie der Materie in Erzeugungen, welche von unserm Verstande nur als Zwecke begriffen werden können, ist ein Wort ohne Bedeutung.

Daher kommt es, daß diejenigen, welche für die objectiv-zweckmäßigen Formen der Materie einen obersten Grund der Möglichkeit derselben suchen, ohne ihm eben einen Verstand zuzugestehen, das Weltganze doch gern zu einer einigen, allbefassenden Substanz (Pantheism), oder (welches nur eine bestimmtere Erklärung des vorigen ist) zu einem Inbegriffe vieler einer einigen einfachen Substanz inhärirenden Bestimmungen (Spinozism) machen, bloß um jene Bedingung aller Zweckmäßigkeit, die Einheit des Grundes, heraus zu bekommen; wobei sie zwar einer Bedingung der Aufgabe, nämlich der Einheit in der Zweckbeziehung, vermittelst des bloß ontologischen Begriffs einer einfachen Substanz ein Genüge thun, aber für die andere Bedingung, nämlich das Verhältniß derselben zu ihrer Folge als Zweck, wodurch jener ontologische Grund für die Frage näher bestimmt werden soll, nichts anführen, mithin die ganze Frage keinesweges beantworten. Auch bleibt sie schlechterdings unbeantwortlich (für unsere Vernunft), wenn wir jenen Urgrund der Dinge nicht als einfache Substanz und dieser ihre Eigenschaft zu der specifischen Beschaffenheit der auf sie sich gründenden Naturformen, nämlich der Zweckeinheit, nicht als die einer intelligenten Substanz, das Verhältniß aber derselben zu den letzteren (wegen der Zufälligkeit, die wir an allem finden, was wir uns nur als Zweck möglich denken) nicht als das Verhältniß einer Causalität uns vorstellen.

§ 81.

Von der Beigesellung des Mechanismus zum teleologischen Princip in der Erklärung eines Naturzwecks als Naturproducts.

Gleich wie der Mechanism der Natur nach dem vorhergehenden § allein nicht zulangen kann, um sich die Möglichkeit eines organisirten

Wesens darnach zu denken, sondern (wenigstens nach der Beschaffenheit unsers Erkenntnißvermögens) einer absichtlich wirkenden Ursache ursprünglich untergeordnet werden muß: so langt eben so wenig der bloße teleologische Grund eines solchen Wesens hin, es zugleich als ein Product der Natur zu betrachten und zu beurtheilen, wenn nicht der Mechanism der letzteren dem ersteren beigesellt wird, gleichsam als das Werkzeug einer absichtlich wirkenden Ursache, deren Zwecke die Natur in ihren mechanischen Gesetzen gleichwohl untergeordnet ist. Die Möglichkeit einer solchen Vereinigung zweier ganz verschiedener Arten von Causalität, der Natur in ihrer allgemeinen Gesetzmäßigkeit mit einer Idee, welche jene auf eine besondere Form einschränkt, wozu sie für sich gar keinen Grund enthält, begreift unsere Vernunft nicht; sie liegt im übersinnlichen Substrat der Natur, wovon wir nichts bejahend bestimmen können, als daß es das Wesen an sich sei, von welchem wir bloß die Erscheinung kennen. Aber das Princip: alles, was wir als zu dieser Natur (Phaenomenon) gehörig und als Product derselben annehmen, auch nach mechanischen Gesetzen mit ihr verknüpft denken zu müssen, bleibt nichts desto weniger in seiner Kraft: weil ohne diese Art von Causalität organisirte Wesen, als Zwecke der Natur, doch keine Naturproducte sein würden.

Wenn nun das teleologische Princip der Erzeugung dieser Wesen angenommen wird (wie es denn nicht anders sein kann): so kann man entweder den **Occasionalism**, oder den **Prästabilism** der Ursache ihrer innerlich zweckmäßigen Form zum Grunde legen. Nach dem ersteren würde die oberste Welturache ihrer Idee gemäß bei Gelegenheit einer jeden Begattung der in derselben sich mischenden Materie unmittelbar die organische Bildung geben; nach dem zweiten würde sie in die anfänglichen Producte dieser ihrer Weisheit nur die Anlage gebracht haben, vermittelst deren ein organisches Wesen seines Gleichen hervorbringt und die Species sich selbst beständig erhält, imgleichen der Abgang der Individuen durch ihre zugleich an ihrer Zerstörung arbeitende Natur continuirlich ersetzt wird. Wenn man den Occasionalism der Hervorbringung organisirter Wesen annimmt, so geht alle Natur hiebei gänzlich verloren, mit ihr auch aller Vernunftgebrauch, über die Möglichkeit einer solchen Art Producte zu urtheilen; daher man voraussetzen kann, daß niemand dieses System annehmen wird, dem es irgend um Philosophie zu thun ist.

Der **Prästabilism** kann nun wiederum auf zwiefache Art verfahren. Er betrachtet nämlich ein jedes von seines Gleichen gezeugte organische Wesen entweder als das Educt, oder als das Product des ersteren. Das System der Zeugungen als bloßer Educte heißt das der **individuellen Präformation**, oder auch die **Evolutionstheorie**; das der Zeugungen als Producte wird das System der **Epigenesis** genannt. Dieses letztere kann auch System der **generischen Präformation** genannt werden: weil das productive Vermögen der Zeugenden doch nach den inneren zweckmäßigen Anlagen, die ihrem Stamme zu Theil wurden, also die specifische Form virtualiter präformirt war. Diesem gemäß würde man die entgegenstehende Theorie der individuellen Präformation auch besser **Involutionstheorie** (oder die der Einschachtelung) nennen können.

Die Verfechter der Evolutionstheorie, welche jedes Individuum von der bildenden Kraft der Natur ausnehmen, um es unmittelbar aus der Hand des Schöpfers kommen zu lassen, wollten es also doch nicht wagen, dieses nach der Hypothese des Occasionalisms geschehen zu lassen, so daß die Begattung eine bloße Formalität wäre, unter der eine oberste verständige Welturſache beschlossen hätte, jedesmal eine Frucht mit unmittelbarer Hand zu bilden und der Mutter nur die Auswickelung und Ernährung derselben zu überlassen. Sie erklärten sich für die Präformation; gleich als wenn es nicht einerlei wäre, übernatürlicher Weise im Anfange oder im Fortlaufe der Welt dergleichen Formen entstehen zu lassen, und nicht vielmehr eine große Menge übernatürlicher Anstalten durch gelegentliche Schöpfung erspart würde, welche erforderlich wären, damit der im Anfange der Welt gebildete Embryo die lange Zeit hindurch bis zu seiner Entwickelung nicht von den zerstörenden Kräften der Natur litte und sich unverletzt erhielte, imgleichen eine unermeßlich größere Zahl solcher vorgebildeten Wesen, als jemals entwickelt werden sollten, und mit ihnen eben so viel Schöpfungen dadurch unnöthig und zwecklos gemacht würden. Allein sie wollten doch wenigstens etwas hierin der Natur überlassen, um nicht gar in völlige Hyperphysik zu gerathen, die aller Naturerklärung entbehren kann. Sie hielten zwar noch fest an ihrer Hyperphysik, selbst da sie an Mißgeburten (die man doch unmöglich für Zwecke der Natur halten kann) eine bewunderungswürdige Zweckmäßigkeit fanden, sollte sie auch nur darauf abgezielt sein, daß ein Anatomiker einmal daran, als einer zwecklosen Zweckmäßigkeit, Anstoß nehmen und niederschlagende Bewunderung fühlen sollte. Aber die Erzeugung der Bastarte konnten sie schlechterdings nicht in das System der Präformation hineinpaſſen, ſondern mußten dem Samen der männlichen Geſchöpfe, dem ſie übrigens nichts als die mechaniſche Eigenſchaft, zum erſten Nahrungsmittel des Embryo zu dienen, zugeſtanden hatten, doch noch obenein eine zweckmäßig bildende Kraft zugeſtehen: welche ſie doch in Anſehung des ganzen Products einer Erzeugung von zwei Geſchöpfen derſelben Gattung keinem von beiden einräumen wollten.

Wenn man dagegen an dem Vertheidiger der Epigeneſis den großen Vorzug, den er in Anſehung der Erfahrungsgründe zum Beweiſe ſeiner Theorie vor dem erſteren hat, gleich nicht kennte: ſo würde die Vernunft doch ſchon zum Voraus für ſeine Erklärungsart mit vorzüglicher Gunſt eingenommen ſein, weil ſie die Natur in Anſehung der Dinge, welche man urſprünglich nur nach der Cauſalität der Zwecke ſich als möglich vorſtellen kann, doch wenigſtens, was die Fortpflanzung betrifft, als ſelbſt hervorbringend, nicht bloß als entwickelnd betrachtet und ſo doch mit dem kleinſt=möglichen Aufwande des Übernatürlichen alles Folgende vom erſten Anfange an der Natur überläßt (ohne aber über dieſen erſten Anfang, an dem die Phyſik überhaupt ſcheitert, ſie mag es mit einer Kette der Urſachen verſuchen, mit welcher ſie wolle, etwas zu beſtimmen).

In Anſehung dieſer Theorie der Epigeneſis hat niemand mehr ſowohl zum Beweiſe derſelben, als auch zur Gründung der ächten Principien ihrer Anwendung zum Theil durch die Beſchränkung eines zu vermeſſenen Gebrauchs derſelben geleiſtet, als Herr Hofr. Blumenbach. Von organiſirter Materie hebt er alle phyſiſche Erklärungsart dieſer Bildungen an. Denn daß rohe Materie ſich nach mechaniſchen Geſetzen urſprünglich ſelbſt gebildet habe, daß aus der Natur des Lebloſen Leben habe entſpringen und Materie in die Form einer ſich ſelbſt erhaltenden Zweckmäßigkeit ſich von ſelbſt habe fügen können, erklärt er mit Recht für vernunftwidrig; läßt aber zugleich dem Naturmechanism unter dieſem uns unerforſchlichen Princip einer urſprünglichen Organiſation einen unbeſtimmbaren, zugleich doch auch unverkennbaren Antheil, wozu das Vermögen der Materie (zum Unterſchiede von der ihr allgemein beiwohnenden bloß mechaniſchen Bildungskraft) von ihm in einem organiſirten Körper ein (gleichſam unter der höheren Leitung und Anweiſung der erſteren ſtehender) Bildungstrieb genannt wird.

§ 82.

Von dem teleologischen System in den äußern Verhältnissen organisirter Wesen.

Unter der äußern Zweckmäßigkeit verstehe ich diejenige, da ein Ding der Natur einem andern als Mittel zum Zwecke dient. Nun können Dinge, die keine innere Zweckmäßigkeit haben, oder zu ihrer Möglichkeit voraus=setzen, z. B. Erden, Luft, Wasser u. s. w., gleichwohl äußerlich, d. i. im Verhältniß auf andere Wesen, sehr zweckmäßig sein; aber diese müssen jederzeit organisirte Wesen, d. i. Naturzwecke, sein, denn sonst könnten jene auch nicht als Mittel beurtheilt werden. So können Wasser, Luft und Erden nicht als Mittel zu Anhäufung von Gebirgen angesehen wer=den, weil diese an sich gar nichts enthalten, was einen Grund ihrer Mög=lichkeit nach Zwecken erforderte, worauf in Beziehung also ihre Ursache niemals unter dem Prädicate eines Mittels (das dazu nützte) vorgestellt werden kann.

Die äußere Zweckmäßigkeit ist ein ganz anderer Begriff, als der Be=griff der inneren, welche mit der Möglichkeit eines Gegenstandes, unan=gesehen ob seine Wirklichkeit selbst Zweck sei oder nicht, verbunden ist. Man kann von einem organisirten Wesen noch fragen: Wozu ist es da? aber nicht leicht von Dingen, an denen man bloß die Wirkung vom Me=chanism der Natur erkennt. Denn in jenen stellen wir uns schon eine Causalität nach Zwecken zu ihrer inneren Möglichkeit, einen schaffenden Verstand, vor und beziehen dieses thätige Vermögen auf den Bestim=mungsgrund desselben, die Absicht. Es giebt nur eine einzige äußere Zweckmäßigkeit, die mit der innern der Organisation zusammenhängt und, ohne daß die Frage sein darf, zu welchem Ende dieses so organisirte Wesen eben habe existiren müssen, dennoch im äußeren Verhältniß eines Mittels zum Zwecke dient. Dieses ist die Organisation beiderlei Ge=schlechts in Beziehung auf einander zur Fortpflanzung ihrer Art; denn hier kann man immer noch eben so wie bei einem Individuum fragen: Warum mußte ein solches Paar existiren? Die Antwort ist: Dieses hier macht allererst ein organisirendes Ganze aus, obzwar nicht ein orga=nisirtes in einem einzigen Körper.

Wenn man nun fragt, wozu ein Ding da ist, so ist die Antwort ent=weder: Sein Dasein und seine Erzeugung hat gar keine Beziehung auf eine nach Absichten wirkende Ursache, und alsdann versteht man immer einen Ursprung derselben aus dem Mechanism der Natur; oder: Es ist irgend ein absichtlicher Grund seines Daseins (als eines zufälligen Naturwesens), und diesen Gedanken kann man schwerlich von dem Begriffe eines organisirten Dinges trennen: weil, da wir einmal seiner innern Möglichkeit eine Causalität der Endursachen und eine Idee, die dieser zum Grunde liegt, unterlegen müssen, wir auch die Existenz dieses Productes nicht anders denn als Zweck denken können. Denn die vorgestellte Wirkung, deren Vorstellung zugleich der Bestimmungsgrund der verständigen wirkenden Ursache zu ihrer Hervorbringung ist, heißt Zweck. In diesem Falle also kann man entweder sagen: Der Zweck der Existenz eines solchen Naturwesens ist in ihm selbst, d. i. es ist nicht bloß Zweck, sondern auch Endzweck; oder: Dieser ist außer ihm in anderen Naturwesen, d. i. es existirt zweckmäßig nicht als Endzweck, sondern nothwendig zugleich als Mittel.

Wenn wir aber die ganze Natur durchgehen, so finden wir in ihr als Natur kein Wesen, welches auf den Vorzug, Endzweck der Schöpfung zu sein, Anspruch machen könnte; und man kann sogar a priori beweisen: daß dasjenige, was etwa noch für die Natur ein letzter Zweck sein könnte, nach allen erdenklichen Bestimmungen und Eigenschaften, womit man es ausrüsten möchte, doch als Naturding niemals ein Endzweck sein könne.

Wenn man das Gewächsreich ansieht, so könnte man anfänglich durch die unermeßliche Fruchtbarkeit, durch welche es sich beinahe über jeden Boden verbreitet, auf den Gedanken gebracht werden, es für ein bloßes Product des Mechanisms der Natur, welchen sie in den Bildungen des Mineralreichs zeigt, zu halten. Eine nähere Kenntniß aber der unbeschreiblich weisen Organisation in demselben läßt uns an diesem Gedanken nicht haften, sondern veranlaßt die Frage: Wozu sind diese Geschöpfe da? Wenn man sich antwortet: Für das Thierreich, welches dadurch genährt wird, damit es sich in so mannigfaltigen Gattungen über die Erde habe verbreiten können, so kommt die Frage wieder: Wozu sind denn diese pflanzen-verzehrenden Thiere da? Die Antwort würde etwa sein: Für die Raubthiere, die sich nur von dem nähren können, was Leben hat. Endlich ist die Frage: Wozu sind diese sammt den vorigen Naturreichen gut? Für den Menschen zu dem mannigfaltigen Gebrauche, den ihn sein Verstand von allen jenen Geschöpfen machen lehrt; und er ist der letzte Zweck der Schöpfung hier auf Erden, weil er das einzige Wesen auf derselben ist, welches sich einen Begriff von Zwecken machen und aus einem Aggregat von zweckmäßig gebildeten Dingen durch seine Vernunft ein System der Zwecke machen kann.

Man könnte auch mit dem Ritter Linné den dem Scheine nach umgekehrten Weg gehen und sagen: Die gewächsfressenden Thiere sind da, um den üppigen Wuchs des Pflanzenreichs, wodurch viele Species derselben erstickt werden würden, zu mäßigen; die Raubthiere, um der Gefräßigkeit jener Gränzen zu setzen; endlich der Mensch, damit, indem er diese verfolgt und vermindert, ein gewisses Gleichgewicht unter den hervorbringenden und den zerstörenden Kräften der Natur gestiftet werde. Und so würde der Mensch, so sehr er auch in gewisser Beziehung als Zweck gewürdigt sein möchte, doch in anderer wiederum nur den Rang eines Mittels haben.

Wenn man sich eine objective Zweckmäßigkeit in der Mannigfaltigkeit der Gattungen der Erdgeschöpfe und ihrem äußern Verhältnisse zu einander, als zweckmäßig construirter Wesen, zum Princip macht: so ist es der Vernunft gemäß, sich in diesem Verhältnisse wiederum eine gewisse Organisation und ein System aller Naturreiche nach Endursachen zu denken. Allein hier scheint die Erfahrung der Vernunftmaxime laut zu widersprechen, vornehmlich was einen letzten Zweck der Natur betrifft, der doch zu der Möglichkeit eines solchen Systems erforderlich ist, und den wir nirgend anders als im Menschen setzen können: da vielmehr in Ansehung dieses, als einer der vielen Thiergattungen, die Natur so wenig von den zerstörenden als erzeugenden Kräften die mindeste Ausnahme gemacht hat, alles einem Mechanism derselben ohne einen Zweck zu unterwerfen.

Das erste, was in einer Anordnung zu einem zweckmäßigen Ganzen der Naturwesen auf der Erde absichtlich eingerichtet sein müßte, würde wohl ihr Wohnplatz, der Boden und das Element sein, auf und in welchem sie ihr Fortkommen haben sollten. Allein eine genauere Kenntniß der Beschaffenheit dieser Grundlage aller organischen Erzeugung giebt auf keine anderen als ganz unabsichtlich wirkende, ja eher noch verwüstende, als Erzeugung, Ordnung und Zwecke begünstigende Ursachen Anzeige. Land und Meer enthalten nicht allein Denkmäler von alten mächtigen Verwüstungen, die sie und alle Geschöpfe auf und in demselben betroffen haben, in sich; sondern ihr ganzes Bauwerk, die Erdlager des einen und die Gränzen des andern haben gänzlich das Ansehen des Products wilder, allgewaltiger Kräfte einer im chaotischen Zustande arbeitenden Natur.

So zweckmäßig auch jetzt die Gestalt, das Bauwerk und der Abhang der Länder für die Aufnahme der Gewässer aus der Luft, für die Quelladern zwischen Erdschichten von mannigfaltiger Art (für mancherlei Producte) und den Lauf der Ströme angeordnet zu sein scheinen mögen: so beweiset doch eine nähere Untersuchung derselben, daß sie bloß als die Wirkung theils feuriger, theils wässeriger Eruptionen, oder auch Empörungen des Oceans zu Stande gekommen sind; sowohl was die erste Erzeugung dieser Gestalt, als vornehmlich die nachmalige Umbildung derselben zugleich mit dem Untergange ihrer ersten organischen Erzeugungen betrifft.*) Wenn nun der Wohnplatz, der Mutterboden (des Landes) und der Mutterschooß (des Meeres), für alle diese Geschöpfe auf keinen andern als einen gänzlich unabsichtlichen Mechanism seiner Erzeugung Anzeige giebt: wie und mit welchem Recht können wir für diese letztern Producte einen andern Ursprung verlangen und behaupten? Wenn gleich der Mensch, wie die genaueste Prüfung der Überreste jener Naturverwüstungen (nach Camper's Urtheile) zu beweisen scheint, in diesen Revolutionen nicht mit begriffen war: so ist er doch von den übrigen Erdgeschöpfen so abhängig, daß, wenn ein über die anderen allgemeinwaltender Mechanism der Natur eingeräumt wird, er als darunter mit begriffen angesehen werden muß; wenn ihn gleich sein Verstand (großentheils wenigstens) unter ihren Verwüstungen hat retten können.

Dieses Argument scheint aber mehr zu beweisen, als die Absicht enthielt, wozu es aufgestellt war: nämlich nicht bloß, daß der Mensch kein letzter Zweck der Natur und aus dem nämlichen Grunde das Aggregat der organisirten Naturdinge auf der Erde nicht ein System von Zwecken sein könne; sondern daß gar die vorher für Naturzwecke gehaltenen Naturproducte keinen andern Ursprung haben, als den Mechanism der Natur.

---

*) Wenn der einmal angenommene Name Naturgeschichte für Naturbeschreibung bleiben soll, so kann man das, was die erstere buchstäblich anzeigt, nämlich eine Vorstellung des ehemaligen, alten Zustandes der Erde, worüber man, wenn man gleich keine Gewißheit hoffen darf, doch mit gutem Grunde Vermuthungen wagt, die Archäologie der Natur im Gegensatz mit der Kunst nennen. Zu jener würden die Petrefacten, so wie zu dieser die geschnittenen Steine u. s. w. gehören. Denn da man doch wirklich an einer solchen (unter dem Namen einer Theorie der Erde) beständig, wenn gleich wie billig langsam arbeitet, so wäre dieser Namen eben nicht einer bloß eingebildeten Naturforschung gegeben, sondern einer solchen, zu der die Natur selbst uns einladet und auffordert.

Allein in der obigen Auflösung der Antinomie der Principien der mechanischen und der teleologischen Erzeugungsart der organischen Naturwesen haben wir gesehen: daß, da sie in Ansehung der nach ihren besondern Gesetzen (zu deren systematischem Zusammenhange uns aber der Schlüssel fehlt) bildenden Natur bloß Principien der reflectirenden Urtheilskraft sind, die nämlich ihren Ursprung nicht an sich bestimmen, sondern nur sagen, daß wir nach der Beschaffenheit unseres Verstandes und unsrer Vernunft ihn in dieser Art Wesen nicht anders als nach Endursachen denken können, die größtmögliche Bestrebung, ja Kühnheit in Versuchen sie mechanisch zu erklären nicht allein erlaubt ist, sondern wir auch durch Vernunft dazu aufgerufen sind, ungeachtet wir wissen, daß wir damit aus subjectiven Gründen der besondern Art und Beschränkung unseres Verstandes (und nicht etwa, weil der Mechanism der Erzeugung einem Ursprunge nach Zwecken an sich widerspräche) niemals auslangen können; und daß endlich in dem übersinnlichen Princip der Natur (sowohl außer uns als in uns) gar wohl die Vereinbarkeit beider Arten sich die Möglichkeit der Natur vorzustellen liegen könne, indem die Vorstellungsart nach Endursachen nur eine subjective Bedingung unseres Vernunftgebrauchs sei, wenn sie die Beurtheilung der Gegenstände nicht bloß als Erscheinungen angestellt wissen will, sondern diese Erscheinungen selbst sammt ihren Principien auf das übersinnliche Substrat zu beziehen verlangt, um gewisse Gesetze der Einheit derselben möglich zu finden, die sie sich nicht anders als durch Zwecke (wovon die Vernunft auch solche hat, die übersinnlich sind) vorstellig machen kann.

§ 83.

Von dem letzten Zwecke der Natur als eines teleologischen Systems.

Wir haben im vorigen gezeigt, daß wir den Menschen nicht bloß wie alle organisirte Wesen als Naturzweck, sondern auch hier auf Erden als den letzten Zweck der Natur, in Beziehung auf welchen alle übrige Naturdinge ein System von Zwecken ausmachen, nach Grundsätzen der Vernunft zwar nicht für die bestimmende, doch für die reflectirende Urtheilskraft zu beurtheilen hinreichende Ursache haben. Wenn nun dasjenige im Menschen selbst angetroffen werden muß, was als Zweck durch seine Verknüpfung mit der Natur befördert werden soll: so muß entweder der Zweck von der Art sein, daß er selbst durch die Natur in ihrer Wohlthätigkeit befriedigt werden kann; oder es ist die Tauglichkeit und Geschicklichkeit zu allerlei Zwecken, wozu die Natur (äußerlich und innerlich) von ihm gebraucht werden könne. Der erste Zweck der Natur würde die Glückseligkeit, der zweite die Cultur des Menschen sein.

Der Begriff der Glückseligkeit ist nicht ein solcher, den der Mensch etwa von seinen Instincten abstrahirt und so aus der Thierheit in ihm selbst hernimmt; sondern ist eine bloße Idee eines Zustandes, welcher er den letzteren unter bloß empirischen Bedingungen (welches unmöglich ist) adäquat machen will. Er entwirft sie sich selbst und zwar auf so verschiedene Art durch seinen mit der Einbildungskraft und den Sinnen verwickelten Verstand; er ändert sogar diesen so oft, daß die Natur, wenn sie auch seiner Willkür gänzlich unterworfen wäre, doch schlechterdings kein bestimmtes allgemeines und festes Gesetz annehmen könnte, um mit diesem schwankenden Begriff und so mit dem Zweck, den jeder sich willkürlicher Weise vorsetzt, übereinzustimmen. Aber selbst wenn wir entweder diesen auf das wahrhafte Naturbedürfniß, worin unsere Gattung durchgängig mit sich übereinstimmt, herabsetzen, oder andererseits die Geschicklichkeit sich eingebildete Zwecke zu verschaffen noch so hoch steigern wollten: so würde doch, was der Mensch unter Glückseligkeit versteht, und was in der That sein eigener letzter Naturzweck (nicht Zweck der Freiheit) ist, von ihm nie erreicht werden; denn seine Natur ist nicht von der Art, irgendwo im Besitze und Genusse aufzuhören und befriedigt zu werden. Andrerseits ist so weit gefehlt, daß die Natur ihn zu ihrem besondern Liebling aufgenommen und vor allen Thieren mit Wohltun begünstigt habe, daß sie ihn vielmehr in ihren verderblichen Wirkungen, in Pest, Hunger, Wassergefahr, Frost, Anfall von andern großen und kleinen Thieren u. d. gl., eben so wenig verschont, wie jedes andere Thier; noch mehr aber, daß das Widersinnische der Naturanlagen in ihm ihn noch in selbstersonnene Plagen und noch andere von seiner eigenen Gattung durch den Druck der Herrschaft, die Barbarei der Kriege u. s. w. in solche Noth versetzt und er selbst, so viel an ihm ist, an der Zerstörung seiner eigenen Gattung arbeitet, daß selbst bei der wohlthätigsten Natur außer uns der Zweck derselben, wenn er auf die Glückseligkeit unserer Species gestellt wäre, in einem System derselben auf Erden nicht erreicht werden würde, weil die Natur in uns derselben nicht empfänglich ist. Er ist also immer nur Glied in der Kette der Naturzwecke: zwar Princip in Ansehung manches

Zwecks, wozu die Natur ihn in ihrer Anlage bestimmt zu haben scheint, indem er sich selbst dazu macht; aber doch auch Mittel zur Erhaltung der Zweckmäßigkeit im Mechanism der übrigen Glieder. Als das einzige Wesen auf Erden, welches Verstand, mithin ein Vermögen hat, sich selbst willkürlich Zwecke zu setzen, ist er zwar betitelter Herr der Natur und, wenn man diese als ein teleologisches System ansieht, seiner Bestimmung nach der letzte Zweck der Natur; aber immer nur bedingt, nämlich daß er es verstehe und den Willen habe, dieser und ihm selbst eine solche Zweckbeziehung zu geben, die unabhängig von der Natur sich selbst genug, mithin Endzweck sein könne, der aber in der Natur gar nicht gesucht werden muß.

Um aber auszufinden, worein wir am Menschen wenigstens jenen letzten Zweck der Natur zu setzen haben, müssen wir dasjenige, was die Natur zu leisten vermag, um ihn zu dem vorzubereiten, was er selbst thun muß, um Endzweck zu sein, heraussuchen und es von allen den Zwecken absondern, deren Möglichkeit auf Bedingungen beruht, die man allein von der Natur erwarten darf. Von der letztern Art ist die Glückseligkeit auf Erden, worunter der Inbegriff aller durch die Natur außer und in dem Menschen möglichen Zwecke desselben verstanden wird; das ist die Materie aller seiner Zwecke auf Erden, die, wenn er sie zu seinem ganzen Zwecke macht, ihn unfähig macht, seiner eigenen Existenz einen Endzweck zu setzen und dazu zusammen zu stimmen. Es bleibt also von allen seinen Zwecken in der Natur nur die formale, subjective Bedingung, nämlich der Tauglichkeit: sich selbst überhaupt Zwecke zu setzen und (unabhängig von der Natur in seiner Zweckbestimmung) die Natur den Maximen seiner freien Zwecke überhaupt angemessen als Mittel zu gebrauchen, übrig, was die Natur in Absicht auf den Endzweck, der außer ihr liegt, ausrichten und welches also als ihr letzter Zweck angesehen werden kann. Die Hervorbringung der Tauglichkeit eines vernünftigen Wesens zu beliebigen Zwecken überhaupt (folglich in seiner Freiheit) ist die Cultur. Also kann nur die Cultur der letzte Zweck sein, den man der Natur in Ansehung der Menschengattung beizulegen Ursache hat (nicht seine eigene Glückseligkeit auf Erden, oder wohl gar bloß das vornehmste Werkzeug zu sein, Ordnung und Einhelligkeit in der vernunftlosen Natur außer ihm zu stiften).

Aber nicht jede Cultur ist zu diesem letzten Zwecke der Natur hinlänglich. Die der Geschicklichkeit ist freilich die vornehmste subjective Bedingung der Tauglichkeit zur Beförderung der Zwecke überhaupt; aber doch nicht hinreichend den Willen in der Bestimmung und Wahl seiner Zwecke zu befördern, welche doch zum ganzen Umfange einer Tauglichkeit zu Zwecken wesentlich gehört. Die letztere Bedingung der Tauglichkeit, welche man die Cultur der Zucht (Disciplin) nennen könnte, ist negativ und besteht in der Befreiung des Willens von dem Despotism der Begierden, wodurch wir, an gewisse Naturdinge geheftet, unfähig gemacht werden, selbst zu wählen, indem wir uns die Triebe zu Fesseln dienen lassen, die uns die Natur nur statt Leitfäden beigegeben hat, um die Bestimmung der Thierheit in uns nicht zu vernachlässigen, oder gar zu verletzen, indeß wir doch frei genug sind, sie anzuziehen oder nachzulassen, zu verlängern oder zu verkürzen, nachdem es die Zwecke der Vernunft erfordern.

Die Geschicklichkeit kann in der Menschengattung nicht wohl entwickelt werden, als vermittelst der Ungleichheit unter Menschen: da die größte Zahl die Nothwendigkeit des Lebens gleichsam mechanisch, ohne dazu besonders Kunst zu bedürfen, zur Gemächlichkeit und Muße anderer besorgt, welche die minder nothwendigen Stücke der Cultur, Wissenschaft und Kunst, bearbeiten, und von diesen in einem Stande des Drucks, saurer Arbeit und wenig Genusses gehalten wird, auf welche Classe sich denn doch manches von der Cultur der höhern nach und nach auch verbreitet. Die Plagen aber wachsen im Fortschritte derselben (dessen Höhe, wenn der Hang zum Entbehrlichen schon dem Unentbehrlichen Abbruch zu thun anfängt, Luxus heißt) auf beiden Seiten gleich mächtig, auf der einen durch fremde Gewaltthätigkeit, auf der andern durch innere Ungenügsamkeit; aber das glänzende Elend ist doch mit der Entwickelung der Naturanlagen in der Menschengattung verbunden, und der Zweck der Natur selbst, wenn es gleich nicht unser Zweck ist, wird doch hiebei erreicht. Die formale Bedingung, unter welcher die Natur diese ihre Endabsicht allein erreichen kann, ist diejenige Verfassung im Verhältnisse der Menschen untereinander, wo dem Abbruche der einander wechselseitig widerstreitenden Freiheit gesetzmäßige Gewalt in einem Ganzen, welches bürgerliche Gesellschaft heißt, entgegengesetzt wird; denn nur in ihr kann die größte Entwickelung der Naturanlagen geschehen. Zu derselben wäre aber doch, wenn gleich Menschen sie auszufinden klug und sich ihrem Zwange willig zu unterwerfen weise genug wären, noch ein weltbürgerliches Ganze, d. i. ein System aller Staaten, die auf einander nachtheilig zu wirken in Gefahr sind, erforderlich. In dessen Ermangelung und bei dem Hinder-

Anhang. Methodenlehre der teleologischen Urtheilskraft.

niß, welches Ehrsucht, Herrschsucht und Habsucht vornehmlich bei denen, die Gewalt in Händen haben, selbst der Möglichkeit eines solchen Entwurfs entgegen setzen, ist der Krieg (theils in welchem sich Staaten zerspalten und in kleinere auflösen, theils ein Staat andere, kleinere mit sich vereinigt und ein größeres Ganze zu bilden strebt) unvermeidlich: der, so wie er ein unabsichtlicher (durch zügellose Leidenschaften angeregter) Versuch der Menschen, doch tief verborgener, vielleicht absichtlicher der obersten Weisheit ist, Gesetzmäßigkeit mit der Freiheit der Staaten und dadurch Einheit eines moralisch begründeten Systems derselben, wo nicht zu stiften, dennoch vorzubereiten und ungeachtet der schrecklichsten Drangsale, womit er das menschliche Geschlecht belegt, und der vielleicht noch größern, womit die beständige Bereitschaft dazu im Frieden drückt, dennoch eine Triebfeder mehr ist (indessen die Hoffnung zu dem Ruhestande einer Volksglückseligkeit sich immer weiter entfernt) alle Talente, die zur Cultur dienen, bis zum höchsten Grade zu entwickeln.

Was die Disciplin der Neigungen betrifft, zu denen die Naturanlage in Absicht auf unsere Bestimmung als einer Thiergattung ganz zweckmäßig ist, die aber die Entwickelung der Menschheit sehr erschweren: so zeigt sich doch auch in Ansehung dieses zweiten Erfordernisses zur Cultur ein zweckmäßiges Streben der Natur zu einer Ausbildung, welche uns höherer Zwecke, als die Natur selbst liefern kann, empfänglich macht. Das Übergewicht der Übel, welche die Verfeinerung des Geschmacks bis zur Idealisirung desselben und selbst der Luxus in Wissenschaften, als einer Nahrung für die Eitelkeit, durch die unzubefriedigende Menge der dadurch erzeugten Neigungen über uns ausschüttet, ist nicht zu bestreiten: dagegen aber der Zweck der Natur auch nicht zu verkennen, der Rohigkeit und dem Ungestüm derjenigen Neigungen, welche mehr der Thierheit in uns angehören und der Ausbildung zu unserer höheren Bestimmung am meisten entgegen sind (der Neigungen des Genusses), immer mehr abzugewinnen und der Entwickelung der Menschheit Platz zu machen. Schöne Kunst und Wissenschaften, die durch eine Lust, die sich allgemein mittheilen läßt, und durch Geschliffenheit und Verfeinerung für die Gesellschaft, wenn gleich den Menschen nicht sittlich besser, doch gesittet machen, gewinnen der Tyrannei des Sinnenhanges sehr viel ab und bereiten dadurch den Menschen zu einer Herrschaft vor, in welcher die Vernunft allein Gewalt haben soll: indeß die Übel, womit uns theils die Natur, theils die unverträgsame Selbstsucht der Menschen heimsucht, zugleich die Kräfte der Seele aufbieten, steigern und stählen, um jenen nicht zu unterliegen, und uns so eine Tauglichkeit zu höheren Zwecken, die in uns verborgen liegt, fühlen laſſen.*)

§ 84.

Von dem Endzwecke des Daſeins einer Welt, d. i. der Schöpfung ſelbſt.

Endzweck iſt derjenige Zweck, der keines andern als Bedingung ſeiner Möglichkeit bedarf.

Wenn für die Zweckmäßigkeit der Natur der bloße Mechanism derſelben zum Erklärungsgrunde angenommen wird, ſo kann man nicht fragen: wozu die Dinge in der Welt da ſind; denn es iſt alsdann nach einem ſolchen idealiſtiſchen Syſtem nur von der phyſiſchen Möglichkeit der Dinge (welche uns als Zwecke zu denken bloße Vernünftelei ohne Object ſein würde) die Rede: man mag nun dieſe Form der Dinge auf den Zufall, oder blinde Nothwendigkeit deuten, in beiden Fällen wäre jene Frage leer. Nehmen wir aber die Zweckverbindung in der Welt für real und für ſie eine beſondere Art der Cauſalität, nämlich einer **abſichtlich wirkenden Urſache**, an, ſo können wir bei der Frage nicht ſtehen bleiben: wozu Dinge der Welt (organiſirte Weſen) dieſe oder jene Form haben, in dieſe oder jene Verhältniſſe gegen andere von der Natur geſetzt ſind; ſondern da einmal ein Verſtand gedacht wird, der als die Urſache der Möglichkeit ſolcher Formen angeſehen werden muß, wie ſie wirklich an Dingen gefunden werden, ſo muß auch in eben demſelben nach dem

---

*) Was das Leben für uns für einen Werth habe, wenn dieſer bloß nach dem geſchätzt wird, was **man genießt** (dem natürlichen Zweck der Summe aller Neigungen, der Glückſeligkeit), iſt leicht zu entſcheiden. Er ſinkt unter Null; denn wer wollte wohl das Leben unter denſelben Bedingungen, oder auch nach einem neuen, ſelbſtentworfenen (doch dem Naturlaufe gemäßen) Plane, der aber auch bloß auf Genuß geſtellt wäre, aufs neue antreten? Welchen Werth das Leben dem zufolge habe, was es, nach dem Zwecke, den die Natur mit uns hat, geführt, in ſich enthält und welches in dem beſteht, **was man thut** (nicht bloß genießt), wo wir aber immer doch nur Mittel zu unbeſtimmtem Endzwecke ſind, iſt oben gezeigt worden. Es bleibt alſo wohl nichts übrig, als der Werth, den wir unſerem Leben ſelbſt geben durch das, was wir nicht allein thun, ſondern auch ſo unabhängig von der Natur zweckmäßig thun, daß ſelbſt die Exiſtenz der Natur nur unter dieſer Bedingung Zweck ſein kann.

objectiven Grunde gefragt werden, der diesen productiven Verstand zu einer Wirkung dieser Art bestimmt haben könne, welcher dann der End= zweck ist, wozu dergleichen Dinge da sind.

Ich habe oben gesagt: daß der Endzweck kein Zweck sei, welchen zu bewirken und der Idee desselben gemäß hervorzubringen, die Natur hin= reichend wäre, weil er unbedingt ist. Denn es ist nichts in der Natur (als einem Sinnenwesen), wozu der in ihr selbst befindliche Bestimmungsgrund nicht immer wiederum bedingt wäre; und dieses gilt nicht bloß von der Natur außer uns (der materiellen), sondern auch in uns (der denkenden): wohl zu verstehen, daß ich in mir nur das betrachte, was Natur ist. Ein Ding aber, was nothwendig seiner objectiven Beschaffenheit wegen als Endzweck einer verständigen Ursache existiren soll, muß von der Art sein, daß es in der Ordnung der Zwecke von keiner anderweitigen Bedingung, als bloß seiner Idee abhängig ist.

Nun haben wir nur eine einzige Art Wesen in der Welt, deren Causa- lität teleologisch, d. i. auf Zwecke gerichtet, und doch zugleich so beschaffen ist, daß das Gesetz, nach welchem sie sich Zwecke zu bestimmen haben, von ihnen selbst als unbedingt und von Naturbedingungen unabhängig, an sich aber als nothwendig vorgestellt wird. Das Wesen dieser Art ist der Mensch, aber als Noumenon betrachtet; das einzige Naturwesen, an wel= chem wir doch ein übersinnliches Vermögen (die Freiheit) und sogar das Gesetz der Causalität sammt dem Objecte derselben, welches es sich als höchsten Zweck vorsetzen kann (das höchste Gut in der Welt), von Seiten seiner eigenen Beschaffenheit erkennen können.

Von dem Menschen nun (und so jedem vernünftigen Wesen in der Welt), als einem moralischen Wesen, kann nicht weiter gefragt werden: wozu (quem in finem) er existire. Sein Dasein hat den höchsten Zweck selbst in sich, dem, so viel er vermag, er die ganze Natur unterwerfen kann, wenigstens welchem zuwider er sich keinem Einflusse der Natur unter= worfen halten darf. — Wenn nun Dinge der Welt, als ihrer Existenz nach abhängige Wesen, einer nach Zwecken handelnden obersten Ursache be= dürfen, so ist der Mensch der Schöpfung Endzweck; denn ohne diesen wäre die Kette der einander untergeordneten Zwecke nicht vollständig gegründet; und nur im Menschen, aber auch in diesem nur als Subjecte der Moralität ist die unbedingte Gesetzgebung in Ansehung der Zwecke anzutreffen, welche ihn also allein fähig macht ein Endzweck zu sein, dem die ganze Natur teleologisch untergeordnet ist*).

§ 85.

Von der Physikotheologie.

Die **Physikotheologie** ist der Versuch der Vernunft, aus den Zwecken der Natur (die nur empirisch erkannt werden können) auf die oberste Ursache der Natur und ihre Eigenschaften zu schließen. Eine **Moraltheologie** (Ethikotheologie) wäre der Versuch, aus dem moralischen Zwecke vernünftiger Wesen in der Natur (der a priori erkannt werden kann) auf jene Ursache und ihre Eigenschaften zu schließen.

Die erstere geht natürlicher Weise vor der zweiten vorher. Denn wenn wir von den Dingen in der Welt auf eine Welturfache teleologisch schließen wollen: so müssen Zwecke der Natur zuerst gegeben sein, für die

---

*) Es wäre möglich, daß Glückseligkeit der vernünftigen Wesen in der Welt ein Zweck der Natur wäre, und alsdann wäre sie auch ihr letzter Zweck. Wenigstens kann man a priori nicht einsehen, warum die Natur nicht so eingerichtet sein sollte, weil durch ihren Mechanism diese Wirkung, wenigstens so viel wir einsehen, wohl möglich wäre. Aber Moralität und eine ihr untergeordnete Causalität nach Zwecken ist schlechterdings durch Naturursachen unmöglich; denn das Princip ihrer Bestimmung zum Handeln ist übersinnlich, ist also das einzige Mögliche in der Ordnung der Zwecke, was in Ansehung der Natur schlechthin unbedingt ist und ihr Subject dadurch zum Endzwecke der Schöpfung, dem die ganze Natur untergeordnet ist, allein qualificirt. — Glückseligkeit dagegen ist, wie im vorigen § nach dem Zeugniß der Erfahrung gezeigt worden, nicht einmal ein Zweck der Natur in Ansehung der Menschen mit einem Vorzuge vor anderen Geschöpfen: weit gefehlt, daß sie ein Endzweck der Schöpfung sein sollte. Menschen mögen sie sich immer zu ihrem letzten subjectiven Zwecke machen. Wenn ich aber nach dem Endzwecke der Schöpfung frage: Wozu haben Menschen existiren müssen? so ist von einem objectiven obersten Zwecke die Rede, wie ihn die höchste Vernunft zu ihrer Schöpfung erfordern würde. Antwortet man nun darauf: Damit Wesen existiren, denen jene oberste Ursache wohlthun könne, so widerspricht man der Bedingung, welcher die Vernunft des Menschen selbst seinen innigsten Wunsch der Glückseligkeit unterwirft (nämlich die Übereinstimmung mit seiner eigenen inneren moralischen Gesetzgebung). Dies beweiset: daß die Glückseligkeit nur bedingter Zweck, der Mensch also nur als moralisches Wesen Endzweck der Schöpfung sein könne; was aber seinen Zustand betrifft, Glückseligkeit nur als Folge nach Maßgabe der Übereinstimmung mit jenem Zwecke, als dem Zwecke seines Daseins, in Verbindung stehe.

wir nachher einen Endzweck und für diesen dann das Princip der Causalität dieser obersten Ursache zu suchen haben.

Nach dem teleologischen Princip können und müssen viele Nachforschungen der Natur geschehen, ohne daß man nach dem Grunde der Möglichkeit, zweckmäßig zu wirken, welche wir an verschiedenen der Producte der Natur antreffen, zu fragen Ursache hat. Will man nun aber auch hievon einen Begriff haben, so haben wir dazu schlechterdings keine weitergehende Einsicht, als bloß die Maxime der reflectirenden Urtheilskraft: daß nämlich, wenn uns auch nur ein einziges organisches Product der Natur gegeben wäre, wir nach der Beschaffenheit unseres Erkenntnißvermögens dafür keinen andern Grund denken können, als den einer Ursache der Natur selbst (es sei der ganzen Natur oder auch nur dieses Stücks derselben), die durch Verstand die Causalität zu demselben enthält; ein Beurtheilungsprincip, wodurch wir in der Erklärung der Naturdinge und ihres Ursprungs zwar um nichts weiter gebracht werden, das uns aber doch über die Natur hinaus einige Aussicht eröffnet, um den sonst so unfruchtbaren Begriff eines Urwesens vielleicht näher bestimmen zu können.

Nun sage ich: die Physikotheologie, so weit sie auch getrieben werden mag, kann uns doch nichts von einem Endzwecke der Schöpfung eröffnen; denn sie reicht nicht einmal bis zur Frage nach demselben. Sie kann also zwar den Begriff einer verständigen Welturfache als einen subjectiv für die Beschaffenheit unseres Erkenntnißvermögens allein tauglichen Begriff von der Möglichkeit der Dinge, die wir uns nach Zwecken verständlich machen können, rechtfertigen, aber diesen Begriff weder in theoretischer noch praktischer Absicht weiter bestimmen; und ihr Versuch erreicht seine Absicht nicht, eine Theologie zu gründen, sondern sie bleibt immer nur eine physische Teleologie: weil die Zweckbeziehung in ihr immer nur als in der Natur bedingt betrachtet wird und werden muß; mithin den Zweck, wozu die Natur selbst existirt (wozu der Grund außer der Natur gesucht werden muß) gar nicht einmal in Anfrage bringen kann, auf dessen bestimmte Idee gleichwohl der bestimmte Begriff jener oberen verständigen Welturfache, mithin die Möglichkeit einer Theologie ankommt.

Wozu die Dinge in der Welt einander nützen; wozu das Mannigfaltige in einem Dinge für dieses Ding selbst gut ist; wie man sogar Grund habe anzunehmen, daß nichts in der Welt umsonst, sondern alles irgend wozu in der Natur, unter der Bedingung daß gewisse Dinge (als Zwecke) existiren sollten, gut sei, wobei mithin unsere Vernunft für die Urtheilskraft kein anderes Princip der Möglichkeit des Objects ihrer unvermeidlichen teleologischen Beurtheilung in ihrem Vermögen hat, als das, den Mechanism der Natur der Architektonik eines verständigen Welturhebers unterzuordnen: das alles leistet die teleologische Weltbetrachtung sehr herrlich und zur äußersten Bewunderung. Weil aber die Data, mithin die Principien, jenen Begriff einer intelligenten Welturſache (als höchſten Künſtlers) zu beſtimmen, bloß empiriſch ſind: ſo laſſen ſie auf keine Eigenſchaften weiter ſchließen, als uns die Erfahrung an den Wirkungen derſelben offenbart, welche, da ſie nie die geſammte Natur als Syſtem befaſſen kann, oft auf (dem Anſcheine nach) jenem Begriffe und unter einander widerſtreitende Beweisgründe ſtoßen muß, niemals aber, wenn wir gleich vermögend wären auch das ganze Syſtem, ſofern es bloße Natur betrifft, empiriſch zu überſchauen, uns über die Natur zu dem Zwecke ihrer Exiſtenz ſelber und dadurch zum beſtimmten Begriffe jener obern Intelligenz erheben kann.

Wenn man ſich die Aufgabe, um deren Auflöſung es einer Phyſikotheologie zu thun iſt, klein macht, ſo ſcheint ihre Auflöſung leicht. Verſchwendet man nämlich den Begriff von einer Gottheit an jedes von uns gedachte verſtändige Weſen, deren es eines oder mehrere geben mag, welches viel und ſehr große, aber eben nicht alle Eigenſchaften habe, die zu Gründung einer mit dem größtmöglichen Zwecke übereinſtimmenden Natur überhaupt erforderlich ſind; oder hält man es für nichts, in einer Theorie den Mangel deſſen, was die Beweisgründe leiſten, durch willkürliche Zuſätze zu ergänzen, und, wo man nur Grund hat viel Vollkommenheit anzunehmen (und was iſt viel für uns?), ſich da befugt hält alle mögliche vorauszuſetzen: ſo macht die phyſiſche Teleologie wichtige Anſprüche auf den Ruhm, eine Theologie zu begründen. Wenn aber verlangt wird anzuzeigen, was uns denn antreibe und überdem berechtige, jene Ergänzungen zu machen: ſo werden wir in den Principien des theoretiſchen Gebrauchs der Vernunft, welcher durchaus verlangt, zu Erklärung eines Objects der Erfahrung dieſem nicht mehr Eigenſchaften beizulegen, als empiriſche Data zu ihrer Möglichkeit anzutreffen ſind, vergeblich Grund zu unſerer Rechtfertigung ſuchen. Bei näherer Prüfung würden wir ſehen, daß eigentlich eine Idee von einem höchſten Weſen, die auf ganz verſchiedenem Vernunftgebrauch (dem praktiſchen) beruht, in uns a priori zum Grunde liege, welche uns antreibt, die mangelhafte Vorſtellung einer phyſiſchen Teleologie von dem Urgrunde der Zwecke in der Natur bis zum

Begriffe einer Gottheit zu ergänzen; und wir würden uns nicht fälschlich einbilden, diese Idee, mit ihr aber eine Theologie durch den theoretischen Vernunftgebrauch der physischen Weltkenntniß zu Stande gebracht, viel weniger, ihre Realität bewiesen zu haben.

Man kann es den Alten nicht so hoch zum Tadel anrechnen, wenn sie sich ihre Götter als theils ihrem Vermögen, theils den Absichten und Willensmeinungen nach sehr mannigfaltig verschieden, alle aber, selbst ihr Oberhaupt nicht ausgenommen, noch immer auf menschliche Weise eingeschränkt dachten. Denn wenn sie die Einrichtung und den Gang der Dinge in der Natur betrachteten, so fanden sie zwar Grund genug etwas mehr als Mechanisches zur Ursache derselben anzunehmen und Absichten gewisser oberer Ursachen, die sie nicht anders als übermenschlich denken konnten, hinter dem Maschinenwerk dieser Welt zu vermuthen. Weil sie aber das Gute und Böse, das Zweckmäßige und Zweckwidrige in ihr wenigstens für unsere Einsicht sehr gemischt antrafen und sich nicht erlauben konnten, insgeheim dennoch zum Grunde liegende weise und wohlthätige Zwecke, von denen sie doch den Beweis nicht sahen, zum Behuf der willkürlichen Idee eines höchstvollkommenen Urhebers anzunehmen: so konnte ihr Urtheil von der obersten Welturursache schwerlich anders ausfallen, so fern sie nämlich nach Maximen des bloß theoretischen Gebrauchs der Vernunft ganz consequent verfuhren. Andere, die als Physiker zugleich Theologen sein wollten, dachten Befriedigung für die Vernunft darin zu finden, daß sie für die absolute Einheit des Princips der Naturdinge, welche die Vernunft fordert, vermittelst der Idee von einem Wesen sorgten, in welchem als alleiniger Substanz jene insgesammt nur inhärirende Bestimmungen wären: welche Substanz zwar nicht durch Verstand Ursache der Welt, in welcher aber doch als Subject aller Verstand der Weltwesen anzutreffen wäre; ein Wesen folglich, das zwar nicht nach Zwecken etwas hervorbrächte, in welchem aber doch alle Dinge wegen der Einheit des Subjects, von dem sie bloß Bestimmungen sind, auch ohne Zweck und Absicht nothwendig sich auf einander zweckmäßig beziehen mußten. So führten sie den Idealism der Endursachen ein: indem sie die so schwer herauszubringende Einheit einer Menge zweckmäßig verbundener Substanzen statt der Causalabhängigkeit von einer in die der Inhärenz in einer verwandelten; welches System in der Folge, von Seiten der inhärirenden Weltwesen betrachtet, als Pantheism, von Seiten des allein subsistirenden Subjects als Urwesens (späterhin) als Spinozism, nicht sowohl die

Frage vom erſten Grunde der Zweckmäßigkeit der Natur auflöſete, als ſie vielmehr für nichtig erklärte, indem der letztere Begriff, aller ſeiner Realität beraubt, zur bloßen Mißdeutung eines allgemeinen ontologiſchen Begriffs von einem Dinge überhaupt gemacht wurde.

Nach bloß theoretiſchen Principien des Vernunftgebrauchs (worauf ſich die Phyſikotheologie allein gründet) kann alſo niemals der Begriff einer Gottheit, der für unſere teleologiſche Beurtheilung der Natur zureiche, herausgebracht werden. Denn wir erklären entweder alle Teleologie für bloße Täuſchung der Urtheilskraft in der Beurteilung der Cauſalverbindung der Dinge und flüchten uns zu dem alleinigen Princip eines bloßen Mechanisms der Natur, welche wegen der Einheit der Subſtanz, von der ſie nichts als das Mannigfaltige der Beſtimmungen derſelben ſei, uns eine allgemeine Beziehung auf Zwecke zu enthalten bloß ſcheine; oder wenn wir ſtatt dieſes Idealisms der Endurſachen dem Grundſatze des Realisms dieſer beſondern Art der Cauſalität anhänglich bleiben wollen, ſo mögen wir viele verſtändige Urweſen, oder nur ein einiges den Naturzwecken unterlegen: ſobald wir zu Begründung des Begriffs von demſelben nichts als Erfahrungsprincipien, von der wirklichen Zweckverbindung in der Welt hergenommen, zur Hand haben, ſo können wir einerſeits wider die Mißhelligkeit, die die Natur in Anſehung der Zweckeinheit in vielen Beiſpielen aufſtellt, keinen Rath finden, andrerſeits den Begriff einer einigen intelligenten Urſache, ſo wie wir ihn, durch bloße Erfahrung berechtigt, herausbringen, niemals für irgend eine, auf welche Art es auch ſei, (theoretiſch oder praktiſch) brauchbare Theologie beſtimmt genug daraus ziehen.

Die phyſiſche Teleologie treibt uns zwar an, eine Theologie zu ſuchen, aber kann keine hervorbringen, ſo weit wir auch der Natur durch Erfahrung nachſpüren und der in ihr entdeckten Zweckverbindung durch Vernunftideen (die zu phyſiſchen Aufgaben theoretiſch ſein müſſen) zu Hülfe kommen mögen. Was hilfts, wird man mit Recht klagen, daß wir allen dieſen Einrichtungen einen großen, einen für uns unermeßlichen Verſtand zum Grunde legen und ihn dieſe Welt nach Abſichten anordnen laſſen? wenn uns die Natur von der Endabſicht nichts ſagt, noch jemals ſagen kann, ohne welche wir uns doch keinen gemeinſchaftlichen Beziehungspunkt aller dieſer Naturzwecke, kein hinreichendes teleologiſches Princip machen können, theils die Zwecke insgeſammt in einem Syſtem zu erkennen, theils uns von dem oberſten Verſtande, als Urſache einer ſolchen Natur, einen

Begriff zu machen, der unserer über sie teleologisch reflectirenden Urtheilskraft zum Richtmaße dienen könnte. Ich hätte alsdann zwar einen Kunstverstand für zerstreute Zwecke; aber keine Weisheit für einen Endzweck, der doch eigentlich den Bestimmungsgrund von jenem enthalten muß. In Ermangelung aber eines Endzwecks, den nur die reine Vernunft a priori an die Hand geben kann (weil alle Zwecke in der Welt empirisch bedingt sind und nichts, als was hiezu oder dazu als zufälliger Absicht, nicht was schlechthin gut ist, enthalten können), und der mich allein lehren würde: welche Eigenschaften, welchen Grad und welches Verhältniß der obersten Ursache der Natur ich mir zu denken habe, um diese als teleologisches System zu beurtheilen; wie und mit welchem Rechte darf ich da meinen sehr eingeschränkten Begriff von jenem ursprünglichen Verstande, den ich auf meine geringe Weltkenntniß gründen kann, von der Macht dieses Urwesens seine Ideen zur Wirklichkeit zu bringen, von seinem Willen es zu thun u. s. w., nach Belieben erweitern und bis zur Idee eines allweisen unendlichen Wesens ergänzen? Dies würde, wenn es theoretisch geschehen sollte, in mir selbst Allwissenheit voraussetzen, um die Zwecke der Natur in ihrem ganzen Zusammenhange einzusehen und noch obenein alle andere mögliche Plane denken zu können, mit denen in Vergleichung der gegenwärtige als der beste mit Grunde beurtheilt werden müßte. Denn ohne diese vollendete Kenntniß der Wirkung kann ich auf keinen bestimmten Begriff von der obersten Ursache, der nur in dem von einer in allem Betracht unendlichen Intelligenz, d. i. dem Begriffe einer Gottheit, angetroffen werden kann, schließen und eine Grundlage zur Theologie zu Stande bringen.

Wir können also bei aller möglichen Erweiterung der physischen Teleologie nach dem oben angeführten Grundsatze wohl sagen: daß wir nach der Beschaffenheit und den Principien unseres Erkenntnißvermögens die Natur in ihren uns bekannt gewordenen zweckmäßigen Anordnungen nicht anders denn als das Product eines Verstandes, dem diese unterworfen ist, denken können. Ob aber dieser Verstand mit dem Ganzen derselben und dessen Hervorbringung noch eine Endabsicht gehabt haben möge (die alsdann nicht in der Natur der Sinnenwelt liegen würde): das kann uns die theoretische Naturforschung nie eröffnen; sondern es bleibt bei aller Kenntniß derselben unausgemacht, ob jene oberste Ursache überall nach einem Endzwecke und nicht vielmehr durch einen von der bloßen Nothwendigkeit seiner Natur zu Hervorbringung gewisser Formen bestimmten Verstand (nach der Analogie mit dem, was wir bei den Thieren den Kunstinstinct nennen) Urgrund derselben sei: ohne daß es nöthig sei, ihr darum auch nur Weisheit, viel weniger höchste und mit allen andern zur Vollkommenheit ihres Products erforderlichen Eigenschaften verbundene Weisheit beizulegen.

Also ist Physikotheologie eine mißverstandene physische Teleologie, nur als Vorbereitung (Propädeutik) zur Theologie brauchbar und nur durch Hinzukunft eines anderweitigen Princips, auf das sie sich stützen kann, nicht aber an sich selbst, wie ihr Name es anzeigen will, zu dieser Absicht zureichend.

§ 86.
Von der Ethikotheologie.

Es ist ein Urtheil, dessen sich selbst der gemeinste Verstand nicht entschlagen kann, wenn er über das Dasein der Dinge in der Welt und die Existenz der Welt selbst nachdenkt: daß nämlich alle die mannigfaltigen Geschöpfe, von wie großer Kunsteinrichtung und wie mannigfaltigem zweckmäßig auf einander bezogenen Zusammenhange sie auch sein mögen, ja selbst das Ganze so vieler Systeme derselben, die wir unrichtiger Weise Welten nennen, zu nichts da sein würden, wenn es in ihnen nicht Menschen (vernünftige Wesen überhaupt) gäbe; d. i. daß ohne den Menschen die ganze Schöpfung eine bloße Wüste, umsonst und ohne Endzweck sein würde. Es ist aber auch nicht das Erkenntnißvermögen desselben (theoretische Vernunft), in Beziehung auf welches das Dasein alles Übrigen in der Welt allererst seinen Werth bekommt, etwa damit irgend Jemand da sei, welcher die Welt betrachten könne. Denn wenn diese Betrachtung der Welt ihm doch nichts als Dinge ohne Endzweck vorstellig machte, so kann daraus, daß sie erkannt wird, dem Dasein derselben kein Werth erwachsen; und man muß schon einen Endzweck derselben voraussetzen, in Beziehung auf welchen die Weltbetrachtung selbst einen Werth habe. Auch ist es nicht das Gefühl der Lust und der Summe derselben, in Beziehung auf welches wir einen Endzweck der Schöpfung als gegeben denken, d. i. nicht das Wohlsein, der Genuß (er sei körperlich oder geistig), mit einem Worte die Glückseligkeit, wornach wir jenen absoluten Werth schätzen. Denn: daß, wenn der Mensch da ist, er diese ihm selbst zur Endabsicht macht, giebt keinen Begriff, wozu er dann überhaupt da sei, und welchen Werth er dann selbst habe, um ihm seine Existenz angenehm zu machen.

Anhang. Methodenlehre der teleologischen Urtheilskraft.

Er muß also schon als Endzweck der Schöpfung vorausgesetzt werden, um einen Vernunftgrund zu haben, warum die Natur zu seiner Glückseligkeit zusammen stimmen müsse, wenn sie als ein absolutes Ganze nach Principien der Zwecke betrachtet wird. — Also ist es nur das Begehrungsvermögen: aber nicht dasjenige, was ihn von der Natur (durch sinnliche Antriebe) abhängig macht, nicht das, in Ansehung dessen der Werth seines Daseins auf dem, was er empfängt und genießt, beruht: sondern der Werth, welchen er allein sich selbst geben kann, und welcher in dem besteht, was er thut, wie und nach welchen Principien er nicht als Naturglied, sondern in der Freiheit seines Begehrungsvermögens handelt; d. h. ein guter Wille ist dasjenige, wodurch sein Dasein allein einen absoluten Werth und in Beziehung auf welches das Dasein der Welt einen Endzweck haben kann.

Auch stimmt damit das gemeinste Urtheil der gesunden Menschenvernunft vollkommen zusammen: nämlich daß der Mensch nur als moralisches Wesen ein Endzweck der Schöpfung sein könne, wenn man die Beurtheilung nur auf diese Frage leitet und veranlaßt sie zu versuchen. Was hilfts, wird man sagen, daß dieser Mensch so viel Talent hat, daß er damit sogar sehr thätig ist und dadurch einen nützlichen Einfluß auf das gemeine Wesen ausübt und also in Verhältniß sowohl auf seine Glücksumstände, als auch auf Anderer Nutzen einen großen Werth hat, wenn er keinen guten Willen besitzt? Er ist ein verachtungswürdiges Object, wenn man ihn nach seinem Innern betrachtet; und wenn die Schöpfung nicht überall ohne Endzweck sein soll, so muß er, der als Mensch auch dazu gehört, doch als böser Mensch in einer Welt unter moralischen Gesetzen diesen gemäß seines subjectiven Zwecks (der Glückseligkeit) verlustig gehen, als der einzigen Bedingung, unter der seine Existenz mit dem Endzwecke zusammen bestehen kann.

Wenn wir nun in der Welt Zweckanordnungen antreffen und, wie es die Vernunft unvermeidlich fordert, die Zwecke, die es nur bedingt sind, einem unbedingten obersten, d. i. einem Endzwecke, unterordnen: so sieht man erstlich leicht, daß alsdann nicht von einem Zwecke der Natur (innerhalb derselben), sofern sie existirt, sondern dem Zwecke ihrer Existenz mit allen ihren Einrichtungen, mithin von dem letzten Zwecke der Schöpfung die Rede ist und in diesem auch eigentlich von der obersten Bedingung, unter der allein ein Endzweck (d. i. der Bestimmungsgrund eines höchsten Verstandes zu Hervorbringung der Weltwesen) Statt finden kann.

Da wir nun den Menschen nur als moralisches Wesen für den Zweck der Schöpfung anerkennen: so haben wir erstlich einen Grund, wenigstens die Hauptbedingung, die Welt als ein nach Zwecken zusammenhängendes Ganze und als **System** von Endursachen anzusehen; vornehmlich aber für die nach Beschaffenheit unserer Vernunft uns nothwendige Beziehung der Naturzwecke auf eine verständige Weltursache ein **Princip**, die Natur und Eigenschaften dieser ersten Ursache als obersten Grundes im Reiche der Zwecke zu denken und so den Begriff derselben zu bestimmen: welches die physische Teleologie nicht vermochte, die nur unbestimmte und eben darum zum theoretischen sowohl als praktischen Gebrauche untaugliche Begriffe von demselben veranlassen konnte.

Aus diesem so bestimmten Princip der Causalität des Urwesens werden wir es nicht bloß als Intelligenz und gesetzgebend für die Natur, sondern auch als gesetzgebendes Oberhaupt in einem moralischen Reiche der Zwecke denken müssen. In Beziehung auf das **höchste** unter seiner Herrschaft allein mögliche Gut, nämlich die Existenz vernünftiger Wesen unter moralischen Gesetzen, werden wir uns dieses Urwesen als **allwissend** denken: damit selbst das Innerste der Gesinnungen (welches den eigentlichen moralischen Werth der Handlungen vernünftiger Weltwesen ausmacht) ihm nicht verborgen sei; als **allmächtig**: damit es die ganze Natur diesem höchsten Zwecke angemessen machen könne; als **allgütig** und zugleich **gerecht**: weil diese beiden Eigenschaften (vereinigt die **Weisheit**) die Bedingungen der Causalität einer obersten Ursache der Welt als höchsten Guts unter moralischen Gesetzen ausmachen; und so auch alle noch übrigen transscendentalen Eigenschaften, als **Ewigkeit, Allgegenwart** u. s. w. (denn Güte und Gerechtigkeit sind moralische Eigenschaften), die in Beziehung auf einen solchen Endzweck vorausgesetzt werden, an demselben denken müssen. — Auf solche Weise ergänzt die **moralische** Teleologie den Mangel der **physischen** und gründet allererst eine **Theologie**: da die letztere, wenn sie nicht unbemerkt aus der ersteren borgte, sondern consequent verfahren sollte, für sich allein nichts als eine **Dämonologie**, welche keines bestimmten Begriffs fähig ist, begründen könnte.

Aber das Princip der Beziehung der Welt wegen der moralischen Zweckbestimmung gewisser Wesen in derselben auf eine oberste Ursache, als Gottheit, thut dieses nicht bloß dadurch, daß es den physisch-teleologischen Beweisgrund ergänzt und also diesen nothwendig zum Grunde legt; sondern es ist dazu auch für sich hinreichend und treibt die Aufmerksam-

keit auf die Zwecke der Natur und die Nachforschung der hinter ihren Formen verborgen liegenden unbegreiflich großen Kunst, um den Ideen, die die reine praktische Vernunft herbeischafft, an den Naturzwecken beiläufige Bestätigung zu geben. Denn der Begriff von Weltwesen unter morali=
5 schen Gesetzen ist ein Prinzip a priori, wornach sich der Mensch nothwendig beurtheilen muß. Daß ferner, wenn es überall eine absichtlich wirkende und auf einen Zweck gerichtete Welturfache giebt, jenes moralische Verhältniß eben so nothwendig die Bedingung der Möglichkeit einer Schöpfung sein müsse, als das nach physischen Gesetzen (wenn nämlich jene ver=
10 ständige Ursache auch einen Endzweck hat): sieht die Vernunft auch a priori als einen für sie zur teleologischen Beurtheilung der Existenz der Dinge nothwendigen Grundsatz an. Nun kommt es nur darauf an: ob wir irgend einen für die Vernunft (es sei die speculative oder praktische) hinreichenden Grund haben, der nach Zwecken handelnden obersten Ursache
15 einen Endzweck beizulegen. Denn daß alsdann dieser nach der subjectiven Beschaffenheit unserer Vernunft, und selbst wie wir uns auch die Vernunft anderer Wesen nur immer denken mögen, kein anderer als der Mensch unter moralischen Gesetzen sein könne: kann a priori für uns als gewiß gelten; da hingegen die Zwecke der Natur in der physi=
20 schen Ordnung a priori gar nicht können erkannt, vornehmlich, daß eine Natur ohne solche nicht existiren könne, auf keine Weise kann eingesehen werden.

Anmerkung.

Setzet einen Menschen in den Augenblicken der Stimmung seines
25 Gemüths zur moralischen Empfindung! Wenn er sich, umgeben von einer schönen Natur, in einem ruhigen, heitern Genusse seines Daseins befindet, so fühlt er in sich ein Bedürfniß, irgend jemand dafür dankbar zu sein. Oder er sehe sich ein andermal in derselben Gemüthsverfassung im Gedränge von Pflichten, denen er nur durch freiwillige Aufopferung Genüge
30 leisten kann und will; so fühlt er in sich ein Bedürfniß, hiemit zugleich etwas Befohlnes ausgerichtet und einem Oberherren gehorcht zu haben. Oder er habe sich etwa unbedachtsamer Weise wider seine Pflicht vergangen, wodurch er doch eben nicht Menschen verantwortlich geworden ist; so werden die strengen Selbstverweise dennoch eine Sprache in ihm
35 führen, als ob sie die Stimme eines Richters wären, dem er darüber

Rechenschaft abzulegen hätte. Mit einem Worte: er bedarf einer moralischen Intelligenz, um für den Zweck, wozu er existirt, ein Wesen zu haben, welches diesem gemäß von ihm und der Welt die Ursache sei. Triebfedern hinter diesen Gefühlen herauszukünsteln, ist vergeblich; denn sie hängen unmittelbar mit der reinsten moralischen Gesinnung zusammen, weil Dankbarkeit, Gehorsam und Demüthigung (Unterwerfung unter verdiente Züchtigung) besondere Gemüthsstimmungen zur Pflicht sind, und das zu Erweiterung seiner moralischen Gesinnung geneigte Gemüth hier sich nur einen Gegenstand freiwillig denkt, der nicht in der Welt ist, um wo möglich auch gegen einen solchen seine Pflicht zu beweisen. Es ist also wenigstens möglich und auch der Grund dazu in moralischer Denkungsart gelegen, ein reines moralisches Bedürfniß der Existenz eines Wesens sich vorzustellen, unter welchem entweder unsere Sittlichkeit mehr Stärke oder auch (wenigstens unserer Vorstellung nach) mehr Umfang, nämlich einen neuen Gegenstand für ihre Ausübung, gewinnt; d. i. ein moralisch-gesetzgebendes Wesen außer der Welt ohne alle Rücksicht auf theoretischen Beweis, noch weniger auf selbstsüchtiges Interesse aus reinem moralischen, von allem fremden Einflusse freien (dabei freilich nur subjectiven) Grunde anzunehmen, auf bloße Anpreisung einer für sich allein gesetzgebenden reinen praktischen Vernunft. Und ob gleich eine solche Stimmung des Gemüths selten vorkäme, oder auch nicht lange haftete, sondern flüchtig und ohne dauernde Wirkung, oder auch ohne einiges Nachdenken über den in einem solchen Schattenbilde vorgestellten Gegenstand und ohne Bemühung ihn unter deutliche Begriffe zu bringen vorüberginge: so ist doch der Grund dazu, die moralische Anlage in uns, als subjectives Princip, sich in der Weltbetrachtung mit ihrer Zweckmäßigkeit durch Naturursachen nicht zu begnügen, sondern ihr eine oberste nach moralischen Principien die Natur beherrschende Ursache unterzulegen, unverkennbar. — Wozu noch kommt, daß wir, nach einem allgemeinen höchsten Zwecke zu streben, uns durch das moralische Gesetz gedrungen, uns aber doch und die gesammte Natur ihn zu erreichen unvermögend fühlen; daß wir, nur so fern wir darnach streben, dem Endzwecke einer verständigen Welturfache (wenn es eine solche gäbe) gemäß zu sein urtheilen dürfen; und so ist ein reiner moralischer Grund der praktischen Vernunft vorhanden, diese Ursache (da es ohne Widerspruch geschehen kann) anzunehmen, wo nicht mehr, doch damit wir jene Bestrebung in ihren Wirkungen nicht für ganz eitel anzusehen und badurch sie ermatten zu lassen Gefahr laufen.

Mit diesem allem soll hier nur so viel gesagt werden: daß die Furcht zwar zuerst Götter (Dämonen), aber die Vernunft vermittelst ihrer moralischen Principien zuerst den Begriff von Gott habe hervorbringen können (auch selbst wenn man in der Teleologie der Natur, wie gemeiniglich, sehr unwissend, oder auch wegen der Schwierigkeit, die einander hierin widersprechenden Erscheinungen durch ein genugsam bewährtes Princip auszugleichen, sehr zweifelhaft war); und daß die innere moralische Zweckbestimmung seines Daseins das ergänzte, was der Naturkenntniß abging, indem sie nämlich anwies, zu dem Endzwecke vom Dasein aller Dinge, wozu das Princip nicht anders als ethisch der Vernunft genugthuend ist, die oberste Ursache mit Eigenschaften, womit sie die ganze Natur jener einzigen Absicht (zu der diese bloß Werkzeug ist) zu unterwerfen vermögend ist, (d. i. als eine Gottheit) zu denken.

§ 87.

Von dem moralischen Beweise des Daseins Gottes.

Es giebt eine physische Teleologie, welche einen für unsere theoretisch reflectirende Urtheilskraft hinreichenden Beweisgrund an die Hand giebt, das Dasein einer verständigen Welturursache anzunehmen. Wir finden aber in uns selbst und noch mehr in dem Begriffe eines vernünftigen mit Freiheit (seiner Causalität) begabten Wesens überhaupt auch eine moralische Teleologie, die aber, weil die Zweckbeziehung in uns selbst a priori sammt dem Gesetze derselben bestimmt, mithin als nothwendig erkannt werden kann, zu diesem Behuf keiner verständigen Ursache außer uns für diese innere Gesetzmäßigkeit bedarf: so wenig als wir bei dem, was wir in den geometrischen Eigenschaften der Figuren (für allerlei mögliche Kunstausübung) Zweckmäßiges finden, auf einen ihnen dieses ertheilenden höchsten Verstand hinaus sehen dürfen. Aber diese moralische Teleologie betrifft doch uns als Weltwesen und also mit andern Dingen in der Welt verbundene Wesen: auf welche letzteren entweder als Zwecke, oder als Gegenstände, in Ansehung deren wir selbst Endzweck sind, unsere Beurtheilung zu richten, eben dieselben moralischen Gesetze uns zur Vorschrift machen. Von dieser moralischen Teleologie nun, welche die Beziehung unserer eigenen Causalität auf Zwecke und sogar auf einen Endzweck, der von uns in der Welt beabsichtigt werden muß, imgleichen die wechselseitige Beziehung der Welt auf jenen sittlichen Zweck und die äußere Möglichkeit seiner Ausführung (wozu keine physische Teleologie uns Anleitung geben kann) betrifft, geht nun die nothwendige Frage aus: ob sie unsere vernünftige Beurtheilung nöthige, über die Welt hinaus zu gehen und zu jener Beziehung der Natur auf das Sittliche in uns ein verständiges oberstes Princip zu suchen, um die Natur auch in Beziehung auf die moralische innere Gesetzgebung und deren mögliche Ausführung uns als zweckmäßig vorzustellen. Folglich giebt es allerdings eine moralische Teleologie; und diese hängt mit der Nomothetik der Freiheit einerseits und der der Natur andererseits eben so nothwendig zusammen als bürgerliche Gesetzgebung mit der Frage, wo man die executive Gewalt suchen soll, und überhaupt in allem, worin die Vernunft ein Princip der Wirklichkeit einer gewissen gesetzmäßigen, nur nach Ideen möglichen Ordnung der Dinge angeben soll, Zusammenhang ist. — Wir wollen den Fortschritt der Vernunft von jener moralischen Teleologie und ihrer Beziehung auf die physische zur Theologie allererst vortragen und nachher über die Möglichkeit und Bündigkeit dieser Schlußart Betrachtungen anstellen.

Wenn man das Dasein gewisser Dinge (oder auch nur gewisser Formen der Dinge) als zufällig, mithin nur durch etwas Anderes als Ursache möglich annimmt: so kann man zu dieser Causalität den obersten und also zu dem Bedingten den unbedingten Grund entweder in der physischen, oder teleologischen Ordnung suchen (nach dem nexu effectivo, oder finali). D. i. man kann fragen: welches ist die oberste hervorbringende Ursache? oder was ist der oberste (schlechthin unbedingte) Zweck derselben, d. i. der Endzweck ihrer Hervorbringung dieser oder aller ihrer Producte überhaupt? wobei dann freilich vorausgesetzt wird, daß diese Ursache einer Vorstellung der Zwecke fähig, mithin ein verständiges Wesen sei, oder wenigstens von uns als nach den Gesetzen eines solchen Wesens handelnd gedacht werden müsse.

Nun ist, wenn man der letztern Ordnung nachgeht, es ein **Grundsatz**, dem selbst die gemeinste Menschenvernunft unmittelbar Beifall zu geben genöthigt ist: daß, wenn überall ein Endzweck, den die Vernunft a priori angeben muß, Statt finden soll, dieser kein anderer, als **der Mensch** (ein jedes vernünftige Weltwesen) unter moralischen Gesetzen sein könne.*) Denn (so urtheilt ein jeder): bestände die Welt aus

---

*) Ich sage mit Fleiß: unter moralischen Gesetzen. Nicht der Mensch nach moralischen Gesetzen, d. i. ein solcher, der sich ihnen gemäß verhält, ist der End-

Anhang. Methodenlehre der teleologischen Urtheilskraft.

lauter leblosen, oder zwar zum Theil aus lebenden, aber vernunftlosen Wesen, so würde das Dasein einer solchen Welt gar keinen Werth haben, weil in ihr kein Wesen existirte, das von einem Werthe den mindesten Begriff hat. Wären dagegen auch vernünftige Wesen, deren Vernunft aber den Werth des Daseins der Dinge nur im Verhältnisse der Natur zu ihnen (ihrem Wohlbefinden) zu setzen, nicht aber sich einen solchen ursprünglich (in der Freiheit) selbst zu verschaffen im Stande wäre: so wären zwar (relative) Zwecke in der Welt, aber kein (absoluter) Endzweck, weil das Dasein solcher vernünftigen Wesen doch immer zwecklos sein würde. Die moralischen Gesetze aber sind von der eigenthümlichen Beschaffenheit, daß sie etwas als Zweck ohne Bedingung, mithin gerade so, wie der Begriff eines Endzwecks es bedarf, für die Vernunft vorschreiben: und die Existenz einer solchen Vernunft, die in der Zweckbeziehung ihr selbst das oberste Gesetz sein kann, mit andern Worten die Existenz vernünftiger Wesen unter moralischen Gesetzen, kann also allein als End-

---

zweck der Schöpfung. Denn mit dem letztern Ausdrucke würden wir mehr sagen, als wir wissen: nämlich daß es in der Gewalt eines Welturhebers stehe, zu machen, daß der Mensch den moralischen Gesetzen jederzeit sich angemessen verhalte; welches einen Begriff von Freiheit und der Natur (von welcher letztern man allein einen äußern Urheber denken kann) voraussetzt, der eine Einsicht in das übersinnliche Substrat der Natur und dessen Einerleiheit mit dem, was die Causalität durch Freiheit in der Welt möglich macht, enthalten müßte, die weit über unsere Vernunfteinsicht hinausgeht. Nur vom Menschen unter moralischen Gesetzen können wir, ohne die Schranken unserer Einsicht zu überschreiten, sagen: sein Dasein mache der Welt Endzweck aus. Dieses stimmt auch vollkommen mit dem Urtheile der moralisch über den Weltlauf reflectirenden Menschenvernunft. Wir glauben die Spuren einer weisen Zweckbeziehung auch am Bösen wahrzunehmen, wenn wir nur sehen, daß der frevelhafte Bösewicht nicht eher stirbt, als bis er die wohlverschuldete Strafe seiner Unthaten erlitten hat. Nach unseren Begriffen von freier Causalität beruht das Wohl- oder Übelverhalten auf uns; die höchste Weisheit aber der Weltregierung setzen wir darin, daß zu dem ersteren die Veranlassung, für beides aber der Erfolg nach moralischen Gesetzen verhängt sei. In dem letzteren besteht eigentlich die Ehre Gottes, welche daher von Theologen nicht unschicklich der letzte Zweck der Schöpfung genannt wird. — Noch ist anzumerken, daß wir unter dem Wort Schöpfung, wenn wir uns dessen bedienen, nichts anders, als was hier gesagt worden ist, nämlich die Ursache vom Dasein einer Welt, oder der Dinge in ihr (der Substanzen), verstehen; wie das auch der eigentliche Begriff dieses Worts mit sich bringt (actuatio substantiae est creatio): welches mithin nicht schon die Voraussetzung einer freiwirkenden, folglich verständigen Ursache (deren Dasein wir allererst beweisen wollen) bei sich führt.

vom Dasein einer Welt gedacht werden. Ist dagegen dieses nicht so bewandt, so liegt dem Dasein derselben entweder gar kein Zweck in der Ursache, oder es liegen ihm Zwecke ohne Endzweck zum Grunde.

Das moralische Gesetz als formale Vernunftbedingung des Gebrauchs unserer Freiheit verbindet uns für sich allein, ohne von irgend einem Zwecke als materialer Bedingung abzuhängen; aber es bestimmt uns doch auch und zwar a priori einen Endzweck, welchem nachzustreben es uns verbindlich macht: und dieser ist das **höchste durch Freiheit mögliche Gut in der Welt**.

Die subjective Bedingung, unter welcher der Mensch (und nach allen unsern Begriffen auch jedes vernünftige endliche Wesen) sich unter dem obigen Gesetze einen Endzweck setzen kann, ist die Glückseligkeit. Folglich, das höchste in der Welt mögliche und, so viel an uns ist, als Endzweck zu befördernde physische Gut ist Glückseligkeit: unter der objectiven Bedingung der Einstimmung des Menschen mit dem Gesetze der **Sittlichkeit**, als der Würdigkeit glücklich zu sein.

Diese zwei Erfordernisse des uns durch das moralische Gesetz aufgegebenen Endzwecks können wir aber nach allen unsern Vernunftvermögen als durch bloße Naturursachen **verknüpft** und der Idee des gedachten Endzwecks angemessen unmöglich uns vorstellen. Also stimmt der Begriff von der **praktischen Nothwendigkeit** eines solchen Zwecks durch die Anwendung unserer Kräfte nicht mit dem theoretischen Begriffe von der **physischen Möglichkeit** der Bewirkung desselben zusammen, wenn wir mit unserer Freiheit keine andere Causalität (eines Mittels), als die der Natur verknüpfen.

Folglich müssen wir eine moralische Welturfache (einen Welturheber) annehmen, um uns gemäß dem moralischen Gesetze einen Endzweck vorzusetzen; und so weit als das letztere nothwendig ist, so weit (d. i. in demselben Grade und aus demselben Grunde) ist auch das erstere nothwendig anzunehmen: nämlich es sei ein Gott.*)

* * *

Dieser Beweis, dem man leicht die Form der logischen Präcision anpassen kann, will nicht sagen: es ist eben so nothwendig das Dasein Gottes

---

*) Dieses moralische Argument soll keinen **objectiv-gültigen** Beweis vom Dasein Gottes an die Hand geben, nicht dem Zweifelgläubigen beweisen, daß ein

anzunehmen, als die Gültigkeit des moralischen Gesetzes anzuerkennen; mithin, wer sich vom erstern nicht überzeugen kann, könne sich von den Verbindlichkeiten nach dem letztern los zu sein urtheilen. Nein! nur die **Beabsichtigung** des durch die Befolgung des letztern zu bewirkenden Endzwecks in der Welt (einer mit der Befolgung moralischer Gesetze harmonisch zusammentreffenden Glückseligkeit vernünftiger Wesen, als des höchsten Weltbesten) müßte alsdann aufgegeben werden. Ein jeder Vernünftige würde sich an der Vorschrift der Sitten immer noch als strenge gebunden erkennen müssen; denn die Gesetze derselben sind formal und gebieten unbedingt, ohne Rücksicht auf Zwecke (als die Materie des Wollens). Aber das eine Erforderniß des Endzwecks, wie ihn die praktische Vernunft den Weltwesen vorschreibt, ist ein in sie durch ihre Natur (als endlicher Wesen) gelegter unwiderstehlicher Zweck, den die Vernunft nur dem moralischen Gesetze **als unverletzlicher Bedingung** unterworfen, oder auch nach demselben allgemein gemacht wissen will und so die Beförderung der Glückseligkeit in Einstimmung mit der Sittlichkeit zum Endzwecke macht. Diesen nun, so viel (was die ersteren betrifft) in unserem Vermögen ist, zu befördern, wird uns durch das moralische Gesetz geboten; der Ausschlag, den diese Bemühung hat, mag sein, welcher er wolle. Die Erfüllung der Pflicht besteht in der Form des ernstlichen Willens, nicht in den Mittelursachen des Gelingens.

Gesetzt also: ein Mensch überredete sich, theils durch die Schwäche aller so sehr gepriesenen speculativen Argumente, theils durch manche in der Natur und Sittenwelt ihm vorkommende Unregelmäßigkeiten bewogen, von dem Satze: es sei kein Gott; so würde er doch in seinen eigenen Augen ein Nichtswürdiger sein, wenn er darum die Gesetze der Pflicht für bloß eingebildet, ungültig, unverbindlich halten und ungescheut zu übertreten beschließen wollte. Ein solcher würde auch alsdann noch, wenn er sich in der Folge von dem, was er anfangs bezweifelt hatte, überzeugen könnte, mit jener Denkungsart doch immer ein Nichtswürdiger bleiben: ob er gleich seine Pflicht, aber aus Furcht, oder aus lohnsüchtiger Absicht, ohne

---

Gott sei; sondern daß, wenn er moralisch consequent denken will, er die Annehmung dieses Satzes unter die Maximen seiner praktischen Vernunft **aufnehmen müsse.** — Es soll damit auch nicht gesagt werden: es ist **zur Sittlichkeit** nothwendig, die Glückseligkeit aller vernünftigen Weltwesen gemäß ihrer Moralität anzunehmen; sondern: es ist **durch sie** nothwendig. Mithin ist es ein **subjectiv**, für moralische Wesen, hinreichendes Argument.

pflichtverehrende Gesinnung, der Wirkung nach so pünktlich, wie es immer verlangt werden mag, erfüllte. Umgekehrt, wenn er sie als Gläubiger seinem Bewußtsein nach aufrichtig und uneigennützig befolgt und gleichwohl, so oft er zum Versuche den Fall setzt, er könnte einmal überzeugt werden, es sei kein Gott, sich sogleich von aller sittlichen Verbindlichkeit frei glaubte: müßte es doch mit der innern moralischen Gesinnung in ihm nur schlecht bestellt sein.

Wir können also einen rechtschaffenen Mann (wie etwa den Spinoza) annehmen, der sich fest überredet hält: es sei kein Gott und (weil es in Ansehung des Objects der Moralität auf einerlei Folge hinausläuft) auch kein künftiges Leben; wie wird er seine eigene innere Zweckbestimmung durch das moralische Gesetz, welches er thätig verehrt, beurtheilen? Er verlangt von Befolgung desselben für sich keinen Vortheil, weder in dieser noch in einer andern Welt; uneigennützig will er vielmehr nur das Gute stiften, wozu jenes heilige Gesetz allen seinen Kräften die Richtung giebt. Aber sein Bestreben ist begränzt; und von der Natur kann er zwar hin und wieder einen zufälligen Beitritt, niemals aber eine gesetzmäßige und nach beständigen Regeln (so wie innerlich seine Maximen sind und sein müssen) eintreffende Zusammenstimmung zu dem Zwecke erwarten, welchen zu bewirken er sich doch verbunden und angetrieben fühlt. Betrug, Gewaltthätigkeit und Neid werden immer um ihn im Schwange gehen, ob er gleich selbst redlich, friedfertig und wohlwollend ist; und die Rechtschaffenen, die er außer sich noch antrifft, werden unangesehen aller ihrer Würdigkeit glücklich zu sein dennoch durch die Natur, die darauf nicht achtet, allen Übeln des Mangels, der Krankheiten und des unzeitigen Todes gleich den übrigen Thieren der Erde unterworfen sein und es auch immer bleiben, bis ein weites Grab sie insgesammt (redlich oder unredlich, das gilt hier gleichviel) verschlingt und sie, die da glauben konnten, Endzweck der Schöpfung zu sein, in den Schlund des zwecklosen Chaos der Materie zurückwirft, aus dem sie gezogen waren. — Den Zweck also, den dieser Wohlgesinnte in Befolgung der moralischen Gesetze vor Augen hatte und haben sollte, müßte er allerdings als unmöglich aufgeben; oder will er auch hierin dem Rufe seiner sittlichen inneren Bestimmung anhänglich bleiben und die Achtung, welche das sittliche Gesetz ihm unmittelbar zum Gehorchen einflößt, nicht durch die Nichtigkeit des einzigen ihrer hohen Forderung angemessenen idealischen Endzwecks schwächen (welches ohne einen der moralischen Gesinnung widerfahrenden Abbruch nicht geschehen kann):

so muß er, welches er auch gar wohl thun kann, indem es an sich wenigstens nicht widersprechend ist, in praktischer Absicht, d. i. um sich wenigstens von der Möglichkeit des ihm moralisch vorgeschriebenen Endzwecks einen Begriff zu machen, das Dasein eines moralischen Welturhebers, d. i. Gottes, annehmen.

§ 88.

Beschränkung der Gültigkeit des moralischen Beweises.

Die reine Vernunft als praktisches Vermögen, d. i. als Vermögen den freien Gebrauch unserer Causalität durch Ideen (reine Vernunftbegriffe) zu bestimmen, enthält nicht allein im moralischen Gesetze ein regulatives Princip unserer Handlungen, sondern giebt auch dadurch zugleich ein subjectiv-constitutives in dem Begriffe eines Objects an die Hand, welches nur Vernunft denken kann, und welches durch unsere Handlungen in der Welt nach jenem Gesetze wirklich gemacht werden soll. Die Idee eines Endzwecks im Gebrauche der Freiheit nach moralischen Gesetzen hat also subjectiv-praktische Realität. Wir sind a priori durch die Vernunft bestimmt, das Weltbeste, welches in der Verbindung des größten Wohls der vernünftigen Weltwesen mit der höchsten Bedingung des Guten an denselben, d. i. der allgemeinen Glückseligkeit mit der gesetzmäßigsten Sittlichkeit, besteht, nach allen Kräften zu befördern. In diesem Endzwecke ist die Möglichkeit des einen Theils, nämlich der Glückseligkeit, empirisch bedingt, d. i. von der Beschaffenheit der Natur (ob sie zu diesem Zwecke übereinstimme oder nicht) abhängig und in theoretischer Rücksicht problematisch; indeß der andere Theil, nämlich die Sittlichkeit, in Ansehung deren wir von der Naturmitwirkung frei sind, seiner Möglichkeit nach a priori fest steht und dogmatisch gewiß ist. Zur objectiven theoretischen Realität also des Begriffs von dem Endzwecke vernünftiger Weltwesen wird erfordert, daß nicht allein wir einen uns a priori vorgesetzten Endzweck haben, sondern daß auch die Schöpfung, d. i. die Welt selbst, ihrer Existenz nach einen Endzweck habe: welches, wenn es a priori bewiesen werden könnte, zur subjectiven Realität des Endzwecks die objective hinzuthun würde. Denn hat die Schöpfung überall einen Endzweck, so können wir ihn nicht anders denken, als so, daß er mit dem moralischen (der allein den Begriff von einem Zwecke möglich macht) übereinstimmen müsse. Nun finden wir aber in der Welt zwar Zwecke: und die physische Teleologie stellt sie in solchem Maße dar, daß, wenn wir der Vernunft gemäß urtheilen, wir zum Princip der Nachforschung der Natur zuletzt anzunehmen Grund haben, daß in der Natur gar nichts ohne Zweck sei; allein den Endzweck der Natur suchen wir in ihr selbst vergeblich. Dieser kann und muß daher, so wie die Idee davon nur in der Vernunft liegt, selbst seiner objectiven Möglichkeit nach nur in vernünftigen Wesen gesucht werden. Die praktische Vernunft der letzteren aber giebt diesen Endzweck nicht allein an, sondern bestimmt auch diesen Begriff in Ansehung der Bedingungen, unter welchen ein Endzweck der Schöpfung allein von uns gedacht werden kann.

Es ist nun die Frage: ob die objective Realität des Begriffs von einem Endzweck der Schöpfung nicht auch für die theoretischen Forderungen der reinen Vernunft hinreichend, wenn gleich nicht apodiktisch für die bestimmende, doch hinreichend für die Maximen der theoretisch-reflectirenden Urtheilskraft könne dargethan werden. Dieses ist das mindeste, was man der speculativen Philosophie ansinnen kann, die den sittlichen Zweck mit den Naturzwecken vermittelst der Idee eines einzigen Zwecks zu verbinden sich anheischig macht; aber auch dieses Wenige ist doch weit mehr, als sie je zu leisten vermag.

Nach dem Princip der theoretisch-reflectirenden Urtheilskraft würden wir sagen: Wenn wir Grund haben, zu den zweckmäßigen Producten der Natur eine oberste Ursache der Natur anzunehmen, deren Causalität in Ansehung der Wirklichkeit der letzteren (die Schöpfung) von anderer Art, als zum Mechanism der Natur erforderlich ist, nämlich als die eines Verstandes, gedacht werden muß: so werden wir auch an diesem Urwesen nicht bloß allenthalben in der Natur Zwecke, sondern auch einen Endzweck zu denken hinreichenden Grund haben, wenn gleich nicht um das Dasein eines solchen Wesens darzuthun, doch wenigstens (so wie es in der physischen Teleologie geschah) uns zu überzeugen, daß wir die Möglichkeit einer solchen Welt nicht bloß nach Zwecken, sondern auch nur dadurch, daß wir ihrer Existenz einen Endzweck unterlegen, uns begreiflich machen können.

Allein Endzweck ist bloß ein Begriff unserer praktischen Vernunft und kann aus keinen Datis der Erfahrung zu theoretischer Beurtheilung der Natur gefolgert, noch auf Erkenntniß derselben bezogen werden. Es ist kein Gebrauch von diesem Begriffe möglich, als lediglich für die praktische Vernunft nach moralischen Gesetzen; und der Endzweck der Schöpfung ist diejenige Beschaffenheit der Welt, die zu dem, was wir allein nach Gesetzen bestimmt angeben können, nämlich dem Endzwecke unserer reinen praktischen Vernunft, und zwar so fern sie praktisch sein soll, übereinstimmt. — Nun haben wir durch das moralische Gesetz, welches uns diesen letztern auferlegt, in praktischer Absicht, nämlich um unsere Kräfte zur Bewirkung desselben anzuwenden, einen Grund, die Möglichkeit, Ausführbarkeit desselben, mithin auch (weil ohne Beitritt der Natur zu einer in unserer Gewalt nicht stehenden Bedingung derselben die Bewirkung desselben unmöglich sein würde) eine Natur der Dinge, die dazu übereinstimmt, anzunehmen. Also haben wir einen moralischen Grund, uns an einer Welt auch einen Endzweck der Schöpfung zu denken.

Dieses ist nun noch nicht der Schluß von der moralischen Teleologie auf eine Theologie, d. i. auf das Dasein eines moralischen Welturhebers, sondern nur auf einen Endzweck der Schöpfung, der auf diese Art bestimmt wird. Daß nun zu dieser Schöpfung, d. i. der Existenz der Dinge gemäß einem Endzwecke, erstlich ein verständiges, aber zweitens nicht bloß (wie zu der Möglichkeit der Dinge der Natur, die wir als Zwecke zu beurtheilen genöthigt waren) ein verständiges, sondern ein zugleich moralisches Wesen als Welturheber, mithin ein Gott angenommen werden müsse: ist ein zweiter Schluß, welcher so beschaffen ist, daß man sieht, er sei bloß für die Urtheilskraft nach Begriffen der praktischen Vernunft und als ein solcher für die reflectirende, nicht die bestimmende Urtheilskraft gefällt. Denn wir können uns nicht anmaßen einzusehen: daß, obzwar in uns die moralisch-praktische Vernunft von der technisch-praktischen ihren Principien nach wesentlich unterschieden ist, in der obersten Welturfache, wenn sie als Intelligenz angenommen wird, es auch so sein müsse, und eine besondere und verschiedene Art der Causalität derselben zum Endzwecke, als bloß zu Zwecken der Natur erforderlich sei; daß wir mithin an unserm Endzweck nicht bloß einen **moralischen Grund** haben, einen Endzweck der Schöpfung (als Wirkung), sondern auch ein **moralisches Wesen** als Urgrund der Schöpfung anzunehmen. Wohl aber können wir sagen: daß **nach der Beschaffenheit unseres Vernunftvermögens** wir uns die Möglichkeit einer solchen auf das **moralische Gesetz** und dessen Object bezogenen Zweckmäßigkeit, als in diesem Endzwecke ist, ohne einen Welturheber und Regierer, der zugleich moralischer Gesetzgeber ist, gar nicht begreiflich machen können.

Die Wirklichkeit eines höchsten moralisch-gesetzgebenden Urhebers ist also bloß für den praktischen Gebrauch unserer Vernunft hinreichend dargethan, ohne in Ansehung des Daseins desselben etwas theoretisch zu bestimmen. Denn diese bedarf zur Möglichkeit ihres Zwecks, der uns auch ohnedas durch ihre eigene Gesetzgebung aufgegeben ist, einer Idee, wodurch das Hinderniß aus dem Unvermögen ihrer Befolgung nach dem bloßen Naturbegriffe von der Welt (für die reflectirende Urtheilskraft hinreichend) weggeräumt wird; und diese Idee bekommt dadurch praktische Realität, wenn ihr gleich alle Mittel, ihr eine solche in theoretischer Absicht zur Erklärung der Natur und Bestimmung der obersten Ursache zu verschaffen, für das speculative Erkenntniß gänzlich abgehen. Für die theoretisch reflectirende Urtheilskraft bewies die physische Teleologie aus den Zwecken der Natur hinreichend eine verständige Weltursache; für die praktische bewirkt dieses die moralische durch den Begriff eines Endzwecks, den sie in praktischer Absicht der Schöpfung beizulegen genöthigt ist. Die objective Realität der Idee von Gott, als moralischen Welturhebers, kann nun zwar nicht durch physische Zwecke allein dargethan werden; gleichwohl aber, wenn ihr Erkenntniß mit dem des moralischen verbunden wird, sind jene vermöge der Maxime der reinen Vernunft, Einheit der Principien, so viel sich thun läßt, zu befolgen, von großer Bedeutung, um der praktischen Realität jener Idee durch die, welche sie in theoretischer Absicht für die Urtheilskraft bereits hat, zu Hülfe zu kommen.

Hiebei ist nun zu Verhütung eines leicht eintretenden Mißverständnisses höchst nöthig anzumerken, daß wir erstlich diese Eigenschaften des höchsten Wesens nur nach der Analogie denken können. Denn wie wollten wir seine Natur, wovon uns die Erfahrung nichts Ähnliches zeigen kann, erforschen? Zweitens, daß wir es durch dieselbe auch nur denken, nicht darnach erkennen und sie ihm etwa theoretisch beilegen können; denn das wäre für die bestimmende Urtheilskraft in speculativer Absicht unserer Vernunft, um, was die oberste Weltursache an sich sei, einzusehen. Hier aber ist es nur darum zu thun, welchen Begriff wir uns nach der Beschaffenheit unserer Erkenntnißvermögen von demselben zu machen und ob wir seine Existenz anzunehmen haben, um einem Zwecke, den uns reine praktische Vernunft ohne alle solche Voraussetzung a priori nach allen Kräften zu bewirken auferlegt, gleichfalls nur praktische Realität zu verschaffen, d. i. nur eine beabsichtete Wirkung als möglich denken zu können. Immerhin mag jener Begriff für die speculative Vernunft überschwenglich sein; auch mögen die Eigenschaften, die wir dem dadurch gedachten Wesen beilegen, objectiv gebraucht, einen Anthropomorphism in sich verbergen: die Absicht ihres Gebrauchs ist auch nicht, seine für uns unerreichbare Natur, sondern uns selbst und unseren Willen darnach bestimmen zu wollen. So wie wir eine Ursache nach dem Begriffe, den wir von der Wirkung haben, (aber nur in Ansehung ihrer Relation zu dieser) benennen, ohne darum die innere Beschaffenheit derselben durch die Eigenschaften, die uns von dergleichen Ursachen einzig und allein bekannt und durch Erfahrung gegeben werden müssen, innerlich bestimmen zu wollen; so wie wir z. B. der Seele unter andern auch eine vim locomotivam beilegen, weil wirklich Bewegungen des Körpers entspringen, deren Ursache in ihren Vorstellungen liegt, ohne ihr darum die einzige Art, wie wir bewegende Kräfte kennen, (nämlich durch Anziehung, Druck, Stoß, mithin Bewegung, welche jederzeit ein ausgedehntes Wesen voraussetzen) beilegen zu wollen: — eben so werden wir Etwas, das den Grund der Möglichkeit und der praktischen Realität, d. i. der Ausführbarkeit, eines nothwendigen moralischen Endzwecks enthält, annehmen müssen; dieses aber nach Beschaffenheit der von ihm erwarteten Wirkung uns als ein weises, nach moralischen Gesetzen die Welt beherrschendes Wesen denken können und der Beschaffenheit unserer Erkenntnißvermögen gemäß als von der Natur unterschiedene Ursache der Dinge denken müssen, um nur das Verhältniß dieses alle unsere Erkenntnißvermögen übersteigenden Wesens zum Objecte unserer praktischen Vernunft auszudrücken: ohne doch dadurch die einzige uns bekannte Causalität dieser Art, nämlich einen Verstand und Willen, ihm darum theoretisch beilegen, ja selbst auch nur die an ihm gedachte Causalität in Ansehung dessen, was für uns Endzweck ist, als in diesem Wesen selbst von der Causalität in Ansehung der Natur (und deren Zweckbestimmungen überhaupt) objectiv unterscheiden zu wollen, sondern diesen Unterschied nur als subjectiv nothwendig für die Beschaffenheit unseres Erkenntnißvermögens und gültig für die reflectirende, nicht für die objectiv bestimmende Urtheilskraft annehmen können. Wenn es aber auf das Praktische ankommt, so ist ein solches regulatives Princip (für die Klugheit oder Weisheit): dem, was nach Beschaffenheit unserer Erkenntnißvermögen von uns auf gewisse Weise allein als möglich gedacht werden kann, als Zwecke gemäß zu handeln, zugleich constitutiv, d. i. praktisch bestimmend; indeß eben dasselbe als Princip die objective Möglichkeit der Dinge zu beurtheilen keinesweges theoretisch-bestimmend (daß nämlich auch dem Objecte die einzige Art der Möglichkeit zukomme, die unserm Vermögen zu denken zukommt), sondern ein bloß regulatives Princip für die reflectirende Urtheilskraft ist.

Anmerkung.

Dieser moralische Beweis ist nicht etwa ein neu erfundener, sondern allenfalls nur ein neu erörterter Beweisgrund; denn er hat vor der frühesten Aufkeimung des menschlichen Vernunftvermögens schon in demselben gelegen und wird mit der fortgehenden Cultur desselben nur immer mehr entwickelt. Sobald die Menschen über Recht und Unrecht zu reflectiren anfingen, in einer Zeit, wo sie über die Zweckmäßigkeit der Natur noch gleichgültig wegsahen, sie nützten, ohne sich dabei etwas Anderes als den gewohnten Lauf der Natur zu denken, mußte sich das Urtheil unvermeidlich einfinden: daß es im Ausgange nimmermehr einerlei sein könne, ob ein Mensch sich redlich oder falsch, billig oder gewaltthätig verhalten habe, wenn er gleich bis an sein Lebensende, wenigstens sichtbarlich, für seine Tugenden kein Glück, oder für seine Verbrechen keine Strafe angetroffen habe. Es ist: als ob sie in sich eine Stimme wahrnähmen, es müsse anders zugehen; mithin mußte auch die, obgleich dunkle, Vorstellung von Etwas, dem sie nachzustreben sich verbunden fühlten, verborgen liegen, womit ein solcher Ausschlag sich gar nicht zusammenreimen lasse, oder womit, wenn sie den Weltlauf einmal als die einzige Ordnung der Dinge ansahen, sie wiederum jene innere Zweckbestimmung ihres Gemüths nicht zu vereinigen wußten. Nun mochten sie die Art, wie eine solche Unregelmäßigkeit (welche dem menschlichen Gemüthe weit empörender sein muß, als der blinde Zufall, den man etwa der Naturbeurtheilung zum Princip unterlegen wollte) ausgeglichen werden könne, sich auf mancherlei noch so grobe Weise vorstellen; so konnten sie sich doch niemals ein anderes Princip der Möglichkeit der Vereinigung der Natur mit ihrem inneren Sittengesetze erdenken, als eine nach moralischen Gesetzen die Welt beherrschende oberste Ursache: weil ein als Pflicht aufgegebener Endzweck in ihnen und eine Natur ohne allen Endzweck außer ihnen, in welcher gleichwohl jener Zweck wirklich werden soll, im Widerspruche stehen. Über die innere Beschaffenheit jener Welturjache konnten sie nun manchen Unsinn ausbrüten; jenes moralische Verhältniß in der Weltregierung blieb immer dasselbe, welches für die unangebauteste Vernunft, sofern sie sich als praktisch betrachtet, allgemein faßlich ist, mit welcher hingegen die speculative bei weitem nicht gleichen Schritt halten kann. — Auch wurde aller Wahrscheinlichkeit nach durch dieses moralische Interesse allererst die Aufmerksamkeit auf die Schönheit und Zwecke der Natur rege gemacht, die alsdann jene Idee zu bestärken vortrefflich diente, sie aber doch nicht begründen, noch weniger jenes entbehren konnte, weil selbst die Nachforschung der Zwecke der Natur nur in Beziehung auf den Endzweck dasjenige unmittelbare Interesse bekommt, welches sich in der Bewunderung derselben ohne Rücksicht auf irgend daraus zu ziehenden Vortheil in so großem Maße zeigt.

§ 89.

Von dem Nutzen des moralischen Arguments.

Die Einschränkung der Vernunft in Ansehung aller unserer Ideen vom Übersinnlichen auf die Bedingungen ihres praktischen Gebrauchs hat, was die Idee von Gott betrifft, den unverkennbaren Nutzen: daß sie verhütet, daß **Theologie** sich nicht in **Theosophie** (in vernunftverwirrende überschwengliche Begriffe) versteige, oder zur **Dämonologie** (einer anthropomorphistischen Vorstellungsart des höchsten Wesens) herabsinke; daß Religion nicht in Theurgie (ein schwärmerischer Wahn, von anderen übersinnlichen Wesen Gefühl und auf sie wiederum Einfluß haben zu können), oder in Idololatrie (ein abergläubischer Wahn, dem höchsten Wesen sich durch andere Mittel, als durch eine moralische Gesinnung wohlgefällig machen zu können) gerathe*).

Denn wenn man der Eitelkeit oder Vermessenheit des Vernünftelns in Ansehung dessen, was über die Sinnenwelt hinausliegt, auch nur das mindeste theoretisch (und erkenntniß-erweiternd) zu bestimmen einräumt; wenn man mit Einsichten vom Dasein und von der Beschaffenheit der göttlichen Natur, von seinem Verstande und Willen, den Gesetzen beider und den daraus auf die Welt abfließenden Eigenschaften groß zu thun verstattet: so möchte ich wohl wissen, wo und an welcher Stelle man die

---

*) Abgötterei in praktischem Verstande ist noch immer diejenige Religion, welche sich das höchste Wesen mit Eigenschaften denkt, nach denen noch etwas anders, als Moralität die für sich taugliche Bedingung sein könne, seinem Willen in dem, was der Mensch zu thun vermag, gemäß zu sein. Denn so rein und frei von sinnlichen Bildern man auch in theoretischer Rücksicht jenen Begriff gefaßt haben mag, so ist er im Praktischen alsdann dennoch als ein Idol, d. i. der Beschaffenheit seines Willens nach, anthropomorphistisch, vorgestellt.

Anmaßungen der Vernunft begränzen wolle; denn wo jene Einsichten hergenommen sind, eben daher können ja noch mehrere (wenn man nur, wie man meint, sein Nachdenken anstrengte) erwartet werden. Die Begränzung solcher Ansprüche müßte doch nach einem gewissen Princip geschehen, nicht etwa bloß aus dem Grunde, weil wir finden, daß alle Versuche mit denselben bisher fehlgeschlagen sind; denn das beweiset nichts wider die Möglichkeit eines besseren Ausschlags. Hier aber ist kein Princip möglich, als entweder anzunehmen: daß in Ansehung des Übersinnlichen schlechterdings gar nichts theoretisch (als lediglich nur negativ) bestimmt werden könne, oder daß unsere Vernunft eine noch unbenutzte Fundgrube zu wer weiß wie großen, für uns und unsere Nachkommen aufbewahrten erweiternden Kenntnissen in sich enthalte. — Was aber Religion betrifft, d. i. die Moral in Beziehung auf Gott als Gesetzgeber: so muß, wenn die theoretische Erkenntniß desselben vorhergehen müßte, die Moral sich nach der Theologie richten und nicht allein statt einer inneren nothwendigen Gesetzgebung der Vernunft eine äußere willkürliche eines obersten Wesens eingeführt werden, sondern auch in dieser alles, was unsere Einsicht in die Natur desselben Mangelhaftes hat, sich auf die sittliche Vorschrift erstrecken und so die Religion unmoralisch machen und verkehren.

In Ansehung der Hoffnung eines künftigen Lebens, wenn wir statt des Endzwecks, den wir der Vorschrift des moralischen Gesetzes gemäß selbst zu vollführen haben, zum Leitfaden des Vernunfturtheils über unsere Bestimmung (welches also nur in praktischer Beziehung als nothwendig, oder annehmungswürdig betrachtet wird) unser theoretisches Erkenntnißvermögen befragen, giebt die Seelenlehre in dieser Absicht, so wie oben die Theologie nichts mehr als einen negativen Begriff von unserm denkenden Wesen: daß nämlich keine seiner Handlungen und Erscheinungen des innern Sinnes materialistisch erklärt werden könne; daß also von ihrer abgesonderten Natur und der Dauer oder Nichtdauer ihrer Persönlichkeit nach dem Tode uns schlechterdings kein erweiterndes, bestimmendes Urtheil aus speculativen Gründen durch unser gesammtes theoretisches Erkenntnißvermögen möglich sei. Da also alles hier der teleologischen Beurtheilung unseres Daseins in praktischer nothwendiger Rücksicht und der Annehmung unserer Fortdauer, als der zu dem uns von der Vernunft schlechterdings aufgegebenen Endzweck erforderlichen Bedingung, überlassen bleibt, so zeigt sich hier zugleich der Nutzen (der zwar beim ersten Anblick Verlust zu sein scheint): daß, so wie die Theologie für uns nie Theosophie werden kann, die rationale Psychologie niemals Pneumatologie als erweiternde Wissenschaft werden könne, so wie sie andrerseits auch gesichert ist, in keinen Materialism zu verfallen; sondern daß sie vielmehr bloß Anthropologie des innern Sinnes, d. i. Kenntniß unseres denkenden Selbst im Leben, sei und als theoretisches Erkenntniß auch bloß empirisch bleibe; dagegen die rationale Psychologie, was die Frage über unsere ewige Existenz betrifft, gar keine theoretische Wissenschaft ist, sondern auf einem einzigen Schlusse der moralischen Teleologie beruht, wie denn auch ihr ganzer Gebrauch bloß der letztern als unserer praktischen Bestimmung wegen nothwendig ist.

§ 90.
Von der Art des Fürwahrhaltens in einem teleologischen Beweise des Daseins Gottes.

Zuerst wird zu jedem Beweise, er mag (wie bei dem Beweise durch Beobachtung des Gegenstandes oder Experiment) durch unmittelbare empirische Darstellung dessen, was bewiesen werden soll, oder durch Vernunft a priori aus Principien geführt werden, erfordert: daß er nicht überrede, sondern überzeuge, oder wenigstens auf Überzeugung wirke; d. i. daß der Beweisgrund, oder der Schluß nicht bloß ein subjectiver (ästhetischer) Bestimmungsgrund des Beifalls (bloßer Schein), sondern objectiv-gültig und ein logischer Grund der Erkenntniß sei: denn sonst wird der Verstand berückt, aber nicht überführt. Von jener Art eines Scheinbeweises ist derjenige, welcher vielleicht in guter Absicht, aber doch mit vorsetzlicher Verhehlung seiner Schwäche in der natürlichen Theologie geführt wird: wenn man die große Menge der Beweisthümer eines Ursprungs der Naturdinge nach dem Princip der Zwecke herbeizieht und sich den bloß subjectiven Grund der menschlichen Vernunft zu Nutze macht, nämlich den ihr eigenen Hang, wo es nur ohne Widerspruch geschehen kann, statt vieler Principien ein einziges und, wo in diesem Princip nur einige oder auch viele Erfordernisse zur Bestimmung eines Begriffs angetroffen werden, die übrigen hinzuzudenken, um den Begriff des Dinges durch willkürliche Ergänzung zu vollenden. Denn freilich, wenn wir so viele Producte in der Natur antreffen, die für uns Anzeigen einer verständigen Ursache sind: warum sollen wir statt vieler solcher Ursachen nicht lieber eine einzige und zwar an dieser nicht etwa bloß großen Verstand,

Macht u. s. w., sondern nicht vielmehr Allweisheit, Allmacht, mit einem Worte sie als eine solche, die den für alle mögliche Dinge zureichenden Grund solcher Eigenschaften enthalte, denken? und über das diesem einigen alles vermögenden Urwesen nicht bloß für die Naturgesetze und -Producte Verstand, sondern auch als einer moralischen Welturſache höchſte ſittliche praktische Vernunft beilegen; da durch dieſe Vollendung des Begriffs ein für Natureinſicht ſowohl als moraliſche Weisheit zuſammen hinreichendes Princip angegeben wird, und kein nur einigermaßen gegründeter Einwurf wider die Möglichkeit einer ſolchen Idee gemacht werden kann? Werden hiebei nun zugleich die moraliſchen Triebfedern des Gemüths in Bewegung geſetzt und ein lebhaftes Intereſſe der letzteren mit redneriſcher Stärke (deren ſie auch wohl würdig ſind) hinzugefügt: ſo entſpringt daraus eine Überredung von der objectiven Zulänglichkeit des Beweiſes und ein (in den meiſten Fällen ſeines Gebrauchs) auch heilſamer Schein, der aller Prüfung der logiſchen Schärfe deſſelben ſich ganz überhebt und ſogar dawider, als ob ihr ein frevelhafter Zweifel zum Grunde läge, Abſcheu und Widerwillen trägt. — Nun iſt hierwider wohl nichts zu ſagen, ſo fern man auf populäre Brauchbarkeit eigentlich Rückſicht nimmt. Allein da doch die Zerfällung deſſelben in die zwei ungleichartigen Stücke, die dieſes Arguments enthält, nämlich in das, was zur phyſiſchen, und das, was zur moraliſchen Teleologie gehört, nicht abgehalten werden kann und darf, indem die Zuſammenſchmelzung beider es unkenntlich macht, wo der eigentliche Nerve des Beweiſes liege, und an welchem Theile und wie er müßte bearbeitet werden, um für die Gültigkeit deſſelben vor der ſchärfſten Prüfung Stand halten zu können (ſelbſt wenn man an einem Theile die Schwäche unſerer Vernunfteinſicht einzugeſtehen genöthigt ſein ſollte): ſo iſt es für den Philoſophen Pflicht (geſetzt daß er auch die Anforderung der Aufrichtigkeit an ihn für nichts rechnete), den obgleich noch ſo heilſamen Schein, welchen eine ſolche Vermengung hervorbringen kann, aufzudecken und, was bloß zur Überredung gehört, von dem, was auf Überzeugung führt, (die beide nicht bloß dem Grade, ſondern ſelbſt der Art nach unterſchiedene Beſtimmungen des Beifalls ſind) abzuſondern, um die Gemüthsfaſſung in dieſem Beweiſe in ihrer ganzen Lauterkeit offen darzuſtellen und dieſen der ſtrengſten Prüfung freimüthig unterwerfen zu können.

Ein Beweis aber, der auf Überzeugung angelegt iſt, kann wiederum zwiefacher Art ſein, entweder ein ſolcher, der, was der Gegenſtand an ſich ſei, oder was er für uns (Menſchen überhaupt) nach den uns nothwendigen Vernunftprincipien seiner Beurtheilung sei (ein Beweis κατ' αληθειαν oder κατ' ανθρωπον, das letztere Wort in allgemeiner Bedeutung für Menschen überhaupt genommen), ausmachen soll. Im ersteren Falle ist er auf hinreichende Principien für die bestimmende, im zweiten bloß für die reflectirende Urtheilskraft gegründet. Im letztern Falle kann er, auf bloß theoretischen Principien beruhend, niemals auf Überzeugung wirken; legt er aber ein praktisches Vernunftprincip zum Grunde (welches mithin allgemein und nothwendig gilt), so darf er wohl auf eine in reiner praktischer Absicht hinreichende, d. i. moralische, Überzeugung Anspruch machen. Ein Beweis aber wirkt auf Überzeugung, ohne noch zu überzeugen, wenn er bloß auf dem Wege dahin geführt wird, d. i. nur objective Gründe dazu in sich enthält, die, ob sie gleich noch nicht zur Gewißheit hinreichend, dennoch von der Art sind, daß sie nicht bloß als subjective Gründe des Urtheils zur Überredung dienen.

Alle theoretische Beweisgründe reichen nun entweder zu: 1) zum Beweise durch logisch=strenge Vernunftschlüsse; oder, wo dieses nicht ist, 2) zum Schlusse nach der Analogie; oder, findet auch dieses etwa nicht Statt, doch noch 3) zur wahrscheinlichen Meinung; oder endlich, was das Mindeste ist, 4) zur Annehmung eines bloß möglichen Erklärungsgrundes, als Hypothese. — Nun sage ich: daß alle Beweisgründe überhaupt, die auf theoretische Überzeugung wirken, kein Fürwahrhalten dieser Art von dem höchsten bis zum niedrigsten Grade desselben bewirken können, wenn der Satz von der Existenz eines Urwesens, als eines Gottes in der dem ganzen Inhalte dieses Begriffs angemessenen Bedeutung, nämlich als eines moralischen Welturhebers, mithin so, daß durch ihn zugleich der Endzweck der Schöpfung angegeben wird, bewiesen werden soll.

1) Was den logisch=gerechten, vom Allgemeinen zum Besonderen fortgehenden Beweis betrifft, so ist in der Kritik hinreichend dargethan worden: daß, da dem Begriffe von einem Wesen, welches über die Natur hinaus zu suchen ist, keine uns mögliche Anschauung correspondirt, dessen Begriff also selbst, sofern er durch synthetische Prädicate theoretisch bestimmt werden soll, für uns jederzeit problematisch bleibt, schlechterdings kein Erkenntniß desselben (wodurch der Umfang unseres theoretischen Wissens im mindesten erweitert würde) Statt finde, und unter die allgemeinen Principien der Natur der Dinge der besondere Begriff eines übersinnlichen Wesens gar nicht subsumirt werden könne, um von jenen auf

dieses zu schließen; weil jene Principien lediglich für die Natur als Gegenstand der Sinne gelten.

2) Man kann sich zwar von zwei ungleichartigen Dingen eben in dem Punkte ihrer Ungleichartigkeit eines derselben doch nach einer Analogie*) mit dem andern denken; aber aus dem, worin sie ungleichartig sind, nicht von einem nach der Analogie auf das andere schließen, d. i. dieses Merkmal des specifischen Unterschiedes auf das andere übertragen. So kann ich mir nach der Analogie mit dem Gesetze der Gleichheit der Wirkung und Gegenwirkung in der wechselseitigen Anziehung und Abstoßung der

---

*) Analogie (in qualitativer Bedeutung) ist die Identität des Verhältnisses zwischen Gründen und Folgen (Ursachen und Wirkungen), sofern sie ungeachtet der specifischen Verschiedenheit der Dinge, oder derjenigen Eigenschaften an sich, welche den Grund von ähnlichen Folgen enthalten (d. i. außer diesem Verhältnisse betrachtet), Statt findet. So denken wir uns zu den Kunsthandlungen der Thiere in Vergleichung mit denen des Menschen den Grund dieser Wirkungen in den ersteren, den wir nicht kennen, mit dem Grunde ähnlicher Wirkungen des Menschen (der Vernunft), den wir kennen, als Analogon der Vernunft; und wollen damit zugleich anzeigen: daß der Grund des thierischen Kunstvermögens unter der Benennung eines Instincts von der Vernunft in der That specifisch unterschieden, doch auf die Wirkung (der Bau der Biber mit dem der Menschen verglichen) ein ähnliches Verhältniß habe. — Deswegen aber kann ich daraus, weil der Mensch zu seinem Bauen Vernunft braucht, nicht schließen, daß der Biber auch dergleichen haben müsse, und es einen Schluß nach der Analogie nennen. Aber aus der ähnlichen Wirkungsart der Thiere (wovon wir den Grund nicht unmittelbar wahrnehmen können), mit der des Menschen (dessen wir uns unmittelbar bewußt sind) verglichen, können wir ganz richtig nach der Analogie schließen, daß die Thiere auch nach Vorstellungen handeln (nicht, wie Cartesius will, Maschinen sind) und ungeachtet ihrer specifischen Verschiedenheit doch der Gattung nach (als lebende Wesen) mit dem Menschen einerlei sind. Das Princip der Befugniß, so zu schließen, liegt in der Einerleiheit eines Grundes, die Thiere in Ansehung gedachter Bestimmung mit dem Menschen, als Menschen, so weit wir sie äußerlich nach ihren Handlungen mit einander vergleichen, zu einerlei Gattung zu zählen. Es ist par ratio. Eben so kann ich die Causalität der obersten Welturfache in der Vergleichung der zweckmäßigen Producte derselben in der Welt mit den Kunstwerken des Menschen nach der Analogie eines Verstandes denken, aber nicht auf diese Eigenschaften in demselben nach der Analogie schließen: weil hier das Princip der Möglichkeit einer solchen Schlußart gerade mangelt, nämlich die paritas rationis, das höchste Wesen mit dem Menschen (in Ansehung ihrer beiderseitigen Causalität) zu einer und derselben Gattung zu zählen. Die Causalität der Weltwesen, die immer sinnlich-bedingt (dergleichen die durch Verstand ist), kann nicht auf ein Wesen übertragen werden, welches mit jenen keinen Gattungsbegriff, als den eines Dinges überhaupt gemein hat.

Anhang. Methodenlehre der teleologischen Urtheilskraft.

Körper unter einander auch die Gemeinschaft der Glieder eines gemeinen Wesens nach Regeln des Rechts denken; aber jene specifischen Bestimmungen (die materielle Anziehung oder Abstoßung) nicht auf diese übertragen und sie den Bürgern beilegen, um ein System, welches Staat heißt, auszumachen. — Eben so dürfen wir wohl die Causalität des Urwesens in Ansehung der Dinge der Welt, als Naturzwecke, nach der Analogie eines Verstandes, als Grundes der Formen gewisser Producte, die wir Kunstwerke nennen, denken (denn dieses geschieht nur zum Behuf des theoretischen oder praktischen Gebrauchs unseres Erkenntnißvermögens, den wir von diesem Begriffe in Ansehung der Naturdinge in der Welt nach einem gewissen Princip zu machen haben): aber wir können daraus, daß unter Weltwesen der Ursache einer Wirkung, die als künstlich beurtheilt wird, Verstand beigelegt werden muß, keinesweges nach einer Analogie schließen, daß auch dem Wesen, welches von der Natur gänzlich unterschieden ist, in Ansehung der Natur selbst eben dieselbe Causalität, die wir am Menschen wahrnehmen, zukomme: weil dieses eben den Punkt der Ungleichartigkeit betrifft, der zwischen einer in Ansehung ihrer Wirkungen sinnlich=bedingten Ursache und dem übersinnlichen Urwesen selbst im Begriffe desselben gedacht wird und also auf diesen nicht übergetragen werden kann. — Eben darin, daß ich mir die göttliche Causalität nur nach der Analogie mit einem Verstande (welches Vermögen wir an keinem anderen Wesen als dem sinnlich=bedingten Menschen kennen) denken soll, liegt das Verbot, ihm diesen nicht in der eigentlichen Bedeutung beizulegen*).

3) Meinen findet in Urtheilen a priori gar nicht Statt; sondern man erkennt durch sie entweder etwas als ganz gewiß, oder gar nichts. Wenn aber auch die gegebenen Beweisgründe, von denen wir ausgehen (wie hier von den Zwecken in der Welt), empirisch sind, so kann man mit diesen doch über die Sinnenwelt hinaus nichts meinen und solchen gewagten Urtheilen den mindesten Anspruch auf Wahrscheinlichkeit zugestehen. Denn Wahrscheinlichkeit ist ein Theil einer in einer gewissen Reihe der Gründe möglichen Gewißheit (die Gründe derselben werden darin mit dem Zureichenden als Theile mit einem Ganzen verglichen), zu welchen jener unzureichende

---

*) Man vermißt dadurch nicht das Mindeste in der Vorstellung der Verhältnisse dieses Wesens zur Welt, sowohl was die theoretischen als praktischen Folgerungen aus diesem Begriffe betrifft. Was es an sich selbst sei, erforschen zu wollen, ist ein eben so zweckloser als vergeblicher Vorwitz.

Grund muß ergänzt werden können. Weil sie aber als Bestimmungsgründe der Gewißheit eines und desselben Urtheils gleichartig sein müssen, indem sie sonst nicht zusammen eine Größe (dergleichen die Gewißheit ist) ausmachen würden: so kann nicht ein Theil derselben innerhalb den Gränzen möglicher Erfahrung, ein anderer außerhalb aller möglichen Erfahrung liegen. Mithin, da bloß-empirische Beweisgründe auf nichts Übersinnliches führen, der Mangel in der Reihe derselben auch durch nichts ergänzt werden kann: so findet in dem Versuche, durch sie zum Übersinnlichen und einer Erkenntniß desselben zu gelangen, nicht die mindeste Annäherung, folglich in einem Urtheile über das letztere durch von der Erfahrung hergenommene Argumente auch keine Wahrscheinlichkeit Statt.

4) Was als Hypothese zu Erklärung der Möglichkeit einer gegebenen Erscheinung dienen soll, davon muß wenigstens die Möglichkeit völlig gewiß sein. Es ist genug, daß ich bei einer Hypothese auf die Erkenntniß der Wirklichkeit (die in einer für wahrscheinlich ausgegebenen Meinung noch behauptet wird) Verzicht thue: mehr kann ich nicht Preis geben; die Möglichkeit dessen, was ich einer Erklärung zum Grunde lege, muß wenigstens keinem Zweifel ausgesetzt sein, weil sonst der leeren Hirngespinste kein Ende sein würde. Die Möglichkeit aber eines nach gewissen Begriffen bestimmten übersinnlichen Wesens anzunehmen, da hiezu keine von den erforderlichen Bedingungen einer Erkenntniß nach dem, was in ihr auf Anschauung beruht, gegeben ist, und also der bloße Satz des Widerspruchs (der nichts als die Möglichkeit des Denkens und nicht des gedachten Gegenstandes selbst beweisen kann) als Kriterium dieser Möglichkeit übrig bleibt, würde eine völlig grundlose Voraussetzung sein.

Das Resultat hievon ist: daß für das Dasein des Urwesens als einer Gottheit, oder der Seele als eines unsterblichen Geistes schlechterdings kein Beweis in theoretischer Absicht, um auch nur den mindesten Grad des Fürwahrhaltens zu wirken, für die menschliche Vernunft möglich sei; und dieses aus dem ganz begreiflichen Grunde: weil zur Bestimmung der Ideen des Übersinnlichen für uns gar kein Stoff da ist, indem wir diesen letzteren von Dingen in der Sinnenwelt hernehmen müßten, ein solcher aber jenem Objecte schlechterdings nicht angemessen ist, also ohne alle Bestimmung derselben nichts mehr, als der Begriff von einem nichtsinnlichen Etwas übrig bleibt, welches den letzten Grund der Sinnenwelt enthalte, der noch kein Erkenntniß (als Erweiterung des Begriffs) von seiner inneren Beschaffenheit ausmacht.

Anhang. Methodenlehre der teleologischen Urtheilskraft. 467

§ 91.
Von der Art des Fürwahrhaltens durch einen praktischen
Glauben.

Wenn wir bloß auf die Art sehen, wie etwas für uns (nach der subjectiven Beschaffenheit unserer Vorstellungskräfte) Object der Erkenntniß (res cognoscibilis) sein kann: so werden alsdann die Begriffe nicht mit den Objecten, sondern bloß mit unsern Erkenntnißvermögen und dem Gebrauche, den diese von der gegebenen Vorstellung (in theoretischer oder praktischer Absicht) machen können, zusammengehalten; und die Frage, ob etwas ein erkennbares Wesen sei oder nicht, ist keine Frage, die die Möglichkeit der Dinge selbst, sondern unserer Erkenntniß derselben angeht.

Erkennbare Dinge sind nun von dreifacher Art: Sachen der Meinung (opinabile), Thatsachen (scibile) und Glaubenssachen (mere credibile).

1) Gegenstände der bloßen Vernunftideen, die für das theoretische Erkenntniß gar nicht in irgend einer möglichen Erfahrung dargestellt werden können, sind sofern auch gar nicht erkennbare Dinge, mithin kann man in Ansehung ihrer nicht einmal meinen; wie denn a priori zu meinen schon an sich ungereimt und der gerade Weg zu lauter Hirngespinsten ist. Entweder unser Satz a priori ist also gewiß, oder er enthält gar nichts zum Fürwahrhalten. Also sind Meinungssachen jederzeit Objecte einer wenigstens an sich möglichen Erfahrungserkenntniß (Gegenstände der Sinnenwelt), die aber nach dem bloßen Grade dieses Vermögens, den wir besitzen, für uns unmöglich ist. So ist der Äther der neuern Physiker, eine elastische, alle andere Materien durchdringende (mit ihnen innigst vermischte) Flüssigkeit, eine bloße Meinungssache, immer doch noch von der Art, daß, wenn die äußern Sinne im höchsten Grade geschärft wären, er wahrgenommen werden könnte; der aber nie in irgend einer Beobachtung, oder Experimente dargestellt werden kann. Vernünftige Bewohner anderer Planeten anzunehmen, ist eine Sache der Meinung; denn wenn wir diesen näher kommen könnten, welches an sich möglich ist, würden wir, ob sie sind, oder nicht sind, durch Erfahrung ausmachen; aber wir werden ihnen niemals so nahe kommen, und so bleibt es beim Meinen. Allein Meinen: daß es reine, ohne Körper denkende Geister im materiellen Univers gebe (wenn man nämlich gewisse dafür ausgegebene wirkliche Erscheinungen, wie billig, von der Hand weiset), heißt dichten und ist gar

30*

keine Sache der Meinung, sondern eine bloße Idee, welche übrig bleibt, wenn man von einem denkenden Wesen alles Materielle wegnimmt und ihm doch das Denken übrig läßt. Ob aber alsdann das Letztere (welches wir nur am Menschen, d. i. in Verbindung mit einem Körper, kennen) übrig bleibe, können wir nicht ausmachen. Ein solches Ding ist ein vernünfteltes Wesen (ens rationis ratiocinantis), kein Vernunftwesen (ens rationis ratiocinatae); von welchem letzteren es doch möglich ist, die objective Realität seines Begriffs wenigstens für den praktischen Gebrauch der Vernunft hinreichend darzuthun, weil dieser, der seine eigenthümlichen und apodiktisch gewissen Principien a priori hat, ihn sogar erheischt (postulirt).

2) Gegenstände für Begriffe, deren objective Realität (es sei durch reine Vernunft, oder durch Erfahrung und im ersteren Falle aus theoretischen oder praktischen Datis derselben, in allen Fällen aber vermittelst einer ihnen correspondirenden Anschauung) bewiesen werden kann, sind (res facti) Thatsachen*). Dergleichen sind die mathematischen Eigenschaften der Größen (in der Geometrie), weil sie einer Darstellung a priori für den theoretischen Vernunftgebrauch fähig sind. Ferner sind Dinge, oder Beschaffenheiten derselben, die durch Erfahrung (eigene oder fremde Erfahrung vermittelst der Zeugnisse) dargethan werden können, gleichfalls Thatsachen. — Was aber sehr merkwürdig ist, so findet sich sogar eine Vernunftidee (die an sich keiner Darstellung in der Anschauung, mithin auch keines theoretischen Beweises ihrer Möglichkeit fähig ist) unter den Thatsachen; und das ist die Idee der Freiheit, deren Realität als einer besondern Art von Causalität (von welcher der Begriff in theoretischem Betracht überschwenglich sein würde) sich durch praktische Gesetze der reinen Vernunft und diesen gemäß in wirklichen Handlungen, mithin in der Erfahrung darthun läßt. — Die einzige unter allen Ideen der reinen Vernunft, deren Gegenstand Thatsache ist und unter die scibilia mit gerechnet werden muß.

---

*) Ich erweitere hier, wie mich dünkt, mit Recht, den Begriff einer Thatsache über die gewöhnliche Bedeutung dieses Worts. Denn es ist nicht nöthig, ja nicht einmal thunlich, diesen Ausdruck bloß auf die wirkliche Erfahrung einzuschränken, wenn von dem Verhältnisse der Dinge zu unseren Erkenntnißvermögen die Rede ist, da eine bloß mögliche Erfahrung schon hinreichend ist, um von ihnen bloß als Gegenständen einer bestimmten Erkenntnißart zu reden.

3) Gegenstände, die in Beziehung auf den pflichtmäßigen Gebrauch der reinen praktischen Vernunft (es sei als Folgen, oder als Gründe) a priori gedacht werden müssen, aber für den theoretischen Gebrauch derselben überschwenglich sind, sind bloße **Glaubenssachen**. Dergleichen ist das höchste durch Freiheit zu bewirkende Gut in der Welt, dessen Begriff in keiner für uns möglichen Erfahrung, mithin für den theoretischen Vernunftgebrauch hinreichend seiner objectiven Realität nach bewiesen werden kann, dessen Gebrauch aber zur bestmöglichen Bewirkung jenes Zwecks doch durch praktische reine Vernunft geboten ist und mithin als möglich angenommen werden muß. Diese gebotene Wirkung **zusammt den einzigen für uns denkbaren Bedingungen ihrer Möglichkeit**, nämlich dem Dasein Gottes und der Seelen-Unsterblichkeit, sind **Glaubenssachen** (res fidei) und zwar die einzigen unter allen Gegenständen, die so genannt werden können*). Denn ob von uns gleich, was wir nur von der Erfahrung anderer durch Zeugniß lernen können, geglaubt werden muß, so ist es darum doch noch nicht an sich Glaubenssache; denn bei jener Zeugen Einem war es doch eigene Erfahrung und Thatsache, oder wird als solche vorausgesetzt. Zudem muß es möglich sein, durch diesen Weg (des historischen Glaubens) zum Wissen zu gelangen; und die Objecte der Geschichte und Geographie, wie alles überhaupt, was zu wissen nach der Beschaffenheit unserer Erkenntnißvermögen wenigstens möglich ist, gehören nicht zu Glaubenssachen, sondern zu Thatsachen. Nur Gegenstände der reinen Vernunft können allenfalls Glaubenssachen sein, aber nicht als Gegenstände der bloßen reinen speculativen Vernunft; denn da können sie gar nicht einmal mit Sicherheit zu den Sachen, d. i. Objecten jenes für uns möglichen Erkenntnisses, gezählt werden. Es sind Ideen, d. i. Begriffe, denen man die objective Realität theoretisch nicht sichern kann. Dagegen ist der von uns zu bewirkende höchste Endzweck, das, wodurch wir allein würdig werden können selbst Endzweck einer Schöpfung zu sein, eine Idee, die für uns in praktischer Beziehung objective Realität hat, und Sache; aber darum, weil wir diesem Begriffe in

---

*) Glaubenssachen sind aber darum nicht Glaubensartikel, wenn man unter den letzteren solche Glaubenssachen versteht, zu deren Bekenntniß (innerem oder äußerem) man verpflichtet werden kann: dergleichen also die natürliche Theologie nicht enthält. Denn da sie als Glaubenssachen sich nicht (gleich den Thatsachen) auf theoretische Beweise gründen können: so ist es ein freies Fürwahrhalten und auch nur als ein solches mit der Moralität des Subjects vereinbar.

theoretischer Absicht dieser Realität nicht verschaffen können, bloße Glaubenssache der reinen Vernunft, mit ihm aber zugleich Gott und Unsterblichkeit, als die Bedingungen, unter denen allein wir nach der Beschaffenheit unserer (der menschlichen) Vernunft uns die Möglichkeit jenes Effects des gesetzmäßigen Gebrauchs unserer Freiheit denken können. Das Fürwahrhalten aber in Glaubenssachen ist ein Fürwahrhalten in reiner praktischer Absicht, d. i. ein moralischer Glaube, der nichts für das theoretische, sondern bloß für das praktische, auf Befolgung seiner Pflichten gerichtete, reine Vernunfterkenntniß beweiset und die Speculation, oder die praktischen Klugheitsregeln nach dem Princip der Selbstliebe gar nicht erweitert. Wenn das oberste Princip aller Sittengesetze ein Postulat ist, so wird zugleich die Möglichkeit ihres höchsten Objects, mithin auch die Bedingung, unter der wir diese Möglichkeit denken können, dadurch zugleich mit postulirt. Dadurch wird nun das Erkenntniß der letzteren weder Wissen noch Meinung von dem Dasein und der Beschaffenheit dieser Bedingungen, als theoretische Erkenntnißart, sondern bloß Annahme in praktischer und dazu gebotener Beziehung für den moralischen Gebrauch unserer Vernunft.

Würden wir auch auf die Zwecke der Natur, die uns die physische Teleologie in so reichem Maße vorlegt, einen bestimmten Begriff von einer verständigen Welturfache scheinbar gründen können, so wäre das Dasein dieses Wesens doch nicht Glaubenssache. Denn da dieses nicht zum Behuf der Erfüllung meiner Pflicht, sondern nur zur Erklärung der Natur angenommen wird, so würde es bloß die unserer Vernunft angemessenste Meinung und Hypothese sein. Nun führt jene Teleologie keinesweges auf einen bestimmten Begriff von Gott, der hingegen allein in dem von einem moralischen Welturheber angetroffen wird, weil dieser allein den Endzweck angiebt, zu welchem wir uns nur sofern zählen können, als wir dem, was uns das moralische Gesetz als Endzweck auferlegt, mithin uns verpflichtet, uns gemäß verhalten. Folglich bekommt der Begriff von Gott nur durch die Beziehung auf das Object unserer Pflicht, als Bedingung der Möglichkeit den Endzweck derselben zu erreichen, den Vorzug in unserm Fürwahrhalten als Glaubenssache zu gelten; dagegen eben derselbe Begriff doch sein Object nicht als Thatsache geltend machen kann: weil, obzwar die Nothwendigkeit der Pflicht für die praktische Vernunft wohl klar ist, doch die Erreichung des Endzwecks derselben, sofern er nicht ganz in unserer Gewalt ist, nur zum Behuf des praktischen Gebrauchs der

Anhang. Methodenlehre der teleologischen Urtheilskraft.   471

Vernunft angenommen, also nicht so wie die Pflicht selbst praktisch nothwendig ist *).

Glaube (als habitus, nicht als actus) ist die moralische Denkungsart der Vernunft im Fürwahrhalten desjenigen, was für das theoretische Erkenntniß unzugänglich ist. Er ist also der beharrliche Grundsatz des Gemüths, das, was zur Möglichkeit des höchsten moralischen Endzwecks als Bedingung vorauszusetzen nothwendig ist, wegen der Verbindlichkeit zu demselben als wahr anzunehmen**); obzwar die Möglichkeit dessel-

---

*) Der Endzweck, den das moralische Gesetz zu befördern auferlegt, ist nicht der Grund der Pflicht; denn dieser liegt im moralischen Gesetze, welches als formales praktisches Princip kategorisch leitet, unangesehen der Objecte des Begehrungsvermögens (der Materie des Wollens), mithin irgend eines Zwecks. Diese formale Beschaffenheit meiner Handlungen (Unterordnung derselben unter das Princip der Allgemeingültigkeit), worin allein ihr innerer moralischer Werth besteht, ist gänzlich in unserer Gewalt; und ich kann von der Möglichkeit, oder Unausführbarkeit der Zwecke, die mir jenem Gesetze gemäß zu befördern obliegen, gar wohl abstrahiren (weil in ihnen nur der äußere Werth meiner Handlungen besteht), als von etwas, welches nie völlig in meiner Gewalt ist, um nur auf das zu sehen, was meines Thuns ist. Allein die Absicht, den Endzweck aller vernünftigen Wesen (Glückseligkeit, so weit sie einstimmig mit der Pflicht möglich ist) zu befördern, ist doch eben durch das Gesetz der Pflicht auferlegt. Aber die speculative Vernunft sieht die Ausführbarkeit derselben (weder von Seiten unseres eigenen physischen Vermögens, noch der Mitwirkung der Natur) gar nicht ein; vielmehr muß sie aus solchen Ursachen, so viel wir vernünftiger Weise urtheilen können, einen solchen Erfolg unseres Wohlverhaltens von der bloßen Natur (in uns und außer uns), ohne Gott und Unsterblichkeit anzunehmen, für eine ungegründete und nichtige, wenn gleich wohlgemeinte Erwartung halten und, wenn sie von diesem Urtheile völlige Gewißheit haben könnte, das moralische Gesetz selbst als bloße Täuschung unserer Vernunft in praktischer Rücksicht ansehen. Da aber die speculative Vernunft sich völlig überzeugt, daß das letztere nie geschehen kann, dagegen aber jene Ideen, deren Gegenstand über die Natur hinaus liegt, ohne Widerspruch gedacht werden können: so wird sie für ihr eigenes praktisches Gesetz und die dadurch auferlegte Aufgabe, also in moralischer Rücksicht, jene Ideen als real anerkennen müssen, um nicht mit sich selbst in Widerspruch zu kommen.

**) Er ist ein Vertrauen auf die Verheißung des moralischen Gesetzes; aber nicht als eine solche, die in demselben enthalten ist, sondern die ich hineinlege und zwar aus moralisch hinreichendem Grunde. Denn ein Endzweck kann durch kein Gesetz der Vernunft geboten sein, ohne daß diese zugleich die Erreichbarkeit desselben, wenn gleich ungewiß, verspreche und hiemit auch das Fürwahrhalten der einzigen Bedingungen berechtige, unter denen unsere Vernunft sich diese allein denken kann. Das Wort Fides drückt dieses auch schon aus; und es kann nur bedenklich scheinen, wie dieser Ausdruck und diese besondere Idee in die moralische Philosophie hinein-

ben, aber eben so wohl auch die Unmöglichkeit von uns nicht eingesehen werden kann. Der Glaube (schlechthin so genannt) ist ein Vertrauen zu der Erreichung einer Absicht, deren Beförderung Pflicht, die Möglichkeit der Ausführung derselben aber für uns nicht einzusehen ist (folglich auch nicht die der einzigen für uns denkbaren Bedingungen). Der Glaube also, der sich auf besondere Gegenstände, die nicht Gegenstände des möglichen Wissens oder Meinens sind, bezieht (in welchem letztern Falle er, vornehmlich im historischen, Leichtgläubigkeit und nicht Glaube heißen müßte), ist ganz moralisch. Er ist ein freies Fürwahrhalten nicht dessen, wozu dogmatische Beweise für die theoretisch bestimmende Urtheilskraft anzutreffen sind, noch wozu wir uns verbunden halten, sondern dessen, was wir zum Behuf einer Absicht nach Gesetzen der Freiheit annehmen; aber doch nicht wie etwa eine Meinung ohne hinreichenden Grund, sondern als in der Vernunft (obwohl nur in Ansehung ihres praktischen Gebrauchs), für die Absicht derselben hinreichend, gegründet: denn ohne ihn hat die moralische Denkungsart bei dem Verstoß gegen die Aufforderung der theoretischen Vernunft zum Beweise (der Möglichkeit des Objects der Moralität) keine feste Beharrlichkeit, sondern schwankt zwischen praktischen Geboten und theoretischen Zweifeln. Ungläubisch sein, heißt der Maxime nachhängen, Zeugnissen überhaupt nicht zu glauben; ungläubig aber ist der, welcher jenen Vernunftideen, weil es ihnen an theoretischer Begründung ihrer Realität fehlt, darum alle Gültigkeit abspricht. Er urtheilt also dogmatisch. Ein dogmatischer Unglaube kann aber mit einer in der Denkungsart herrschenden sittlichen Maxime nicht zusammen bestehen (denn einem Zwecke, der für nichts als Hirngespinst erkannt wird, nachzugehen, kann die Vernunft nicht gebieten); wohl aber ein Zweifelglaube, dem der Mangel der Überzeugung durch Gründe der speculativen Vernunft nur Hinderniß ist, welchem eine kritische Einsicht in die Schranken der letztern den Einfluß auf das Verhalten benehmen und

---

komme, da sie allererst mit dem Christenthum eingeführt worden, und die Annahme derselben vielleicht nur eine schmeichlerische Nachahmung seiner Sprache zu sein scheinen dürfte. Aber das ist nicht der einzige Fall, da diese wundersame Religion in der größten Einfalt ihres Vortrages die Philosophie mit weit bestimmteren und reineren Begriffen der Sittlichkeit bereichert hat, als diese bis dahin hatte liefern können, die aber, wenn sie einmal da sind, von der Vernunft frei gebilligt und als solche angenommen werden, auf die sie wohl von selbst hätte kommen und sie einführen können und sollen.

ihm ein überwiegendes praktisches Fürwahrhalten zum Ersatz hinstellen kann.

* * *

Wenn man an die Stelle gewisser verfehlten Versuche in der Philosophie ein anderes Princip aufführen und ihm Einfluß verschaffen will, so gereicht es zu großer Befriedigung, einzusehen, wie jene und warum sie fehl schlagen mußten.

Gott, Freiheit und Seelenunsterblichkeit sind diejenigen Aufgaben, zu deren Auflösung alle Zurüstungen der Metaphysik, als ihrem letzten und alleinigen Zwecke, abzielen. Nun glaubte man, daß die Lehre von der Freiheit nur als negative Bedingung für die praktische Philosophie nöthig sei, die Lehre von Gott und der Seelenbeschaffenheit hingegen, zur theoretischen gehörig, für sich und abgesondert dargethan werden müsse, um beide nachher mit dem, was das moralische Gesetz (das nur unter der Bedingung der Freiheit möglich ist) gebietet, zu verknüpfen und so eine Religion zu Stande zu bringen. Man kann aber bald einsehen, daß diese Versuche fehl schlagen mußten. Denn aus bloßen ontologischen Begriffen von Dingen überhaupt, oder der Existenz eines nothwendigen Wesens läßt sich schlechterdings kein durch Prädicate, die sich in der Erfahrung geben lassen und also zum Erkenntnisse dienen könnten, bestimmter Begriff von einem Urwesen machen; der aber, welcher auf Erfahrung von der physischen Zweckmäßigkeit der Natur gegründet wurde, konnte wiederum keinen für die Moral, mithin zur Erkenntniß eines Gottes hinreichenden Beweis abgeben. Eben so wenig konnte auch die Seelenkenntniß durch Erfahrung (die wir nur in diesem Leben anstellen) einen Begriff von der geistigen, unsterblichen Natur derselben, mithin für die Moral zureichend verschaffen. Theologie und Pneumatologie, als Aufgaben zum Behuf der Wissenschaften einer speculativen Vernunft, weil deren Begriff für alle unsere Erkenntnißvermögen überschwenglich ist, können durch keine empirische Data und Prädicate zu Stande kommen. — Die Bestimmung beider Begriffe, Gottes sowohl als der Seele (in Ansehung ihrer Unsterblichkeit), kann nur durch Prädicate geschehen, die, ob sie gleich selbst nur aus einem übersinnlichen Grunde möglich sind, dennoch in der Erfahrung ihre Realität beweisen müssen: denn so allein können sie von ganz übersinnlichen Wesen ein Erkenntniß möglich machen. — Dergleichen ist nun der einzige in der menschlichen Vernunft anzutreffende

Begriff der Freiheit des Menschen unter moralischen Gesetzen zusammt dem Endzwecke, den jene durch diese vorschreibt, wovon die erstern dem Urheber der Natur, der zweite dem Menschen diejenigen Eigenschaften beizulegen tauglich sind, welche zu der Möglichkeit beider die nothwendige Bedingung enthalten: so daß eben aus dieser Idee auf die Existenz und die Beschaffenheit jener sonst gänzlich für uns verborgenen Wesen geschlossen werden kann.

Also liegt der Grund der auf dem bloß theoretischen Wege verfehlten Absicht, Gott und Unsterblichkeit zu beweisen, darin: daß von dem Übersinnlichen auf diesem Wege (der Naturbegriffe) gar kein Erkenntniß möglich ist. Daß es dagegen auf dem moralischen (des Freiheitsbegriffs) gelingt, hat diesen Grund: daß hier das Übersinnliche, welches dabei zum Grunde liegt (die Freiheit), durch ein bestimmtes Gesetz der Causalität, welches aus ihm entspringt, nicht allein Stoff zum Erkenntniß des andern Übersinnlichen (des moralischen Endzwecks und der Bedingungen seiner Ausführbarkeit) verschafft, sondern auch als Thatsache seine Realität in Handlungen darthut, aber eben darum auch keinen andern, als nur in praktischer Absicht (welche auch die einzige ist, deren die Religion bedarf) gültigen Beweisgrund abgeben kann.

Es bleibt hiebei immer sehr merkwürdig: daß unter den drei reinen Vernunftideen, Gott, Freiheit und Unsterblichkeit, die der Freiheit der einzige Begriff des Übersinnlichen ist, welcher seine objective Realität (vermittelst der Causalität, die in ihm gedacht wird) an der Natur durch ihre in derselben mögliche Wirkung beweiset und eben dadurch die Verknüpfung der beiden andern mit der Natur, aller drei aber unter einander zu einer Religion möglich macht; und daß wir also in uns ein Princip haben, welches die Idee des Übersinnlichen in uns, dadurch aber auch die desselben außer uns zu einer, obgleich nur in praktischer Absicht möglichen, Erkenntniß zu bestimmen vermögend ist, woran die bloß speculative Philosophie (die auch von der Freiheit einen bloß negativen Begriff geben konnte) verzweifeln mußte: mithin der Freiheitsbegriff (als Grundbegriff aller unbedingt=praktischen Gesetze) die Vernunft über diejenigen Gränzen erweitern kann, innerhalb deren jeder Naturbegriff (theoretischer) ohne Hoffnung eingeschränkt bleiben müßte.

* * *

Anhang. Methodenlehre der teleologischen Urtheilskraft. 475

Allgemeine Anmerkung zur Teleologie.

Wenn die Frage ist: welchen Rang das moralische Argument, welches das Dasein Gottes nur als Glaubenssache für die praktische reine Vernunft beweiset, unter den übrigen in der Philosophie behaupte: so läßt sich der ganze Besitz dieser letzteren leicht überschlagen, wo es sich dann ausweiset, daß hier nicht zu wählen sei, sondern ihr theoretisches Vermögen vor einer unparteiischen Kritik alle seine Ansprüche von selbst aufgeben müsse.

Auf Thatsache muß sie alles Fürwahrhalten zuvörderst gründen, wenn es nicht völlig grundlos sein soll; und es kann also nur der einzige Unterschied im Beweisen Statt finden, ob auf diese Thatsache ein Fürwahrhalten der daraus gezogenen Folgerung als Wissen für das theoretische, oder bloß als Glauben für das praktische Erkenntniß könne gegründet werden. Alle Thatsachen gehören entweder zum Naturbegriff, der seine Realität an den vor allen Naturbegriffen gegebenen (oder zu geben möglichen) Gegenständen der Sinne beweiset; oder zum Freiheitsbegriffe, der seine Realität durch die Causalität der Vernunft in Ansehung gewisser durch sie möglichen Wirkungen in der Sinnenwelt, die sie im moralischen Gesetze unwiderleglich postulirt, hinreichend darthut. Der Naturbegriff (bloß zur theoretischen Erkenntniß gehörige) ist nun entweder metaphysisch und völlig a priori; oder physisch, d. i. a posteriori und nothwendig nur durch bestimmte Erfahrung denkbar. Der metaphysische Naturbegriff (der keine bestimmte Erfahrung voraussetzt) ist also ontologisch.

Der ontologische Beweis vom Dasein Gottes aus dem Begriffe eines Urwesens ist nun entweder der, welcher aus ontologischen Prädicaten, wodurch es allein durchgängig bestimmt gedacht werden kann, auf das absolut-nothwendige Dasein, oder aus der absoluten Nothwendigkeit des Daseins irgend eines Dinges, welches es auch sei, auf die Prädicate des Urwesens schließt: denn zum Begriffe eines Urwesens gehört, damit es nicht abgeleitet sei, die unbedingte Nothwendigkeit seines Daseins und (um diese sich vorzustellen) die durchgängige Bestimmung durch den Begriff desselben. Beide Erfordernisse glaubte man nun im Begriffe der ontologischen Idee eines allerrealsten Wesens zu finden: und so entsprangen zwei metaphysische Beweise.

Der einen bloß metaphysischen Naturbegriff zum Grunde legende (eigentlich-ontologisch genannte) Beweis schloß aus dem Begriffe des allerrealsten Wesens auf seine schlechthin nothwendige Existenz; denn (heißt es) wenn es nicht existirte, so würde ihm eine Realität, nämlich die Existenz, mangeln. — Der andere (den man auch den metaphysisch-kosmologischen Beweis nennt) schloß aus der Nothwendigkeit der Existenz irgend eines Dinges (dergleichen, da mir im Selbstbewußtsein ein Dasein gegeben ist, durchaus eingeräumt werden muß) auf die durchgängige Bestimmung desselben als allerrealsten Wesens: weil alles Existirende durchgängig bestimmt, das schlechterdings Nothwendige aber (nämlich was wir als ein solches, mithin a priori erkennen sollen) **durch seinen Begriff** durchgängig bestimmt sein müsse; welches sich aber nur im Begriffe eines allerrealsten Dinges antreffen lasse. Es ist hier nicht nöthig, die Sophisterei in beiden Schlüssen aufzudecken, welches schon anderwärts geschehen ist; sondern nur zu bemerken, daß solche Beweise, wenn sie sich auch durch allerlei dialektische Subtilität verfechten ließen, doch niemals über die Schule hinaus in das gemeine Wesen hinüberkommen und auf den bloßen gesunden Verstand den mindesten Einfluß haben könnten.

Der Beweis, welcher einen Naturbegriff, der nur empirisch sein kann, dennoch aber über die Gränzen der Natur als Inbegriffs der Gegenstände der Sinne hinausführen soll, zum Grunde legt, kann kein anderer, als der von den **Zwecken der Natur** sein: deren Begriff sich zwar nicht a priori, sondern nur durch die Erfahrung geben läßt, aber doch einen solchen Begriff von dem Urgrunde der Natur verheißt, welcher unter allen, die wir denken können, allein sich zum Übersinnlichen schickt, nämlich den von einem höchsten Verstande als Welturfache; welches er auch in der That nach Principien der reflectirenden Urtheilskraft, d. i. nach der Beschaffenheit unseres (menschlichen) Erkenntnißvermögens, vollkommen ausrichtet. — Ob er nun aber aus denselben Datis diesen Begriff eines **obersten**, d. i. unabhängigen, verständigen Wesens auch als eines Gottes, d. i. Urhebers einer Welt unter moralischen Gesetzen, mithin hinreichend bestimmt für die Idee von einem Endzwecke des Daseins der Welt zu liefern im Stande sei, das ist eine Frage, worauf alles ankommt; wir mögen nun einen theoretisch hinlänglichen Begriff von dem Urwesen zum Behuf der gesammten Naturkenntniß, oder einen praktischen für die Religion verlangen.

Dieses aus der physischen Teleologie genommene Argument ist verehrungswerth. Es thut gleiche Wirkung zur Überzeugung auf den gemeinen Verstand, als auf den subtilsten Denker; und ein **Reimarus** in seinem noch nicht übertroffenen Werke, worin er diesen Beweisgrund mit der ihm eigenen Gründlichkeit und Klarheit weitläuftig ausführt, hat sich dadurch ein unsterbliches Verdienst erworben. — Allein wodurch gewinnt dieser Beweis so gewaltigen Einfluß auf das Gemüth, vornehmlich in der Beurtheilung durch kalte Vernunft (denn die Rührung und Erhebung desselben durch die Wunder der Natur könnte man zur Überredung rechnen), auf eine ruhige, sich gänzlich dahin gebende Beistimmung? Es sind nicht die physischen Zwecke, die alle auf einen unergründlichen Verstand in der Weltursache hindeuten; denn diese sind dazu unzureichend, weil sie das Bedürfniß der fragenden Vernunft nicht befriedigen. Denn wozu sind (fragt diese) alle jene künstliche Naturdinge; wozu der Mensch selbst, bei dem wir als dem letzten für uns denkbaren Zwecke der Natur stehen bleiben müssen; wozu ist diese gesammte Natur da, und was ist der Endzweck so großer und mannigfaltiger Kunst? Zum Genießen, oder zum Anschauen, Betrachten und Bewundern (welches, wenn es dabei bleibt, auch nichts weiter als Genuß von besonderer Art ist), als dem letzten Endzweck, warum die Welt und der Mensch selbst da ist, geschaffen zu sein, kann die Vernunft nicht befriedigen: denn diese setzt einen persönlichen Werth, den der Mensch sich allein geben kann, als Bedingung, unter welcher allein er und sein Dasein Endzweck sein kann, voraus. In Ermangelung desselben (der allein eines bestimmten Begriffs fähig ist) thun die Zwecke der Natur seiner Nachfrage nicht Genüge, vornehmlich weil sie keinen **bestimmten Begriff** von dem höchsten Wesen als einem allgenugsamen (und eben darum einigen, eigentlich so zu nennenden **höchsten**) Wesen und den Gesetzen, nach denen sein Verstand Ursache der Welt ist, an die Hand geben können.

Daß also der physisch-teleologische Beweis, gleich als ob er zugleich ein theologischer wäre, überzeugt, rührt nicht von der Benützung der Ideen von Zwecken der Natur als so viel empirischen Beweisgründen eines **höchsten** Verstandes her; sondern es mischt sich unvermerkt der jedem Menschen beiwohnende und ihn so innigst bewegende moralische Beweisgrund in den Schluß mit ein, nach welchem man dem Wesen, welches sich so unbegreiflich künstlich in den Zwecken der Natur offenbart, auch einen Endzweck, mithin Weisheit (obzwar ohne dazu durch die Wahrnehmung der ersteren berechtigt zu sein) beilegt und also jenes Argument in Ansehung des Mangelhaften, welches ihm noch anhängt, willkürlich ergänzt. In der That bringt also nur der moralische Beweisgrund die Überzeugung und auch diese nur in moralischer Rücksicht, wozu jedermann seine Beistimmung innigst fühlt, hervor; der physisch-teleologische aber hat nur das Verdienst, das Gemüth in der Weltbetrachtung auf den Weg der Zwecke, dadurch aber auf einen verständigen Welturheber zu leiten: da denn die moralische Beziehung auf Zwecke und die Idee eines eben solchen Gesetzgebers und Welturhebers, als theologischer Begriff, ob er zwar reine Zugabe ist, sich dennoch aus jenem Beweisgrunde von selbst zu entwickeln scheint.

Hiebei kann man es in dem gewöhnlichen Vortrage fernerhin auch bewenden lassen. Denn dem gemeinen und gesunden Verstande wird es gemeiniglich schwer, die verschiedenen Principien, die er vermischt, und aus deren einem er wirklich allein und richtig folgert, wenn die Absonderung viel Nachdenken bedarf, als ungleichartig von einander zu scheiden. Der moralische Beweisgrund vom Dasein Gottes ergänzt aber eigentlich auch nicht etwa bloß den physisch-teleologischen zu einem vollständigen Beweise; sondern er ist ein besonderer Beweis, der den Mangel der Überzeugung aus dem letzteren ersetzt: indem dieser in der That nichts leisten kann, als die Vernunft in der Beurtheilung des Grundes der Natur und der zufälligen, aber bewunderungswürdigen Ordnung derselben, welche uns nur durch Erfahrung bekannt wird, auf die Causalität einer Ursache, die nach Zwecken den Grund derselben enthält, (die wir nach der Beschaffenheit unserer Erkenntnißvermögen als verständige Ursache denken müssen) zu lenken und aufmerksam, so aber des moralischen Beweises empfänglicher zu machen. Denn das, was zu dem letztern Begriffe erforderlich ist, ist von allem, was Naturbegriffe enthalten und lehren können, so wesentlich unterschieden, daß es eines besondern, von den vorigen ganz unabhängigen Beweisgrundes und Beweises bedarf, um den Begriff vom Urwesen für eine Theologie hinreichend anzugeben und auf seine Existenz zu schließen. — Der moralische Beweis (der aber freilich nur das Dasein Gottes in praktischer, doch auch unnachlaßlicher Rücksicht der Vernunft beweiset) würde daher noch immer in seiner Kraft bleiben, wenn wir in der Welt gar keinen, oder nur zweideutigen Stoff zur physischen Teleologie anträfen. Es läßt sich denken, daß sich vernünftige Wesen von einer solchen Natur, welche keine deutliche Spur von Organisation, sondern nur Wirkungen von einem bloßen Mechanism der rohen Materie zeigte, umgeben sähen, um derentwillen und bei der Veränderlichkeit einiger bloß zufällig zweckmäßigen Formen und Verhältnisse kein Grund zu sein schiene, auf einen verständigen Urheber zu schließen; wo alsdann auch zu einer physischen Teleologie keine Veranlassung sein würde: und dennoch würde die Vernunft, die durch Naturbegriffe hier keine Anleitung bekommt, im Freiheitsbegriffe und in den sich darauf gründenden sittlichen Ideen einen praktisch-hinreichenden Grund finden, den Begriff des Urwesens diesen angemessen, d. i. als einer Gottheit, und die Natur (selbst unser eigenes Dasein) als einen jener und ihren Gesetzen gemäßen Endzweck zu postuliren und zwar in Rücksicht auf das unnachlaßliche Gebot der praktischen Vernunft. — Daß nun aber in der wirklichen Welt für die vernünftigen Wesen in ihr reichlicher Stoff zur physischen Teleologie ist (welches eben nicht nothwendig wäre), dient dem moralischen Argument zu erwünschter Bestätigung, soweit Natur etwas den Vernunftideen (den moralischen) Analoges aufzustellen vermag. Denn der Begriff einer obersten Ursache, die Verstand hat (welches aber für eine Theologie lange nicht hinreichend ist), bekommt dadurch die für die reflectirende Urtheilskraft hinreichende Realität; aber er ist nicht erforderlich, um den moralischen Beweis darauf zu gründen: noch dient dieser, um jenen, der für sich allein gar nicht auf Moralität hinweiset, durch fortgesetzten Schluß nach einem einzigen Princip zu einem Beweise zu ergänzen. Zwei so ungleichartige Principien, als Natur und Freiheit können nur zwei verschiedene Beweisarten abgeben, da denn der Versuch, denselben aus der ersteren zu führen, für das, was bewiesen werden soll, unzulänglich befunden wird.

Wenn der physisch-teleologische Beweisgrund zu dem gesuchten Beweise zureichte, so wäre es für die speculative Vernunft sehr befriedigend; denn er würde Hoffnung geben, eine Theosophie hervorzubringen (so würde man nämlich die theoretische Erkenntniß der göttlichen Natur und seiner Existenz, welche zur Erklärung der Weltbeschaffenheit und zugleich der Bestimmung der sittlichen Gesetze zureichte, nennen müssen). Eben so wenn Psychologie zureichte, um dadurch zur Erkenntniß der Unsterblichkeit der Seele zu gelangen, so würde sie eine Pneumatologie, welche der speculativen Vernunft eben so willkommen wäre, möglich machen. Beide aber, so lieb es auch dem Dünkel der Wißbegierde sein mag, erfüllen nicht den Wunsch der Vernunft in Absicht auf die Theorie, die auf Kenntniß der Natur der Dinge gegründet sein müßte. Ob aber nicht die erstere als Theologie, die zweite als Anthropologie, beide auf das sittliche, d. i. das Freiheitsprincip gegründet, mithin dem praktischen Gebrauche der Vernunft angemessen, ihre objective Endabsicht besser erfüllen, ist eine andere Frage, die wir hier nicht nöthig haben weiter zu verfolgen.

Der physisch-teleologische Beweisgrund reicht aber darum nicht zur Theologie zu, weil er keinen für diese Absicht hinreichend bestimmten Begriff von dem Urwesen giebt, noch geben kann, sondern man diesen gänzlich anderwärts hernehmen, oder seinen Mangel dadurch als durch einen willkürlichen Zusatz ersetzen muß. Ihr schließt aus der großen Zweckmäßigkeit der Naturformen und ihrer Verhältnisse auf eine verständige Welturfache; aber auf welchen Grad dieses Verstandes? Ohne Zweifel könnt Ihr Euch nicht anmaßen: auf den höchst-möglichen Verstand; denn dazu würde erfordert werden, daß Ihr einsähet, ein größerer Verstand, als wovon Ihr Beweisthümer in der Welt wahrnehmet, sei nicht denkbar: welches Euch selber Allwissenheit beilegen hieße. Eben so schließt Ihr aus der Größe der Welt auf eine sehr große Macht des Urhebers; aber Ihr werdet Euch bescheiden, daß dieses nur comparativ für Eure Fassungskraft Bedeutung hat, und, da Ihr nicht alles Mögliche erkennt, um es mit der Weltgröße, so weit Ihr sie kennt, zu vergleichen, Ihr nach einem so kleinen Maßstabe keine Allmacht des Urhebers folgern könnet, u. s. w. Nun gelangt Ihr dadurch zu keinem bestimmten, für eine Theologie tauglichen Begriffe eines Urwesens; denn dieser kann nur in dem der Allheit der mit einem Verstande vereinbarten Vollkommenheiten gefunden werden, wozu Euch bloß empirische Data gar nicht verhelfen können: ohne einen solchen bestimmten Begriff aber könnt Ihr auch nicht auf ein einiges verständiges Urwesen schließen, sondern (es sei zu welchem Behuf) ein solches nur annehmen. — Nun kann man es zwar ganz wohl einräumen, daß Ihr (da die Vernunft nichts Gegründetes dawider zu sagen hat) willkürlich hinzusetzt: wo so viel Vollkommenheit angetroffen wird, möge man wohl alle Vollkommenheit in einer einzigen Welturfache vereinigt annehmen; weil die Vernunft mit einem so bestimmten Princip theoretisch und praktisch besser zurecht kommt. Aber Ihr könnt denn doch diesen Begriff des Urwesens nicht als von Euch bewiesen anpreisen, da Ihr ihn nur zum Behuf eines bessern Vernunftgebrauchs angenommen habt. Alles Jammern also oder ohnmächtiges Zürnen über den vorgeblichen Frevel, die Bündigkeit Eurer Schlußkette in Zweifel zu ziehen, ist eitle Großthuerei, die gern haben möchte, daß man den Zweifel, welchen man gegen Euer Argument frei herausfagt, für Bezweifelung heiliger Wahrheit halten möchte, um nur hinter dieser Decke die Seichtigkeit desselben durchschlüpfen zu lassen.

Die moralische Teleologie hingegen, welche nicht minder fest gegründet ist wie die physische, vielmehr dadurch, daß sie a priori auf von unserer Vernunft untrennbaren Principien beruht, Vorzug verdient, führt auf das, was zur Möglichkeit einer Theologie erfordert wird, nämlich auf einen bestimmten Begriff der obersten Ursache als Welturfache nach moralischen Gesetzen, mithin einer solchen, die unserm moralischen Endzwecke Genüge thut: wozu nichts weniger als Allwissenheit, Allmacht, Allgegenwart u. s. w. als dazu gehörige Natureigenschaften erforderlich sind, die mit dem moralischen Endzwecke, der unendlich ist, als verbunden, mithin ihm adäquat gedacht werden müssen, und kann so den Begriff eines einzigen Welturhebers, der zu einer Theologie tauglich ist, ganz allein verschaffen.

Auf solche Weise führt eine Theologie auch unmittelbar zur Religion, d. i. der Erkenntniß unserer Pflichten als göttlicher Gebote: weil die Erkenntniß unserer Pflicht und des darin uns durch Vernunft auferlegten Endzwecks den Begriff von Gott zuerst bestimmt hervorbringen konnte, der also schon in seinem Ursprunge von der Verbindlichkeit gegen dieses Wesen unzertrennlich ist; anstatt daß, wenn der Begriff vom Urwesen auf dem bloß theoretischen Wege (nämlich desselben als bloßer Ursache der Natur) auch bestimmt gefunden werden könnte, es nachher noch mit großer Schwierigkeit, vielleicht gar Unmöglichkeit es ohne willkürliche Einschiebung zu leisten verbunden sein würde, diesem Wesen eine Causalität nach moralischen Gesetzen durch gründliche Beweise beizulegen, ohne die doch jener angeblich theologische Begriff keine Grundlage zur Religion ausmachen kann. Selbst wenn eine Religion auf diesem theoretischen Wege gegründet werden könnte, würde sie in Ansehung der Gesinnung (worin doch ihr Wesentliches besteht) wirklich von derjenigen unterschieden sein, in welcher der Begriff von Gott und die (praktische) Überzeugung von seinem Dasein aus Grundideen der Sittlichkeit entspringt. Denn wenn wir Allgewalt, Allwissenheit u. s. w. eines Welturhebers als anderwärts her uns gegebene Begriffe voraussetzen müßten, um nachher unsere Begriffe von Pflichten auf unser Verhältniß zu ihm nur anzuwenden, so müßten diese sehr stark den Anstrich von Zwang und abgenöthigter Unterwerfung bei sich führen; statt dessen, wenn die Hochachtung für das sittliche Gesetz uns ganz frei laut Vorschrift unserer eigenen Vernunft den Endzweck unserer Bestimmung vorstellt, wir eine damit und zu dessen Ausführung zusammenstimmende Ursache mit der wahrhaftesten Ehrfurcht, die gänzlich von pathologischer Furcht unterschieden ist, in unsere moralischen Aussichten mit aufnehmen und uns derselben willig unterwerfen*).

Wenn man fragt, warum uns denn etwas daran gelegen sei, überhaupt eine Theologie zu haben: so leuchtet klar ein, daß sie nicht zur Erweiterung oder Berichtigung unserer Naturkenntniß und überhaupt irgend einer Theorie, sondern lediglich zur Religion, d. i. dem praktischen, namentlich dem moralischen Gebrauche der Vernunft, in subjectiver Absicht nöthig sei. Findet sich nun, daß das einzige Argument, welches zu einem bestimmten Begriffe des Gegenstandes der Theologie führt, selbst moralisch ist: so wird es nicht allein nicht befremden, sondern man wird auch in Ansehung der Zugänglichkeit des Fürwahrhaltens aus diesem Beweisgrunde zur Endabsicht desselben nichts vermissen, wenn gestanden wird, daß ein solches Argument das Dasein Gottes nur für unsere moralische Bestimmung, d. i. in praktischer Absicht, hinreichend darthue, und die Speculation in demselben ihre Stärke keinesweges beweise, oder den Umfang ihres Gebiets dadurch erweitere. Auch wird die Befremdung, oder der vorgebliche Widerspruch einer hier behaupteten Möglichkeit einer Theologie mit dem, was die Kritik der speculativen Vernunft von den Kategorieen sagte: daß diese nämlich nur in Anwendung auf Gegenstände der Sinne, keinesweges aber auf das Übersinnliche angewandt, Erkenntniß hervorbringen können, verschwinden, wenn man sie hier zu einem Erkenntniß Gottes, aber nicht in theoretischer (nach dem, was seine uns unerforschliche Natur an sich sei), sondern lediglich in praktischer Absicht gebraucht sieht. — Um bei dieser Gelegenheit der Mißdeutung jener sehr nothwendigen, aber auch zum Verdruß des blinden Dogmatikers die Vernunft in ihre Gränzen zurückweisenden Lehre der Kritik ein Ende zu machen, füge ich hier nachstehende Erläuterung derselben bei.

Wenn ich einem Körper bewegende Kraft beilege, mithin ihn

---

*) Die Bewunderung der Schönheit sowohl, als die Rührung durch die so mannigfaltigen Zwecke der Natur, welche ein nachdenkendes Gemüth noch vor einer klaren Vorstellung eines vernünftigen Urhebers der Welt zu fühlen im Stande ist, haben etwas einem religiösen Gefühl Ähnliches an sich. Sie scheinen daher zuerst durch eine der moralischen analoge Beurtheilungsart derselben auf das moralische Gefühl (der Dankbarkeit und der Verehrung gegen die uns unbekannte Ursache) und also durch Erregung moralischer Ideen auf das Gemüth zu wirken, wenn sie diejenige Bewunderung einflößen, die mit weit mehrerem Interesse verbunden ist, als bloße theoretische Betrachtung wirken kann.

Anhang. Methodenlehre der teleologischen Urtheilskraft. 483

durch die Kategorie der Causalität denke: so erkenne ich ihn dadurch zugleich, d. i. ich bestimme den Begriff desselben als Objects überhaupt durch das, was ihm als Gegenstande der Sinne für sich (als Bedingung der Möglichkeit jener Relation) zukommt. Denn ist die bewegende Kraft, die ich ihm beilege, eine abstoßende: so kommt ihm (wenn ich gleich noch nicht einen andern, gegen den er sie ausübt, neben ihm setze) ein Ort im Raume, ferner eine Ausdehnung, d. i. Raum in ihm selbst, überdem Erfüllung desselben durch die abstoßenden Kräfte seiner Theile zu, endlich auch das Gesetz dieser Erfüllung (daß der Grund der Abstoßung der letzteren in derselben Proportion abnehmen müsse, als die Ausdehnung des Körpers wächst, und der Raum, den er mit denselben Theilen durch diese Kraft erfüllt, zunimmt). — Dagegen wenn ich mir ein übersinnliches Wesen als den ersten Beweger, mithin durch die Kategorie der Causalität in Ansehung derselben Weltbestimmung (der Bewegung der Materie) denke: so muß ich es nicht in irgend einem Orte im Raume, eben so wenig als ausgedehnt, ja ich darf es nicht einmal als in der Zeit und mit andern zugleich existirend denken. Also habe ich gar keine Bestimmungen, welche mir die Bedingung der Möglichkeit der Bewegung durch dieses Wesen als Grund verständlich machen könnten. Folglich erkenne ich dasselbe durch das Prädicat der Ursache (als ersten Beweger) für sich nicht im mindesten: sondern ich habe nur die Vorstellung von einem Etwas, welches den Grund der Bewegungen in der Welt enthält; und die Relation desselben zu diesen, als deren Ursache, da sie mir sonst nichts zur Beschaffenheit des Dinges, welches Ursache ist, Gehöriges an die Hand giebt, läßt den Begriff von dieser ganz leer. Der Grund davon ist: weil ich mit Prädicaten, die nur in der Sinnenwelt ihr Object finden, zwar zu dem Dasein von Etwas, was den Grund der letzteren enthalten muß, aber nicht zu der Bestimmung seines Begriffs als übersinnlichen Wesens, welcher alle jene Prädicate ausstößt, fortschreiten kann. Durch die Kategorie der Causalität also, wenn ich sie durch den Begriff eines ersten Bewegers bestimme, erkenne ich, was Gott sei, nicht im mindesten; vielleicht aber wird es besser gelingen, wenn ich aus der Weltordnung Anlaß nehme, seine Causalität, als die eines obersten Verstandes nicht bloß zu denken, sondern ihn auch durch diese Bestimmung des genannten Begriffs zu erkennen: weil da die lästige Bedingung des Raumes und der Ausdehnung wegfällt. — Allerdings nöthigt uns die große Zweckmäßigkeit in der Welt, eine oberste Ursache zu derselben und deren Causalität als durch einen Verstand zu

31*

denken; aber dadurch sind wir gar nicht befugt, ihr diesen beizulegen (wie z. B. die Ewigkeit Gottes als Dasein zu aller Zeit zu denken, weil wir uns sonst gar keinen Begriff vom bloßen Dasein als einer Größe, d. i. als Dauer, machen können; oder die göttliche Allgegenwart als Dasein in allen Orten zu denken, um die unmittelbare Gegenwart für Dinge außer einander uns faßlich zu machen, ohne gleichwohl eine dieser Bestimmungen Gott als etwas an ihm Erkanntes beilegen zu dürfen). Wenn ich die Causalität des Menschen in Ansehung gewisser Producte, welche nur durch absichtliche Zweckmäßigkeit erklärlich sind, dadurch bestimme, daß ich sie als einen Verstand desselben denke: so brauche ich nicht dabei stehen zu bleiben, sondern kann ihm dieses Prädicat als wohlbekannte Eigenschaft desselben beilegen und ihn dadurch erkennen. Denn ich weiß, daß Anschauungen den Sinnen des Menschen gegeben und durch den Verstand unter einen Begriff, und hiemit unter eine Regel gebracht werden; daß dieser Begriff nur das gemeinsame Merkmal (mit Weglassung des Besondern) enthalte und also discursiv sei; daß die Regeln, um gegebene Vorstellungen unter ein Bewußtsein überhaupt zu bringen, von ihm noch vor jenen Anschauungen gegeben werden, u.s.w.: ich lege also diese Eigenschaft dem Menschen bei als eine solche, wodurch ich ihn erkenne. Will ich nun aber ein übersinnliches Wesen (Gott) als Intelligenz denken, so ist dieses in gewisser Rücksicht meines Vernunftgebrauchs nicht allein erlaubt, sondern auch unvermeidlich; aber ihm Verstand beizulegen und es dadurch als durch eine Eigenschaft desselben erkennen zu können, sich schmeicheln, ist keineswegs erlaubt: weil ich alsdann alle jene Bedingungen, unter denen ich allein einen Verstand kenne, weglassen muß, mithin das Prädicat, das nur zur Bestimmung des Menschen dient, auf ein übersinnliches Object gar nicht bezogen werden kann, und also durch eine so bestimmte Causalität, was Gott sei, gar nicht erkannt werden kann. Und so geht es mit allen Kategorien, die gar keine Bedeutung zum Erkenntniß in theoretischer Rücksicht haben können, wenn sie nicht auf Gegenstände möglicher Erfahrung angewandt werden. — Aber nach der Analogie mit einem Verstande kann ich, ja muß ich mir wohl in gewisser anderer Rücksicht selbst ein übersinnliches Wesen denken, ohne es gleichwohl dadurch theoretisch erkennen zu wollen; wenn nämlich diese Bestimmung seiner Causalität eine Wirkung in der Welt betrifft, die eine moralisch-nothwendige, aber für Sinnenwesen unausführbare Absicht enthält: da alsdann ein Erkenntniß Gottes und seines Daseins (Theologie) durch bloß nach der Analogie an ihm gedachte Eigenschaften und Bestimmungen seiner Causalität möglich ist, welches in praktischer Beziehung, aber auch nur in Rücksicht auf diese (als moralische) alle erforderliche Realität hat. — Es ist also wohl eine Ethikotheologie möglich; denn die Moral kann zwar mit ihrer Regel, aber nicht mit der Endabsicht, welche eben dieselbe auferlegt, ohne Theologie bestehen, ohne die Vernunft in Ansehung der letzteren im bloßen zu lassen. Aber eine theologische Ethik (der reinen Vernunft) ist unmöglich: weil Gesetze, die nicht die Vernunft ursprünglich selbst giebt, und deren Befolgung sie als reines praktisches Vermögen auch bewirkt, nicht moralisch sein können. Eben so würde eine theologische Physik ein Unding sein, weil sie keine Naturgesetze, sondern Anordnungen eines höchsten Willens vortragen würde; wogegen eine physische (eigentlich physisch-teleologische) Theologie doch wenigstens als Propädeutik zur eigentlichen Theologie dienen kann: indem sie durch die Betrachtung der Naturzwecke, von denen sie reichen Stoff darbietet, zur Idee eines Endzweckes, den die Natur nicht aufstellen kann, Anlaß giebt; mithin das Bedürfniß einer Theologie, die den Begriff von Gott für den höchsten praktischen Gebrauch der Vernunft zureichend bestimmte, zwar fühlbar machen, aber sie nicht hervorbringen und auf ihre Beweisthümer zulänglich gründen kann.

Anmerkungen.

Die Zahlen an den Seiten geben die Originalpaginirung der dem Text zu Grunde gelegten Ausgaben (1788 und 1793) wieder.

Kritik der praktischen Vernunft.

Herausgeber: Paul Natorp.

Einleitung.

B. Erdmann (in der Einleitung zur Kr. d. r. V., Bd. IV S. 573 ff.) hat bereits darauf aufmerksam gemacht, daß die Kritik der reinen Vernunft nach der ursprünglichen Absicht Kants die kritische Grundlegung zur reinen praktischen Weltweisheit oder Metaphysik der Sitten mitenthalten sollte. Der Plan einer besonderen Kritik der praktischen Vernunft taucht erst spät auf; und es verlohnt wohl der Mühe, seinem Ursprung nachzuforschen.

Schon die früheste deutliche Ankündigung des kritischen Unternehmens die Nachricht von der Einrichtung seiner Vorlesungen in dem Winterhalbenjahre von 1765—1766, spricht von einer Kritik und Vorschrift der gesammten Weltweisheit als eines Ganzen, welche Betrachtungen über den Ursprung ihrer Einsichten sowohl, als ihrer Irrthümer anstellen und den genauen Grundriß entwerfen soll, nach welchem ein solches Gebäude der Vernunft dauerhaft und regelmäßig soll aufgeführt werden (II 310). Und wenig später (an Lambert, 31. Dec. 1765, X 53) verheisst Kant eine Untersuchung über die eigenthümliche Methode der Metaphysik und vermittelst derselben auch der gesammten Philosophie. Er will aber dieses Werk, als das Hauptziel aller dieser Aussichten, noch ein wenig aussetzen, weil es ihm noch an Beyspielen mangle, an denen er *in concreto* das eigenthümliche Verfahren zeigen könnte. Aus diesem Grunde will er einige kleinere Ausarbeitungen voranschicken, deren Stoff vor mir fertig liegt, worunter die metaphysische Anfangsgründe der natürlichen Weltweisheit und die metaph: Anfangsgr: der praktischen Weltweisheit die ersten seyn werden, damit die Hauptschrift nicht durch gar zu weitläuftige und doch unzulängliche Beyspiele allzu sehr gedehnet werde.

Zu diesen Ausarbeitungen kam es damals nicht. Der Brief an Mendelssohn vom 8. April 1766 (X 66 ff.) über die inzwischen erschienenen Träume eines Geistersehers zeigt Kant gewillt und gerüstet, direct auf sein Hauptziel loszugehen. Der Eifer, mit dem ein Lambert auf den entscheidenden Gedanken einging, die Metaphysik von der Seite der Methode in sicheren Gang zu bringen, hat dazu jedenfalls kräftig mitgewirkt. Kant konnte sich, wie er am 2. Sept. 1770 (mit Übersendung der Dissertation) an Lambert schreibt (X 92f.), nicht entschließen etwas minderes, als einen deutlichen Abriß von der Gestalt, darinn ich diese Wissenschaft erblicke, und eine bestimte Idee der eigenthümlichen Methode in derselben dem redlich um Verständigung bemühten Manne vorzulegen. Die Dissertation selbst aber genügt ihm nicht einmal als Unterlage der brieflichen Verhandlung mit Lambert, sondern er stellt diesem einen neuen Abriß dieser ganzen Wissenschaft ... in einigen wenigen Briefen in Aussicht; will sich aber dazu noch etwas Zeit nehmen und inzwischen — zur Erholung! — diesen Winter seine Untersuchungen über die reine *moralische* Weltweisheit, in der keine *empirische principien* anzutreffen sind und gleichsam die *metaphysic* der Sitten, in Ordnung bringen und ausfertigen, um dadurch zugleich den wichtigsten Absichten bey der veränderten Form der Metaphysick den Weg zu bähnen; dies offenbar in der früher bekundeten Meinung: um bei der neuen methodologischen Grundlegung der Philosophie auf die concreten Beispiele schon hinweisen zu können.

Wir wundern uns nicht, dass die Ausführung dieser Absicht auch diesmal unterblieb. Die noch ungelöste Hauptaufgabe musste wohl auf Kant eine stärkere Anziehungskraft ausüben, seitdem er eingesehen, dass (nach dem kräftig aufklärenden Worte der Diss. § 23) *in philosophia pura ... Methodus antevertit omnem scientiam, et quidquid tentatur ante huius praecepta probe excussa et firmiter stabilita, temere conceptum et inter vana mentis ludibria reiiciendum videtur.*

So finden wir ihn im Briefe an Herz, 7. Juni 1771 (X 117) wieder ganz dabei, ein Werk, welches unter dem Titel: Die Grenzen der Sinnlichkeit und der Vernunft das Verhältnis der vor die Sinnenwelt bestimten Grundbegriffe und Gesetze zusammt dem Entwurfe dessen, was die Natur der Geschmackslehre, Metaphysick u. Moral ausmacht, enthalten soll, etwas ausführlich auszuarbeiten. Den Winter hindurch — denselben Winter, in dem er die Metaphysik der Sitten hatte ausfertigen wollen — ist er alle *materiali*en dazu durchgegangen, hat alles gesichtet, gewogen, an einander gepaßt; ist aber mit dem Plane nur erst kürzlich fertig geworden; welcher Plan aus der obigen losen Aneinanderreihung: Grundbegriffe und Gesetze der Sinnenwelt zusammt Geschmackslehre, Metaphysik und Moral, freilich nicht deutlich wird.

Genauere Auskunft giebt der Brief an Herz vom 21. Februar 1772 (X 123 ff.). Wir vernehmen hier von zwei verschiedenen Plänen. Nach dem ersten sollte das Werk von den Grenzen der Sinnlichkeit und der Vernunft zwei Theile erhalten, einen theoretischen und einen praktischen; deren Inhalt und weitere Gliederung angegeben werden. Als er dann zwar daran ging, den theoretischen Theil vollständig zu durchdenken, thaten sich neue Schwierigkeiten auf. Er glaubt dieser aber in der Hauptsache Herr geworden und nunmehr im Stande zu sein, eine Critick der reinen Vernunft, welche die Natur der theoretischen so wohl als *practischen* Erkentnis, so fern sie bloß *intellectual* ist, enthält vorzulegen, und zwar will er den ersten Theil, der die Quellen der *Metaphysic*, ihre *Méthode* u. Grenzen enthält, zuerst und darauf die reinen *principi*en der Sittlichkeit ausarbeiten.

Die Gliederung der Kritik der reinen Vernunft in einen theoretischen und einen praktischen Theil scheint aber wieder aufgegeben in dem nächsten Zeugniss, dem Brief von (Oct.?) 1773 an Herz (X 138), wo wieder ganz deutlich, wie früher, der einzigen Transscendentalphilosophie oder Critik der reinen Vernunft die zwei Theile der Metaphysik: Metaphysik der Natur und der Sitten, gegenüberstehen; von diesen beabsichtigt er noch immer die letztere zuerst herauszugeben. Sie war ja seit langem vorbereitet: bereits 1765 lag der Stoff vor ihm fertig; am 9. Mai 1767 (X 71) schreibt er an Herder, dass er daran arbeitet; im Winter 1770/71 hatte er sie, bloss zur Erholung von der schwereren Arbeit an dem Methodenwerk, fertig zu machen gedacht; auch nach dem Briefe von 1772 (X 124) hatte er es in diesem Felde schon vorher ziemlich weit gebracht, hatte er die Principien dafür schon vorlängst zu seiner ziemlichen Befriedigung entworfen. Aber auch jetzt kam es zur Ausführung nicht; alle andern Ausarbeitungen wurden durch seine Hauptarbeit an der Kr. d. r. V. wie durch einen Damm zurückgehalten (X 185).

Jene Grunddisposition aber, wonach der einen ungetheilten Kritik die zweitheilige Metaphysik, der Natur und der Sitten, gegenübersteht, scheint auch in den weiteren Documenten, die sich leider nicht ganz direct hierüber aussprechen, festgehalten zu werden. Der Brief vom 24. Nov. 1776 an Herz (X 185, worüber Erdmann a. a. O. 576) widerspricht dieser Annahme keineswegs, wie wir hernach sehen werden; der andre vom 28. Aug. 1778 (Erdm. 582) bestätigt sie eher. Völlig klar aber lässt der Brief an Mendelssohn, 16. Aug. 1783 (X 325) erkennen, dass in der inzwischen erschienenen Kritik der reinen Vernunft die Vorarbeitung und sichere Bestimmung der Grenze und des gesammten Inhalts der ganzen menschlichen Vernunft seiner Meinung nach gegeben war und nur die Ausarbeitung der Metaphysik selbst nach obigen (d. h. den in der Kr. d. r. V. dargelegten) critischen Grundsätzen noch fehlte. Diese gedachte er in Lehrbuchform (vgl. auch den Brief von 1778, X 224) und in mehrer Popularität als sein Hauptwerk nach und nach auszuarbeiten; und zwar hoffte er im nächsten Winter bereits den ersten Theil seiner Moral wo nicht völlig, doch meist zu Stande zu bringen.

Es ist demnächst die Kritik der reinen Vernunft selbst ins Auge zu fassen: aus ihr muss doch eine klare Antwort auf die Frage zu gewinnen sein, ob die kritische Bodenbereitung zur Metaphysik nach des Verfassers Meinung mit diesem Werk abgeschlossen, oder erst zur Hälfte geleistet war. Ein Hinweis auf die fehlende andre Hälfte konnte, da doch reine Vernunft nach Kants Begriffen eine vollkommene Einheit, ein nicht in sich, sondern nur in der Betrachtung theilbares Ganzes darstellt, unmöglich unterbleiben.

Ein solcher Hinweis aber findet sich an keiner einzigen Stelle der Kritik der reinen Vernunft von 1781; sondern durchweg wird, wie es ja auch diesem Titel entspricht, das ganze Geschäft der Kritik als in diesem Werke beendet angesehen; es wird daher keine fernere Kritik, sondern nur, wie immer bisher, die Metaphysik der Natur und der Sitten in Aussicht gestellt.

1. Nach der **Vorrede** (IV 9 dieser Ausgabe) bedeutet die Kritik der reinen Vernunft: die des **Vernunftvermögens überhaupt in Ansehung aller Erkenntnisse, zu denen sie unabhängig von aller Erfahrung streben mag** u. s. f. Die einzige übrigbleibende philosophische Aufgabe ist die Metaphysik selbst, oder das **System**. Ein solches System der reinen (speculativen) Vernunft hoffe ich unter dem Titel **Metaphysik der Natur** selbst zu liefern (13). Hier deutet der Zusatz in Klammern ohne Zweifel auf den ebenso wesentlichen andern Theil des Systems, die Metaphysik der Sitten; aber nichts deutet darauf, dass die Kritik selbst noch einer Ergänzung in Hinsicht des praktischen Gebrauchs der Vernunft bedürfte. Der Verleger Hartknoch (19. Nov. 1781, X 261) rechnet auf eben diese beiden Werke, „da dies zur **Vollendung Ihres Plans** gehört u. ein Ganzes ausmacht." Keiner denkt, und Kant selbst denkt in dieser Zeit nicht an eine zweite Kritik. Daher „brennt" z. B. Schütz (10. Juli 1784, X 371) „vor Begierde und Sehnsucht" nach seiner **Metaphysik der Natur**, der er „doch auch gewiss eine **Metaph. der Sitten** folgen lassen" werde.

2. Der Schlussabschnitt der Einleitung, der von der Eintheilung der Transscendentalphilosophie handelt, schränkt zwar den Begriff der letzteren und damit den der Kritik der reinen Vernunft ein auf das Gebiet der reinen, blos speculativen Vernunft (25). Aber diese Einschränkung wird nur dadurch begründet, dass bei den obersten Grundsätzen und Grundbegriffen der Moralität, obgleich sie Erkenntnisse *a priori* sind, doch Begriffe empirischen Ursprungs (der Lust und Unlust, der Begierden und Neigungen, der Willkür etc.) vorausgesetzt werden müssten. Dies bedarf der Erklärung, da Kant mindestens seit 1770 (Diss. § 9) annimmt und unerschütterlich daran festhält, dass die Principien der Moral der reinen Vernunft entstammen und also zur reinen Philosophie gehören. (S. bes. an Lambert, 1770, X 93: reine *moralische Weltweisheit*, in der keine *empirischen principien* anzutreffen sind, und an Herz, 1772, X 126: die Natur der theoretischen sowohl als *practischen* Erkenntnis, so fern sie blos *intellectual* ist). Aber die Erklärung liegt nicht fern: auch bei den obersten, völlig reinen Grundsätzen und Grundbegriffen der Moral müssen dennoch die empirischen Begriffe der Lust, Unlust etc. insofern vorausgesetzt werden, als ein menschlicher Wille niemals ohne Materie ist. Aber diese Materie geht nicht als Princip oder Bedingung in die reinen sittlichen Grundsätze oder Grundbegriffe mit ein. So Kr. d. r. V., III 384: Moralische Begriffe sind nicht gänzlich reine Vernunftbegriffe, weil ihnen etwas Empirisches (Lust oder Unlust) zum Grunde liegt. Gleichwohl können sie in Ansehung des Princips ... (also wenn man bloß auf ihre Form Acht hat) gar wohl zum Beispiele reiner Vernunftbegriffe dienen. Durch diese wohlbekannte Distinction erklären sich scheinbar empiristische Äusserungen wie im Brief an Herz 1773 (X 138) oder Kr. III 520 Anm.

Aber kann denn eine Metaphysik der Sitten, kann die Aufstellung reiner Principien der Moral einer voraufgehenden Kritik entrathen? Gilt hier etwa nicht, dass *Methodus antevertit omnem scientiam?*

Gewiss bedarf sie der kritischen Bodenbereitung: aber diese ist in der Kritik der reinen (speculativen) Vernunft zugleich gegeben. Eben sie hat (III 249) den Boden zu jenen majestätischen sittlichen Gebäuden eben und baufest zu machen. Sie thut es durch Sicherung der Idee, besonders der Idee der Freiheit, welche, obwohl selbst eine rein speculative, doch schon von der Dissertation (1770) an (§ 9. Anm.) die Grundidee der praktischen Erkenntnis ist, ja überhaupt den Begriff des Praktischen erst giebt: Kr. III 246 f. Plato fand seine Ideen vorzüglich in allem, was praktisch ist, d. i. auf Freiheit beruht, welche ihrerseits unter Erkenntnissen steht, die ein eigenthümliches Product der Vernunft sind; III 384 Ideen, . . . die praktische Kraft . . . haben und der Möglichkeit der Vollkommenheit gewisser Handlungen zum Grunde liegen. Die „transscendentalen" Ideen aber, insbesondere die der Freiheit, erhalten ihre Sicherung durch die Kritik der reinen Vernunft und erwarten sie nicht erst von einer zweiten, noch ausstehenden Kritik der praktischen Vernunft. Name und Begriff einer solchen ist in der 1. Aufl. der Kr. d. r. V. ganz unbekannt. Was noch aussteht, ist nicht eine zweite Kritik, sondern nur die Ausführung der Moral selbst, welche empirischer Begriffe (der Lust, Unlust etc., kurz der Materie des Willens) nicht entrathen kann und deshalb nicht zur Aufgabe der Kritik, der einzigen, nämlich der der in sich einigen reinen Vernunft, gehört.

3. Dies ist durchweg die Auffassung der Kr. d. r. V. von 1781. Allerdings steht (nach III 332) die reine Moral — gleich der reinen Mathematik, auch diese Vergleichung ist zu beachten — ausser der Transscendentalphilosophie; doch werden die transscendentalen Vernunftbegriffe oder Ideen . . . vielleicht von den Naturbegriffen zu den praktischen einen Übergang möglich machen . . . (255); sie machen die theoretische Stütze der moralischen Ideen und Grundsätze aus, mit der diese (stehen und) fallen (325). Denn auf die transscendentale Idee der Freiheit gründet sich der praktische Begriff derselben; die Aufhebung der ersteren würde zugleich die letztere vertilgen (363 f.). Es wird dann die Deduction der Möglichkeit der Freiheit auf Grund der Unterscheidung von Erscheinung und Ding an sich, mitsammt der allgemeinen Erklärung des Sollens (371), das eine ganz andere Regel und Ordnung, als die Naturordnung ist, einführt (373), wenn auch kurz, gegeben, also der Kerngedanke der Grundlegung wie der Kritik der praktischen Vernunft vorweggenommen, ohne dass doch der Boden der rein speculativen Untersuchung damit verlassen würde, denn überall handelt es sich hier um die theoretische Stütze der Moral, noch nicht um diese selbst.

Es werden auch die praktischen Postulate bereits angedeutet (421 ff., 518); es wird endlich im Kanon der reinen Vernunft, der als wesentlicher Bestandtheil der Transscendentalphilosophie schon im Briefe an Herz 1776, X 186, bezeichnet worden war,[1] der Übergang ins praktische Gebiet ganz offen vollzogen; denn

---

[1] Also widerspricht dieser Brief nicht der Voraussetzung, dass es nur eine Kritik der Vernunft giebt.

der Kanon betrifft ausdrücklich den praktischen und nicht den speculativen Vernunftgebrauch (III 518). Man versteht, dass es hier Kant selbst um die **Einheit des Systems** fast bange wird (520); es kommt die Gefahr hinzu, von dem neuen **Stoffe** oder dem **Gegenstand, der der transcendentalen Philosophie fremd ist**, zu wenig zu sagen und es so an Deutlichkeit oder Überzeugung fehlen zu lassen (ebenda). In der That aber ist die Grenze der bloss speculativen Untersuchung auch hier in aller Strenge eingehalten. Gehören einerseits — wie hier wiederum betont wird — die praktischen Begriffe, eben als praktische, d. h. auf Lust und Unlust (der Materie nach) bezogen, **nicht in den Inbegriff der Transscendentalphilosophie** (520 Anm.), so gehört umgekehrt das Problem der transscendentalen Freiheit nicht für die Vernunft im praktischen Gebrauch, sondern betrifft bloss das speculative Wissen; es kann, sofern es ums Praktische zu thun ist, sogar als ganz gleichgültig bei Seite gesetzt werden (522); Moral braucht (unmittelbar) nur die Freiheit **im praktischen Verstande, die sogar durch Erfahrung bewiesen werden kann** (521). So auch (523): Die Frage **Was soll ich thun? ist bloß praktisch. Sie kann als eine solche zwar der reinen Vernunft angehören, ist aber alsdann doch nicht transscendental, sondern moralisch, mithin kann sie unsere Kritik an sich selbst nicht beschäftigen.** Nur bei oberflächlichem Lesen könnte man hier in **unsere Kritik** die Hindeutung auf eine andere Kritik, nämlich die der praktischen Vernunft, finden. Die schroffe Entgegensetzung **nicht transscendental, sondern moralisch** kann aber nach allem Frühern (bes. nach IV 24) nur so verstanden werden, dass im Begriff des Moralischen die Hinzunahme empirischer Begriffe mitgedacht ist. Also nicht im Gegensatz zu einer andern Kritik, sondern nur im Gegensatz zur Moral selbst als einem Theil des Systems der Philosophie ist der Ausdruck **unsere Kritik** zu verstehen.

4. Noch bleibt übrig die **Architektonik der reinen Vernunft**, in der doch am ehesten eine endgültige Entscheidung unserer Frage zu finden sein sollte. Was ergiebt sie? III 543 f.: **Die Gesetzgebung der menschlichen Vernunft (Philosophie) hat zwei Gegenstände, Natur und Freiheit, und enthält also sowohl das Naturgesetz, als auch das Sittengesetz, anfangs in zwei besonderen, zuletzt aber in einem einzigen philosophischen System. . . . Die Philosophie der reinen Vernunft ist nun entweder Propädeutik . . . und heißt Kritik, oder zweitens das System der reinen Vernunft (Wissenschaft) . . . und heißt Metaphysik . . . Die Metaphysik theilt sich in die des speculativen und praktischen Gebrauchs der reinen Vernunft und ist also entweder Metaphysik der Natur, oder Metaphysik der Sitten.** Auch hier kein Wort von einer entsprechenden Eintheilung der Kritik; vielmehr muss man sagen, eine solche wird durch diese Erklärung geradezu ausgeschlossen, da zum wenigsten hier, fast am Ende des Werks, von dem noch fehlenden andern Theil der Kritik, wenn ein solcher vorausgesetzt wäre, nicht hätte geschwiegen werden können. Aber es heisst nochmals am Schluss desselben Hauptstücks (549): **Metaphysik also sowohl der Natur, als der Sitten, vornehmlich die Kritik der sich auf eigenen Flügeln**

wagenben Vernunft, welche vorübend (propäbeutiſch) vorhergeht, machen eigentlich allein basjenige aus, was wir im ächten Verſtande Philoſophie nennen können. Auch hier nicht die entfernteste Andeutung eines noch fehlenden praktischen Theils der „Propädeutik".

Nach diesem allen ist es ganz, was man erwartet, dass Kant nach dem Erscheinen der Kritik der reinen Vernunft alsbald die Abfassung der Metaphysik und zwar des Theils, dessen Fertigstellung er sich so oft schon vorgenommen und immer wieder zurückgestellt hatte, der Metaphysik der Sitten ins Auge fasst (s. Hamann an Hartknoch 7. Mai und 23. Okt. 1781, 11. Jan. 1782, Gildemeister II 368, und Hamanns Werke VI 222, 236; Hartknoch an Kant 19. Nov. 1781, X 261; Erdmann IV 602 f., Menzer 625; und besonders den schon erwähnten Brief Kants an Mendelssohn 16. Aug. 1783, X 325).

Aber auch das ist nur, was wir erwarten, dass die mit der Kritik eingeschlagene neue Gedankenrichtung ihn noch nicht losliess; dass, eben als er nun an die Ausarbeitung der Metaphysik der Sitten ernstlich herantrat, die für diese in der Kritik der reinen Vernunft geleistete kritische Vorarbeitung ihm noch nicht ganz genügen wollte. Denn sie enthielt zwar dem Kerne nach die kritische Grundlegung auch zur reinen Moral, aber nur in knapper, mehr gelegentlicher und noch manchem Einwand ausgesetzter Ausführung. So versteht es sich, dass aus dem erſten Theil ſeiner Moral (im Brief an Mendelssohn) ein Probromus oder Plan (X 373) zur Metaphysik der Sitten, und endlich eine Grundlegung zu dieser wurde (Menzer 626 f.); die in der That nichts anderes als eine vollständigere, von der Kritik der reinen, bloss speculativen Vernunft soviel möglich losgelöste, mit den Problemen der Moral selbst in deutlichere und vollständigere Beziehung gesetzte kritische Bodenbereitung zur reinen Moral oder Metaphysik der Sitten ist.

In der (leider nicht datirten) Vorrede dieser Schrift nun — deren Manuscript am 19. Sept. 1784 abgeschickt wurde, und deren erste Exemplare Kant am 7. April 1785 erhielt (Menzer 628) — tritt überhaupt zum ersten Mal der Name und Begriff einer Kritik der praktiſchen Vernunft auf. Was soll sie denn noch, neben der Kritik der reinen Vernunft und der Grundlegung zur Metaphyſik der Sitten? Was kann eine Kritik der praktiſchen Vernunft anders sein als eben die (kritische) Grundlegung zur Metaphysik der Sitten?

Die Vorrede selbst giebt darauf Antwort (IV 391): Im Vorſaße nun, eine Metaphyſik der Sitten bereinſt zu liefern, laſſe ich dieſe Grundlegung vorangehen. Zwar giebt es eigentlich keine andere Grundlage derſelben, als die Kritik einer reinen praktiſchen Vernunft, ſo wie zur Metaphyſik (der Natur) die ſchon gelieferte Kritik der reinen ſpeculativen Vernunft. Und jeder Leser beider Schriften weiss ja, dass die Grundl. und die Kr. d. pr. V. sich wirklich dem Hauptinhalt nach decken, dass sie sich fast nur formal, und zwar so unterscheiden, dass die Gedankenentwicklung in der Grundlegung mehr einen analytischen, in der Kr. d. pr. V. einen synthetischen Gang befolgt. Es wird ja im 3. Abschnitt der Grundlegung direct der Übergang zur Kritik der reinen praktischen Vernunft vollzogen, und von dieser die zu unserer Absicht hinlängliche Hauptzüge bereits dargestellt (IV 445). Nur in Vollständigkeit ist diese Kritik auch hier noch nicht geliefert; zu ihrer Vollendung nämlich wird noch erfordert (391), dass die Einheit der praktischen mit der speculativen Vernunft in einem gemeinschaftlichen Princip aufgezeigt werde, weil es doch am Ende nur eine und dieselbe Vernunft sein kann, die bloß in der Anwendung unterschieden sein muß.

Und hieraus endlich glauben wir zu verstehen, weshalb Kant auch nach Vollendung der Grundlegung (sowie der Metaphysischen Anfangsgründe der Naturwissenschaft) ungesäumt zur völligen Ausarbeitung, nicht der Kritik der praktischen Vernunft, sondern der Metaphysik der Sitten geht (an Schütz, 13. Sept. 1785, X 383). Auch noch in dem Brief an Bering vom 7. April 1786 (X 418) will er die Bearbeitung des Systems der Metaphysik (in engern, theoretischen Sinne) noch etwas weiter hinausseßen, um für das System der practischen Weltweisheit Zeit zu gewinnen, welches mit dem ersteren vergeschwistert ist und einer ähnlichen Bearbeitung bedarf, wiewohl die Schwierigkeit bey demselben nicht so groß ist. Kant gedachte also alles Ernstes die Kritik der praktischen Vernunft, welche zum Abschluss des ganzen kritischen Systems die Einheit der speculativen und praktischen Vernunft darthun sollte, erst nach Vollendung des Systems der Metaphysik der Natur sowohl als der Sitten vorzulegen. Nur so begreift sich, dass noch am 14. Mai 1787, kurz vor dem Erscheinen der Kr. d. pr. V. (nach dem Briefe von Jenisch an Kant, X 463) alles nur mit Sehnsucht seiner Metaphysik der Sitten, und nicht der Kr. d. pr. V. entgegensah.

Von dieser Absicht nun aber doch wieder abzugehen bestimmte ihn, so scheint es, hauptsächlich die Rücksicht auf die Beurtheilungen sowohl der Kr. d. r. V. als der Grundlegung, welche gerade das, was er der Kr. d. pr. V. vorbehalten hatte: den überzeugenden Beweis der Einheit der speculativen und der praktischen Vernunft vermissten, namentlich Anstoss nahmen an der im theoretischen Erkenntniß geleugneten und im praktischen behaupteten objectiven Realität der auf Noumenen angewandten Kategorien und an der paradoxen Forderung, sich als Subject der Freiheit zum Noumen, zugleich aber auch in Absicht auf die Natur zum Phänomen in seinem eigenen empirischen Bewußtsein zu machen (Kr. d. pr. V., Vorrede, oben S. 6 f.). Diesen immer wiederholten Einwänden gründlich zu begegnen, entschloss er sich, so scheint es, nun doch die Kritik der praktischen Vernunft der Metaphysik der Sitten vorauszuschicken. Diese Motivation ergiebt

1. die Vorrede der Kr. d. pr. V. selbst (S. 6 f.): Nur eine ausführliche Kritik der praktischen Vernunft kann alle diese Mißdeutung heben und die consequente Denkungsart, welche eben ihren größten Vorzug ausmacht, in ein helles Licht setzen. (Nur eine ausführliche Kritik: die Hauptzüge enthielt ja schon die Grundlegung.)

Einleitung. 497

2. Kurz vor der Vollendung des Buches der Brief an Schütz vom 25. Juni 1787, X 467: Ich habe meine Kritik der praktischen Vernunft so weit fertig, daß ich sie denke künftige Woche nach Halle zum Druck zu schicken. Diese wird besser, als alle Controversen mit Feder und Abel . . . die Ergänzung dessen, was ich der spekulativen Vernunft absprach, durch reine praktische, und die Möglichkeit derselben beweisen und faßlich machen, welches doch der eigentliche Stein des Anstoßes ist, der jene Männer nöthigt, lieber die unthunlichsten, ja gar ungereimte Wege einzuschlagen, um das spekulative Vermögen bis aufs Übersinnliche ausdehnen zu können, ehe sie sich jener ihnen ganz trostlos scheinenden Sentenz der Kritik unterwürfen.

3. Gleich nach dem Erscheinen des Buches der Brief an Reinhold vom 28. Dec. 1787, X 487: In diesem Büchlein werden viele Widersprüche, welche die Anhänger am Alten in meiner Critik zu finden vermeinen, hinreichend gehoben; dagegen diejenigen, darin sie sich selbst unvermeidlich verwickeln, wenn sie ihr altes Flickwerk nicht aufgeben wollen, klar genug vor Augen gestellt.

Dazu kommen 4. die in unsrer Schrift besonders zahlreichen und directen Beziehungen auf gegnerische Beurtheilungen: auf den Mendelssohn-Jacobi-Streit, an dem Kant betheiligt war durch die Schrift Was heißt sich im Denken orientiren? und Wizenmanns Entgegnung; auf die Tübinger Recension der Grundlegung (von Flatt; Grundgedanke: „Inconsequenz") und Tittels Widerlegung (neue Formel, nicht neues Princip, und wieder die Inconsequenz); auf den wahrheitliebenden Recensenten (Vorr. S. 8: Pistorius in der Allg. Deutschen Bibliothek) und manche andere Einwürfe, von denen in den sachlichen Erläuterungen zu reden sein wird; endlich

5. die jedenfalls nach Kants eignen Angaben abgefasste Ankündigung der Kr. d. pr. V., im Verein mit der 2. Aufl. der Kr. d. r. V., in der Allgemeinen Literaturzeitung vom 21. November 1786 (abgedruckt bei Erdmann, III 556), in welcher es heisst: „Auch wird, zu der in der ersten Auflage enthaltenen Kritik der reinen speculativen Vernunft in der zweyten noch eine Kritik der reinen practischen Vernunft hinzukommen, die dann ebenso das Princip der Sittlichkeit wider die gemachten oder noch zu machenden Einwürfe zu sichern, und das Ganze der kritischen Untersuchungen, die vor dem System der Philosophie der reinen Vernunft vorhergehen müssen, zu vollenden dienen kann."

Auf diese Ankündigung bezieht sich wohl Hamanns Äusserung im Briefe an Jacobi vom 30. Jan. 1787 (Gildemeister, J. G. Hamanns Leben und Schriften, 1857 ff. V 452): „Aus der Zeitung habe ersehen, dass selbige", nämlich die neue Ausgabe der Kr. d. r. V., deren Manuscript kurz zuvor abgegangen war, „mit einer Kritik der praktischen Vernunft vermehrt werden wird." Diese allerengste Verbindung, in der die beiden Kritiken gradezu als ein Werk gedacht waren, ist dann wohl schon aus äusseren Gründen aufgegeben worden; die neue Ausgabe der Kr. d. r. V. erschien, ohne die angekündigte Vermehrung, im Frühjahr 1787 (die Vorrede ist unterzeichnet im

Kant's Schriften. Werke. V.

Aprilmonat 1787). Doch war die Kr. b. pr. V. bereits am 25. Juni desselben Jahres (nach dem schon erwähnten Briefe an Schütz unter diesem Datum, X 467) nahezu druckfertig; sie war nach einem Briefe an Jakob (X 471), den Reicke (allerdings zweifelnd) auf den 11. Sept. desselben Jahres ansetzt, bei Grunert im Druck; auch hier heisst es: Sie enthält manches, welches die Mißverständnisse der der theoretischen heben kann. Unter demselben Datum giebt Kant bereits dem Drucker Anweisung über die zu versendenden Freiexemplare (X 483). Immerhin schob sich der Druck dann noch etwas hinaus, weil Grunert das Werk mit neuen und scharfen Lettern drucken lassen wollte, die erst 8 Tage nach der Michaelismesse ihm geliefert wurden (ebenda). Doch waren kurz vor Weihnachten 6 Exemplare auf Schreibpapier (X 483) in Kants Händen; in Briefen an Herz (24. Dec., X 485) und an Reinhold (28. Dec., X 487) stellt er diesen solche in Aussicht, die durch Grunert ihnen zugestellt werden sollen. Der letzterwähnte Brief nennt zum ersten Mal die drei Kritiken, welche für die drei Theile der Philosophie die Principien a priori nachweisen; während noch die Vorrede der 2. Aufl. der Kr. b. r. V. nur die Ausführung der „Metaphysik der Natur sowohl als der Sitten, als Bestätigung der Richtigkeit der Kritik der speculativen sowohl als praktischen Vernunft" noch in Aussicht stellte (III 26).

An den Neuauflagen der Schrift hat Kant allem Anschein nach in keiner Weise mitgewirkt. Die 2. Auflage sollte (nach den Briefen des jüngern Hartknoch vom Aug. u. Sept. 1789, XI 71 u. 88) schon zur Ostermesse 1790 fertig werden; wirklich erschien sie erst mit der Jahrzahl 1792. Dieser zweiten folgte 1797 nicht die dritte, sondern die vierte; von einer dritten ist bisher keine Spur gefunden. Ich vermuthe, dass der Verleger die thatsächlich dritte Auflage als vierte hat bezeichnen lassen, nachdem die zweite (nach X 71) sogleich in 2000 (statt wie sonst 1000) Exemplaren gedruckt worden war. Mitgewirkt hat Kant bei dieser Auflage (nach dem Briefe an Hartknoch vom 28. Jan. 1797, XII 146) nicht. Eine fünfte Auflage erschien 1818, eine sechste 1827. Nachdrucke sind 1791 und 1795 zu Frankfurt und Leipzig und 1796 zu Grätz erschienen.

Lesarten.

Für die Textgestaltung konnte von den Originalausgaben ausser der ersten höchstens noch die zweite in Frage kommen. Die vierte ist ein genauer Wiederabdruck der ersten, mit der sie, bis auf seltene Versehen, auch die Besonderheiten der Sprache, Orthographie, Interpunction, durchweg auch die Abtheilung der Seiten und meist die der Zeilen gemein hat. Die Verbesserungen der 2. Auflage haben in ihr so wenig Berücksichtigung gefunden wie das Druckfehlerverzeichniss von Grillo. Nur eine richtige Änderung der 2. Aufl. (79_{27}) und eine falsche (38_{30}) findet sich ebenfalls in der vierten. Einige neue Fehler sind hinzugekommen (25_{26}, 28_{24}, 85_{25}). Die fünfte und sechste Auflage, lange nach Kants Tode erschienen, sind genaue Wiederabdrücke der vierten, einschliesslich der obbemerkten Abweichungen dieser von der ersten. Der Satz ist enger; aus den

Lesarten. 499

292 Seiten der 1., 2. und 4. Auflage sind 285 in A^5, 236 in A^6 geworden. A^6 hat noch einige neue Versehen aufzuweisen (25 16, 32 9, 36 34); was nur deshalb erwähnt wird, weil Hartenstein diese Auflage zu Grunde gelegt und ihre Fehler wiederholt hat. In wenigen Fällen (50 31, 54 34, 58 26) sind auch kleine Versehen von $A^{1\cdot 4}$ (Interpunctionsfehler) in $A^{5\cdot 6}$ übereinstimmend mit A^2 verbessert, aber diese Verbesserungen sind sicher nicht aus A^2 geschöpft, da andere, viel wichtigere Verbesserungen der 2. Auflage unbeachtet geblieben sind. In einem Fall (52 12) ist ein Interpunctionsversehen von $A^{1\cdot 2\cdot 4}$ in $A^{5\cdot 6}$, in einem weiteren (11 19. 20) ein ebenfalls unbedeutender Fehler von $A^{1\ 5}$ in A^6 verbessert.

Aber auch an den Abweichungen der 2. von der 1. Auflage hat Kant selbst wahrscheinlich keinen Antheil. Die besonders auf den ersten Bogen zahlreichen Verschiedenheiten in Schreibung, Interpunction und Gebrauch der Schwabacher Lettern kommen jedenfalls nur auf Rechnung der Setzer oder Correctoren. Sachlich aber bringt zwar die 2. Auflage eine Anzahl zweifelloser Berichtigungen (23 17, 52 32, 55 6, 73 33, 79 27, 120 19, 127 23 und 29, 128 27, 142 7, 161 33), von denen eine (79 27) mit einer Randbemerkung in Kants Handexemplar zusammentrifft. Aber die drei weiteren Correcturen des letzteren (24 35, 26 32, 132 15) haben in A^2 keine Aufnahme gefunden; eine beträchtliche Zahl auch solcher Versehen, die der Autor bei eigener Durchsicht schwerlich stehen gelassen hätte, ist geblieben, eine Anzahl neuer hinzugekommen (10 5 nichts st. nicht; 38 30 der hässliche Fehler Seelenruhe st. Seelenunruhe; 47 21 Widersinniges st. Widersinnisches; 49 17 Grenze st. Grenzen; 76 18 zu st. zur, während eher auch Z. 17 zur zu schreiben gewesen wäre; 85 11 fehlt besteht; 92 34 im st. in; 94 12 nichts st. nicht; 100 37 fehlt auch); und, was besonders beweisend ist, in wenigstens zwei Fällen (37 13 und besonders 125 15) ist die erste Auflage falsch corrigirt. (Dazu ist auch 38 30 zu rechnen, wenn dort etwa nicht ein Druckversehen, sondern eine vermeintliche Berichtigung vorliegt.)

Auch nach dem Briefwechsel Kants ist nicht anzunehmen, dass dieser bei der Textgestaltung der 2. oder 4. Auflage irgendwie betheiligt gewesen wäre. Für die vierte geht das Gegentheil direct hervor aus den Briefen XII 145, 146, wonach Kant den unveränderten Wiederabdruck mit Rücksicht auf seine jetzige Unpäßlichkeit, die ihm alle Kopfarbeit sehr erschwert, genehmigte. Aber auch für die 2. Auflage hat Kant, nach XI 71 und 88, nicht etwa ein von ihm durchgesehenes Exemplar an den Drucker (Mauke in Jena, da Grunert in Halle nicht Zeit hatte) gesandt, sondern offenbar hat, eben weil keinerlei Änderungen von Kant beabsichtigt waren, Hartknochs Vertreter in Leipzig, Hertel, Exemplare der vorigen Auflagen der beiden gleichzeitig neu zu druckenden Kritiken (Kr. d. r. V., 3. Aufl., und Kr. d. pr. V., 2. Aufl.) dem Drucker als Druckvorlagen übersandt, und der Neudruck ist dann einfach nach diesen bewirkt worden. Auch von einer sachverständigen Überwachung des Drucks, wie die Urausgabe der Kritik der Urtheilskraft sie erfahren hat, hören wir nichts. Zwar könnten die zum Theil von Nachdenken zeugenden Verbesserungen eine solche vermuthen lassen. Aber auch dann würden diese eine höhere Autorität als die der späteren Herausgeber nicht beanspruchen können. Zu beachten ist auch, dass beim Druck der vierten Auflage nicht, was doch am nächsten lag, die zweite, sondern die erste als Vorlage gedient hat.

Bei dieser Sachlage war es angezeigt, dem gegenwärtigen Abdruck die erste Auflage zu Grunde zu legen, alle nicht ganz belanglosen Abweichungen der zweiten und der folgenden aber im Apparat wenigstens zu verzeichnen.

Von den späteren Herausgebern hat Hartenstein, wie schon gesagt, die 6., Rosenkranz die 2., Kehrbach die 1. Auflage zu Grunde gelegt; doch haben Hartenstein und Kehrbach die 2. auch zu Rathe gezogen, die wesentlichsten Verbesserungen daraus aufgenommen, in Nebendingen aber sich je an ihre Vorlage gehalten. Weit die meisten eigenen Verbesserungen hat, wie stets, Hartenstein aufzuweisen. Grillos Druckfehlerverzeichniss (Philos. Anzeiger, I. Jahrg., 1795, 41.—48. Stück) enthält neben vielem Werthlosen immerhin über ein Dutzend wirklicher Berichtigungen, die zwar fast alle auch von den späteren Herausgebern, ohne Kenntniss dieses Verzeichnisses, gemacht worden sind.

Bei allem blieb dem Herausgeber noch genug zu thun übrig. Er sah sich bei seiner Arbeit in dankenswerther Weise unterstützt durch drei jüngere Gelehrte, A. Görland in Hamburg, A. Nolte in Cassel und K. Vorländer in Solingen, die fast jede der nachstehend verzeichneten Stellen, zum Theil wiederholt, mit ihm geprüft, manche sichere oder mögliche Verbesserung selbst gefunden oder auf vorhandene Schäden hingewiesen haben. Solches Zusammenarbeiten hat besonders das Gute, gegen die eignen Vermuthungen misstrauisch zu machen. Aus diesem Misstrauen ist eine ziemliche Zahl mehr oder minder wahrscheinlicher Verbesserungen nicht in den Text gesetzt, sondern nur im Apparat mitgetheilt worden. Besonders bei den so häufigen Fehlern und Freiheiten der Satzconstruction ist darüber, was Kant geschrieben oder zu schreiben beabsichtigt habe, volle Sicherheit meist nicht zu erreichen, und thut man daher besser nicht zu ändern, auch wenn das Überlieferte sicher falsch ist.

Erst nach dieser gemeinsamen Durcharbeitung erschienen die „Correcturen und Conjecturen zu Kants ethischen Schriften" von E. Adickes (Kantstudien V; zur Kr. d. pr. V. S. 211—214) und die „Conjecturen zu Kants Kritik der praktischen Vernunft" von E. Wille (ebenda VIII 467—471). Beide dienten in mehreren Fällen zu erwünschter Bestätigung des von uns bereits Gefundenen, in andern zu weiterer Aufhellung. Einige neue Verbesserungsvorschläge finden sich in Vorländers Ausgabe 1906, S. XLVII. Für diese neue Ausgabe konnten noch benutzt werden die Besprechungen der vorhergehenden Ausgabe von E. v. Aster (Kantstudien XIV 468ff.), O. Schöndörffer (Altpreuss. Monatsschr. XLVIII 1ff.) und K. Vorländer (Ztschr. f. Philos. u. philos. Kritik CXXXVIII 137ff.).

5_{26} ihnen] ihm Erdmann, Kants Kriticismus 1878 S. 243 || 5_{30} des letzteren] auch Adickes; der letzteren A || 7_{23} um] Hartenstein und A (möglich auch: und — einsehen lassen) || 7_{27} derselben] A$^{1,4-6}$ desselben A^2 || 9_{41} einen Gebrauch der Ver-

Lesarten. 501

nunft] der Vernunft einen Gebrauch? || 10₅ nicht] A¹ nichts A² || 10₇ Elemente] Erkenntniß Vorländer 1906 || 11₂₈ konnte] könnte? || 14₁₁ Gegenstände äußerer Dinge] schwerlich richtig; entweder Gegenstände oder allenfalls Gegenstände (äußere Dinge) || 14₁₃ anhänge] A¹·⁴⁻⁶ anhängt A² ||

15₁₈ derselben] desselben? || 16₃₂ ihrer] und ihre Natorp, ihre Vorländer, Adickes || 20₁₁ der Handlung] zur Handlung Adickes || 21₂₀ zu machen] Grillo, Rosenkranz, Hartenstein machen A || 21₃₆ ihrer — diese] seiner — dieses liegt nahe (so auch Wille), doch ist der Übergang in den Pluralis bei Kant möglich || 23₁₇ es] A², Rosenkranz, Hartenstein er A¹·⁴⁻⁶ || 24₃₅ kein oberes] Kants Handexemplar, Hartenstein kein A || 25₁₆ Selbstgenugsamkeit] A¹·²·⁴·⁵ Selbstgenügsamkeit A⁶ || 25₂₆ so ist] A¹·² ist A⁴⁻⁶ || 26₃₂ allein sie ist] Kants Handexemplar, Hartenstein¹ allein A allein sie enthält Hartenstein² || 28₇ es] sie Adickes, aber es dürfte nach dem Prädicat construirt sein wie im Lateinischen, vgl. z. B. 34₃₃ || 28₂₄ sein] A¹·² ein A⁴⁻⁶, doch sein auch A⁴ auf S. 50, Z. 31 || 29₂₂ des Willens] des freien Willens Hartenstein (dem Sinne nach richtig, doch ist das Überlieferte haltbar, wenn man verstehen darf: des Willens in diesem Falle) || 29₂₈.₂₉ unsere — es] unser — es oder unsere — sie? Doch ist ein Wechsel bei Kant wohl möglich || 29₃₀ ihr] Hartenstein sein A || 30₈.₉ den ersteren — dem letzteren] Es liegt nahe, beidemal den (nämlich Grundsätzen oder Gesetzen) zu schreiben; möglich aber ist auch beidemal dem (nämlich Bewußtwerden und dabei Achthaben) — und so am Ende auch der Wechsel || 30₂₄ unwiderstehlich: ob] unwiderstehlich, ob A. Die geänderte Interpunction erledigt wohl den Anstoss, den man an der Satzconstruction nehmen könnte || 31₁₁.₁₂ mithin — gedacht] das erste als ist dem zweiten untergeordnet (Nolte); daher war das zweite nicht etwa zu streichen, sondern nur nach mithin Komma zu setzen || 32₉.₁₀ Verschiedenheiten] A¹⁻⁵ Verschiedenheit A⁶ Hartenstein || 32₂₅ deren] Hartenstein dessen A || 32₃₂ objectiv] objectives läge nahe, doch lässt sich das Überlieferte vertheidigen || 32₃₂ könnte] Hartenstein konnte A || 33₁₉ der Freiheit] die Freiheit? || 34₈ ihr] ihnen? Doch vgl. z. B. 32₁₆—₂₂ alle endliche Wesen — an jenem — vernünftigem — afficirtem — bei jenen || 34₂₇ welches] welche? || 34₂₉ vorauszusetzen] vorauszsetzen? || 34₃₃ dieses] nach dem Prädicat construirt (vgl. zu 28₇), oder auf den Infinitiv zu befördern bezüglich? diese Vorländer || 35₅ könnte] Natorp könnte A || 35₂₇ davon] nach Kantischem Sprachgebrauch möglich || 36₁₈ gelegt] erg. werden (doch der Ausfall bei Kant möglich) || 36₁₉ empfiehlt] A empfindet Hartenstein. Ich habe nicht ändern wollen, da das Überlieferte sich nach Z. 25 räth an, 27 anräthig ist vielleicht deuten lässt || 36₃₄ gestimmte] A¹⁻⁵ bestimmte A⁶ Hartenstein || 36₃₆ zu der] die? || 37₁₃ will] A¹·⁴⁻⁶ thun will A² || 38₃₀ Seelenunruhe] A¹ zweifellos richtig nach Z. 15; Seelenruhe A²⁻ || 39₈.₉ einem einzigen formalen] ist schwierig. Mindestens erwartet man dem einzigen formalen (ungenau statt: dem einzigen Fall des formalen Princips). So v. Aster Kantstud. XIV 474. Vielleicht genügt aber eine blosse Änderung der Interpunction: einem einzigen (formalen).

Vielleicht war formalen nachträglich von Kant zwischen die Zeilen oder an den Rand geschrieben || 43 33 Form] Form derselben (nämlich der Verstandeswelt)? Oder darf man verstehen: Der Sinnenwelt die Form, als einem Ganzen vernünftiger Wesen, zu ertheilen? || 44 29 desselben] ist schwierig; am einfachsten zu streichen || 45 8 Maximen als Gesetzes] vgl. 27 15—19 (oder soll Gesetzes sich auf Allgemeingültigkeit ihrer Maximen beziehen?) || 45 11 speculativen] Grillo, Kehrbach practischen A || 45 20 Vorstellungen] Hartenstein Vorstellung A || 46 34 dieselbe] dasselbe Hartenstein, doch s. o. zu 29 28.29 || 47 15 könnte] A² konnte A¹·⁴⁻⁶ || 47 18 durch Erfahrung] durch keine Erfahrung Grillo auch durch Erfahrung nicht Adickes, der auch Z. 16 keine st. alle lesen möchte. Doch ist nach Kantischem Sprachgebrauch möglich die Negation aus dem Anfang des Satzes hinzuzudenken || 47 21 Widersinnisches] A¹·⁴ Widersinniges A²·⁵·⁶ || 47 24 beweisen] beweisen kann oder konnte? || 47 27 das der Freiheit] man erwartet des der Freiheit (Natorp); doch ist der Accusativ das bei Kant wohl möglich als abhängig von annehmen (Nolte) || 48 16 Ursachen] Ursache Hartenstein (nicht zwingend) || 49 17 Grenzen] A¹·⁴⁻⁶ Grenze A² || 49 37 den sie] den sie sich? || 50 27 der letzteren] Hartenstein des letzteren A. — Der Satz ist schwierig, aber, wie Adickes bemerkt hat, schliesslich möglich, indem die Participia gedacht — bestimmt — erweitert zu haben wir Z. 18 zu beziehen sind. Auch practischer Gebrauch Z. 29 ist bei Kant möglich || 50 32—34 alle Anfechtung. — welche — machten] entweder sollte beidemal Sing. oder beidemal Plur. stehen (so auch Wille); doch kommen Freiheiten solcher Art auch sonst bei Kant vor || 51 8.9 Verbindung, die zwischen einem Dinge und einem anderen] Verbindung zwischen ac. Rosenkranz Verbindung, die — besteht Kehrbach || 52 10 dennoch] sie dennoch? || 52 19 erwarten] zu erwarten? || 52 32 will ich] A² Grillo, Rosenkranz, Hartenstein will A¹·⁴⁻⁶ || 55 6 um] A² Rosenkranz, Hartenstein und A¹·⁴⁻⁶ || 55 23 seiner 24 seine] auf Willens bezüglich. Man erwartet ihrer ihre nach Z. 21 die nicht . . ., doch ist solcher Beziehungswechsel bei Kant nichts Unerhörtes || 55 30.31 Realität] Realität nach Hartenstein, doch lässt das Überlieferte sich wohl halten || 55 33 theoretischer bestimmter] es läge nahe umzustellen, doch sind solche Wortstellungen bei Kant nicht ganz selten, z. B. 86 18.19 moralischen geträumten Vollkommenheiten || 55 34 wollte] sollte? || 55 35 könne] könnte Vorländer || 56 13 theoretischen] Schöndörffer practischen A || 57 9 bedienen] bedienen, annimmt Hartenstein ||

57 17 dem Begriffe eines Gegenstandes] einem Begriffe A. Diese Verbesserung, die d. Her. schon in der vorhergehenden Ausgabe vorschlug, aber nicht in den Text aufzunehmen wagte, wird auch befürwortet durch v. Aster und Schöndörffer; einem Begriffe eines Gegenstandes Vorländer 1906 || 58 28 Subjecte] Objecte A || 60 31 verringert] verringerte? || 60 35 ihn] Hartenstein sie A || 61 7 unmittelbar] für unmittelbar A für unmittelbar gut Hartenstein || 62 7 der letzteren] Nolte, des letzteren A || 63 1 er] Hartenstein es A || 63 15 hatte] hätte Hartenstein¹, doch hatte Hartenstein², welches sich in der That vertheidigen lässt || 64 13—15 sollte), — bestimmte.] Hartenstein sollte, — bestimmete). A ||

64₁₇ Gefühle] Gesetze A Gefühl Hartenstein ‖ 66₅.₆ (des praktischen Vermögens) der Ausführung seiner Absicht] der Ausführung seiner Absicht (des praktischen Vermögens)? ‖ 68₆ widersinnisch] A, nach Kantischem Sprachgebrauch; widersinnig Rosenkranz, Hartenstein ‖ 69₁ die] Hartenstein der A ‖ 69₂₃ sie du] du sie Grillo, doch ist die betonte Stellung des du vielleicht beabsichtigt ‖ 70₇ bei Hand] A bei der Hand Grillo Rosenkranz, aber bei Hand ebenfalls 147₁₅, 163₁₆ ‖ 70₁₄ gemeinsten] Hartenstein (vgl. Z. 2) reinsten A ‖ 70₃₇ welcher] Hartenstein welche A ‖ 71₁₀ weil] Hartenstein womit A ‖ 71₁₅–₂₅ Die Construction ist schwierig, aber bei Kant vielleicht doch denkbar. Adickes will Z. 23 da sie streichen. Ich würde lieber die st. da sie schreiben, ziehe aber vor, nichts zu ändern ‖

72₇ könne] Adickes fordert dürfe, doch ist könne möglich im Hinblick auf den nachfolgenden Bedingungssatz ‖ 72₁₉ sie es] es sie Adickes, doch ist das Überlieferte möglich, in dem Sinne: indem sie (diese Triebfeder, das moralische Gesetz) es (nämlich eben Triebfeder) ist. Der Wechsel des Subjects erklärt sich ähnlich wie Z. 26, wo man auch es st. sie erwarten könnte ‖ 73₂₆ Sinnlichkeit] Görland, Nolte, Adickes, Wille Sittlichkeit A ‖ 73₃₃ Gefühls, das] A² Rosenkranz, Hartenstein Gefühls des A¹·⁴·⁶ ‖ 74₁₅ sei] ist Vorländer ‖ 74₂₂.₂₃ der ersteren] Adickes, Wille des ersteren A ‖ 75₆ auf] aufs? ‖ 75₁₂.₁₃ derselben, das Gesetz] Hartenstein derselben das Gesetz A ‖ 75₂₅ Sinnlichkeit] Nolte, Wille (vgl. 76₁₀) Sittlichkeit A ‖ 76₁₀ es] sie Vorländer, doch ist es allenfalls haltbar, indem vorschwebt, dass Achtung nicht bloss eine Wirkung aufs Gefühl, sondern eben damit selbst ein Gefühl ist ‖ 76₁₇ zu] zur Kehrbach ‖ 76₁₈ zur] A¹·⁴·⁶ zu A² ‖ 78₄–₈ das Anakoluth (daß — so stellt uns — vor) nicht zu ändern ‖ 78₁₂ sein] ihr Hartenstein, doch ist das Masc. bei Kant durchaus möglich, bezüglich auf „den betreffenden" ‖ 79₂₇ beruht] A²·⁴·⁶ Grillo, Kants Handexemplar braucht A¹ ‖ 80₁₀ derselben] A desselben Hartenstein, der angibt, dass A² so habe; in meinem Exemplar steht aber derselben, was sehr wohl haltbar als auf Achtung bezüglich ‖ 80₁₁ ist es] Hartenstein ist A ‖ 82₅ könnten] Nolte können A ‖ 82₂₃ und] Rosenkranz, Hartenstein und uns A ‖ 82₂₉ abzufürzen] Kehrbach abfürzen A ‖ 83₃₀ ihn] es Hartenstein, doch s. o. zu 78₁₂ ‖ 84₃ es] Grillo, Rosenkranz, Hartenstein, vgl. Z. 2 u. 4 er A ‖ 84₈ dieselbe] als starker Plural nicht zu ändern; dieselben Rosenkranz ‖ 84₂₆ und] um? ‖ 85₇ würden] Hartenstein würde A ‖ 85₁₁ welches] welches es Rosenkranz, Hartenstein (das Überlieferte bei Kant möglich) ‖ 85₁₁ besteht] A¹·⁴·⁶ fehlt A² ‖ 85₂₂ seine] vgl. zu 78₁₂ ‖ 85₂₅ diese] A¹·² die A⁴·⁶ Hartenstein ‖ 86₁₈.₁₉ moralischen geträumten] vgl. zu 55₃₃ ‖ 86₂₆ von selbst] nicht von selbst Romundt Kantstudien XIII, 313, doch s. daselbst 315. 316 ‖ '89₃₄ Kritik der Analytik derselben] ist jedenfalls falsch, aber die Verbesserung nicht sicher. Ich vermuthe: Kritik derselben . . . (welches die eigentliche Aufgabe der Analytik ist), indem der Analytik erst vergessen war, am Rand oder zwischen den Zeilen nachgetragen wurde und im Satz an die falsche Stelle geriet. Nolte möchte Kritik der streichen ‖ 90₁₀ mit der] mit der

der? Aber die Auslassung ist bei Kant möglich, vgl. z. B. 89 18, wo auch **der der anderen** genauer wäre || 90 24,27 **Auch — auch**] wohl nicht zu ändern. Rosenkranz streicht das zweite **auch** || 91 12 **konnte**] Grillo, Hartenstein **könnte** A || 91 23 **seines**] nämlich des Menschen; nicht zu ändern || 92 26.27 (**reinem Noumen**)] keinesfalls richtig. Ich vermuthe (**feinem Noumen**); Adickes (**von einem Noumen**); vielleicht habe Kant geschrieben v. einem, woraus dann beim Abschreiber oder Setzer **reinem** geworden sei || 92 34 **in**] A[1.4-6] **im** A[2] || 93 32 **aber**] **oben**? || 94 12 **nicht**] A[1.4-6] **nichts** A[2] || 94:8 **im**] Rosenkranz, Hartenstein **in** A || 97 3 **nun als**] **nun** A || 97 4 **äußeren Sinne**] st. **äußerer Sinne** bei Kant sprachlich möglich; **des äußeren Sinnes** Grillo **äußeren Sinnes** Rosenkranz, Hartenstein[1] **der äußeren Sinne** Hartenstein[2], Kehrbach || 97 27 **denen**] Vorländer **dem** A **den** Hartenstein || 98 8.10.11 **er**] auf das vernünftige Wesen bezüglich, s. zu 78 12 || 100 24-27 **unsere vornehmste Voraussetzung — abzugehen**] u. v. W. — **aufzugeben** Hartenstein **von unserer vornehmsten Voraussetzung — abzugehen**? || 100 37 **auch**] A[1.4-6] fehlt A[2] || **einräumen, die**] Hartenstein **einräumen: Die** Grillo **einräumen. Die** A || 101 17 **diejenige**] vgl. 84 8 **diejenigen** Rosenkranz, Hartenstein || 102 11 **als**] Hartenstein fehlt A || 102 12 **zu ihm**] **als zu ihm** Hartenstein (nicht nothwendig) || **gehörig**] Hartenstein fehlt A || 102 14 **geschieht**] A[2-6] **geschicht** A[1] (wohl Druckfehler) || 102 28 **dem**] A[1.4-6] **den** A[2], doch **dem** S. 183 unter dem Text || 103 31 **daß**] Rosenkranz, Hartenstein **daß ich** A || 104 8 **wiederum bedingt**] **wieder unbedingt** A **wieder bedingt** Hartenstein || **müßte**] Hartenstein[1] **mußte** A Hartenstein[2] || 104 18 **sollte**] Hartenstein **solle** A || 104 27 **widerspreche**] wohl nicht in **widersprechen** zu ändern; der Sing. bezieht sich auf den Satz z. B. — **zu denken** (Z. 24—27) Nolte. — Das scheinbare Anakoluth Z. 27—31 löst sich auf, wenn man Z. 30 nach **gehörig ist**, nochmals **gehörig** aus Z. 28 hinzudenkt || 105 9 **den sie**] fällt aus der Construction; doch nicht zu ändern || 106 27 **dieses Geschäfte**] Grillo **diese Geschäffte** oder **diese Geschäfte** A **dies Geschäft** Hartenstein ||

107 22 **verriethe**] Rosenkranz, Hartenstein **verrieth** Grillo **verriethen** A || 110 4 **Diese**] A[1.2] **Die** A[4-6] (Druckfehler) || 111 14 **der ersteren — zu der letztern**] **zu** zu streichen läge nahe, doch kommt Ähnliches auch sonst vor || 114 23 **seinem**] vgl. zu 78 12 || 117 15-19] Die Construction ist verwirrt, aber schwer zu sagen, wo der Fehler liegt. Hartenstein und Kehrbach setzen Z. 18 **und** st. **als**, aber **Achtung — als Bewußtsein** hat guten Sinn, also ist der Fehler an früherer Stelle zu suchen. Ich vermuthe Z. 16 **als** st. **ist also**, oder: **ist, als**, in welchem Falle **ist** Z. 19 zu streichen wäre || 117 19 **durch**] **durchs** Vorländer 1906 || 118 22 **ihrer**] **seiner**? Vorländer, doch ist der Plural möglich in Beziehung auf **Mitleid und Theilnehmung** || 120 19 **nichts**] A[2] Grillo, Rosenkranz **nicht** A[1.4-6] || 121 6-13] fehlt das Subject **sie**, entweder nach **daß** Z. 6, oder nach **widersprechen**, Zeile 8 Vorländer, Wille || 125 15 **oberste Ursache der**] Grillo, Hartenstein **oberste der** A[1.4-6] **oberste** A[2] || 127 23 **besselben**] A[2] **bessen** A[1.4-6] || 127 27 **über die**] Hartenstein **über** A || 127 29 **erhaben**] A[2] wohl richtig, **erhoben** A[1.4-6] || 128 27 **der Christen**] A[2] **des Christen** A[1.4-6] || 128 34

es] nämlich das Zutrauen? Natürlicher wäre ihn (den Menschen) || 129 19.20 willkürliche — zufällige] willkürlicher — zufälliger Hartenstein, doch solche Construction bei Kant möglich; vgl. Z. 17 als das Objekt und den Endzweck, wo man auch Gen. erwartet || 129 23–27 das scheinbare Anakoluth (Nolte, Wille) nicht zu ändern || 132 10 unmittelbar] Hartenstein mittelbar A || 132 15 nicht] Kants Handexemplar, fehlt A das speculative Erkenntniß nicht Hartenstein || 133 11.12 die kosmologische Idee — und das Bewußtsein] man erwartet den Dativ (Nolte); doch nicht zu ändern || 134 11 theoretischen] Hartenstein theologischen A teleologischen Grillo || 135 28 sind, das] Grillo, Hartenstein sind. Das A || 136 6 ohne] Hartenstein oder A || 136 29–34] der Satz hat zwei Subjecte: daß — habe und die Realität der Begriffe. Vielleicht ist ein d. i. vor die Realität Z. 32 ausgefallen || 140 2 ihn] der Sinn scheint es zu fordern (Nolte), doch sind solche Incongruenzen bei Kant nicht selten || 140 29 zu] zum Hartenstein (nicht zwingend) || 141 13 zu verhüten] fällt aus der Construction, ist jedoch nicht zu ändern; es lehnt sich dem Sinne nach an den vorausgehenden Satz an: die Deduction der Kategorien war nöthig, um zu verhüten || 141 15–25] fehlt ein Nachsatz || 142 7 Urgrundes] A² Grillo Ungrundes A¹.4-6 || 143 16.17 und gründet sich nicht etwa auf Neigung] correct wäre: und sich — gründet || 144 8 und man wird] Rosenkranz, Hartenstein und wird man A || 146 31 Besitz] A¹.4-6 Besitze A² ||

151 25—152 1 die aus — zählen mag] es fehlt ein Verbum || 152 8 desselben] Nolte derselben A || 154 12.13 nicht — nicht] nicht zu ändern, vgl. 90 24.27 Auch — auch; 157 7.9 mehr — mehr Nolte || 154 33 als] Hartenstein fehlt A || 156 29.31 sie — sie — sie] es — es — es? Vorländer; mir schien richtig nicht zu ändern; als Subject ist (aus dem vorigen Satz) die Sittlichkeit gedacht || 156 30 unvermengt von] so A || 157 7.9 mehr — mehr] Hartenstein streicht das erste mehr, doch s. o. zu 154 12.13 || 157 29 auf alle andere Grundlage] so A; zu ändern schiene mir nicht richtig || 159 11–13 und ist in demselben Bewußtsein des Gesetzes — unzertrennlich] ist nicht bloss schwierig wegen der Verbindung ist unzertrennlich in, sondern es ist auch nicht klar, was das Subject zu unzertrennlich und verbunden sein soll. Ich vermuthe: und ist von demselben das Bewußtsein des Gesetzes oder: und ist von demselben Bewußtsein das des Gesetzes oder: und ist von demselben Bewußtsein das Bewußtsein des Gesetzes u. s. f. || 159 15 derselben] lässt sich auf Triebfeder beziehen, ist also haltbar. Im übrigen ist der Relativsatz zwar wunderlich construirt (der Effect giebt Hoffnung zu seiner Bewirkung), aber schliesslich zu verstehen || 159 17 reine moralische] rein moralische? || 161 33.34 zunehmender] A² zunehmenden A¹.4-6 ||

Sachliche Erläuterungen.

Eine erschöpfende Untersuchung über die polemischen Rücksichten, die bei der Abfassung der Kr. d. pr. V. mitgewirkt haben und in ihr zum Ausspruch gekommen sind, ist nicht dieses Orts; doch scheint es nützlich die wichtigsten Daten zusammenzustellen.

1. Hamann schreibt an Jacobi am 13. Mai 1786 (Gildem. V 322) über einen Besuch bei Kant: „Eine Autorangelegenheit ging ihm auch im Kopf herum, die er mir sogleich mittheilte. Es ist die Tübingische Recension seiner Moral. Schütz hatte ihn auf eine Widerlegung eines Kirchenraths Tittel vorbereitet, der ein Commentator des Feders sein soll, der mir bisher ganz unbekannt geblieben ist. Vielleicht ist die ganze Widerlegung diese kahle Recension, die Kanten nicht anficht, aber für wichtig genug von schwachen Freunden gehalten worden, sie ihm zu Gefallen hier nicht cirkuliren zu lassen."

Die Tübingische Recension der Grundlegung (Tüb. gel. Anz. 1786, 14. Stück, 16. Febr., S. 105 ff.) ist nicht von Tittel, sondern (wie sich unschwer beweisen lässt) von dem Tübinger Professor J. Fr. Flatt, der aber mit Tittels Ansichten sehr übereinstimmt. Er war ständiger Recensent philosophischer Schriften in genannter Zeitschrift; er hat namentlich eine grosse Zahl von Schriften, die sich direct oder indirect, freundlich oder feindlich mit Kant beschäftigen, daselbst besprochen und dabei unermüdlich dieselben Einwände wiederholt.

Die „Widerlegung" des Kirchenraths Gottlob August Tittel in Carlsruhe ist die Schrift „Über Herrn Kants Moralreform. Frankfurt u. Leipzig bey den Gebrüdern Pfähler. 1786." Als „Commentator des Feders" wird er von Hamann mit Grund bezeichnet, da er „Erläuterungen der theoretischen und practischen Philosophie nach Herrn Feder's Ordnung in fünf Abtheilungen" 1783—94 erscheinen liess (Adickes, Kant-Bibliogr. n. 297); den schwachen Schatten des schwachen F(eder) nennt ihn Biester in einem Briefe an Kant (11. Juni 1786, X 434), aus dem man ersieht, dass Kant ernstlich daran dachte eine Vertheidigung gegen die Angriffe von Feder und Tittel bekannt zu machen. Auch Jakob thut der Schrift gegen Kant Erwähnung (17. Juli 1786, X 438), und dieser läßt sie sich dann durch Schütz schicken (s. dessen Brief v. 3. Nov., X 445). Sie ist in der Vorrede der Kr. d. pr. V. ausgiebig berücksichtigt. Schon im Vorwort seiner Schrift tadelt Tittel den „gar zu häufigen Gebrauch abstrakter Terminologien" (S. 4). Er vertheidigt gegen ihn „jenes unschuldige und liebenswürdige System, das Glückseligkeit und Sittlichkeit aufs innigste zusammenverknüpft" (S. 5), wirft mehrmals Kant „Mystik" vor und wiederholt besonders oft die Behauptung, dass dieser „längstbekannte Dinge in einer unvernehmlichen Sprache, als neu, verkündiget" (so S. 25). „Soll denn die ganze Kantische Moralreform etwa nur auf ein neue Formel sich beschränken?" (35). „Herr Kant, nachdem er auf diese Art sein vermeintes neues Princip der Sittenlehre ausgeführt und befestiget zu haben glaubt . . ." (55). „Man sollte kaum denken, dass so gemeine und bekannte Sätze einer so kunstreichen Verdunkelung fähig wären . . . Warum muss ich erst den Menschen in zwei Welten versetzen? Warum die fremdlautende — und darum etwas neues versprechende, und doch nichts neues enthaltende Nahmen von Autonomie und Heteronomie so tief herausführen? Wozu so viel technische Imperativen? Wozu, bei einer so leichten Sache, der ganze schwerfällige Gang?" (82) u. s. f. Hiernach gehen vorzugsweise auf Tittel die kritischen Bemerkungen der Vorrede

Sachliche Erläuterungen. 507

Kants, 828 ff., 1023 ff. (mit einem Seitenblick auf Garve-Feders bekannte Recension der Kr. d. r. V., vgl. 1334 ff.); aber auch die Kritik 284 ff. passt besonders auf Tittel, der keine Schwierigkeit darin fand, dass das Gesetz, seine eigene und Andrer Glückseligkeit zu befördern, wirklich als allgemeines Gesetz für alle vernünftige Naturen, in unbedingter praktischer Nothwendigkeit, gelte (S. 56 s. Schrift); sie passt allerdings auch auf Flatt, der sich (wie Tittel S. 31) besonders darauf beruft, dass Kant selbst, im Widerspruch mit seiner These, dass überhaupt keinem empirischen Princip Allgemeinheit zukomme, in der Grundlegung zugestanden habe, die Absicht auf Glückseligkeit komme allen vernünftigen Wesen „nach einer Naturnothwendigkeit" zu. Und so wird sonst noch manches sich auf diese beiden zunächst beziehen, obgleich es daneben auch Andre trifft; z. B. spottet über die neue Terminologie auch die Besprechung der Grundlegung in den „Kritischen Beyträgen zur neuesten Geschichte der Gelehrsamkeit" I. 202 ff. (Adickes n. 236), wie schon früher namentlich Feder; auch Meiners in der Vorrede seines „Grundrisses der Seelenlehre", deren Zurückweisung Kant seinen Freunden überliess (X 446, 456). So ist der allgemeine Vorwurf der „Inconsequenz" — 428, 536 — natürlich von vielen ausgesprochen worden; mit besonderer Vorliebe aber von Flatt in seinen zahlreichen Recensionen.

2. Kant selbst nennt mit Namen, im Briefe an Schütz vom 25. Juni 1787 (X 467), Feder und Abel, deren der erste gar keine Erkenntniß *a priori*, der andere eine, die zwischen der empirischen und einer *a priori* das Mittel halten soll, behauptet. Beider hatte kurz vorher gegen ihn Bering Erwähnung gethan (28. Mai, X 465). Auf den ersteren bezieht sich ersichtlich der Schluss der Vorrede (126 ff.): Was Schlimmeres könnte aber diesen Bemühungen wohl nicht begegnen, als wenn jemand die unerwartete Entdeckung machte, daß es überall gar kein Erkenntniß *a priori* gebe, noch geben könne; obgleich auch schon früher C. G. Selle (Berl. Monatsschr. 1784, Dec.) mit dem „Versuch eines Beweises, dass es keine reinen, von der Erfahrung unabhängigen Vernunftsbegriffe gebe", gegen Kant aufgetreten war. Die Schrift Feders, die Kant in jenem Briefe im Auge hat, ist wohl sicher: „Über Raum und Caussalität zur Prüfung der Kantischen Philosophie. Göttingen 1787", deren Vorrede das Datum 31. Januar 1787 trägt und die wohl zur Ostermesse erschien, also Kant früh genug bekannt werden konnte, um in einem Nachtrag zu seiner Vorrede noch Berücksichtigung zu finden. Kants Ausführung trifft genau auf jene Schrift (bes. § 9, S. 35 ff.) zu. Dagegen sind Abels Schriften („Plan zu einer systematischen Metaphysik" und „Versuch über die Natur der speculativen Vernunft zur Prüfung des Kantischen Systems", beide 1787) in der Kr. d. pr. V. nicht berücksichtigt; Kant hielt ja eigentlich alle Controversen mit diesen Gegnern für überflüssig (vgl. X 487 über die Anhänger am Alten); nur ihres sachlichen Interesses halber hat er jene weitestgehende „Entdeckung" Feders doch der Berücksichtigung werth gehalten.

3. Und so hat er jedenfalls nicht diese Männer im Auge, wenn er (618) auf jene erheblichsten Einwürfe wider die Kritik, die ihm bisher vorgekommen seien, Bezug nimmt: nämlich einerseits im theoretischen Erkenntniß geleugnete etc. Auch

nicht an Ulrich ist hierbei zu denken, der in seinen „Institutiones logicae et metaphysicae" (Jena 1785), die er selbst Kant zusandte (X 378. 398), S. 233 die Frage der Anwendbarkeit der Kategorien auf das „transcendentale Object" (das er dem „Ding an sich" gleichsetzt) nur in theoretischer Hinsicht berührt. Sondern Kant hat schon hier den hernach (8 25) deutlicher bezeichneten wahrheitliebenden und scharfen, dabei also doch immer achtungswürdigen Recensenten seiner Grundlegung im Auge, der ihm auch den Einwurf gemacht hatte, dass der Begriff des Guten vor dem moralischen Princip hätte festgesetzt werden müssen. Es ist der Recensent der „Allgemeinen deutschen Bibliothek", nach Jenischs richtiger Angabe (an Kant, 14. Mai 1787, X 463) „Probst Pistorius auf Femarn, der Übersezzer des Hartley". Es kommt aber hier nicht nur die Recension der Grundlegung (A. d. B., Bd. 66 S. 447 ff.), sondern, gerade was die tiefergehenden Einwände wegen der Anwendbarkeit der Kategorien auf Noumena und der Doppelnatur des Menschen als Phaenomenon und Noumenon betrifft, die umfänglichere Besprechung von Schultz' Erläuterungen (ebenda S. 92 ff.) in Frage, wo diese Einwürfe eingehend und verständig entwickelt werden; nicht ohne ein Compliment an den „ebenso wahrheitliebenden als tiefdenkenden Weltweisen", welches dieser mit dem Wort 8 25 also nur erwiedert. Pistorius hat dann in seiner Besprechung der Kr. d. pr. V. (A. d. B., Bd. 117, S. 78 ff., auf S. 96) auf Kants Bemerkung wiederum Bezug genommen.

4. Der einzige Beurtheiler, der in der Kr. d. pr. V. selbst mit Namen genannt ist (143 33), ist Thomas Wizenmann, der Verfasser der in Leipzig 1786 ohne Autornamen erschienenen Schrift „Die Resultate der Jacobi'schen und Mendelssohn'schen Philosophie, kritisch untersucht von einem Freywilligen"; ein intimer Freund und Gesinnungsgenosse Jacobis, aus dessen Briefwechsel mit Hamann man Näheres über ihn erfährt. Auf die genannte, damals viel beachtete Schrift hatte Kant Bezug genommen in der Abhandlung der „Berliner Monatsschrift": Was heißt: sich im Denken orientiren? (Oct. 1786), welche Wizenmann beantwortete durch die im „Deutschen Museum" (1787, I 116—156) erschienene Abhandlung: „An den Herrn Professor Kant von dem Verfasser der Resultate Jacobi'scher und Mendelssohn'scher Philosophie." Wizenmann, der eine Zeitlang bei dem Freunde in Pempelfort lebte, starb am 22. Februar 1787 in Mülheim (Jacobi an Hamann 12.—27. Febr., Gildem. V 455). — Die Erwähnung Wizenmanns steht in Zusammenhang mit dem bekannten Streit zwischen Mendelssohn und Jacobi über den Spinozismus Lessings. Einen ferneren Nachhall dieses Streits erkennen wir in der Bezugnahme auf den sonst scharfsinnigen Mendelssohn, 101 20; wo die Warnung vor der Consequenz des Spinozism (1021.8), wenn man sich zum Kriticismus nicht entschliessen kann, zu beachten ist.

5 17.18 *Quid — beatis.]* Hor. Sat. I 1, 19.

12 14 *(ex pumice aquam)]* aquam a pumice postulare (sprichw.: von jemand etwas verlangen, was er seiner Natur nach nicht leisten kann). Plaut. Pers. I, 1, 42.

136 ff. Hume] vgl. 50 32 ff. Kants Meinung, daß Hume die Sätze der Mathematik für analytisch und apodiktisch gehalten habe (13 15, 52 4), fußt auf dessen Inquiry concerning Human Understandig, Sect. IV. Aber in Sect. XII, 2 derselben Schrift werden Zweifel darüber angedeutet, und im älteren, ausführlicheren Werk, dem Treatise on Human Nature, sieht Hume wenigstens die Sätze der Geometrie offenbar für synthetisch und von Erfahrung abhängig, mithin nicht apodiktisch, an. Kant hat demnach das ältere Werk nicht gekannt oder nicht genauer beachtet.

13 28 Der Blinde des Cheselden] der Bericht des Anatomen W. Cheselden über einen operirten Blinden (aus den *Phil. Transactions*, 1728, XXXV 447) mag Kant bekannt geworden sein durch Kästners Bearbeitung von Rob. Smith „Vollständigem Lehrbegriff der Optik" (1755), wo dieser Bericht deutsch wiedergegeben ist. Vgl. Apelt Metaphysik S. 520 ff.

31 34 (Sic volo, sic iubeo)] Juvenal Sat. VI v. 223; doch lauten die Worte des Originals: Hoc volo, sic iubeo, sit pro ratione voluntas.

40 7 Crusius] Chr. Aug. Crusius (Professor der Theologie in Leipzig) z. B. im „Entwurf der nothwendigen Vernunft-Wahrheiten" (2. Aufl. 1753) § 283, 284, 286.

50 32 ff. David Hume . . . 524 ff. Die Mathematik . . .] vgl. zu 136 ff.

60 26 den Stoiker] Cic. Tusc. II, 25, 61.

93 27 (nach Platos Urtheile)] im Staat 522 ff.

97 15 mit Leibnizen *spirituale*] Theodicée, Ess. sur la bonté de Dieu etc. 52, 403 (Philos. Schr. her. v. Gerhardt, VI, 131, 356); ähnlich in den Auseinandersetzungen mit Bayle (Gerh. VI, 505 ff., 536 ff., 549) u. ö.

98 32 Priestley] The doctrine of philosophical necessity, London 1777, S. 86 ff.

101 8 ein Vaucansonsches Automat] Vaucansons Automaten (Flötenspieler, fressende Ente etc.), zuerst gezeigt in Paris 1738, wurden von den Materialisten des 18. Jahrh. (so de la Mettrie, L'homme machine, 1748) gern zur Unterstützung der mechanistischen Hypothese angeführt. Lange, Gesch. d. Mat., 2. Aufl., I 356.

101 20 Mendelssohn] Morgenstunden (1785), Abschn. XI.

158 33 Juvenal] Sat. III, 8, 79—84; von Kant ebenfalls citirt in der Religion etc. (in dieser Ausgabe Bd. VI 492 7) und in der Rechtslehre (VI 334 4.5).

160 19 *(laudatur et alget)*] *probitas laudatur et alget* Juven. Sat. I, 1, 74.

Paul Natorp.

Orthographie, Interpunction und Sprache.

Orthographie. Vocale. Die Eingriffe beschränken sich auf wenige Fälle: aa in Anmaaßung (daneben Anmaßung), Maaß, schaal; — e statt ä in Ungefehr, nemlich, anderwerts; — ey in Freyheit, zwey, zweyte, Schwärmerey, einerley u. ä., gemeynet, sey, seyn (esse), bey; — ie zuweilen in gieng (daneben vorherging, anfing). — Consonanten. Dehnungs-h steht in Willkühr, fehlt in wol (doch auch Wohlverhalten, wohlgemeynt), vornemlich, allmälig. — c steht sehr häufig da, wo wir k setzen: Critik, Categorie, Character, Comödie, Catechism, practisch, apodictisch, dialectisch, syncretistisch, cosmologisch, pünctlich u. a. — Einzelfälle sind Policey, Geschäffte, insgesamt, caussa (sonst Causalität). — Anfangsbuchstaben. Am meisten stört die Minuskel in substantivirten Adjectiven: der versuchteste, das schätzbarste, im theoretischen (doch werden sie auch oft gross geschrieben: das Unbedingte), etwas ästhetisches, besonders in Adjectiv-Verbindungen: des unbedingt-Guten, des moralisch-Guten, das überschwenglich-Grosse. — Die Majuskel tritt zuweilen in zusammengesetzten Adjectiven auf, deren erster Theil ein Substantiv ist: Beyfalls- oder Tabelswürdig. — Wortverbindung. so gar musste mehrfach zusammengerückt werden. — Eigennamen. Leibnitz, Epicur, Epicuräer zeigen die damals übliche Schreibung.

Interpunction. Komma ist reichlich angewendet: vor Satztheilen, die durch und angeknüpft sind, auch vor entsprechendem oder, das keinen Gegensatz hervorheben soll; vor und hinter adverbialen Bestimmungen und adjectivischen Attributen, wenn letztere durch andere Bestimmungen erweitert sind (z. B. 22 22.23 in der, aus irgend eines Gegenstandes Wirklichkeit zu empfindenden, Lust); hinter als und einer Vergleichung oder Apposition; hinter gleichartigen Satztheilen, die durch Komma von den vorangehenden getrennt oder durch ein mithin, so wie, zugleich, vielmehr an sie angeschlossen werden; zwischen während dass, allein da, denn da, gesetzt dass; vor Klammern oder darin, während es dahinter stehen müsste z. B. 24 40—25 1 ist Vernunft nur, so fern sie für sich selbst den Willen bestimmt, (nicht im Dienste der Neigungen ist,) ein wahres ... — Doch fehlt es in allen diesen Fällen auch oft. — Viel seltener als gestrichen musste es eingesetzt werden; zuweilen vor aber, öfter vor und hinter Appositionen, die durch d. i., nämlich eingeleitet werden, am häufigsten noch zwischen gleichartigen adjectivischen Attributen (z. B. 157 7.8 mit schmelzenden weichherzigen Gefühlen). — Andere Zeichen blieben meist unangetastet; doch musste wie in den andern Drucken zuweilen Semikolon durch Kolon oder Komma ersetzt werden, wenn das Verhältniss der Unterordnung schärfer betont war.

Sprache. Laute. Vocale. Einen Eingriff in die Stammsilben erforderten: ankömmt (nur 82 17; sonst kommt), alsdenn (stets), stünden, verstünbe (je 1 mal belegt), Würkung (74 37; sonst Wirkung, wirklich, bewirkt). — Ableitungssilben. e ist 1 mal im Superlativ erhalten: mehresten 147 18 (vgl. dagegen subtilste, kleinste u. a.); recht häufig aber in schwachen Verbalformen, wenn auch die Synkope überwiegt; so im Ind. Imp. stellete, theilete, wählete, fehlete, führete, dienete, bestimmeten, vermengete, folgeten; im Conj. Imp. vermeynete, kennete, rühmete, bestimmete, passeten, anzeigete; in der unflectirten Form des Part. Perf. aufgestellet, beygesellet, gefället, erkläret, begehret, geführet, gelehret, ungerächet, gelanget, aufgedecket, in der flectirten Wohlgesinneten, geweihete, bedrohete. Wieder beobachten wir, dass vorangehende Liquida oder Resonans erhaltend wirkt. — Von Adverbien ist allein nunmehro zu nennen (3 mal belegt; sonst stets nunmehr, auch vorher, daher u. a.). — Flexionssilben. Für das e der 3 Pers. Sing. Praes. gelten dieselben Bemerkungen wie für die Ableitungssilben. Beispiele sind urtheilet, erhellet, offenbaret, geziemet, beruhet, nöthiget, voraus= setzet. — Unorganisches e weist nur einmal hielte auf 115 17 (sonst stets hielt, enthielt). — Consonanten. erfobern, erfoberlich ist im ganzen Druck sehr häufig, daneben kommt fordern und erforderlich vor. — Flexion. seyn steht für sind 10 32 32 15 35 17 45 9 94 35 141 17, für seien 29 25. — zween findet sich 112 18. — Wortbildung. sonsten ist 23 20 belegt (im übrigen sonst). — Auch die Syntax erregt nur vereinzelt Anstoss. Adjective: unter problematischen, asser= torischen und apobictischen Bestimmungsgrunde 11 19.20; jeder auch nur mittelmäßig ehrlicher Mann 87 36; jeder anderer Rücksicht 151 24.25 — Pronomina. derer (relativisch) = deren 92 19; denen 3 mal = den, z. B. 106 20. — Zahlwörter. zwischen zweyen .. Dingen 119 27.28. Verben. auf einer genaueren Untersuchung .. an= käme 94 10—12. Diese .. bewahrt für dem Empirism 70 29.30. — Conjunctionen. denn steht 2 mal = dann, z. B. 130 8. — Geschlecht. Bedürfniß ist 2 mal als Femin. gebraucht, z. B. 25 31, sonst als Neutr.

Ewald Frey.

# Kritik der Urtheilskraft.

Herausgeber: Wilhelm Windelband.

Einleitung.

Der Springpunkt für die Entstehungsgeschichte der Kritik der Urtheilskraft liegt genau an derselben Stelle, von der auch die grossen historischen Wirkungen des Buches ausgegangen sind: es ist die Behandlung der Probleme von Schönheit und Kunst mit denjenigen des organischen Lebens unter einem gemeinsamen Gesichtspunkt. Die beiden sachlichen Gebiete, welche in den beiden Theilen des Werks als Kritik der ästhetischen und der teleologischen Urtheilskraft neben einander stehen, haben Kant je für sich lange und viel beschäftigt und zu mannigfachen Untersuchungen und Äusserungen angeregt; aber die Convergenz beider Problemreihen, vermöge deren sie zugleich ihren Abschluss unter einem gemeinsamen Princip fanden, hat sich nicht etwa stetig und allmählich durch ein Anspinnen sachlicher Beziehungen zwischen beiden Gegenständen vollzogen, sondern sie ist verhältnissmässig schnell und dem Philosophen selbst gewissermassen überraschend durch die Einordnung beider Fragen unter ein formales Grundproblem der kritischen Philosophie herbeigeführt worden.

Die teleologische Betrachtung der Natur ist für Kant, wie für das ganze 18. Jahrhundert, umsomehr zu einem Hauptproblem geworden, als die ganze Entwickelung seiner Erkenntnisslehre darauf hinauslief, die philosophischen Grundlagen für die reine Naturwissenschaft, d. h. für Newtons mathematisch-physikalische Theorie, zu finden. Je schärfer diese um den Begriff der mechanischen Causalität concentrirt war, umsomehr erwies sich das organische Leben als ein Grenzbegriff für die theoretische Naturerklärung. So hatte Kant bereits in der Allgemeinen Naturgeschichte und Theorie des Himmels erklärt: daß eher die Bildung aller Himmelskörper, die Ursache ihrer Bewegungen, kurz, der Ursprung der ganzen gegenwärtigen Verfassung des Weltbaues werde können eingesehen werden, ehe die Erzeugung eines einzigen Krauts oder einer Raupe aus mechanischen Gründen deutlich und vollständig kund werden wird[1]). Nachdem aber in der Kritik der reinen Vernunft die Lehre von den Kategorien und den Grundsätzen des reinen Verstandes mit principiellem Ausschluss des Zweckbegriffes festgelegt worden war, hatte der Philosoph von seiner Ideenlehre aus in dem An-

---

[1]) Vorrede, vgl. I 230.

Einleitung.

hang der transscendentalen Dialektik, wo er von der Endabsicht der natürlichen Dialektik der menschlichen Vernunft handelte, der teleologischen Betrachtung der Natur die regulative Bedeutung zuerkannt, die Dinge der Welt, sofern ihre erschöpfende Erklärung nach den Grundsätzen der mechanischen Erklärung sich als unmöglich erweist, so anzusehen, als ob sie von einer höchsten Intelligenz ihr Dasein hätten. Besondere Veranlassung aber, der Frage der organischen Teleologie näher zu treten, bot sich Kant in der mit seinen geschichtsphilosophischen Überlegungen zusammenhängenden Bestimmung des Begriffes einer Menschenrace. Die Stellung, die er mit dieser im Novemberheft 1785 der „Berliner Monatsschrift" erschienenen Abhandlung eingenommen hatte, vertheidigte er gegen einen Angriff Georg Forsters in der Schrift über den Gebrauch teleologischer Principien in der Philosophie, die im Januar-Heft 1788 des „Deutschen Merkur" gedruckt wurde. Die hier vorgetragenen Principien sind durchweg dieselben, wie dereinst in der Kritik der reinen Vernunft und wie nachher in der Kritik der Urtheilskraft, wo sie mit dem ganzen Reichthum mannigfacher Anwendung ihre nähere Ausführung gefunden haben. Aber nichts in dieser Schrift, die zur Zeit des Abschlusses der Kritik der praktischen Vernunft geschrieben worden ist, lässt auf die Absicht des Verfassers, den Gegenstand in grösseren Dimensionen zu behandeln, und nichts darin lässt auf einen Zusammenhang schliessen, in den diese Fragen mit den ästhetischen Problemen gebracht werden sollten.

Mit nicht minder lebhaftem persönlichen Interesse hat Kant von früh an die ästhetischen Fragen verfolgt. Schon die Beobachtungen über das Gefühl des Schönen und Erhabenen zeigen eine ausserordentliche Fülle feinsinniger Bemerkungen aus einem weiten Umkreise der Kenntniss, und aus seinen Vorlesungen, wie aus seinen Reflexionen geht hervor, dass er mit den Erscheinungen der schönen Literatur und mit den kunstkritischen Theorien seiner Zeit in einem ausserordentlich ausgedehnten Maasse vertraut gewesen ist[1]). Aber sein Interesse daran war zunächst ein lediglich anthropologisches. Er betrachtete diese Gegenstände nur vom Standpunkt der Psychologie aus und hielt ihnen gegenüber die Möglichkeit einer anderen Doctrin damals für ausgeschlossen. Damit war es durchaus vereinbar, dass Kant in dieser seiner „empiristischen" Periode auf dem Katheder die Ästhetik ganz im Baumgartenschen Sinne als Ergänzung und in Parallele zur Logik behandelte. So heisst es in der Nachricht von der Einrichtung seiner Vorlesungen in dem Winterhalbjahre von 1765—1766 (II, 311) am Schlusse der Ankündigung der Logik: Wobei zugleich die sehr nahe Verwandtschaft der Materien Anlaß giebt, bei der Kritik der Vernunft einige Blicke auf die Kritik des Geschmacks, d. i. die Ästhetik, zu werfen, davon die Regeln der einen jederzeit dazu dienen, die der andern zu erläutern, und ihre Abstechung ein Mittel ist, beide besser zu begreifen. Auch weiterhin schrieb

---

[1]) Das sehr umfangreiche Material dazu findet sich bisher am ausführlichsten gesammelt bei Otto Schlapp, Kants Lehre vom Genie und die Kritik der Urtheilskraft. Göttingen, 1901.

Kant sachlich den Fragen des Geschmacks so viel Bedeutung zu, dass, als er im Jahre 1771 nach der Inauguraldissertation ein Werk unter dem Titel Die Grenzen der Sinnlichkeit und der Vernunft plante, er auch sie darin behandeln wollte[1]). Es kam ihm damals wesentlich darauf an, welchen großen Einfluß die gewisse und deutliche Einsicht in den Unterschied dessen, was auf *subjectivi*schen *princip*ien der menschlichen Seelenkräfte nicht allein der Sinnlichkeit, sondern auch des Verstandes beruht, von dem was gerade auf die Gegenstände geht in der ganzen Weltweisheit, ja so gar auf die wichtigsten Zwecke der Menschen überhaupt habe. Wenn in diesem Sinne auch der Entwurf dessen, was die Natur der Geschmackslehre, Metaphysik u. Moral ausmacht, in dem geplanten Werke enthalten sein sollte, so hatte das offenbar den Sinn, dass die Geschmackslehre als eine rein empirische und durch apriorische Principien nicht bestimmte Lehre dargestellt worden wäre. Denn diesen Standpunkt nimmt Kant noch in der Kritik der reinen Vernunft ein, wo es in der Einleitung zur transscendentalen Ästhetik folgendermaassen lautet[2]): Die Deutschen sind die einzige, welche sich jetzt des Worts Ästhetik bedienen, um dadurch das zu bezeichnen, was andre Kritik des Geschmacks heißen. Es liegt hier eine verfehlte Hoffnung zum Grunde, die der vortreffliche Analyst Baumgarten faßte, die kritische Beurtheilung des Schönen unter Vernunftprincipien zu bringen und die Regeln derselben zur Wissenschaft zu erheben. Allein diese Bemühung ist vergeblich. Denn gedachte Regeln oder Kriterien sind ihren Quellen nach blos empirisch und können also niemals zu Gesetzen a priori dienen, wornach sich unser Geschmacksurtheil richten müßte; vielmehr macht das letztere den eigentlichen Probirstein der Richtigkeit der ersteren aus. Um deswillen ist es rathsam diese Benennung wiederum eingehen zu lassen und sie derjenigen Lehre aufzubehalten, die wahre Wissenschaft ist, wodurch man auch der Sprache und dem Sinne der Alten näher treten würde. Ebenso heisst es in einer Anmerkung zum Kanon der reinen Vernunft in der Transscendentalen Methodenlehre [2a): „so gehören die Elemente unserer Urtheile, so fern sie sich auf Lust oder Unlust beziehen, mithin der praktischen, nicht in den Inbegriff der Transscendentalphilosophie".

In der fortschreitenden Beschäftigung mit diesen Gegenständen hat sich aber Kants Auffassung allmählich verändert. Schon die II. Auflage der Kritik der reinen Vernunft, deren Manuscript dem Jahre 1786 entstammt, giebt jener Stelle eine bemerkenswerthe Veränderung. Statt ihren Quellen heisst es hier[3]) ihren vornehmsten Quellen und statt zu Gesetzen nur noch zu bestimmten Gesetzen. Es muss also ein, wenn auch nur äusserst geringes Maass von Apriorität in dem ästhetischen Verhalten zu dieser Zeit von Kant wenigstens nicht mehr ganz für unmöglich gehalten worden sein. Dazu kommt noch, dass er an der

---

[1]) Siehe Kants Brief an Marcus Herz, vom 7. Juni 1771, X 117.
[2]) Kritik der reinen Vernunft, 1. Aufl., S. 21, Anmerkung. IV 30.
[2a]) III 520 Anm.
[3]) III 50 Anmerkung.

gleichen Stelle neben dem Vorschlage, die Baumgartensche Terminologie wieder aufzugeben, jetzt auch noch die andre Möglichkeit ins Auge fasst, sich in die Benennung mit der speculativen Philosophie zu theilen und die Ästhetik theils im transscendentalen Sinne, theils in psychologischer Bedeutung zu nehmen. Aber gerade diese terminologische Concession, die sich in der Folge dazu erweitert hat, dass Kant selbst für die Verwendung der Ausdrücke Ästhetik und ästhetisch in dem heutigen Sinne die entscheidende Bestimmung ausgeübt hat, zeigt doch an dieser Stelle, dass er auch damals noch die Ästhetik, welche die Kritik des Geschmacks bedeuten sollte, wesentlich in psychologischer Bedeutung nehmen und von ihrer Parallelstellung zu den transscendentalen Disciplinen nichts wissen wollte.

Offenbar aber ist seine Beschäftigung mit diesen Problemen immer mehr zu so geschlossenen Ergebnissen gelangt, dass er schon während der Zeit, als er seine ethischen Grundwerke ausführte, mit der kritischen Darstellung der Geschmackslehre beschäftigt war. Wir sehen aus einem Briefe von Bering[1]) an ihn (28. Mai 1787), dass der Leipziger Messkatalog bereits für das Jahr 1787 eine Grundlegung zur Critik des Geschmacks von Kant angekündigt hatte; und er selber berichtet in einem Briefe an Schütz vom 25. Juni desselben Jahres[2]), worin er auch mittheilt, dass er in der künftigen Woche das Manuscript der Kritik der praktischen Vernunft nach Halle zum Druck zu schicken denke, am Schluss, dass er nun alsbald zur Grundlage der Kritik des Geschmacks gehen müsse. Nach diesen Ausdrücken scheint die Annahme (Benno Erdmanns) nicht ausgeschlossen, dass Kant eine zeitlang daran gedacht hat, ebenso wie er der Kritik der praktischen Vernunft die Grundlegung zur Metaphysik der Sitten vorangeschickt hatte, auch der Kritik des Geschmacks eine ähnliche Grundlegung vorangehen zu lassen, die dann wohl ebenso die Aufgabe gehabt hätte, die Überführung von der populären Auffassung des Schönen zu der philosophischen, d. h. kritischen Behandlung darzulegen. Sie würde in diesem Falle den Entwickelungsgang von Kants eigener Betrachtung des Gegenstandes, ihre Umlegung aus dem psychologischen auf den transscendentalen Standpunkt darzustellen berufen gewesen sein. Ob aber Kant ernstlich daran gegangen ist, eine solche Theilung auch auf diesem Gebiete vorzunehmen, wird sich nicht mehr entscheiden lassen.

Jedenfalls hat das Jahr 1787 den Umschwung in der Theorie des Geschmacks für Kant mit sich gebracht. Sein Brief an Reinhold vom 28. December 1787[3]), worin er diesem für die „Briefe über die Kantische Philosophie" dankt und ihm zugleich das Manuscript der Abhandlung Über die teleologischen Principien für den „Deutschen Mercur" einsendet, lässt nicht den geringsten Zweifel darüber, dass die neue Erkenntniss, die Kant bei seiner Beschäftigung mit der Kritik des Geschmacks gewonnen hat, wesentlich zurückging auf das

---
[1]) X 465.
[2]) X 467.
[3]) a. a. O. S. 487 f.

Systematische, das die Zergliederung der vorher betrachteten Vermögen mich im menschlichen Gemüte hatte entdecken lassen, und welches zu bewundern und womöglich zu ergründen, mir noch Stoff genug für den Überrest meines Lebens an die Hand geben wird. Dies Selbstbekenntniss Kants ist umso wichtiger, als es nicht nur im Allgemeinen die Bedeutsamkeit des systematischen Moments in seiner Art des Philosophirens erkennen lässt, sondern es auch deutlich ausspricht, dass das gewaltigste seiner Werke auf der Wirksamkeit dieses systematischen Momentes in dem Sinne beruht hat, dass er dadurch zu einer tiefgehenden, ihm selbst unerwarteten Änderung seiner Auffassung sich genöthigt gesehen hat. Er sagt in diesem Briefe ausdrücklich, er sei auf diesem systematischen Wege dazu gelangt, Principien a priori auf einem Gebiete zu finden, wo er dies vorher für unmöglich gehalten habe, und er zeichnet hier in kurzen Strichen den Grundriss für die Eintheilung der kritischen Philosophie überhaupt, den er nachher in der Einleitung zur Kritik der Urtheilskraft — und zwar in deren beiden Formen gleichmässig — durchgeführt hat: Der Vermögen des Gemüths sind drei: Erkenntnißvermögen, Gefühl der Lust und Unlust, und Begehrungsvermögen. Für das erste habe ich in der Critik der reinen (theoretischen), für das dritte in der Critik der practischen Vernunft Principien *a priori* gefunden. Die Aufgabe der Kritik des Geschmacks ist also zu dieser Zeit dahin bestimmt, Principien a priori für das Gefühl der Lust und Unlust zu finden, und Kant bezeichnet diesen Theil der Philosophie, indem er ihn neben die theoretische und die praktische Philosophie stellt, als Teleologie.

Diese Gleichsetzung der Kritik des Geschmacks mit der Teleologie würde unmöglich gewesen sein, wenn Kant nicht schon damals die Erkenntniss gewonnen hätte, dass die Apriorität des ästhetischen Urtheils auf der subjectiven Zweckmässigkeit im Zusammenspiel der Erkenntnissvermögen und damit auf der allgemeinen Mittheilbarkeit des darauf beruhenden Gefühls, in letzter Instanz somit auf dem Bewußtsein überhaupt oder dem übersinnlichen Substrat der Menschheit beruht. In der That findet sich in der Methodenlehre der Kritik der praktischen Vernunft, deren Manuskript im Sommer 1787 abgeschlossen wurde, bereits folgende Bemerkung: wie alles, dessen Betrachtung subjektiv ein Bewußtsein der Harmonie unserer Vorstellungskräfte bewirkt, und wobei wir unser ganzes Erkenntnißvermögen (Verstand und Einbildungskraft) gestärkt fühlen, ein Wohlgefallen hervorbringt, das sich auch andern mittheilen läßt, wobei gleichwohl die Existenz des Objekts uns gleichgültig bleibt, indem es nur als die Veranlassung angesehen wird, der über die Thierheit erhabenen Anlage der Talente in uns inne zu werden[1]). Ja, diese gedrängte Vorwegnahme wesentlicher Punkte der Analytik des Schönen steht dort in einem Zusammenhange, wo auch von der Zweckmässigkeit der Organisation und sogar von der Beschäftigung der Urtheilskraft, welche uns unsre eigene Erkenntnißkräfte fühlen läßt, aber freilich nur in einer Weise die Rede ist, worin der spätere systematische Zusammenhang höchstens im Keime erkennbar ist. Für das Verständniss der Gedankenent-

---
[1]) V 160.

wickelung, die Kant zu diesem, ihn selbst überraschenden Ergebniss hat kommen lassen, besitzen wir keine authentischen Angaben, und wir sind deshalb auf die Begründungen des Ergebnisses angewiesen, die in der Kritik der Urtheilskraft selbst enthalten sind. Danach aber ist es klar, dass die neue Erkenntniss für Kant aus seinen Untersuchungen über die logische Structur des ästhetischen Urtheils erwachsen ist. Deshalb ist es für ihn und seine ästhetische Philosophie durchaus wesentlich, dass die Analytik des Schönen nach dem Schema seiner Kategorienlehre gegliedert ist, und es ist nicht zu verkennen, dass das entscheidende Problem, das gerade aus dieser Behandlungsweise herausspringt, in der Frage besteht, wie mit dem singularen Charakter des ästhetischen Urtheiles seine Allgemeingiltigkeit vereinbar sei. Diese Fassung des ästhetischen Problems schliesst sich mit einer zwingenden Analogie an diejenige erkenntnisstheoretische Unterscheidung, welche Kant zur Erläuterung seiner Kategorienlehre in den Prolegomena neu eingeführt hatte: die Unterscheidung des Wahrnehmungsurtheiles und des Erfahrungsurtheiles. Die Analogie dieses Verhältnisses zu demjenigen zwischen den Urtheilen über das Angenehme und das Schöne nach der Kantischen Auffassung liegt unmittelbar auf der Hand[1]). Dort nun hatte Kant gefunden, dass das singulare Wahrnehmungsurtheil zum Erfahrungsurtheil mit dem Anspruche auf Allgemeingiltigkeit nur dadurch werden könne, dass als Princip der Begründung eine Kategorie, d. h. ein Begriff, hinzutritt. Bei dem Schönheitsurtheil dagegen war diese Begründung durch einen Begriff ausdrücklich auszuschliessen, und dadurch wurde es für den Philosophen zu einem logischen Problem. In dem Augenblick, wo Kant in jener subjectiven Zweckmässigkeit das apriorische Moment entdeckte, welches die Allgemeingiltigkeit des ästhetischen Urtheiles trotz seiner formalen Singularität und trotz seiner Unabhängigkeit von Begriffen verstehen liess, musste ihm die Ästhetik aus dem Bereiche der Psychologie in dasjenige der Transscendentalphilosophie hinüberrücken. Damit war auch das dritte Gebiet des Seelenlebens, wie es Kant mit den gleichzeitigen Eintheilungen von Sulzer, Mendelssohn und Tetens annahm, das Gefühl, zum Gegenstande der kritischen Methode geworden.

Wenn nun auch der Brief an Reinhold vom 28. December 1787 die Gleichsetzung dieser philosophischen Kritik des Gefühlsvermögens mit der Teleologie ausspricht, so enthält er andererseits nicht die geringste Andeutung darüber, dass etwa dieser neuentdeckte Theil der Philosophie noch andere Probleme enthalten sollte, und er bietet ganz besonders nicht den geringsten Anhalt dafür, dass irgend ein Zusammenhang dieser transscendentalen Ästhetik des Schönen mit solchen Fragen in Aussicht genommen wäre, wie sie sonst und auch von Kant gleichzeitig als teleologische bezeichnet zu werden pflegten. Die für die systematische Gesamtgestaltung der Kritik der Urtheilskraft entscheidende Bestimmung und die Beziehung der beiderseitigen Probleme auf das Grundprincip der reflectirenden Urtheilskraft war somit um diese Zeit noch nicht

---

[1]) Diese Analogie ist ausgeführt bei Fr. Blencke, Die Trennung des Schönen vom Angenehmen in Kants Kritik der aesthetischen Urteilskraft. Leipzig 1889.

gefunden oder wenigstens nicht zu deutlicher Erkenntniss und Formulirung gelangt. Daher gingen auch die Hoffnungen, welche Kant am 24. December 1787 brieflich an Marcus Herz über den baldigen Abschluss seines gesammten philosophischen Hauptwerkes geäussert hatte[1]), nicht in Erfüllung, und es kamen nicht nur die Rectoratsgeschäfte, von denen er in dem Briefe an Reinhold vom 7. März 1788 spricht[2]), und dann die Abfassung der Streitschrift gegen Eberhard verzögernd dazwischen, sondern hauptsächlich die Neugestaltung der Probleme, die zuerst darin zum Ausdruck kommt, dass das Werk in dem Briefe an Reinhold vom 12. Mai 1789 zum ersten Mal unter dem Titel meine Critik der Urtheilskraft (von der die Critik des Geschmacks ein Theil ist) für die nächste Michaelismesse in Aussicht gestellt wird[3]). Jetzt also erst war die Vereinigung der ästhetischen und der im engeren Sinne teleologischen Probleme unter dem Princip der Urtheilskraft gelungen: und es fragt sich, wie diese abschliessende Wendung der Kantischen Philosophie gefunden worden ist. Die Urtheilskraft, von der nun die Rede ist, hat bekanntlich als die reflectirende Urtheilskraft einen ganz anderen Sinn, als jene Urtheilskraft, von der Kant in der Critik der reinen Vernunft gehandelt hatte, die dort in der Analytik der Grundsätze als die transcendentale Urtheilskraft eingeführt und von der eben die Analytik der Grundsätze die transscendentale Doctrin gebildet hatte. Dieser bestimmenden Urtheilskraft wird nun die reflectirende als dasjenige Princip gegenübergestellt, welches die transscendentalen Bedingungen für die apriorischen Functionen des Gefühlsvermögens enthalten soll.

Auch hierbei sind für Kant wesentlich systematische Erwägungen maassgebend gewesen. Für die drei Gebiete des Seelenlebens, die er als Vorstellungsvermögen, Gefühlsvermögen und Begehrungsvermögen unterschied, konnten apriorische Principien, wenn es solche gab, wiederum nur in den drei Arten des sogenannten oberen Erkenntnissvermögens gesucht werden. Diese aber waren Verstand, Urtheilskraft und Vernunft. Die Principien apriorischer Erkenntniss hatte er im Verstand, d. h. in den Kategorien und den Grundsätzen, diejenigen des Begehrungsvermögens oder des reinen Willens nach den Untersuchungen der Critik der praktischen Vernunft in der „Vernunft" im engeren Sinne des Wortes gefunden. So blieb für ein Apriori des Gefühls, wenn es ein solches geben sollte, nur die Urtheilskraft als Quelle übrig. Diese Function aber konnte die Urtheilskraft nicht in Gestalt der Bedeutung übernehmen, welche sie in der transcendentalen Deduction der reinen Verstandesbegriffe als die Unterordnung der Daten der Sinnlichkeit unter die Kategorien besass. Vielmehr musste in diesem Falle eine ganz andersartige Function der Urtheilskraft angenommen werden. Im Allgemeinen sah Kant das Wesen der Urtheilskraft darin, die Unterordnung des Besonderen unter ein Allgemeines zu vollziehen[4]). Wo diese

[1]) X 486.
[2]) X 505.
[3]) XI 39.
[4]) Vgl. Critik der reinen Vernunft III 131: so ist Urtheilskraft das Vermögen unter Regeln zu subsumiren.

Unterordnung so erfolgt, dass die Specification des Allgemeinen zum Besonderen als eine begriffliche Nothwendigkeit eingesehen werden kann, da haben wir es mit der bestimmenden Urtheilskraft als einem transscendentalen oder empirischen Vermögen zu thun: die transscendentale Urtheilskraft hatte Kant in diesem Sinne in der transscendentalen Analytik als die Subsumption der Sinnlichkeit unter die Kategorien vermöge des Schematismus der reinen Verstandesbegriffe dargelegt. Nun hatte Kant gefunden, dass die Nothwendigkeit und Allgemeingiltigkeit, welche das ästhetische Urtheil für sich in Anspruch nimmt, auf der subjectiven Zweckmässigkeit der Form des Gegenstandes für das Zusammenspiel der Erkenntnisskräfte, Sinnlichkeit und Verstand, niemals aber auf Begriffen beruht. Hier zeigte sich also eine Art der Urtheilskraft, worin der vorgestellte Gegenstand nicht mehr für die Erkenntniss auf allgemeine Begriffe, sondern vielmehr für das Gefühl auf ein Princip der Zweckmässigkeit in allgemeingültiger Weise bezogen wurde. So entdeckte Kant das Princip einer Urtheilskraft ohne allgemeine Begriffe, und diese nannte er die reflectirende Urtheilskraft, in welcher das Allgemeine, worunter das Besondere subsumirt werden soll, nicht in Begriffen gegeben ist, sondern erst gesucht werden muß[1]). Damit war einerseits der Weg gefunden, Gefühle, wie die der Lust und Unlust, die im Allgemeinen durchaus empirischen Characters sind, auf die reflectirende Urtheilskraft zu beziehen und ihnen damit den apriorischen Character zu gewinnen, andererseits aber auch die Möglichkeit gegeben, im Bereiche der Erkenntnissthätigkeit überall da, wo die Unterordnung des Besonderen unter das Allgemeine in der Form der bestimmenden Urtheilskraft unmöglich war, die Betrachtung der reflectirenden Urtheilskraft für sie eintreten zu lassen. Wenn die synthetische Einheit des Mannigfaltigen durch die begriffliche Function der bestimmenden Urtheilskraft nicht einzusehen ist, so kann an ihre Stelle die reflectirende mit dem Princip der Unterordnung des Mannigfaltigen unter einen einheitlichen Zweck treten. Unter diesem Gesichtspunkte konnte die Zweckmässigkeit der organischen Naturproducte, deren Nothwendigkeit aus den begrifflichen Voraussetzungen des causalen Mechanismus nicht zu verstehen war, von der reflectirenden Urtheilskraft angesehen werden. Insbesondere aber eignete sich dieses Princip zur Ergänzung von Kants Bemühungen um die Metaphysik der Natur. Denn wenn in dieser die Ableitung des Besonderen aus dem Allgemeinen, die Specification des Allgemeinen zum Besonderen auf dem begrifflichen Wege der bestimmenden Urtheilskraft unmöglich war, wenn deshalb die besonderen Erscheinungen und Gesetzmässigkeiten der Natur im Sinne einer begrifflich erkennbaren Nothwendigkeit zufällig blieben, so konnte die synthetische Einheit der Erscheinungen, die wir als Natur denken, nach dem Princip der reflectirenden Urtheilskraft als ein zweckmäßiges Ganzes betrachtet werden.

---

[1]) Vgl. Kritik der reinen Vernunft III 429, wo der apodiktische und constitutive Gebrauch der Vernunft in diesem Sinne von dem problematischen und regulativen unterschieden wird.

Den springenden Punkt für die Beziehung des Gefühlsvermögens auf die im engeren Sinne sogenannten teleologischen Probleme müssen wir deshalb wiederum in logisch-erkenntnisstheoretischen Problemen allgemeinster Art suchen. Denn von der Auffassung der nachher sogenannten objectiven Zweckmässigkeit der organischen Wesen führt zu der sogenannten subjectiven Zweckmässigkeit in dem Zustande des Gemüthes, der das ästhetische Urtheil begründet, kein directer Weg. Das Zwischenglied, das die letzte Vereinheitlichung in den Gedanken der kritischen Philosophie vermittelt hat, liegt vielmehr bei denjenigen Überlegungen, welche Kant als das Problem der Specification der Natur bezeichnet hat. Es ist die Frage, wie weit aus den Grundsätzen des reinen Verstandes, die zugleich die allgemeinen Gesetze sind, welche nach der transscendentalen Deduction der reinen Verstandesbegriffe der Verstand der Natur vorschreibt, sich die besonderen Naturgesetze deduciren lassen. Diese Frage blieb für Kant, nachdem er in den metaphysischen Anfangsgründen der Naturwissenschaft durch die Combination der kategorialen Grundsätze mit mathematischen Principien bereits weiter in die Besonderheit des Systems der Naturgesetze eingedrungen war, ein systematisches Hauptinteresse, und er hat an ihrer Beantwortung bekanntlich in seinem Alter mit unermüdlich erneuten Versuchen gearbeitet, die in dem hinterlassenen Manuscript über den Übergang aus der Metaphysik in die Physik niedergelegt sind. Dass ihn dies in der Zeit der Entstehung der Kritik der Urtheilskraft beschäftigte, sehen wir aus dem Briefe an Marcus Herz, wo er am 26. Mai 1789 schreibt: mir, der ich in meinem 66ften Jahre noch mit einer weitläuftigen Arbeit meinen Plan zu vollenden (theils in Lieferung des letzten Theils der Critik, nämlich dem der Urtheilskraft, welcher bald herauskommen soll, theils in Ausarbeitung eines Systems der Metaphysik, der Natur sowohl als der Sitten, jenen critischen Forderungen gemäß,) beladen bin[1]). Er erkennt also die metaphysischen Anfangsgründe der Naturwissenschaft noch nicht als Metaphysik der Natur an, ebenso wenig wie die Kritik der praktischen Vernunft als Metaphysik der Sitten. Die Herleitung der besonderen Naturgesetze aus den transscendentalen Principien erkannte er aber damals noch mit vollkommen kritischer Schärfe als eine Unmöglichkeit, und er fand hier nur den Ausweg der teleologischen Betrachtung, wonach die Zusammenstimmung aller einzelnen, der empirischen Erkenntniss zugänglichen Gesetzmässigkeiten zu einem einheitlichen System der Erfahrung als die Zweckmässigkeit der Natur für die Erkenntnissthätigkeit angesehen werden sollte. Das ist der Grundgesichtspunkt der teleologischen reflectirenden Urtheilskraft, welcher diese mit der ästhetischen reflectirenden Urtheilskraft in unmittelbare Analogie treten liess. Daher handelt es sich auch in den beiden Einleitungen in die Kritik der Urtheilskraft — sowohl in derjenigen, welche Kant schliesslich an die Spitze des Werkes gestellt hat, als auch in derjenigen, von der wir nur die Auszüge von Sigismund Beck kennen —, wo von den teleologischen Problemen

---

[1]) XI 49.

Einleitung.

die Rede ist, nicht in erster Linie um die Frage nach der Zweckmässigkeit der Lebewesen, sondern vielmehr principiell zunächst um das Problem der Einheit der Natur als eines Systems der Erfahrung. In demselben Sinne gliedert sich auch für die Einleitung der Kritik der Urtheilskraft das Princip der formalen Zweckmäßigkeit der Natur mit den Abschnitten VII und VIII in die ästhetische Vorstellung von der Zweckmäßigkeit der Natur und die logische Vorstellung von der Zweckmäßigkeit der Natur. Offenbar liegt dabei das aus der Kritik der reinen Vernunft bekannte Eintheilungsschema von Ästhetik und Logik zu Grunde und wird, wie dort auf die Erkenntniss a priori, so hier auf die apriorische Betrachtung der reflectirenden Urtheilskraft bezogen. Aber das Gemeinsame für beide Theile bleibt die Vernunftnothwendigkeit einer formalen Zweckmässigkeit der Natur. Dies war der neue Grenzbegriff, den Kant in der Durchführung der kritischen Metaphysik auf dem Boden der Kritik der reinen Vernunft entdeckte, und so mussten die ästhetische und die teleologische Problemreihe miteinander auf das Princip der reflectirenden Urtheilskraft convergiren.

Nachdem auf diese Weise unter einem völlig neuen Gesichtspunkte der systematische Rahmen für das neue Werk gefunden war, konnte die Ausarbeitung verhältnissmässig schnell alle die besonderen Untersuchungen zusammenfassen, welche Kant zum grossen Theil im Anschluss an seine Vorlesungen über die ästhetischen und über die teleologischen Probleme im Einzelnen schon fortwährend angestellt hatte. Das Wesentliche der principiellen Entwickelung bildete die Einsicht in den Zusammenhang zwischen dem Gefühlsvermögen und der reflectirenden Urtheilskraft: nachdem Kant gefunden hatte, dass es die letztere ist, welche für das erstere die Begründung der Apriorität ihrer ästhetischen Functionen im Schönen wie im Erhabenen abgiebt, musste der Theorie des ästhetischen Urtheils diejenige des im engeren Sinne teleologischen Urtheils an die Seite gestellt werden, weil auch diese darauf hinauslaufen muss, seine Begründung in der von der reflectirenden Urtheilskraft bestimmten Betrachtung der Natur als eines zweckmässigen Systems der Erfahrung darzulegen. Die so überaus wirkungsvolle Zusammenfassung der Probleme des organischen Lebens und der Kunst hat sich also unter dem den letzten Abschluss der Kantischen Weltanschauung bestimmenden Gedanken von der Einheit des Systems der Erfahrung als eines zweckmässigen Ganzen vollzogen. In den ursprünglichen Voraussetzungen der Kantischen Erkenntnisslehre mit ihrer scharfen Sonderung von Form und Stoff lag es begründet, dass der gegebene Inhalt der Erfahrung den synthetischen Formen des Erkenntnissvermögens gegenüber in letzter Instanz etwas Zufälliges bleiben musste und dass seine Formbarkeit durch Kategorien, seine Subsumirbarkeit unter die Grundsätze eine unbegreifliche, „glückliche" Thatsache bildete, die einen Charakter der Nothwendigkeit nicht mehr für die begriffliche Einsicht, sondern nur noch für die teleologische Betrachtung erhalten konnte: von diesem Verhältniss aus gesehen, bildet die Kritik der Urtheilskraft eine ebenso unerlässliche Ergänzung für die Kritik der reinen Vernunft, wie sie nach einer andern Richtung durch die Kritik der praktischen Vernunft von Kant gegeben ist. So hat die Gedankenarbeit des 9. Jahrzehnts vollendet, was in der des 8. Jahrzehnts begonnen worden war.

Nachdem Kant diese Gedankenzusammenhänge zu ihrem systematischen Abschluß gebracht hatte, ist die Abfassung der Kritik der Urtheilskraft, wie es scheint, verhältnissmässig schnell von statten gegangen. Wegen des Verlages hatte Kant mit dem Berliner Buchhändler de la Garde abgeschlossen. Der Sohn seines alten Verlegers, Johann Friedrich Hartknoch in Riga, dem Kant auf seine Bitte um den Verlag der Kritik des schönen Geschmacks, (vgl. dessen Brief vom 15./26. August 1789)[1]) eine unbestimmte Zusage ertheilt hatte, war davon, wie sein Brief vom 9./20. October 1790 zeigt[2]), schmerzlich überrascht. Die Wahl Kants scheint durch Rücksichten auf die Leistungsfähigkeit des Verlags hinsichtlich der Schnelligkeit der Herstellung und der Sicherheit des Betriebes veranlasst gewesen zu sein: denn er schreibt an seinen Schüler Kiesewetter, den er de la Garde als Corrector empfohlen hatte (Brief an de la Garde vom 15. October 1789 und von Kiesewetter vom 19. November 1789)[3]) bei Gelegenheit der Absendung des ersten Theils des Manuscriptes am 21. Januar 1790, es solle, falls de la Garde das Werk nicht bis zur Ostermesse fertig zu bringen vermöchte, Kiesewetter Verhandlungen mit einem andern Buchhändler, Himburg, einleiten[4]). An de la Garde schreibt er an demselben Tage, mit der Zusendung des Manuscripttheils: Die erste und vornehmste Bedingung, unter der ich Ew: Hochedelgeb. dieses *Mcrpt.* zu Ihrem Verlage übergebe, ist: daß es zur rechten Zeit auf der nächsten Leipz. Ostermesse fertig geliefert werde. Sollten Sie dieses zu leisten sich nicht getrauen, so bitte es an Hrn. *Kiesewetter* zu melden, der hierüber von mir einen Auftrag bekommt. Allein ich hoffe: daß es doch irgend eine Presse in Berlin oder dem benachbarten Sachsen geben wird, welche in 14 Tagen 5 Bogen drucken wird, dadurch denn der Druck ganz zeitig vollendet seyn kann. Da ich aber nicht zweifle: daß Sie einen solchen Buchdrucker in Berlin antreffen werden, so wiederhole meine Empfehlung, den Hrn. *Kiesewetter* zum *Corrector* zu brauchen, den Sie dann auch dafür so reichlich als für dergleichen Arbeit nur zu geschehen pflegt, zu bezahlen belieben werden[5]). Die Briefe Kiesewetters und de la Gardes vom 29. Januar 1790[6]) zeigen, dass Verleger und Corrector die Wünsche Kants auf das eifrigste zu befolgen begannen. Kant liess dann am 9. Februar eine zweite Manuscriptsendung an de la Garde abgehen, wonach vom Text nur noch ein kleiner Rest ausstand[7]). Er zeigte in dem weiteren Briefwechsel mit dem Verleger und dem Corrector[8]) eine rührende Bescheidenheit in der Bekundung seiner Zufriedenheit über die Ausstattung

---

[1]) XI 71.
[2]) XI 217.
[3]) XI 95 u. 106.
[4]) XI 121.
[5]) XI 122 f.
[6]) XI 124 u. 126.
[7]) XI 129 f.
[8]) Vgl. XI 141, 193, 383.

und die Drucklegung des Buches. Der Corrector hatte dabei, wie sein Brief vom 3. März 1790 beweist, mancherlei Verlegenheiten zu überwinden: „es sind nämlich Stellen im Manuscript, die offenbar den Sinn entstellende Schreibfehler enthalten, und wo ich mich genöthigt gesehen habe zu ändern." Wir erfahren dabei auch, dass er „bei der Correctur vom 2ten bis 6ten Bogen krank war, und also ein anderer[1]), der dem Manuscripte treulich folgte, die Correctur übernahm". Dabei sei es zu seinem grössten Ärger gekommen, dass zwei den Sinn entstellende Fehler stehen blieben, die unter den Errata aufgeführt werden sollten[2]). Am 9. März 1790 hat dann Kant (vgl. Brief an de la Garde)[3]) den Rest des Textes im Manuscript an den Verleger abgeschickt und Vorrede und Einleitung für das Ende der Passionswoche in Aussicht gestellt. Die letztere Zusicherung wurde sodann am 22. März erfüllt (vgl. den Brief an de la Garde vom 25. März 1790)[4]). Zugleich giebt Kant die Adressen für seine Dedikations-Exemplare an, deren Zusammenstellung nicht uninteressant ist: Graf von Windisch-Grätz in Böhmen, Geheimerath Jacobi in Düsseldorf, Professor Reinhold in Jena, Professor Jacob in Halle, Professor Blumenbach in Göttingen, ferner Geheimer Finanzrath Wloemer in Berlin, D. Biester, Kiesewetter, D. u. Prof. Hertz[5]). Inzwischen hatte Kant, wie aus dem Brief an Kiesewetter vom 20. April 1790[6]) zu ersehen, einen Theil der Probebogen durchgesehen, aber er schreibt darüber: Ich fing an sie durchzugehen, (wegen der Druckfehler) aber es war mir nachgerade verdriesslich und schob es also auf, bis ich mehr derselben bekommen haben würde, um es auf einmal abzumachen. Er legt dann einen Aufsatz von den gefundenen Druckfehlern, auch einen Auslassungsfehler, bey, welche vielleicht noch dem Werke angehängt werden können, und spricht dann des Näheren über einen Schreibfehler, der bei einer Überschrift untergelaufen war. Jenes freilich sehr wenig sorgfältige Druckfehlerverzeichniss ist dann der ersten Auflage des Werkes beigefügt worden, die rechtzeitig nach Kants Wunsch zur Ostermesse 1790 erschien.

Mit dem Absatz des Buches war, wie Kiesewetter schon im Mai 1790 an Kant berichtete[7]), der Verleger so zufrieden, dass er für das folgende Jahr schon eine neue Auflage in Aussicht nahm. Auch de la Garde bestätigt dies

---

[1]) Dieser „andere" war vermuthlich Friedr. Gentz, der wie aus seinem jetzt veröffentlichten Briefwechsel (Briefe von und an F. v. Gentz, herausgegeben von Fr. Karl Wittichen, I, München und Berlin 1909) hervorgeht, bei der ersten Auflage der Kritik der Urtheilskraft die zweite Correctur gelesen hat und sich in einem Briefe an Garve (5. Dec. 1790, vgl. das. I 182) rühmt, dabei einige tausend Druckfehler weggeschafft zu haben.
[2]) XI 136.
[3]) XI 140f.
[4]) XI 142f.
[5]) Dazu sind nach dem Verzeichniss in de la Gardes Brief vom 22. Mai 1790 (XI 172) noch Salomon Maimon und Prof. Michelsen gekommen.
[6]) XI 151f.
[7]) XI 161.

in dem Briefe vom 22. Mai 1790[1]). Indessen kam es nicht so bald zur zweiten Auflage. Kant fragte am 2. September und nochmals am 19. October 1790[2]) bei dem Verleger an, bis wann er spätestens seine Verbesserungen für die neue Auflage einzusenden habe. Die Antwort darauf (Briefsammlung 427a) ist nicht erhalten, sie muss, wie wir aus dem Briefe von de la Garde vom 5. Juli 1791 ersehen[3]), dahin gelautet haben, dass die neue Auflage bis zum Sommer 1791 Zeit habe; nunmehr schreibt de la Garde, dass er nach der Michaelmesse den Druck beginnen möchte und schickt ein durchschossenes Exemplar, dessen Empfang Kant unter dem 15. August 1791 quittirt. Die Bitte der Verlegers, die Verbesserungen bis zu Ende October zu erhalten, hat Kant nach seinem Briefe vom 28. October 1791 nicht erfüllen können: da ich nothwendig meine ganze Zeit ununterbrochen dem Durchdenken der hier abgehandelten Sachen widmen muß, welche ich aber im vergangenen Sommer bis in den October hinein, durch ungewohnte Amtsgeschäfte und auch manche litterärische unvermeidliche Zerstreuungen abgehalten, nicht habe gewinnen können[4]). Er bat damals um Aufschub nur bis Ende November, theilte dann aber — wie sich de la Garde dazu stellte, wissen wir nicht, da seine Antwort (Briefsammlung Nr. 463a) nicht erhalten ist — erst am 30. März 1792 dem Verleger mit, dass er das corrigirte Exemplar bald nach Ostern zu überschicken bedacht seyn werde[5]). In der That ist dies, wie der Brief vom 12. Juni besagt,[6]) am 10. Juni geschehen. Die Correctur zur Einleitung freilich kam erst am 2. October 1792, und Kant bemerkte dabei: Auf den Titel den Ausdruck: zwevte Verbesserte Ausgabe zu setzen, halte ich nicht für schicklich, weil es nicht ganz ehrlich ist; denn die Verbesserungen sind doch nicht wichtig genug, um sie zum besonderen Bewegungsgrunde des Ankaufs zu machen: deshalb ich jenen Ausdruk auch verbitte[7]). Was die letztere Frage angeht, so war Kant, nachdem ihm de la Garde unter dem 2. November 1792 bedauernd mitgetheilt hatte, dass im Messkatalog schon „zweite verbesserte Auflage" stehe[8]), auch damit einverstanden, weil es im Grunde wenig zu bedeuten habe. Er schrieb darüber am 21. December 1792: Unwahr ist es wenigstens nicht, wenn es mir gleich ein wenig prahlend zu seyn schien[9]). Auf dem Titel des Buchs ist aber dann der Zusatz „verbesserte" doch fortgefallen. Jedenfalls aber konnte Kant schon am 4. Januar 1793 dem Verleger für das herrlich gebundene Exemplar der neuen Auflage seinen Dank abstatten[10]). Die Änderungen, die Kant für

---

[1]) XI 172. Vgl. Gentz an Garve am 5. Dec. 1790 (Briefe von und an Gentz I 182).
[2]) XI 193f. u. 216f.
[3]) XI 257f.
[4]) XI 288.
[5]) XI 317.
[6]) XI 327.
[7]) XI 359.
[8]) XI 369.
[9]) XI 383.
[10]) XI 389.

die zweite Auflage selbst gemacht hat, lassen sich schwer und auf jeden Fall nur hypothetisch von denjenigen unterscheiden, zu welchen offenbar, wie Kiesewetter bei der ersten Auflage, der Berliner Corrector auch jetzt freie Hand hatte. Wer aber in diesem Falle der Corrector gewesen ist, lässt sich nicht mit voller Sicherheit feststellen. Dass es wieder Kiesewetter gewesen sein sollte, ist nicht anzunehmen, einerseits weil sich in der fortlaufenden Correspondenz mit diesem nichts darüber findet, andrerseits weil zwischen ihm und Kant wegen der Logik Kiesewetters eine vorübergehende Verstimmung eingetreten war (vgl. Brief von Kiesewetter 3. Juli 1791, von de la Garde 5. Juli 1791, von Kant 2. Aug. 1791); der Briefwechsel mit Kiesewetter wird dann erst am 15. Juni 1793 von diesem wieder aufgenommen, nachdem ihm Kant durch die Zusendung einer Schrift — der Religion innerhalb der Grenzen der bloßen Vernunft — entgegengekommen war. Dagegen ist es im höchsten Maasse wahrscheinlich, dass der Corrector der zweiten (und ebenso der dritten) Auflage Fr. Gentz gewesen ist. Dessen bisher veröffentlichter Briefwechsel giebt zwar direct nur über seine Mitwirkung bei der Correctur der ersten Auflage Aufschluss. Aber wie er schon diese wesentlich auch aus Liebe zu seiner „alten Pflegemutter, der Kantischen Philosophie" (er war Kant's Zuhörer gewesen[1])) übernommen hatte[2]), so las er auch das Werk zum zweiten Male aus sachlichem Interesse und dabei auch zugleich mit Rücksicht auf die Druckfehler, deren noch immer viele übrig geblieben seien. Er erwähnt dabei die Erforderlichkeit der neuen Auflage, zu der aber — 5. Dec. 1790 — noch keine Anstalten gemacht seien. Da nun ferner der Buchhändler de la Garde sein „sehr vertrauter Freund und Verwandter" war[3]), da auch seine finanziellen Verhältnisse dauernd derart waren, dass ihm eine solche Nebenarbeit willkommen sein musste, so spricht alles dafür, in ihm den bisher vergebens gesuchten Corrector der zweiten (und dritten) Auflage zu sehen: und wenn die Herausgeber immer die Hand dieses Correctors gerade in der Vermeidung sprachlicher Härten und der Abrundung des Ausdrucks glücklich gefunden haben, so stimmt es dazu, dass es die eines Stilisten ersten Ranges wie Friedr. Gentz gewesen ist.

Noch eine dritte Auflage des Werks ist bei Kants Lebzeiten im Jahre 1799 bei de la Garde erschienen. Allein über diese schweigen die brieflichen Nachrichten vollständig. Aus der Correspondenz mit de la Garde und mit Kiesewetter ist nichts erhalten, was mit dieser neuen Auflage in Zusammenhang stünde. Selbst der Versuch, darüber in dem ungedruckten Briefwechsel zwischen de la Garde und dem Kriegsrath Scheffner Auskunft zu finden, hat nur ergeben, dass de la Garde am 4. August 1798 (Briefwechsel Nr. 773a) an Kant eine Anweisung für das Honorar der dritten Auflage der Kritik schickte und dabei meinte, Kant solle wohl sich seines Versprechens erinnern und ihm

---

[1]) Vgl. den Brief seines Vaters an Kant (X, 294) und dessen Aeusserung an Mendelssohn (X, 322), sowie den Brief von Fr. Gentz an Kant (X, 346).
[2]) Briefe von und an Gentz I, 156.
[3]) Ibid. 159.

von seinen Werken wenigstens eines noch zukommen lassen; und weiterhin findet sich in dem Briefe vom 30. September 1798 eine Bemerkung über die, wie es scheint, nicht eben freundliche Art, in der Kant, vielleicht unter dem Druck seines körperlichen Zustandes, die Verbindung mit dem Verleger abgebrochen hatte: „Was Sie mir von Kant sagen, erklärt freilich in etwas sein sonderbares Benehmen gegen mich. Gleich nach meiner Rückkunft aus Paris überschickte ich ihm das Honorarium der dritten Auflage seiner Kritik und dankte bei der Gelegenheit für die freundschaftliche Äußerungen gegen Vg. (Vieweg) ferner noch Geschäfte mit mir machen zu wollen. Als ich nach zwei Monat keine Antwort von ihm erhielt, bat ich ihn, mir wenigstens der Ordnung wegen den Empfang des Geldes anzuzeigen, allein hierauf hat er bis jetzt mit keiner Sylbe geantwortet. Er scheint zu glauben, dass mein Dank eine Aufforderung enthält, von seinem jetzigen Verleger abzugehen. Dadurch würde er nun wohl freylich sein Versprechen erfüllen, allein mich nicht so sehr beglücken, da ich mehr Verlagsprojecte habe als meine Kräfte es erlauben in 3 Jahren zu bestreiten."

Die dritte Auflage stimmt zwar in der Seitenzahl und in der Abtheilung der Seiten mit der zweiten durchgängig überein, ist aber doch nicht, wie man wohl gemeint hat, ein unveränderter Abdruck davon, sondern zeigt wiederum eine Anzahl sprachlicher Veränderungen und gelegentlich auch eine sachliche Abweichung, — Änderungen, die sich stilistisch in der Richtung derjenigen der zweiten Auflage bewegen. Es ist deshalb nicht unwahrscheinlich, obwohl in keiner Weise bezeugt, dass hier derselbe Corrector, also vermuthlich Gentz, mitgewirkt hat, wie bei der zweiten Auflage, und dass er wiederum dazu freie Hand hatte.

Was wir somit von der Geschichte des Drucks der drei Auflagen wissen, lässt es als ausgeschlossen erscheinen, mit Sicherheit eine Form des Werkes herzustellen, die in jeder Hinsicht auf Kants eigene Textprüfung zurückginge. Schon bei der ersten Auflage haben Kiesewetter und gelegentlich der andere Corrector ihre Hand im Spiele gehabt; bei der zweiten gehen zweifellos die bedeutsamsten Textänderungen auf Kants durchschossenes Exemplar zurück, aber es sind auch die stilistischen Ausfeilungen durch Gentz als den wahrscheinlichen Corrector hinzugekommen; bei der dritten endlich haben wir keinen Grund zu der Annahme, dass Kant bei den Änderungen direct mitgewirkt hätte, wohl aber zu der Voraussetzung, dass der Philosoph wiederum seine allgemeine Einwilligung zu den Änderungen gegeben hat, welche der Corrector vornahm. Über das Verhältniss der drei Texte zu einander hat Benno Erdmann in seiner Sonderausgabe der Kritik der Urtheilskraft (1880) eine vergleichende Untersuchung von so umfassender Sorgfalt gemacht, dass darauf hier verwiesen werden muss. Für die vorliegende Ausgabe ist im allgemeinen auf Grund der dargelegten Verhältnisse der Text der zweiten Auflage (A^2) zu Grunde gelegt worden als derjenigen, bei der Kant selbst noch in nachweisbarer Weise, wenn auch nicht allein mitgewirkt hat. Doch erwies es sich als zweckmässig und unter Umständen als erforderlich, gewisse Änderungen der dritten Auflage für welche ja die Legitimation von Seiten Kants schliesslich auch soweit reicht, wie für viele der Änderungen der zweiten Auflage, an denjenigen Stellen einzusetzen, wo sie offenbare Verbesserungen des Ausdrucks oder Erleichterung des Verständnisses bedeuteten.

Drucke: 1. Critik der Urtheilskraft von Immanuel Kant. Berlin und Libau, bey Lagarde und Friederich, 1790.

2. — — Zweyte Auflage. Berlin, bey F. T. Lagarde. 1793.

3. — — Dritte Auflage. Berlin, bey F. T. Lagarde. 1799. (2 Drucke.)

Es erschienen ausserdem noch drei **Nachdrucke:**

1. — — Frankfurt und Leipzig 1792.

2. — — Neueste Auflage. Frankfurt und Leipzig 1794.

3. — — Neueste, mit einem Register vermehrte Auflage. 2 Bde. Grätz 1797.

Sachliche Erläuterungen.

168 9.10 sicheren alleinigen Besitz] Der überlieferte Text sicheren, aber einigen Besitz ist verständlich, wenn man einigen im Sinne von einzigen nimmt, macht jedoch mit dem aber eine Schwierigkeit, die Erdmann zu heben suchte, indem er statt aber: oder conjicirte. Auch dies jedoch ist sachlich nicht ohne Bedenken, und deshalb wurde die Schwierigkeit durch alleinigen zu umgehen gesucht.

178 18 (O mihi praeteritos, etc.)] Vergil Aen. VIII 560, der Vers lautet vollständig: O mihi praeteritos referat si Juppiter annos.

204 32 Irokesische Sachem]. Sachem bedeutet eine Art von Häuptling oder Friedenshäuptling: vgl. „Kantstudien" Bd. I, S. 155 f. Die von Kant mitgetheilte Anecdote beruht, wie P. Menzer gefunden hat, auf einer Stelle bei Charlevoix, histoire et description générale de la Nouvelle-France. III S. 322. Paris 1744. „Des Iroquois, qui en 1666 allèrent à Paris, et à qui on fit voir toutes les maisons royales et toutes les beautés de cette grande ville, n'y admirèrent rien, et auraient préféré les villages à la capitale du plus florissant royaume de l'Europe, s'ils n'avaient pas vu la rue de la Huchette, où les boutiques des rotisseurs, qu'ils trouvaient toujours garnies de viandes de toutes les sortes, les charmèrent beaucoup."

224 28 (woran ich doch gar nicht zweifle)] Da die beiden ersten Auflagen in dieser Klammer schreiben: woran ich doch gar sehr zweifle, so lag hier ein Punkt totaler sachlicher Verschiedenheit vor. Denn dass in der dritten Auflage das nicht an die Stelle des sehr getreten ist, kann unmöglich nur die Sache eines Druckfehlers sein. Diese Änderung der dritten Auflage, die vermuthlich auf deren Corrector zurückgeht und die in den Text dieser Ausgabe aufgenommen ist, entspricht nämlich durchaus der Stellung, welche Kant zu den dort berührten Fragen eingenommen hat. An der Eulerschen Theorie, der Undulationstheorie des Lichts, hat Kant, wie namentlich schon eine Stelle in seiner Promotionsschrift *De igne* zeigt, in der That nicht gezweifelt. Er nennt diese Theorie

dort *(Sectio* II, *Prop.* VIII; I, 378*)*: *hypothesin naturae legibus maxime congruam et nuper a clarissimo Eulero novo praesidio munitam.* In den Metaphyſiſchen An=
fangsgründen der Naturwiſſenſchaft behandelt er (2. Hauptſt. Lehrs. 8 Anm. 1
Note IV, 520) Eulers Hypothese mit entschiedener Zustimmung und sucht
die ihr aus der nur geradlinigen Fortpflanzung des Lichts erwachsende Schwierigkeit auf eine gar wohl vermeidliche mathematiſche Vorſtellung der Lichtmaterie
zurückzuführen: vgl. daselbst 520, 21 ff. Auch die Wendung in der Anthropologie
§ 19 (VII, 156 4) kann nicht als eine Concession an die Emissionstheorie des
Lichtes angesehen werden. Jedenfalls hat Kant in der Kritik der Urtheilskraft
überall Licht und Schall in Bezug auf die beiden „höheren" Sinne nach dieser
Richtung durchaus parallel behandelt. Vgl. z. B. § 42 S. 302 7 oder § 51 S. 324 17
und 324 31. Aber auch, was das Wichtigere und wesentlich Bedeutsame ist, die
ästhetische Verwendung dieser physicalisch-physiologischen Theorie, wonach die
reinen Farben wie die reinen Töne nicht bloss eine Wirkung auf den Sinn,
sondern eine Reflexion auf das regelmässige Spiel der Eindrücke enthalten, ist
von Kant überall ausdrücklich bejaht worden. Zwar führt er die eingehendere
Erwägung dieser Frage im § 51, 3 (S. 324 20 f.) mit der Bemerkung ein, man
könne nicht recht ausmachen, ob die Besonderheit der Ton- und Farbenempfin-
dung den Sinn oder die Reflexion zum Grunde habe, — man könne nicht mit
Gewissheit sagen, ob eine Farbe oder ein Ton bloß angenehme Empfindungen,
oder an ſich ſchon ein ſchönes Spiel von Empfindungen ſei und als ein ſolches
ein Wohlgefallen an der Form in der äſthetiſchen Beurtheilung bei ſich führe.
Aber seine weiteren Ausführungen lauten dann ausdrücklich: So möchte man
ſich genöthigt ſehen, die Empfindungen von beiden nicht als bloßen Sinneneindruck,
ſondern als die Wirkung einer Beurtheilung der Form im Spiele vieler Empfin=
dungen anzuſehen. Daraus folgt ihm dann, dass die Musik als schöne Kunst
und zwar als ein ſchönes Spiel der Empfindungen durch das Gehör erklärt
werden soll: und dasselbe gilt nach dem Eingange des Abschnitts für die Farbenkunst. Damit wird ausdrücklich bejaht, woran Kant nach der Lesart der ersten
und zweiten Auflage an dieser Stelle gar ſehr gezweifelt haben soll. Ebenso
aber heisst es § 42 S. 302 8 f. von Licht und Schall: dieſe ſind die einzigen Em=
pfindungen, welche nicht bloß Sinnengefühl, ſondern auch Reflexion über die Form
der Modificationen der Sinne verſtatten. Und weiterhin (329 4 f.) sagt Kant bei
Behandlung der Tonkunst hinsichtlich der proportionirten Stimmung, welche, weil
ſie bei Tönen auf dem Verhältniß der Zahl der Luftbebungen in derſelben Zeit,
ſofern die Töne zugleich oder auch nacheinander verbunden werden, beruht, mathe=
matiſch unter gewiſſe Regeln gebracht werden kann: An dieſer mathematiſchen
Form, obgleich nicht durch beſtimmte Begriffe vorgeſtellt, hängt allein das Wohl=
gefallen, welches die bloße Reflexion über eine ſolche Menge einander begleitender
oder folgender Empfindungen mit dieſem Spiele derſelben als für jedermann gültige
Bedingung ſeiner Schönheit verknüpft; und ſie iſt es allein, nach welcher der Ge=
ſchmack ſich ein Recht über das Urtheil von jedermann zum Voraus auszuſprechen
anmaßen darf. Selbst wenn es also, wie vermuthlich, der Corrector der

Sachliche Erläuterungen. 529

dritten Auflage sein sollte, auf den die Ersetzung des gar ſehr durch das gar nicht zurückgeht, und selbst wenn die von ihm mit Anschluss an den früheren Text eingesetzte Form einen etwas zu starken Ausdruck hergestellt hätte, so entspricht doch die Änderung der von Kant in dem Werke durchgängig vertretenen Ansicht derart, dass ihre Aufnahme in den Text nicht nur berechtigt, sondern auch erforderlich schien.

315 33 f. Die Verse lauten im Original:

„Oui, finissons sans trouble, et mourons sans regrets,
En laissant l'Univers comblé de nos bienfaits.
Ainsi l'Astre du jour, au bout de sa carrière,
Répand sur l'horizon une douce lumière,
Et les derniers rayons qu'il darde dans les airs
Sont ses derniers soupirs qu'il donne à l'Univers."

Sie finden sich am Schlusse der Epitre XVIII, Au Maréchal Keith, Imitation du troisième livre de Lucrèce: „Sur les vaines terreurs de la mort et les frayeurs d'une autre vie", in den Poésies diverses, Berlin 1762, Bd. 2, S. 447; vgl. Oeuvres de Frédéric le Grand, 1846ff. tome X, p. 203.

316 13 Der Vers steht in den „Academischen Gedichten" von Withof im 3. Gesang der „Sinnlichen Ergötzungen", Leipzig 1782, I, S. 70, und lautet genau:

„Die Sonne quoll hervor, wie Ruh' aus Güte quillt."

(Nachgewiesen von E. Schmidt und R. M. Meyer.)

328 36 Der Ausspruch stammt nicht von Cicero, sondern von Cato; vgl. Catonis fragmenta ed. H. Jordan Lpz. 1860 S. 80; vgl. Quintilianus Institut. orat. XII cap. 1, 1: Sit ergo nobis orator, quem constituimus, is, qui a M. Catone finitur, vir bonus dicendi peritus. Nachgewiesen von Schöndörffer.

343 13 welche] Richtiger wäre welches bezogen auf darſtellen. Denn das, was, wenn sie (nämlich die Anschauung) a priori ist, das Construiren heisst, ist eben das in der Anſchauung darſtellen.

353 20 vorige Paragraph] Dies Selbstcitat könnte sich im § 58 nur auf den Nebensatz Seite 350 23 f. die aus einem überſinnlichen Grunde für nothwendig und allgemeingültig erklärt werden ſoll beziehen. Viel wahrscheinlicher ist es, dass Kant an dieser Stelle das im Auge hatte, was er im § 57 von dem überſinnlichen Subſtrat der Menſchheit als dem einzigen Schlüſſel der Enträthſelung des Geschmacksurtheils (vgl. S. 340 21 und 341 7 ff.) dargelegt und in der Anmerkung I näher ausgeführt hatte. Darnach hiesse es genauer: der vorvorige Paragraph.

424 22 Blumenbach] Vgl. Erl. zu VII 89 5 und B's. Schrift „Über den Bildungstrieb und das Zeugungsgeschäfte", Göttingen 1781 und mit dem abgekürzten Titel: „Über den Bildungstrieb" ebenda 1789.

427 4 Linné] Vgl. Caroli a Linné, Systema naturae ed. XII Holmiae 1766 I p. 17: „Politia naturae manifestatur ex tribus naturae regnis simul: quemadmodum

enim imperantium causa populi non sunt nati, sed subditorum ordinis servando imperantes constituti, ita vegetabilium causa animalia phytiphaga, phytigorum carnivora, et ex his maiora ob parva, homo (qua animal) ob maxima et singula, sese vero praecipue, saeva mercede conducta tyrannidem exercent, ut proportio cum nitore reipublicae naturae perennet."

428 15.16 Camper] Vgl. VII 89 5 und die Erläuterung dazu.

467 19.20 Hirngespinste — Hirngespenster] beide Formen finden sich auch sonst in dem überlieferten Text Kantischer Werke, Hirngespinste z. B. in der Kritik der reinen Vernunft III 145 15, Hirngespenster in den Krankheiten des Kopfes II 263 15 und 264 37. Dass Kant in einem und demselben Werk beide Formen angewendet haben sollte, ist kaum anzunehmen; die Verschiedenheit scheint auf Rechnung der Setzer bzw. der Correctoren zu fallen, zumal da an dieser Stelle die auf alle Fälle fehlerhafte Form von A Hirngespinster auf Hirngespenster geführt haben dürfte. Der Gleichmässigkeit halber war deshalb auch hier Hirngespinste zu setzen, was an drei andern Stellen, 411 26, 466 18, 472 25 sicher überliefert ist.

476 36.37 Reimarus in seinem noch nicht übertroffenen Werke] Gemeint ist R's. Schrift: „Die vornehmsten Wahrheiten der natürlichen Religion in zehn Abhandlungen auf eine begreifliche Art erklärt und gerettet" Hamburg 1754 u. ö. Vgl. II 161 22.

Lesarten.

167 11 dem] den? Vorländer || 167 18 kann. — also] kann: so, daß die Critik A¹ und dementsprechend Z. 20 nichts übrig läßt A¹ || 167 25 dienen] fehlt A¹ || 168 3 das erste der] fehlt? Hartenstein || 168 10 alleinigen] Windelband aber einigen A oder einzigen Erdmann || welche] A²·³ die A¹ || 169 6 sie — sie] Vorländer es — es A || 169 26 logische] teleologische? Rosenkranz || 171 5 Logik Principien] A²·³ Logik thut, die der Form A¹ || 173 5 Naturlehre gehalten, endlich? Erdmann || 173 6 Vorschriften]? Kehrbach || 173 15.16 unterworfen — also] fehlt A¹ || 173 35.36 vorhergehende] vorgehende A || 174 27 und ihre] A²·³ und auf welchem ihre A¹ || 175 3 sie] A¹·² jene A³. || 175 32 aber] fehlt A¹ || 175 37 als] A²·³ also A¹ || 176 4 deren] A²·³ davon die A¹ || 176 5 soll] fehlt A¹ || 176 10 welches] A²·³ was A¹ || 176 35 überdem] überdies? Rosenkranz, fehlt Erdmann || 177 21ff. Die Anmerkung ist Zusatz von A² || 179 1 durch das] A²·³ durchs A¹ || 179 2 vom] Erdmann von A || 179 32 allgemeinen] A¹·² allgemein A³ || 180 15 diese sich nicht] Erdmann diese nicht A || 180 34 desselben] Windelband derselben A || 183 5 ist. — ist] A²·³ ist, und unter diesen Gesetzen ist A¹ || 183 26 können); — Ansehung] A²·³ könnten); und in Ansehung deren A¹ || 183 33.34 Naturdingen — besonderen] Erdmann Naturdinge — solche besondere A || 184 17.18 erfreuet — werden] A²·³ steht A¹ erst nach dem Conditionalsatze wenn — antreffen || 184 30 überdem — überdies? Rosenkranz || 185 7 nach] Zus. Hartenstein || 187 11 jeder] jener? Hartenstein || 187 28.29 Abtheilung]

Lesarten. 531

A¹·² Abtheilungen A³ || 187 34 das] A²·³ was A¹ || 188 4 voraus sagte] A¹·² vorhersagte A³ || 188 5 eine] A²·³ eine solche A¹ || 189 6 sein mögen] A²·³ seyn A¹ || 189 24 ja — ohne] A²·³ ja ohne sogar A¹ || 190 13 Wessen Gegenstandes] A²·³ Ein Gegenstand, dessen A¹ || 190 19 überhaupt] überhaupt giltig? Erdmann || 190 30 den] dem? Rosenkranz || 191 19 ein] A¹ fehlt A²·³ || 191 25 werden] Erdmann wird A || 192 6 am] vom? Erdmann || 192 10 entsprungenes] entsprungen? Erdmann || 192 11 wird] Windelband fehlt A werden Erdmann || 193 19 und] A¹·² und der A³ || 193 37 enthält] Windelband enthalte A || 195 11 könnten] A¹·² können A³ || 195 26 gemäß ihren] A²·³ gemäs dieser ihren A¹ || 196 32. 33 reinen und praktischen] A²·³ reinen praktischen A¹.

204 22 was] A¹·² das A³ || 204 33. 34 überdem] überdies? Rosenkranz || 204 34 auf — Rousseauisch] A¹·² auf gut Rousseauisch auf die Eitelkeit der Großen A³ || 205 22 eben] A²·³ so eben A¹ || 206 5 bloße] bloß? Erdmann || 206 13 da die] A²·³ da nur die A¹ || 206 17 welches] A²·³ das A¹ || 206 21. 22 Erkenntnißvermögen] A²·³ Erkenntniß A¹ || 206 37 mein] ein? Hartenstein || 207 2 Gegenstande] Erdmann Gegenstände A¹ Gegenständen A²·³ || 207 8. 9 so gar] A²·³ sogar A¹ || 207 11 Urtheilens] Urtheils? Hartenstein || 207 30 welches] A²·³ das A¹ || 208 13 andre Zusätze] A²·³ andern Zusätzen A¹ || 208 22 aufgelegt — der] A²·³ auferlegt macht. Aber von der A¹ || 208 30 an sich] fehlt A¹ || bloß] A²·³ nur blos A¹ || 209 1 absoluten fehlt A¹ || 209 3 ungeachtet] A²·³ unerachtet A¹ || 209 21. 22 Nicht — gefällt] Zusatz A² || 209 22 Dagegen] Rosenkranz Daher A || 209 27 (weder — praktisches)] A²·³ (ein theoretisches) A¹ || 210 5 gebilligt] fehlt A¹ || 210 8. 9 aber — thierische] Zusatz A² || 210 13. 14 denn — ab] A²·³ denn ein Interesse, sowohl das der Sinne, als das der Vernunft, zwingt den Beifall ab A¹ || 210 17 einzige] A¹·² einzig A³ || 210 17. 18 einer, welcher] A²·³ der, so A¹ || 210 30 objectiv] A²·³ auch A¹ || 210 35 einen] Erdmann eines A || 211 20 hinge] A¹·² hängte A³ || 211 25 ausmachend] Windelband ausmachen A¹ st. ausmachen l. ausmachen Druckfehlerverz. A¹ ausmache A²·³ auszumachen Rosenkranz; Erdmann stellt, um ausmache beizubehalten, wäre vor die Klammer || 212 15 in] fehlt A¹ || 212 21 in] A²·³ und in A¹ || 212 22 also] fehlt A¹ || 212 23 eigenen] A²·³ besondern A¹ || 212 30 Reiz] A²·³ Einen Reiz A¹ || 212 35 Anderer] A²·³ andere A¹ || 213 4 besondern] eignen Erdmann vgl. zu 212 22 || 213 16. 17 Das Eingeklammerte Zusatz von A² || 213 17 letzteren] A²·³ letztere A¹ || 213 23 das zweite beim fehlt A¹ || 213 31 seine] A²·³ ihre A¹ || 213 34 geblieben] fehlt? Erdmann || 214 6 gebrauchen] A²·³ brauchen A¹ || 214 8 jeglichem] A¹·² jeglichen A³ || 214 36 bezeichnet] fehlt A¹ || 215 11 sie] A¹ sich A²·³ || 215 12 logischen] fehlt A¹ || 215 17 können — Urtheile] A³ kann es nicht die Quantität eines objectiv-gemeingültigen Urtheils A¹·² || 215 24 ästhetischen] A²·³ ästhetisches A¹ ein ästhetisches Rosenkranz || 215 26 Geruche] Erdmann Gebrauche A || 215 27 ein] fehlt A¹ || 216 2 aufschwatzen] A³ abschwatzen A¹ beschwatzen A² || 216 5 glaubt] A²·³ so glaubt A¹ || 216 7 den Betrachtenden] A³ ihn A¹·² || 216 12 betrachtet] A¹·² angesehen A³ || 216 16 es] A³ er A¹·² || 216 27. 28 wenn — fällte] A² A³ wider die er aber öfters fehlt und — fället A¹ || 217 23 besondere] bestimmte? Hartenstein || 217 25 an] A¹·² in A³ || 217 30 Dieser] A²·³ und

34*

dieser A¹ || 219 5.6 unbestimmter] A¹·² sc. begrifflich unbestimmter bestimmter A³ || 219 10 sofern] A²·³ wenn A¹ || 219 17 einzeln] A²·³ einzelne A¹ || 219 21 für] A²·³ als für A¹, Erdmann || 220 1 Zweck] der Zweck? Hartenstein || 220 13.14 Das Eingeklammerte Zusatz von A² || 220 23 Ursachen] A²·³ Ursache A¹ || 220 24 einem] A¹·² einen A³ || 221 3 der] fehlt A¹ || 221 20 Vorstellung von] Zusatz von A² || 221 33 ein Causalverhältniß] A²·³ ein besonderes Causalverhältniß A¹ || 221 33/222 1 nur jederzeit] jederzeit nur? Vorländer || 222 4 Unlust] der Unlust? Erdmann || 222 14 nur] A²·³ nur alsdenn A¹ || 222 20 Urtheil hingegen] A²·³ aber A¹ || 222 23 einen] Erdmann ein A || 222 35 analogisch] analog? Erdmann || 223 7 dieses] Windelband diese A || 223 15 Indessen] A¹·² Indeß A³ || 223 17 an] A²·³ für A¹ || 223 31 von der] fehlt A¹ || 223 32 (als formale) Zusatz von A² || 224 13 verdienten] A¹·² verdienen A³ || 224 14 zu gelten] A²·³ gehalten zu werden A¹ || 224 21 gleiche] A¹·² solche A³ || 224 28 nicht] A³ sehr A¹·² vgl. Erläuterungen || würde] A¹·² würden A³ || 224 36 welchen] Erdmann welcher A || 225 19 was] fehlt A¹ || 225 22 belebt] A²·³ beliebt A¹ || 225 24 erstere] A²·³ schöne Form A¹ || 225 29 bloßes] fehlt A¹ || 226 1.2 die — sie] Zusatz von A² || 226 2.3 erhalten] A²·³ erheben A¹ || 226 4 Parerga)] fehlt A¹ || 226 8 Einfassungen — oder] fehlt A¹ || 226 16 Das Eingeklammerte Zusatz von A² || 227 20 Hiervon ist], welche von der quantitativen etc. A¹ || 227 22.23 bei welchem] der A¹ || 228 3 wozu] womit? Erdmann || 228 4.5 wenn es — wäre] Zusatz von A² || 228 9 eine — subjective] A²·³ formalen subjectiven A¹ || 228 12 Unterschied] A²·³ Unterschiede der A¹ || 228 13.14 der — der] Vorländer die — die A || 228 20 gründen] A²·³ gründet A¹ || 228 21 einzig] A³ einig A¹·² || 228 26 in der Bestimmung] fehlt A¹ || 228 30 sofern sie] A²·³ die A¹ || 228 32 wollte — nennen] A¹·² ästhetisch nennen wollte A³ || 228 34 vorstellte] A¹·² vorstellt A³ || welches — widerspricht] Zusatz von A² || 229 1.2 als — Urtheils] A³ der Bestimmung desselben A¹·² || 229 14 Arten der] Zusatz von A³ || 229 19 jemand] A¹·² niemand A³ || 229 20 daran] A darin Erdmann || 229 25 der Paradiesvogel] A²·³ die Paradiesvögel A¹ || 229 31 Phantasieen] A¹·² Phantasiren A³ || 230 1 wodurch] A²·³ daß dadurch A¹ || 230 5 Schönheit] fehlt A¹ || 230 7 voraus] erst nach Vollkommenheit A³ || 230 14 Gefallende] A²·³ gefallendes A¹ || 230 17 ihrem] A²·³ ihren A¹ || 230 22.23 ein Wohlgefallen, das auf einem Begriffe gegründet ist A¹, auf einem Begriffe gegründetes Wohlgefallen A²·³, ein Zusatz Vorländer || 230 25 das erste wodurch] A²·³ dadurch A¹ || 230 31-33 zwar — können] A²·³ ist zwar nicht allgemein, doch können ihm in — werden A¹ || 230 36 jenes] A²·³ jener A¹ || 231 6 wodurch] A²·³ dadurch A¹ || 231 17 auf] A²·³ der auf A¹ || 231 23 halte] A²·³ wende A¹ || 232 3 nach zureichende noch einmal empirische A¹·² || 232 8 anderen] A²·³ andere A¹ || 232 10 wer aber] A²·³ der aber, so A¹ || 232 14 wonach] A²·³ darnach A¹ || 232 31 dem eines] Zusatz Windelband || 232 33 Veränderung] A³ Veränderungen A¹·² || 232 34 lebenden] A¹·² lebenden Sprachen A³ || 232 37 hat] A¹·² behält A³ || 233 8 die] A diese? Erdmann || 233 21 eines fehlt A¹ || 233 24 seiner] Erdmann einer A || 233 32 des] A¹·³ der A² || 234 6.7 Bewußtsein, ein] A²·³ Bewußtsein, zu reproduciren, ein Bild A¹ || 234 14 in dem] A²·³ der A¹ || 234 21 das erste und] A¹·² nebst A³ || 234 26-28 liegt — wo — Grunde] A²·³ ist diese Gestalt das Ideal des — da — angestellt wird A¹ ||

234 28.29 unter — Bedingungen fehlt A¹ || 234 29 eine — Normalidee] A²·³ ein anderes Ideal A¹ || 234 37 ihren] A¹·² ihrer A³ || 235 2 ganze fehlt A¹ || 235 24 welcher] A²·³ der A¹ || 235 25 wer] A²·³ der A¹ || 236 1 darin] A²·³ daran A¹ || 236 14 dem Gegenstande] A¹·² den Gegenständen A³ || 236 21 nun] A²·³ aber A¹ || 236 22 wo] A²·³ da A¹ || 236 26.27 eine — deutlich] A¹·² deutlich eine Zweckmäßigkeit A³ || 237 3 wo] A²·³ da A¹ || welcher] A²·³ der A¹ || 237 9 als] Windelband wie A wie ein Erdmann || 237 28 Beistimmung fehlt A¹ || 238 10.11 nach — dunkel] A²·³ nach, ihnen als nur dunkel A¹ || 238 26 wodurch] A²·³ dadurch A¹ || 238 32 desselben] Vorländer derselben A || 239 10 muß] A¹ fehlt A²·³ || 239 29 das — subjectiv] Windelband zwar das Princip nur subjectiv A zwar — subjectiv ist Erdmann || 240 14 und] A¹·² um A³ || 240 17 vom] A¹·² des A³ || 241 32—35 Wo — wahrgenommen wird] A²·³ Wo eine Absicht — in einer Eintheilung A¹ || 242 16 alsdann] A²·³ fehlt A¹ || 242 19 wobei] A²·³ wo A¹ || 242 29 Möbeln] A²·³ Mobilien A¹ || 242 31 dieser] A diese Erdmann || 243 16.17 wogegen die dort] A²·³ dagegen daß die dorten A¹ || 243 34 indessen daß] A¹·² während A³ ||

244 32 (das Schöne) fehlt A¹ || 245 1.2 (das Gefühl des Erhabenen) fehlt A¹ || 245 10 enthält] A²·³ fehlt A¹ || 245 18 führt] Windelband führe A || 245 19 hingegen] A³ statt dessen A¹·² || 245 21 zwar] A²·³ gar A¹ || 245 23 aber] A²·³ fehlt A¹ || 245 29 aufgefaßt] A²·³ abgefaßt A¹ || 246 10 zur — der] A²·³ fehlt A¹ || 246 13 Begriff] A²·³ fehlt A¹ || 246 16 so gar] Hartenstein sogar A || 246 19 sich] A²·³ sie A¹ || 247 10 Interesse, der] A Interesse sein. der Erdmann || 248 8 was] A¹·² etwas A³ || als sagen] A³ als zu sagen A¹·² || 248 12 ist — wird] A²·³ ist er nicht A¹ || 248 13 es] Erdmann er A || 248 14 Es] A²·³ Er A¹ || 248 23 die — letztern] A²·³ dieser ihre Größe A¹ || 248 24 sie] A²·³ es A¹ || 248 32.33 Beistimmung] Hartenstein Bestimmung A || 249 10 übrigens] A²·³ nun A¹ || 249 13 beurtheilenden] fehlt A¹ || 249 23 enthält] Windelband enthalte A || 250 15 werde] A²·³ würde A¹ || 250 19.20 Teleskope Mikroskope] A²·³ Telescopien Microscopien A¹ || 250 24.25 auf eine reelle] A²·³ als einer reellen A¹ || 250 30—32 klein. Mithin ist — erhaben] A²·³ klein, mithin Geistesstimmung — ist erhaben A¹ || 251 6.7 zwar — nur durch] A²·³ zwar nur bestimmte — sei, durch A¹ || 252 24 Idee] Windelband Ideen A || 252 33 vermischt) und] A vermischt) ist und Erdmann? || 253 10 der] A¹ Druckfehlerverz. die A || 253 22 diese] A die Erdmann? || 253 32.33 ist — Zweckmäßiges A²·³ ist etwas, was zwar — zweckmäßig ist, A¹ || 253 28 Zusammensetzung] A Zusammenfassung Erdmann? || 254 7 Zusammensetzen] A Zusammenfassen Erdmann || 254 26 sich dasselbe] A²·³ es sich A¹ || 254 35 Das — Unendliche] A²·³ Das Unendliche A¹ || 255 1 Noumenons] A²·³ Noumens A¹ || 255 21 gegebenen fehlt A¹ || 255 23 die] Zusatz Windelband || 255 25 dieses — Vermögens] A²·³ dieses Vermögens, welches im Fortschreiten unbegrenzt ist A¹ || 255 35.36 welches] A²·³ das A¹ || 256 6 sie] A¹ sich A²·³ || 256 7 erhabenen] Vorländer Erhabenen A || 256 18 wenn — sich] wenn es sich A¹ wenn, indem es sich A²·³ || 256 22 ihren] A²·³ ihrer A¹ || findet] A²·³ befindet A¹ || 256 31 die unermeßliche] A³ der unermeßlichen A¹·² || 256 33 lassen] läßt Hartenstein || 257 4 eine ihnen] ihnen eine Erdmann || 257 14 unveränderliches] A²·³ veränderliches A¹ ||

257 17 in — Ganzes] A²·³ in einem Ganzen A¹ Hartenstein || 257 29 zu — durch] A²·³ für die durch A¹ || 257 31 mit] A²·³ zu A¹ || 258 9 der Vernunft] Erdmann des Verstandes A || unangemessen] A²·³ angemessen A³ || 258 20 die fehlt A¹ || 258 27 hier] fehlt A¹ || 258 29 oder] fehlt A¹ || 259 3 einer] einer jeden Erdmann || 259 4 wodurch] A²·³ dadurch A¹ || 259 9 aber zur] Erdmann aber, als zur A || 259 13 sie] A es Vorländer || 259 19 ward] A²·³ wurde A¹ Druckfehlerverz. || 259 22 als gegeben] Windelband als bloß gegeben A²·³ als ganz gegeben A¹ Erdmann || 259 23.24 weil — gar] A²·³ weil auf — Maaß, da gar A¹ || 259 30 Äußerste] A¹·² äußere A³ || 260 2 Einbildungskraft — als] A¹·² Einbildungskraft für — Erweckung doch als A³ || 260 3 wird aber] A²·³ aber wird A¹ || 260 22 dem] A¹·² welchem A³ || 261 2 ihn] A¹·² Ihn A³ || 261 3 Wer A²·³] Der A¹ || 261 5 Jener] A²·³ Er A¹ || 261 6 Scheu] A²·³ diesen Scheu A¹ || 261 33 physische fehlt A¹ || 262 1 wobei] A²·³ dabei A¹ || 262 8 solche fehlt A¹ || anzusehen] Erdmann ansehen A || 262 21 bleibt] A²·³ ist A¹ || 263 7 Handelsgeist] A³ Handlungsgeist A¹·² || 263 15 über fehlt A¹ || 263 30.31 befindet — in der] A²·³ ist in gar keiner A¹ || 263 32 ganz freies] A²·³ zwangfreies A¹ || 263 34 der] A²·³ seiner A¹ || 263 35.36 eine erkennt] A²·³ einer seinem Willen gemäßen Erhabenheit der Gesinnung an ihm selbst bewußt ist A¹ || 264 8 dem übermächtigen] A²·³ das übermächtige A¹ || 264 23 dieselbe] A²·ᶜ sie A¹ || 265 3 den] A²·³ dem A¹ || 265 3.4 unter — derselben] A²·³ unter dieser ihrer Voraussetzung A¹ || 265 5 letztern] A²·³ letztere A¹ || 265 30 zu dem] A²·³ den A¹ || 266 7 im Menschen fehlt A¹ || 266 7.8 auch diesem] A²·³ dem A¹ || 266 11 die] dieselbe Erdmann || 266 14 würden] A²·³ würde A¹ || 266 17 hinüberzuziehen] A²·³ herüberzuziehen A¹ || 266 35 worin] A²·³ darin A¹ || 267 9 die fehlt A¹ || 267 33 dieselbe — Zwecke] A²·³ die Zwecke A¹ || 268 9 dieser] Windelband diesen A || 269 3.4 durch ein Werkzeug] A³ einem Werkzeuge A¹·² || 269 10 welche] A²·³ so sie A¹ || 269 30 sich] Zus. Windelband die Natur Erdmann || 269 31 doch] A¹·² nur A³ || 269 34 doch] A¹·² dennoch A³ || 270 18 als] A³ fehlt A¹·² || 270 21 macht: denn] A²·³ macht, vorstellen, denn A¹ || 271 6 versetzen] versetzten Vorländer || 271 34 gewisse] A²·³ die A¹ || 271 35 moralische] Hartenstein menschliche A || 272 6.7 macht — bestimmen] A²·³ macht sich nach freier Überlegung durch Grundsätze zu bestimmen A¹ || 274 7 in dem] Erdmann indem A || 274 25 Epoche] A¹·² Periode A³ || 275 8 Sinnlichkeit] A²·³ Sittlichkeit A¹ || 275 24 wovon] A²·³ davon A¹ || 275 25 uns selbst, was] Erdmann uns, selbst was A || 275 30 sondern auch] A³ und A¹·² || 275 34 genug sein] A³ genug zu sein A¹·² || 276 14 selbst unter] selbst und unter Erdmann? || 276 24 Sauffure] A²·³ v. Sauffure A¹ || 277 2 physiologische] A²·³ psychologische A¹ || 277 30 sogar] A²·³ so gar A¹ || immer] A²·³ alles A¹ || 278 31–33 herbeizuschaffen — Denn] A²·³ herbeizuschaffen, so ist doch eine transcendentale Erörterung dieses Vermögens zur Kritik des Geschmacks wesentlich gehörig; denn A¹ || 278 33 derselbe] A²·³ dieser A¹ || 278 35 Verwerfungsaussprüche] A²·³ Verwerfungsurtheile A¹ ||

278 36–279 1 Das Übrige — Urtheile] A²·³ Drittes Buch. Deduction der ästhetischen Urtheile A¹. cf. Kant's Briefwechsel II 136, 152 und A¹ Druckfehlerverz. || 279 10 muß] A²·³ mußte A¹ || 279 18 Gemüth — zeigt] A²·³ Gemüth gemäß ist

A¹ || 279₂₄ hingelangt] A²·³ hinlangt A¹ || 280₄.₅ das erste werden — Veranlassung] A²·³ werde, welcher sich bewußt zu werden, die Auffassung — Gegenstandes, die bloße Veranlassung giebt A¹ || 280₁₅ enthält] A²·³ ist A¹ || 280₁₆.₁₇ der Urtheile über] derer über A¹ || 280₂₅ indeß] A²·³ indeffen daß A¹ || 280₃₆ haben] A²·³ ift A¹ || 281₅ könne fehlt A¹ || 281₆ hat] A¹ habe A²·³ || 281₇.₈ auch — für A²·³ auch ein Wohlgefallen für A¹ || 281₇ dürfe] A¹·² dürfte A³ || 281₁₆.₁₇ erftlich — die] A²·³ erftlich der — einer logischen — sondern der A¹ || 281₂₂ worin] A²·³ darin A¹ || 282₁₃ unter — anderer] A²·³ unter anderer ihren Urtheilen A¹ || 282₁₅₋₁₇ belehren — ausfprechen] A²·³ belehren, mithin nicht — gefällt, folglich a priori ausgesprochen werden A¹ || 282₁₆.₁₇ ausfprechen] nach A¹ absprechen A²·³ || 282₂₀ Erkenntniß] Erkenntniß· (sc. Urtheile) Erdmann || 282₂₂ Publicums, noch] A²·³ Publicums, nicht durch das A¹ || 282₃₁ bloß] fehlt A¹ || 283₅.₆ hervorzubringen] A²·³ hervorzubringen, darthue A¹ || 283₁₁ vorgegangen] vorangegangen v. Kirchmann || 283₁₉ haben mag] fehlt A¹ || 283₂₃ einen] A²·³ einem A¹ || 283₂₈ ablernen] A²·³ abzulernen A¹ || 284₇ ftellen] A²·³ anftellen A¹ || 284₁₅ die — Schönheit] A²·³ die der Schönheits-Beurtheilung A¹ || abgebe, daß] A²·³ abgebe und daß A¹ || 284₁₆ mögen fehlt A¹ || 284₁₆.₁₇ haben — hinreichender] A²·³ haben einen hinreichenden A¹ || 284₁₈ mithin logischen fehlt A¹ || 284₃₀ auch] A²·³ wenigftens A¹ || 284₃₂ ich stopfe] A²·³ so stopfe ich A¹ || 284₃₂.₃₃ keine — Vernünfteln] A²·³ nach keinen Gründen und Vernünfteln A¹ || 284₃₄ feien] Hartenstein feyn A || 285₇ auch] A²·³ und A¹ || 285₉ meinem] fehlt A¹ || 285₁₇ macht] A²·³ machte A¹ || 286₅ den] A²·³ um den A¹ || 286₇ fondern] A²·³ fondern um A¹ || 287₃ deffelben (das] A²·³ derfelben (zum A¹ || 287₇.₈ woburch] A²·³ daburch A¹ || 287₁₀ u. 11. 12 Zufammenfetzung] Zufammenfaffung Erdmann || 287₁₁ des Verftandes] A²·³ den Verftand A¹ || 287₁₄ ( ) fehlt A¹ || 287₁₅ Bedingung, daß] Windelband Bedingungen daß A Bedingungen, woburch Erdmann || 287₂₂ der Erkenntnißvermögen], Erdmann des Erkenntnißvermögens A || 288₁₉ damit — werde] A²·³ um zu begreifen A¹ || 288₂₅ wo — fich] A²·³ ihr A¹ || 290₆.₇ eingeschränkt] A¹ eingerichtet A²·³ || 290₇ auf] A¹·³ fehlt A² || 290₂₂.₂₃ haben. — unvermeidliche] A²·³ haben, welches letztere zwar unvermeidliche A¹ || 291₃₋₅ kann — benommen] A²·³ kann, baburch aber doch — benommen wird A¹ || 291₁₄ als] A²·³ auch als A¹ || 291₁₆ ein fehlt A¹ || 291₁₆.₁₇ Natur — für] A¹·² Natur, der ihrem — anhinge, angesehen werden mußte, für] A³ || 291₁₉ Wirklichkeit] Wirkfamkeit Hartenstein? || 291₂₀ offen] A²·³ bloß A¹ || 291₂₄ Sinnesempfindung] Windelband cf. 291₂₇ Sinnenempfindung A umgekehrt Erdmann || 291₃₃ bei der] A²·³ burch die A¹ || 292₁₄₋₁₈ hat. — berechtigt] A²·³ hat, worauf aber, daß andere — ich nicht — berechtigt bin A¹ || 292₂₉ vermittelft — Verfahrens] A²·³ burch ein Verfahren A¹ || 292₃₄ ben] A²·³ feinen A¹ || 292₃₅ genöthigt fehlt A¹ || 293₄ das zweite nicht fehlt A¹ || 293₂₅ zwar fehlt A¹ || 293₂₆ hierin] A²·³ in biefem A¹ || 294₁ anderer] A²·³ anderer ihre A¹ || 294₅ dem] A²·³ unferm A¹ || 294₁₇ u. 18 denken] A²·³ zu benken A¹ || 294₂₂ und — ift] A²·³ unter welchem das größte ift A¹ || fich — Regeln] A³ fich bie Naturregeln A² die Natur fich Regeln A¹ fich die Natur ben Regeln Erdmann || 294₂₃ fein] A¹ ihr A²·³ || 295₁₁ wegfetzt] Windelband wegfetzen A wegfetzen kann Erdmann || 295₁₈ die — Verstandes] A²·³ die des Verstandes A1 || 295₂₂ daß fehlt A¹ || 295₃₂ wiederum fehlt A¹ || 296₃ versetzt] A²·³ setzt A¹ || 296₁₈.₁₉ daß — verbunden] A²·³ daß ein solches, nachdem — worden, damit nicht verbunden A¹ || 296₂₈ als] als die Erdmann || 296₃₄ dem] A²·³ den A¹ || 298₁ es] A²·³ so A¹ || 298₁₀—12 könne — Ursache] A²·³ könne, welcher, ob er nicht — könne, wir — Ursache haben A¹ || 298₁₄ Vom] A¹·² Von dem A³ || 298₁₆ diese] A²·³ sie A¹ || 298₂₁ öfter] A² öfters A¹ oft A³ || 298₃₃ aber fehlt A¹ || 298₃₄ haben] zu haben Erdmann || 298₃₅ und daß fehlt A¹ || 299₆ zur] A¹·² zu A³ Vorländer || 299₁₅ ihm fehlt A¹ || 299₂₂ was] A¹·² welches A³ || 299₂₈ was] A¹·² das A³ || 299₂₉.₃₀ nur — verbundenes] A²·³ nur mit — verbunden A¹ || 299₃₃.₃₄ allein — erwecken] A²·³ an jener allein — Interesse zu nehmen A¹ || 299₃₆ um fehlt A¹ || 300₃₄ welcher A²·³ so A¹ || 301₁₂ und] Erdmann mit A || 301₃₄ erwecken] Zus. Erdmann || 302₁₇ seiner] ihrer Erdmann, nicht nöthig || 302₂₉ hatte] A²·³ hat A¹ || 302₃₇ sollen] A²·³ sollten A¹ || 303₂₂ desselben] Vorländer derselben A || 303₂₄ seiner Ursache vor seiner Wirklichkeit] Windelband ihrer — ihrer A || 304₆ Beschäftigung] A²·³ als Beschäftigung A¹ || 304₁₆ Handwerken] A¹·² Handwerkern A³ || 305₅.₆ man — abgefertigt] A²·³ man uns — abfertigen A¹ || 305₁₀ der] in den Erdmann || 305₁₁ deshalb] A²·³ um daher A¹ || 305₃₄ wunderliches] A²·³ wunderlich A¹ || 306₂₁ als] wie Erdmann || 306₂₂ als] wie Erdmann || 307₆ ohne — durchblickt] fehlt A¹ || 307₂₆.₂₇ mithin — lege] A²·³ mithin ohne einen — Grunde zu legen A¹ || 308₄ doch] noch Rosenkranz? || 308₆ beschreiben oder] fehlt A¹ || 308₁₀ solchen fehlt A¹ || 308₁₆.₁₇ und — schöne] A²·³ und dieses auch nur, sofern sie schöne A¹ || 308₂₇ welcher — etwas] A²·³ der, weil er niemals was A¹ || 308₃₄ vorgetragen hat fehlt A¹ || 309₁₅ jener] A²·³ jener ihr A¹ || 309₁₆ der Erkenntnisse] A²·³ in Erkenntnissen A¹ || 309₂₉ Formel] Form Erdmann || 310₂₆ wobei] A²·³ bei dem A¹ || 311₄ der] A¹·² zur A³ || 311₂₁ für] als Erdmann || 312₁₀.₁₁ als Schädlichkeiten fehlt A¹ || 312₁₃ die] A²·³ der A¹ || 312₁₆ aufdränge] A¹·² aufdrängte A³ || 312₃₁ welchem] welchen Erdmann || 313₁ derselben] jener Erdmann || 313₁₀ bleibt] A²·³ ist A¹ || 313₂₉ denn das] A²·³ das denn A¹ || 314₄ die] A²·³ den A¹ || 314₁₇ nach — uns] A¹·² so daß uns nach demselben A³ || 314₁₈.₁₉ dieser — dem] A²·³ der von uns aber — anderem und A¹ || 315₆ nämlich fehlt A¹ || 315₈ gemacht] A²·³ gedacht A¹ || 315₁₄ Jupiters] A²·³ des Jupiters A¹ || 316₉ letztere] A³ letztern A¹·² || 316₁₁ anhänglich] anhängig v. Kirchmann || 316₂₁ der] A¹·² von A³ || 316₂₃ die] A³ der A¹·² || 316₂₄ dessen] A²·³ davon das A¹ || 316₂₇ ausmacht] Windelband ausmachen A || 316₂₈.₂₉ Einbildungskraft] A¹·² erstere A³ || 316₂₉ Verstandes || A¹·² Verstandes steht A³ || 316₃₀—317₁ Absicht — über] A¹·² Absicht sie hingegen frei ist, um noch über A³ || 317₂ doch] A²·³ noch A¹ || 317₁₁ Das letztere] A²·³ Des letztern A¹ || 317₁₄ das] A¹·² dies A³ || 317₁₉ der Regeln fehlt A¹ || 318₁₁.₁₂ verloren gehen] A²·³ wegfallen A¹ || 318₂₀ diese] A²·³ die A¹ || 318₂₉ welchen] A²·³ dergleichen A¹ || 319₉ welcher fehlt A¹ || 319₂₁ schöne] schöner Erdmann || 319₂₂.₂₃ Reich — Angemessenheit] A¹·² Zum Behuf der Schönheit bedarf es nicht so nothwendig, reich — zu sein, als vielmehr der Angemeſſenheit A³ || 319 26 hingegen] A³ aber A¹·² || 319 31 es] A²·³ er A¹ || 320 26 übergetragen] A²·³ übertragen A¹ || 321 4 und fehlt A¹·² || 321 6 nicht — Begriffen] A¹·² den gemeinen Begriffen nicht ſo angemeſſen A³ || 321 7 redenden] redenben A || 321 12 Zuhörer] A¹ Zuſchauer A²·³ || 321 17 können fehlt A¹·² || 321 23 als] Erdmann ſondern A || 321 34. 35 mithin — verſpricht. fehlt A¹ || 322 4. 5 dem — letzteren] für das Geſicht — für das letztere Erdmann || 322 11 was] Windelband wenn A¹ das erſtere scil. Urbilb || 322 25 das zweite von] A¹·² zu A³ || 322 28 alle] Erdmann alles A || 322 30 gezählt] A¹·³ gewählt A² || 322 31 dagegen] A¹·² wogegen A³ || 323 6 von — Gebrauch] A²·³ einer Benutzung und Gebrauchs A¹ || 323 13. 14 der — kann] A³ und der Sinn des Gefühls kann A¹ der Sinn des Gefühls aber kann A² || 323 22 iſt, um] A²·³ iſt, und um A¹ || 323 35 von der] A³ die A¹·² || 323 37 Analogie] A¹ Anlage A²·³ || 324 1. 2 erfordern — über] A²·³ erfordern, ſo iſt doch das Geſchmacksurtheil über A¹ || 324 15 laſſen)] Frey, dies Klammerzeichen in A nach werden Z. 14. || 324 18 der — Empfindungen] A²·³ mit dem Tone der Empfindung A¹ || 324 29 Empfindungen] Empfindung Erdmann || 324 30 ſei] A² ſeyn A¹ ſeien A³ || 324 31 führe] A² führen A¹·³ || 324 33. 34 u. 324 37 dieſelben] Erdmann, dieſelbe A || 325 6 zieht — zweitens] A²·³ zweitens, zieht man] A¹ || 325 8 zu Rath fehlt A¹ || 325 11 imgleichen] A¹·² ferner A³ || 325 17—19 man — erklärte] A²·³ ſie — erklärten A¹ || 325 18 ſchöne] ſchöne A || 325 28 Oper] A²·³ Opera A¹ || 326 6. 7 nach und nach fehlt A¹ || 327 8 deſſen] A²·³ ſeinem A¹ || 327 11 oder] A²·³ und A¹ || 327 16 irgend jemandes] A²·³ ſeinem A¹ || 327 17—19 laſſen. — verwerflich] A²·³ laſſen, welche, wenn — doch dadurch verwerflich wird A¹ || 327 21. 22 das zweite es — iſt] A²·³ dieſes auch aus dem Grunde, weil es allein Recht iſt A¹ || 327 26. 27 die — ausmachen] A¹·² welches — ausmacht A³ || 327 27 an] A²·³ für A¹ || 328 1 um] A²·³ um den A¹ || 328 17 denn] dann Rosenkranz || 328 21. 22 ausübt] A³ ausübe A¹·² || 328 23 mittheilt] A³ mittheile A¹·² || 328 34 deren] A²·³ ihrem A¹ || 329 2 Zuſammenſetzung] Zuſammenfaſſung Erdmann || 329 3 dient]A³ biene A¹·² || 329 35 ſie] Windelband ſich A || 330 8—18 Außerdem — gekommen iſt fehlt wie die Anmerkung 330 31—35 A¹ || 330 24 § 54 fehlt A || 330 34 auflegen] A² auflegten A³ || 330 35 nöthigen] A² nöthigten A³ || 331 17. 18 Ausſicht — mögliches] A²·³ Ausſicht eines, aus — ſei, auf ein mögliches A¹ || 331 25 ins] A¹·² in A³ || 331 28 das — an] A²·³ das an A¹ || 332 1 ihre Rolle fehlt A¹ || 332 6 Hingegen] A²·³ Aber A¹ || 332 8. 9 und dennoch fehlt A¹ || 332 12 jenem] A²·³ jener ihrem A¹ || 332 19 machen] macht Erdmann || 332 30 Schwingung] A²·³ Schwingungen A¹ || 333 3 iſt (denn) A²·³ iſt, wie etwa bei einem, der von einem großen Handlungsgewinn Nachricht bekommt (denn] A¹ || 333 5 Gleichgewicht] A²·³ Spiel A¹ || 333 7 ein] A²·³ als ein A¹ || 333 9 ſah, mit] A²·³ ſah und mit A¹ || 333 10 anzeigte und auf] A²·³ anzeigte, auf A¹ || 333 18 will, aber] A²·³ will und A¹ || 333 22 poſitive fehlt A¹ || 333 23 oft] A²·³ öfters A || 333 36 lang] A²·³ durch A¹ || 334 4 Aufmerkſamkeit] A²·³ Mühe A¹ || 334 14 Bewegung fehlt A¹ || 334 23. 24 könne — die Luft] A²·³ könne, welche (gleich — fühlen) die Luft A¹ || 334 28 ſagte] ſagt Erdmann || 334 32 ſind] A²·³ iſt A¹ || 334 33 iſt fehlt A¹ || 335 3 welches] A²·³ welche A¹ || 335 12 vorſichtig] ſorgfältig Erdmann ? 335 14 die fehlt A¹ || welcher] A²·³ ſo ſie A¹ || 335 28 eine — Erſcheinung] A²·³ nur eine kurze Zeit Erſcheinung A¹ || 335 27. 28 zugleich — darüber]

538 Kritik der Urtheilskraft.

A²·³ zugleich auch die Verlegenheit deffen, der — hergiebt, darüber A¹ || 335 29
gewitzigt] A¹·² gewitzt A³ ||
337 20 findet] A²·³ vorfindet A¹ || 338 36 ungeachtet] A²·³ unerachtet
A¹ || 339 21 was] A¹·² welches A³ || 339 22 theoretisch] fehlt A¹ ||
339 35 daher] fehlt A¹ || 340 4 was] A¹·² das A³ || 340 6 als] fehlt A¹ ||
340 10 beigeben] A²·³ geben A¹ || 341 10 aber] oder Hartenstein? || 341 27
mit — welchen] A²·³ als den A¹ || 342 2 einige] A²·³ welche A¹ || 342 10
können] A²·³ und können A¹ || 342 24 wozu] A²·³ dazu A¹ || 342 28.29
(wenn — wird) fehlt A¹ || 343 8 werden. Allein] A²·³ werden; aber A¹ ||
343 11 im] A¹ in A²·³ || 343 13 welche] welches? Windelband || 343 14 wenn —
ist] A²·³ ist diese aber auch empirisch A₁ || 343 23 von der] A²·³ der A¹ || 343 24
ist dies 'fehlt A¹ || 344 14 das — Beziehung] A² das, worauf in Beziehung A¹
das, in Beziehung auf welches A³ || 345 21 bestimmen] A²·³ sollen bestimmen A¹ ||
345 31 so daß] Windelband daß A und zu behaupten, daß Hartenstein b. i. zu
behaupten, daß Erdmann || 346 1 seien] sind Rosenkranz || 347 3 ungeachtet] A²·³
unerachtet A¹ || 347 19 im zweiten Falle fehlt A¹ || 347 32.33 der — Schalthieren]
A²·³ von Farben (am Fasan, Schalthieren A¹ || 348 10 ihnen] A²·³ ihr A¹ ||
348 15 dem] A²·³ im A¹ || 348 33 Wärmestoff] A²·³ Wärmstoff A¹ || 349 10 eigenes —
Luftberührung] A²·³ eigen Gewicht oder Luftberührung A¹ || 349 14 nunmehriges
ruhiges] Erdmann nunmehrigen ruhigen A || 349 30 scheiden] Hartenstein scheidet
A || 350 19.20 Gunst — erzeigt] A²·³ eine solche, die — erzeugt A¹ || 350 26 würde]
Erdmann wurde A || 351 26 und] A²·³ aber A¹ || 351 29 ist] Erdmann fehlt A ||
352 1 exhibitiones] A²·³ exhibitio A¹ || 352 22 den Regeln] Erdmann der Regel A ||
353 5 an sich sei] Windelband an sich A an sich ist Erdmann 353 5 der] fehlt A¹ ||
353 16 Beistimmung] A²·³ Bestimmung A¹ || 354 3 was] A¹·² welches A³ || 354 4
was] A²·³ welches A³ || 354 30 finden] A²·³ zu finden A¹ || 355 9 worunter] A²·³
darunter A¹ || 355 31 Geselligkeit] A¹ Glückseligkeit A²·³ || 355 36 einem] A¹·² dem
A³ || 356 3 des] Windelband der A || 356 16 wovon — der] A²·³ davon auch und
der A¹ || 356 19 eines Jeden] A²·³ jedes sein A¹ || 356 22.23 sei — eine] A²·³ sei; mit
welchem in Einstimmung die Sinnlichkeit gebracht, der ächte Geschmack allein eine A¹ ||
359 6 ein] A²·³ einem A¹ || 359 9 solche — Formen] Erdmann eine solche —
Form A || 360 25 der] A¹·² zu der A³ || 360 31 befindlich] A²·³ belegen A¹ || 360 35
wogegen] A²·³ dagegen A¹ || 361 3 ein fehlt A¹ || 361 8 Begriff] A²·³ der A¹ ||
363 14 ahnen] A²·³ ahnden A¹ || 363 33 so] A²·³ was so A¹ || 363 34 gleichwohl
aber] A²·³ was gleichwohl A¹ || 364 19.20 meiner — Umgränzung] A²·³ meiner
beliebigen Umgränzung A¹ || 365 9 empirisch] fehlt A¹ || 365 21 welcher] A²·³
welche A¹ || 365 25 dem] Erdmann den A || 365 31 ahnen] A²·³ ahnden] A¹ ||
365 32-36 mag. — ein] A²·³ mag, welchen zu kennen — nöthig haben, wenn — thun
ist, wohin aber auch nur — müssen für — einflößt. A¹ || 366 1.2 wegen — Er-
kenntnißgebrauch] A²·³ um — Erkenntnißgebrauch willen A¹ || 366 8 machte] A¹ macht
A²·³ || 366 12 Die] A¹·² Diese A³ || 366 21 desselben] A²·³ derselben A¹ || 366 31-35
Weil — werden] A²·³ Daher, weil — kann, alle daselbst — werden muß A¹ ||
367 9 indeß] A²·³ indessen daß A¹ || 367 16 gewinnt] A²·³ nimmt A¹ || 367 25

Lesarten. 539

Zwecke] A¹ Mittel A². ³ || 368 9 seiner] einer Hartenstein || 368 21 den Esel und] fehlt A¹ || 368 22 zuträglich] A¹ zuträglicher A². ³ || 369 9 Völker] fehlt A¹ || 369 15 der Jakute] A². ³ oder J. A¹ || 369 20 alle die] alle diese Erdmann || 369 26 ohne das] A². ³ ohnedem A¹ || 369 33 b. h.] A². ³ b. i. A¹ b. i. um Erdmann || 370 9 gleichwohl] Erdmann gleichwohl aber A || 370 17 ein — Sechseck] A². ³ vom regulären Sechsecke A¹ || 370 37 (obgleich — Sinne) fehlt A¹ || 371 15 dieses] A². ³ dieser A¹ || es] A². ³ er A¹ || 371 18 er] A es Erdmann || 371 19 ihm] Erdmann ihr A || 371 26 daß — unendlich] A². ³ von der alle Kunst unendlich A¹ || 371 27 erhält] fehlt A¹ || 371 34 das] A². ³ der A¹ || 372 3 ihrer] A². ³ dieser ihrer A¹ || 372 10 ungeachtet] A². ³ unerachtet A¹ || 373 1 Ursachen] Ursache Rosenkranz || 373 32 Princip sein] Windelband Princip A Princip ist Erdmann || 374 10 ein Rad] fehlt A¹ || des] A². ³ der A¹ || 374 15 auch nicht ein] A¹ auch so wenig wie ein A². ³ || 374 22 es] A³ sie A² sie fehlt A¹ || 374 23 es] A³ sie A¹.² || 375 11 wie sie diejenigen] A². ³ dergleichen A¹ || 375 23 derselben] A². ³ desselben A¹ || sondern] A². ³ als A¹ || 376 32 von] fehlt A¹ || 376 33 Verlassung] A². ³ Veranlassung A¹ || 377 5 daß] A². ³ dessen A¹ || 377 10—13 Denn, wenn — da] A². ³ weil wenn — beziehen, wir sie auch — beurtheilen müssen und kein — da ist A¹ || 377 19 Doch muß] A². ³ so muß doch A¹ || 377 20 formt] fehlt A¹ || 377 25 das zweite der] Erdmann über A || 377 32 Völkern] A³ Völker A¹.² || 379 7 das] Hartenstein daß A || 379 27 seien] A². ³ sind A¹ || 380 9 daß — ohne] A². ³ und daß, ohne A¹ || 380 10 ermüdende] A². ³ die ermüdende A¹ || 380 20 hat] A². ³ haben A¹ || es] Vorländer sie A || 380 31 ihrer] A². ³ dieser ihrer A¹ || 381 13 Platz] A². ³ ihren Platz A¹ || 381 26 hereinbringt] A¹.² hineinbringt A³ || 382 6 nur] fehlt A¹ || 382 15 einheimisches] einheitliches Erdmann? || 384 2 den Experimenten] A². ³ Experimenten A¹ ||

385 8 keinem] Erdmann einem A || 386 6.7 jede — widerstreitenden] A². ³ jede zweier einander widerstreitender A¹ || 386 18 der allgemeinen] A³ den allgemeinen A¹.² || 386 31 eine] A². ³ die eine A¹ || 387 1 hervorthut] A². ³ hervorfindet A¹ || 387 20 doch] A². ³ aber A¹ || 387 22 von] von der Vorländer || 387 36 bei einigen] A². ³ einigen A¹ || 388 1 spüren] A². ³ nachzuspüren A¹ || 388 14 nicht — vereinigen] A². ³ zu vereinigen nicht A¹ || 389 10 auch] fehlt A¹ || 390 6 die] Erdmann der A || 390 18. 19 Fremdling — der] A². ³ Fremdling vom Begriffe in — nämlich der der A¹ || 391 11 sind — etwa] A². ³ sind und nicht etwa A¹ || 391 32 aufhalten] A². ³ verweilen A¹ || 394 13 des] Erdmann der A || 394 33 ihrer] A². ³ seiner A¹ || 396 5 müßten] Kirchmann mußten A || 396 14 bloß] A². ³ nicht bloß A¹ || 396 21 darnach] fehlt A¹ || 397 5 eines] A². ³ ein — hängendes Ganzes] A². ³ 397 15 eben sowohl] A². ³ eben so wohl A¹ ebensowohl Hartenstein ebenso wohl Erdmann || 398 30 den — (Erzeugung] A². ³ die einer Erzeugung A¹ || 399 2 des] fehlt A¹ || 399 3 Wesen] A¹ Wesens A². ³ || 399 3—5 daß — findet] A². ³ und die Teleologie findet — Theologie A¹ || 399 8 nach] A². ³ nach der A¹ || 399 18 von] A². ³ unter A¹ || 400 1 Menschen] A². ³ als Menschen A¹ || 400 5 (eines Gottes) fehlt A¹ || 400 28 gar] A ganz Hartenstein || 401 16 zwar] Rosenkranz zuvor A || 401 26 liege] A¹.² liegt A³ || 401 27 und auch Schwierigkeit fehlt A¹ || 402 3 gehen] fehlt A¹ || 402 9 (außer — Begriffe) fehlt A¹ || 402 21. 22 unab-

laßlichen] A²·³ unnachlaßlichen A¹ || 402₃₆ seiner] Windelband ihrer A || 403₉ Erkenntnisses] Erkenntnisses nach Erdmann || 403₁₄ diese] A²·³ die A¹ || 403₂₆ der] A¹·² in der A³ || 404₁₄ mit nicht] A¹·² nicht mit A³ || 404₁₅ Regel] Regeln Erdmann || 404₁₇ vorhabenden] A¹·² vorliegenden A³ || 405₃₁ die] Hartenstein der A || 405₃₃.₃₄ Verstandes — absichtlich] Verstandes ihrer Möglichkeit nach von uns als absichtlich A¹ Verstandes, von uns ihrer Möglichkeit nach absichtlich A²·³ || 406₉ diese] A¹ die A²·³ || 406₂₅ (negativ — discursiven) fehlt A¹ || 406₃₃ dessen] fehlt A¹ || 408₆ ihrer] Erdmann seiner A || 408₁₂ die — mögliche] Hartenstein der — möglichen A || 410₉ es ist fehlt A¹ || 410₁₈ die] Erdmann der A || 410₃₃ Naturerkenntniß] A³ Naturkenntniß A¹·² || 411₈ darlegen] Erdmann darlegt A || 411₂₂ gar] A ganz Erdmann || 412₄ zur] der Hartenstein || 412₉ dem] A¹·² das A³ || 412₁₁.₁₂ im Übersinnlichen] A¹·² ins Übersinnliche A³ || 412₂₃ nach Zwecken] Zusatz Erdmann durch Technik Schopenhauer-Rosenkranz || 413₂ ausmache] A¹ ausmacht A²·³ || 413₂₇ absichtlich] eine absichtlich Erdmann? || 413₃₂ ist] Zusatz Erdmann || 414₂₈ liegt] fehlt A¹ || 415₉ sein] sc. müsse; seyn A seien Rosenkranz sei Erdmann ||

416₁ Anhang fehlt A¹ || 418₃₂ welches — keine] A²·³ das es ohne dem keine A¹ || 419₃₃ würde] A²·³ wurde A¹ || 419₃₈ univoca] univoca ist Erdmann || 420₄ welcher] A²·³ der A¹ || 420₇ so — füglich] A²·³ kann nicht füglich A¹ || denn] Zusatz Vorländer || 420₃₄ ein] A²·³ nie A¹ || 421₄ außer] Hartenstein aus A || 421₁₇ Zweckbeziehung] A¹·² Zweckverbindung A³ || 421₂₆ die] Zusatz Erdmann || intelligenten] A²·³ intelligibelen A¹ || 421₂₈ finden] Zusatz Windelband || 421₃₂ Princip] fehlt A¹ || 422₄ hin] fehlt A¹ zu Rosenkranz || 422₆ der] A¹ des A²·³ || 423₅ Epigenesis] A²·³ Epigenesis A¹ || Dieses — System] A²·³ dieses kann auch das System A¹ || 423₁₄ wollten] A²·³ wollen A¹ || 423₂₀ im] A²·³ ob im A¹ || 423₂₈ wären] A²·³ sein würden A¹ || 423₂₉ würden] A²·³ wurden A¹ || 423₃₃.₃₄ fanden] Erdmann finden A || 425₁₆.₁₇ Begriff] fehlt A¹ || 425₂₈ dient. Dieses] A²·³ dient und diese A¹ || 426₇ denn] Zusatz Vorländer || 426₈ deren — zugleich] A²·³ die zugleich A¹ || 426₂₅ welchen] A³ welches A¹·² || 426₃₀ mannigfaltigen] Windelband mannigfaltige A || 427₆.₇ derselben] desselben Erdmann || 427₇.₈ um — jener] A²·³ jener ihrer Gefräßigkeit A¹ || 427₃₅ Erblager] Erblagen Erdmann || 428₁ auch] A²·³ wie auch A¹ || 428₁₁ einen] Zusatz Vorländer || 428₁₃ diese] die Erdmann || 429₁₁ ungeachtet] A²·³ unerachtet A¹ || 429₁₃.₁₄ Verstandes — können] A²·³ Verstandes niemals auslangen können (und nicht — widerspräche) A¹ || 429₁₆ sich] A²·³ und A¹ || 429₂₈ vorigen] vorigen Paragraphen Erdmann || 430₂₉ in — noch] A²·³ ihn selbst A¹ || 431₉ genug] A²·³ gnugsam A¹ || 432₁ den Willen A²·³ die Freiheit A¹ || 432₁₀ indeß] A²·³ indessen daß A¹ || 432₁₁ Vernunft] Natur Erdmann? || 432₃₀ wechselseitig] A²·³ wechselseitigen A¹ || 432₃₃ geschehen. Zu derselben] A²·³ geschehen, zu welcher A¹ || 432₃₇ erforderlich — Ermangelung] A²·³ wäre, in Ermangelung dessen A¹ || 433₃ ist] fehlt A¹ || 433₅ unvermeidlich: der] A²·³ unvermeidlich ist, der A¹ || 433₇ vielleicht] fehlt A¹ || 433₁₀ vorzubereiten — ungeachtet] A²·³ vorzubereiten, unerachtet A¹ || 433₂₃ und fehlt A¹ || 433₂₇.₂₈ angehören] A¹·² ge-

Lesarten. 541

hören A³ || 433 29 (der — Genuſſes] A² (denen des Genuſſes) A¹ (den Neigungen des Genuſſes A³ || 433 32 durch] A²·³ die A¹ || 433 36 indeß] A²·³ indeſſen daß A¹ || 434 1 zu unterliegen] A³ unterzuliegen A¹·² || 434 27 oder] A²·³ aber A¹ || 434 27.28 ſelbſtentworfenen] Windelband ſelbſt entworfenen A || 434 29.30 Leben — nach A²·³ Leben habe, nach dem, was es nach A¹ || 434 31 welches fehlt A¹ || 436 1 ein] fehlt A¹ || 436 24.25 der Menſchen] A²·³ des Menſchen A¹ || 436 32 die] Erdmann der A || 437 15 das] A²·³ die A¹ || 438 15 kann] Hartenstein können A || 438 16 es fehlt A¹ || 438 19.20 welches viel] A² das viel A¹ welches viele A³ || 438 33 ſuchen. — ſehen] A²·³ ſuchen und bei näherer Prüfung ſehen A¹ || 439 5.6 wenn — Götter] A²·³ ſie entweder ihre Götter ſich als A¹ || 439 18 eines] A²·³ eines einigen A¹ || 439 26 wären — Subſtanz] A²·³ wären, die zwar A¹ || 439 28 wäre; — zwar] A²·³ wäre, welches zwar A¹ || 439 31.32 mußten. — ein] A²·³ mußten, und ſo den Idealism — einführeten A¹ || 440 12 der] A²·³ ſeiner A¹ || 441 16.17 ergänzen? — vorausſetzen] A²·³ ergänzen, welches wenn — vorausſetzen würde A¹ || 441 30 denn] Zusatz Vorländer || 442 6 Phyſikotheologie] A¹·² die Phyſicotheologie A³ || 442 16 wie — wie] A²·³ ſo — ſo A¹ || 442 21 eine bloße Wüſte fehlt A¹ || 442 24 etwa — Jemand] A²·³ nicht etwa damit irgend wer A¹ || 442 25.26 Betrachtung — Welt] A²·³ Weltbetrachtung A¹ || 442 36 er dann] A²·³ er, der Menſch, dann A¹ || 443 8 welcher fehlt A¹ || 443 11 Wille, iſt dasjenige] A²·³ Wille, dasjenige A¹ || 443 33 dem] A²·³ von dem A¹ || 443 34 von dem] A²·³ dem A¹ || 443 35 iſt] A²·³ ſey A¹ || 444 5 nach] A²·³ nach der A¹ || 444 20 es] Erdmann er A || 444 24.25 alle — übrigen] A²·³ alle übrige A¹ || 444 26 (denn — Eigenſchaften] fehlt A¹ || 445 6 Daß] Da Rosenkranz || 445 21.22 kann — werden A²·³ eingeſehen werden kann A¹ || 446 1 hätte] Erdmann hatte A || 446 3 dieſem gemäß] A²·³ darnach A¹ || 446 7 Gemüthsſtimmungen] A²·³ Gemütsbeſtimmungen A¹ || 446 12.13 ſich vorzuſtellen] fehlt A¹ || 446 15 gewinnt] A²·³ gewinne A¹ || 446 34 Urſache] A¹·³ Urſachen A² || 446 36 in ihren Wirkungen fehlt A¹ || 447 1 dieſem] fehlt A¹ || 447 16 Teleologie] A²·³ Theologie A¹ || 447 30 oder — unſere] A²·³ oder uns ſelbſt in Anſehung ihrer als Endzweck, unſere A¹ || 447 34 die] A²·³ der A¹ || 448 2 betrifft fehlt A¹ || 448 13 Zuſammenhang iſt] A²·³ zuſammenhängt A¹ || 448 19 den] Erdmann der A || 448 28 gedacht] A²·³ vorgeſtellt A¹ || 449 1 zwar — Theil] A²·³ zum Theil zwar A¹ || 449 18 verhalte] A³ verhält A¹ verhalten A² || 450 33—451 37] Die Anmerkung fehlt A¹ || 451 2 erſtern] A³ letztern A¹·² || 451 3 letztern] A³ erſteren A¹·² || 451 4 letztern] A³ erſteren A¹·² || 451 7 des höchſten Weltbeſten] Erdmann das höchſte Weltbeſte A || 451 10 ohne — die] A²·³ unangeſehen aller Zwecke (als der A¹ || 452 2 erfüllte. Umgekehrt] A²·³ erfüllte; und umgekehrt A¹ || 452 8 wie — Spinoza] fehlt A¹ || 452 9 feſt] A²·³ feſtiglich A¹ || 452 19 Zuſammenſtimmung] A²·³ Zuſammenſtimmung der Natur A¹ || 453 12.13 Objects — und welches] A²·³ Objects, welches — kann, an die Hand, das durch A¹ || 453 19 denſelben] A³ demſelben A¹·² || 453 24 indeß] A²·³ indeſſen daß A¹ || 454 26 muß] A³ mußte A¹·² || 455 7.8 Ausführbarkeit] (Ausführbarkeit) Erdmann || 455 21 müſſe] A³ mußte A¹·² || 455 28 müſſe] A³ mußte A¹·² || 455 29.30 ſei — mithin] A²·³ ſei, mithin wir A¹ || 456 18 moraliſchen] moraliſchen Endzwecks Erdmann || 456 22 bereits] Hartenstein bereit A || 456₂₇ dieselbe] Erdmann dasselbe A || 456₂₉ bestimmende] A²·³ bestimmte A¹ || 456₃₆ beabsichtete] beabsichtigte Erdmann || 457₆ zu dieser] Erdmann dieser A || 457₁₃ Anziehung] fehlt A¹ || 457₃₆ indeß] A²·³ indessen daß A¹ || 458₂₇ Weise] A²·³ Art A¹ || 458₃₂ innere fehlt A¹ || 459₃₅ Idol] A²·³ Ideal A¹ || 460₁₇ werden] Zusatz Windelband || 460₁₈ auf] A²·³ auch auf A¹ || Vorschrift] A¹·³ Vorsicht A² || 460₂₂ über] A¹ für A²·³ || 460₂₇ keine] Hartenstein keines A || 460₃₃ praktischer nothwendiger] praktisch-nothwendiger Vorländer || 460₃₅ erforderlichen] A²·³ erforderlicher A¹ || 461₁₂ teleologischen] Rosenkranz moralischen A || 461₁₉ nicht — ein] A²·³ nicht ein bloß A¹ || 462₅ einer fehlt A¹ || 462₂₃ müßte] A²·³ mußte A¹ || 463₁₁ er — dahin] A²·³ er auf dem Wege dazu A¹ || 463₁₃.₁₄ Urtheils] A²·³ Urtheilens A¹ || 463₂₃ Satz — der] A²·³ Satz, die Existenz A¹ || 464₁₁ ungeachtet] A²·³ unerachtet A¹ || 464₁₂—₁₄ sich — Statt] A²·³ sich (d. i. — betrachtet), welche den Grund — enthalten, statt A¹ || 464₁₇ Analogon] A¹·³ Anlagen A² || 464₃₀ mit dem] mit Erdmann || 464₃₉ (dergleichen — Verstand) ist, kann] A²·³ (dergleichen ist die durch Verstand) kann A¹ || 465₂₃ nicht] fehlt A³ || 466₃₃ also] A³ aber A¹·² || 467₇ unsern] A²·³ unserm A¹ || 467₁₉.₂₀ Hirngespinsten] Erdmann Hirngespinstern A² Hirngespenstern A²·³ cf. 411₂₆, 472₂₅ || 467₃₅ wirkliche fehlt A¹ || 468₁₆ (—) Thatsachen] A²·³ Thatsachen (—) A¹ || 468₂₂ an sich] A¹·² sich an A² || 469₈.₉ kann — durch] A²·³ kann, aber doch durch A¹ || 469₁₀—₁₃ Wirkung — Glaubenssachen] A²·³ Wirkung ist, zusammt — Unsterblichkeit, Glaubenssachen A¹ || 469₂₀ und Geographie fehlt A¹ || 469₃₅—₃₆ sich nicht (gleich — gründen) Windelband Glaubenssachen fürwahrhalten (gleich — nicht gründen A¹ sich (gleich — nicht gründen A²·³ || 470₉.₁₀ oder die — Selbstliebe fehlt A¹ || 470₁₃ zugleich fehlt A³ || 471₇.₈ wegen — demselben] A²·³ um der — demselben willen A¹ || 471₁₆ obliegen] obliegt Erdmann || 471₁₇ von] Zusatz Erdmann || 471₂₀ Pflicht] A¹·³ Absicht A² || 471₂₆ das erste und] fehlt A¹ || 471₃₄—₃₆ aber — Grunde] fehlt A¹ || 472₁ aber] A¹·² jedoch A³ || 472₉ dessen fehlt A¹ || 472₃₁ seiner] A³ ihrer A¹·² || 473₂₂ konnte] A²·³ könnte A¹ || 473₃₁ ihrer] A²·³ dieser ihrer A¹ || 474₁₁ ist. Daß] A²·³ ist und daß A¹ || 474₁₅ der] A²·³ || den A¹ || 474₁₈ deren] A²·³ die A¹ || 474₂₈ desselben] A²·³ desjenigen A¹ || 475₃ praktische] A¹ praktisch A²·³ || 475₅ der — letzteren] A²·³ dieser ihr ganzer Besitz A¹ || 475₉ sie] A¹·³ sich A³ || 475₃₁ den] A²·³ den bloßen A¹ || 476₅ mir] A¹ wir A² uns A³ || 476₁₀ müsse] A²·³ muß A¹ || 476₁₁ lasse] A²·³ läßt A¹ || 476₂₃ den] A³ der A¹·² || 476₃₁ nun] A²·³ uns A¹ || 477₁₉—₂₁ voraus. In — Genüge] A²·³ voraus; in — dessen (—) die Zwecke — Genüge thun A¹ || 477₂₄ sein] A¹ ein A²·³ || 477₂₇ Benützung] Hartenstein Bemühung A || 477₃₀ ihn fehlt A¹ || 477₃₂ in den] A²·³ im A¹ || 477₃₅—478₂ ergänzt. In — das] ergänzt, so daß in der That nur — fühlt, hervorbringt, der — aber nur das Verdienst hat, das A¹ || 478₅ theologischer] A¹·³ theoretischer A² || 478₁₄ etwa fehlt A¹ || 478₁₅ er fehlt A¹ || 478₂₃ Begriffe] Beweise Erdmann || 478₃₂ sich — Wesen] A¹·² vernünftige Wesen sich A³ || 479₆ jener] A²·³ jenen A¹ || 479₁₃ welches] A²·³ welcher A¹ || 479₃₃ müßte] A²·³ mußte A¹ || 480₂₀ Euch] A¹·³ auch A² || 480₂₉ anpreisen] A²·³ auspreisen A¹ || 480₃₁ vor-

www.ingramcontent.com/pod-product-compliance
Lightning Source LLC
Chambersburg PA
CBHW052008290426
44112CB00014B/2167